U0511098

作者简介

罗伯特·P. 莫杰思，1981 年毕业于卡耐基－梅隆大学，获理学学士，1985 年毕业于耶鲁大学法学院，获法律博士学位，1988 年毕业于哥伦比亚大学，获法学博士学位。他先后在波士顿大学法学院和哈佛法学院担任教职，1995 年至今任教于伯克利加州大学，现为该校法学讲席教授、法学院副院长，参与创办伯克利法律和技术研究中心并担任该中心主任。该中心连续多年在美国大学研究生院排行榜上名列知识产权法专业第一名。莫杰思教授是当代美国知识产权法学界的权威学者，也是美国法学院主流法学教材《新技术时代的知识产权法》的主要作者。

译者简介

金海军，华盛顿大学知识产权法学硕士、中国人民大学民商法学博士。现为中国人民大学法学院教授，中国知识产权法学研究会常务理事、中国知识产权研究会理事。主要研究领域为知识产权法、私法理论。

史兆欢，中国人民大学知识产权法学硕士。曾任北京知识产权法院、北京互联网法院法官多年，现为律所高级法律顾问。

寇海侠，西密歇根大学库利法学院法律硕士，中央民族大学法学博士。专利代理师、律师。

知识产权名著译丛

JUSTIFYING INTELLECTUAL PROPERTY

知识产权正当性解释

〔美〕罗伯特·P.莫杰思 著

金海军 史兆欢 寇海侠 译

商务印书馆
The Commercial Press
创于1897

知识产权名著译丛

编委会

本书酷肖本尊：体量稍大，还有点话痨。

谨以此致献我的家人：乔、罗比和詹姆斯。

作者中文版序言

在一个人的学术生涯中，写一些学术研究心得，无论是撰文还是著书，再看到它们在同事之间传阅、讨论，或者甚至受到批判，都堪称最为欣快之事。我们平生所作所为，绝大部分注定会很快地湮没无闻。要是我们能有一两桩贡献引起多人的关注，在较长时间内成为学术争议的对象，哪怕只是以某种适度的方式，那么，我们也着实应当引以为幸运了。

这本书在我看来，现在已经迈过这道门槛了。写作本书（就像大家写出自己的作品那样），我最主要还是出于满足自己的好奇心，也是为了推动自己针对某个感兴趣的主题而作更为深入和清晰的思考。本书遇到了一位称心的编辑——伊丽莎白·诺尔，也找到了一个理想的归宿——哈佛大学出版社。自出版以来，四处都可看到有同事在阅读本书，并且分享他们的感受。有些人则以批评的方式，对本书致以高度的敬意。在伯克利和其他院校，由于本书被列入密集式法律训练当中的必读书目，它也因此成为许多学生的吐槽对象。由此，本书遂形成一股"追随者"（英文称之为"a following"）。

现在，我十分荣幸地为本书中文译本写一篇序言，这既让我感到欣慰，又心怀谦卑。谓之谦卑，是因为在这个项目上，我必须承认，就算自己使出洪荒之力也无论如何成功不了。搜肠刮肚，我所知道的中文词汇也无非是一两句诸如"早安""你好"之类的话。没有我的这些朋友和同事们，特别是贡献至巨的中国人民大学法学院金海军教授，你现在手上的这本书就完全不可能出现。面对每一位跟我交谈的中国学者、律师与政府官员，以及我在伯克利教过的每一个中国学生，我总是在想，他们能够操中英双语——两种如此困难的语言——进行交流与写作，该是如何地努力，又是何等地令人称奇。每念及此，认识到他们之所为竟然是我连做梦都不敢想的事情，不免常常让我谦卑不止。当我想到本书当中包含了那么多复杂的思想、棘手的术语（特别是来自康德的部分术语！）以及晦涩的用语，我真的要向金教授和他的合作伙伴表示敬佩。他们是如何做到的，这一点我永远都不会明白。但事实是，他们做到了，故我将永远心怀感激。

　　我对这个翻译项目感到欣慰，还有另一个原因。在当下时代，知识产权正成为整个中国的政策发展以及知识界对话的核心，而我这本书也正当其时，可以让更多的人去阅读。只有外国公司才关心知识产权；美国大公司或者美国贸易代表还要到中国宣讲保护原创思想、创作与品牌的重要性，这样的时代已经一去不返了。如此宣讲，现在根本就不需要。中国的发明人、企业家、作者、艺术家、消费类品牌的所有人，他们都明白知识产权的必要性。低成本制造业虽然仍是中国经济的组成部分，但是，将来属于更加技术密集型的、原创的创造性与服务。简单来说，中国经济中的"知识财产内容"正在越来越快地得到提升。这段快速增长与扩张的时期，恰恰就是最好的时刻，让人认识到什么是我们称之为知识产权的这种重要的法定权利的核心。我希望本书能对人们在这方面的学习有所帮助。我相信中国的知识产权法正在朝着某些非常有趣的方向发展，无论在实践还是理论上。例如，我希望当初自己在写作本书时，能够从中国政法大学张南教授的一本书中获益。她的书是"对中国专利制度演变进行的一种儒学分析"（知识产权出版社，2015 年）。正如我在本书第一编所言，我相信知识产权法可以根据许多不同的基本哲学而得到正当性解释或者辩护，而张南教授的书就是一个很好的例子，说明了这种来自实践的思想。

在写作这篇序言之际，贸易"紧张"问题正对中美两国关系起主导作用。我们的知识产权研究领域，或许可以提供某些有用的教训。这个领域的核心是：（1）老老实实地承认每个人或者每个公司所作出的贡献；（2）承诺在赢利时给予公平回报；以及（3）发生冲突时，引导到以事实为根据的、文明的和有限制的场所去解决，因为在那里，人们可以意见相左，但不至于过度地难以相处或者性情乖戾。我希望（有时也是我的祈祷）大家能够记住这几条原则。中美两个大国互有悠久而且让人骄傲的传统，各自为了经济发展、自治与尊重而奋斗之时，彼此意见相左实在是不可避免的。但是，那种提高调门式的、具有侵略性的和敌意的冲突，毕竟不是不可避免的。我们都必须记住历史上的那些时刻。也要记得我们对历史承担的义务（这将在我们的子孙后代那里显现出来）。就让本书变成一股小小的绳索，搓到另一根由人民、思想、实践与制度构成的粗大绳子中，而正是这根大绳把我们捆绑在一起，朝着同一个方向不断前进。我们的格言，就应当像运动员在竞技场上的口号那样：我们要拼搏比赛；也始终要公平比赛；但在比赛结束时要握手致意，绝不将冲突带出场外。要是在比赛之后还能聚在一起喝啤酒、吃饺子，那准是非常不错的。

再回到序言前面部分所提到的，我还要向本书的译者专门表达谢意。首先是人民大学的金海军教授。他多年以来担任本书的主要译者，也是这个翻译团队的负责人。他从自己日常的法律教学与研究工作中抽出许多时间来从事翻译，更不用说这还会影响他的个人生活。他自己翻译了本书多章，并且对每一章译稿都细加校订。对于他的刻苦工作与这份承诺，我简直无以言表我的感谢。也要感谢史兆欢（承担第5—7章和第10章的初稿翻译）和寇海侠（承担第8—9章的初稿翻译），他们也为此付出辛劳，完成了重要的使命。最后，我要感谢中国人民大学知识产权学院刘春田院长，为了他对这个项目的支持，也为了他在过去数年当中，领导并且帮助实现了我们之间的诸多合作项目。

罗伯特·P. 莫杰思

加利福尼亚州伯克利

目录

前　言

几年前，我告诉同在伯克利的令人尊敬而经验丰富的同事杰西·乔珀（Jesse Choper），说我正准备写这本书。他听了我对写作计划的一番介绍之后，给我的回答是："哦，明白了。你该不是要做一个大翻转（Taking a Big Swing）吧？"现在，当我回顾整个项目——每本书的前言常常就处于这样的矛盾位置，明明写得最晚却偏要放在书的最前面——我可以说，他的看法是对的。我曾深陷这样的学术节奏当中：断断续续地在法律评论上发表一系列文章，穿插着修订一下案例教材，把偶尔形成的"思想片断"（think piece）编织起来，穿插到这个混合体系中。现在，是时候打断这样的节奏了。我得开始做一件更远大、更持久的事情；走回球员休息室，挑一根更大号的球棒，然后全力挥击。本书的缘起，就是当初这个挺犯傻的重大决定。

步子既已迈出，我准备在我的主要研究领域即知识财产的某些棘手的难题上，先做一番大胆的尝试。我想要为知识财产权利进行辩护，它所针对的就是近年来有人提出的一系列指控：他们认为，知识财产在数字时代已经变得可有可无；这个领域由"编造的理由"（made-up rationales）和"半吊子理论"（half-baked theories）所形成，支离破碎，乱作一团；知识财产，不管它是什么，根本上就不是真正的财产。我想做的，不仅是要力挽"知识财产大厦"不倒。我还想提出某些方面的建议，对这个法律领域作一些修整与裁剪，以更好地服务于其主要目的，而这个目的，在我看来，无非还是保护创造性成果，从而使具有创造力的人们可以某种方式获得荣耀与回报。因此，本书的标题具有双重含义。我既想要证明知识财产的正当性，从这个意义上讲，就是针对各种各样的批评而为其进行辩护；同时，我也想要从另一重含义，即从诸如调整版面大小或者字体粗细的意义上，对这个领域加以整理（justify）、厘清、整治，使之更加井然有序。

　　我准备按如下步骤进行。主要讨论的问题有三个方面：（1）重要的哲学家们关于财产的思想，其中既包括古典哲学家（洛克、康德），也包括晚近的哲学家（约翰·罗尔斯、罗伯特·诺齐克、杰里米·沃尔德伦）；（2）主要结合知识财产的特点，从理论上深入考察这些思想；（3）这些思想可以通过哪些方法，来帮助我们理解在这个日益数字化与网络化世界中的财产权的未来。

　　这个计划实际执行起来，却旷日持久，远超预期，而其艰难程度，也超乎我的想象。当然，这个计划最终还是成了，我可以称之为几近好玩的事情。正是这样一个奇怪好玩的想法，让我每天都比家里的其他人要早起几个小时，然后冲上一杯咖啡，冥思苦想于某篇复杂的文本，看它到底想要告诉我们什么意思，或者沉浸在某个难题上，找出其中恼人的纠结究竟在哪里，或者——这也是最糟糕的！——如何把这些想法变成一组词句，再把它们连缀成篇，形成一副既饱含意思又合乎逻辑的样子。这种挑战，就像你要跨越一条宽阔而湍急的河流，春潮涌动，咆哮不止，而你却只留有一个模糊的印象，记得在那里有几块淹没在水下的石头台阶，可以踩在上面，维持身体不倒。这听起来像是一次对于大多数神志清醒的人来说宁愿逃避的远足，你要是有这样的感觉，我相信这就对了。但于我而言，这却是一次无法抗拒的远足。

在我漫步知识产权法的路途上，遇到过各种各样的概念与理论。而在处理它们的过程中，我对以下三个方面，印象尤其突出：（1）康德的财产概念，它适合于一种不偏不倚的知识产权理论方法，在所有权人的行动自由与社会上其他人的利益之间达成平衡（它也适合于由约翰·罗尔斯所阐述的分配正义的目标）；（2）知识产权理论的"中层原则"（midlevel principles）具有重要意义，它处于根深蒂固的基本信念与规则性、事实性细节之间；以及（3）关于按所付出的努力或者价值而获得比例性回报的观念，它是驱动诸多知识产权规则的机制与系统运转的主要动力。我把最后这个观念称为比例原则，而它本身就是前述中层原则的一个典型。

关于这些原则，一言以蔽之，就是它们所处的顺序。如果说我们从这个世界中学到了什么东西的话，那就是，对于一种个人用心灵感受到的信念，不能仅仅因为这是他通过强烈而真诚的感受所获得的，就有权把它强加给别人。正如在本书导论以及第一编中所解释的，我遍查有关财产的哲学著作，已然从中发现了知识产权法具有坚实的规范性根据（我在导论中也解释了，为什么这个根据与对于知识财产持分析性根据的大部分著述，特别是那些具有法和经济学传统的著述相比，竟然是完全相符的）。但是，尽管我在这些著述当中，为知识产权领域找到了这样一种坚实的基础，而你仍然可以持有不同意见。这个规范性根据可能没有打动你的心，或者让你心生厌烦，或者让你了无兴趣。怎么办呢？我该怎么做，才能像我当初将它们拼合起来的那样，把该领域的哲学基础以最好的方式呈现出来，同时又为他人留出空间，让他们发现或者得出更适合于他们自己所感觉到的基础与观念？一旦我用这种方式来提问，那么答案就清楚了。我需要做的，就是借助有关政治多元主义（political pluralism）的奥义文献，特别是约翰·罗尔斯以及朱尔斯·科尔曼等当代法哲学家的著作。其中所需者，是一组观念、一份词汇表，它们既超越于多种多样的基础概念，同时又可以把它们联结起来。在这个中间层面进行对话，就可以从特定情形与具体事实的模式中提炼出一般性的东西，但又避免在根本信念上发生正面冲撞。中层原则虽然不可能，也不应当阻止或者排除所有的分歧，但是，它们为这些分歧创设了一个平台，从而更加有利于让分歧进行有效交换，并且最终，我相信是分歧的解决。

为知识产权领域的争论和对话保留一个安全空间是具有重要意义的，之所以这样说，原因就是现在有太多的事情正处于危急关头。无论该领域最终所依据的是什么理论基础，但对我来说很清楚的一点是，它在当代经济生活中发挥着一种关键性作用。知识产权允许人们依靠自己的创造性才能来赚钱生活。这种"劳动的财产化"（propertization of labor），使得歌曲的词作者和音乐家，以及小说家和发明人可以利用其创造性作品的杠杆优势，将他们的努力转化为可以在市场上出售的资产。这不仅增加了他们的收入，而且为他们换来了自由。一个人具有创造力，就可以在他希望的时间和地点工作，跟他想要共事的人一起干活，通过出售其生产成果的复制件来赚钱。因为对工作成果享有所有权，他就可以控制这些成果如何让人阅读、展现或者运行，如何加以包装和销售。知识产权的这些优势，就是在实践中，以日常方式体现了听起来很抽象的"自治"（autonomy）价值，而长久以来，哲学家们（特别是康德、黑格尔）已经将这个价值与财产权利联系在一起了。本书后面对于《哈利·波特》的作者J. K. 罗琳的个案研究，就显示了这些方面的好处。

简单来说，因为有知识产权，创造性工作成了许多人谋取更好生计的一种职业，而这个基本事实就解释了为什么知识产权问题仍然具有研究价值。即使知识财产的所有权常常受到大公司的影响，但它仍然使更多具有创造力的人能够拥有自己创作完成的东西。围绕知识产权这一用语的，其实充满了这样的信息，即所有权赋予人们以控制与尊严。工人的所得叫作工资（wages），而向知识财产所有权人支付的，则称作许可费（royalties）。这个语言性标志传递出一种重要的社会信息，表明了创造性努力的地位。它清楚地表明在这种工作上所附属的价值——该价值也只是由于知识产权而得以切实实现。

写作的确是一件孤独的差事，但幸运的是，于我而言，学术界还是一个社会性群体。我们也必须如此；若没有人可以与之讨论，也无人来对我们所钟爱的思想提出挑战，对我们的意见予以抨击，那么，我们就极少能够在自己的思维道路上走得多远。许多同事经年累月一起加以讨论并且帮助我形成思想，我要向他们深表感谢。我在下面所列出的，只是这份名单的一部分，需要声明的是，这当然是远不够全面的（如果我把您遗漏了，我为自己过于自信或者记忆不周而向您道歉）。

在哲学文献的选取订定上，伯克利的同事克利斯·库茨（Chris Kutz）给予了我非常宝贵的帮助。我也要感谢加州大学洛杉矶分校（UCLA）法学院的斯蒂芬·芒泽尔（Stephen Munzer）与卡多佐

xii

法学院的贾斯汀·休斯（Justin Hughes），他们以不同的方式帮助订定了我在后来所利用的那些哲学文献。最后，向我的前同事杰里米·沃尔德伦（Jeremy Waldron）谨致谢忱，他的贡献已经在我的思想中打下了一个非常显著的印记，本书所述，即为明证。我还要感谢哥伦比亚大学的肯特·格林沃尔特（Kent Greenawalt）、耶鲁大学的罗伯特·埃利克森（Robert Ellickson）和芝加哥大学的理查德·爱泼斯坦（Richard Epstein），这三位经验丰富的学者分别在不同时期、以不同方式向我提供指导与支持，事实证明，这对于我的思想发展至为关键。我还要感谢哈佛大学的亨利·史密斯（Henry Smith）和耶鲁／亚利桑那大学的卡罗尔·罗斯（Carol Rose），他们多年以来一直都是我作品的亲密读者与拥护者。同样感谢塞缪尔·弗莱莎克（Samuel Fleischaker），他在有关亚当·斯密的哲学问题上为我提供了有益的信息。

　　我要感谢下列法学院所举办研讨班的各位组织者与师生参与者，在那里，我首先尝试提出了本书所形成的部分思想：卡多佐法学院、凯斯西储大学法学院、哥伦比亚大学法学院、休斯敦大学法学院、弗吉尼亚大学法学院。最后，感谢我在伯克利的诸位同事，他们听取了我就本书若干章节所作的多场报告。特别感谢罗伯特·巴尔（Robert Barr）（他沉浸于知识产权，但更重要的是，他和我都是波士顿红袜［Red Sox］棒球队的忠实球迷）、埃米·卡普克辛斯基（Amy Kapczinski）、彼得·梅内尔（Peter Menell）、帕美·塞缪尔森（Pam Samuelson）、塔拉·赛伊德（Tala Sayed）、苏珊娜·斯科齐默尔（Suzanne Scotchmer）和莫利·凡·豪厄林（Molly Van Houweling），他们都是伯克利法律与技术中心（Berkeley Center for

Law and Technology）的朋友和同事，我们共同组成了这片在学界堪称最美好的学术家园。在伯克利的其他同事，也都以这样或那样的方式给予我帮助，他们是：伯克利法学院的鲍勃·柏林（Bob Berring）、杰西·乔珀（Jesse Choper）、简·维特尔（Jan Vetter）、埃里克·塔利（Eric Talley）以及后来的菲尔·弗里基（Phil Frickey）；伯克利经济系和商学院的里奇·吉尔伯特（Rich Gilbert）、大卫·莫厄里（David Mowery）和卡尔·夏皮罗（Carl Shapiro）。我需要特别提一下克里斯·埃德利（Chris Edley）院长，他依循前任赫马·希尔·凯（Herma Hill Kay）院长的做法，允许我留出时间与工作空间来写作本书。并且，应当记录在案的是，我正常的暑期研究资助也没有因此受到一点儿影响。特别致谢加州大学伯克利分校之外的以下各位：丹·伯克（Dan Burk）、丽贝卡·艾森伯格（Rebecca Eisenberg）、马克·莱姆利（Mark Lemley）、约翰·达菲（John Duffy）、罗谢尔·德赖弗斯（Rochelle Dreyfuss）、斯图·格拉姆（Stu Graham）、阿希什·阿罗拉（Ashish Arora）、理查德·尼尔森（Richard Nelson）、哈尔·埃德加（Hal Edgar）、简·金斯伯格（Jane Ginsburg）、亚当·莫索夫（Adam Mossoff）、乔·米勒（Joe Miller）、马克·贾尼斯（Mark Janis）、道格·利希特曼（Doug Lichtman）、迪特马尔·哈霍夫（Dietmar Harhoff）、莫林·奥罗克（Maureen O'Rourke）、安德烈亚·奥托利尼（Andrea Ottollini）、朱塞皮·马泽奥提（Giuseppe Mazziotti）、熊涌梅（Hsung-Mei Hsiung）和格雷姆·丁伍迪（Graeme Dinwoodie，他是牛津大学导师，同样是波士顿爱国者［Patriots］橄榄球队的资深球迷）。对于在知识产权领域撰写出堪称非凡四重奏（quartet extraordinaire）文集（treatise）的四位作者：唐·奇兹姆（Don Chisum）、保罗·戈斯汀（Paul Goldstein）、汤姆·麦卡锡（Tom McCarthy）和大卫·尼默（David Nimmer），我也深表感谢，他们的学识和情谊，历久而弥足珍贵。不能忘了，还有许多的法官与政府官员，这么多年来都在传布我的观点，其中为首的（"chief"在此也指首席法官，特意用双关语）就有联邦巡回法院的兰德尔·雷德（Randall Rader）法官，还包括理查德·波斯纳（Richard Posner）法官，后来的贾尔斯·里奇（Giles Rich）法官、理查德·林（Richard Linn）法官和罗纳德·怀特（Ronald Whyte）法官，以及其他许多曾经驻足伯克利的法官，他们多年以来已经成为我们联邦司法中心知识产权"训练营"的一部分（这个项目由我这位激情满怀的同事与伙计、伯克利法律与技术中心联合创始人彼得·梅内尔策划）。

我也要感谢过去几年当中对我忠心耿耿的研究助理们，没有他们，我不可能收集和筛选出所有这些在知识产权领域迅猛增加的二手文献资料。他们是：苏珊·德·加兰（Susan De Galan）、阿米特·阿加瓦（Amit Agarwal）、兰杰纳什·苏达尔山（Ranganash Sudarshan）和安娜·彭特尔多（Ana Penteado）。我最后也要对我以前的许多研究助理们表示敬意，包括杰夫·库恩（Jeff Kuhn）、伊内斯·冈萨雷斯（Ines Gonzalez）和西莱斯特·杨（Celeste Yang），甚至还可以追溯到我最早在波士顿大学的研究助理，像罗布·科伯特（Rob Cobert）、乔·柯克（Joe Kirk）、罗布·里德斯（Rob Rieders）、布雷特·索科尔（Brett Sokol）等，还有其他许多人。对给予我珍贵的日常帮助的克里斯·斯温（Chris Swain）、大卫·格雷迪（David Grady）和路易丝·李（Louise Lee），我也深致感谢。还有布里坦尼·埃利斯·萨蒙（Brittany Elise Salmon），他为我提供的专业帮助真可谓才华横溢，我粗糙的手绘草图经他之手变成了精美的示意图。

对于下面两位的帮助，我需要专门提出表彰：一位是伯克利法学院 2009 届学生本·彼得森（Ben Petersen），他对本书各章付出的努力均极具价值（他推迟离校入职的时间，为我带来无以估量的便利）；另一位是哈佛大学出版社的伊丽莎白·诺尔（Elizabeth Knoll）。三年多前她顺道来我办公室访问，对此项目还不太了解，只是无意之中问我"你在忙些什么有趣的事情吗？"可结果呢，现在这件事成了她的专职要务。

就算是为了一般性的道义支持，我都要为我在知识产权业务与投资企业奥维德集团有限公司（Ovidian Group, LLC）的共同创办人、同事和朋友们点赞，更别说物质方面的资助了。这家公司的客户每天都在用实践向世人清楚地阐释，什么是知识财产的价值。他们是：亚历克斯·柯恩（Alex Cohen）、史蒂文·霍罗威茨（Steven Horowitz）、莉萨·麦克福尔（Lisa McFall）、乔·辛诺（Joe Siino，公司 CEO），最新加入奥维德公司的萨特亚·帕特尔（Satya Patel），以及谢里·辛诺（Sheri Siino）和埃米莉·莱维特（Emily Leavitt）。

每一个人，特别是就学者而言，总需要不时地在他们的脑力活动之外去消磨时光。对于在这方面给予我帮助的，我要感谢包括马里林恩·托宾（Marylynn Tobin）教士在内的所有在戴维斯社区教堂（Davis Community Church）的朋友们；在该教堂唱诗班乐队的队友们（特别是我们的音乐指导大卫·迪夫纳［David Deffner］）；再加上约翰·汉南（John Hannan），周六上午（由汤姆·纽科姆［Tom

Newcombe〕和蒂姆·马斯特森〔Tim Masterson〕牵头）的星巴克聚会团以及蒂姆·穆尼（Tim Mooney）；当然，还有数年来我执教和管理的所有孩子们，特别是2007—2009年的戴维斯童子军小联盟（Davis Little League Cubs）和勇夺（冠军！）奖旗的2009年爱国者橄榄球队，还有与我一同执教的老伙计"勾住传球"汤姆·霍尔（Tom "Hitch Pass" Hall）和凯文·邦菲尔（Kevin Bunfill）。

最后，感谢我的家人：乔（Jo）、罗比（Robbie）和詹姆斯（James）；老爸、老妈；还有我的兄弟布鲁斯（Bruce）、保罗（Paul）和马特（Matt）。"致谢"只是一根脆弱的苇草，而在上头挂着的，是我对他们欠下的情；这就好比一位飞行员在飞上云端的时候，却去感谢空气的帮忙。换一个更好的说法，他们为我提供了前行的环境，是我能有所作为的原因，也是让我变成如此这般的养料与支撑。我对他们的感谢如此深切，从某种程度上来说，这是无法用任何一篇简单的致谢所能表达的。特别是我的妻子乔。试想一下，她嫁给的这个家伙竟然要写这样一本充斥着深奥术语和晦涩话题的书。好吧，她要做的可不止于这样想想而已，而是必须与之同室共处。为此，我无时不心存感激，并惊为天人。

xiv

知识产权正当性解释

第1章 导论：主要命题

当下的知识产权法，犹如发展中国家的那些超大城市——比如墨西哥城或者上海市，四处延伸、嘈杂无序。这里到处矗立着建筑吊车。今天的老城中心——也就是这片区域古老的核心位置——已经被城市发展所带来的新建筑、新社区和交通枢纽包围，四面八方，由近及远，遍地开花。作为一位老辈人和常住居民，我在此地生活很有些年头了，现在上街散步，看到周遭景致时，也不免发现自己对此着实别有一番滋味在心头。我惊叹于老城迸发出的强烈新能量，并且，我也非常乐见它所带来的繁荣景象。然而，我也感到一丝明显的不安。新的发展既仓促忙乱，不顾老城给人留下的古典轮廓与感受，但又在时时向四处扩散，不免让人有些头晕目眩——这是一种迷失在熟悉环境里的感觉。固然，这是一个让人激动的时代；但它也是一个令人困惑的时代。

本书肩负着一种勘测与重建的使命，就在这座我异常熟悉的城市区域内，开展这项工作。这项工作的一部分是考古发掘，需要挖到地基底下，以便了解当初为什么要建造这座城市，城市的中心在哪里，城市最初的街景是什么样的。而这项工作的另一部分则是地图测绘，一幅从高空俯视城市风光的观念地图——选择某种现代平面设计，其中以不同风格的线条标示主要道路，对主要特征设定不同色调——就是接近于纽约城市地铁图那样的东西。这样做的用意在于，消除噪音和新建的场所，而只标出城市的主干道路和重要街道，以使这一区域呈现出清晰的形式和模样。最后，本书也是一项城市规划：它阐明了从历史深处汲取的原则和指南，以便构筑和衔接新的发展。我的目标既不是要阻止这个城市的发展，也不是让它的所有特征强求一律。毋宁说，这样做是为了确保这座老城在每一次新的拓展中，让它那些来自历史核心的基调和主线保持不散、得到修复和与时俱进。城市在生长，但我希望它能保持其基本特征。

我任务中的考古部分，就是对基础的追寻。所有的法律制度都形成于社会实践，并且随着时间推移而日益变得正式，但是，本书对法律制度的历史起源的探究，仅仅只占其中的一小部分。我进行的主要考古工作，是思想观念的（conceptual）：把财产权延伸到无体的事物上，其正当性应当如何解释才最为合适？并且，这一领域的轮廓和界线又是如何形成的？换言之，为我所考察的"城市风光"提供启示和动力的，究竟是什么样的思维模式和基本的规范性观念？本书第一编的动机，正是发轫于这些问题，而不是历史事件（比如先有这部法律，而后发生这个案件等）的令人着迷（但对我而言无关紧要）的线性发展。

时下流行的看法是，知识产权法的目的在于使其所调整行为的净社会收益（net social benefit）最大化。传统的功利主义公式——最大多数人的最大幸福（the greatest good for the greatest number）——在这里的表达，只是把幸福替换成回报（rewards）。社会要为某些成果的创作者提供高于市场的回报，因为如果没有此等回报，这些成果就不会被创作出来或者不会如此又快又好地被创作出来。将这一方案中的收益与社会损失（social losses）进行权衡, 其中, 收益的形式就是新创作出来的成果, 而社会损失通常就是当这些成果的财产权以高于其生产的边际成本的价格出售时所造成的消费者福利损失。根据这一模型, 知识产权政策就是对上述这些方面进行比较与衡量, 以达到适当的平衡。至少从观念上而言, 其中涉及的程序并不特别复杂。这是很容易想象出来的, 无非是把成本和收益加总计算, 就可以设想出一项好的政策, 就是让天平的砝码放在适当的位置以保持平衡——这个位置恰好使得新创作的成果在数量和质量上达到最大化, 而不会让社会付出更高的代价。

这一过程看似简单, 但实际操作起来, 却没那么容易。事实上, 复杂得令人难以置信。对成本和收益的评估、把它们与时间要素结合起来建立模型、在与事实相反的情况下设想可能会发生什么(例如, 假设不存在著作权保护, 实际可能有多少的小说或流行歌曲会被创作出来, 以及在此情形下谁将从中受益)——这些都是极度复杂的任务。而这种复杂性就给功利主义理论带来了大问题。由于在计算或者估计所有这些相关变量时, 会面临这种纯粹实践性的困难, 这就意味着, 功利主义方法永远顶多只能算是具有启发意义。好比想要设计出一套完全的社会主义经济那样, 这种哲学方法在计算上存在的复杂性, 就令人大可怀疑它能否适合于成为这一领域的一种可行的基础。通过研究, 我越来越确信, 就我们现有的工具而言, 我们将永远无法确定所应当授予专利、著作权以及商标的"最优数量"(optimal number)。每次当我像一位考古学家那样探究这一领域的功利主义基础时, 总是空手而归。就算我如何努力, 还是无法以确证的数据为根据, 为我们当下的知识产权制度作出正当

3

性解释，表明人们在拥有知识产权法时的状况好过假设不存在该法律时的状况。[①] 我终于开始明白，将效用最大化作为知识产权制度的第一位原则（first-order principle），并不可行。它无法真正从最深的层面上解释有关知识财产的全部。

这正是多年以来，我一直在回避的一个真相，只是有时候我回避得精巧一点（例如，倚重于那些不确定的正面数据，表明知识产权法是必需的、有效率的，而对可能得出相反结论的不确定数据，则打一些折扣），有时则不那么巧妙（例如，将所有数据均予以忽略，或者假装认为还有更加坚实有力的数据隐藏在某个角落里）。但是无论如何尝试，此处的一个真相是我无法回避的：这些数据具有不确定性，简直令人抓狂。在我看来，它们为一起相当扎实的、支持知识产权保护的案件提供了证明——但它并不是一起坚固稳

[①]　在这一点上，看来我并非孤例。参见余家明（Peter Yu），"反技术规避与反反技术规避"（Anticircumvention and Anti-Anticircumvention），《丹佛大学法律评论》（*Denv. U. L. Rev.*），第 84 卷（2006 年），第 14—15 页，"在当前关于 DRM（数字权利管理 [digital rights management] ）的争论中，正像其他许多关于知识产权的争论那样，由权利人及其投资人和代理人所组成的一派，跟学术界、消费者权益维护者和民权自由派人士所代表的另一派，就会形成一种相当大的分裂。……遗憾的是，任何一派都没有充分的实证性证据（empirical evidence），来支持己方立场，或者推翻对方的立场。相反，正如学者大卫·麦高恩所指出的那样，双方的战术都是将举证责任推来推去，因为他们心里很清楚，'谁如果必须去证明这些无法证明的事实，那么他就可能输掉这场争论'。"引注略，参见大卫·麦高恩（David McGowan），"著作权的非结果主义"（Copyright Nonconsequentialism），《密苏里法律评论》（*Mo. L. Rev.*）第 69 卷（2004 年），第 1 页。

赢、无懈可击的案件，足以令我们能够自信地将其交到由头脑清醒的社会科学家所组成的、公正无偏的陪审团那里。

然而，透过所有这些对实证性证据的怀疑，我对于知识产权法的必要性与重要性的信仰却反而提高了。像我这样的，似乎还很有些同道。无数的法官在他们撰写知识产权案件判决时，开头都会先搭设这个或者那个熟悉的"舞台布景"（stage setter），来说明知识产权保护是如何地服务于公共利益的，其方式通常是在起始句中引用托马斯·杰斐逊（Thomas Jefferson）在其闲暇随笔中的片言只语。但是，如此这般的功利主义的陈词滥调会很快地让位于在规则上的细节，而后者所体现的，常常是某些超越效用的、更加根本性的东西——从而往往在判决的最后，才揭示出知识产权法的宗旨与正当性。亦即，法院归根到底的结论通常就是，把知识产权当作权利（IP rights *as* rights）。作为法官来说，他们自然因为忙于处理重要事务而无暇探究这样做的重大意义。但在本书中，我责无旁贷，需要阐明这一层意义。从社会效用论转向基本权利论，这无疑是一次重大转变。因为我们从约翰·罗尔斯、杰里米·沃尔德伦以及在他们之前的贤哲（特别是伊曼努尔·康德）那里已经知道，权利的特征在于，不能仅仅以社会效用为由而将之推翻。沃尔德伦谈到了这一点，并据此轻而易举地对"纯粹利益"（mere interests）与真正的权利（true *rights*）作出区别。尽管在知识产权领域，功利主义的修辞被用得如此频繁，但我已经看到，法院通常将知识产权（至少是默示地）理解为权利，完整而真正意义上的权利。或许更加令人奇怪的是，至少就我而言，我开始认同这样的理解了。

4

一、首要问题：知识财产"真的"是财产吗？

我在本书所主张的是，财产法存在一个基本的逻辑，它既适用于有体物，也适用于无体物。由于对此主张存在各种反对意见，所以，我最好在一开始就阐明我的理由。

首先，我必须承认，若以狭义的"财产"概念而论，我的这一主张无法成立。有人就认为，财产概念（concept）是并且始终处于其原始形态的羁绊之中（a prisoner of its origins），亦即，财产起源于它跟有体物——土地即为著例（尤其在英美法传统中）——之间的形成关系（formative association），并且不能超出这一范围。若以此看待财产概念中的物，自然就会将知识财产视作一种令人尴尬的移植。对于他们而言，财产概念包含着某些历史—本质论的特征（historical-essentialist traits），不能为了使这一概念更好地适应于无体物而将它们改掉。将财产概念适用于无体物，会让人产生错觉，犹如在热带地区看到了北方冷杉，或者在极地荒漠中长出了潮湿的苔藓。两者之间总是不搭调。任何概念上的调整，或者任何为了产生确实相匹配的生物性状而进行艰苦的育种工作，都不可能只做出小范围的更动。它会产生某种从根本上来说不同的新东西，一个全新的物种；而无论怎样称呼它，都不能称之为财产（这一主张在词典学上的线索在于，人们只是针对土地上的财产，才称之为"真实的"财产*）。对于持此论者而言，知识财产这一概念

---

* 此处的原文为"real" property，其实是一语双关。该术语在法律上的含义就是指土地等不动产。——译者

顶多只能算是一个迁延性类比、一个固定的比喻。它借用了财产的某些基本内容，但不能真正把它当作这一基本法律范畴的组成部分。

但是，我不同意这个观点。我不会以这种历史—本质论的方式来看待财产。于我而言，财产是一个丰富而广阔的概念。固然，它有着独特（和迷人）的历史。但是，它的起源并不意味着这就构成了它的限制和范围。财产概念所适用的物的范围，非常广泛，这就使我联想到，财产是一个扩展的、具有高度适应性的法律范畴。土地、工具、树木、矿藏、水流、区分所有权主张、向他人付款的法律义务——凡此种种，都是财产这个大家庭中的成员。在它悠久的发展历程中，财产已经显示出无穷的力量，它可以从一个舞台跳到另一个舞台，伸缩自如，与形随变。尽管在财产的区别性特征中，有一部分是由其早期历史造成的，但是我相信，这段历史为财产所带来的，不是各种沉重的负担和限制，而在很大程度上，财产毋宁是一个具有高度适应性和灵活性的概念用语，可以用它很好地容纳各种新事物和新情况。这一词语具有非凡的效能，可以在法律主体与他们认为有价值的特定事物之间有效地建构关系。事实证明，财产具有这样的活力，因为就像一种不断成长和扩张的口语那样，它已经显示出自身具有非常重要的能力，可以吸收新的方面，并且做出重大调整，却能够依然恪守那些规定了财产基本结构的核心原则。

私有财产制度最重要的核心原则就是：它将各项财物的控制权让与个人。它在所有权人与财物之间形成了一对一的映射关系

（one-to-one mapping）。① 我在本书中主张，这种一对一的映射关系是处理无体物的最佳方式，正如它在其他财物上所呈现的那样。对我来说，正是这个关于个人控制的强大逻辑，才使得财产是适当的并且可欲的；而它跟财物的本质特性，则没有什么关系。这也是我为什么将知识财产看作一种用于规制无体财物的非常可行并且甚至是受人欢迎的制度。去中心化的控制与合作的逻辑——亦即个人所有权——对于无体物而言，正如它对于有体物以及传统财产法的其他标的那样，在我看来，都是同样言之成理的。

对知识产权法的财产模式提出反对的另一个主要理由，则是着重认为，财产权具有过高的交易成本。带有这种倾向性的批评者并未在本质论主张（essentialist arguments）上大费周章。他们的观点更多地放在有关对无体物赋予财产权所带来的结果上，特别是，随之而来的交易瓶颈和成本过高的梦魇。这个基本的反对意见还变出诸多花样，但它们大多表达了同样的想法：尽管知识产权可能对某些东西或者在某些时候是合理的，但是，在一个快速发展和大流通的信息经济背景下，知识财产却表现为一种主要的摩擦"阻力"。

我在本书若干之处都提到这种反对意见——我对此抱持一种适度的同情。贯穿全书，我的基本观点是，过高的交易成本，正说明我们需要在知识产权法上加以改革，而不是将它彻底废除。与那些强调这项反对意见的批评者相比，我对于经济参与者"克服"交

---

① 这是意图对于何为财产而做出某种一般性的描述。当然，在实践中，存在着各种情形，例如由多个法律主体（自然人、法人等）在单独一件财物上分享所有权；单独一个所有权人，也可以拥有众多的财物；在复杂组合的情况下，所有权的请求权可以分解并进行分割；等等。

易梗阻（transactional chokepoints）的能力更有信心，并且更加相信，尽管存在这些交易上的挑战，但最好的出发点还是保持一种对财产的个人所有权的信念。最终，我的目标是从"交易悲观主义者"（transactional pessimists）那里学习一些东西，而不是加入他们的阵营。

二、效率作为知识产权法的一项中层原则

我在前面把知识财产说成是一种"权利"（IP as a "right"），这听起来似乎是我采用了一种知识产权的"自然法"观点，进而完全回避任何关于经济效率的讨论。然而，事实并非如此。请容我在此予以澄清，我并不是提议把效率问题从知识产权法中清除出去。若如此提议，就会把一大批有用的学术研究成果——有一些甚至就是我自己的学术研究——归到被删除的历史文档那里去了。窍门就在于，我们需要理解，效率是一个第二顺位的目标（second-order goal）——亦即，它是一项"中层原则"（midlevel principle）。尽管我在这篇导论的后面部分才会谈到基本原则（foundational principles），但我现在还是需要先花点时间，解释一下诸如效率之类的中层原则与一项真正的基本原则之间的区别。

在任何法律领域，效率都是一个重要的目标，知识产权自然也不例外。这一重要原则的印记遍布于整个知识产权法；事实上，如果不借助于效率原则，人们所知道的知识产权法在社会实践中的诸多方面，就无法得到有效的解释。不过，正如我在此前所提到的，虽然效率对于构成知识产权法的实践具有普遍影响，但它并不

足以成为一项基本原则或者规范性原则（normative principle）。它无法解释知识产权领域的重要特征（著作人身权即为其中一例）。并且，正如我们所尝试的，法和经济学派的学者尚未为该领域提供一个基于效率（或者功利主义）的正当性解释。也没有任何牢靠的证据来证明，如果知识产权保护突然消失，总体社会福利就将下降。固然，有许许多多的指标和形形色色的数据可以支持这样的观念，即知识产权整体上对于经济而言是一个好东西。但是，这方面还没有任何可以为一位科学家，或者甚至是一位严谨的社会科学家所接受的确凿无疑的证据。著名经济学家弗里茨·马克卢普（Fritz Machlup）在一份为美国参议院所作的研究报告中，得出这样一个著名的结论：如果我们今天重新来过，就不能确定是否仍会建立知识产权，但是，既然我们已经有了知识产权，如果将之放弃也非明智。此后人们在该领域所产生的大量的实证研究文献，通过巨大的努力试图表明，将实践与原理相互独立开来，这实在是明智之举；但是，任何人都没有提供足够的证据推翻马克卢普的基本结论。从个人层面而言，我对效率的兴趣（和信仰）导致我一直努力地把整个知识产权领域建立在这种思想之上，或者据此而寻求正当性解释。但是，我为此付出的努力却失败了，而由失败所开启的思路，则最终导致我写出眼前这本书。

我也拒绝另一项被许多人（通常是暗示性地）建议可以作为知识产权领域之基础的原则：保留公共领域并使之最大化。学者们以诸多名目来推动这一进程。该思想的核心之一是，知识产权法在信息世界的作用，与环境法之于自然世界的作用相同：把尽可能多的东西保护起来，使之免予受到私有化的贪婪的控制。这在环境法中就是管家原则（stewardship principle），其思想在于，我们的职责就是保护大自然为人类提供的令人称奇但数量有限的馈赠，以免被那些想要从中谋取个人利益的人占取。这个概念是环境法的保护主义理论议题的支撑点。在知识产权法中，这个概念就是我所称的"不可移除原则"（nonremoval principle），它是指在公共领域中的信息和思想绝不可以被人拿走或者私有化。这也是联结并且有助于将知识产权领域组织起来的第二个中层原则。

尽管我相信，公共领域不可移除是知识产权制度的一个重要目标，但它仍不足以坚实地使之成为第一顺位的原则。在这方面，它与功利主义有着同样的缺点。如果你仔细观察知识产权制度各种各样的规则与制度性实践，你会发现许多证据表明，不可移除原则确实在起作用。当然，就许多实践性目的而言，推进不可移除这一议题也是一个值得追求的目标。但是，正如效率原则那样，不可移除原则并非作为知识产权领域的一个规范性基础（normative foundation）而发挥作用。原因很简单：它并不能解释在该领域中通篇明显可见的重要实践与价值。例如，公共领域的概念就没有办法告诉我们有关用以解决优先权主张（谁最先完成，谁就可以获取某一权利）的规则；在专利法与商标法中，优先权之争的结果通常就是，竞争者当中有一方拿走了财产权，因此，在这样的竞争中，即使有一项政策是有利于公共领域最大化的，但它也起不了什么作用。针对在某一知识产权受到侵犯时用以提供法律救济与损害赔偿的规则，情况也与此类似。这里的核心问题是计算出权利人所遭受的损失，而不可移除原则在此就全无用武之地了。即使不可移除原则变成一项规则，也往往并非只是单独这个原则在起作用。这在下面这些情形中就会表现出来：一件作品需要多大程度的独创性才能获得著作权，或者一项发明需要有多少创造性火花才能享有专利保护。之所以设定这些条件，不可移除原则当然提供了部分的理由。但是，其他部分的理由却是来自如下思想，即一项知识产权应当与一件创造性成果的贡献比例相当。这个思想，我称之为"比例原则"（proportionality principle），而在我看来，它才是知识产权法的中心；它也许才是主要的中层原则，故本书第二编专设第 6 章，对此予以详述。由于我们必需借助诸如比例性之类的补充概念，因此这一事实就彻底暴露出，不可移除原则本身不够强大，不足以让它支撑起这个领域在观念上的全部重要性。

对我来说现在已经很明显，尽管当我开始探讨以效率原则与不可移除原则作为知识产权领域的基础时，我本来以为这就是从理论根底开始的研究，但其实这只是从中间层面开始的探讨。在这方面，如此行事者显然并非只是我一个人。还有一位同道，就是造诣非常深厚的法哲学家朱尔斯·科尔曼，他在《原则的实践》一书[①]的导言中，也依循了相同的进路。当我描述处于知识产权法中心位置的四个中层概念（midlevel concepts）时，正是使用了科尔曼的术语（参见本书第二编）。与科尔曼一样，我也相信这些中层原则起到了一种关键性作用。它们把知识产权制度的一系列各不相同的规则与制度性实践全部连接起来了。回想过往，我对知识产权法的评论正是从考察这些原则开始，也就没有什么奇怪的了。它们形成了这个领域的

---

① 朱尔斯·科尔曼（Jules Coleman），《原则的实践》（*The practice of Principle*），牛津：牛津大学出版社，2001 年。

结缔组织（connective tissue）的一个固有部分。事实上，正如科尔曼那样，我只有在完全掌握这些原则并且看到了它们的局限性之后才开始发现，确有必要为它们寻找一个基础性的理论根基。

不过，在介绍这些理论基础之前，容我先对这些中层原则的概述作一了结。除前面所讨论的（1）效率原则和（2）不可移除原则之外，我还确立了另两项原则：（3）比例原则（前面已有略述）与（4）尊严原则。

在整个知识产权法当中有这样一种推动力，它想要通过某种反映其贡献多少的方式，来具体确定某位创作者的财产权。这就是比例原则。对于这个原则，人们有着某种明显带有洛克式的偏好（尽管它以功利主义为根据也同样说得通），特别是经由法律学者贾斯汀·休斯（Justin Hughes），洛克已经被改编进入知识财产领域之中了。该原则的核心之处，还是关乎基本的公平：一项财产权的范围应当与构成该权利基础的贡献大小相当。比例原则就体现在各种各样的知识产权规则上，从侵犯著作权的认定及其法律救济，到可授予专利权的条件，再到各种不同的商标规则，皆属此例。最清楚地表明该原则本身的情形是，当创作者主张一项权利时，其价值就与所涉及的贡献大致比例相当。在此情况下，知识产权法就找到了一种方法，以防止授予一种比例失当的权利（a disproportionate right）。在著作权法中，对一小段材料享有的著作权，就可以控制一把通向某个利润丰厚的更大市场的钥匙。电子游戏机的"锁定代码"（Lockout codes）即为著例。谁拥有这一代码的著作权，谁在实际上就变成了对与该游戏机相兼容的游戏市场享有控制权的所有权人。在某些条件下，这样的独占性控制可能有其道理。但是，从几份重要的司法判例来看，法院却认为不应当仅仅因为某人对该代码享有著作权，就赋予其这样的控制权。[①] 相同的原则也适用于如下专利规则，它们规定，如果创造人没有为建立与发展更大的市场作出重大贡献的话，就应当拒绝赋予该创造人对于这些市场的有效控制。那些奉行机会主义的专利权人，常常试图凭借其意在注资于（capitalize）他人的开创性工作的聪明策略，而借助东风，杀入一个繁荣兴旺的市场。但是，他们常常也会一头撞上强劲的逆风。法官和立法者早晚都会对这些不公平的策略作出反击，当然其前提是，这些策略不符合专利制度的更为深厚的宗旨。在第6章中，我用一则简单的寓言和示意图——关于桥的寓言——描述了比例原则是如何体现在这些情形中的。

知识产权法的第四项中层原则是尊严原则。它所揭示的思想是，在许多情况下，知识产权所涵盖的作品往往反映并且体现了创作者个人的人格特点，因此，对创造性作品的某些方面给予特殊保护是正当合理的。尊严原则表现最明显的就是所谓的著作人身权（moral rights），它们保护的是作品的创作者，即使在作品的其他权利已经被出售或者转让之后亦然。尊严利益可以被看作是一根无形的绳子，连接着创作者个人与他们的作品，它甚至在某一正式的合法转让行为发生之后而仍然存续。基于历史原因，这个原则在欧洲大陆的知识产权制度中得到了更为全面的发展。但即便如此，在美国知识产权法中也能找到它的相关表达（尽管有时候它可能隐而不彰），而美国也有许多人（包括本人）觉得它应当被置于一种更加

---

① 详细内容，参见以下第6章。

突出的地位。

三、关于基础理论的多元主义或者"底部空间"

到此为止，我已经对中层概念做了一番总体性阐述，现在我希望挖得更深一点，谈一谈那些蕴含其下的，属于该领域的观念性基础的东西。不过，在正式开始之前，我需要稍稍偏离一下主题。我想先就基础理论与中层原则之间的关系，略予陈述。

尽管历经多年研究，我对于基础理论已经形成了自己的理解，但是，我并不认为我的思想就可以主张任何的独尊性。我在第二编所描述的道义论基础（deontological foundations），并非这个领域唯一可能的根据。正如我在此前所述，目前的数据（无论如何这只是我的意见）近乎形成一种支持知识产权的牢靠的功利论情形。而更多的数据却可能打破这种平衡，使得我或者其他人相信，这个领域所涉及的基本上都是关于净社会效用（net social utility），或者，该领域的正当性也许可以通过功利主义的抑或道义论的权利的一组核心价值而得到解释。但这就带来这样一个问题：假如连我们脚下所踩的深层底部都可以改变——亦即，当我们面临新的认知时，就会突然用这个"基础"来取代另一个——那么，我们又会怎样看待这个领域呢？

在实践操作层面上的回答可以是：这没什么大不了的。这是因为，知识产权制度中的操作性原则（operational principles）正是我在此前所确定的那些中层原则。效率原则、不可移除原则、比例原则与尊严原则，它们形成了这个领域的观念性支柱，而在很大程度上，它们又独立于有关知识产权保护的深层观念的正当性解释。除了在少数的边缘情形中，知识产权的深层观念极少会对知识产权制度的日常运行产生更多的直接作用，或者带来什么大的实践性影响。

那么，在理论层面上又如何呢？如果我们从一个理论基础转换到另一个基础，它将如何影响我们对于这一领域的理解呢？我用一个类比来回答这个问题。在其大作《政治自由主义》①中，约翰·罗尔斯对多元主义思想进行细致分解，然后再加以重构，从而作出了大师级的贡献。罗尔斯说，在一个自由民主的社会中，有必要存在某个建立在"重叠共识"（overlapping consensus）基础之上的"公共空间"（public space），而这个共识是从多个有时甚至是分歧性的基本信奉（foundational commitments）中提取出来的。通过对一组自由制度的适当解释，公民们就可以同时坚持他们最深层的信奉（例如，基本价值、宗教信仰，等等），并且以一种共同的理解而与其他持有同样坚定但并不必然完全相同之信奉的人联合起来。②换言之，自由的民主制（liberal democracy）就是允许每一个体既持有坚定的个人信仰，同时也可以与他人一起参加市民社会，而该他人所坚持的可

---

① 约翰·罗尔斯（John Rawls），《政治自由主义》（*Political Liberalism*），纽约：哥伦比亚大学出版社，2005 年扩展版。

② 同上，第 135 页："虽然存在着许多相互冲突的合乎理性的完备性学说及其善观念，但只要每一种学说可以通过一种政治正义观念的资源而得以确定，它与人类个人的充分合理性就是相容的。……我们把各种相互冲突的、不可通约的学说之间的理性多元论（reasonable plurality），看作在持久的自由制度下实践理性长期产生特殊作用的结果。"（脚注略）

能恰好是另外一种相反的信仰。[①] 根据罗尔斯的观点，一种切实可行的共识所包含的，不仅是在实际操作层面上的一个可行的合意，还包含一组共享的道德信奉（moral commitments），其中的一部分就是罗尔斯所称的"公共理性"（public reason）。[②] 这些信奉构成了一种与每一个体的最深层的基础信奉相区分的"公共道德话语"（public moral discourse）的水准。按照罗尔斯的观点，一种重叠共识，如果

---

① 凯斯·桑斯坦（Cass Sunstein）也有着一套相同的理论，即关于"不完全理论化合意"（incompletely theorized agreement，简称"ITA"）的思想。参见凯斯·桑斯坦，《法律推理与政治冲突》（*Legal Reasoning and Political Conflict*），牛津：牛津大学出版社，1996 年。桑斯坦的"ITA"观念主要应用于司法判决与法律推理。其思想在于，法官通常避免在其判决意见中将深层的根本性理论化问题作为维护多元性的手段：假如不将一方当事人的深层信念予以驳回，那么根据通常的规则、先例和法律推理，该方当事人就可能在案件中败诉。罗尔斯的理论，则针对一个殊为不同的问题，即作为个体的公民，是否必须同享一种全面的道德/神学/基本的世界观，才能一起加入到市民社会中。基于多种多样的原因，罗尔斯认为，个人应当有深层的基本信念；社会应当被组织起来，具有合理但互有冲突的基本信仰的人民才得以生活，并有效地共同发挥作用；培育起这种有效共存（effective coexistence）的重叠共识（overlapping consensus）应当超越于纯粹为了操作层面的缓和（operational detente），而应当包括某些共同的或者"公共的"伦理价值。关于在罗尔斯的重叠共识与桑斯坦的"ITA"之间所作的一个有益的对比，参见斯科特·J. 夏皮罗（Scott J. Shapiro），"理论的敬畏"（Fear of Theory），《芝加哥大学法律评论》（*U. Chi. L. Rev.*），第 64 卷（1997 年），第 389 页（这是对凯斯·桑斯坦《法律推理与政治冲突》一书的书评）。

② 罗尔斯，《政治自由主义》，前揭，第 213 页［"公共理性是实行民主之人民的特征：它是公民的理性，是那些共享平等公民身份的人的理性。他们的理性目标是公共善（the good of the public）：这是政治上的正义观念对社会的基本制度结构的要求，也是这些制度的宗旨和它们所服务的目标。"］。

它要变得坚定有力——或者如果它想要变得足够灵活，以便适应新的问题与情况——那么，就必须包含这样一层在道德上的合意。①

我的知识产权理论就包含这种在基础层面的多元主义。对于知识产权保护的净社会效用是否有更多或者更好的证据，我持开放态度。对我而言，一种牢靠扎实的功利主义情形，也有可能在某一天推翻以道义论权利作为知识产权领域的基础。与此同时，多元主义的最大优点在于，我可以采用这样一种有意义的方法，既与那些笃信功利主义解释的人交手，也能与那些坚持道义论权利的人联手，更可以与那些将其信仰建立在其他各种基础之上的人进行对话。中层原则为我们提供了共同的空间、我们的对话场所。它们就像一篇乐谱，让我们大家一起演奏，即使我们对于一起表演的或者

---

① 罗尔斯将重叠共识与社会不同派别之间纯粹工具性的、通过谈判达成的"休战协议"（truce）进行对比，并将后者称为"暂时妥协"（modus vivendi）。根据托马斯·波格（Thomas Pogge）的观点，"在［一个］社会的集团之间所达成的暂时妥协，会产生［各种各样的］……危险和问题。一种通过规则而统治的权力斗争，往往也是一种对这些规则本身的斗争，这样一个暂时妥协所能提供的，既不是持久的安全，也不是任何集团所设想的正义。所有的集团都在他们长期的安全上加以投入，因此，他们有理由优先选择罗尔斯关于重叠共识的思想，而不是暂时妥协的模式。这个理念所设想的是一个制度性秩序（institutional order），各种不同的集团得到公平支持，而它们也愿意维持这个社会，即使它们想要改变其各自的利益或者相对的权力。这样一种制度性秩序就不是通过谈判与妥协得到的一个偶然与暂时的结果，而是一个持久的结构，建立在社会各参与方之间所达成的持续性道德共识（substantive moral consensus）与真正道德忠诚（genuine moral allegiance）的基础之上"。托马斯·波格，《约翰·罗尔斯：他的人生与正义论》，米歇尔·科谢（Michelle Kosch）译，牛津：牛津大学出版社，2007 年，第 36—37 页。

共同用音乐所表现的深层源泉或者终极意义，各持不同的理解。中层原则让我们大家在终极意义的问题上相互容忍。在我的理论中，观念上的层级（conceptual hierarchy）就包括了这样宽敞通风的地面层。这就是底部空间。

不管什么样的基本原理，总会有一部分人一概否认其适当性与必要性，这些人声称，本书所讨论的中层原则，就代表了知识产权法所能够并且应当追求的最深层次的理论水平，那么，对他们而言，又将如何呢？他们可能会考虑，为什么我所讨论的这四项中层原则（或者任何他们可能想到的替代性原则组合）是作为该领域适当的组织原则出现。难道就不能存在一个用以显现这些原则和彼此之间相对意义的更深层的元原则（metaprinciple）吗？如果理解了一项中层原则为什么会出现在这个领域当中，并且承认其范围以及它与其他中层原则的关系，那么这就表明，在中层原则的底下，还有一种更深层的组织性势力在起作用。

但是，一个死硬的非基础主义者（nonfoundationalist）当然仍有可能拒绝这个建议。在法和经济学的圈子里，我的许多朋友与同行可能都有同感，所以，我想从他们的角度讲几句。 11

这里举一个类比的例子：比如，你我都是科学家，也是多年的老朋友，长期埋首于同一个实验室，对我们各自选定的研究领域孜孜以求。突然之间，我对大自然的起源大为困惑，怀疑它为什么变成现在这个样子。于是我进行广泛阅读，并且认定大自然中必定存在某一种我们看不到的智能，在整个物质世界的背后有着某种更强大的力量，决定着宇宙的运行。后来，我消除了这种怀疑，并且重新加入到实验室中。我的日常工作其实并没有发生变化，但是，我对整个事业却产生了某种更为宁静清澈的感受，我为它找到了一个我认为能够说得通的根据。

这就像本书第一编中的规范性根据（normative grounding）——它帮助我超越对于基础的怀疑。我并没有把康德与洛克归为任何意义上的神学人物；虽然他们于我而言，就起着在前述类比例子中神学作品之于科学家那样的作用。他们为我在日常工作领域的范围之外，提供了一个根据，帮助我解决了对于基础的怀疑，从而让我自信地回到我的领域"当中"接着工作。

这里的重点在于，我并不是想让你认为，本书特别是其中的第一编，破坏了我以前的工作或者我的信奉，亦即从效率的视角来分析具体规则及其所围绕的那些制度。在绝大多数情况下，新的规范性基础无论如何都不会影响我们关于正确政策的观点。它可以帮助我的是，解决那些界限不清的情形，并且在一个双方势均力敌或者处于边际状态的情形中，或许可以引导我倾向于支持所有权人或者权利人这一方。而最主要的是，它帮助我构建了这个领域。相对于你我一贯所从事的那种日常工作，它为我提供了一个更为坚实的基础。你可能并不需要这样的基础。我们所拥有的制度，也可能并不需要相比于它所一贯拥有的东西而更加深层的动机或者正当性解释。但我的简单看法就是，如此视角对我而言已经不够充分。为此，我进行了一番深入的探索，而其成果就体现为本书的第一编。无论你是否意识到有必要与我同行，但有一点是毋庸置疑的，即我关于正确政策的观点的大部分，以及从操作性层面上观察知识产权领域的最佳方法，都没有发生什么太大的改变。

现在让我们回到关于基础的问题。我已经说过，无论效率原则还是不可移除原则，它们都不是知识产权法的基础性思想。但是，假如连它们都算不上，那么，什么样的东西才是最基本的思想呢？第一，知识财产就是财产（IP is property）。这一点似乎再明显不过了（它的术语本身就已经包含这个判断，不是吗？），但是，考虑到知识产权学术界的当前情形，事实却并非如此。知识产权学术界正处于一场巨大的变革之中，一半是因为数字（以及其他的）技术革命，另一半则是由于知识产权法在这些新技术领域的急剧扩张：基因的所有权、网络域名、数字音乐"取样"、开源软件，以及许多其他方面。任何留心时下新闻的人，都已经看到有关知识产权法面临革命性挑战的报道。这个变动与扩张的过程就动摇了许多学者的如下观点：知识财产真的就是财产，或者至少来说，财产概念真的就处于这个领域的核心。许多的优秀学者，比如拉里·莱西格（Larry Lessig）、马克·莱姆利（Mark Lemley）、吴修铭（Tim Wu）以及我的同事彼得·梅内尔（Peter Menell），都对知识财产作为财产的地位提出过疑问；他们这样做，反而助推我对这个问题做出更加积极努力的思考。由于他们，导致我回到了这个领域的根源上，同时，也使我避免得出过于轻率的答案，而是回到（对我而言）既充满吸引力而最终又是简洁明了的古典自由主义财产观，这种财产观是与理查德·爱泼斯坦（Richard Epstein）以及在他之前的罗伯特·诺齐克（Robert Nozick）相联系的。虽然我宁愿相信，一个"守夜人政府"（night watchman state）对于知识财产而言才是理想的，但是，我现在却并不这样看。莱西格、莱姆利和其他人已经给我们说得很清楚，在知识财产领域的最优政策，所涉及的可不只是简单地提供一套明确的财产权，然后就把政府从中

12

脱离出来。我认为，这只是一个很好的起点，但故事并没有到此结束。政府所需监督的，不只是取得财产的初始条件；它还必须追踪这些财产权利是如何进行分配和使用的，并且这些使用在具体环境中产生了什么样的经济和社会效果。因为财产（就像所有的权利那样）允许作为私人的个体将国家权力施加于其他公民身上，所以，围绕这种权利的行使而产生的条件就始终与法律制度相关，这也正是法律制度所关注的。因此，政府对知识财产的关注，并没有在权利授予之后即告终止。它会延伸至该权利的所有权人使用该权利、控制并且排除其他人的很长时间里。获得与拨归财产，这只是政府与知识财产协奏曲当中的第一乐章（first movement）；它们并不是最后乐章（finale）。我的立场是，将知识财产当作财产，这无论如何都不会与这样的关切相矛盾，它涉及对财产权加以利用的环境和条件——"授权后"的情形——而这就必然要求我们注意在分配上的问题。这并不像有些人所认为的那样，以为由于财产这个标签，就会把我限定在仅仅考虑财产拨归的初始行为或者授权行为上。关注有多少财产被各种各样的个人或者法律实体所拥有，这些财产是如何被利用的，这些同样也属于作为一项制度的财产（property as an institution）的权能范围。这些方面无论如何都不可能与关于知识产权真正属于财产这样的简单思想产生任何的违和。①

---

① 这是我贯穿本书所指出的、我的"自由派"（liberal）财产理论的一个方面。借用科斯的术语，这是指界于以下两者之间的一种财产观念，一个是纯粹自由论范式（pure libertarian ideal），其认为，财产是与其他基本权利同等的权利，并且由一个最小政府（minimalist government）进行管理，其职责主要就是授予、保护个人的财产权；另一个是超级再分配范式（super- （转下页）

　　导致我写作本书的第二个重大认识是，假如知识财产真的就是财产，那么我就应当从有关考察财产哲学的文献中去寻求相关的指导。诸如杰里米·沃尔德伦的《私有财产的权利》[①]、斯蒂芬·芒泽尔的《财产理论》[②]之类的专著，再加上那些从洛克、康德与罗尔斯的著作中演化出来的书籍，都是合适的阅读对象。尽管这些著述并没有具体包含（即使有，大部分也只是偶尔涉及）知识财产，但是，它们都为最初的财产原则提供了非常精彩的理论基础。总体而言，它们让我重新回到这项重要的社会制度所赖以建立的那些原则上。更重要的是，它们使我避开了这样一种简单化的观点，以为"只要明确界定了权利，剩下的就交由市场来解决"（just clearly define the rights and let the market sort things out）——而这个恰好就是我在此前所提到的自由主义所选择的观点。相反，这些作者都主张，对于财产的方方面面，应当采取一种更丰富、更复杂、有时也

13

（接上页）redistributive ideal），由约翰·罗尔斯在 1974 年左右提出，其认为，财产是一个明显处于第二位的授权种类（secondary type of entitlement），政府为了全体公民的利益而对它享有广泛的权利主张。我意识到这里有一个广阔的中间立场（a broad middle ground），但我也看到不只是我在思考它对于保留与维护这个领域所具有的重要性。参见，例如，卡罗尔·罗斯（Carol Rose），《财产与信念》（*Property and Persuasion*），科罗拉多州博尔登市：韦斯特维尤（Westview）出版社，1994 年，第 1—7 页（将以经济为基础的财产与共产主义社会所理解的财产进行对比，并且形成了一种广阔的中间立场）。

① 杰里米·沃尔德伦（Jeremy Waldron），《私有财产的权利》（*The Right to Private Property*），牛津：克拉伦登出版社，1988 年。

② 斯蒂芬·芒泽尔（Stephen Munzer），《财产理论》（*A Theory of Property*），剑桥：剑桥大学出版社，1990 年。

更令人困惑的理解。我开始明白, 他们对于最初拨归财产的正当性
有多么强调, 同样对于财产权主张的限制与例外 (*limits* and *exceptions*) 就有多么强调 (在大多数情况下, 通常就是依据他人的需求
或者"第三人的主张")。他们又把我导向下面这两个相关的思想,
而把两者结合起来, 就形成了一种真正自由主义的财产观: 第一个
思想是, 对于一个公平社会而言财产是必需的; 第二个思想是, 财
产充满了重要的限制与约束。[①]

　　通过写作本书, 我希望把这些基础性著作转换到知识财产的
语境中——而所有这一切就意味着, 本书所述即为一种知识产权
法的自由主义理论。这一理论的基础部分, 正如洛克、康德和其他
人所描述的, 就是信奉个人所有权作为一项基本权利, 尊重与该权
利相冲突的第三人的利益, 以及接受从约翰·罗尔斯哲学而来的、
意在补救因为个人财产权所导致的结构性难题而实行的再分配政
策。知识产权的自由主义理论将始终铭记, 财产是来自政府的一项
授权 (*grant*)。它体现了由社会制度所支持的一项个人权利——这

[①]　参见《牛津英语词典》(*Oxford English Dictionary*), 牛津: 牛津大学出版社,
第 2 版, 1989 年, 对 "liberal" 的定义是:"不受狭隘偏见的, 思想开放的, ……
尤指不受……赞同传统立场或者既有制度的不合理偏见的; 开放接受新的思
想或者改革提议的。"一般性参见鲁思·W.格兰特 (Ruth W. Grant),《约翰·洛
克的自由主义》(*John Lock's Liberalism*), 芝加哥: 芝加哥大学出版社, 1987 年,
第 190 页:"[洛克的自由主义] 与关于自由政府中国家所扮演角色的自由放任
观念 (Laissez-faire conception) 也是远不相同的。……国家通过建立为日常生
活所必需的权威规定与形式上的程序, 通过保护私权, 并且通过在关于哪些
行为才能最好地促进公共利益方面做出立法上的判断, 从而服务于积极的公
共目的。"

项权利是个人的（personal），但绝非自私的（selfish）。

因此，我的目标就是把社会实践与制度，诸如效率原则与比例原则之类的中层原则，以及洛克、康德与罗尔斯的基础概念结合起来，形成在知识产权领域唯一的、连贯一致的理论。图 1.1 概括了我在本书所描述的、在知识产权领域的观念性方法，而其所发挥的作用，就如同为我们面前的地形提供了一幅高空地图。

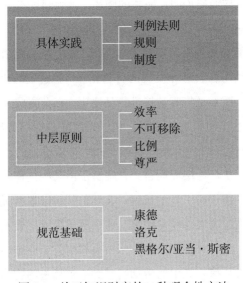

图 1.1　关于知识财产的一种观念性方法

那么，我所指的第一顺位原则（first-order principles）究竟是什么呢？我以尽量简洁的方式予以陈述，那就是（1）洛克的财产拨归理论，（2）康德的（自由）个人主义，以及（3）罗尔斯对财产分配效果的关注。在本书第一编的第 2、3、4 章，我将对这些原则予以解释。而目前，我只是想从后文的论述当中指出若干观点，以利于把这些概念融在同一语境之中。

　　约翰·洛克的财产拨归理论是知识产权领域传统的"首要原则"
14　之一，这一点与康德的自治理论不同。（由我共同编著的知识产权案
例书或者教材，不出所料都是以洛克《政府论两篇》（*Two Treatises
of Government*）中的一个节选作为开头）。但相比于知识产权文献的
其他主要内容，我想对洛克理论作更进一步的深入探讨。在导论部
分，我对此只作简略说明；完整的阐述，则须阅读本书第 2 章。

　　山洛克关于财产拨归的著名的"劳动理论"开始，我对下面这
种约定俗成的看法发生了疑问，其认为，洛克所主要依赖的是一种
将某人的劳动与在自然界发现的材料相互"掺进"的比喻。把劳动
应用于物品，而不是将劳动掺进物品之中，以此方式来描述洛克所
想要表达的思想似乎更为恰当。这里强调的是应用劳动（applying
labor），以便达到两个重要的目标，一个是理论性的，而另一个则
更具实践性。从理论层面而言，它缓解了由某些批评家指出的、因
15　为强调劳动的掺进所引发的难题。在罗伯特·诺齐克所举的著名例
子中，这些难题表现得非常明显。那个例子是说，某人将一罐番茄
汁倒入大海，然后对整片大海主张所有权。关于掺进的讨论，就把
我们的注意力从掺入其中的劳动转移到了被掺进的物品上；在诺齐
克的例子中，就是把注意力从倾倒果汁的行为转移到了果汁本身之
上。[①] 诺齐克所举例子中的归谬法（reductio ad absurdum）特色，就

---

① 这在杰里米·沃尔德伦所举的著名例子中同样成立，在该例子中，有人将一
　枚钻戒投入一桶水泥当中，然后水泥风干变硬了。在本书第 2 章中，这个例
　子将与诺齐克的番茄汁例子一并加以讨论。

在于将微量的果汁与巨量的大海之间作了不言自明的对比。把前者添加进去，怎么能证明其对于后者主张财产权具有了正当性呢？而当我们回到洛克所意图阐明的主题，亦即以所付出的努力作为主张财产权的一个依据时，这样的荒谬性就消失了。洛克的兴趣，并不在于试图证明以下观点是正当的，即由于微量的新物品影响到巨量的旧物品，从而在学术上讨论该新物品时就要扩大其财产权主张。他的注意力并不是放在"添加物"与之前已存在物品之间的相对重量或者分量上。他也没有提到，最终添加的就一定是一件物品。他所考虑的是劳动——即如何通过所付出的努力来证明财产权主张的正当性。通过将所付出的努力作为其探究的对象，自然也就限定了由此所导致的财产权主张的范围。只要我们的注意力没有偏离洛克的根本性主题：即劳动本身，我们就不会在诺齐克关于掺进果汁的比喻中迷失方向。有多少的劳动牵涉其中？之前存在的东西因为该劳动而发生了怎样的变化或者影响？如果我们坚持在这些问题上进行探讨，就能避免那些荒诞的假设，从而坚守洛克的精神。

更具实践性的是，对应用劳动的强调，非常适合于知识财产。一件新作品的创作者之所以主张财产权，并不是因为他在一个现存物品上贡献了某种新的物品，而在于通过付出劳动，对现存物品加以了转化。发明人、作家、作曲家等人并不是在现有技术或者文化上增添了类似于果汁之类的实体物品；他们所付出的是努力，并以此为依据来主张财产权。当我们重新强调劳动或者努力，并将它用于理解拨归财产的权利，以及它之于知识产权法的关系，就能因此而取得完美的效果。

在对洛克关于拨归财产的阐述正本清源之后，我还探讨了洛克理论的其他一些方面。首先是他关于拨归财产而给第三人所造成影响的论述——即洛克如何处理那些受拨归财产影响的人的利益。与知识产权学者当中的传统观点相反,我(赞同其他一些学者,特别是杰里米·沃尔德伦的看法)发现,洛克关于财产拨归的理论具有关键的社会性与平等主义(egalitarian)的成分。我相信这个更具平等主义的洛克,对于我们如何确定知识产权法的适当范围,提供了重要的教导,因此在第 2 章中,我为洛克思想的这些方面,留了很大一片空间。

　　知识产权法的基本理论依据是个人自治与自由。这些都是从伊曼努尔·康德那里获得的形成性思想(formative ideas),因此,同样可以认为,康德哲学与洛克哲学一起处于理论基础的底部。在此我得赶紧声明,当我开始写作本书时,脑子里可还没有那么多关于康德的内容。着眼于知识产权理论而来阅读康德,这对我来说就像是一种天启。此前我已经知道他关于知识论(epistemology)的基本著作,并且——就跟大家一样——对他影响深远的道德理论(绝对律令以及所有其他方面)也有所了解。然而,阅读康德关于财产权的论述,却为我展示了一系列有趣的思想,虽然对于它们,我也只具有极其模糊的认识。财产之于个人意志、个人选择和个人自由的关系;占有作为一个概念(concept)而非一个经验性事实(empirical fact),这当中所包含的重要意义;关于政府(或者"市民社会")的形成早于财产权的确立的思想,而不是(像洛克认为的)财产权在先政府在后;而最为重要的是,由康德典型的观念性(conceptual)哲学方法所开启的奇妙图景——在我写作本书时,这些思想真是醍醐灌顶,起初是缓慢流淌,然后持续不断、倾泻而出。对我真正的启示是，我发现在康德著名的先验概念（a priori concepts）与知识产权法的问题和结构特征之间，有着如此完美的契合。在很大程度上，我接受的是美国知识产权法有关法和经济学的传统教育，因此，我习惯于根据英美的经验主义和功利主义术语来思考有关知识产权法的问题。找到这样一种内容丰富的替代性理论，我既兴奋也感到吃惊。康德的观念性方法——它是以对于道义论真理（denotological truths）而不是对于经验事实（empirical facts）与社会实践（social practices）的仔细确定作为基础的一种方法——为我在知识产权领域长期以来饱受困扰的许多问题提供了绝妙的思路和顿悟。说来似乎矛盾，我也发现，这种观念性方法对于理解实际制度与社会实践恰恰是大有帮助的——观念是理解实践的大帮手。① 我逐渐意识到，为什么对我来说，传统上关于知识产权法的功利主义解释总是不那么令人满意。我想到的原因是，在我所选择研究领域中的理论基础，至少就其目前状况而言，还担当不起我所想要其承受的分量。我们需要某种更加基础性的东西，来支撑这个研究领域的结构。康德强调的个人自治与每一个人的价值，就正好提供了这样的理论基础。而且，康德的思想风格也同样重要。回想起来，这一点本来应当是很明显的，即这位最具观念性

---

① 在这一点上，我是受这位开创性的社会心理学家——库尔特·卢因（Kurt Lewin）的这段精彩引文所提醒："没有比一个好的理论而更具实践性的东西了。"（There is nothing quite so practical as a good theory.）库尔特·卢因，《社会科学的场论：理论文章选集》（*Field Theory in Social Science: Selected Theoretical Papers*），纽约：哈珀与罗（Harper & Row）出版公司，1951 年，第 169 页。关于库尔特·卢因的更多介绍，参见：http://en. wikipedia. org/wiki/Kurt_Lewin。

的哲学家跟知识产权法之间本身就是一种绝配，因为知识产权法同样是最具观念性的法律领域（正如约瑟夫·斯托里［Joseph Story］在 18 世纪早期曾经提出的著名论断，他称之为"法律的形而上学"［the metaphysics of the law］）。不过，这一点在实际上并不明显，至少对我而言就是如此。我希望，当你阅读第 3 章关于康德与知识产权时，你也会开始认同在康德的哲学方法跟那些处于知识产权领域核心的基本问题之间所存在的"吻合度"。至于现在，我想还是先让大家对康德的某些观念作一番快速浏览，以便了解其总体思想。

17　　　康德关于创造的思想较为复杂，而这些思想与知识产权法的结构紧密相连。他在开头提出了若干原始概念——个人、个人意志、该意志在对象上的扩展或者应用。康德认为，人类具有一种强大的冲动，想要塑造和控制那些外在于自我的东西（亦即对象）。一个项目若涉及外在对象，就要求一个人必须在一定时间内塑造或者控制该对象。因此，在某种程度上，人类的自由就依赖于以这种方式而与某一对象形成关系并且拥有长期对它加以控制和塑造的能力。对于某些对象，当然可以通过持续性实际控制的方式来实现，但显然这只是一种有限的策略。其他一些对象则由于过于巨大，或者存在着诸如此类的其他情形而难以掌控；一般来说，如果在实际控制之外还有一种更强大的占有类型，那么，它对于促进人们在某一对象上进行长时期工作的自由而言，将更加有效。康德相信，这个更加宽泛的占有概念对于人类的自由而言具有关键意义——事实上，它确实至关重要，它为形式上的法律制度的产生以及因而为市民社会本身的产生都提供了背后的动力。对康德而言，法律上的所有权就是人类自由的核心（legal ownership is central to human freedom）。自由、所有权、形式上的法律，然后是市民社会：这就是在康德的法律与政治哲学中关键性的观念演进过程。

当代人对于知识产权的理论化，从康德的思想体系开始，历经了一段非常漫长的路程，而这恰恰说明为什么对康德思想的揭示是如此有用。今天的学者并没有把个人自由以及它所需要的个人所有权视作知识产权法的首要目的。对于大多数学者而言，知识产权法严格而言就是工具性的，是实现净社会福利或者诸如此类的最终目标的一种手段。康德就好比手起刀落，切断了这种工具观。他的思想颠覆了模糊不清的集体利益和功利主义平衡之类的概念，替之以个人自治这个明确而尖锐的观念。其结果就是，它在知识财产上形成一个更加头脑清醒的焦点，将知识财产当作一种权利，而在第三人的利益上，则认其为我们由个人这个起点出发向外运动时所到达的方面或者范围。康德的思想非常有效地将第三人的利益（interests）与个人的权利（rights）区分开来了，而这个区分，我相信对于正确理解知识产权法是必需的，特别是在当前这个领域的发展过程中。引入康德，就有希望帮助纠正近年来日益增强的对于知识产权使用人与消费者的强调——这一点我在第三编中再详予阐述。

不过，按照康德的权利观来重塑知识财产，在观念层面上为这一领域所带来的可不只是再平衡。它导致了某些直接的政策性结果。举一个或许是最重要的例子，人们对于自治的关切超过了将创作者的权利置于在法律等级的顶层。它也意味着，人们在实践中对于专业创造者的工作条件与经济前景将给予一种全面彻底的关注。尽管这一主题必须要等到第 7 章才会充分展开，但其根基却是在第

3章有关康德财产理论的讨论之中。自治就意味着不只是把一组法律权利适当地置于一座观念性金字塔的顶部。例如，想让它变得有意义，它就必须具有某种金钱价值；它必须能转换成金钱落入某人的口袋里。从事创造工作的人们极少是免费从事创作的，并且，如果他们不能控制他们的创造性成果，并且也没有什么能够从中获得收入的前景，那么，他们就无法有效地改变自己的命运。我们必须记住，自治的意思是指"自我治理"（self-rule），也就是根据某人自己的规划与设计来操控自己的能力。如果不能对自己的创造成果享有所有权，那他就没有什么机会，可以一种持久的方式来做到这一点。所有权赋予人们的既是控制，也是获得收入回报的前景——这是抽象的康德式自治概念具有的两个实践性维度。

因此，在康德式意义上，先有将财产作为一种权利的设想，而后才有自治。但是，根据这些术语（作为一种权利）而来谈论知识财产或者更一般意义上的财产，这听起来可能就像自由论者进行高谈阔论的开场白。你可能碰到了这样一种熟悉的套路：作者坚持主张其财产，要得到与其他的基本权利（fundamental rights）同等的权利；作为其他权利的同类物，财产的悲惨境遇也不时被人描述〔通常带有这样一种阐述，即现代政府如何令人痛心地迷失了由"古典自由主义"经文（"classical liberal" scripture）的早期门徒所描绘的道路〕；于是，罪魁祸首〔实行再分配的现代政府——恶魔般的"福利国家"（demon "welfare state"）〕找到了，它遭到人们的谴责，并被处以惩罚，只配得到一些免于濒临饥饿的基本食物，而最好的方案则是回到原初人们所想要的形式，即对于那些被强力界定而只受最小监督的财产权，只给予某种最轻微的监管。

　　此类计划不管是否还有其他什么内容, 但在我看来, 都与康德的理论基础不相符。因为, 既然康德将财产视作一种权利, 并且所有值得赋予所有权的权利都是基本的, 那么, 政府就绝对不会限定于只是对最初的赋权 (initial entitlements) 予以界定或者承认, 然后就退出不管了。康德的 "正义的普遍原则" (Universal Principle of Justice)* 恰恰是在朝着相反的方向推动。这个原则作为康德法哲学中对于正义的基本定义, 声称只有当 "每个人的意志自由……与任何人根据普遍法则而享有的自由并存"① 时, 行为 (包括对财产的权利主张) 才是公正或者正义的。并不存在任何的简易方法, 可以通过主张某种在理论上与财产权主张具有平等地位的自由, 而不顾财产取得的实际前景与财产所得的实际分配, 就能够回避关于 "每个人的自由" 的关切。康德明确否定了这种简易的自由主义方法, 而是要求对第三人利益承担起深入和切实的义务。并没有任何方法, 能够绕开康德对于市民社会所提出的难题: 既要在深层次上尊重个人的财产权主张, 同时又要照顾到个人财产权主张对于他人生命与财富所造成的实际影响。康德彻底的平等主义 (thoroughgoing egalitarianism) 就要求, 有关财产的法律规则应当将市民社会全体成员的自由予以最大化。

　　这是一组非常严苛的要求。若结合起来看, 它们似乎是在表达某种近乎自相矛盾的东西。这就得下一番真功夫, 用一种具体细致

19

---

* 在后文中也称作 "权利的普遍原则"。——译者

① 伊曼努尔·康德 (Immanuel Kant),《正义的形而上学基础》(*Metaphysical Elements of Justice*), 导论 §C [拉德 (Ladd) 译], 第 30 页。

的办法来解决这个问题，如何兼顾这两个彼此冲突的要求，以便为财产制度形成一组具有内在一致性的原则。令人遗憾的是，要做到这一点，康德看来并不适合。除了一些关于特定财产问题的零散例子（包括简短而有趣的关于文学财产权的一段话），[①]康德的著作在关于如何平衡财产取得者的权利与第三人利益的方面，都没有具体涉及。

幸运的是，恰好有这样一套思想体系现成可用。那就是约翰·洛克的财产理论，特别是，洛克提出的关于财产拨归的附加条件和其他限制。康德提出了关于改善个人财产权对于第三人影响的比较简要的思想，这就直接把我们带回到最初在第 2 章中所讨论的洛克的原则。因此，通过这种方式，康德与洛克的著作形成了呼应，而第 2 章与第 3 章的相互融合，就形成了一个关于知识产权法规范性基础的连贯性描述。当然，这一描述还远远谈不上是全面性的。特别是，对于个人拨归财产的行为作出的正当性解释，以及对这些行为的原则性限制所作出的解释，还都缺乏一种关于知识产权制度之于整体性社会影响的综合考虑。出于这种全面的系统性观点的考虑，我们有必要借助 20 世纪有关财产与分配正义的哲学文献，其中当然包括约翰·罗尔斯的著作。在第 4 章中，针对知识产权保护的问题，我采用了罗尔斯关于公平社会的概念。主要问题是，个人在知识财产上的回报，能否根据它们对于社会整体性资源分配的影响而被认为是正当的。一个关键性问题是，如果考虑到（根据罗尔斯的观点）任何人都不能因为他们的天生才能而应当得到奖赏，

---

① 参见以下第 3 章，第 77—78 页。

并且，为了开发与应用这种才能，还往往必须投入社会资源，那么，为创造性成果——作为个人才能与努力的结果——而给予特权，是否公正。

在阐述这些问题时，我引用了一些学者的论述，他们令人信服地主张，对于个人才能所投入的开发与应用，就产生了一种合法奖赏的主张，并因此在我看来就是一种对知识产权的正当性主张。然而，我也承认罗尔斯最初的观点，即许多的个人行为其实是无所不在的社会影响的结果，因此，社会对于个人的创造成果也享有一种合法利益（legitimate interest）——但并非一种同等的权利（coequal right）。在某一项知识产权的生命周期中，这种社会利益体现在三个不同的时间点。第一，也是最常见的，是第三人利益被"合并"（baked into）到该权利之中时；它们在该权利被授予时即已成为其结构当中的一部分。有关在保护时间上的限制以及使用人的积极权利（affirmative user rights），就都是这样的例子。第二，在每一项知识产权被授予之后，国家都可以正当地进行监督。特别是，当知识产权授权之后的情形发生不断积聚，从而为权利人赋予了某种杠杆优势时，法院就会出手加以斡旋干预。使用人的抗辩事由以及在法律救济上的限制，就明显地表达了这种推动力，对此在第6章"比例原则"中将予以具体阐述。

社会利益进入知识产权场景的第三个时间点，发生在一件创造性成果已经被使用并且获利之后。按照着罗尔斯的理论，社会保留了这样的权利，可以从个人的创造性成果所获得的收入中要求分得部分钱财。在实践中，这就意味着国家对于个人从其受知识产权保护的成果的所得收入中征税，当然是完全合法的了。除了以康德

20

为核心，反映为每一创造性个人的独特贡献以及国家对于个人自治的承认，其实这里还存在着一个罗尔斯的维度。我用一张图表来说明这种平衡性观念，其中显示的"奖赏核心"（deserving core）就属于所有创造者的权利，而"社会边缘"（social periphery）则代表了在每一创造性成果上的社会利益。

将个人财产和以国家为后盾的限制与征税结合起来，这个观念很难说有什么新颖之处。事实上，它无非是将西方社会经济制度中至为常见的两块积木加以组合而已。我之所以强调这个方法，是因为我想到，许多知识产权理论家往往忽视了这一点。许多人在讨论关于个人与社会之间的适当平衡时，选择将他们的讨论全部放在知识产权法自身的这个领域，就如同处理每一项规则和每一个争议都必须以获得适当平衡为目的那般。但是请记住，用于矫正分配性不平衡（distributive imbalances）的，应当是传统的税收工具，因此，我们无须为了使总的分配正义达到最优化而将知识产权法的每一项规则都设计为一种精确的工具。由罗尔斯的思维方法所提供的更加系统性的观点，可以让我们从下面这种既没有效果又容易引发争议的思维陷阱中挣脱出来，这种思维要求每一项单独的知识产权规则都必须完美地达到平衡。罗尔斯的方法就把我们从这种过度内在论的视角（excessively internalist perspective）中解放出来，而仅凭这一条理由，该方法就应当受到我们的拥护和欢迎。

我在一开头探寻了当代知识财产景观全图当中的骨架部分即中层原则。接着，我深入挖掘了那些被掩埋其中的知识产权法的基础原理：亦即该领域的形成性概念（formative concepts），它们从康德、洛克以及罗尔斯（在此事先声明，可能还有其他的基础性原理）那里演绎而来。而现在，我要处理的是本书第三编所包含的内容，要对于构成知识产权法的表面与材质的某些具体制度与规则作一番概述。我有两个目标。首先，我要描述某些较为广泛的结构性问题，这些问题是随着具体的财产权利开始被合并和集中到大公司所有人的手中而产生的，然而，按照我在第一编所阐释的基本理由，这些财产权利是被授予个人的，并且法院也是根据在第二编所设计的那些原则予以强制实施和适用的。其次，我要审视当下关于知识产权法的讨论中所存在的两个重要的爆发点：数字作品与药品专利。

21

在对事情的发展状况作出这番评估之后，我在第三编中也进行了预测。在第 10 章中，我检视了在过去 15 年左右的时间里所出现的对于知识财产的重要批判——有一些是与新技术相关的实质性批评，而另一些则纯粹是观念性批判。针对这些批评的某些方面，我也为该领域提出了辩护，认为知识产权即便身处新技术背景之下和受到观念上的挑战而仍然有其意义。同时，这些批评的某些方面，则是对该领域以财产为基础之传统的有益补充。我把它们提升为解决问题的实用妙着与新的增长点，做到既与这套已经服务于社会既久且好的财产权在基本逻辑上相一致，又能为之起到补充作用。

知识产权专家在近几年提出的实质性批评，涉及各种各样的问题。其中最经常被树为靶子的，是数字作品的著作权保护以及药品专利。我在第三编中处理了这些主题，其中，我提出和运用了第一编中的概念和第二编中的原则。我的目的是想要表明，这些概念与原则并不是无用的摆设或者没有效果的分类标签；相反，它们是能够开花结果的，是可以对当前的政策讨论发挥实际作用的。

　　但是，在适用第一、二编的基础概念之前，我们必须先阐明一个至关重要的前置性问题：什么是所谓的公司化（corporatization）难题。本书在前面所阐述的原则与概念，几乎总是根据这样一幅程式化场景展开的，身处其中的就是一个孤独的创作者和他面前的观众。这些原则的批评者于是常常指出，在那些"生产"出受知识财产保护的创造性成果的产业中，真实世界的情形却远非这般场景。人们组成大型团队一起工作，其中每个成员所贡献的都只是这个大型创作成果的一小部分，而在许多情况下，该成果归一家大型公司实体所拥有，并且常常与由其他类似成果所构成的大型组合（large portfolio）一起协作完成。这方面的典型例子，比如由迪士尼公司享有著作权的电影，或者某一家大型制药企业或者半导体公司获得专利的发明。由公司享有所有权的这一现实在知识产权的批判文献中处在核心地位，而与之形成鲜明反差的是，在理想世界中往往是由单一的创造者享有所有权。事实上，一位著名的批评家就曾指出，关于英勇而孤独的创造者这个浪漫化概念（romanticized notion of the heroic, lone creator），是在启蒙时代的后期所制造出来的一个神话（myth），而颇具讽刺意味的是，在今天，这个神话被大公司接着讲下去，却是为了以此增加它们自身的利益。无论该主张是否真的呈现为这样强烈的方式，但是，在构成洛克与康德式知识产权基本原则的程式化背景中的个人创造者（individual creator）与以大公司作为"知识财产工厂"（IP factories）的现实之间，确实存在着某种根本性的脱节。对一些批评者而言，这个脱节是致命性的；在他们看来，这就意味着，这些基本原则对于知识产权政策就没什么突出的意义了。

在第 7 章"专业创造者、公司所有权与交易成本"中，我驳斥了这些反对意见，并最终将其予以否定。我的论据沿着两条主要路径展开。首先，我指出有关个人创作者已经灭亡的故事是在夸大其词；个人创作者仍继续在文化与商业活动中作出重大贡献。更值得关注的是，如果我们把观察的视角稍微放大，就可以发现，个人创作者正以小型团队——通常是小型初创公司——的形式而在当代的知识产权驱动型创造活动中发挥着一种非常重要的作用。换言之，我初步的要点就在于驳斥这些批评者所持观念的基本前提，亦即他们所认为的、创造性活动现在已经被高度集中到大型公司实体手中了的观点。

我回答的第二点是，我同意在某些产业中，知识财产所有权归属于大公司的情形确实有其优势。那么问题就来了，当大公司拥有知识产权时，在知识产权保护背后的基本原则是否仍然具有说服力？当知识财产的所有权流向大公司实体时，以奖励个人努力与鼓励个人自治为依据的知识产权法，能否继续保持其正当性？对此，我给出的是有条件的肯定性回答。首先我承认，公司雇主往往并不是个人创造者的忠实的代理人，所以，拥有知识产权的大型公司并不是理想的"创造者集体"（creator collectives）。这也因此在某种程度上弱化了知识产权的正当性理由。换言之，享有知识产权的公司是介于其雇佣的专业创作者的创造性利益与经理人的企业目标之间的中间人，而承认这一点对于法律制度具有重要意义。在某些情况下，这就意味着，如果知识产权法的基本原则仍然成立，那么其法律规则就必须向个人创造者倾斜，而相应的代价则由公司所有人承担。我举两个例子。第一个例子，法律中存在着用以调整长期性（long-lasting）著作权许可的规则，通常是小型公司或者独立创作者向大公司发放此类许可。假如一位小说作者向大公司许可了"电影摄制权"（film rights），那么他在后来就会主张，这项许可不应当被解释为包含了将依据其小说所拍摄电影来制作交互式 DVD 版本（interactive DVD version）。法院面对此类案件往往举棋不定，有时法院倾向于对原来的这份许可作扩大解释，并因此有利于原先的被许可人，但有时又会作出相反的裁判，从而有利于该小说的著作权人。我倾向于赞同如下提议，对于此类许可应当系统性地作出有利于个人创作者的解释——亦即支持上述例子中的小说作者。一项对该许可协议作狭义解释的规则，通过给予个人创作者以一个机会，得以在新的、未曾预见的技术条件下通过重新谈判而达成一项新的、单独的许可，从而系统地作出有利于个人创作者的安排，那么，它就是最符合知识产权法的基本原则的。

　　第二个例子是关于个人创作者与大公司所有人之间关系的另一个法律问题，它涉及"退出规则"（rules of exit）。制定法与判例法中已经存在这样的规则，使得雇员可以很容易地离开一家大公司，去开创一项新的事业。因为知识产权资产常常构成一家新开办的初创公司的核心，所以，离职雇员有时就会对其所赖以创立的新的初创公司的想法和技术而主张所有权。尽管我承认大公司所有权的逻辑，[①]但我也看到，自由的雇员"退出"规则具有重要意义。因

---

① 罗伯特·P. 莫杰思，"雇员发明的法和经济学"（The Law and Economics of Employee Inventions），《哈佛法律与技术杂志》（*Harv. J. L. & Tech.*）第 13 卷（1999年），第 1 页。

此，应当对于由大公司实体所提出的知识产权主张实行严格审查，以确保其不会被用来阻止建立合法的初创公司。如果让大公司以此方式滥用知识产权，就会直接切断知识产权制度所赖以建立的形成性原则（个人努力、自治等）。

我在承认由大公司所有权所带来的难题之后，也对这种更激进版本的主张进行了考察并且予以反驳：创造者是大公司结构中的小苦工（tiny peons），而大公司的利益如此彻底地笼络了知识产权法的发展，以至于目前的知识产权变得完全跟个人创作者的利益无关了。这种激进的主张是完全错误的。尽管来说，大公司作为知识财产的所有权人，由它们来代表创作者算不上是完美的代理人，但事实毕竟是，大公司为今天的许多专业创作者提供了一个专业的场所。仅凭这一点，至少从大体上而言，这些大公司的利益就常常与它们所雇佣的专业创作者的利益是保持一致的。正是基于这个原因，我主张一种比全面批判者所提出的更加微妙的观点，即一方面承认，在知识财产创作者的利益与拥有大量知识产权的大公司的利益之间，确实时常存在某种分歧，但另一方面认为，大型组织作为专业创作者的雇主并且有时候作为其竞标者，也具有某种重要的作用。我提出，对于用以支持个人专业创造者的生态而言，公司所有权是其中的一个重要特征；在某些情形中采取知识产权规则的渐进式变革更有意义；而且，只要能够有新的准入者与某种产业动力，那么就没有任何理由去假定产业结构对于个人创作者都是如此可憎，以至于知识产权法的基本前提都变得与此无关了。

上述这些，就是针对以知识财产为基础的产业而就其结构所作的一般性思考，而在第8章和第9章中，它们就转向以下两种特殊的知识产权密集型产业——即数字化娱乐与传媒产业（第 8 章）和药品行业（第 9 章）——并针对其中所存在问题与状况进行讨论。

24　　我的想法很直接：就是把本书前面部分所形成的基本原则，应用于当前一些面临困难的议题上——也就是所谓的理论联系实践。在此过程中，我提出了一些方法，以此带出该领域的基础性原则，让它们承受这些来自重要产业的某些主要挑战。而贯穿其中的思想就是，将那些构建知识产权法的基本积木块作为工具与原则，用它们来处理当下的问题，并且通过维持该领域的财产权基础的方式，来直面新的问题。

　　在数字著作权的情形中，根据第一编的概念与第二编的原则就形成了两个重要的认识。第一个认识是矫正性的（corrective），它把我们的注意力带回到它如何漫游到当代争论的那个起点，也就是通常所谓的关于互联网与数字化的革命性本质。财产是向值得称道的创作者所授予的一种权利，如果我们为这个逻辑找到基本依据，就能较为容易地观察什么是互联网了：互联网是一项主要发生在将创造性作品向其受众传达的方法上的革命。这样就不容易落入通常的陷阱，因为我们往往被这项革命性的传播技术陷得太深，以至于把它当成了我们在利益和政策考虑上的焦点，而不是数字作品的创作者，亦即传统的知识产权受益人。

　　打个比方，现在社会上新开发出一项在汽车发动机上的革命性技术，凭此技术，汽车的所有权人能够把汽车速度提高到每小时 500 英里。于是有一群学者就提出争论，说法律制度的目标就应当让尽量多的人可以把车开得尽可能地快。如果有任何规则来干扰这个目标，那就是"反技术的"。至于由此是否会给行人和骑车人带来什么危险，以及对于老旧社区和历史街区的担忧，则统统与此不相干。"管制""对技术的控制"之类的修辞充斥在法律评论的文章中；其中暗含的前提是，如果想要以任何方式来削弱新技术，就统统是倒退、落伍与反动的。假如有人主张设立规则，以便降低因这种新的高速传送能力所带来的潜在危害，就会招来直接的谴责。

　　这样一种技术中心论的方法（technocentric approach），现在却主导着知识产权法，这简直是一种耻辱。我主张，学者们不应当过度陷入互联网的狂热欣快之中。相反，我们需要对于形成这个领域并为之提供结构的基本理念保持忠诚。数字时代的学者们宣扬"互联网改变一切"（the Internet changes everything），而事实上，在向人们传送创造性作品的方式上，以及在人们即时获取内容并随时加以处理的方面，确实都已经发生了巨大的变化。但是，新的传播技术并没有改变这样一个重要的事实：创造性作品仍然需要个人付出努力，并且（在许多情况下）仍然是个人意志或者人格的一种反映。既然努力与个性是知识财产的本质，那么，即使在互联网时代，在创造性作品上的财产权仍然是有意义的。

　　有些人没能看到这种本质上的连续性，因为它们忽视了关于创造性作品的双重事实。对一些采取技术中心路径的图书与文章稍加浏览，即可证明这一点。劳伦斯·莱西格的《代码 2.0 版》，[①] 杰西

25

---

① 劳伦斯·莱西格（Lawrence Lessig），《代码 2.0 版》（*Code Version 2.0*），纽约：基本图书公司（Basic Books），2006 年。

卡·利特曼的《数字著作权》①以及一系列同类型的著述，它们在涉及创造性作品的传播发行时，都反复强调在前互联网时代与互联网时代之间发生了根本性中断。在这一思想派别中，变革的驱动力也成了知识产权领域中枢的解释性支点。其基本思想非常简单：因为创造性作品的传播技术已经发生剧变，所以，我们关于该领域的思考也必须相应进行大变。这就是我所指的技术中心主义（technocentrism）。

技术中心主义引来对于当代知识产权法的两大批评。第一种批评可以称之为不平衡论（unbalancing thesis）。学者们首先提出，现行法律建立在关于创作者与使用人可以做什么的假设之上，而这个假设在很大程度上是不言而喻的。既然这些假设现在已经变得过时了——特别是，现在创作者对于其作品的使用具有了更大的控制力——那么，法律在无意间就变得不平衡了。其背后的观念（也是法律圈中的一个老观念）就是，一项法律制度对实践的影响（practical impact）是"纸面上的法律"（law on the books）与真实世界的限制和条件相互作用所形成的一个组合，而其中的限制和条件之一，就是围绕法律适用发生的最新技术状况。尽管纸面上的法律在大多数情形中并没有发生改变，但这些学者主张，法律对实践的影响或者效果已经发生了巨大的变化。举一个涉及文字材料的常见例子，比如一篇刊登在杂志上的文章的发行。在以往，也就是在互联网之前，人们可以在一家书店或者报摊上随手拿起一份杂志，读上一会儿，也不用付任何钱。图书馆之所以存在，很大一部

---

① 杰西卡·利特曼（Jessica Litman），《数字著作权》（*Digital Copyright*），纽约：普罗米修斯图书公司（Prometheus Books），2006 年。

分原因，就是为了便利于人们能从一本本的印刷作品当中分享式获取（shared access）。今天，同样杂志的数字版，其所有权人就可以——而这就是一个关键点——在理论上而言监控对该杂志的每一次使用并且从中收费，包括每一位使用人，无论他是通读全文抑或只是溜了一眼。[①] 因此有许多学者声称，如果按字面意思适用现行法律有关禁止复制的规定，那就意味着，与以往相比，著作权的所有权人事实上在今天享有更多和更强的财产权。

不平衡论背后的前提是正确的：真实世界的环境对于法律规则的实际效果起着一种关键性作用。但是，对于该前提的适用却存在问题。学者们在提出这种思想时，未能做到全面推进。他们忽略了这样的事实，即虽然物质/技术环境现在已经发生变化，创造性作品通常已被数字化，但是，商业现实（business reality）也发生了变化。因此，尽管对于创造性作品的技术性限制在数字时代有所缩减，但是，数字时代也允许对创造性作品进行各种各样的免费取样（free sampling）与再使用，这对于著作权所有人来讲也变得愈加重要。权利人的这种慷慨大方是由市场决定的：使用人想要这种自由，而所有权人如果想要获得任何机会来为其作品培养与开发市场，也必须给予这样的自由。

第 9 章考察的是一个复杂问题，涉及发展中国家遭受疾病的患者所使用药品的专利。这是发生在制药公司的权利主张与穷困人

26

---

① 参见，例如杰西卡·利特曼（Jessica Litman），"排他性阅读权"（The Exclusive Right to Read），《卡多佐艺术与娱乐法杂志》（*Cardozo Arts & Ent. L. J.*），第 13 卷（1994 年），第 29 页。

群的道德主张之间的一个经典性冲突。本书第一、二编所形成的思想，正好可以用来辨识各方所涉及的主张。尽管洛克与康德支持如下基本观念，即财产权是为制药公司的研发工作所提供的一个适当的回报，但是，在这里真正起作用的却是他们的财产理论中所提到的限制性原则与限制条件。例如，洛克的仁爱附加条件（charity proviso）就与之直接相关。根据这项附加条件，如果一个人的生存依赖于由他人所控制的资源，那么，这个人对于该资源就享有一种正当的财产权。假如穷困人口的生命确实攸关于某种对于救命药品的主张，则洛克的仁爱观念就会因此引申出这样的观点。同样，康德的普遍原则（Universal Principles）也可得出同样的结果。药品专利之于穷困人口的效果，代表了一种对他们个人自治的极端限制，所以，专利所有权人的权利就必须为之让路。不过，穷困者的获得权（access rights）周围也有一条重要的界线。如果持续而严重地侵入制药企业的专利权，就可能威胁到药品行业研究计划的长期可行性。将来几代人可能因此承受不利的后果。根据罗尔斯所谓的"公平储存原则"（Principle of Fair Saving），亦即更加为人普遍所知的代际平等问题（problem of intergenerational equity），如果今天对资源进行再分配会威胁到将来几代人的福利，那么这样做就将是错误的。在药品专利的情形中，这就暗示着，对于因为将洛克与康德的原则直接适用于该种情形而得出的获取权，也有必要加以限制。

　　第 10 章的作用是对全书主要论据作概括摘要。其主要观点是，财产仍然有其意义。在个人所有权人与具体资产之间形成一对一映射关系，这即便放在当代，也仍然是一项关键的、令人信服的社会制度。它承认以下观点依然是一项强有力的主张，即对于创造性成

果赋予真正的法律权利且给予回报，并且只要有可能，就借此而将
该成果由按小时计酬的劳动转变为一种独立存在的经济资产（free-
standing *economic asset*）。培育专业创造者，就意味着不仅要鼓励个　　27
人与小型团队的所有权，而且也包括大型公司实体的所有权，后者
构成为个人专业创造者提供营养与支持的生态的一个重要部分。

　　同时，我在第10章中重申，知识产权应当是真正的权利（real
rights），但并不因此而意味着它们必须是绝对的权利（*absolute
rights*）。除了由洛克、康德以及第5章的中层原则（主要是不可移
除原则与比例原则）所暗示的在财产拨归上内嵌的限制之外，还包
括社会享有从受知识产权保护成果的所得收入中征税的权利。正如
在第4章中所解释的，如果承认社会在每一件受知识产权保护的成
果上作出过贡献，也能够从中享有利益，那么，这将是维持知识产
权作为一项制度的一种最有效的方式。

　　限制财产权利，对知识产权所保护的成果征税，然而它们并不
是调节消费者与使用人需求的唯一方法。正如我在第7章和第8章
所阐释的，我倾向于采取简便易行的知识产权同意与许可机制，再
加上简单的弃权技巧（waiver techniques），允许权利人以具有约束
力的方式将权利捐献给公众。对于长期存在的关于激励与获取、创
作者/所有权人与消费者/使用人的争论，我主张这其实是一个如
何正确组合的问题。如果将资源加以引导，创设出有效的交易机
制，那么，权利人可以继续取得权利，而消费者与使用人则可以接
触并获取他们想要使用的成果。这将允许知识产权像受到该权利
保护的成果那样，通过商业渠道而顺利地，或者尽量顺利地进行流
动。我们必须承认，在一个充满各种各样知识产权的世界中，创造

性成果的市场也使得涵盖这些成果的权利的另一个（彼此分开但相关的）市场成为必要，而知识产权政策就应当鼓励在这个次级市场（secondary market）上营造出市场。

我也呼吁建立一个简单而有约束力的弃权机制——允许权利人将其成果向公众作出一项具有约束力的捐献，并因此而实行一种"容他权"（right to include），它与处于知识产权以及更一般而言的财产权核心的传统的排他权（right to exclude）并存。

第一编　原理

第 2 章　洛克

约翰·洛克对后世影响巨大，因此，任何关于财产的严肃讨论，都要从他的作品开始才算明智。但是，本书毕竟篇幅有限，为了有效地将他所讲的哪些内容纳入这样单独的一章当中，我必须先罗列出哪些是我选定要重点强调的。

我的阐述将只集中在洛克思想当中直接有助于理解知识产权法的规范性基础（normative foundations）的那些方面。即使在这些主题上，因为洛克本身写作的内容很多，我也只能作摘要式使用。在洛克的王国里，自有其他许多可靠的导游，可以带你来一次全景式的悠闲之旅。但我的行程却相当有限。即使就洛克作品中关于财产的论述，他写作的内容跟我所关注的问题也关系不大，更不必说他讨论的那些更为广泛的主题了。因此，在对洛克思想作一番最简要的全景回顾之后，我们将只在与我们当下主题具有特别意义的区域逗留。我们的行程将只限于那些具有特定目的的路段，并且还要在心中始终牢记，我们的最终目标是为了理解跟今天的知识财产相关的规范性财产理论。

我们先做一下简要介绍，说明为什么洛克要把财产取得的问题放在论述的首要位置。在对他的写作动机有所了解之后，我们就直奔其财产理论的核心，也就是那些著名的段落，洛克从中讨论了原始共有物（original commons）或者"自然状态"（state of nature）以及用来解释财产权之正当性的劳动。这里要强调的是洛克概念的

32　核心：为什么在"发现物"上加入劳动，就可以成为财产主张的依
据；为了获得财产，哪些种类的劳动是必需的，需要多大数量；以
及在财产上的范围和限制——当然，它包括了洛克的三个"附加条
件"（provisos）。尽管知识产权圈内和圈外的许多学者在论述洛克
时都承认附加条件，但他们往往把注意力限定在一个或者顶多两个
附带条件上（通常就是反糟蹋［spoliation］和充足性［sufficiency］
附加条件）。洛克的第三个附加条件是仁爱（charity），它对于知识
产权领域而言也具有重要影响，但正如我在后面所解释的，它在很
大程度上却被人忽视了。充分考虑这些附加条件，再加上对于洛克
的财产获得理论有了基本的了解，这就带给我们一个更加立体的洛
克：它较诸将洛克当作自由主义者（libertarian）的传统刻板形象而
言，显得更加色彩细微。① 我们还原这样一位哲学大家，就能够支

---

① 关于为强大的知识产权提出自由主义辩护，参见艾茵·兰德（Ayn Rand）等，
《资本主义：不为人知的理想》（*Capitalism: The Unknown Ideal*），纽约：西
格内特（Signet）出版社，1986 年，第 130—133 页；蒂博·R. 马汉（Tibor
R. Machan），《知识产品与私人财产权》（*Intellectual Products and the Right to
Private Property*），可见于：http:// rebirthofreason. com/Articles/Machan/Intel-
lectual_Products_and_the_Right_to_Private_Property. shtml［以下两书的作者为
强大的知识产权进行辩护：《捍卫自由主义》（*Libertarianism Defended*），英格
兰汉普郡：阿什盖特（Ashgate）出版公司，2006 年；《私有财产的权利》（*The
Right to Private Property*），加州斯坦福：胡佛研究院出版社，2002 年］。有一
些自由主义者则反对知识产权保护，将其看作一种不合法的政府权力的扩
张。参见，例如汤姆·G. 帕尔默（Tom G. Palmer），"专利与著作权在道德上
是正当的吗？财产权哲学与理想的对象"（Are Patents and Copyrights Morally
Justified? The Philosophy of Property Rights and Ideal Objects），见"研讨会专辑：
知识财产"（Symposium: Intellectual Property），《哈佛法律与公共政 （转下页）

持更加平等主义（egalitarian）的，也是真正自由主义的财产理论。这正是我们今天在知识产权领域中所需要的，而本书第三编还会对此作进一步的阐述。

一、洛克与知识产权之间的"适合度"

是否值得动身穿过洛克的这道风景，取决于洛克的财产理论与知识产权之间的"适合度"（Goodness of Fit）。[①] 有相当一部分学

（接上页）策杂志》（*Harv. J. L. & Pub. Pol'y*），第 13 卷第 3 期（1990 夏季），第 818 页；斯蒂芬·金塞拉（Stephan Kinsella），"反对知识财产"（Against Intellectual Property），路德维希·冯·米塞斯研究所（Ludwig von Mises Institute），2008 年，可见于：http://mises. org/books/against. pdf。针对这些指控而为知识产权进行的辩护之一，是由一位精力充沛的财产权支持者从他的角度所撰写，参见理查德·爱泼斯坦（Richard A. Epstein），"为什么自由主义者不应当对知识财产（过度）怀疑"［Why Libertarians Shouldn't Be（Too）Skeptical about Intellectual Property］，进步与自由基金会（Progress & Freedom Foundation），专题研究论文第 13.4 号，2006 年 2 月 13 日。爱泼斯坦主张，"知识财产的辩护者只需要证明，它达到了在物质财产上所适用的相同标准即可"。这一观点将知识财产置于跟物质财产同样的地位。

① 事实上，还存在着另一场相关的学术争论，它从逻辑上讲是先于适合度问题而发生的。关于知识产权是否真的就是财产权，或者它们是否应当被整合到一个单独的标题之下并且合在一起加以讨论，围绕这个问题还有着相当大的争议。参见，例如尼尔·温斯托克·内坦内尔（Neil Weinstock Netanel），"征收一种非商业性使用税，允许免费的对等网络文件分享"（Impose a Noncommercial Use Levy to Allow Free Peer-to-Peer File Sharing），《哈佛法律与技术杂志》（*Harv. J. L. & Tech.*），第 17 卷（2003 年），第 23 页［国会（在 1790 年）的第一部著作权法只是为一部分作品种类确立了一些权利，因此，建国 （转下页）

者主张，该理论毕竟是不适用的。但我并不这样看。我认为，洛克的理论即使不能说更适合，至少也是同样适合于知识财产的。我

————————

（接上页）之父们对著作权的看法是，它是一种"确定无疑地受到限制的授权（decidedly limited grant），而几乎没有例证可以说明，著作权产业具有当前的私有财产话语（private property rhetoric）"。]；马克·A. 莱姆利（Mark A. Lemley），"浪漫作者与财产话语"（Romantic Authorship and the Rhetoric of Property），《得克萨斯法律评论》（Tex. L. Rev.），第 75 卷（1997 年），第 896 页，注释 123 ["专利和著作权法在美国的立国之初即已出现，但是，'intellectual property'（知识财产）这个术语只是在最近才流行起来的"]。一般性参见贾斯汀·休斯（Justin Hughes），"著作权与不完整的历史编纂：关于盗版、财产权化与托马斯·杰斐逊"（Copyright and Incomplete Historiographies: Of Piracy, Propertization, and Thomas Jefferson），《南加州法律评论》（S. Cal. L. Rev.），第 79 卷（2006），第 1002 页 [文中引用了更加通俗的新闻界用语作为例子，声称"intellectual property"（知识财产）一语是在 1967 年之后才流行起来的，正是在那一年，作为联合国组成机构的世界知识产权组织（the World Intellectual Property Organization）在其官方名称中放入该用语]。但是，贾斯汀·休斯在数篇堪称学者精心构撰之典范的文章中，却对这些主张予以证伪。例如，休斯表明，早在 1694 年，约翰·洛克本人就将著作权称作一种财产，并且从 17 世纪时开始，诸如"literary property"[文学财产] 这样的短语就已经被人经常和持续地使用了。参见休斯，《著作权与不完整的历史编纂：关于盗版、财产权化与托马斯·杰斐逊》，同前注；贾斯汀·休斯，"洛克 1694 年备忘便条（与更加不完整的著作权历史编纂）"[Locke's 1694 Memorandum (and More Incomplete Copyright Historiographies)]，卡多佐法学研究系列第 167 号研究论文（Cardozo Legal Studies Research Paper No. 167）（2006 年 10 月），第 4 页，可见于：http://papers ssrn. com/sol3/papers. cfm?abstract_id =936353 [它描述并且重印了一份约翰·洛克致英国议会议员的备忘便条（memorandum），内容是推荐重新制定《许可经营法》（Licensing Act）——这是一种早期的著作权形式，并且还提议，如果一位出版商"从现在尚存于世并且还在写作的作者那里收买权利，那么，将他们的财产限定为作者去世之后或者该图书首次（转下页）

对此提出三点理由。首先，洛克的焦点是关于从一种"自然状态"
（state of nature）中拨归财产，这一点恰恰非常适合于我们这个时
代通常所谓的"原始故事"（origin story）。尽管无主荒地仍有人在
继续开垦，并且沿着各种边远地区（最著名的例子是在亚马逊河
流域，正如李·奥尔斯顿［Lee Alston］、加里·李贝卡［Gary Libe-

（接上页）印制之后的若干年，比如，五十年或者七十年之内，就可能是合
理的"。]（摘自该备忘便条，重印于彼得·金勋爵（1 Lord Peter King），《约
翰·洛克传》（*The Life of John Locke*），伦敦：亨利·科尔伯恩出版社（Henry
Colburn），1830 年，第 375 页、第 387 页。关于洛克对《许可经营法》的观
点与他整个的财产理论是否相一致，抑或表明洛克认为，关于知识创造的想
法是区别于其财产理论的对象的，参见西蒙·斯特恩（Simon Stern），"十八
世纪英格兰的著作权、独创性与公共领域"（Copyright, Originality, and the
Public Domain in Eighteenth-Century England），雷金纳德·麦金尼斯（Reginald
McGinnis）编，《法国和英国启蒙时期的独创性与知识财产》（*Originality and
Intellectual Property in the French and English Enlightenment*），伦敦：卢特里奇
（Routledge）出版社，2008 年，第 69—101 页（其认为，洛克就《许可经营法》
所写的这些文字，为更加全面的洛克式财产权方法提供了幽微的亮光）。但
也请参见鲁思·W. 格兰特（Ruth W. Grant），《约翰·洛克的自由主义》（*John
Locke's Liberalism*），芝加哥：芝加哥大学出版社，1987 年，第 113 页（其从洛
克的片断文本中提出，他的意图是让知识创造留在公有物中）。关于从一个完
全不同的视角而针对知识财产就是财产的这一思想提出辩护，参见亨利·史
密斯（Henry Smith），"作为财产的知识财产：对信息产权的勾画"（Intellectual
Property as Property: Delineating Entitlements in Information），《耶鲁法律杂志》
（*Yale L. J*），第 117 卷（2007），第 1742 页（其认为知识产权法的核心是排他权，
这就允许所有权人可以实施一系列内容广泛的行为，其中的大部分无须法律
规则加以具体细化；因此，从这个方面来讲，知识产权法的"排他策略"就
如同其他财产权种类的镜面反射，两者是一模一样的）。

cap］以及其他产权经济学家所描述的那样）① 来谈论新的财产权也是非常准确的，但是，地球表面的大部分土地毕竟已经被人拥有，大多数情况下都是很久以前即归人所有了。今天，要说在一个材料不归任何人所有的或者广泛被人共享的背景之下而获得全新的财产拨归，如此情形并不会在有体财产的世界中发生，而只有在知识财产的世界中才更为常见。事实上，在绝大多数情况下，尽管某一特定作品或者发明可能存在其重要的前身，但大多数的知识产权还是属于被人全新主张的财产权，它们区别于法律上专门定义的演绎作品或者"改进发明"。至少在发达国家，像洛克所描述的、在一片共有林地采集苹果或者橡子的经典场景，实际上在今天的物质财产世界里不太可能发生，而反倒更可能发生在知识财产的世界。并且，与传统的解释② 相反，知识共有品（intellectual commons）并没

---

① 李·J. 奥尔斯顿、加里·D. 李贝卡与伯纳多·米勒（Lee J. Alston, Gary D. Libe-cap, & Bernardo Mueller），《所有权、冲突与土地使用权：财产权的发展与巴西亚马孙边疆的土地改革》（ *Titles, Conflict, and Land Use: The Development of Property Rights and Land Reform on the Brazilian Amazon Frontier* ），安娜堡：密歇根大学出版社，1999年；李·J. 奥尔斯顿、加里·D. 李贝卡与罗伯特·施奈德（Lee J. Alston, Gary D. Libecap, & Robert Schneider），"财产权的决定因素与作用：巴西边疆的土地所有权"（The Determinants and Impact of Property Rights: Land Titles on the Brazilian Frontier），《法律、经济与组织杂志》（J. L. Econ. & Org.），第12卷（1996年），第32—33页。

② 参见，例如，詹姆斯·博伊尔（James Boyle），《公共领域：思想公地的圈占》（ *The Public Domain: Enclosing the Commons of the Mind* ），康涅狄格州纽黑文：耶鲁大学出版社，2010年；詹姆斯·博伊尔，"第二次圈地运动与公共领域的建构"（The Second Enclosure Movement and the Construction of the Public Domain），《法律与当代问题》（ *L. & Contemp. Probs.* ），第66卷（2003年），第33页。

有缩减——它反而是在增长。我们人类做出的智力创造越多,我们
做出创造的可能性就越大。借用在科学研究中的一句标语,这个活
动范围带给我们的是一个"永无止境的新领域"(endless frontier)。[①] 33
个人创造者可以从中利用的公共领域信息库(stock of public do-
main information),就非常接近于洛克关于大块公有资源领地(vast
realm of common resources)的概念。换言之,洛克理论的初始条件
跟知识创造十分接近,因此,他的理论在这个领域中也是非常管
用的。[②]

　　但是,洛克之所以相关,还存在其他方面的原因。从更深层
次上讲,他的思维逻辑至少像适用于有体财产的对象那样,也可以
适用于知识产品。之所以这么讲,有两个基本原因。第一,在知识

---

① 万尼瓦尔·布什(Vannevar Bush),"科学——无尽的边疆"(*Science— The
Endless Frontier*),科学研究与开发署(Office of Scientific Research and Develop-
ment)万尼瓦尔·布什主任致美国总统的报告,1945 年 7 月,可见于:http://
www. nsf. gov/ about/ history/vbush1945. htm。另参见帕斯卡尔·扎卡里(G.
Pascal Zachary),《无尽的边疆:美国世纪的工程师万尼瓦尔·布什》(*Endless
Frontier: Vannevar Bush, Engineer of the American Century*),纽约:自由出版社
(Free Press),1997 年。

② 我在这里的观点不同于如下这种对于洛克的解释:洛克只是说把某人的劳动
掺进已经存在的东西,并因此而必然排除了有关原始创作的看法。因为一位
具有创造力的个人只是将其劳动掺进已经存在的公共品中,所以,由此得出
的结论就是,他不可能创作出真正原创的思想或者作品。参见莱昂·泽门尔
(Lior Zemer),"一种新的洛克式著作权的产生"(The Making of a New Copy-
right Lockean),《哈佛法律与公共政策杂志》(*Harv. J. L. & Pub. Pol'y*),第 29 卷
(2006 年),第 891 页。这一视角只集中于将劳动掺进其中的对象,即在公共品
中发现的东西。显然,它忽视了洛克公式的另一半,即财产拨归者个人的劳
动贡献。

财产的世界中，得以借助劳动而形成财产的背景材料的"给予性"
（givenness）是非常明显的。我们所称的公共领域（public domain）
就是一种重要而普遍的背景材料，它跟知识产权的定义正好相互对
应。如果将一些简单的同类物都接受为共有物（参见以下"洛克的
共有物与公共领域"这一节所述内容），那么，洛克所谓的自然状
态与这里所谈论的公共领域，这两者之间的对称性（symmetry）就
显得非常清楚了。从公共领域中主张知识产权，正与从自然状态中
产生出财产权，遵循着相同的逻辑。

　　第二，众所周知，对洛克而言，无论在解释财产权的正当性还
是在约束财产权的方面，劳动都起着关键性作用。而我们再一次看
到，劳动对于知识产权世界的作用，同样也是很强烈的。尽管在知
识产权法中存在一些非常有名的规则，规定"纯粹的"劳动（或者
辛苦劳作）并不足以证明产生了某种知识产权，但是，那些通常被
人们认为处于知识产权法核心的足可称道的创造，往往需要付出重
大努力才能得到。劳动对于证明某些有体财产的权利来说，固然具
有相关性，但它在知识产权领域所起的这种作用却更加广泛，也更
为突出。因此，洛克之于知识财产，反而更加切题。

　　最后，洛克在一份传记性笔记中，就曾将自己的作品（work）
称之为劳动（labor）：他这样写道，我"受雇"于此，"是做一名下
等劳工，洒扫庭院，再把沿着知识之路两旁的垃圾清除干净"。① 言

---

① 约翰·洛克，《人类理解论》（*An Essay Concerning Human Understanding*），序
　言（Epistle）（彼得·H. 尼第奇 [Peter H. Nidditch] 编），牛津：牛津大学出版
　社，1979 年，第 10 页。

下之意很简单：洛克承认，作品必须通过研究与写作才能完成，而这就隐含着，至少对诸如他的作品之类的最终产品而言，以劳动为依据而提出财产主张（labor-based property claims）是正当的。洒扫庭院、清除垃圾，这些恰恰就是洛克在讨论财产拨归时用以证明财产权主张之正当性的那种体力劳动。[①] 采集橡子和苹果，它们跟这种劳动并没有什么差别。弯腰捡拾与伸手采摘，这与洛克把写作想象为洒扫路面和清除垃圾，从概念上来讲就是相通的。如果将写作比喻为繁重的体力劳动，那就完全有理由认为，它应当与真正的繁重体力劳动所得出的结果相同：即一种对于合法财产的有效主张。

二、洛克的财产拨归理论

34

（一）自然状态与原始共有物

洛克对财产的阐述，始于承认那些在事实上为其同时代的人们所理解的观念，即是上帝把土地给了世人。他补充说，这个礼物是给人类共有的。[②] 正如那时人们所知道的那样，万物起源于上帝；他把土地给予人类集体，而不是分成小片土地给予个人；"没有人对于任何［土地的一部分或者它的生产果实］原始地具有排斥其余

---

① 约翰·洛克，《政府论（下篇）》（*Two Treatises of Government, Second Treatise*），第 32 段，剑桥：剑桥大学出版社，第 3 版，1988 年，彼得·拉斯利特（Peter Laslett）编（以下简称"拉斯利特版"），第 290 页（"一个人能耕耘、播种、改良、栽培多少土地和能用多少土地的产品，这多少土地就是他的财产"）。

② 约翰·洛克，《政府论（下篇）》，第 25 段，拉斯利特版，第 286 页。

人类的私人所有权（private Dominion）"。①这个论述的起点就决定了洛克为他自己所设定的基本任务：解释为什么可以从一个为全体人类共有的礼物中产生出个人的财产权。②

只有在我们理解了这个神赐礼物的目的之后，所谓的将财产拨归个人才能说得通。土地和其中所生产的一切，都是"为了给人

---

① 约翰·洛克，《政府论（下篇）》，第 25 段，拉斯利特版，第 286 页。这里应当指出的是，尽管洛克带着神学的语调和意象，但他的写作绝对不是从当代宗教正统观念的意义出发的。在他的文字中，存在着与传统的基督教自然法观点的明显分离。参见彼得·C. 迈尔斯（Peter C. Myers），"在神权与人类主权之间：自然状态与洛克政治思想的基础"（Between Divine and Human Sovereignty: The State of Nature and the Basic of Lock's Political Thought），《政体》（Polity），第 27 卷第 4 期（1995 年夏季），第 629—649 页。

② 洛克在《政府论（下篇）》中的基本目的，是为了对抗关于英国君主系君权神授因而不可由人民来替代的观点。一种为洛克所反对的、支持神权的主张是，统治者对国家的全部土地享有所有权，就像圣经《创世记》（Book of Genesis）中所描述的那样，这些土地是直接从亚当和夏娃那里继承来的。这种神圣继承的概念依赖于在土地所有权与政治统治权之间的一个类比。为了抨击后者，洛克必须先处理前者。洛克提出了一种替代性解释：土地是给予全体人民共有的，而不是像在《圣经》中所描述的那样，是给予第一批人民的。洛克的理论提出了一种挑战：在原始的共同所有权的背景下，如何解释个人的所有权。这就是将个人拨归财产引入故事之处："如果说，根据上帝将世界给予亚当和他的后人并为他们所共有的假设，难以理解财产权，那么，根据上帝将世界给予亚当和他的继承人并排斥亚当的其他后人这一假设，除了唯一的全世界君主之外，谁也不可能享有任何财产。可是我将设法说明，在上帝给予人类为人类所共有的东西之中，人们如何能使其中的某些部分成为他们的财产，……还不必经过全体世人的明确协议。"约翰·洛克，《政府论（下篇）》，第 25 段，拉斯利特版，第 286 页。

们用来维持他们的生存和舒适生活的"。[1] 神的指令是让人类生存并且繁荣，而土地及其所包含的产物，则是为实现这一目标的手段。为了利用世界这个大礼物，人类就必须拥有这些东西，并且加以消费利用。换言之，他们必须把它们从原始的共有物中剥离出来："那就必须要通过某种拨归私用的方式，然后才能对于某一个人有用处或者有好处。"[2] 他说，拨归个人是必须的，因为通过一致同意的方式而原始取得财产并不可行。实现神的指令的唯一方法是允许个人取得对资源的控制权，而无须首先得到任何其他人的同意。基于同样的推理，洛克提出了有利于将财产拨归个人的非神学的（nontheological）或者结果主义的（consequentialist）论据。[3] 这两种论据均倾向于支持如下结论，将财产拨归个人是正确和适当的。[4] 以此方式，洛克就证明了私有财产权制度的必要基础——在个体的

---

[1]　约翰·洛克，《政府论（下篇）》，第 25 段，拉斯利特版，第 286 页。

[2]　同上（着重号是原文的）。

[3]　约翰·A. 西蒙斯（A. John Simmons），《洛克的权利理论》，新泽西州普林斯顿：普林斯顿大学出版社，2002 年，第 222 页 ［洛克"并不专门依赖于纯粹的神学主张或者纯粹的世俗主张，而是一种自由主义的两者混合……（从而是）多元和折中的"］。

[4]　关于这一点，参见大卫·波斯特（David Post），"杰斐逊对洛克的修正：教育、财产权与自由"（Jeffersonian Revisions of Locke: Education, Property Rights, and Liberty），《历史观念杂志》（*J. Hist. Ideas*），第 47 卷（1986 年），第 147 页（它理解洛克是这样说的，那些利用其劳动而获得拨归——取得财产——的个人，就是最有效地遵从神的指示的人）。

人类与具体的经济资源之间形成了一对一的映射联系。① 但是，实现神的指令跟财产制度，这两者之间究竟是什么关系？为什么拨归行为就应当产生特定的、我们称之为财产的所有权制度？为了回答这些问题，洛克引入了工作或者劳动的观念：

> 土地和一切低等动物为一切人所共有，但是每人对他自己的人身享有一种所有权。除他以外任何人都没有这种权利。他的身体所从事的劳动和他的双手的工作，我们可以说，是正当地属于他的。所以只要他使任何东西脱离自然所提供的和那个东西所处的状态，他就已经掺进他的劳动，在这上面参加他自己所有的某些东西，因而使它成为他的财产。既然是由他来使这件东西脱离自然所安排给它的一般状态，那么在这上面就由他的劳动加上了一些东西，从而排斥了其他人的共同权利。②

请注意两个方面。第一，洛克提到了自然（即关于神的意志或者存在的一种表达）把土地"留给"（left）或者"安排"（placed）

---

① 关于一对一映射的思想，我在下面会经常提到，它来自于杰里米·沃尔德伦，他将私有财产描述为一种建立在"名称/对象的关联关系"（name/object correlation）之上的制度。沃尔德伦说："在私有财产制度中，规则这样规定，对于每一对象，与之相关联的作为个体的个人，就有权决定应当如何使用该对象，以及由何人来使用。"杰里米·沃尔德伦，《私有财产的权利》，牛津：牛津大学出版社，1988 年，第 39 页。

② 约翰·洛克，《政府论（下篇）》，第 27 段，拉斯利特版，第 287—288 页。

为全体人类共有的状态。而通过"脱离"（taking out of）这种共有状态，就发生了拨归行为。第二，某人将某东西脱离共有状态的方法，是对它进行了劳动或者工作——施加了努力。换言之，共同所有权是一种默认状态（default state）；拨归个人则是在付出努力之后才产生的，这是为改变默认状态所必需的。

为什么是个人所付出的努力？答案就在这一节的最后，洛克这样写道："既然劳动是劳动者的无可争议的所有物，那么对于这一有所增益的东西，除他以外就没有人能够享有权利，至少在还留有足够的同样好的东西给其他人所共有的情况下。"一个人"无可争议地"拥有其劳动。将之扩展开来就是，一个人拥有其劳动所"加入"（annexed to）或"掺入"（mixed with）的任何东西。这种不言自明的对劳动享有的所有权（它来源于一个人对自己身体的所有权），就因此而为合法拨归行为提供了坚实的基础。

小结：资源是共有的。一个人拥有自己的身体，而劳动是由身体所产生的。将其劳动加入或者掺进那些在共有状态中所发现的资源，就产生了财产权——一种对所有权的合法主张。在《政府论（下篇）》中，洛克将这个推理链条进一步扩展而提出，以这种个人财产拨归的前政治权利（prepolitical right）为基础，人们就走到一起，组成了政府。而它的整体效果就是为了推翻关于政治主权的神权理论。上帝并没有立约将世界交给亚当和夏娃，并再传给现在的君主。相反，它是给予全体人类的，并且通过付出劳动，它当中的一些部分变成了个人所有权的对象。

（二）洛克的共有物与公共领域

洛克关于原初共有（original common）的概念与知识财产的公共领域（public domain）概念非常契合。这从直觉上看是显而易见的，但这里还是有必要针对某些专业上的反对意见，为之作一番更加全面细致的辩护。下面，我先提出直觉上的情形，然后阐述专业性问题。

财产形成于洛克方案中两个明摆着的事实。在自然状态中的自然资源是平等地给予全体人类的。[①] 每一个人对这种处于自然状态的整体资源拥有财产法律师所称的不可分割的部分利益（undivided partial interest）。但是，为了让这些资源发挥作用，个人就必须将之纳入自己的控制范围——例如，采集果实或者把它们吃掉。如果为了利用某一资源，每个人必须从其正当的所有权人（亦即全体人类）那里获得同意，那么这个人就非得饿死不可。[②] 在自然状态

36

---

① 正是这个特征，导致研究洛克的学者们强调洛克思想的平等主义基础。参见，例如，杰里米·沃尔德伦，《上帝、洛克与平等：洛克政治思想中的基督教基础》（*God, Locke and Equality: Christian Foundation in Locke's Political Thought*），剑桥：剑桥大学出版社，2002 年；西蒙斯（Simmons），《洛克的权利理论》（*The Lockean Theory of Rights*），第 79—87 页。洛克思想是支持一种自由的平等主义（liberal egalitarianism）的，关于对这个更重要意义的评论，参见塞缪尔·弗莱施哈克尔（Samuel Fleischacker），《分配正义简史》（*A Short History of Distributive Justice*），麻省剑桥：哈佛大学出版社，2004 年，第 36—37 页。

② 约翰·洛克，《政府论（下篇）》，第 28 段，拉斯利特版，第 288 页。"谁会说，因为他不曾得到全人类的同意使橡子或苹果成为他的所有物，他就对于这种拨归私用的东西不享有权利呢？这样把属于全体共有的东西归属自己，是否是盗窃行为呢？如果这样的同意是必要的话，那么，尽管上帝给予人类很丰富的东西，人类早已饿死了。"另参见约翰·洛克，《政府论（下篇）》，（转下页）

中，不可能有任何获得这种同意的机制。[①] 既然不可能得到这种团体层面的同意，又加上神的指令是把人类放在这里不是为了让他们渐趋衰落甚至消亡，因此，这就直接指明了要将资源拨归个人。我在本章提出，依据劳动而可以主张知识财产，就如同依据劳动而可以在土地、作物等有体物上主张财产权。但是，当谈到知识财产时，那个与自然状态等同的东西是什么呢？对处于原始状态的、尚未被人主张的自然资源，又可以用什么来替代它的位置呢？在知识

（接上页）第 25 段，拉斯利特版，第 286 页（"可是我将设法说明，在上帝给予人类为人类所共有的东西之中，人们如何能使其中的某些部分成为他们的财产，并且这还不必经过全体世人的明确协议"）。

[①] 从这个意义上讲，在洛克的财产拨归理论的核心处，存在着一个为今天的经济学众所周知的概念：交易成本。在前述所引的段落中，洛克并不是非常清楚，究竟哪一种同意对于财产拨归来说可能是必需的，但是，无论其形式如何，在这种情况下，明示的同意（express consent）将涉及大规模的交易成本，并因此在实际上是行不通的。对比保罗·拉塞尔（Paul Russell），"洛克关于明示和默示的同意：误解与矛盾"（Locke on Express and Tacit Consent: Misinterpretations and Inconsistencies），《政治理论》（Pol. Theory），第 14 卷第 2 期（1986 年 5 月），第 291—306 页。学者们提出，洛克对我们今天所称的交易成本的关心，就使他的理论区别于他的前辈，特别是胡果·格老秀斯（Hugo Grotius）和塞缪尔·普芬道夫（Samuel Pufendorf）的理论。参见亚当·莫索夫（Adam Mossof），《何为财产？重把碎片放回一起》（What Is Property? Putting the Pieces Back Together Again），《亚利桑那法律评论》（Ariz. L. Rev.），第 45 卷（2003 年），第 385—390 页。我在讨论对洛克的财产权思想作某种扩展，涉及团队劳动或者集体权利的情形时，就已经提到了关于所有权人的同意和交易成本之类的主题。参见罗伯特·莫杰思，《为了大众的洛克》（Locke for the Masses），《霍夫斯特拉法律评论》（Hofstra L. Rev.），第 36 卷（2008 年），第 1179 页。同样的思想在后面本书第 7 章中也有突出表现，它集中讨论关于个人的知识产权与在一个复杂经济体中对它们进行管理时所产生的交易成本之间的关系。

财产的世界中，有人发现那些撒落各处的东西，它们虽然粗糙并且尚未加工过，但该人准备借助劳动而归自己所有，那么，这样的东西究竟是什么呢？答案就是：公共领域。

在今天的知识产权理论中，这个观点已经变得很平常，亦即，所有新的知识创造，事实上都来自于公共领域——由人人共享的、不属于任何人所有的材料所形成的巨大宝库，这些材料产生于该等个人创作者之前，并且就存在于他们的身边。事实上，现代知识产权理论常常过高地称颂公共领域的作用，反倒低估了将这个领域中的东西转换为某种创造性的新东西所必需的个人的劳动。不过，洛克与康德还时不时地回到个人所付出的努力与个体的所有权上，把它们看作财产权的根源，从而为那种一根筋地强调公共领域的看法，提供了一种非常必要的矫正。我的意思并非暗示公共领域不重要，以为个人是在真空当中，无中生有地（ex nihilo）创作出作品来的（我可以不带讽刺地说，我是在赞美公共领域，但不是将它捧杀）。不过，我确实主张：正是由于添加了个人的劳动，公共领域中的起始材料（starting materials）才被转换为独一无二的创造性产品。因此，对于知识财产而言，公共领域就起着洛克财产理论中自然状态的相同作用。它提供了围绕在个人创作者周围的原材料，以及散落四周而不归人所有的资源。

稍后我将阐述几个针对一种以洛克为根据的知识财产理由所提出的专业性反对意见。但是，由于以下两个反对意见非常显眼，我需要马上在这里先予指出。第一个反对意见是，洛克的自然状态是被有体物所占据的，而组成公共领域的，则绝大多数是知识产物（intellectual things），比如故事、发明、绘画、散文，以及许许多多其他由人类的创造性活动所产生的东西。这些知识产物相比于有体物，最显著的区别在于它们可以同时被多人使用。经济学家称它们是"非竞争性的"（nonrivalrous）：你使用了某个故事的创意，并不会导致我无法同时使用相同的故事创意，但是，当你享用了一颗苹果或者橡子，我就无法同时享用它。第二个反对意见是，洛克说上帝是为全体人类的使用而提供自然状态的。在第一个提出主张的人对它施加劳动之前，它从来就不归属于任何人。公共领域则不同。公共领域所包含的材料，有一些却是由个人劳动所创造的，以前曾经归某人所有，只是由于长期不使用或者因为期限届满而落入公共领域。假如后来有人从公共领域中无意间发现了这样东西从而提出权利主张，那么，他所凭借的其实是由他人创造的（以及曾经拥有的）东西，并不是全新的、从未有人主张过的资源。但是，这样一种区别重要吗？

37

让我先来谈谈第一个反对意见。该意见认为在非竞争性产品的情况下，就没有必要给予其财产权，如此主张确实具有诱惑力。假如我写了一个故事，那么许多人就可以同时阅读，而不会彼此干扰对方的使用。这就是一个故事与一颗苹果或者橡子的不同之处。由于像这样的东西很容易被人共享，自然地就有人认为，社会应当禁止个人对此提出权利主张，而应该让人人均可以同时使用它。①

这种思想就隐藏在知识产权学者所提出的这些陈述的背后，

---

① 比较蒂莫西·桑德福（Timothy Sandefur），"艾茵·兰德的知识产权理论批判"（A Critique of Ayn Rand's Theory of Intellectual Property Rights），《艾茵·兰德研究杂志》（*J. Ayn Rand Stud.*），第 9 卷第 1 期（2007 年秋季），第 139—161 页（信息的非竞争性特点，"打消了在知识财产与有体财产之间作出任何草率的类比"）。

他们声称，知识产权法是在制造"人为的稀缺"（artificial scarcity），而该术语则意味着这样一种事物的状态，即信息是以一种自由而无摩擦的方式从一个人传递给另一个人的。在这一背景下，对其强加知识产权，就只能降低信息交流的自然流动性，因为知识产权毕竟是会排除他人对信息使用的。

但在这一点上，我还可以多说几句。信息的非竞争性特点对于知识产权法究竟意味着什么，若对此问题作全面探究，就会引导我们从更深层次上探讨洛克的附加条件，不过，我们现在暂且把这项任务搁置一边。① 在当下时刻，我们的论述才刚刚开始展开，因此，比较明智的做法是，只将讨论主题限定在针对那些把信息的非竞争性特点作为知识产权政策的最高指示者所提出的一种简单的、直觉性的批评上。问题在于，在知识财产的世界里，信息交流的速度不是唯一相关的因素。生产出新的信息同样重要。新颖性很重要，独创性也很重要。知识财产所关心的，不只是信息交换的速度有多快。它还涉及信息的本质特征，特别是，它刺激了信息在整个社会的大流动中作出新颖的、在某些情况下甚至是独一无二的贡献。

这跟自然状态以及公共领域有何关系呢？让我们回到前面那个观念上来，即原创作者是从其在周围环境中所发现的起始材料上

① 参见下一节关于"洛克的附加条件"。简单来说，我在那里所主张的一种知识产权制度是（1）为了创造出新的、独创性成果的利益考虑，允许存在广泛的初始财产拨归，同时（2）通过限定在任何的特定情形中，有哪些东西以及在多大程度上可以被拨归，以保护其他财产拨归者的机会平等原则，以及知识产品的使用人/消费者。

着手工作的。如果这项工作必须跟所有进来的人共享，恐怕没有几个人会费时费力地去对这些材料进行改作、重塑或者改进。在洛克看来，这个说法是成立的，即任何人如果无意间发现了一片田野，上面到处都是橡子或者苹果，他就可以将它们占为己有，但同样成立的是，这些东西在被采集起来之后就不再像它们在原始状态中那么有用了。在他的陈述中隐含这样的意思，即对自然的产出物必须进行挑选、组织和收集，才能让它服务于人类的需要。而为了让被找到的东西发挥作用，以寻求人类的生存繁荣，那么，劳动就是必需的。

　　这就是我们在"非竞争性万岁"（nonrivalry uber alles）这个理论上所遭遇的问题。那些在知识产权法中沉迷于这一主题的人确实看到了围绕在他们四周的面包，但他们只是想着怎么切分、怎么让它变多一些、怎么让它分给尽量多的人。洛克的方法，则正好与古老的童话故事相呼应，而是要追问"可是由谁来烤面包呢？"信息的分享已经变得如此容易——作者穷其一生所完成的作品，可以在弹指间上传网络或者用电邮发送——以至于我们看不到这些东西在最初被创作出来之时，作者所必须付出的多大工作。正如洛克举例的橡子或者苹果那样，在创造性成果的世界里，也是如此：人们需要付出努力进行挑拣和选定，采集和汇总，再造与重塑，扩展与创作，才能得到它。四处散落、随意放置而又数量丰富的自然状态／公共领域，只是一个起点而已；但它也正是劳动着手的地方。对这样的劳动而冠以财产，是为了如下两个目的：对投入其中的努力表示尊敬，并且号召投入更多的努力。洛克认为，自然状态中的人类就是这样做的。而今天，当人类面对巨大的、非组织化的公共领域时，也是如此。信息分享可以很容易，但是，要创造出新颖而有用的信息，依然很难。因此，财产仍然在起作用。

　　财产与人类繁荣之间的关系，这是问题的关键。洛克的理论对于那些被拨归个人的对象——它们或者是竞争性的有体物，或者是非竞争性的无体物——所论甚少，而对于通过将这些东西拨归个人以使人类走向繁荣，则大加讨论。正如理查德·阿什克拉夫特（Richard Ashcraft）所言：

> 　　自然状态的第一步——上帝安置人类的最初情形——是这样的，财产根据一些自然主义和道德性的术语而被定义，其中的关键概念包括了个人对其身体的自由、劳动、使用、生存的权利以及体现上帝意志的自然法。……［不过］如果你相信只要随着货币的发明和其他代表自然状态第二阶段特征的历史发展，作为第一阶段特征的道德性就会因此消失，那你就错了。……因为正如我们所看到的，洛克当然相信生存的自然权利是与时俱进的，它即使在社会最先进或者最文明的状态仍是一项可强制执行的道德主张（an enforceable moral claim）。①

因为我相信知识产权确实促进了人类繁荣，所以我也相信，即便智力工作所产生与包含的是非竞争性产品，它们与洛克的理论也

---

① 理查德·阿什克拉夫特（Richard Ashcraft），"洛克的政治哲学"（Locke's Political Philosophy），维尔·切佩尔（Vere Chappell）编，《剑桥版洛克指南》（*The Cambridge Companion to Locke*），剑桥：剑桥大学出版社，1994年，第226页、246—247页。

是完全相符的。①

　　现在来看第二个反对意见。在洛克的论述中，处于自然状态

---

① 重要的是把这个观点跟下面这种思想区分开来，后者认为，洛克理论所陈述
的，是对财产权利的一种功利主义解释。洛克理论是以个人权利的繁荣为预
设前提的。而功利主义则与权利观念并不十分相符。对于功利主义者而言，
处于第一位的只有偏好（preferences），必须把它们合起来计算，以产生最大
的净社会福利（highest net social welfare）。既然从权利的定义上来说，它不可
能被具有对应价值的偏好（countervaluing preferences）所推翻，因此，权利
常常就阻挡了功利主义的这一目标。一般性参见，哈特（H. L. A. Hart），"在
效用与权利之间"（Between Utility and Rights），《法理学与哲学文选》（*Essays
in Jurisprudence and Philosophy*），牛津：克拉伦登出版社，1983 年；沃尔德伦，
《私有财产的权利》，第 5—25 页。对功利主义者而言，唯一重要的目标是总效
用的最大化（maximizing total utility）。但现在的情况是，洛克相信，完全承认
财产权就会促进生产性劳动，并因而一般会导致一个更加富裕的社会。参见，
例如约翰·洛克，《政府论（下篇）》，第 37 段，拉斯利特版，第 294 页（"一个
人基于他的劳动把土地划归私用，并不减少而是增加了人类的共同积累"，因
为劳动提供了从自然状态中脱离出来的物品的价值份额）；沃尔德伦，《私有
财产的权利》，第 215 页（"允许由一些人通过拨归取得财产，就可能（如洛克
所相信的那样）增加净社会产品［引用《政府论（下篇）》第 36—37 段］"）。
从这个意义上而言，洛克理论与功利主义之间又存在着明显的重合。不过，
尽管洛克的理论反映了某种对于激励与结果的严重关注，但是，它（1）指向
的是一种个人的财产权利，并且（2）完全避免服从于对偏好的计算——并
因而与知识财产的功利主义解释殊为不同。还有一种完全没有说服力的主
张，认为洛克实际上就是一个功利主义者，对此参见维耶托·迈耶-舍恩伯
格（Viktor Mayer-Schonberger），"追寻故事：知识财产叙事"（In Search of the
Story: Narratives of Intellectual Property），《弗吉尼亚法律与技术杂志》（*Va. J. L.
& Tech.*），第 10 卷（2005），第 11 页第 9 段（"对洛克的影响加以扩大，则著作
权就不仅被看作是对于他的财产劳动理论的扩展，而且是对于他的更一般性
的功利主义思想的一种扩展"）。

的东西是上帝给予的，但是，公共领域的绝大部分却是由人类做出的。将劳动添加到由上帝所给予并且在原始状态中所发现的东西上，这是一回事；而把劳动添加到某一样之前曾经存在权利但现在已经丧失权利的东西上，并以此证明其可以正当地主张个人权利，则可能就是另一回事了。或许，这一区别就会引发人们的怀疑，公共领域是否等同于自然状态。

当然，这或许也没有什么疑问。之前曾经受到知识产权保护的材料，从许多方面看，其实就跟处于洛克的自然状态中的、不归任何人所有的资源处于相同的地位。两者都构成一种共有物。公共领域就像自然状态一样，是供全体人类去利用的。没有人会比任何其他人而对此享有一种更优先的权利主张。除非有一个人将某种工作施加于从公共领域所提取的东西之上，否则就不存在任何的财产主张。因为无人对此拥有优先的权利主张，任何人都可以对此添加劳动，所以，公共领域就是一种完全平等的资源（egalitarian resource）。最后，至于是谁让资源为全体人类利用，究竟是上帝（针对自然资源）还是人类（针对智力创造），其实就无关紧要了。唯一重要的是，可供全体人类利用的资源是处于一种无人所有的状态，等待着个人付出努力而将其转换为可以主张财产权的对象。

（三）从公共领域中脱离

因此，自然状态／公共领域的类比相当管用。但是，这也可能将洛克的"初始拨归"（initial appropriation）理论解读为只跟人类社会发展的原始状态有关，在那时，人类的经济活动就是从共有物当中脱离出有体物品。① 在进一步往下论述之前，我们有必要先予反驳这种思想。我们必须表明，洛克用以证明在自然状态下的财产拨归具有正当性的这一基本概念，同样适用于现代经济中的创造性成果，因为在现代经济中，信息与知识产权构成了财富与商业的一个重要组成部分。根据洛克的理论，我们必须面对这种关于脱离的思想。在自然状态中，财产拨归是通过个人身体运动的方式实现的。而处于思想领域的创造性成果，却并不存在与此直接类似的方式。信息的非竞争性特征使得在绝大多数情况下，通过身体运动而将信息脱离出来是不可能的。② 那么在此情况下，所谓的从共有物

---

① 关于洛克与知识产权无关的主张，参见肖娜·瓦伦丁·谢夫林（Seana Valentine Shiffrin），"洛克的知识产权主张"（Lockean Arguments for Intellectual Property Rights），斯蒂芬·芒泽尔（Stephen R. Munzer）编，《财产的法律与政治理论新论》（*New Essays in the Legal and Political Theory of Property*），剑桥：剑桥大学出版社，2002 年，第 139—167 页；尤其参见第 143 页，谢夫林介绍其思想，认为洛克的理论与初始的共同所有权具有紧密关系，因而，基于知识产权的本质特征，"洛克的观点并不支持在大多数知识产品上会发生洛克式财产拨归"。

② 肖娜·瓦伦丁·谢夫林就是持此观点者中的一位，认为正是由于这个原因，无论作什么样的调整，都不可能让洛克适应于知识财产的现实。她主张的一个重要方面，就是智力创造的非竞争性特点："一般而言，对一个思想、建议、概念、方法、发明、音乐旋律、图画或者雕塑进行完全有效的使用，从其本质特征而言，并非必须延伸至排他性使用或者控制。通常，一个人对某一思想……以及诸如此类的东西加以使用或者消费，是与他人的使用完全相容的，即使他们同时进行使用。而且，为了获得其完全的价值和增值，知识产品通常需要至少某种相当同步性的、分享式（尽管并不必然是合作式）的使用。思想和它们的表达，通常也只有在被许多人加以考虑，亦即，它们的真理受到大家的共同鉴赏和实现，而它们的谬误也会被人发现和（转下页）

中脱离，究竟是什么意思呢？

　　大体而言，它所指的就是它之于有体物的意思。但在创造性成果的情形中，洛克的思想同样是非常说得通的，只要我们所设想的脱离不是从字面上或者在物理层面上理解的东西，而是某种通过——对一个社会事实（social fact）而不是自然事实（natural

---

　　（接上页）与人分享时，才是最有效的。事实上，这里存在着一个社会性假设，即所谓表达，就是进行公开对话、交换与讨论的对象。试图对思想和信息加以控制、遏制、操纵或者垄断，都是违背了有关促进学习与鉴别真理的开放讨论（open discussion）的知识分子精神。"谢夫林，《洛克的知识产权主张》，前揭，第156页。在本注释对应的正文中，我阐述了这样的看法，一项智力创造"从其本质上来说"，并非必须拨归个人才是有用的，同时还提出更广泛的思想，认为洛克最主要的关切，在于人们所可能发现并且可能予以拨归的对象的"本质特征"。对于谢夫林所持立场的其他方面，贯穿本书也都有所阐述：（1）在本章以及有关数字技术的第8章中，我为以下这种思想提出辩护，即为了让专业创造者获得繁荣发展，有必要赋予其在创造性作品上的排他权，（2）紧接着，在关于不可移除原则的评论中，以及有关中间原则的第5章中涉及不可移除原则的那一部分，我都反驳了这样的主张，其认为知识产权的排他权就完全排除了他人对思想与概念的使用，而这种主张恰恰隐含在谢夫林的观点之中。谢夫林提出，在洛克的理论中，以劳动作为财产权主张的根据，需具备两个重要条件：（1）某种共同所有权的背景——她称之为"共同所有权假设"（the consumption for common ownership）（谢夫林，《洛克的知识产权主张》，前揭，第148页），以及（2）这样一种观念，即在劳动加发现物的组合（a labor-plus-found-thing combination）中，只有当提供最大价值增量的是劳动时，劳动作为财产权的根据才是正当的（谢夫林，《洛克的知识产权主张》，前揭，第152页，她在其中拒绝了这样一种对洛克的解释，即洛克并不强调以"被使用物品的特征和其用途的自然要求"作为中心）。我当然承认，对资源的共同所有权是洛克理论的起点，但我也暗示性地否定了在解读洛克时总是将共同所有权作为优先政策；在第6章关于比例原则的部分，我对此问题再予以阐述。

fact）——形成必要习惯或者共同理解所产生的东西。固然，这需要对洛克著作中的数段文字略作调整。但是，我们无须太费劲，就能得出这样的结论，即在知识财产世界中的公共领域等同于在自然状态中的有体共有物。①

在洛克的描述中，物品是通过应用劳动，即某种财产拨归行为而被人从一般性流通中拿走的。洛克凭着自然世界的某些特征，特别是在某一具体的有体物上应用劳动就能改变这个物品，从而为自然法的财产权利找到了依据，而这发生在以合意方式建立某个正式的政府之前（在某种意义上，它甚至是建立政府所必需的）。如果说关于脱离，我们较少地将之描述为自然发生的事实，而更多地称之为一种社会习惯，那么，这看起来可能跟洛克所述的顺序相反了；当我们将信息产品的脱离称为社会习惯而不是自然事实时，这就暗示着，某种政府或者事先协议（prior agreement）是早就存在的。但是，事情并不像它看起来的那样。首先，在洛克的自然状态中，有一个时常被人忽视的传统方面：自然法的概念可以被认为是

① 以下事实就产生了某种复杂性，即在传统上知识产权法的适用是以各个不同国家为依据的（a country-by-country basis），因此，从专业层面而言，在一个国家可以获得知识产权保护的东西，在另一个国家未必能够获得保护。换言之，国与国之间在公共领域的构成上可能存在不同。参见安德鲁·R. 萨默（Andrew R. Sommer），"共有物的困扰：专利法的一种洛克式辩护"（Trouble on the Commons: A Lockean Justification for Patent Law），《专利商标局协会杂志》（*J. Pat. & Trademark Off. Soc'y*），第 87 卷（2005 年），第 141 页。但是，如果知识产权保护的基本原则能够得到统一适用，那么，国与国之间在授予知识产权保护的方面就应当大体具有一致性，并因此而存在一个相当稳定的、可预期的世界性公共领域。

在前政治的人们之间所达成的某种超验性事先协议（transcendent prior agreement）。即便如此，知识产权也确实需要一个更加精巧的政治结构；因为正如我们所知道的，知识财产看起来不太可能是从自然状态中产生出来的。但是，洛克关于财产初始拨归的讨论，仍然与之相关。这是因为，自然状态只是在人类学—历史学中有过部分描述而已。它主要还是一个假设性场景，用于引出某些基本事实，例如，个人的财产权在什么情况下是正当的，以及在何种情形中，由众人共享的政府必须承认由此产生的法定权利。而这些事实，同样可以适用于知识产权的分配，亦即，只有在市民社会建立之后，它们才可能必然地发生。固然，将这样的东西从公共领域中脱离出来，并不是发生像有体物那样的物理性转移的效果。但是，这并不会导致将智力创造活动排除在洛克概念的范围之外。这里起作用的是关于财产权的基本原则（basic principles），而这些原则是超越于——在概念上领先于——实际政府的具体规则（specific rules）的。① 对于洛克所假设的自然状态，关键是对这些原则的共

---

① 换另一种方式来表述就是，作为一项重要的洛克式价值的自治（autonomy），与原始的自利（primitive self-interest）并不相同。值得考虑的是，从字面上看，自治是指自我规则（self-rule）或某人自己内心的法律（nomos）。许多人相信，存在于内心的规范最终来自于某一个集体渊源（collective source），而且也具有某一个涉他维度（other-regarding dimension）。因此，对知识产权的尊重，就可能源于某一个在正式国家形成之前即已存在的规范渊源，甚至，这些权利只是跟那些远不同于洛克式自然状态（Lockean state of nature）的经济条件相关。知识产权的规范性渊源（normative source），其形成时间（从概念上而言）可能先于某个政体或者市民社会，即便这些权利的对象，亦即信息产品，只有在高级经济类型中才会更加平常地发生，而这样的经济体依赖于一个完备的、发挥作用的政体。

识，而不是所涉及资源的物质性。①

无论我们所讨论的是采集处于自然状态的橡子，还是采用落入公共领域的一段著名的文学故事情节或者某一项技术，它们的基本逻辑都是相同的。在自然状态中发现的东西，必然发生了转换或者改变。在此情况下，把橡子或者苹果采集、放置起来，就必然意味着这些橡子或者苹果不可能再被其他人享用。对财产权给予回报是为了鼓励人类的生衍繁荣，它也暗示了这样的结果。

知识财产的批评者指出，信息的情况有所不同，他人对某一条信息的使用并不必然剥夺你对它的享用。但是，如果我的使用干扰了你的生衍繁荣的能力，这还是违反了洛克的范式（Lockean paradigm）。假如我复制了一件由你创作的作品，即便你还是可以照常使用你的作品，但此举可能已经对你构成了损害。我的使用并没有把信息从你的手中拿走；但还是可能从你的口袋里掏走了一把钱。如果这将干扰你的生衍繁荣的能力——也就是你对这些投入了劳动的东西加以利用的权利，那么我还是不能这么做。这才是洛克所提出观点的关键所在。劳动、财产拨归与人类的生衍繁荣，这三者之间的关系正是洛克思想的核心。他的财产理论并不是一种关于对施加了劳动的有体物不得干涉的理论。而是一种说明为何将这些东西拨归个人就有助于人类生存和繁荣的理论。洛克理论本身并不关心有体财产与无体财产之间的区别；从而在很大程度上，这种区别与该理论无关。它主要关心的是，按照人类生衍繁荣的首要目

41

---

① 换个不同的角度表述就是，人们可以对于有效的权利或者社会事实形成一种共同的理解，例如，认为依据信息产品及其法律权利而获得生存与繁荣发展是具有的正当性（rightness）的。

标，在何种条件下由个人对于财产提出主张才是正当的。如果我使用了由你完成的某件东西，而这会对你构成损害，干扰你的生衍繁荣的能力，那么我就破坏了你的财产。至于在这件东西被我使用之后，你是否还有任何东西可用，则并不影响该结论的成立。你所创造完成的东西具有什么的特征，这真的无关紧要。重要的是，你创作了这件东西，并且我的使用干扰了你基于这件成果所提出的合法主张。再说一遍，所涉及的财产究竟具有竞争性抑或非竞争性的特征，这并不是重点。重要的问题在于，我的使用干扰了你生衍繁荣的能力：例如，我利用你的劳动来获取利益。而这完全适用于那些受知识产权保护的非竞争性产品，就像它适用于具有竞争性特点的有体物那样。

（四）劳动的中心地位

为了人类生存与繁荣的需要，将某些东西从自然状态中脱离出来就是正当的。然而，究竟是什么让个人对于某一特定资源提出主张——即一项特定而独立的财产权（specific, discrete property right）——就是正当的呢？为什么脱离出来的东西就必须伴随着诸如占有、使用之类的排他权（exclusive rights）——将它们合起来就是我们称之为财产的特定权利？换言之，为什么为了促进人类的繁荣，就必须存在我们称之为财产的制度，以及随之而来的各种特性？对于洛克而言，这个答案就是劳动。

在洛克理论中，财产的根据是由于将劳动结合到被人发现的无主物品上。因为这对于洛克的阐述非常重要，所以，我希望花点时间，比较准确地阐明洛克关于劳动，以及关于将劳动应用在无主物品上的思想。这也将为我们在之后论述把洛克的概念应用于有关知识财产的特殊问题奠定基础。

洛克的财产取得理论，在传统上就简称为"劳动理论"（labor theory）。他的基本主张是，个人可以通过其劳动——针对苹果和橡子的采集行为，或者针对土地的清理和培植行为——合法地将财产从自然状态中脱离出来。这些例子提出了关于洛克理论的各种问题；事实上，假如一个人只读到那些著名的关于苹果和橡子的简要描述，或许就会产生好奇，洛克的描述能否就此而最终升华为一种理论。其实，除了这些分散的例子，洛克的《政府论（下篇）》当中还有更多的内容。在很大程度上，正是那些评注性文字回答了这些重要的问题。就我们而言，这些问题包括：为什么在某件物品上的劳动就使得对之提出财产主张是合法的？在洛克的思想中，何种劳动足以成为财产权的根据？为了证明确保财产权是正当的，必须要付出多少劳动？回答这些问题，就为我们讨论怎样（以及如何更好地）将洛克理论应用于知识产权打下了基础。

1."掺进"比喻

洛克理论中的财产，要求劳动必须与被人发现的某件东西相结合。洛克在描述这种结合的特征时，使用了若干不同的词语。他在关于财产这一章的开头部分是这样说的，一个人在"他已经掺进他的劳动"（he hath mixed his labor with）到他在自然中所发现的东西时，就变成了一位所有人。① 在该章的其他地方，他又说劳动是被"加入"（added to）或者"参加"（joined with）到所发现的东西上

42

----

① 约翰·洛克，《政府论（下篇）》，第 27 段，拉斯利特版，第 288 页。

的。尽管术语有变化，但洛克的基本结构是清楚并且一致的。然而，用"掺进"作为比喻，已经在研究洛克的学者中间造成了某种严重的误解。这在知识财产的情形中，则显得尤为突出，因为掺进的概念——特别是对于它的批评者而言——常常就被人用作一种工具，批评将洛克的财产理论应用于知识产权。因此，我现在来阐明"掺进"比喻以及解构由它所带来的批评，实在具有非常关键的意义。

我脑子里想到的，主要是罗伯特·诺齐克（Robert Nozick）在著名的"番茄汁"假设（"tomato juice" hypothetical）中所提出的批评。诺齐克的小寓言是说，有一个人站在海滩上，把一罐番茄汁倾倒入大海里。这个人然后就要对整个海洋主张所有权，其依据的前提是，一件毫无疑问归他拥有所有权的东西（番茄汁）掺进了另一件处于自然状态中的东西（海洋）。杰里米·沃尔德伦（Jeremy Waldron）把这个寓言的形式略加变动，设想为如下情形：有一个人将一枚钻戒投进一桶正在风干的水泥里。在这两种情形中，通过掺进而引出财产权主张，显然都是荒谬的，因而，它们表明了洛克思想的局限性，并且引发人们反对或者重新调整他的理论。[①] 洛克思想

[①] 我在这里想要强调的是，我的评论所针对的是撰写《关于掺进某人劳动的两种担忧》（1983 年）的"早期沃尔德伦"；而写出《上帝、洛克与平等》（2002 年）的"后期沃尔德伦"，则采用了一种非常不同的进路，特别强调了关于劳动特殊性的两个观点：洛克理论的"神学"特征，其中，劳动就是人类完成神的指令的手段，以便在土地上得以生存与繁荣；劳动具有（伴随而来的）独一无二的特性，在某些方面不同于其他的"物质"，它赋予任何被掺进其中的物质或者资源以特殊的品质。参见杰里米·沃尔德伦，"关于掺进某人劳动的两种担忧"（Two Worries about Mixing One's Labor），《哲学季刊》（Phio. Q）第 33 卷（1983 年），第 37—44 页；杰里米·沃尔德伦，《上帝、洛克与平等》，2002 年。

的弱点被认为正是源于以掺进为依据而主张财产权利，因为其本身就具有不确定性。有人因此而提出，以劳动本身作为财产主张的依据是不够充分的，或者至少是过于模糊不定。尽管我同意诺齐克和沃尔德伦所提出的意见，在某些方面需要对洛克加以充实，但我并不同意他们对于"掺进"比喻的批评，因此我认为，劳动能够成为一套比他们所表明的更加鲜明、更加清晰的财产赋权（property entitlements）。

诺齐克与沃尔德伦所举的例子都采用了一种相同的结构。两者都假设有一个人，对某样东西拥有清晰而完整的所有权——无论是（诺齐克的）番茄汁还是（沃尔德伦的）戒指，当然这完全是假定的。然后，这件已经归人所有的东西被掺进另一件——在故事一开头就提到的——并不归人所有的东西：一片海洋或者一大桶水泥。接下来，两位作者运用他们所认为的洛克关于财产权的通用食谱——归人所有的东西加上并不归人所有的资源就会产生某种财产权主张——却做出了几道荒谬的菜，而他们反过来又以此为据，质疑洛克理论在整体结构上是否可靠。

我认为，诺齐克—沃尔德伦的例子存在诸多问题，我会在接下来的几段文字当中对此一一予以解释。简单地说，我的观点是：（1）诺齐克—沃尔德伦假设是以普通的动产（一罐番茄汁或者一枚戒指）作为已经归人所有的东西而来替代劳动，而洛克相信，劳动作为一种归人所有的东西是非常独特的，它具有独一无二的能力，当它与并未归人所有的资源相结合时，就成为主张财产的根据；（2）诺齐克—沃尔德伦的例子显示，在确定财产拨归者所享有的财产权主张的边界范围上是有难度的，但是，以此来说明洛克理

43

论存在固有缺陷却作用不大，它对于将读者的注意力从劳动（它与其他资源相结合就意味着获得了更为清晰的所有权边界，或者至少可以根据所涉及努力的程度来决定财产权主张的界限）上面转移开去，倒是作用很大；(3) 在诺齐克—沃尔德伦的例子中所想象的掺进，是臆想的思想实验，与洛克所采用的那些实际例子相隔遥远；后者的例子才更加接近洛克的目的——即用以表明财产是产生于劳动的，本质上是为了人类的生衍繁荣——通常也就不会产生诺齐克—沃尔德伦的例子中那样的荒唐结果。①

在诺齐克与沃尔德伦的例子中，首先应当注意，他们所举的已经归人所有的东西，也就是被掺入到并未归人所有的资源当中的东西，均非"劳动"本身。诺齐克和沃尔德伦想要探究洛克理论的逻辑，他们把它看作具有高度一般性。以为它可以适用任何已经归人所有的东西，只要将其掺进或者加入到某样尚未归人所有的资源当中即可。换言之，他们假设，如果我们假定对某一件外部事物拥有毫无争议的所有权，它就应当像洛克理论中的劳动那样，可以同样的方式在他们的例子中发挥作用。初始所有权（Initial ownership）至为重要；至于最初所拥有的东西究竟是什么，那就无关紧要了。②

---

① 固然，洛克所谓的自然状态，其本身就是一个思想实验（thought experiment），但它的目的和功能，则是为非常实用的资源——亦即直接为生存所必需的资源——而提供基本权利主张。因此，自然状态服务于非常实用的目的。番茄汁和戒指的例子则跟这个完全不同；它们是对于整个海洋或者一桶加工晾干的水泥主张权利，那又是想达到什么样的实用目的呢？

② 当然，在诺齐克与沃尔德伦的例子中，也涉及一点点的纯粹劳动。番茄汁必须要倾倒出来，而戒指也得有一个扔出去的动作。但是，两位作者都没有对所涉及劳动的特殊地位，或者（最重要的是）所涉及劳动的量，（转下页）

这就是诺齐克与沃尔德伦发生错误的原因所在。他们回避提及洛克所假设的拥有初始所有权的特定事物（即劳动），借此而力图将本来仅指向非常特定的东西归纳为一般性公式。洛克从一个特定的已经归人所有的东西——人的身体及其劳动——出发来构建其财产理论，这绝非出于偶然。这也就解释了为什么学者们常常将他的财产取得理论称为"劳动理论"，而不是"归人所有的东西加上并未归人所有的东西"理论（"owned plus unowned thing" theory），或者"一般性掺进理论"（general mixing theory）。在洛克关于财产的论述中，核心之处并不是已经归人所有的一般种类物，而是一种毫无疑问已经归人所有的独一无二的事物：劳动。

为什么这个问题很重要，这里有两个原因，而这又转化为对诺齐克—沃尔德伦例子的两大批评。第一个原因与这件已经归人所有之物的道德地位相关。在洛克的论证计划中，从字面上看，劳动具有神一般的庄严气质（Godlike quality），最适于引发这样的观念，即人类的劳动映射出上帝在创造人类与世界时最初所付出的工作。① 将这种特殊的、诉诸道德的事物掺进并未归人所有的资源

44

（接上页）作出任何具体的阐述，而它们所涉及的劳动量，相比于故事中的其他资源（海洋、一桶水泥）来说，当然显得微不足道了。然而，他们的注意力却全部集中于那个被分离出来的动产——番茄汁与戒指。

① 关于这种劳动的"工匠模式"（workmanship model）与所有权的一个具体阐述，参见詹姆斯·塔利（James Tully），《论财产权：约翰·洛克和他的对手们》（*A Discourse on Property: John Locke and His Adversaries*），剑桥大学出版社，1980年，第35—42页、第109—110页。塔利提出，工匠模式建立在这样一个类比之上：因为上帝跟他所创造的东西相关，或者"归他所有"，所以，人类对于他们所造的东西也是相关的，或者是归他们所有的。关于这些问题，（转下页）

当中，显然就因此而截然不同于只是掺进任何已经归人所有的旧东西。因为劳动是特殊的，掺进或者加入劳动也会产生特殊的结果。诺齐克与沃尔德伦的例子却将劳动抽取出来，从而也就是忽略了这一点。在他们想要将掺进物一般化的努力当中，却偏偏丢失了洛克

（接上页）杰里米·沃尔德伦在一段极富洞察力的表述中指出，"关于这个类比在洛克思想中的重要性，是被夸大其词了"。杰里米·沃尔德伦，《上帝、洛克与平等》，前揭，第163页。沃尔德伦特别强调指出，在洛克描述劳动的这些段落中，其实较少具有一种类似上帝的创造行为，而更多的是一种责任，这是人类为了完成神的指令以求获得生存繁荣，从而必须履行的责任。不过，说句公道话，这也应当指出，塔利采用上帝—人类的工匠概念，主要是为了服务于他的这个主张，即洛克的劳动是一个结合了意图与行为的高度目的性的概念。正如上帝是有意并且为了某个目的而创造了人，因此，真实的劳动都涉及指向某个意定目标的行为。如果从这个角度来看，塔利与沃尔德伦（或者，至少是后期的沃尔德伦——他对于整个劳动与掺进思想的最初批判始于1983年）在这个问题上的分歧，其实比最初看起来的要小得多，因为沃尔德伦同样强调，人类通过拨归获得物品的基本权利，就具有一个基本（神性）的目的——生存与繁荣："[洛克]讨论的是我们利用那些对于我们人类有用或者必需的物品的权利。但是，洛克称有些权利也是义务，而这个权利也正是这样的一种权利。每个人被指示'使用那些对其生存有用的东西'[约翰·洛克，《政府论（上篇）》，第86段]。每个人必须自助使用。因此，他拥有自助使用自然资源的权利，就明白易懂了，这不仅是按照他为了自身的目的，而且也是根据上帝为他设定的目的。……这也为特定的自助模式——劳动——提供了一个神学的语境，对此，洛克认为这是上帝的指令。劳动并不是我们碰巧对资源所作的事情……：正是我们对于资源的适当的自助模式，让我们明白哪些资源符合这个目的。"杰里米·沃尔德伦，《上帝、洛克与平等》，前揭，第160页（脚注略，着重号是原文的）。比较，沃尔德伦，《关于掺进某人劳动的两种担忧》，前揭（其对洛克提出了专业性批判，包括我在下文讨论的"将钻戒指投入一桶水泥"的假设例子）。

原初对于劳动的强调而带来的力量。

　　劳动还因为其"源于身体"而具有额外的力量，它是关于个人自身的一种外部显示（external manifestation）。因为我们拥有我们自己的身体，劳动就成为最具个人性的"占有"。劳动概念带有深深的个人性，因此类似于黑格尔的观点，即为了鼓励将个人的人格延伸至自身之外的外部世界，财产就是必需的 ①（在下一章我们将会看到，康德的财产理论对于这种思想也有着强烈的共鸣）。因此可以这样说，我对于诺齐克与沃尔德伦的批评就在于，他们忽略了洛克思想中黑格尔的这一方面：因为劳动具有这种特殊的人身性地位，所以它具有独一无二的能力，在它掺进某个并不归人所有的资源时，就成为了主张财产权利的依据。他们所举例子的特点是以普通的动产——番茄汁或者戒指——来替换劳动，而如此替换就带来了有趣的问题，亦即，他们这样做是在偷换对话的主题，而这恰恰是洛克选定作为其论述起点的主题。

---

① 参见汤姆·布鲁克斯（Thom Brooks），《黑格尔政治哲学》（*Hegel's Political Philosophy*），爱丁堡：爱丁堡大学出版社 2007 年版，第 2 章"财产"，第 29—38 页、第 32 页（阐明黑格尔的观点："当我主张某样东西是我的，并在此范围内而形成世界时，这个行为就是使我的自由意志外在化与得到实现的最基本的方式。"）；沃尔德伦，《私人财产的权利》，第 10 章"黑格尔关于财产的讨论"，第 343—389 页（强调了在黑格尔关于财产的论证方法上所暗含的分配性意义）。请注意，布鲁克斯将黑格尔关于财产的阐述，更多地当作他关于自由意志发展的方法的说明，而较少涉及价值、分配等通常与财产理论相关联的问题；布鲁克斯相信，黑格尔非常丰富的关于市民社会的论述，就结合了财产理论的这些方面。参见布鲁克斯，《黑格尔政治哲学》，第 6 章"法律"，第 82—95 页。

2.劳动与自然所有权的边界

要证明为什么诺齐克与沃尔德伦的例子具有误导性，还有第二个原因。它与劳动的这个特点相关：当劳动被掺进或者加入时，这通常就意味着，由此所导致的结合无论在范围或者程度上都具有鲜明而自然的界限。这样一来也更容易形成共识，可以在该结合跟尚未归人所有的剩余资源之间划一条界线。因为劳动本身就提供了一条更加自然的边界。①

为了看明白其中的原因，让我们来考察诺齐克所举的例子吧。这个例子得出的教训非常清楚：因为在把番茄汁掺进大海时，在财产权利主张的范围上并没有明显的边界，所以，洛克关于掺进的思想其实是脆弱的。但是，请将它与洛克的例子进行对比。采集橡子或者苹果的情形是更容易说清楚所有权主张的范围的，这应当不会有任何疑问吧？显然，只有那些在其上实际施加了某人劳动的橡子或者苹果——亦即那些被人采集起来的果实——才能成为主张所有权的对象。在这些果实与其他仍然散落在地上的苹果和橡子之45 间，存在着非常清楚的边界。假如我们更多地照着洛克的方向来看待诺齐克所举的例子，设想一下，如果是将劳动而不是番茄汁加入或者掺进一部分海水里——比如，用一只水桶从大海里舀起的一桶水——那么，一条更为分明的边界就呈现出来了。假如我们只限

---

① 其他人也注意到了这一点。参见史蒂文·霍罗威茨（Steven J. Horowitz），"对虚拟财产的相互矛盾的洛克式主张"（Competing Lockean Claims to Virtual Property），《哈佛法律与技术杂志》（*Harv. J. L. & Tech.*），第 20 卷（2007 年），第 443 页〔在网络"虚拟"世界中，洛克关于劳动与财产的概念被用来检验和界定虚拟世界的玩家（players）与游戏管理员（game operators）各自的权利〕。

定于水桶里的水，那么，还会对于劳动者提出的财产主张有任何怀疑吗？在后面例子中掺进的是劳动，这不就避免了在诺齐克的番茄汁的例子中所出现的边界问题吗？

假设我们考虑将沃尔德伦的例子也作一下变动，那么，当劳动被掺进其他东西时，它所具有的创设出一条更加自然的边界的能力，同样非常明显。在他的例子中，尽管在这个并未归人所有的整体资源的四周是存在一条逻辑上的边界的——即全部水泥就放在那只桶里面——但是，这里还是没有任何办法可以分隔出究竟有多少的水泥现在应当归属于那个把（他所有的）戒指扔进这桶水泥里的人。不过，严格来说，产生这个难题的原因，同样是由于沃尔德伦选择将戒指作为那件已经归人所有的东西。反之，如果将归人所有的东西集中于劳动上，那么，导致此类难题的可能性就要小得多。假如有人是从桶中铲出一部分水泥，那就可以认为，这是对于因劳动与水泥相结合所导致的财产权范围的一个合理估计。或者，假如有人不辞辛苦地搅拌桶中的全部水泥，例如掺入一种必需的原料，那么，他就可以正当地对由此形成的整桶水泥而提出一种主张。出于同样的原因，如果只是搅拌或者掺进水泥桶中的一部分，那么，由此产生的也只是针对这一部分水泥的权利主张。虽然这可能仍然难以完全精确地定义确切的界线，但是，就一般而言，允许将通过劳动所接触到的或者受到影响的那部分水泥拨归个人所有，也还算公平合理。这条界线究竟划在哪里，各种理性的思考可能会有所不同，但是，大多数人会同意，"被劳动所接触"的原则（"touched by labor" principle）确实界定了这样一条线——这就足以打破诺齐克/沃尔德伦假设中的归谬法。

　　但是，降低劳动的重要性（de-emphasis on labor），这还只是导致这些假设的部分原因。其他的问题则来自于过度依赖"掺进"的观念。这一观念使得在劳动所施加其上的资源跟剩余的、尚未归人所有的资源之间，很难划出清楚的界线。按照我们的理解，掺进就是完全地掺杂或者混合（throughly blend or intermingle）。那么，当劳动被结合到一个现存的东西之中，由此形成的组合物或者实体就具有这样的特性：劳动在它的里面是均匀散布的；劳动是与它完全掺杂在一起的；劳动在某种意义上是弥漫其间的。因此，受到拨归者的劳动所影响的资源跟所有其他的资源之间的自然界线就发生了模糊，变得不清晰了。

　　但是，过度强调掺进这个用语，实际上也为洛克理论带来了更多的问题。在这个方面非常有意思的是，在洛克所处的时代，"掺进"（mix）这个词更接近于是指相互分离的事物之间的结合（conjoining），而不是混杂（blending）或者弥漫（suffusing）的意思。① 洛

---

① 比较以下这些在不同语境中的用法，它们大体上都处于洛克的同一时代："Some ware all small ribban, others broader ribbans, others broad and small mixed"（有的披着全部是细条的丝带，有的全部是宽条的丝带，还有的是宽细结合的丝带）。M. 伯蒂（M. Bertie）夫人，《历史手稿委员会第12次报告，第22卷附件》（12th Report of the Historical Manuscripts Committee Appendix to vol. 22）（1670），引用于《牛津英语词典》（Oxford English Dictionary），3.1电子版，2004年，"Mix"条目；"There was a mixture of company"。乔纳森·斯威夫特（Jonathan Swift），《致斯特拉日记》（Journal to Stella），1712—1713年，引用于同上注，"mixture"条目；"That mixtures in garments, seedes, and the like, were forbidden by the Law of Moses."（掺杂在衣服、种子等当中的东西，是被摩西戒律所禁止的），珀切斯（Purchas），《朝圣之路》（Pilgrimage），1613年，第62页，引用于同上注，"mixture"条目。

克常常使用掺进（mix）的同义词，这就强烈地暗示着，他对该词所意图的含义，更接近于结合（conjoin）而不是混杂（blend）。固然，洛克在其著作的这一章开头是这样说的，当他在自然中所发现的东西上"已经掺进他的劳动"，该人就成为它的所有人；但是，他紧接着补充道，之所以有财产权的结果，是因为该人"在这上面加入了他自己所有的某些东西"。同样地，在他著名的关于采集橡子和苹果的例子之后，洛克总结道："劳动〔亦即，采集者的劳动〕使它们〔橡子和苹果〕同公共的东西有所区别。劳动在万物之母的自然（Nature, the common Mother of all）所已完成的作业上面加上一些东西（added something）；这样它们就成为他的私有权利（private right）了。"[①] 他在财产这一章的其他许多地方也提到了相同的主题。当他谈到劳动时，他反复提到这样的术语：例如，"施加"劳动（"bestow〔ing〕" labor，见《政府论（下篇）》，第 30 段，拉斯利特版，第 289 页）；用劳动"圈占"土地（"inclos〔ing〕" land with labor，见《政府论（下篇）》，第 32 段，拉斯利特版，第 291 页）；"在其上从事劳动"（"labour〔ing〕on"，见《政府论（下篇）》，第 34 段，拉斯利特版，第 291 页）；以及最为常见的，"附加"劳动（"annex〔ing〕" labor，例如《政府论（下篇）》，第 27 段，拉斯利特版，第 288 页；《政府论（下篇）》，第 32 段，拉斯利特版，第 291 页）。这些例子就暗示着，（正如在诺齐克关于番茄汁的故事中所述那样的）以掺进作为混杂（mixing qua blending）之类的形而上学，对于洛克

---

① 约翰·洛克，《政府论（下篇）》，第 28 段，拉斯利特版，第 228 页（着重号是后加的）。

来说，其实没有多大的兴趣。再说一遍，这里的重点只是在于，把劳动（而不是其他东西）掺进或者加入到一个并未归人所有的资源里面，就提供了一条更加易于处理也更符合逻辑的财产边界。①

因此，诺齐克与沃尔德伦所指出的缺陷，实际上只是在他们所举的例子中发生作用，算不上是洛克理论的一个缺点。洛克的理论尽管未臻完美，但是它还是非常有用的，只要我们集中精力*——把劳动当作一种特殊种类的物品。无论我们考虑将劳动适

---

① 在这方面非常有趣的是，长期存在的普通法上的财产规则，遵从了一项与附加（annexation）非常接近的原则。我在这里所说的是古代的添附原则（principle of accession），据此，一只动物的所有权人通常拥有该动物的幼崽；一株植物的所有权人就拥有其果实；钱财本金的所有权人拥有由此所产生的利息；等等。参见托马斯·梅里尔（Thomas W. Merrill），"添附与原始所有权"（Accession and Original Ownership），《法律分析杂志》（J. Legal Analysis），第 1 期（2009 年），第 459 页。与此颇为相关的观念是罗马法中的加工（specificatio），它对于所有权的分析是这样的，甲方提供原始材料，乙方利用这些材料制作了某一件新东西。参见巴里·尼古拉斯（Barry Nicholas），《罗马法导论》（An Introduction to Roman Law），克拉伦登出版社 1962 年版，第 136—138 页；托马斯·W. 梅里尔（Thomas W. Merrill），"添附与原始所有权"，前揭。关于加工原则在知识产权法中的适用，参见拉斯·弗斯蒂格（Russ VerSteeg），"著作权的罗马法根源"（The Roman Law Roots of Copyright），《马里兰法律评论》（Md. L. Rev.），第 59 卷（2000 年），第 522 页；阿伦·基特（Aaron Keyt），"音乐剽窃诉讼的一个重要结构"（An Important Framework for Music Plagiarism Litigation），《加州法律评论》（Cal. L. Rev.），第 76 卷（1988 年），第 421 页。

* 此处原文是 "when we keep our eyes on the ball"，其字面意思是"当我们把目光紧盯住球"。这其实也是一语双关。其一，该常用语来源于球类运动，指球员必须看准了才能抢到球；正如本书作者在序言中所写的，他是橄榄球队的资深球迷，也是当地社区少儿橄榄球队的教练。其二，作者以球指代洛克理论中的劳动。——译者

用于有体物还是（正如在知识财产的情况下的）无体物，这个理论都是成立的。

3.搞清楚劳动的目的

我对于诺齐克与沃尔德伦所举的例子提出抱怨的最后部分是，尽管这些例子设计巧妙，但还是远离了人们所可能遇到的、任何实际的拨归财产的情形。它们将我们带离了洛克所关注的核心，即人类的繁荣以及劳动的作用。假如紧紧抓住这些关切的问题，我们就会发现，劳动的目的性特点（purposive quality）为智力创造的财产提供了一个绝妙的正当性解释。

诺齐克—沃尔德伦的批评，与洛克思想的本质离题甚远。洛克的财产权是从人类生存的最基本、可靠和实际的现实中产生的。财产拨归跟臆想的思想实验无关。它源于人类的原始需求，也就是要在这个世界上先求生存再谋发展。

与此相对，诺齐克的例子则带有一股明显的非洛克风格（un-Lockean flavor）。对整个海洋中所有的海水都主张财产权利——你这是要干啥呀？你能对着这么多的海水做什么，它又如何来帮助你生存？即使把那些附加条件搁置一边，光想想在这样一项工程上投入劳动的费用，看起来就是毫无意义的，并因此让我想起对于洛克来说毫无兴趣的某些东西。① 他的关切在于，将劳动应用于尚未归

47

---

① 杰里米·沃尔德伦令人信服地表明，洛克对财产拨归的阐述，根源于《圣经》对人类的告诫："要生养众多"（be fruitful and multiply）。杰里米·沃尔德伦，《上帝、洛克与平等》，第 24 页。鲁思·W. 格兰特（Ruth W. Grant）也强调了洛克写作的目的性。罗伯特·菲尔麦爵士（Sir Robert Filmer）提出，上帝最初将权力赋予某一位君主，而后就以一种不间断的方式传递给这位（转下页）

人所有的资源，是为了这个高度现实性的目标——生存，或者更一般而言的人类的生衍繁荣。在一个水泥桶和无法直接可用的资源上争论是否存在所有权主张，这纯粹是形而上学的，这样的研究对象就几乎不值得引起洛克的注意。①

（接上页）君主的子孙后代。在对菲尔麦君权论的这个方面加以反驳的一个段落中，洛克不同意政治权力就是以这种方式运作的。他还指出，即使就财产权而言，所有权具有一种尤私的"类似于信任"（trust-like）的方面，由此，父母拥有财产，部分原因是为了将其作为遗产交由他们的子女继承。这就引入到洛克驳斥君权神授论的语境中了，他的主张是，要区分财产与政治权力，前者是被打算归我们的后代继承的，而后者则并非如此。按照鲁思·格兰特的说法，"在提出财产与政治权力这两者在继承问题上的区别时，洛克提到了一种权利的理由……；权利的目的或者宗旨，而不是它的起源。政府的目的是为了保护权利或者财产免于受到他人的损害，是为了被统治者的利益。人类为其生存而利用低等生物，并且在必要时将其毁坏，财产就起源于此，而其目的是为了所有权人的利益。相比于在地球生物上的财产权，统治与统治权（dominion）有着'另一种起源与不同的目的'。未成年子女的生存依赖于其父母，这就给予其一种为了自己的利益而享有父母财产的继承权。但是，如果他的父亲拥有的是政治权利，'这是为了他人的好处与需要而授予他的，因此，他的儿子就不能凭着一种完全是基于他自己私人的好处和利益的所有权（Title）来要求统治权或者承袭统治权'……[《政府论（上篇）》，第93段]。对财产的主张，抑或是对统治权的主张，就必须根据为财产或者统治的宗旨、目的或者理由而提出。"鲁思·格兰特，《约翰·洛克的自由主义》（*John Locke's Liberalism*），芝加哥：芝加哥大学出版社，1987年，第61页。

① 一般性参见詹姆斯·塔利，《论财产权》，前揭，第61页："洛克的财产带有一个具体的目的"，亦即，一个目标或者一项宗旨：获得食物与维持生存（sustenance and maintenance），这是与（洛克的头号论敌罗伯特·菲尔麦所假设的）纯粹的专制统治权（despotic dominion）相对的。就像其他许多人那样，塔利将洛克关于个人所有权的观点描述为一种财产管家的关系（转下页）

对诺齐克的例子稍加改造，我就可以隔开这个目的性问题。假如不是把番茄汁掺进大海里，而是设想为把劳动掺进去。例如，有人拿着一柄独木舟的船桨蹚入海中，把一部分海水搅浑。这个例子突出了劳动，作为在拨归财产方程式中那个已经归人所有的东西，以替代诺齐克所举例子中的番茄汁。经此一变，确实是把劳动掺进海洋里了，那么，这难道还不会导致一种对于整个海洋的洛克式财产权主张吗？我的回答仍然是：不会。而理由也很简单，因为在这里，劳动被用到了一个毫无意义的目的之上。它与人类的生存或者繁荣无关；事实上，它除了创设出一个巧妙的假设性例子之外，没有任何其他目的。这就是原因之一，说明了为什么像这样的故事，反而更难以在合法拨归的财产与尚未归人所有的剩余资源之间确定界线。劳动被应用到一种巨大的、无人所有的资源上，但这样做却没有任何明显的实际理由。因此，这就难以确定一项根据劳动所产生的财产权主张的范围。我们可以把这个例子与下面这种情形作个比较，后者对劳动的应用是出于某个重要的实际目的——例如，是为维持自身的生存或者追求某种繁荣发展。在这种情况下，在人们付出努力的背后的目的，就为由此产生的财产权主张提供了一个自然的界限范围。就此而言，洛克关于"原始"拨归财产的所有例

（接上页）（stewardship relationship）（是为了一个更高的指令或者目标而持有财产）——亦即，为了某一目的而进行管理。尽管塔利对于洛克财产拨归的目的性方面提出了某些富有启发性的观点，但是，当他主张洛克理论只是支持"使用权"（use rights），而不是真正的、排他的、个人的财产权时，他显然在这些主张上矫枉过正了。在这个问题上对塔利的批评，参见西蒙斯，《洛克的权利理论》，第 234 页；沃尔德伦，《私有财产的权利》，第 156—157 页。

子都涉及将资源从其自然状态中脱离出来，绝非出于偶然。[①] 它们之所以被脱离出来，是为了让采集者获取食物营养。[②] 财产的范围是跟劳动成比例的；财产权主张范围的界限，就来自于采集者的目

---

① 在另一段话中，杰里米·沃尔德伦十分清楚地陈述了这一思想："[所有权人] x 在实施 [某一行为] A 时，是意图以某种方式影响 [资源] r。这就是诸如洛克理论之类的财产取得劳动理论的特征。按照洛克的观点，财产取得行为 A 是在资源上劳动的动作：通过狩猎、采集，或者在有一片土地的情况下，通过在其上耕耘、种植、栽培作物或者改良土地，这个人就将某一样东西从其自然状态中脱离出来了（洛克关于野兔的例子，是说追击人即使在抓到野兔之前，它就已经是他的财产了，这是其理论的一般特征在这方面的一个例外）。"沃尔德伦，《私有财产的权利》，第 263—264 页（原文有着重号，脚注略）。最后这句话是指，对于"紧追"（hot pursuit）野生猎物的人来说，洛克承认其享有一种（或许还不成熟的）财产权——这个情形就是著名的财产权案件"皮尔逊诉波斯特案"（*Pierson v. Post*）[2 Cai. R. 175, 2 Am. Dec. 264（N. Y. 1805 年）]。关于"野兔的例子"是否为洛克理论的基本特征的一个例外，这是很有意思的一个问题，原因有二：(1) 它是进一步的证据，证明我在此前所提出的一个观点，即洛克理论所要求的并不是"混杂"（blending），而是将劳动"加入"（joining）或"附加"（annexing）到并未归人所有的资源上（在追击者所付出的努力与野兔本身之间，并没有发生任何的"掺进"，至少在这只兔子被抓住之前）；(2) 洛克理论并不要求由于劳动的加入而发生物理上的变化，这就易于将该理论应用于知识财产的语境，这也正是我贯穿本章所暗含的意思。

② 一个明显的反对意见是，生存与物质繁荣是立即与直接的利益，因而，它们跟知识产权保护在现代经济中所带来的经济回报，远不相同。但我在第 7 章中表明，由知识产权保护所带来的额外收入有助于专业创造者过上一种体面的生活，因此我主张，这就是洛克所捍卫的人类繁荣发展之利益的当代版本。同时，我在第 9 章中还提出，假如知识产权对于他人的生存构成一种直接的威胁——就像某些救命药品上的专利在发展中国家的情形那样——那么，根据洛克的仁爱附加条件，这些权利就必须让位于穷困者的主张。

的，即为了食用所采集的东西并借此得以生存。[①] 这些例子包含了某种更一般性思想的萌芽。劳动，因其指向某一实用性目的，从而使财产拨归私人具有了正当性。而财产拨归的范围，正是由劳动的范围所决定的。[②]

---

① 约翰·西蒙斯（A. John Simmons）称，对于洛克而言，劳动根本就不应当被认为是一个"物"："让我们尽力不要将洛克文本中的劳动认为是某种物质，从而按字面上理解，将它掺进或者混杂到某一物品之中，而是应当将其认为是某种目的性行为（purposive activity），其目的是为了生活满足需要和提供便利。在这种意义上的劳动，就能够以一种相当直接的方式容纳（即被掺进）外部事物了。在我们思考、选择或者执行我们人生规划（我们的计划与追求）中各种各样不同的方面时，外部事物就始终是它们的核心。……当我们将它们采集、圈占和以其他经济方式加以使用时，我们就把这些事物带入了我们的目的性行为（对它们'掺进我们的劳动'）。"西蒙斯，《洛克的权利理论》，第273页。另参见，罗伯特·克沃尔（Robert Kwall），"作者作为'有限时间内的'保管人：关于著作权中的作者身份观念的评论"（The Author as Steward "For Limited Times": A Review of the Idea of Authorship in Copyright），《波士顿大学法律评论》（*B. U. L. Rev.*），第88卷（2008年），第685页始，第692页，此文是对下面这本书的书评，莱昂·泽门尔（Lior Zemer），《著作权中的作者身份观念》（*The Idea of Authorship in Copyright*），英格兰汉普郡：阿升盖特出版公司，2007年［"按照某种关于著作权法的洛克理论，作者的表达是通过脑力劳动而创造出来的，它是进行商品化（commodification）的一个理想的对象。因此，著作权法的洛克理论就按照潜在的商品化，来定义劳动和它所产生的外部产品。而且，一旦某一样东西被外部化之后，该物品就因为它本身能够加以商品化，从而丧失其作为受赠于上帝的不可转让的礼物而由个人自治所决定的特征。"］（脚注略）。

② 在第7章中，我专门解释了知识产权如何帮助专业创造者维护他们的独立，让他们过上一种体面的生活。因此，在这样的情形中，知识产权就帮助从事劳动的人们在现代经济中获得了繁荣发展——我想要主张的是，（转下页）

（五）小结:"附加"与比例性

我来对上述讨论作一个小结。谈到掺进,就带来了一系列的复杂性。因此,我更愿意将洛克的方法称为劳动附加理论(labor annexation theory)。劳动以一种令某件事物完全变成新东西的方式,而被应用、附从并且指定在现存的资源上。这幅精神图像所使用的术语是"添加"(adding to)而不是"掺进"(mixing with),这就更加忠实于洛克的意思,而且对于完成我们手头的任务而言,也更为合用。它也为两个相关的问题指明了道路。我们使用附加这一概念,就可以避免由沃尔德伦以及其他人对于洛克理论所提出的某些反对意见。不仅如此,我们从关于附加到原材料上的这个概念中,将会发现贯穿全部知识产权法的一项重要原则——即第6章所描述的比例原则(proportionality principle)。由此带来的结果是:一旦我们消除了某些由于掺进比喻而产生的反对意见,那么,洛克理论就为知识财产提供了一种令人信服的正当性解释,并且为它的一个非常重要的特征即比例性,给了强有力的说明。

除了众所周知的附加条件——我们接下来马上就要开始讨论,并且它们被认为是洛克以劳动为根据的财产拨归理论的"外部"条件——之外,即使在他关于初始财产拨归的理论内部,也存在着限制性、约束性因素。强调将劳动作为一种特殊的已经归人所有的东西,并且要求只有当劳动附加于(而不是混杂于)其他事物时才

（接上页）这是与洛克对财产所确定的目的相一致的。在第6章中,我进一步探讨了所付出的劳动与由此所产生财产权的范围之间存在"比例性"的思想,以此为例,用来说明在第1章所描述的并且在第5章中具体阐述的中间原则。

产生财产，这两者就以一种重要的方式限制了洛克理论中的财产拨归。而最重要的是，作为财产权主张之根据的劳动，它的付出是为了人类的生存与繁荣。所有这一切都说明：从总体上来说，相比于被人常常添油加醋的过誉之辞，洛克的财产拨归理论其实是非常适中，也是很容易驾驭的。我们在将该理论应用于知识产权法时，对这一点必须铭记于心，因为人们所设想的发生在这一领域的扩张已经招致了许多人的抱怨。

现在我们已经确定了一种源于洛克关于财产拨归论述的、在财产范围上的限制，再转而讨论其他的限制就顺理成章了。因此，接下来的部分是关于附加条件的讨论。

三、洛克的附加条件

当我们开始讨论洛克财产理论中的"附加条件"时就会发现，他的文本允许存在多种不同的解释。因为由此而导致争论，也因为人们寄厚望于通过这些附加条件来解决在知识产权法中的一些疑难问题，所以，这里有必要对它们作某种程度的深入探讨。

洛克在他关于财产的这一章中，通过篇章结构的安排，就凸显了附加条件的重要性。他在介绍劳动以及初始财产拨归之后，紧接着引入了这些附加条件，具体是从第27段开始：

> 因为，既然劳动是劳动者的无可争议的所有物，那么对于这一有所增益的东西，除了他以外没有人能够享有权利，至

少在还留有足够的同样好的东西给其他人所共有的情况下。①

49　　　留下"足够的同样好的东西给其他人"这一约束（stricture）就被称为充足性附加条件（sufficiency proviso）。在第31段中，洛克补充了另一项即一般所称的反糟蹋或者反浪费附加条件（spoliation or waste proviso）。

有人或许会反对这种说法，认为如果采集橡子或其他土地生长的果实等，就构成了对这些东西的权利，那么任何人可以按其意愿尽量占取。我的回答是，并非这样。同一自然法，以这种方式给我们财产权，同时也对这种财产加以限制。上帝赐百物给我们享受。……但上帝是以什么限度给我们财产的呢？以供享用为度。谁能在一件东西败坏之前尽量用它来供生活所需，谁就可以在那个限度内以他的劳动在这件东西上确定他的财产权。超过这个限度就不是他的所应得份额，就应归他人所有。上帝创造的东西不是供人们糟蹋或败坏的。②

在这个一般性陈述之后，洛克紧接着转向一种更加具体的描述，说明为什么有必要"约束"财产权——因为财产拨归某一个人，就对他人构成了损害的可能性。在第33段，他在解释为什么

---

① 约翰·洛克，《政府论（下篇）》，第27段，拉斯利特版，第288页。

② 约翰·洛克，《政府论（下篇）》，第31段，拉斯利特版，第290页。这里用于表达限制的用语是非常有力的："同一自然法……给予我们财产权，同时也对这种财产加以限制。"

取得和开垦在自然状态中的土地时，这样说道：

> 这种开垦任何一块土地而把它据为己有的行为，也并不
> 损及任何旁人的利益，因为还剩有足够的同样好的土地；比尚
> 未取得土地的人所能利用的还要多。所以，事实上并不因为一
> 个人圈用土地而使剩给别人的土地有所减少。这是因为，一个
> 人只要留下足供别人利用的土地，就如同毫无所取一样。①

然后，在接下来的一段，我们又读到：

> 上帝将世界给予人类共有；但是，既然他将它给予人类
> 是为了他们的利益，为了使他们尽可能从它获得生活的最大
> 便利（the greatest Convenience of Life），就不能假设上帝的意
> 图是要使世界永远归公共所有而不加以耕植。他是把世界给
> 予勤劳和有理性的人们（the Industrious and Rational）利用的
> （而劳动使人取得对它的权利），不是给予好事吵闹和纷争的
> 人们来从事巧取豪夺的（the Fancy or Covetousness of the Quar-
> relsome and Contentious）。谁有同那被占用的东西一样好的东
> 西可供利用，他就无需抱怨，也不应该干预旁人业已用劳动改
> 进的东西。如果他这样做，很明显，他是想白占人家劳动的便
> 宜，而他并无权利这样做；他并不想要上帝所给予他和其他人
> 共有以便在其上从事劳动的土地，而除了已被占有的以外，还

---

① 着重号是原文的。

剩有同样好的土地，而且比他知道如何利用或他的勤劳所能
及的还要多。①

关于如何解读这些段落，洛克的评注者之间存在相当程度的争
论。由于这一争论会影响到在知识产权法的重要问题上如何适用
洛克理论，因此，我们现在需要花一点时间，对它作一番全面的
研究。

其中一个初始问题是这样的：这些段落所提出的究竟是两个
附件条件，抑或只是其中的一个？正如我们所将看到的，这个问题
在知识财产的语境下非常重要。从传统上讲，当人们说到知识财产
50　时，通常认为它是很容易满足充足性条件的，因为知识产权所涉及
的对象只是原创性创造，并且只有当它们具有独创性时方才产生
知识产权。如果由此产生的权利变得过宽，那么它们就可能包含太
多的在事实上并不为权利人所利用的材料。因此，在这种背景之
下，首先确定究竟是将充足性条件与反浪费条件两者作为财产权的
分开和独立的条件，抑或在某些情况下只需满足其中一个条件即
可，是很有帮助的。但是，由于它在许多方面还要依赖于人们考虑
反糟蹋限制条件究竟有多大范围；而我在本章后半部分也倾向于赞
同对该限制条件采狭义的观点，因此，是否将充足性条件考虑为财
产的唯一限制条件，也许就无关紧要了。即便如此，关于究竟是两
个抑或一个附带条件之争，仍然具有许多的教导意义，它有利于人
们理解充足性附带条件的本质，反过来讲，该项条件对于解决在洛

---

① 约翰·洛克，《政府论（下篇）》，第34段，拉斯利特版，第291页。

克—知识产权相关文献中的一些争议性讨论，意义重大。所以，现在让我们投身其中，开始讨论这两个附加条件。

我们从杰里米·沃尔德伦开始说起，他对洛克文本的解读非常接近原意，且行文细致，最是令人信服。沃尔德伦版本中的洛克是这样说的，充足性是（逻辑学意义上的）充分而非必要条件：满足了充足性附带条件，并不是使财产拨归合法化的一项要求，但是，一旦符合该附带条件，就解释了财产权主张的正当性。[①]换言之，某人即使未给他人留下"足够的同样好的东西"，他仍能够在某一物品上获得一种有效的权利主张。沃尔德伦的核心主张是针对资源稀缺的情形。沃尔德伦的观点就是，在此情况下，若严格遵守

---

① 在一篇从 1979 年以来就经常被人引用的论文中，沃尔德伦主张，第 27 段的原话——"除他以外就没有人能够享有权利，至少在还留有足够的同样好的东西给其他人所共有的情况下"——是指，如果满足了充足性附加条件，那么，财产权就是正当的，但是，符合充足性附加条件并非为一项有效的财产权主张所必需。杰里米·沃尔德伦，"留有足够的同样好的东西给其他人"（Enough and As Good Left for Others），《哲学季刊》（*Phil. Q.*），第 29 卷（1979 年），第 319—328 页［他在其中提出，"至少在 X 的情况下"（at least where X）一语是指"当然在那些如果 X 为真的情形中"，但这并不意味着，X 在所有情形中都是一个必要条件］。另参见杰里米·沃尔德伦，《私有财产的权利》，1988 年，第 209—215 页（此书对前面那篇论文有所扩展，并且强调，若在资源稀缺的情况下就要回避财产拨归，那就等于对那些想要得到财产拨归的人宣判死刑，而这并不符合资源最初提供给人类的根本目的，即是为了让人类生存）。关于一个类似的视角，参见朱迪思·贾维斯·汤姆森（Judith Jarvis Thomson），"财产取得"（Property Acquisition），《哲学杂志》（*J. Phil.*），第 73 卷（1976 年 10 月），第 664A—666A 页（因为即使在符合充足性附加条件的情况下，对土地的财产拨归还是不可能发生，所以，从逻辑术语上讲，这个附加条件就只是一个充分条件，而不是一个必要条件）。

充足性附加条件，那就意味着，无人可以合法地将任何资源拨归其所有。沃尔德伦因此提出，考虑到洛克竭力主张所有的资源都是为了维护人类生存之目的而给予人类的，那么，如此结果就变得很荒唐了。[①]

关于反糟蹋附加条件，沃尔德伦认为，它在事实上并不是一项真正的附加条件。如果你能够满足充足性条件，那你就已经符合要求了；这里没有任何进一步的条件，要求你的财产拨归避免任何的糟蹋。满足了充足性附加条件的财产拨归，就必然是适可而止的，因此并不会导致浪费。所以，当发生了拨归财产而又留下"足够的同样好的东西给其他人"时，那就自动满足了禁止糟蹋的条件。但是，当充足性附加条件未能满足时，倒确实会牵连到反糟蹋的问题。在资源稀缺的情况下，即使无法做到留下足够的同样好的东西给其他人，拨归财产仍然是被允许的。但是，在此情况下，拨归财产被限定在财产获得者不会浪费的数量之内。因此，只有当充足性附加条件不起作用时，反糟蹋条件才介入其中，以限制该人所能够取得的东西。

许多学者对于沃尔德伦系统表述的这两个部分，均持不同意见。他们仍然坚持认为，充足性条件应当在反糟蹋条件之外起作用，是一项内容全面的洛克式附加条件。对他们来说，洛克关于"足够的并且同样好"的评论可以扩展适用于所有的财产拨归，而

[①] 在洛克的文本中，还有其他的迹象也表明，充足性并不是对反糟蹋附加条件的补充，而是一个具有完整意义的（full-fledged）附加条件。参见杰里米·沃尔德伦，"留有足够的同样好的东西给其他人"，《哲学季刊》，第29卷（1979年），第319—328页、第320—324页。

不仅限于那些在自然状态中处于相对丰富条件下的财产拨归。出于同样的原因，对这些学者而言，获得财产拨归的人即便满足了充足性条件，并不因此就表明其不构成糟蹋。根据这一观点，以下情况是可能发生的，即某人从共有物中取走东西，为其他人留下"足够的并且同样好"的东西，但是，该人取走的这些东西仍有可能被糟蹋掉。在这种情况下，虽然满足了充足性条件，但并不符合反糟蹋条件——从而根据洛克的理论，这样的财产拨归仍然是不合法的（illegitimate）。

与沃尔德伦的立场相同，关于持两项附加条件说的观点，得到了某种坚实的文本性支撑。洛克曾经说过"上帝创造的东西不是供人们糟蹋或败坏的"。从这句话中可以轻易看出，这是对于糟蹋的一种绝对禁止，而不管是否因此看出有人变得更糟糕——亦即，无论充足性条件的情况如何。这个解释与洛克传记中关于其因各种各样的浪费而招致个人灾难的信息相吻合。[①]由此，即使满足了充足性条件，但如果会导致糟蹋或者浪费，则仍然不得发生任何合法的财产拨归。[②]

禁止仅仅出于糟蹋目的而取得物品，为此观点而给予辩护的

---

① 西蒙斯，《洛克的财产理论》，第 286 页 [引用福克斯·伯恩（2 H. R. Fox Bourne），《约翰·洛克传》（*The Life of John Locke*），伦敦：亨利·S. 金（Henry S. King）出版社，1876 年，第 536 页]。

② 在财产这一章的其他段落，说的其实是同一件事情。当我们读到"上帝创造的东西不是供人们糟蹋或败坏的"，并且回想一下洛克一贯强调的，财产拨归的目的就是为了人类的进一步繁荣，那么，就很难为那些导致浪费或者糟蹋的财产拨归提出正当性解释了。

根据在于，这将有助于留下尽可能多的机会，就像为初始财产拨归者所提供的机会那样。但是，这也把我们带回到充足性条件：假如无论甲可能拿走多少东西，还是给乙、丙、丁等留下了很富裕的东西，那么结果又将如何？若照这样的思路，那么，似乎又让反糟蹋附加条件变得多余了。[①] 尽管要是这样思考，那当然是成立的，但是，它忽视了洛克思想中另一个重要的限制。[②] 洛克强烈地暗示着，

① 洛克在其书中的某一处曾提到，"他只要留下足供别人利用的东西，就如同毫无所取一样"（第 33 段）。如果我从效果上来讲等于毫无所取（effectively take nothing），那么，我使用（或者不使用）我实际上所拿走的东西，又会带来什么损害呢？只要他人没有受到损害，那么，无论我实际上拿走的东西发生什么变化，我是选择使用它呢，还是把它糟蹋掉，就都是不相干的了。虽然这或许有可能，但是，要把这个观点跟洛克反复表达的由浪费所带来的灾难性后果这两者兼顾起来，还是非常困难的。也许，最好的说法可能是，洛克有时候也会发生令人抓狂的前后不一致的情形。

② 总体而言，洛克学者约翰·西蒙斯（A. John Simmons）对于这个附加条件的重要意义给予相当的好评，他从阻止对第三人的损害的角度，阐述了反糟蹋的合理性。西蒙斯，《洛克的财产理论》，第 286 页 ［"如果我浪费了其他人本来要使用的东西，那就等于拒绝了他们进行生产性使用的机会（也就表明我没有尊重他们或者他们的项目）。既然他们的权利是通过他们在自己所选择的共有物的公平份额上施加劳动，从而得到财产权，我便是通过排除他们选择这些被我浪费掉的东西，侵犯了他们的权利。"（脚注略）］。简而言之，西蒙斯暗示着，相较于充足性附加条件，反糟蹋条件是进一步提出了一个更具一般性的涉他政策（other-regarding policy）。禁止浪费就保护了那些不为充足性条件所保护的权利。一个人可能满足了充足性附加条件——留有足够的同样好的东西给其他人，但他仍然会剥夺他人本来想要取得的某些资源。这个观点所隐含的意思是这样一种观念，即虽然从某种程度上来讲，资源在客观上具有可互换性（objectively interchangeable），但某个人相比于其他人而可能对某种资源具有主观上的偏好（subjectively prefer）。如果乙偏好于（转下页）

糟蹋行为不只是对后来者潜在地造成损害。糟蹋除了对于其他本来可能获得财产拨归的人造成影响之外，它还构成某种内在的、对于自然的冒犯，是一种本身即错误的行为。从这个角度看，反糟蹋就完完全全是一道绝对禁令，即无论糟蹋是否会对其他人直接造成损害，都应适用之。

因此，对我来说，尽管沃尔德伦的论据严密，但我还是倾向于赞同关于全面的"两项附加条件"的观点。即便完全遵守了充足性附加条件，糟蹋仍应当予以避免。稍后我还会在本章中解释，在知识产权背景下应用这种论据的情形。而现在，我们还得再回到第一个附加条件，即充足性附加条件上，因为在洛克的计划中，这项条件必须先于反糟蹋条件而加以考虑。

（接上页）某一资源，而该资源被甲拿走并且浪费掉了，那么，乙就受到了损害，即使乙（从客观上看）仍然可以像甲那样，得到"足够的同样好的"东西。尽管西蒙斯没有这样说，但或许反糟蹋附加条件也可以被看作是保护了一种比充足性附加条件所保护的更大范围的第三人。"同样多并且同样好的东西给其他人"所包含的可能是一个较窄范围的"其他人"——例如，或许只是为初始财产拨归的人所认识的人，或者在发生初始财产拨归时活着的人。禁止糟蹋附加条件则可能保护跟这个时间和空间远不相干的人，他们可能身处遥远的地方，或者远在将来的世代（这只是适用于那些并非由其自身发生自然糟蹋的资源；试设想以铁矿石为例，它们被人从地底下挖出来，再加以熔炼，而后却被搁置一边，任其生锈）。因为我发现这种"涉他"的解释还是不够严密，所以，我对如下观点持开放态度，即对于洛克而言，反糟蹋附加条件总体上是一种不同的义务——可以说是对上帝的义务，而不是直接对他人的义务。甚至这个（带有一种康德式口味的）绝对论的观点，也可能最终仍然被看作是涉他的；或许，该义务就是绝对的，因为它阻止短视的财产拨归者自欺欺人地相信他们是在对每一个人负责，而实际上他们并非如此。

（一）信赖与充足性附加条件

我们在转向有关浪费的问题之前，先对充足性附加条件的某些方面作进一步的讨论，具有重要意义。许多传统的解释——或者至少是许多为知识产权进行辩护的解释——都强调指出，一种适当运行的知识产权制度，通常只针对人们从面向全体人类的公共材料库当中加以创造的东西，才允许其提出财产权主张。这就意味着，如果该制度运行得当，那么，知识产权只会授予对新事物作出贡献的人，而这个事物是区别于在所涉及的特定创造发生之前就已经存在的"公共领域"的。由于在这种制度之下必然保存着公共领域，因此，人们普遍推定，充足性附加条件往往就得到了满足。该人只是对他自己添加到公共领域之上的东西获得财产拨归，这必然为其他人留下了"足够的并且同样好的"东西。在对所添加的东西进行财产拨归之后，其他人仍然能够使用相同的起始材料（starting materials），也就是创造者得以从中使用的那些材料。禁止对这些起始材料主张权利，这就被推定为必然满足了洛克的充足性附加条件。

在 1989 年的一篇见解颇深的法律评论文章中，法律学者温迪·戈登（Wendy Gordon）驳斥了这种传统主张。[①]她表明，有人

---

① 戈登的总命题如下："'留有足够的同样好的东西给其他人'这个附加条件处于本文命题的核心：创造者应当对其独创性成果享有财产权，只要这样所授予的财产权并没有损害其他人的平等的创造能力，或者他人引用既有的文化基础与科学遗产的能力。所有的人都是平等的，并且对于共有物享有平等的权利。"温迪·J. 戈登（Wendy J. Gordon），"自我表达中的财产权：在知识产权自然法中的平等与个人主义"（A Property Right in Self-Expression: Equality and Individualism in the Natural Law of Intellectual Property），《耶鲁法律杂志》（*Yale L. J.*），第 102 卷（1993 年），第 1533 页始，第 1563—1564 页（脚注略）。

创造出完全具有原创性的东西，这从逻辑上来讲，是完全有可能的，但是，这依然剥夺了其他人像创造者那样"足够多并且同样好地"接触这个原创的东西。戈登这项主张的关键，是一个关于扩张性底线（expanding baseline）的观念。某位原创的创造者可能以一种重要的方式，在他人所依赖的东西上添加了某个东西。后来，假如该创造者想要移除他或她所添加的这个东西，人们就可能经受某种重大损失。她举出若干例子，来说明这种思想：

> 　　一件知识产品是全新的，是本来并不存在的，它最初可能给公众带来好处，但并不保证后来将它排除之后也没有损害。……一旦创造者将其知识产品向公众曝光，而该产品影响到了文化与社会活动的潮流，那么，此时若排除公众对它的使用，就可能带来损害。例如，假设甲从共有物中提取物质，再通过该物质，结合大量的独创性技巧，她制造出一种酶（enzyme），可以极大地提高人体健康。因为这一有益健康的特性，她就做出一项决定，把这种酶添加到饮用水中。但是，这种好处带来的代价是，让人以某种特定形式而变得上瘾：有一些人饮用了这种含酶水之后，假如他们不再继续服用这种万应灵药（elixir），就变得无法让碳水化合物新陈代谢了。对于那些受此影响的人而言，普通食物变得没有营养价值——除非继续同时服用这种酶。在此情况下，共有物依然存在，无论是食物还是可以从中制造出该种酶的成分，都是供应充足的，但是，这一事实并不足以保护公众免于受到损害。食酶上瘾的公众还需要由甲拥有的关于如何制造该种酶的知识，因为如

果没有它，他们就会饿死在充裕的食物和原料当中。假如，在将该种酶添加到饮用水供应社会之后，发明人被赋予一种权利，可以禁止其他人使用她的这项制造技术，那么，已经上瘾的社会成员就会在他们使用共有物的能力上，较诸以往的情况变得更糟。①

　　只要知识财产的权利所涵盖的仅仅是创造者的原创性贡献，那么，知识财产的所有权人就不可能带来任何过错，这个观念的谱系可谓源远流长，一直可以追溯到约翰·斯图亚特·穆勒（John

53

---

① 温迪·戈登，"自我表达中的财产权：在知识产权自然法中的平等与个人主义"，前揭，第 1567 页。戈登接着说："如果给予甲以该种晦的所有权或者在制造方法上的一项专利，那么该附加条件就将不能得到满足，因为即使甲的财产拨归使得其他人仍然保持'同样'（as much），它还是没有留给他们'足够与同样好'（enough, and as good）。纯粹数量上相同，并不等于足够。这实际上是一种关于信赖的主张（reliance argument）：由于人们的状况已经改变，发明人不能到后来拒绝给予他们在新的条件下为生存所必需的工具。……知识产品，一旦在一个相互依赖的世界（an interdependent world）中向公众曝光之后，它们就改变了这个世界。为了应对这样的变化，使用人可能就需要享有一种与最初创造者的财产权利相冲突的自由。如果他们被禁止使用作为该种变化之中间剂的发明创造，那么，他们就不得不从这个现在已经被贬值了的共有物当中去努力作出这样的创造。充足性附加条件则消除了这个危险。它保证了在先创造者与后来创造者之间的一种平等。该附加条件就因此而确保后来者享有一种权利：对于在先创造者所拥有的东西进行表达、解释与反应的广泛自由，而该权利的重要性高于其他种类的利益。"温迪·戈登，"自我表达中的财产权：在知识产权自然法中的平等与个人主义"，前揭，第 1533 页始，第 1567—1568 页、第 1570 页。

Stuart Mill）和其他人。[①] 它与那句格言"较大的权力包含较小的权力"（the greater includes the lesser）紧密相关，后者在过去许多年当中，曾在无数的知识产权案件中被应用。[②]（较大的）权力是指新的

①　参见张五常（Steven N. S. Cheung），"财产权与发明"（Property Rights and Invention），约翰·帕尔默（John Palmer）与小理查德·O. 泽布（Richard O. Zerbe Jr.）编，《法和经济学研究：专利与著作权的经济学》（*Research in Law and Economics: The Economics of Patent and Copyright*），第 8 卷（1986 年），第 5 页、第 6 页。温迪·戈登把这个称作"以有换无理论"（something-for-nothing thesis）。参见温迪·戈登，"自我表达中的财产权：在知识产权自然法中的平等与个人主义"，前揭，第 1533 页始，第 1566 页。该思想的代表性阐述，可见于约翰·斯图亚特·穆勒的《政治经济学原理》："财产制度，就其根本要素而言，包含了任何人针对以下东西而被承认享有的一种排他性处分权，即他或她通过自己努力而生产出来的东西，或者通过赠予或者公平协议所获得的，而不是通过强迫或者欺诈手段从生产它的人那里夺走或骗取的东西。整个制度的基础就是，生产者对于自己生产的东西享有权利。……"约翰·斯图亚特·穆勒的《政治经济学原理及其在社会哲学上的若干应用》（*Principle of Political Economy with some of their Applications to Social Philosophy*），1842 年，第 2 编，第 2 章，第 2 段，可见于：http://www. econlib. org/library/Mill/mlP15. html#II. 2.2。穆勒接着说："要把任何人排除于他人所生产的产品之外，这并非冷酷无情：他们不是必须为了他的使用而去生产这个产品，而这个产品原本也不存在，因此，他不能与别人分享，并不会有什么损失。但是，如果这个世界是生来就有的，大自然的馈赠全部都被人先行占有了，再也没有什么留给新来的人，那么，这就有些冷酷了。"约翰·斯图亚特·穆勒，《政治经济学原理》，1842 年，第 2 编，第 2 章，第 25—26 段，可见于：http://www. econlib. org/library/Mill/mlP15. html#II. 2.26。

②　参见，例如，"电影专利公司诉环球电影公司"案（*Motion Picture Patents Co. v. Universal Film Mfg. Co.*），243 U. S. 502, 510（1917）（霍姆斯大法官的反对意见）（他主张，既然专利权人有权将其发明完全不让公众使用，那么，他必然有权利设定限制性条件而许可使用某一项专利）。

创造可以完全将公众排除，（较小的）权力则是指先开放让公众使用而后将它收回，故前者包含了后者。戈登的例子则揭示了这种思想的局限性，而她的贡献就在于，将问题的焦点由创造者的权利转移到了因这些权利的行使而给他人带来的影响上。她比较了他人目前的情况与在创造者创造出相关知识财产之前的情况，并且表明，前后两种情况在许多重要的方面都可能存在差别。

按照戈登的看法，原创性创造是可能发生底线转换的。创造者的贡献对于那些已经存在的事物所做出的添加是如此显著，以至于假如允许创造者撤回他或她的贡献，可以将其创造从流通中移除，那就是做错了。为了看清楚这一点，请想象有一位神人巨宝瓶（Prodigious Waterbearer）。假如这位神人非常勤奋，付出了巨大的努力，从深井里面一桶一桶地汲水，再倒进一个湖泊里，硬是让湖面上升了几英尺。沿湖而居的其他人也就相应做出住宅调整，他们建造了湖景房、码头和沙滩。然而有一天，巨宝瓶却说："我要把我贡献出来的井水全部收回。而你们这些人，可没有任何权利来抱怨我；我只是让这个湖泊变回到我最初发现时的样子。"那么，他这样做公平吗？其他人已经开始产生信赖，认为这些后来添加的井水就是这个湖泊的永久组成部分了。事实上，他们就认为"这个湖泊"必然包含这些添加的井水。他们经历了湖面变小，这就是一种真实的损失。对他们来说，情况好比是这样的，神人巨宝瓶在他施行法术之前就侦察到了这个湖泊，然后有一天，在他准备把新的井水带到湖中的漫长过程中，湖面浅了几英尺。这个故事的重点，也是戈登观点的核心在于，巨宝瓶让这个湖泊发生了根本性改变，而这项改变使得其他人不再处于跟他们原来相同的状况。他们现在开始认识的这个湖泊，假若巨宝瓶把他所贡献的那部分去掉，就不再是原来的那个湖泊了。其他这些人开始把它当成了他们所认识的那个湖泊——信赖于它会保持他们所了解的湖面外形和水深。这个信赖利益（reliance interest）就是向他们所透露的在这个湖泊上发生的事情，而这反过来又对巨宝瓶享有的在此后拿走其原创性贡献的权利构成了限制或者束缚。

戈登还讲了另外几个故事，来阐明这种信赖利益的力量。其中最具说服力的，或许是她解释的那些在某种意义上取得了"标志性"地位（canonical status）的文化贡献。她所举的例子，包括了由华特迪士尼公司制作的一些电影。而其他的例子也可以让人轻易想起来，比如哈利·波特系列图书、芭比娃娃和《指环王》三部曲。这些经典的、标志性作品，就等同于让文化湖泊的水平面发生了巨大的提升。它们当中的每一部作品，都以各自的方式，深刻地影响着流行文化。它们形成了在流行文化中广泛共享的基准点（reference points），并且贡献了许多为人广泛共享的角色（例如魔法师与麻瓜；或者中土世界里的矮人与精灵）。它们都作为在文化交流中的通用货币（the common currency of cultural exchange）而被人广泛使用。如果允许其所有权人将它们从文化宝库中完全拿走，就等于要明显地吸干这个共享参考资料的水池（the pool of common references），而正是通过这个池子，人们得以创作出新的作品，甚至在相互交流时，得以从中汲取资源。戈登提出，这就好比有人拿走了在创作出这些名著之前已经存在的、某些共有的文化基准点或者共享的文化标志。假如 J. K. 罗琳（J. K. Rowling）在开始写第一部哈利·波特小说时，禁止她阅读和构思关于魔法师及其学徒的神话

54

和传奇故事，那么我们将会认为如此禁令并不对。正因为如此，戈登主张，假如我们允许罗琳把她的哈利·波特系列图书，以及它们所带来的巨大的文化潮流从今天的一般流通环节中撤走，那也将是错误的。正如罗琳依赖于那些非常古老的、人人共享的故事，一位处在后罗琳时代的作者（与读者）也应当可以依赖哈利·波特的故事。罗琳已经提升了文化湖泊的水平面，她现在不能撤回她的贡献。一旦神人巨宝瓶完成其工作，就不能再退回去。这个湖泊已经发生了永久的改变。

　　我从戈登关于信赖的主题上已经借用一些办法，写入了我自己的作品中。[①] 而在此过程中，我也添加了一些自己的想法：对于那些采用、改编某一部标志性作品并且使之流行起来的人，必须明确承认其为此付出的劳动或者努力。用洛克理论来表述就是，我试图在有关财产权的分析当中，添加使用人和消费者的劳动。通过将注意力转移到这个抵消性的劳动来源上，我试图扩张信赖主张（reli-

---

① 参见杰弗里·库恩（Jeffrey Kuhn）与罗伯特·莫杰思（Robert P. Merges），"对已获专利之标准的禁止反悔原则"（An Estoppel Doctrine for Patented Standards），《加州法律评论》（Cal. L. Rev.），第97卷（2009年），第1页（标准的使用人因受专利权人的诱导而产生信赖的，有权继续使用该标准，即使该标准的专利权人决定强制执行其专利）；罗伯特·莫杰思，"谁拥有查尔斯河桥？软件产业的知识产权与竞争"（Who Owns the Charles River Bridge? Intellectual Property and Competition in the Software Industry），可见于：http://papers. ssrn. com/sol3/papers. cfm?abstract_id=208089［该文讨论了"技术的通用化丧权"（technological genericide）概念，其中，在一项极度成功的技术标准上所取得的知识产权，反而因为使用人的信赖以及竞争性替代技术的缺乏而可能受到削弱］。

ance argument）的范围。我不仅把它看作是对于标志性作品创作者权利的一种限制；而且，对于那些在依赖原始的标志性作品而努力工作的人来讲，它也可能是他们获得积极权利的一个来源。[1]

不过，即便按其标准形式，信赖主张也具有强大的说服力。让我们回到温迪·戈登，去看看它为何如此。首先我想要说明，我强烈赞同她在这篇关于自然法与知识产权的原创性论文中所提出的目标，那就是，利用通常用来为一种知识产权的绝对主义—自由主义观（absolutist-libertarian vision）提供辩护的同样那套自然法原则，来证明宪法第一修正案对于知识产权的限制是正当的。但是，许多戈登的追随者却没有到此止步。相反，他们依据建立在戈登方法上的逻辑，进一步主张一种带有更强限制性的知识产权版本。对这些批评家而言，戈登的信赖主张变成了一件万能武器（all-purpose weapon），适合于全面攻击知识产权。[2] 其基本思想是，我们受到

---

[1] 参见罗伯特·莫杰思，"为了大众的洛克"（Locke for the Masses），《霍夫斯特拉法律评论》（*Hofstra L. Rev.*），第36卷（2008年），第1179页。

[2] 参见，例如，罗斯马丽·库姆（Rosemary J. Coombe），《知识财产的文化生命：作者身份、财产拨归与法律》（*The Cultural Life of Intellectual Properties: Authorship, Appropriation and the Law*），北卡罗来纳州达勒姆：杜克大学出版社，1998年［其描述了早期粉丝杂志（fan magazine）的参与者以及他们的意图，以重新塑造诸如《星际迷航》（*Star Trek*）角色之类的经典标志性材料，来表达某些重要的价值和该角色的替代性——通常也是"大胆越轨"（transgressive）的形象］。信赖概念还可以在许多其他的批评中找到，尽管它不一定运用洛克的术语来表达，也不一定与戈登所争论的术语相联系。参见，例如杰克·M. 鲍尔金（Jack M. Balkin），"数字言论与民主文化：信息社会的表达自由理论"（Digital Speech and Democratic Culture: A Theory of Freedom of Expression for the Information Society），《纽约大学法律评论》（转下页）

55　文化形象（cultural images）的密集攻击，而这些文化形象，既不是我们选定的，我们也没有力量摆脱它们。能够拯救我们的尊严以及在某种意义上也是我们身份的唯一方法，就是将这些文化因素（elements of culture）没收，不仅抓住它们、操纵它们、对它们加以评论，而且干脆"把它们变成我们自己的东西"。而像下面这种情形，就被这些批评家们认为是不公平的：先是让我们完全地曝光在这种受知识产权保护的文化当中，然后提出，假如该文化的所有权人主张其知识产权，限制我们对该文化的使用，我们也不会因此变得更糟糕啊。由于我们周围到处弥漫着这种文化，我们已经变得深陷其中。其结果就是，我们就得复制和占用该文化。因此，这种主张进一步提出，我们已经被暴露在这股文化浪潮中，而当该文化在之后被扩展性的知识产权所保护时，那么，我们在事实上就变得比以前更糟糕了。戈登的信赖主张，就此昭然若揭。

　　针对这种将戈登思想所作的扩展，我有两条反对意见。首先，我认为它过度高估了那些能够明显提升文化水准的作品的数量，并因此夸大了公众在接触这些作品后所产生的信赖利益的量级。[①] 其

（接上页）（*N. Y. U. L. Rev.*），第 79 期（2004 年），第 1 页始，第 12 页："确切地说，因为 20 世纪的大众传媒在吸引公众的想象力方面取得了巨大成功，现在无所不在的大众传媒产品，成了人们日常生活与思想的核心特征。大众传媒产品——大众电影、流行音乐、商标、商业口号与商业图像——也已经成了流行文化的共同基准点。因此，它们成为代表互联网特征的、利用现成工具摆弄的原始材料，也就不足为怪了。"

①　我还认为，相比于许多人所可能认识到的情形，对文化的攻击在很大程度上是可以避免的。参见罗伯特·莫杰思，"混合的洛克;-)"（Locke Remixed ;-) ），《加州大学戴维斯分校法律评论》（*U. C. Davis L. Rev.*），第 40 卷（转下页）

次，它忽视或者没有考虑到的是，那些意图将其作品从共有库存（common stock）中移除或者取回的知识产权所有人，其实受到法律与实践上的重要限制。[①] 它忽视了那些可用以防止公众的信赖利益落空的传统工具，并由此推导出一些过度扩大的主张（overly expansive claims），认为知识产权法在实行洛克的观点上已经失败，从而有必要进行根本性改革。

巨宝瓶其实远没有如许多知识财产的批评家们所想象的那么多。在文化上的许多贡献，就像落在湖泊中零零星星的水滴。对这些水滴主张知识产权从而要将它们拿走，这只会泛起一阵涟漪而

（接上页）（2007 年），第 1259 页。另参见，肯尼思·艾因纳·希马（Kenneth Einar Himma），"知识产权的合法性：关于信息公共品两个概念的不相关性"（The Legitimacy of Intellectual Property Rights: The Irrelevance of Two Conceptions of an Information Commons），2007 年 5 月 1 日，可见于：http://ssrn.com/abstract=983961。希马提出，洛克的充足性附加条件并不适用于知识财产的拨归，因为此种财产拨归并没有干涉人的生存所需。希马承认，生活中若没有信息，将不可能是"有意义或者繁荣的"，但他坚持认为，这些并不是洛克所担心的内容。我同意，充足性附加条件常常遭到知识产权批评者的过度使用。但是，在我的理解中，洛克确实并不仅仅只关心人的生存，还有人的繁荣发展，而后者在某种程度上就要求通过劳动，从信息公共品中拨归获得某些东西。因此，对我来说，知识财产的情形就如同一般财产那样，充足性也是初始财产拨归的一个必备的附加条件；但是，我跟希马一样，对于许多人的如下看法同样持不同意见，他们相信，在知识财产的情形中适用这个附加条件，就将导向一种限制性的（restrictive）、最低限度的（minimalist）知识产权保护制度。

① 这种文献的常见主题，是这个反复提到的轶事，即一个永远不可能实行的威胁性执法行动，或者潜在的执法行动会带来"寒蝉效应"（chilling effect）。在某个时代，执法经济学如果面临困难，使用人这一方的权利就会发生事实上的扩张（de facto expansion），对此问题的一个实用性讨论，参见本书第 8 章"数字时代的财产权"。

已。考虑到还有其他可以采用的限制工具，一个巨宝瓶就想让湖泊的水位下降，其实也是极为困难的。宪法第一修正案原则、知识产权规则、自利的动机以及对知识产权的强制执行成本，所有这些工具结合起来，就使得想要过度执行（overenforce）知识产权，并借此将一个受保护的作品从公众可接触使用的领域当中拿回来，变成了一件既有难度又无利可图的事情。[①] 把一个受知识产权保护的作品从公共库存中拿走，就等同于一次性从湖里面舀走一滴水，哪怕也许是一桶水。因此，若从理论角度观察，戈登的解释确实令人着迷，但她所讲述的故事，却只适用于极少数的一些作品。即使对这些作品而言，传统工具也常常就能保护人们的信赖利益。她的故事根本就不足以支持提出新的激进的工具，要求以洛克的充足性附加条件为依据而严格控制知识产权。

我可以将我针对戈登理论继承人的不同意见重述如下：若将思想或者无体物拨归个人，通常这是很容易满足充足性附加条件的。知识产权法的本质特征是，对于大多数的财产主张者而言，他们在拨归取得自己所需的财产之后，仍可以给其他人留下"足够的并且同样好的"东西。而只有在少数一些情况下，其他人以为可以

---

① 参见，例如，埃尔德雷德诉阿什克罗夫特案（*Eldred v. Ashcroft*），587 U. S. 186, 221（2003 年）："宪法第一修正案确实严格保护个人发表——或者拒绝发表——自己言论的自由；而当说话者主张的是有关发表他人言论的权利时，这条修正案就不用承受那么重的责任了。就该种主张引发的关于第一修正案所关切的问题而言，用著作权当中内嵌的（built-in）言论自由保障机制，一般就足以解决它们了。"另参见本书第 8 章关于数字技术的部分〔其中讨论的问题是，由于执法成本提高，从而为数字作品的使用人带来了更为宽泛的事实上的权利（broader de facto rights）〕。

持续使用某一作品而对之产生信赖的，才会危及破坏充足性条件。

（二）在知识产权法中反糟蹋的重要性

　　与充足性条件相比，洛克的其他附加条件，亦即禁止由于过度拨归财产而发生"糟蹋"，有时反而可能提出一种更加重要的挑战。为了搞清楚其中原因，我们必须首先回顾一下洛克所指的糟蹋是什么意思，并且将它跟信息与知识产权这一截然不同的语境相勾连。虽然从字面上讲，无体财产是不会腐烂或者被糟蹋的，但是，知识财产有时可能促成洛克所担心的那种浪费性的过度拨归财产（wasteful overappropriation）。事实上，当我们过滤掉洛克关于糟蹋的描述中的表面细节，我们将会发现，这项反浪费附加条件其实为这个时常在知识产权法中提出的关于过度主张权利（overclaiming）的挑战性难题，提供了一个关键性答案。

　　我们先来看哲学家戈登·赫尔（Gordon Hull）的一篇阐述洛克理论与知识产权的文章，其中特别强调了这些附加条件，尤其是反糟蹋条件。赫尔首先证明，洛克关于财产拨归的理论在有体财产与无体财产上，均是同样可适用的。实际上，赫尔主张的是，对于洛克而言，智力创造（intellectual creations）正是用来说明将劳动与那些来自共有物的东西相互混合起来的典范性例子。[①] 接下来，他将

---

① 戈登·赫尔（Gordon Hull），"清除糟粕：洛克、反浪费附加条件与知识产权的道德正当性"（Clearing the Rubbish: Locke, the Waste Proviso, and the Moral Justification of Intellectual Property），《公共事务季刊》（*Pub. Aff. Q.*），第 23 卷（2009年），第 67 页，非公开发表的版本见于：http://ssrn.com/abstract=1082597，第23 页（智力劳动被预设为相同于任何其他种类的劳动）。

讨论的主题转向附加条件。赫尔在开头先为反糟蹋条件进行辩护，称它为洛克式财产权中的一项独立并且显著的条件，接着对洛克文本中的某些部分加以充分全面的研究，这些文本似乎暗示着，糟蹋的可能性随着市民社会的出现而终止了，然后他将反糟蹋条件放在知识产权的语境中加以考察。对赫尔来说，这一附加条件特别重要。他提出，该条件广泛地适用于知识产权领域。[①]

　　不过，我发现赫尔的核心主张，即禁止浪费就是要规定实行一种高度限制的知识产权保护，却绝对是错误的。[②]他在这部分阐述中的核心难题，正是来自于其论文的开头部分。他拒绝对洛克关于糟蹋的论述采取一种表面的和字面的解释，那里带有因为原始的农产品被留在太阳底下腐烂以及贫瘠土地处于粗犷的尚未耕种状态所散发出来的强烈气息。赫尔抛开洛克所举的例子，转而寻求那些透露和形成这些例子的更具一般性的概念。从这个更具穿透力的层面上，赫尔发现了他所谓的洛克关于浪费概念的本质：在能够有机会改善人类生活的情况下却不去这样做。正如赫尔所言，"如果劳动产品可以改善某人的生活，却在它实际可以发挥作用之前，被允

[①]　戈登·赫尔，"清除糟粕：洛克、反浪费附加条件与知识产权的道德正当性"，前揭。相反，哲学家肯尼思·艾因纳·希马主张，充足性附加条件根本不适用于知识产权的情形。肯尼思·希马，《知识产权的合法性》，前揭。尽管我对希马的这部知识产权哲学大作深表尊重，但是，在有关洛克财产理论的适用上，我还是秉持一种更具扩展性与象征性的方法。

[②]　"洛克的附加条件——特别是广泛被人忽视的反糟蹋附加条件——对于任何财产（entitlements）的范围都予以严厉限制。"戈登·赫尔，"清除糟粕：洛克、反浪费附加条件与知识产权的道德正当性"，前揭，第2页。

许不可撤销地让其丧失价值，那么，浪费就因此而发生了"。① 虽然
我同意赫尔将糟蹋概念由物质产品转移到更深层和更抽象的事物
上，但我还是认为，他接下来的阐述是完全错误的。他所确定的这
个深层原则是，以对某人生活的潜在改善为根据而重述关于需求的
落空（或者未被满足），然而，这就完全扭曲了洛克对浪费问题表
示关切的逻辑。对于行将发生的糟蹋而言，所涉及的东西必定对其
他人具有某种用途。但是，同样必然的，并且在知识财产的语境中
更加重要的是，该样东西的所有权人必须最终真的没有使用它，必
须把它完全地浪费掉了。

　　赫尔的根本难题在于，他所确认的是一项错误的指导性原则。
因为，如果需求落空或者未被满足就构成了浪费，那么，私人市场
交换就必然导致大量的"浪费"。但是，这样说恰恰是与事实背道
而驰的，因为有大量的证据指向了相反的结论：众所周知，市场交
换是最有效率的，并因而在许多情况下，它是最不具有浪费性的商
品配置机制。按照赫尔的逻辑，任何人如果曾经在任何东西上"因
定价问题而被挤出市场"（priced out of the market）——亦即，任何
人因对某一东西的个人需求而导致其希望在市场价格之下为它估
值——那么，他所经历的就是一段洛克式浪费（Lockean waste）的
故事。因此，每当我走过一家汽车经销店，发现里面有尚未售出的

----

① 同前揭，第 26 页。赫尔接下阐述了有关洛克原则的一个更完整的版本："若
　（a）无可挽回地存在着未满足的需求，（b）满足该需求的物品已经存在，并
　且（c）由于财产权主张而阻止了对这些需求的满足，那么就发生了糟蹋。"戈
　登·赫尔，"清除糟粕：洛克、反浪费附加条件与知识产权的道德正当性"，第
　29 页。

玛莎拉蒂（Maserati）汽车时，我就可以主张，这些汽车都是"被浪费了"。我想要一辆这样的汽车，我也愿意付钱来买一辆，只是不想按照市场价格来买。这是怎样的一种浪费啊！

这样来为浪费下定义，说不通。因为，我想买一辆玛莎拉蒂的意愿在市场价格面前只能慢慢消退，这并不能说就是一种浪费的情形。所谓浪费，其真正的关键，也就是洛克所暗示的指导性原则，并不是未获满足的需求（unsatisfied demand），而是一件东西已经作为财产拨归某人但它最终却未被投入任何的生产性使用（productive use）。按照洛克的用语来表达就是，假如有一位古怪的富豪，在某一年买下玛莎拉蒂工厂的全部汽车，然后在数百年时间里就让这些汽车停在仓库里，完全不加使用，直到它们变得无法再用，那么，这就构成了浪费。在这个例子中的汽车，它们从未被任何人使用；它们只是停在仓库里，慢慢地锈蚀烂掉，而任何人都不曾用过。

上述关于玛莎拉蒂汽车锈蚀烂掉的情形，确实可以在知识财产的世界里找到同类例子。比如，有一些专利所主张的技术特征（embodiments）是该专利的所有权人从未意图加以使用的，而且直到专利期限届满，都没有被人有效地使用过。有的专利所有权人行使其财产权利，则完全只是为了遏制某一项完整的技术，尽管我认为这些情形，远非许多持阴谋论的理论家们所设想的那么常见。即便承认偶尔会有这样的洛克式浪费的例子，但是很显然，它们跟日常的"需求落空"（frustrated demand）的例子大不相同，在后者的例子中，所有权人的定价决策导致某些潜在买主遭受冷落，从而不愿意以现行价格来付钱购买。

有一些学者在将洛克概念应用于知识财产时，也在反浪费条件上碰到了难题，原因是，许多受知识产权保护的资产都具有简便可复制性（ready reproducibility）。[①] 倾向于持此观点的学者，其实犯下了这样的错误。他们首先引用成说，认为受知识产权保护的东西具有非竞争性特征。[②] 继而提出，因为这一特征，我们可以设想此类东西的供给是没有限制的（并且通常也几乎是无须成本的）。[③] 然后他们就开始犯错了：那些想要一件或者多件相关东西但又不愿意按市场价格付款的人，就被剥夺了他们本来可以也应当拥有的东西。所以我们来设想一下，某人拥有一件受某种知识产权保护的财产，他为之设定了价格，从而，有 10 万单位的该财产被销售出去了。进一步假设，假如将该财产捐赠出去，就会有 1000 万人可能以某种方式来使用它。那么在这此情形中，从第 100001 单位到第 1000 万单位的该财产就被"浪费"掉了。这是一个很容易犯下的错

58

[①] 参见，例如，本杰明·G. 达姆斯特特（Benjamin G. Damstedt），"限制洛克：合理使用原则的自然法解释"（Limiting Locke: A Natural Law Justification for the Fair Use Doctrine），《耶鲁法律杂志》（*Yale L. J.*），第 112 卷（2003 年），第 1179 页。

[②] 对此，参见本章前面关于"洛克的共有物与公共领域"的那部分。

[③] 达姆斯特特，"限制洛克：合理使用原则的自然法解释"，前揭，第 1182—1183 页："对于有体物来讲，禁止浪费这项条件只具有微不足道的意义，但是，在解释有关无体产品的洛克理论时，却极为重要。……无体产品的非竞争性特点，就表现为在最初创造出任何的无体产品之后，可以生产出数量无限的'无体的单位产品'（intangible units）。尽管有体物的有限数量单位也通常可以转换为不会浪费掉的金钱，但是，无限数量的无体单位产品却意味着，劳动者不可能或者不愿意在无体产品被生产出来之后，将无体单位产品转换为金钱。不转换（nonconversion）与不使用（nonuse）这两者结合起来，就构成对禁止浪费附加条件的违反。"

误，因为人们很容易假设，这些额外单位的财产都是存在的。一旦有如此大量的假设单位如魔法般地被想象出来，那么，当得知它们是不允许存在时，这看起来就如同一种真实的损失了。作为一项法律规则，财产似乎就以这样一种方式，对一件有用的东西进行"自然的"繁殖复制来满足那么多人的需要。所有这些复制件，尽管都是那么容易制作，却这样白白浪费掉了；而那些伸手想要得到它们的人，全都愿望落了空。①

　　然而，事实正好相反，这些假设的复制件从未存在，也不构成一种浪费的情形。假如要发生洛克式浪费，那就必须把体现在这些复制件中的观念、思想或者其他原创性创造统统都糟蹋掉。创造者必须选择将它——亦即思想本身——永远地束之高阁，并且无论如何都不加以使用。只要创造者没能做到这一点，也就是说，只要该项创造出于某个目的而在某种程度上被人使用了，那就不属于洛克所关切的浪费，因为洛克并不考虑这种创造是在多少种情形中，或者是以什么价格而被投入流通使用的。这里的洛克式财产，其实是观念或者思想。也就是创造者付出劳动所生产的东西，它是在现有技术或者公共领域中所找到的元素跟某个人的天才之火相互之间的结合。由此可以得出，只有那些最终从未将该观念体现在任何有体媒介上的人，或者只是粗糙地做出一个原型机（prototype）但又将其束之高阁而未予使用的人，他们的行为才构成洛克式糟蹋（Lockean spoliation）。只要有人以某种方式使用了该观念，它就没有被浪费掉。至于在实际使用人之外是否本来还有人愿意（以一种

---

① 我假设在这里并不存在价格歧视。

减价的或者免费的方式）来使用该观念，则该事实跟洛克式浪费这个问题根本无关。①

1. 糟蹋与过度主张权利

虽然只有少量文献涉及在知识财产领域的洛克式浪费，但它

---

① 这可能看起来过于严苛了。有人可能合理地提出这样的问题，难道洛克理论就真的指示：仅仅因为某人付出劳动，证明了他对某样东西享的财产权是正当的，这样东西就归该人所有，从而就可以剥夺其他许多愿意为此支付"合理"价格的人拥有该样东西吗？我们从一开始就记住这一点是有重要意义的，即在完全的所有权与所有想要得到它的人都可以合理接触这两者之间，其利益攸关程度可能并不像最初看起来的那样明显。"充足性""反糟蹋"与"仁爱"这三个附加条件，特别是最后这个条件，在这种情况下就可能软化由财产权所带来的影响。即便如此，财产权仍可能跟某人在某些情形中的公平感发生冲突，这或许也是不可避免的。例如，即便考虑到其中所投入的工作而值得给予一项关于癌症治疗的专利；即便该专利的所有权人使得其专利可以为部分人所获得（因为他们愿意支付专利权人所要求的价格）；以及，即便该专利所有权人是一位好公民，为穷困者捐献了该项治疗服务，但是，这仍然可能被认为是一项合法的主张，即由于该项治疗的市场价格，从而有效地阻断了那些最能够从中获益的人。除非是纯粹的生死存亡到了紧要关头（在此情况下，穷困的病人可以根据仁爱附加条件而得出这就是一种合法的情形），否则，洛克的理论并不认可这种看起来很严厉的结果。在各类的权利主张中，优先选择以工作与劳动为依据的权利主张，这无非只是其中一个结果——有时，它并不完全是一个令人满意的结果。我应当马上补充这一点，即尽管这种自由主义的修辞有着悠久的历史，但这种观点无论如何都与税收制度不相符合，后者是将财产所有权人收入中的某些部分再分配给那些穷困的人——对此问题，我将在本书第4章予以详述。事实上，鉴于洛克对人类生存繁衍的强调，将强有力的财产权与合理程度的再分配联系起来，无疑就是必然的选择。而最后，我为癌症病患送去的安慰，并不是通过限制治癌药品财产权的机制，而是通过再分配性质的支付机制，以抵消这些受财产权保护的药品的高成本。

们却形成了一个有用的见解：法律规则如果设计得糟糕，就有可能导致资源浪费。创造者若可以对一件独创性作品获得一项超出其作品范围的财产权，就远远超越了独创性的范围。如果存在这样的情形，并且许多对该独创性作品的变动形式（variations）都因此而未被开发出来或者得到改进，那么，这些未能做出来的变动形式就可以说是被浪费掉了。知识产权规则如果从制度上鼓励创造者在大大超出其通过自身努力所实际生产出来的东西之外而主张权利，就可能因此而产生大量的、真正的洛克意义上的糟蹋。①

59　　我关于糟蹋的观点在此就呈现出一种细微的区别，因此，我想先花一点时间，明确地解释一下。我们从某些创造性作品的观念（conception），即一部小说、戏剧、电影的思想，或者一项发明开始谈起。在某一时刻，如果作品要变得具体确定并且可以为他人所用，那么，它就几乎总是必须以某种有体形式固定下来。这被称为作品的原创实例（original instance）或者原创化身（original embodiment）。而我所称的"作品"则是一个精神构造（mental construct），亦即思想；该思想的原创化身，就是它的第一个有体性实例。按照知识产权法的规定，作品的创作者几乎总是能够在超出作品的原创化身之外获得一种财产权。该财产权几乎总是涵盖了原创化身再加上对该原创化身的某些变体。换言之，知识产权法开始规定的是原创性部分，并且构造出一组或者一类——实质性种类的——可由

---

① 参见戈登·赫尔，"清除糟粕：洛克、反浪费附加条件与知识产权的道德正当性"，前揭。请注意，这里对反糟蹋附加条件的解读，跟我称之为比例原则——即关于知识产权应当从反映每个创造者的贡献大小的角度予以调整的思想——的那部分，存在许多的重叠。

该财产权保护的潜在化身。正是这一组或者这一类东西，亦即一系列在原创性作品上产生的所有变体（variants），才是知识产权法的真正对象。

现在，当我谈到浪费时，我所说的就是这一组或者这一类的范围（parameters）。如果这组或者这类的范围过大，那么，它所包含的许多变体在实际上就可能不会被制造出来或者得到使用。许多受财产权保护的潜在化身（potential embodiments），就将永远不会被建造、制作或者得到实施。像这样的潜在化身，就可以说它们遭受了洛克意义上的糟蹋。让我们回到我在此前所举的玛莎拉蒂汽车的例子，试想在某一款玛莎拉蒂设计上存在某种知识产权。现在假设这项权利被界定得过于宽泛。它所涵盖的范围远远大于原创性设计的许多变体——即许多的变体处于由实际的原创性设计所适当涵盖的范围之外。玛莎拉蒂本身只销售了这些变体中的一小部分。但玛莎拉蒂拥有范围广泛的知识产权，可以阻止其他人制造这些变体设计。因为许多的变体永远都不会被制造出来，亦即，该原创性设计的许多变体就此而永不见天日——所以，这可以算作浪费的一个例子。①

---

① 为什么只是"可以算作"（might）？这是因为，在某些情况下，玛莎拉蒂对于一两个它实际计划使用的变体设计之外的更多变体也可以正当地主张财产权。例如，如果有些变体非常接近于玛莎拉蒂汽车所采用的实际设计，那么，假如允许其他公司使用这些变体设计，就可能损害玛莎拉蒂有效利用其所选择设计的能力。关于这种可能性，在后文标题冠以知识产权"篱笆"的这一节再予以讨论。

2. 复杂性：篱笆的用途与选择权的价值

至目前为止，我们勾勒出来的这幅图画，呈现为一种完全的二分法。有一些被主张权利的创造性化身投入使用了。而另一些则没有，如同那个最终没有被制造出来的玛莎拉蒂汽车设计那样，就因此而被糟蹋了。此刻，我需要为这幅实物素描再添加某些细节。如此一来，它既给我们关于反糟蹋的观点带来复杂性，但也增加了真实性。

我们需要引入的第一个复杂性，是某种悖论式的东西：在知识财产的世界里，也可能在其他领域中，某些东西并不是必须加以使用（in use）或者是有用的（useful）。① 换言之，在有些情况下，某一样东西可以被束之高阁，但并不能说它不起什么作用。这里可以

---

① 另一个看起来导致复杂化的因素，是用来评估浪费问题的时间结构。无体物本身，从字面上来讲，永远不可能被浪费掉。在一首诗歌中蕴含的思想会长久存续和受人珍视，比如《所罗门之歌》（*Song of Solomon*，一译"雅歌"）就是万世不朽，也永远不会烂掉。用于书写诗歌的载体可能褪色和破碎，但思想本身不可能如此。甚至，如果我们设想在这种思想上有一种财产权，然后对此适用洛克的反糟蹋附加条件，我们就可以主张，这项权利是永不消失的，因为该思想永远不会被糟蹋。它也永远不会像在苹果和橡子的情形中那样，变得不堪所用。这里有一个用于反驳上述看法的现成观点：洛克也提到了土地，它作为一种资源也可能会被浪费。但土地并不会受到那种在字面意义上的糟蹋或者腐烂，因此，它不会像苹果和橡子那样。所以，我们可以这样讲，对洛克而言，一种资源如果很长时间内完全没有被人使用，那么就可以说是受到糟蹋了，即便该资源永远不可能发生字面意义上的腐烂。如果土地可能被浪费，那么，思想也有可能如此。而且，我们需要记住，尽管洛克倡导的是一种长时期的著作权——比如现在规定的保护期是作者有生之年加上70年——但它毕竟不是一个无限的保护期。

举一个通俗易懂的例子：有人为了保护自己、防备敌人，就采集了 　60　
许多石子，这些石子的数量多到连敌人也不敢发动攻击。这些石子
当然是有用的，即便从某种意义上讲，它们并没有被实际使用。事
实上，它的本质正是起到遏制作用——即通过无用之用而达到目
的（to serve by not being used）。有时，知识产权也是要达到同样的
目的。试想，假如有一位发明人想到一种可以用来实现某个实用目
标的新的化合物，比如一种更环保的、用于干洗衣服的化学品。尽
管这里有一个更加优选的化学结构，可以达到最佳效果，但是，该
化合物还有其他三个可用的变体，它们也可以起到实用的效果。这
些变体的化学结构可能由于与附属于该化合物主体的"侧基"（side
group）稍有不同，从而与之存在差别。如果该干洗化合物的发明
人获得了一项专利，该专利就可能包含该化合物的所有四种结构
式。但是，再说一遍，其中只有一个化学结构式会被实际用于开发
和产业化。其他三个变体是否就属于洛克式糟蹋的例子？是否因为
它们从未投入流通使用从而就被浪费掉了呢？

我认为并非如此。这三个未被使用的变体达到了某种间接目
的。在这些变体上的专利权，排除了他人在该化合物市场中的竞
争，从而使得发明人可以对那个起作用的化合物化学结构式进行开
发与产业化。因此，在未被产业化的变体上所存在的财产权，起到
了像篱笆那样的作用。在这些变体上的权利，就具有了否定性的、
排他的力量，从而阻止其他人进来，破坏在已被产业化的化合物上
所存在的财产权的价值。通过这种方式，知识产权的某一部分就阻
止了对该权利更有价值的其他部分的侵入，从而发挥了一种间接作

用。① 将其与物质财产进行类比，可以有助于解释这里的问题。比如，在牧地与庄稼地之间设立一片缓冲区，这样就可以阻挡四处游荡的牲畜破坏庄稼。因此，假如想从已开发的地块上获取价值，那么在未开发地块上的财产权就是必需的。只有把整个地块都算在一起，也就是庄稼地再加上缓冲区，才能达到这个有用的目的，即便权利人并不是要对该地块的每一个角落都进行密集开发。②

　　这个例子为我们分析反糟蹋问题引入的是一种空间维度（spatial dimension）。为了确定一项财产权的某一部分是否受到糟蹋，我们需要调查它与该权利整体范围之间的关系。现在，我想要引入另

① 数年前的一起专利案件正好可以用来说明这个问题。在瑞泰公司诉凯利案（*Rite-Hite v. Kelley*）［56 F. 3d 1538（Fed. Cir. 1995）］中，有一位企业主在"第一代"技术上拥有一项专利，但他销售的产品结合了"第二代"技术。被控侵权人也进入这个市场，并且复制了第一代技术设计。法院准允该专利权人获得损害赔偿，并且按照专利权人在第二代技术上的销售损失来计算。侵权人则主张应当减少损害赔偿，其依据的理论是，专利权人实际上已经不再销售第一代技术。法院驳回了侵权人的主张，其理由是，侵权人损害了该专利的所有权人的利益；并且，即使该损害并没有表现为受专利保护的第一代技术的销售损失，但该专利权人无论如何还是可以主张赔偿的。这样做的结果就是，法院允许专利所有权人利用其在第一代技术上的专利来保护第二代技术的市场。该案判决的一个反对意见就主张，这个结果并非国会在制定专利法时所设想的情形，但是，该案的多数派意见对此不予认同，他们认为，这种行为完全就是对专利的盗用。换言之，为第二代技术的市场提供间接保护，就足以得出上述多数派的意见。

② 对这些问题做出的明确理论阐述，见于苏珊娜·斯科齐默尔（Suzanne Scotchmer），《创新与激励》（*Innovation and Incentives*），麻省剑桥：麻省理工学院（MIT）出版社，2004 年，第 103—107 页［其将专利的保护宽度论述为在专利法中的一条"政策杠杆"（policy lever）］。

一种维度，这是一个时间维度。一项权利中被使用的各个部分，可能随时间而发生变化，这就要求我们采取长远的眼光，来决定是否存在任何的浪费。一旦理解到这个层面，我们的见解就又向前推进了一步：一项权利中有的部分尚未使用，因为它们是为将来开发的可能性而预先保留的，从而仍然具有价值。这是知识产权的一个重要特征：它们为其所有权人提供了将来的选择权（future options）。[①]再回来考察关于干洗化合物的例子。假设该专利所涵盖的化合物有四个变体，但鉴于当时的技术条件，其中只有一个变体是最容易被开发的。现在再假设，在该化合物发明之后又过了若干年，在方法技术上取得了一项突破，使得另一个变体的制造也变得非常便宜。该专利在获得授权时，这第二个变体尚未得到使用，但是它仍然受到该专利的保护，从而专利权人可以在若干年之后再对它加以开发利用。因为围绕在某一项专利发明周围的技术是经常在变化与发展的，所以，这就成为许多专利价值的一个重要组成部分。在专利被

61

① 一般性参见，亨利·E. 史密斯（Henry E. Smith），"知识产权的制度与间接性"（Institutions and Indirectness in Intellectual Property），《宾夕法尼亚大学法律评论》（*U. Pa. L. Rev.*），第 157 卷（2009 年），第 2083 页、第 2101—2114 页［解释了真实期权理论（real options theory）在知识产权法中的应用］；丹·L. 伯克（Dan L. Burk），"批判性分析：财产规则、责任规则与分子未来：在大教堂阴影下的交易谈判"（Critical Analysis: Property Rule, Liability Rules, and Molecular Futures: Bargaining in the Shadow of the Cathedral），吉尔特瑞·范·奥弗沃利（Geertrui Van Overwalle）编：《基因专利与合作许可模式：专利联营、清算所、开源模式与责任制度》（*Gene Patents and Collaborative Licensing Models: Patent Pools, Clearinghouses, Open Source Models and Liability Regimes*），剑桥：剑桥大学出版社，2009 年，第 294 页、第 298—305 页（描述了"真实期权理论"在知识产权法的具体问题与制度安排上的适用）。

授权当日，这些尚未被开发使用的变体还只是具有潜在的价值。但是，它们当中的某一个变体，却有可能成为其中最有价值的化身。换一种方式来说就是，当授予专利权时，它给予其所有权人的，是对于任何尚未实现的变体（as-yet unrealized variants）进行开发的选择权（option）。假如说一项专利的选择权价值很高，那么这就很可能显示出，该发明当中的某些尚未被开发的化身，可以在将来证明其具有重要的商业意义。①

---

① 以专利作为一方，著作权与商标作为另一方所形成的区别，跟这里的讨论是相关的。许多专利还没等到适用洛克的反糟蹋附加条件，就已经期限届满了；而那些未被制造的变体，在许多根据专利法而主张权利的发明走完其15至20年的整个生命周期之后，却仍可能很好地保持其可能性与可行性。但是，这里所提到的其他知识产权，在很多情况下却可以获得更长期限的保护。因此，即使著作权与商标权的"保护范围"从绝大多数情况来看，远远小于专利权，但是，它们在保护时间上却可以延续很久。在商标法中，假如某件商标被一位商品销售者积极使用，来表明其产品（而非产品的来源），那么，在过了这样的时点之后，商标放弃规则（doctrine of abandonment）就以某种方式，禁止该商标的合法权利继续存在。而在著作权中，除了各种各样关于续展的要求之外，一些学者还主张，一项著作权的保护范围在事实上就应当随着时间经过而不断缩小，具体方式是实行一种对于公众的合理使用权的扩张机制。参见约瑟夫·P. 刘（Joseph P. Liu），"著作权与时间：一个提议"（Copyright and Time: A Proposal），《密歇根法律评论》（*Mich. L. Rev.*），第101卷（2002年），第409页；贾斯汀·休斯（Justin Hughes），"跨越时间的合理使用"（Fair Use Across Time），《加州大学洛杉矶分校法律评论》（*UCLA L. Rev.*），第50卷（2003年），第775页。除前述这些规则之外，若知识财产的所有权人对于第三人正在实施的使用行为，疏于采取法律上的强制执行措施，那么，衡平法上的懈怠规则（doctrine of laches）有时就会禁止该所有权人恢复其权利。在这些情形中起作用的各项知识产权规则之间，还存在着一种复杂的互动关系，这种情况与不动产的语境相符，因为在后者的情形中，诸如（转下页）

这个例子是向人们建议，在适用反浪费附加条件时应当倍加小心。[①] 除非可以非常肯定地说，这些尚未被开发的变体确实将永远不会被投入使用，否则，我们在宣布其构成糟蹋从而宣告专利财产权的某一部分无效时，应当有所克制。洛克所担忧的是卑鄙的浪费（abject waste）。除非我们相当肯定某一个变体将永远不会投入使用——亦即，实际上不可能行使在该化身上的选择权，否则，我们不应当推定它构成洛克意义上的浪费。

（三）仁爱附加条件

知识产权学者并没有太多地谈及在洛克《政府论（下篇）》中的仁爱附加条件。有关洛克与知识产权的著述，往往在财产拨归方面，以及在其他诸如反糟蹋和充足性附件条件上进行深入讨论。考虑到仁爱附加条件绝对地就是洛克思想的核心，那么，对仁爱条件竟然缺乏细致的讨论，真是有点令人奇怪了。无论是出于何种原因，这都是在有关知识产权—洛克的学术研究中的一大缺失。以下

（接上页）反向占有（adverse possession）之类的规则就会发挥作用，导致那些过于宽泛和未被使用的财产权中断。参见迈克尔·卡里尔（Michael Carrier），"通过一种财产范式来束缚知识财产"（Cabining Intellectual Property Through a Property Paradigm），《杜克法律杂志》（*Duke L. J.*），第 54 卷（2004 年），第 1 页。

① 我因此暗示性地反对那种认为反浪费附加条件是将洛克理论适用于知识财产之关键的观点，他们认为知识产权规则系统性地促进了浪费，并因此认为洛克式的知识产权就应当受到相当的限制。对此观点的一个阐述，参见赫尔，"清除糟粕：洛克、反浪费附加条件与知识产权的道德正当性"，前揭；达姆斯泰特，"限制洛克：合理使用原则的自然法解释"，前揭。

数段文字，是对这一主题的简要阐述——老实讲，这只能算是一篇速写。对它们我还要给出一个强烈警告（caveat），即对此主题，仍有待作更长篇的探讨。

1.洛克使用"仁爱"一词是指什么意思？

要想切实把握这些问题，最好从仔细研读洛克所实际采用的文字开始。以下是其关于仁爱的主要段落，选自《政府论（上篇）》第42段：

> 作为一切人类之主和父亲的上帝，没有给予他的任何一个儿女以对世界上的特定一部分东西的这种所有权，倒是给予了他的贫困的兄弟以享受他的剩余财物的权利，以便一旦他的兄弟有急切的需要，不会遭到不正当的拒绝。所以一个人不能够基于对土地的所有权或财产权而取得对别人生命的正当权力，因为任何有财产的人如果不肯从他的丰富财物中给予他的兄弟以救济，任他饥饿而死，这将永远是一宗罪恶，正如正义给予每个人以享受他的正直勤劳的成果和他的祖先传给他的正当所有物的权利一样。仁爱（Charity）也给予每个人在没有其他办法维持生命的情况下以分取他人丰富财物中的一部分，使其免于极端贫困的权利（title）。……①

为了理解这段话，有必要对其上下文略作介绍。这段话出现在

----

① 约翰·洛克，《政府论（上篇）》，第四章，第42段，彼得·拉斯利特版，第170页。

《政府论（上篇）》的一个长节当中，洛克在其中与各种各样支持绝对君权原则的论据进行斗争——当然是进行驳斥。在该段之前的若干段落中，讨论到一个具体论据，涉及一段引自《创世记》（*book of Genesis*）的圣经文本，而专制主义者将之引用为一种权威，来支持如下观念，即现存的君主只是直接从亚当一脉传下来的最新继承人。[1] 对此论据，洛克立即予以反驳。他首先提出，该《圣经》文本实际上是说，这种所有权是给予作为整体的人类，而不是专门给亚当的。他接着说，即使专制主义者关于上帝将世界的某部分所有权赐予亚当的看法是正确的，这也只是让他拥有传统的财产权，而不是自动构成主张政治主权的基础。因此对洛克而言，所有权与政治主权是相互独立的两个概念。

现在让我们回到仁爱主题。在这里，仁爱思想具有一种双重目标。它首先打破了洛克的反对者们所依赖的、在财产所有权与绝对政治权力之间的联系。如果财产所有权总是带有一种默示的限制——即穷困者对此享有一组被隐藏和被保留的主张——那么，它当然不能充当绝对政治权力的基础。因为有仁爱附加条件，任何的财产所有权人都不具备一种完全凌驾于他人生死之上的权力，而这样的权力正是专制主义者所竭力想要维护的。[2] 此外，仁爱还在

---

[1] 《创世记》里面这样说："神就赐福给他们，又对他们说，'要生养众多，遍满地面，治理这地；也要管理海里的鱼、空中的鸟和地上的各样行动的活物。'"《圣经》（新修订标准版），创世记，第 1 节第 28 段。

[2] 在某些方面，仁爱附加条件就是其他内在的或默示性限制的一种早期原型，它们针对的就是所称的财产权的绝对权力（absolute power of property rights）。关于某些背景的介绍，参见卡罗尔·罗斯（Carol Rose），"财产对话（转下页

洛克关于前政治时期的权利体系（prepolitical scheme of rights）中发挥着关键性作用。即使在自然状态中，在市民社会建立之前，仁爱附加条件就体现了这样的基础性思想，即所有的财产——全部的自然和生命——都是由上帝为了人类的生存与发展而赐予的。对于洛克而言，将财产看作绝对权力的一种来源，这纯粹是愚蠢的；洛克所承认的唯一的绝对所有权（absolute dominion）是由仁慈的神（beneficent Deity）所拥有的，它赐予人类一个资源的宝藏，以便让我们能够繁衍发展。这是人们在阅读杰里米·沃尔德伦的《上帝、洛克与平等》（*God, Locke and Equality*）一书之后留在脑子里的核心（对我而言，则是启迪性的）观点：洛克的财产概念，根源于一种强烈的宗教敏感性。这一点在当下关于《政府论》的世俗性解读中，却常常被人遗漏了，而最恶劣的则是这样一些人，他们企图利用洛克而完全为自由主义议题（libertarian agendas）提供辩护，认为财产所有权就是社会所能授予的最高级的权利。尽管这些更为广泛的议题看起来似乎与知识产权政策问题相去甚远，但是我认为，若将其置于知识财产的语境之中，则有助于理解洛克的基本的财产观。了解洛克的自由主义财产理论源自何处，这是大有裨益的，我们因此而可以将其改编，使之更好地适用于知识产权的情形。

　　简而言之，洛克是说，处于极度穷困的人们，可以对于由合法

　　（接上页）的准则，或者布莱克斯通的担忧"（Canons of Property Talk, or Blackstone's Anxiety），《耶鲁法律杂志》（*Yale L. J.*），第 108 卷（1998 年），第 601 页、第 631 页［其将有关"财产作为独占性统治权"（property as exclusive dominion）的观念，描述为"充其量只是一幅漫画或者一个比喻"］。

所有权人拥有的财物提出某种主张。洛克认为，穷困者对于为其生存所必需的东西，享有一种权利（title），即使这些东西是归他人合法拥有的，不管该种所有权是通过有效的原始财产拨归方式，还是从原始取得人那里继受转让得来。

2.仁爱附加条件应当如何实现？

关于如何实现仁爱附加条件，洛克对此有点儿不明确。他把这项附加条件描述为在他人拥有的东西上，给予穷困者一种实际上的合法主张，但是，怎么做才可以保障这个人的该种主张，他最终并没有进行什么具体的讨论。这就好比说，既然已经确立了穷困者对于他人的东西享有一种优先权或者非占有性权利，那么，该种主张就能自然而然地随之实现。许多从事优先权、担保权益以及类似业务的律师，无疑会对这种天真的想法（naïveté）大加嘲笑。不过，它确实如此。

在现实中，想让优先权和担保权益实际运行，任何法律制度都必须为此解决许多的问题。这些问题包括：在何时，以及在什么情况下，这种权益的拥有人可以行使其权利？对于所有权人财产中的哪部分，是可以接触使用的？这是关键性问题，但令人遗憾的是，洛克对大部分问题都避而不谈。

也许这是故意而为；也可能是洛克不想说得更加具体。或许，他在阐述仁爱附加条件时所提到的"权利"（title）只是比喻之义——意在表达一种强烈而持久的主张（claim），而不是一种模糊（并因此而易于被人避开）的利益（interest）。即使这样的解释成立，它还是为社会规划者留下了一道难题。例如，法律制度究竟是要求直接采取政府行动，对资源进行再分配，以便实现仁爱的利益？抑或是将仁爱理解为一项一般性道德义务，全体财产的所有权人在道德上都要承担，但不是采取任何具体的国家强制执行机制？我们在就仁爱附加条件与知识财产的相关之处略作回顾之后，将再次回到这些重要的议题上来。

64

3. 仁爱附加条件在知识财产上的应用

仁爱附加条件在知识产权领域中找到了它被应用得最多的地方，那是在关于知识产权与人类健康问题的联结之处。当下影响最大的例子，或许就是关于艾滋病药品的专利了。尽管这涉及一系列非常复杂的问题，但我在此还是愿意花点时间，对它们略作陈述。简单来说，我的主张就是：若能够证明知识产权妨碍了人的基本生存资料，则这些权利必须让路。[①] 穷困者的地位并不是在财产权制度之外的一个条件，它从某种程度上来说，是跟这些权利相互权衡的力量。它被内嵌在这些权利本身的结构当中。

它可能什么时候在知识产权领域中发挥作用呢？那是在能够证明一项知识产权实际上阻挡了非常穷困的人们得到他们的基本生存资料的时候。例如，它在某些药品专利的相关情形中就可能适用。[②] 当食品上的专利显然会导致贫穷国家的农业状况恶化时，它也可能适用。针对这些情况，曾经提出过许多过分的主张，并且，关于某一国家的知识产权或者潜在的知识产权将会如何产生出这

---

① 对此问题，将在本书第 9 章"专利与发展中国家的药品"中详细讨论。

② 尽管在我看来，这里还必须考虑到腐败的复杂情形、药品的跨境走私以及代际公平（intergenerational equity）等问题。

些条件，有许多也只是推测。^①但就我的看法来说，只有在知识产权的实施妨碍了人们的基本生活资料或者生存的真实情形中，知识产权才是受到限制的。我在第9章关于救命药品的部分再来将详予探讨这些主题。

我前面谈到了人的基本生活资料与生存。那么，关于知识产权与文化发展这个更加广泛的主题（它本身就是一个重要的主题，像阿玛蒂亚·森（Amartya Sen）这样基础广泛的发展问题研究专家对此怀有特殊的兴趣），情况又会怎样呢？^②首先，我的理解是，文化对于人类的繁荣与发展——指在纯粹物质领域之外的增长——具有重要意义。但是，即便如此，我认为我们还是必须就知识产权对于现实的生存基本资料构成妨碍与对于其他方面的发展构成妨碍这两种情形加以区分。在非物质的或者更高层次发展的情形中，那些因为知识产权而被排除的主张，在我看来似乎还是有点儿底气不足。按照洛克的说法，根据严格解释的仁爱附加条件，这些遭到排除的人并不享有一种可望实现的主张（a viable claim）。假如我们愿意对其作某种方式的扩张——即从一个完全依据洛克的立场转换为一个洛克式或者甚至准洛克式的主张——我们也许可以得出结

---

① 参见，例如詹姆斯·索沃·盖思（James Thuo Gathii），"在美国外交政策中推动药品专利强保护的结构性力量"（The Structural Power of Strong Pharmaceutical Patent Protection in U. S. Foreign Policy），《性别、种族与正义杂志》（*J. Gender, Race & Justice*），第 7 卷（2003 年），第 267 页（其声称，由政府所发起的鼓励捐赠专利药品的项目，只是掩盖了这样的事实，即强硬的亲专利政策导致许多确有需要的人难以获得这些药品）。

② 参见阿玛蒂亚·森（Amartya Sen），《以自由看待发展》（*Development as Freedom*），牛津：牛津大学出版社，1999 年。

论，认为这些处于文化贫困中的人也可以对于富人财产的某些部分提出某种主张，以此来促进在文化上也就是非物质方面的人类发展。但是，这个主张不够坚实。在评估这样一种主张时，那些在讨论严格以生存为依据所提出的更加坚实的主张时被认为无关的因素，现在我们也可以加以考虑了：例如，能否进行跨境贸易，或者，文化产品的广泛复制会给下游产业带来哪些影响。[①] 这听起来似乎有点让人模糊，那就让我说得更具体一点：我认为，国际知识产权法可以允许复制对于极度贫困国家的文化发展必需的教科书（例如，历史书、活页乐谱、小说，或者关于如何组织业余戏剧创作的书籍）。但是，在其他方面提出的主张——例如，出版商主张将这些图书的复制件从贫困地区出口到其他国家，然后就在那里跟正版授权图书的销售发生竞争——是否属于这种情形，就应当相比于有关维持生命的产品的情形而予以更多的慎重考虑。

　　我要澄清的是：出版商与作者的权利主张并不是手上的王牌。它们当然是分量很重的考虑因素。但我认识到，某一些对其图书善加利用的人有时可能在这种权衡中落于下风，我对此也表示遗憾。不过，假如允许他们的主张处于绝对至高无上的地位，在任何情况下都高于这些图书作者的地位，那么，就会在根本上破坏这些作者拥有权利的意义。文化发展（尤其教育）是重要的；否则的话，贫困者的需求在权衡计算时就不起作用了。但是，在人的基本生存资

---

① 这方面的例子好坏都有，分别包括从一个不存在知识产权强制执法或者执法较弱的国家进行套利（arbitrage），以及激励生产出那些有助于文化发展的产品。

料范围之外，文化发展本身的重要性并没有那么高，以至于凭它就可以自动胜过作者的权利。简单地说，人的基本生存资料是无论如何不能被其他考虑因素所平衡的，但是，文化发展则有可能。①

让我对此再简单地多说两句。发达国家应当尽可能地为作者与出版商提供便利，以让后者将那些有助于文化发展的图书和其他资料捐献出来。这不只是在道德上的正确之举；它也成了平常之事（有许多的财产所有权人确实把他们的作品捐献出来，并且拒绝在贫穷国家强制执行他们的知识产权）；并且最终，它取得了很好

---

① 我完全意识到在以下两者之间缺乏对称，一边是这种关于文化发展的主张，另一边是我在此前提出的倡导，对于洛克的人类生存繁荣观念应当作一种宽泛的解读。我在本章的前面部分力推这个观点，即人类的繁荣或发展包括了一种为专业创造者带来经济富裕的关切。当讨论到有关劳动在财产拨归中的目的性作用时，我很愿意从苹果和橡子的采集而推断出要在高度发展的经济体中提高收入水平。但是，当涉及仁爱附加条件时，我却是反对作同样推断的。在这里，我主张对于仁爱附加条件的理解要有所节制，只限定于直接的人身生存或者实际贫困的情形。之所以如此区别对待，原因就在于，我视知识财产为一种权利，因而它是一组强有力的主张（a strong set of claims），而仁爱作为对该权利的一个真实的限制，所代表的是一项从属性主张（a subservient claim），它是从一项更大的、主导性主张中切除出来的。我承认，会有许多人不同意我的观点，他们主张，正是这种观点，使得"自由派"政治理论掩盖了巨大的、严重的不公正与非正义。我尽管对此抱以同情，但最终还是必须指出，对于政治制度而言，这只是意味着它要有利于个人的财产拨归，对于财产而言，它意味着要成为一项真正的权利。我还想补充的是，历史上有各种各样的试验，它们寻求推进并且试图证明，在政治生活中，仁爱原则是一项同等重要的或者主导性原则，但是，这些试验都趋于陷入一片混乱，最好也只是令社会停滞不前，而最坏的结果则是走向集中营。从这个角度来看，财产权看起来并不太坏。

的商业意义。[1]禁止实施将作品复制件从贫穷国家输入发达国家的套利行为（arbitrage），这可能是促进知识财产的所有权人进一步提升贫穷国家文化发展的唯一的、最重要的政策。由于有合理的边境保护措施在起作用，知识财产的所有权人就可以一方面授权或者至少默认贫穷国家存在这样的大规模复制，以促进在该地区的文化发展，另一方面在可行的情况下，还能够维持合理的经济收入。知识财产的所有权人既然拥有权利，当然也可以将之放弃。事实上，这应当成为所有发达国家政府的目标：知识财产的权利人默认贫穷国家广泛地借用那些可以鼓励其文化发展的产品，从而让世界成为一片安宁之地。如果说我针对发达国家的知识产权人的观点是过于乐观了，那么，在边境受到合理保护的情况下，让贫穷国家享有一种更强有力的权利去复制作品，而不那么取决于权利人广泛的自愿弃权，则还是说得通的。

知识财产与发展议题的相互关联还体现在另一种与洛克的仁爱附加条件相关的方式上。通过当下许多有意思的方式，可以让发展中国家直接从其国内的知识产权中受益。这里的问题，并不是通过侵害在其他地方受知识产权保护的产品来实现发展中国家的利益。毋宁说，问题是在于如何让发展中国家自身产品上的知识产权来帮助其经济发展和促进文化自治。例如，埃塞俄比亚的咖啡种植者，为表明其是"正宗的"按传统方式种植的咖啡豆从而主张商标保护［这与知识产权法中的"原产地标记"（appellations of origin）

---

[1] 这是假设套利可以被维持在合理的程度。没有人喜欢被人当傻瓜耍弄——让他们的作品在一个贫穷国家被大规模地复制，而这批复制件作为盗版制品又会出现在另一个国家，在那里，大多数人其实完全有能力按市场价格来付费。

相关，但两者在某种程度上又有所区别］。这些埃塞俄比亚咖啡种植者就是一个鲜活的例子，可以用来说明这一重要的理论观点。在后 TRIPS（《与贸易有关的知识产权协定》）时代的早期文献中，下面这种表述曾经流行一时：知识产权是与发达国家相联的；反对知识产权就因此而与发展中国家的利益联系在一起。埃塞俄比亚咖啡的例子并非孤例。依据当地植物品种而制作的产品，利用土著音乐或者受土著影响的音乐所灌制的录音，以及各种各样根据传统神话、民间故事和手工技艺创作完成的作品，这些都是信手拈来的例子。这些例子为前面那种表述注入了一股翻转的力量：现在，知识产权为发展中国家利益所带来的，也可能是某种帮助，而并不只是伤害。①

①　开发涵盖在这些产品上的知识产权，从而为发展中国家带来收益，这可能有助于支持这样的观点，即知识产权应当被认为是一种真正的权利。而有关人权的文献已经在力图证明，把贫穷者的利益上升至权利的地位将会意味着什么。因此，如果知识产权要跟发展中国家发生联系，那么，更自然地是将知识产权看作真正的权利，这可能就说得通了。参见，例如劳伦斯·赫尔弗（Lawrence Helfer），"人权与知识产权：冲突还是共存"（Human Rights and Intellectual Property: Conflict or Coexistence?），普林斯顿法律与公共事务工作论文（Princeton Law and Public Affairs Working Paper）第 04—003 号（2007 年 5 月 25 日），可见于：http://papers. ssrn. com/sol3/papers. cfm?abstract_id=459120；苏珊·科比特（Susan Corbett），"从一个人权的视角看数据库争论"（A Human Rights Perspective on the Database Debate），《欧洲知识产权评论》（*Euro. Intell. Prop. Rev.*），第 28 卷（2006 年），第 83 页。另参见劳伦斯·赫尔弗（Laurence Helfer）与格雷姆·奥斯汀（Graeme W. Austin），《人权与知识产权：分析与资源》（*Human Rights and Intellectual Property: Analysis and Sources*），剑桥：剑桥大学出版社，2011 年。

从洛克理论的视角来看，这里的重点在于：如果可以通过更加有效地使用知识财产的方式来帮助穷困者实现自我满足（self-sufficiency），那么，愈少侵入他人的知识产权，就可能是愈加妥当的。通过提高最贫穷者的自治与可持续性，就可以减少他们针对他人所拥有的珍贵的知识产权而提出主张。

（四）关于附加条件的结论

综上所述，我回顾了其他研究洛克的学者针对这一问题的理解而做出的工作，即应当如何将洛克的附加条件应用于知识产权法。对于温迪·戈登将充足性附加条件适用于知识财产的原创性阐述，我深表赞同，但是，对于戈登之后的学者们所发表的扩张性言论，我则大为反对。同样地，我对于赫尔所主张的关于反糟蹋附加条件在知识产权法诸项原则上的重要意义怀有深深的敬意，但也强力反对他在将该原则适用于实际知识产权问题时的处理方法。因此，对我来说，这是问题的所在：对于知识产权，这些附加条件是活的。但是它们引导的，却是一种最为隐秘的存在。它们就像一颗罕见的彗星，偶尔也会被人看到，但它们并不是法律星座中一个稳定而持续的特征。

四、本章小结：洛克与知识产权

无论一项在实践中应用的仁爱附加条件的精确范围是什么，有一件事情是明确的。洛克将仁爱理解为对于财产权的一种固有的限制，这就为当下在知识产权领域所发生的政策性辩论，做了非常好的规划。正如我在前面所提到的，洛克关于初始财产拨归的描述，也同样如此。他提出了一个由"已发现的"（found）但尚未归人所有的东西所组成的世界，他把人们所付出的努力置于核心，而最重要的是，他对人类繁衍发展给予一种高于一切的关注——如果把所有这些仔细加以调整，就可以适用于一种涉及知识财产方面的理论阐述之中。

因为有了洛克，我们就能够在理解知识产权的过程中形成一个良好的开端。但毕竟知识产权在结构上非常复杂，并且影响至巨，因此，还需要额外作一番补充性阐述。对此想要理解这样做的必要性，我们还得追溯到洛克理论的细节当中，从一个较远的距离来加以观察。

按照其基本概述，洛克的财产拨归是指将处于自然环境中被人发现的东西采摘出来，并把它们放入一个更加个人化的区域，从而可以为个人所用。从某种广泛的意义上讲，财产拨归是一个由外而内的运动，即由外部世界进入内部或者个人的空间。通过在被发现的东西上添加劳动，由此导致的结合就把所发现的东西从四散各处的、非个人化的世界，带入个人的、有用的财产世界。让这些东西成为我们自己的东西，这就意味着把它们从公有世界中拿出来。

在下一章，我们将会看到财产拨归的另一种景象，把这个画面又进行了翻转。根据下面这种替代性观点，财产更多地是一个由内而外的运动。财产是一种制度，它帮助将个人的内部品质和特征，转化到事物之中，从而让这些事物在世上发挥作用。这个具有个性特征的运动，是从内部向外部的，亦即从个人到公共的过程。按照这种观点，财产所有权就使得单独的个人可以将其才能、观点和独特的人格投射到一般性社会之中。它允许个人将自己的印记，打到可以在世上自由流通的东西上面，有时还能为创造者从交易当中带来收入。在这种语境下的财产，它在很大程度上所贡献的是一种个人的自主意识或者自治：纯粹内部的特征被投射到更广泛的外部世界中。通过与外部世界的事物发生互动，人格得到了提升，而从创造性成果中获得收入，又为其带来更大的创作自由。因为许许多多的创造性成果都含有一种个人的维度，所以我们将会看到，这种外部导向性自我赋权（extrcnally-directed self-empowerment）的财产观念——亦即这种康德理论——为我们理解知识产权，再添一个迷人的领域。

68

第3章 康德

一、导言

我们接下来转向伊曼努尔·康德的财产理论。尽管康德在知识论、伦理学和其他许多内容广泛的主题上都作出了根本性贡献，但是，他却常常被排除在著名财产哲学家的名单之外。不过，我希望证明，康德的财产思想对于知识产权领域而言，就如同洛克思想那样，既令人振奋又具有建设性。[①] 我所强调的康德的这些概

---

① 康德对于财产理论的贡献，只是最近以来才在法律学者当中获得了承认。但是，他在其他领域的成就当然是无可匹敌的。在康德的著述生涯中，他的最大的理论支柱就是著名的三大批判：《纯粹理性批判》(*The Critique of Pure Reason*，1781年)、《实践理性批判》(*The Critique of Practical Reason*，1788)、《判断力批判》(*The Critique of Judgment*，1790)。它们再加上《道德形而上学的奠基》(*Groundwork of the Metaphysics of Morals*，1785)，被认为是康德体系浩瀚的全部作品中最为重要的著作。康德关于财产的论述包含在《权利的科学》(*The Doctrine of Right*，简称"DOR")或者德语版的"Rechtslehre"之中，重印于《剑桥版伊曼努尔·康德作品集：实践哲学》(*The Cambridge Edition of the Works of Immanuel Kant: Practical Philosophy*)，玛丽·J. 格雷戈尔(Mary J. Gregor)翻译并编辑，纽约：剑桥大学出版社，1996年(以下简称"格雷戈尔版")。"DOR"最初是以《权利的科学》(*Anfangsgrunde der Rechtslehre*)出版(普鲁士科学院[Preussische Akademie der Wissenschaften]，第2版，1798年)。该书完成于康德写作生涯的最后时光。它构成了一部完成于1797年的名为《道德形而上学》(*The Metaphysics of Morals*)的更宏大著作的（转下页）

念——个人意志、财产拨归（或者"占有"）与个人自由（或者自治）——有助于我们提高对于一般财产之作用的理解。而它们对于我们当下理解知识财产的使命而言，则尤其受到欢迎，因为在知识财产领域，人们与其主张的东西之间的关系，远比洛克笔下的活命主义幸存者（survivalists）跟他们所采集食物之间的关系要复杂得多。正如我们所将看到的，康德对于财产采取了高度抽象的方法，这就为理解知识财产这种最具观念性（most conceptual）的财产权，提供了一个绝佳的起点。[①]

（接上页）第一编。而第二编则被称为《伦理的科学》（*Doctrine of Virtue*，或德语版的"Tuglundehre"）。由于这些著作存在着众多不同的翻译和版本，而且各有不同的页码标注方式，因此，本书对这些作品的所有参考资料，都将引用普鲁士科学院版以及格雷戈尔译本所标注的页码。《权利的科学》也曾被称作《正义的形而上学因素》（*The Metaphysical Elements of Justice*），约翰·拉德（John Ladd）译，重印于1999年，印第安纳波利斯：哈克特出版社（Hackett Pub.），1999年。这个译本看上去有点怪僻，但其中尚有若干可取之处；我偶尔也会引用这个译本，并将其称为"《权利的科学》（MEJ版）"或"拉德版"。

[①]　关于康德的观念性方法（conceptual approach）的背景，参见布莱恩·蒂尔尼（Brian Tierney），"宽容的自然法与财产：从格拉提安到康德"（Permissive Natural Law and Property: Gratian to Kant），《历史观念杂志》（*J. Hist. Ideas*），第62卷（2001年），第301页（其在对"宽容的"自然法传统作总体性阐述的背景之下，一般性地描述了康德对于财产与法律的观念性方法，以区别于历史—实证方法［historical-empirical approach］）。关于这种自然法传统在中世纪的捍卫者的更多背景，参见 A. 布伦戴奇（A. Brundage），《法律职业的中世纪起源：教会法学者、民法学者与法院》（*The Medieval Origins of the Legal Profession: Canonists, Civilians, and Courts*），芝加哥：芝加哥大学出版社，2008年，第560页及以下。

（一）前奏：从洛克到休谟、功能性财产论

在第 2 章中，我们将洛克的财产理论应用于知识产权，并对此进行了一番长篇论证。在那个年代，洛克的理论阐述广泛受人尊重，部分原因就在于它的基础植根于自然法传统之中。但是，这些基础在 18 世纪受到了挑战。此时，出现了一种对于人类制度的新的理解，这种理解强调的是可观察的事实与正常的人类行为模式。在某种程度上，康德对财产的研究方法，就是既想结合这种新的实证方法而又要将其推倒。因此，为了研究康德的思想，我们需要先来简要回顾一下在财产权理论上的这个实证主义转向。

在持怀疑态度的实证主义者当中，苏格兰哲学家大卫·休谟（David Hume）是领袖之一。休谟强调可观察的事实，并且从这个实证性基础出发，构建了他的哲学体系。正如休谟所述，财产是人类试图避免在稀缺资源上发生冲突而采取诸如互利之类的行为模式，从而形成的一个外部产物。[①] 休谟在关于财产起源的论述中，一开头就将人类描述为这样一种生物，它们的欲望与需求远远超过其直接的个人能力所能供给的范围。人"只能依赖社会"，他说，"才能弥补他的缺陷"，并且能够把自己从原始的极度渴望的状态中摆脱出来，养育长大，达到与其他动物那样的水平。[②] 建立社会性

---

① 虽然休谟论述财产的方法，在某些方面确实受到洛克的影响（休谟在自己的作品中就曾大量引用洛克的《政府论（上、下篇）》），但是，这还是跟休谟关于知识、伦理与社会的综合性理论紧密相关的，因而它所强调的重点与洛克的重点之间存在实质性区别。

② 大卫·休谟，《人性论》（*A Treatise of Human Nature*），根据 1739 年三卷本初版编辑并重印，其后附有一份由刘易斯·阿默斯特·塞尔比-比奇（转下页）

69

规范，其根底在于人性，但是，它们本身却是从人类的相互利用或者彼此接受当中产生出来的"计谋"（artifice）或者"习惯"（conventions），而不是一种形式上的承诺或者社会契约。[1]在财产背后起作用的力量，是必需防止在相互所欲的对象上因为激情冲突所导致的伤害——亦即，是为了保持和平。休谟说，在人类社会中，对他人主张的相互容忍，这种常规模式是随时间而发展起来的。从这个不断重复的模式中，就产生出一种社会规范，并因此而建立起市民社会、财产制度。因而，财产之所以可欲，之所以是好的，并非出于什么内在的原因（intrinsic reason），而是由于它能够很好地服务于促进社会和谐的目的。它的精神是功利主义的、有效率的和实用的——简而言之，是功能性的。[2]

　　休谟思想在后来与其他理论家的思想，比如著名的杰里米·边沁（Jeremy Bentham）的思想相互结合了。[3]慢慢地，这种建立在习

（接上页）（L. A. Selby-Bige, M. A.）所作的分析性索引，牛津：克拉伦登出版社，1896 年，第三卷，第 3 章，第 2 节，第 3、9 段，可见于：http://oll. libertyfund. org/title/342/55219，2010 年 11 月 16 日访问。

[1]　"两人在船上划桨，是依据一种合同或协议而行事的，虽然他们彼此从未互相作出任何承诺。"休谟，《人性论》，第三卷，第 2 章，第 2 节，第 10 段。

[2]　参见塞缪尔·弗莱施哈克尔（Sameul Fleischacker），《论亚当·斯密的〈国富论〉》（*On Adam Smith's Wealth of Nations*），新泽西州普林斯顿：普林斯顿大学出版社，2004 年，第 179 页（其描述了休谟的财产论，后者实系受益于亚当·斯密）。

[3]　关于边沁的财产观，参见杰里米·边沁，《民事与刑事立法论》（*Traités de legislation civile et pénale*），三卷本法文版，艾蒂安·迪蒙（Etienne Dumont）译，巴黎：布桑热·马松·贝松（Boussange, Masson & Besson）出版社，1802 年；该书第一次以英文出版时，取名为《立法原理》（*Theory of Legislation*），（转下页）

惯——或者规则——基础上的观点就渗透到财产理论之中，而后者自罗马时代以来，大部分内容都已经围绕着固定的观念性范畴和传统的分类争议而组织为一体了。[①] 随着人们称之为法律现实主义（legal realism）的学术运动，休谟、边沁和其他"功能主义"（functionalist）的继承人都在20世纪早期获得了长足的发展。[②] 法律现实

（接上页）一卷本，理查德·希尔德雷斯（Richard Hildreth）译，伦敦：卡根·保罗、特伦奇与特吕布纳（Kegan Paul, Trench, Trubner）出版社，1864年。边沁同意休谟所提出的，财产并不是源于一组自然的、上帝赐予的权利，而是来自于一个为了满足人的需要而建立起来的、纯粹人为的制度。但是，休谟认为习惯在其中起着更大的作用，而边沁则将财产基本上看作是由合法建立的国家所规定的东西。他们两位都为现代的、实在法上的财产概念作出了贡献。

① 一般性参见，亨利·史密斯（Henry E. Smith），"社群与财产习俗"（Community and Custom in Property），《法律理论研究》（*Theoretical Inquiries L.*），第10卷（2009年），第5页；迈克尔·A.赫勒（Michael A. Heller），"私人财产的边界"（The Boundaries of Private Property），《耶鲁法律杂志》（*Yale L. J.*），第108卷（1999年），第1163页始，第1193页［"虽然现代关于一束法律关系（bundle-of-legal-relations）的比喻很好地反映出，复杂的关系碎片（complex relational fragmentation）是有可能的，但是，它对于私人财产的'物性'（thingness）只是赋予了一种微弱的含义"］。把以法律现实主义为基础的财产观放到知识产权的语境中，这一做法遭到了法律学者亚当·莫索夫（Adam Mossoff）的批评，他还提出，早期的法律现实主义者在说明他们的财产观时，不恰当地借用了知识产权法中的例子。参见亚当·莫索夫，"行政国家诞生时知识产权的使用与滥用"（The Use and Abuse of IP at the Birth of the Administrative State），《宾夕法尼亚大学法律评论》（*U. Pa. L. Rev.*），第157卷（2009年），第2001页、第2010—2011页。

② 这个论述追溯了从洛克、休谟再到边沁以及其他人的财产概念的发展，参见内斯特·戴维森（Nestor M. Davidson），"财产法的标准化与多元主义"（Standardization and Pluralism in Property Law），《范德堡法律评论》（*Vand. L. Rev.*），第61卷（2008页），第1597页始，第1645—1646页。

主义者把两大线索连接到一起：一条线索是对行动中的规范或者习惯的实证兴趣，另一条是以推翻财产法的形式主义和保守主义规则结构为核心的政治议程。[①] 与广为传诵的现实主义运动相伴而来的是，律师和法律学者变得习惯于将财产看作一种社会习惯（social convention），其目的是为了促进重要的目标，诸如稳定、效率和自决。现代的法学理论家把财产概念以多种方式进行分拆与组装，通常只是为了更好地理解它作为一项制度、一组用以指导对财物的控制以及调整因其使用所产生之争议的规则和程序，是如何运作的。我们把财产看作一组与物相关的规则，其目标主要是调整在这些物的使用上发生争议的人们之间的事务。[②] 从本质上讲，这就是人与

70

---

① 一般性参见，约翰·亨利·施莱格尔（John Henry Schlegel），《美国法律现实主义与实证性社会科学》（*American Legal Realism and Empirical Social Science*），教堂山：北卡罗来纳大学出版社，1995 年；劳拉·卡尔曼（Laura Kalman），《法律现实主义在耶鲁：1927—1960 年》（*Legal Realism in Yale, 1927—1960*），教堂山：北卡罗来纳大学出版社，1986 年。

② 参见托马斯·W. 梅里尔（Thomas W. Merrill）与亨利·M. 史密斯（Henry M. Smith），"财产在法和经济学中怎么了？"（What Happened to Property in Law and Economics?），《耶鲁法律杂志》（*Yale L. J.*），第 111 卷（2001 年），第 357 页。一般性参见约·P. 德怀尔（John P. Dwyer）与彼得·S. 梅内尔（Peter S. Menell），《财产法律与政策：一个比较性制度的视角》（*Property Law and Policy: A Comparative Institutional Perspective*），明尼苏达州伊根市：基础出版社（Foundation Press），1997 年。我在这里应当指出的是，我所谈论的是美国的制度。而在世界其他地方，物的概念则存在相当大的差别。尤其在欧洲，那里还保留着一种在私法（包括财产）理论上的更为强烈的康德传统，而这对于知识财产来讲，也与其他法律领域是一样的。参见，例如詹姆斯·戈德利（James Gordley），《私法的基础：财产、侵权、合同与不当得利》（*Foundations of Private Law: Property, Tort, Contract, Unjust Enrichment*），牛津：（转下页）

人之间的关系：财产规则调整的就是个人或者团体之间就竞争性或者冲突性经济利益而发生的关系。财物本身是财产所围绕的焦点；但财产的真实目的，却是调整彼此竞争的人们之间的相互行为。

（二）休谟与康德之争：关于人、物和冲突

这种功能性方法形成了有关财产的最现代的理论化核心。但是，康德的方法则大为不同。与休谟相似，康德在其评论的开头也提出，人们想要或者需要利用他们在世上所发现的资源或者对象。[①] 但是，康德立即将有关这些欲望与需求的讨论进行转向，不

（接上页）牛津大学出版社，2006 年，第 15 页。关于康德在这方面的主题，特别是关于知识产权的"人格理论"（personality theory），在欧洲仍属常见，其中一个经典论述可见于奥托·弗里德里希·冯·吉尔克（Otto Friederich von Gierke），《德国私法》（*Deutsches Privatrecht*），K. 宾丁（K. Binding）编，二卷本，《德国法律科学系统手册》（*Systematisches Handbuch der deutschen Rechtswissenschaft*），德国莱比锡（Leipzig）：邓克尔·洪布洛特（Duncker & Humblot）出版社，1895—1905 年。另参见尼尔·内坦内尔（Neil Netanel），"著作权可转让性的限制与作者自治的提高：一个规范性评价"（Copyright Alienability Restrictions and the Enhancement of Author Autonomy: A Normative Evaluation），《罗格斯法律杂志》（*Rutgers L. J.*），第 24 卷（1993 年），第 347 页始，第 378 页（讨论了康德对于欧洲大陆著作权法的影响）；金·特雷戈尔-巴拉-阿姆（Kim Treiger-Bar-Am），"康德论著作权：转换性作者身份的权利"（Kant on Copyright: Rights of Transformative Authorship），《卡多佐法律评论》（*Cardozo L. Rev.*），第 25 卷（2008 年），第 1059 页（其引用康德，以支持在有关著作权政策上提出非传统性主张）。

① 伊曼努尔·康德，《实践理性批判》，玛丽·格雷戈尔编，剑桥：剑桥大学出版社，1997 年，第 12 页（普鲁士科学院版，第 15 页）："理性关注的是意志的规定根据，意志是一种要么产生出与表象相符合的对象、（转下页）

是把它们作为一种在（原初［proto］）社会跟他人发生冲突的可能来源，而是严格说来，是作为一种对个人具有重要意义的事情。为了全面使用这些物，为了将他们的意志强加于物之上并借此而完成他们所需实施的某种计划，人们必须能够自由地以各种方式来使用所有这些对象。在这当中隐含的意思是，人们通常在相当长的时期，将对象置于其权威或者控制之下。为了自由，人们必须能够为其自身设定各种目标或者目的。而为了追求他们为自身所设定的目的，人们就需要在对象上享有稳定的、可持续的权利主张。[①]在康德看来，人们意欲实现个人在特定对象上的计划，从中就诞生了合法占有（legal possession）的观念。随之而来的，首先就是财产制度，然后是市民社会。

（接上页）要么规定自己本身去造成对象（无论自然能力是否充足），亦即规定自己的因果性的能力。因为在这里，理性至少能够达到对意志的规定，并且就事情仅仅取决于意愿而言，总是具有客观的实在性"。请注意，当康德在这段话当中写出"对象"（objects）这个词时，他是在谈论所有的目的或者目标，而不只是有体物。参见安德鲁斯·里希（Anderews Reath），"康德导论"（Introduction to Kant），玛丽·格雷戈尔编，《实践理性批判》，前揭，第 xvi 页。

① 参见阿瑟·里普斯坦（Arthur Ripstein），《强制与自由：康德的法律与政治哲学》（*Force and Freedom: Kant's Legal and Political Philosophy*），麻省剑桥：哈佛大学出版社，2009 年，第 67 页："对康德而言，在一件身外之物——除了你自身以外的东西——上面的财产，只是任由你处分该物的权利，以便确定与追求你自己的目的。对物享有安全的所有权，是使用某一对象以确定与追求目的的这种能力的前提条件。……如果你可以自由利用某物，追求你所设定的目的，而你这样做并不需要征得任何其他人的同意，那么，你就享有了使用该物的权利。"

　　无论对于休谟还是康德，在关于财产起源的开头场景中，都至少要有两个主角，再加上一项每个人都想要控制的计划。对休谟来说，这一幕布戏剧场景对于台上的两位主角，都是开放的。这位或者另一位可能对某个东西实施了某种控制，或者两位主角都心存贪念地盯着它；至于谁在这一幕开始的时候就拥有该对象，就真的没有什么关系，只要他们不要将彼此杀害。这一场景中的紧张气氛，则来自于两位潜在占有人之间的冲突。而它的解决——即财产的诞生——则直接来自于调整两人之间潜在冲突的需求。两位主角需要借助某种习惯（convention），来规范由何人在何种情况下可以获得该对象。当主角们承认了这一点的时候，故事就到此结局。一种习惯出现了；冲突避免了；和平主宰了世界。霍布斯（Hobbes）此时端坐于剧院前排，微笑颔首。场景渐隐，灯光变暗。

　　这一场景的康德版本，也在朝着相同的解决方案推进，但是，它在感觉上却截然不同。康德在这一幕的开始部分，只出现独自一人，台上也只放着孤零零的一样东西。最初戏中的大部分是内心独白式的，就像这位主角纠结于如何定位与表达他对该对象的欲望。究竟是从它的旁边走过，视而不见；还是把它捡起来，手持此物，对它作些加工，让它改头换面——主角为他对这个选择的轻重权衡而内心挣扎不已：对于康德而言，这些全都是关于自由与选择的问题。如果他选择的是拿走这样东西，那么，这位主角立刻对它打上了附属和关联的标记，就如同正是这个选择行为，为该对象注入了意义。

　　只有在这个孤独的人解决了上述问题之后，才会有其他的人登场。从这一刻起，第二场戏才开演，而这场戏则集中于这个问题：一个人如何才能阻止他人拿走该对象，从而干涉他为这个对象（并因此而为自己）所设定的计划？只有在此刻的舞台上，冲突性需求（competing demands）的问题才进入戏剧场景。也只有在这个时候，像财产之类的持久性权利主张（durable claim）才成为必需。

　　关于休谟与康德之间的差别，可以因此而简述如下：对于休谟而言，社会形成在先，而后才有个人的财产权。而在康德看来，这个过程恰好相反：个人控制某一对象的需求才导致了财产的概念，社会则是作为将这个概念转换为实际运作的一种方式而随之产生的。对于休谟来说，如果没有社会，财产是无法想象的。而对于康德，个人自由意志的行为导致了将某一对象拨归为财产的欲望，而这反过来就产生了对于社会制度的需求。①

　　在本章，我把在当下英美法财产理论中奉为标准的休谟式脚本（Humean script）暂搁一边，转而探讨替代它的康德方法。尽管康德的叙述有点儿绕圈，但我发现，这一趟探索之旅还是很值得一走。它所回报的好处是：我们把注意力重新拉回到个人的身上，正是个人所付出的努力与创见，才造就了处于知识产权制度核心的创造性成果。康德竭力主张的个人尊严与价值，为今天的知识产权领域传递了一条非常及时的信息，它针对当前在知识产权理论

---

① 诚如哲学家艾伦·伍德（Allen Wood）所言，"但是，康德的道德——尽管其义务的内容可能是具有社会导向性的——绝不是关于个人行为的社会规制。它完全是由受启蒙的个人（enlightened individuals）自主地指引他们自己的生活"。艾伦·伍德，"康德实践哲学的最终形式"（The Final Form of Kant's Practical Philosophy），《康德的道德形而上学：解释性论文集》（Kant's Metaphysics of Morals: Interpretive Essays），牛津：牛津大学出版社，2002 年。

中强调有关冲突、效率与效用的洛克式主题，作出了一个最重要的矫正。毫无疑问，这些主题不可或缺，自当有其重要的位置。但是，康德帮助我们明白，它们之所以处在目前的位置，是为了服务于某种比它们更重大的东西，那就是具有创造力的个人（creative individual）。这个根据意志而行动的人，才处于康德财产概念的中心。对我来说，作为个人的创造者，正是知识产权法背后真正的推动力（genuine impetus）。

二、从占有到自治

康德认为，财产作为一项法律权利（legal right），其本质在于：他人有义务尊重在对象（objects）上的权利主张，而这些对象受到个人意志行使的束缚。财产是对个人所负有之义务的一个统一体（amalgamation）。从最严格的意义上讲，它是一项个人权利（individual right）。康德的财产理论跟当代财产理论的大部分形成了鲜明的对比，同时，它对于当下知识产权法的历史发展，又非常具有启发性。

康德相信，任何对象，如果在其上被投射了某人的意志，就可以归该个人所有。康德似乎将所有权看作一个原始概念，其根源在于人类意识深处的活动。这从他所使用的话语当中，明显可见。他说，财产的起源就在于一种强烈而持久的关于"我的和你的"（Mine and Yours）感觉中。"这个根据权利是我的"（rightfully mine），他写道，"由于它和我的关系如此密切，任何他人如果未曾得到我的同意而使用它，就会因此而损害我。"[1]

但是，这句话的重点在哪里？为什么人们想要与物联系在一起？从根本而言，康德说这是为了扩展他们自由——即他们自治——的范围。[2]人们有一种想要在世界上实施他们计划的欲望。有时，这些计划就需要接触并控制外在的对象（external objects）。一个人具有在世界上实施其个人计划的欲望，为此必须要有各种各样的对象，而财产也就这样发生了。对康德而言，这种欲望必须被赋予最广阔的范围，以促进最大范围的人类选择以及因此而来的人类的计划。相应地，康德拒绝接受任何使得某些对象严格来讲不可归人所有的那些具有约束力的法律规则，因为这样一项规则的根据，就将与最大行动自由（maximal freedom of action）的这一基本需求发生冲突。财产拨归的自由是如此基本，跟个人意志和个人选择问题如此地密切相关，以至于康德认为，若将大量的物品范畴排除在可以归人所有的范围之外，那是不可想象的。正如康德研究者保罗·盖耶（Paul Guyer）所言，对于康德来说，"道德的基本原则就命令保护外部的使用自由或者行动自由，该等自由作为选择自由的一种必要表达，并因此而成为整体自治的一部分。……"[3]简而言

---

[1] 康德，DOR 6:245，格雷戈尔译本，第401页（着重号是原文的）。

[2] 一般性参见保罗·盖耶，"理性的价值与自由的价值"（The Value of Reason and the Value of Freedom），《伦理学》（Ethics），第109卷（1998年），第22页（阐述了由康德有关自由的论述所引发的关于理性与意志的复杂问题）。

[3] 保罗·盖耶，"自由主义的康德基础"（Kantian Foundations for Liberalism），《康德论自由、法律与幸福》（Kant on Freedom, Law, and Happiness），纽约：剑桥大学出版社，2000年。

之就是：行动自由，包括占有的权利，是选择自由或者自治的一种
必要表达。①

　　自治与占有都是宏大概念。下面举一个简单的例子，或可有助
于对它们的解释。我们设想雕塑大师米开朗琪罗（Michelangelo）正
面对着一块大理石。他可能有一个计划，脑子里有一幅图画，表明
他想要怎么做，也就是想要在这块岩石上施加什么样的设计。这需
要花很长一段时间，才能将设计付诸完成，把他所带有的这个想法
完全地印刻到他必须操作的这块实际的石头上。为了完全实现他的
想法，在这块大理石上完成他的计划，他必须知道，他可以依靠的
是这两件事情：持续地拥有它，并且不受他人的干涉。如果要实施
他的计划，免于在使用时受到多余的干扰或者他人未经其授权而参
与其中，那么，他占有这块大理石的权利就必须得到保障。占有，
从完全康德式意义上讲，就是允许米开朗琪罗在如何雕刻这块大理
石上拥有全面的自由。确保占有，也就排除了闯入者（interlopers）
在雕塑上参与其中并且做出修改或者添加。简而言之，按照康德所
理解的所有权，这就意味着是米开朗琪罗也只有米开朗琪罗才能对
于如何处理这块大理石，拥有完全的自由。稳定的财产，就因此而
为个人自由作出了贡献。

①　关于所有权与占有之间有时存在的复杂关系，参见乔舒亚·C. 泰特（Joshua C.
　　Tate），"早期普通法中的所有权与占有"（Ownership and Possession in the Early
　　Common Law），《美国法制史杂志》（*Am. J. Leg. Hist.*），第 48 卷（2006 年），第
　　280 页。另参见理查德·A. 爱泼斯坦（Richard A. Epstein），"占有作为所有权
　　的根源"（Possession as the Root of Title），《佐治亚法律评论》（*Ga. L. Rev.*），第
　　13 卷（1979 年），第 1221 页。

（一）康德的占有概念

在康德对财产的理解中，核心之处是这样的观念，即占有是一个抽象的概念（abstract concept），而不是一种经验性事实或者事件（an empirical fact or event）。人们为了从事他们想要做的事情，就必须要控制世上的对象。为了让这种控制变得有效，它就必须要具有活力，一个人除了把对象掌控在他手心当中，还得在其他时间里仍能让这种控制持续。在我们所举的例子中，米开朗琪罗应该可以去吃饭、睡觉、休息或者散步，但他知道，当他再回到这块大理石身边，它还维持着他离开时的那个样子。这种保持控制，亦即有效地将控制扩展至纯粹物理占有（physical holding）状态之外的需求，就为我们提供了力量，促使我们从观念上去思考占有，而不只是把它当成一种物理上的事实（physical fact）。

各种各样重要的含义也随之产生。为了实现这种更具观念性的占有种类，我们就需要一个强制执行的机制——亦即某种法律制度。而此时若无某种形式的政府，将是不可想象的，既然如此，我们就要求市民社会的存在。而为了市民社会的繁荣和并存，我们又需要某种国际法律秩序。随着把这一切都解释清楚之后，我们可以说，康德的财产——或者更准确地说，一个适当细化的财产概念——简直就是文明（civilization）的核心。

观念—法律上的占有（conceptual-legal possession），这是本体（noumenal）而不是现象的（phenomenal），它冲破了围绕在传统知识产权理论周围的黑暗与迷雾。在上面这段简略的陈述中，我们从康德那里发现，人们只是自然地想要将其意志作用于他们从这个世界所发现的对象上。这样做，是基于他们作为沉浸于自由之中的人类的本性使然。康德以一种简明扼要的方式，阐明了对象、意志、自由等这些理论上的基本积木块，又举出多种多样的例子，却并不显出凌乱。① 跟他对于理性与思想的强调相适应，康德的论述擅长于概念描述与分类，然而对于它们在现实世界的适用，则力有不逮。我们因此可以自由地将康德的思想作为搭建理论的基本积木块，将其适用于智力创造上，就像我们将该思想适用于其他诸如大理石或者土地之类的财物上那样。在当今世界，许多人可能选择以无体媒介（intangible media）来表达他们自己的思想。从康德的观点来看，这样的选择跟米开朗琪罗选择手工方式雕刻大理石，没有什么不同。财产的地位跟大理石与电子、斧凿与键盘、长号与音乐合成器的差异无关。媒介并不是信息（medium is not the message）；而个人才是信息。把一大堆乱七八糟的细节统统省略而提供一个内容丰富的概念性场景（conceptual tableau），通过这种方式，康德的财产理论就跟知识产权时代发生了神奇的关联。

　　为了进行对比，我们同时来考虑洛克的财产理论。因为洛克的理论化过程带有寓言式（parable-like）特点，我们就需要问一问，

74

---

① 在这个问题上，他明显不同于洛克，后者的例子几乎都是寓言故事，其中不乏细节，而且可加以扩展与类比。关于康德的高度抽象的财产概念，参见里普斯坦，《强制与自由：康德的法律与政治哲学》，前揭，第 86 页："对于具有目的性的人类（purposive beings），对他们来说，在设定目的之前需要先有手段，所以，对于依靠其选择确定的事物的赋权（entitlement），就必须是抽象的，因为它必然不取决于他们所作出具体选择的内容。你的决定自由，正是你为了自己的目的而使用你所拥有的东西的自由。"

图书和发明出来的机器，跟苹果、橡子以及奔跑的野兔有什么相同或者不同之处。洛克的伟大优点在于，他把关于财产的论述植根于平淡无奇的例子当中。但是，这种很接地气的方法也有其局限性，而这样的局限性正是在通过具体例子的类比而向上提升的过程中所固有的。相反，康德的理论则是始于抽象的概念。正如我们所看到的，康德的出发点是作为个体的人（an individual person），该人带有一种独特而显著的意志与眼光——这是一个令人耳目一新的视角变化，在知识产权法上具有特殊的可适用性。

我得承认，康德的视角对于我们来说可能显得非常陌生。知识产权的法律规则与学术研究在功能论的逻辑与修辞中沉浸太久，以至于我们常常没有意识到，这种视角在我们的思维中扎根（也是限制）有多深。在绝大多数情况下，这种基本导向并没有什么错。它为我们已经做得很好，并且帮助引导社会思考如何在我们的知识产权制度中构建可操作性的细节。通常而言，这就足够了。但是，考虑到横扫这个领域的许多变化——在技术、社会和与经济方面的变化——现在的重要事情，则是要回顾这个法律领域的规范性基础（normative roots）。康德的这种去芜存菁的方法，就为我们提供了某些有用的工具，让我们可以沿着这些进路接着往前走。我会在以下数段当中，表明为什么这样说。

（二）个人意志——为什么与此相干

对康德而言，首要的意义在于人与对象之间的差别。对象可以体现自由意志（或者毋宁说，是自由意志的结果），但是，只有人，

才可能具有自由意志。^①从本质上讲，这是一种用反面方法来对
"物"进行定义：物的本质是，它并不是人（the essence of a thing is
that it is not a person）。如此定义，就是设法把人的作用置于关注的
中心，即使是在关于物的对话中。^②可以说，这就好比康德想要"将
对象放于其适当的位置"。在数字化对象和其他半自治物（semiau-
tonomous things）变得越来越普遍的世界中，这在哲学架构上是非
常吸引人的一个特征。

1. 财产的根基

康德将财产理解为一种主要是人与对象之间的关系，这会让
那些熟悉现代财产理论的人感到震惊。对于沉浸在这个领域中的人
来讲，如此理解财产简直是时代的落伍者。现在人们对财产的标准

⁷⁵

---

① 在《道德形而上学的奠基》（*The Groundwork of the Metaphysics of Morals*）中，康
　德从不同的方向讨论了相同的问题，在该书中，他把意志的自治（the autonomy
　of the will）定义为"意志的一种性状，由于这种性状，意志就是自身的一种法
　则（与意欲的对象的一切性状无关）"。《道德形而上学的奠基》，第 431 页。

② 康德在关于人们为何不应当出售其身体器官的讨论中，提出了同样的思想：
　"一切义务的原则是，对自由的行使必须与人类的根本目的保持一致。因此，
　比如，一个人无权出售他的四肢，即使有人出价一万泰勒［亦即很大一笔
　钱］来买他的一根手指。如果他有权这样做，那他就有可能出售他的全部四
　肢。我们可以处分那些没有自由的物，但不得处分具备自由意志的人。一个
　人将自己出售，就是自甘为物，正如当他将其人身自我放弃时，任何人都可
　以像他愿意的方式那样来处置他了。"康德，《伦理学讲演（1755—1780 年）》
　［*Lectures on Ethics*（*1775—1780*）］，英菲尔德（L. Infield）译，印第安纳波利斯：
　哈克特出版社（Hackett Publishing），1963 年，第 124 页。作为扩展阅读，参见
　下面这篇精彩的论文，斯蒂芬·芒泽尔（Steven R. Munzer），"康德与身体器官
　的财产权"（Kant and Property Rights in Body Parts），《加拿大法律与法理学杂
　志》（*Can. J. L. & Juris.*），第 6 期（1993 年），第 319 页。

表述，是称之为一种主要用于调整人与人之间关系的制度。以对象为中心的（object-centered）财产观，已经彻底被法律现实主义及其继承人所抛弃；这种修正主义的、更加"社会学"的观点是如此彻底地主导着财产话语，以至于直到最近以前，都没有什么其他的观点可以来取代它。

不过，最近几年情况已经发生了某种程度的变化，由托马斯·W. 梅里尔（Thomas W. Merrill）与亨利·M. 史密斯（Henry M. Smith）领衔的新一代学者，重新发现了对象之于财产法的重要意义。诚如一位学者所言，"财产的物性"（thingness of property）已经重返对话。[①] 在这一批新的文献当中，多数是采用经济学术语来解释财产的对象导向性（object orientation），并提出了这样的主张，例如，财产有效率地组织起对于财物的接触和使用。[②] 这些学者主

---

① 迈克尔·A. 赫勒（Michael A. Heller），"私人财产的边界"（The Boundaries of Private Property），《耶鲁法律杂志》（*Yale L. J.*），第 108 卷（1999 年），第 1163 页、第 1193 页（"虽然现代关于一束法律关系的比喻很好地反映出复杂的关系碎片是有可能的，但是，它对于私人财产的'物性'只是赋予了一种微弱的含义"）。关于在知识产权上的适用，参见迈克尔·J. 麦迪逊（Michael J. Madison），"法律作为设计：对象、概念与数字物"（Law as Design: Objects, Concepts, and Digital Things），《凯斯西储法律评论》（*Case W Res. L. Rev.*），第 56 卷（2005 年），第 381 页；克拉丽莎·朗（Clarisa Long），"专利与著作权上的信息成本"（Information Costs in Patent and Copyright），《弗吉尼亚大学法律评论》（*U. Va. L. Rev.*），第 90 卷（2004 年），第 465 页、第 471—474 页。

② 参见梅里尔与史密斯，《财产在法和经济学中怎么了？》，前揭；托马斯·W. 梅里尔与亨利·M. 史密斯，"财产法的最优标准化：物权法定原则"（Optimal Standardization in the Law of Property: The Numerus Clausus Principle），《耶鲁法律杂志》（*Yale L. J.*），第 110 卷（2000 年），第 1 页、第 3—9 页（其解释了财产种类的标准化可以减少交易成本）。

张，财产之所以做到这一点，是由于它为具体财物的权利划定了边界，从而使获得有关这些财物及其使用范围的信息的成本最小化。学者们照此方式撰写论文，就将焦点集中于所有权的逻辑，即所有权人如何对其拥有的财物享有广泛的自由裁量权，可以自由处分，而外人则没有这方面的权利。财产的人际间性或者社会维度就因此不再是强调的重点，除非提到财产起着像某种薄膜那样的作用，将财产所有权人的内部私人空间跟其他任何人的权利和行为区分开来。外人想要接触、使用已归某人所有的财物，必须跟所有权人联系并与之进行交易。通过这种方式，与某一财物相联系的权利和义务就被捆绑或者集中于某个单独的人，亦即所有权人的身上了。

这个被重新发现的、对于所有权人与财物之间关系的强调，就将该理论体系放到了与康德为邻的区域，尽管它们并不位于城市的同一个街区。我想，若按照康德的趣味来看，这个新理论当中的所有权人还是有些过度受到工具主义的对待了。他们作为法律实体的重要意义，就是相对于在财物上的权利而言，起着某种方便聚焦的作用；但是，这些未被体现出来的所有权人只是被看作决策与使用权的贮存库。他们自身的个人计划和目标并没有真正处于整个过程的核心，而在康德那里，这些就是核心。

2. 在对象上打下意志的印记

至此已经非常清楚地表明，康德关于因对象的持续性占有而形成可靠期待的思想，促使产生了某种积极的东西。由于稳定的占有，就允许将个人的某些方面——康德称之为个人意志——铭刻在对象之上，以使得该人可以更加全面地获得繁荣发展。尽管其表达显得处处幽微，但康德关于意志的基本思想①还是足够简单的：

① 准确地说，我在这里主要讨论的是康德所称意志的一个方面，即"个人意志"（personal will）。另外的方面，即普遍的合理意志（universal, rationalizing will），则是凭借某个统一的、集体的理性感觉所产生的某种"内心的立法者"（internal lawgiver）。康德评论家刘易斯·怀特·贝克（Lewis White Beck）将个人意志（德语即"Willkur"）与普遍的合理意志（德语即"Wille"）之间的区别，描述如下："我们不能说，普遍的合理意志（Wille）的行动就是自由的，因为该意志并不是行动。它只是为付诸行动的个人意志（Willkur）提供了一个法律。然而它是自由的，就在于它的法令是出于它的本性。它并没有屈从于满足某些任意的目的而将自然法与个人意志相调和；……它……下达命令，而它下达命令是作为本人，而不是作为一个代理人。个人意志对它的屈服，就用一种来自于［自愿］屈服于……纯粹的理性意志的积极自由（positive freedom），补充了它的消极自由［negative freedom，亦即，免于受到身体约束的自由］。用一个政治比喻来说，正如他在提到为理性立法的王国与领域时经常所做的那样，康德说［Wille，即普遍的合理意志］是自治的，其本身就是自由，亦即，是积极意义上的自由。个人意志是在这种程度上参加到这个自治体当中，即与自然相对的消极自由［亦即，不受自然约束的自由］是遵守［由 Wille 所提供的］纯粹实践理性的法律而行使的。［通过 Wille 而运行的］纯粹实践理性就自发地产生了一种关于原型世界（natura archetypa）的观念（Idea），而将之作为其对象的个人意志（Willkur）就可以成为一个有效的原因，为自然世界提供这样一种明白易懂的世界的形式。"刘易斯·怀特·贝克，《关于康德实践理性批判的评论》（*A Commentary on Kant's Critique of Practical Reason*），芝加哥：芝加哥大学出版社，1960 年，第 180 页。内心的"立法过程"（legislative process）涉及强加法律于个人，并被个人遵守。这个自我立法（self-legislation）的体系保留了自治与自由，它们是康德思想当中的最高价值。安德鲁斯·里希（Andrews Reath），"伦理法的立法"（Legislating the Moral Law），《努斯》（*Noûs*），第 28 卷（1994 年），第 435 页。

意志是一个人对世界所决定的、想要的和行动的方面。[①]它有三个显著特点：它具有个人性、自治性与积极性。它是高度个人的，是每个人的偏好与欲望的一个函数；刘易斯·怀特·贝克（Lewis White Beck）说，意志是"一心要实现某个任意的目的"。正是我们自身的这个方面或者特点，才使我们通过我们的选择以及为实现或者表明这些选择而随之采取的行动而为这个世界打上印记。就在此处，在这个基本要素上，我们看到了一个极端个人主义的、自治的关于人的观点。尽管这个观点被其哲学体系其他部分中所存在的普遍化（universalizing）、超越个人的（transpersonal）理性感觉所平衡，[②]但是，一种高度个人的意志还是处于康德关于人类思想与行动的观点的中心，并因此构成他认为的人之为人（it means to be human）所必需的一个方面。[③]

3. 在知识产权领域的意志与对象

康德关于人、意志与对象的思想，无论在术语还是概念上，均极为复杂，人们往往情不自禁地迷失其中。为了防止发生这样的事情，此时讨论一下某些具体的例子，或许才是明智之举。康德的自治究竟如何在确切地发挥作用？在知识产权的背景下，它看起来又

① 为了帮助理解，贝克以这种方式来表达："它［指'Willkur'（个人意志）］因此除了法律［或者行动的原则］之外，还有一种行动的动机（Triebfeder），而'Wille'（普遍的合理意志）则没有任何的动机。"贝克，《关于康德实践理性批判的评论》，前揭，第 180 页。

② 它的其中一个方面就是意志的第一个意思，即"Wille"（普遍的合理意志）。

③ 贝克小心地避免在意志的两个意思之间作一种过度僵硬的二分法，并且在康德关于自由的复杂概念中找到它们最终统一的根源。

是怎样的？在我们对这些思想，以及它们如何与康德的财产原理相关联的问题有了更好把握之后，我们就可以转向另一个同样重要的主题：康德在其理论内部所构建的对于个人自治的限制。

我们在此前所举的米开朗琪罗的例子表明，一位创作者想要完全将其意志作用于一个他所发现的对象——在该例子的情形中，即指一块大理石——那么，稳定地占有是必需的。这个基本逻辑也同样适用于其他各种情形。农场主和土地所有权人要让他们所劳作的土地产生新的面貌并带来生机；① 发明人将现成的材料转变为原型机（prototypes）、粗加工的产品设计以及最终的成品；艺术家在颜料与画布、白纸与水笔、织布与木头、键盘与 iPad 等媒介上工作，为一个概念或者脑子里的形象而赋予其生命。在这些由人们所继受或者发现的物品上，无论个人技巧与判断被带到哪里，我们都可以看到证据，显示康德所说的在对象上打下意志本身之印记的过程。

甚至在手边的对象本身是无体物的情况下，它也可能发生。一位作曲家以传统形式——赋格曲（fugue）、交响乐、蓝调歌曲或者音诗（tone poem）——谱写出一首新曲，就是在所发现的对象上进行工作，这跟农场主或者发明人的工作完全相同。即使是在我们此前所举的例子中，米开朗琪罗在完成其雕像的过程中，其工作的某些对象也是无体的：他所获得的关于如何刻画情感的常用手法；

---

① 参见，例如威廉·克罗恩（William Cronon），《改天换地》（*Changes in the Land*），纽约：希尔与王氏出版社（Hill & Wang），1983 年（该书具体描述了殖民者和印第安人对新英格兰地区景观的总体影响）。

在一组宗教场景中传统的人物分类，比如"圣母哀子图"（Pieta）[*]；或者他所接受的关于如何表现运动员的优雅魅力或者年轻活力的创作规范。他可以从这些文化场景的片断中取用并且对它们进行提炼，或者，他也可以对它们巧妙地加以抵制或者转换。无论怎么处理它们，这些传统程式在他的手里，就变得如同那块大理石本身那样了。[①]

就像对待被发现的物质对象那样，创作者为了充分运用其技巧与判断，也必须将其占有扩展至这些转换不定的对象（objects-in-transformation）上。而正因为如此，康德的财产权就同样可以对无体对象发挥作用了。

关于这种复杂的并且或许存有争议的对于无体对象的占有，请允许我略予申述。此前常常有人主张，知识财产的这个特征，亦即对一件无体的成果而控制其复制，就造成了某种形式的"人为稀缺"，[②] 而这跟某种认为信息是被自由分享的、具有更高道德地位的

---

* 源于意大利语 "Pietà"，指表现圣母玛利亚悲痛地抱着耶稣遗体的绘画或者雕刻，故名"圣母哀子图"。——译者

① 在本章的最后部分，当讨论到知识产权法中的公开权时，我甚至主张，一位艺坛新秀有意识地从原始才能和身体特征（诸如外形、声音等）当中塑造出某种公开人格，其行为在某种意义上来讲，就等同于重新发现了一件丢失物。

② 参见我在本书第 2 章"洛克的共有物与公共领域"这一节所作的评论，在该节中，我批判了这样的思想，其认为无体财产的"非竞争性"（nonrivalrous）特征就使得在此情况下，降低了赋予财产权的必要性。与此相关的一个主张，参见理查德·爱泼斯坦（Richard A. Epstein），"打破知识产权？对一份提早发布讣告的一个古典自由派回应"（The Disintegration of Intellectual Property? A Classical Liberal Response to a Premature Obituary），《斯坦福法律评论》（*Stan. L. Rev.*），第 62 卷（2010 年），第 455 页起，第 458 页（"即使某位所有（转下页）

制度（ethically superior regime）是相违背的，甚至可以说是违反了信息的本质特征的——正如有人所言，信息本身就"想要变成免费的"（wants to be free）。[1]

根据康德的观点，所有的财产权都具有这种人为因素（element of artifice），因为它们所界定的是一个观念性的占有种类（conceptual type of possession）。财产并不仅仅是一件在人与对象之间发生物理接触的事情；它描述的是一种更深层的关系，远远超出诸如掌控与持有之类的基本动作。

对此，我现在马上就能听到一条反对意见。确实，康德把法律上的所有权（legal ownership）说成是个人与某个对象之间的一种特殊关系。但是，这条反对意见可能认为，在康德的著作中，他只是提到了物质对象，例如一颗苹果（又是洛克，à la Locke）。因此，所有权关系也许仅限于此类物品吧？

并非如此。康德在《权利的科学》（*Doctrine of Right,* DOR）的大部分章节中，确实只采用有体的物质性财产作为例子，这是事实，但我认为，这一点无足轻重。[2]康德在此之外还描写了另一类

（接上页）权人不能实际占有归其所有的东西，但该人并不因此而不能对该财产拥有排他性的使用权和处分权。这只是意味着，一项法律制度必须要变得更加成熟，才能够应付更大的来自管理上的压力。在我看来，有体财产的一般性传统，并不能因为在这两种财产权利的制度之间存在明显区别而弃置不顾。"）。

[1]　关于信息时代的所有权，在第 8 章"数字时代的财产权"中予以详论。

[2]　有一位学者主张，康德在《权利的科学》中所讨论的，甚至并非财产权，而只是一种"使用权"（right to use）。参见肯尼思·韦斯特法尔（Kenneth R. Westphal），"康德关于占有的正当性解释"（A Kantian Justification of Possession），马克·蒂蒙斯（Mark Timmons）编，《康德的道德形而上学》（转下页）

占有——即对某一合同将来履行的期待——就使得这一点变得异
常清晰了，即他的思想无论如何绝不仅限于实体物。他假设，一个
人不可能被认为"占有"一份待履行合同（executory contract），亦
即已经签字或者达成合意但尚未履行的合同的履行权（right to per-
formance），除非"即使履行的时间尚未到来……我仍可以主张我的
占有"。[1] 不过，随着这种法律关系已经建立，"［允诺人］所作出的
允诺就相应地属于我的对世的财物……，而我就可以将它纳入我的

（接上页）（*Kant's Metaphysics of Morals*），牛津：牛津大学出版社，2002 年。
实事求是地讲，韦斯特法尔关于康德在这一领域——特别是有关相互性（reci-
procity）方面（参见刚才所引论文）——的著述，的确作出了一些非常令人信
服的评论，但是我认为，他提出关于康德的论述仅限于"使用权"的这一主
张是错误的。参见，同揭，第 91 页。首先，因为康德一贯使用的是表示完全
财产权的拉丁语词汇。参见 DOR，6：261，格雷戈尔，第 413 页［"康德在这
一节的结论部分 6：270，引入了'财产'（德语'Eigentum'，拉丁语'*domini-
um*'）一词，这个术语表示对某物的完全权利"］。另参见巴里·尼古拉斯（Bar-
ry Nicholas），《罗马法导论》（*An Introduction to Roman Law*），牛津：牛津大
学出版社，1962 年，第 157 页。其次，因为康德在《权利的科学》（DOR）的
各种场合中所提到的，是转移许多"所有权的附属权利"（incidents of owner-
ship），而非仅为使用权。参见，例如，康德，DOR，6：271，格雷戈尔，第 422
页［"财产（property）由某个人向另一个人的移转，就是转让（alienation）。"
（着重号是原文的）］。第三个原因是，假如康德只是主张一组在对象上大受限
制的权利，那么，他关于市民社会对于保卫财产权具有必要性的主张，从整体
结构的意义上讲就大打折扣了。尽管市民社会对于保证在纯粹占有之外的"使
用权"而言也是必需的，故这一主张或许仍然具有最低程度的成立可能性，
但是，更符合逻辑的说法毋宁是，国家背后的驱动力量是出于保护和管理在
对象上的完整的各种权利——亦即，完整意义上的财产权利——的需要。

[1] 康德，DOR，MEJ 版，拉德，第 44 页，评论（b）；另参见，DOR 6：248，格雷
　　戈尔，第 402 页。

范围之内"。^① 在诸如一颗苹果之类的有体的物质性财产的情形中，使用了"占有""对象""财物"和"我的"等用语，而在诸如一项将来履行合同的承诺之类的无体物的情形中，则对此类用语作同义性使用（synonymous use），这不是已经很清楚地表明这一点，从而无须再作过多的评论了。对康德而言，"对象"一词是非常抽象的，因此，它当然可以包括知识产权。^②

　　康德关于所有权与无体财产的思想，有时也会引发问题，这源于他写的一篇关于作者与图书出版人权利的文章。^③ 在该文中，他

---

① 他接着说，"我必须能够设想自己已经占有了该对象，完全不受时间限制与凭经验占有（empirical possession）的影响"。同揭，第45页。

② 康德也提到了另一种占有：在家庭环境中的威权关系（authority relations）可以作为法律上的利益（legal interest）的一个合法对象（legitimate object）。简单地说，通过将威权关系归结为某种可以被占有的东西，康德向我们表明了一种非常开明的占有概念。无需牵涉康德有关家庭威权的概念的细节（或者争议），我们就可以得出这样一个简单的结论：康德对占有的理解是非常具有包容性的，其范围足够宽泛，很容易将知识财产的种类也容纳其中。

③ 伊曼努尔·康德，"论未经授权出版图书的违法性"（On the Wrongfulness of the Unauthorized Publication of Books），1785年首次以德文发表，1996年以同样的标题作为一章重印于玛丽·格雷戈尔翻译并主编，《剑桥版伊曼努尔·康德著作集：实践哲学》（*Cambridge Edition of the Works of Immanuel Kant: Practical Philosophy*），纽约：剑桥大学出版社，1996年（以下引文页码采用普鲁士科学院版，参见前揭2，以及格雷戈尔译本）。本文的一个"改编"版与评论，也可见于L. 本特利（L. Bently）与M. 克雷齐默（M. Kretschmer）主编，《著作权主要文献（1450—1900年）》[*Primary Sources on Copyright（1450—1900）*]，www. copyrighthistory. org [标题改为"论重印的违法性"（On the Unlawfulness of Reprinting）]，以下简称"Copyrighthistory. org"版），其后附有对康德此文的评论，弗利德曼·卡沃尔（Friedemann Kawohl），"关于对1785年（转下页）

为作者享有禁止出版人未经授权盗版其图书的权利进行辩护。在接近开头的地方，他这样写道："因为作者在其思想上的财产权（即使有人认为存在着外部权利而言的这种东西）都是留给他自己的，而不管存在什么样的未经授权的出版物……"①该文章的主体部分致力于某种代理主张（agency argument），康德据此认为，一位购买了某一图书复制件的假冒出版人是不可以复制并且出售复制件的，因为如果可以这样做的话，就暗示地（也是错误地）表明，作者已经对这些新的复制件加以授权了。康德在这篇文章中几乎将作者的利益等同于其出版人的利益，并且把作者的核心权利归纳为有权将某一部作品授权给唯一经其选择的某位出版人。②

（接上页）康德论重印图书的违法性的这篇论文的评论"［Commentary on Kant's Essay On the Injustice of Reprinting Books（1785）］,《著作权主要文献（1450—1900 年）》，前揭。请注意，康德这篇论文的文本与《权利的科学》（DOR）一书中的章节是几乎完全相同的，因此，它看起来似乎是康德简单地对该篇论文略加改编之后，塞入了《权利的科学》的相关章节。参见康德,《权利的科学》（DOR），第 II，"什么是一本书？"（What is a Book?），6：289—291，格雷戈尔版，第 437—439 页。

① 《论未经授权出版图书的违法性》，8：79，格雷戈尔版，第 29 页。

② 康德在这方面的著述对于在欧洲盛极一时的知识产权"人格论"（personality approach）的发展，产生了显著的影响。参见，例如，弗朗西斯·凯斯（Francis J. Kase），《欧洲大陆的著作权思想：发展、法律理论与哲学——文献选编与注释》（*Copyright Thought in Continental Europe: Its Development, Legal Theories and Philosophy, A Selected and Annotated Bibliography*），新泽西州南哈肯萨克市（South Hackensack）：弗雷德·B. 罗斯曼出版社（Fred B. Rothman），1967 年；尼尔·内坦内尔（Neil Netanel），"在美国与欧洲大陆著作权法中的转让限制与作者自治的提升"（Alienability Restrictions and the Enhancement of Author Autonomy in United States and Continental Copyright Law），（转下页）

　　虽然对于这种主张的结构已经有许多研究，并且有的学者还从中发现了证据，证明康德拒绝承认对于作者所完成的作品可以主张财产权，但是，对我而言，前面所引用的这个导言性段落似乎还是非常清楚的。在用括号插入说明之后，这段话非常清楚地写道："作者在他思想或者情感上的财产……是留给他自己的，而不管有什么样的未经授权出版物。"有人在这篇文章中看到的是一个规范性陈述（normative statement），即不应当在作者所创作的作品上授予财产权。[①]但对我来说，关于限制条件的唯一暗示，是前述所引

　　（接上页）《卡多佐艺术与娱乐法杂志》（*Cardozo Arts & Ent. L. J.*），第12卷（1994年），第1页、第17页、第19页。关于人格理论在美国的进一步探讨，并且特别强调了黑格尔的财产理论，参见以下这篇开创性的论文，玛格丽特·简·雷丁（Margaret Jane Radin），"财产与人格"（Property and Personhood），《斯坦福法律评论》（*Stan. L. Rev.*），第34卷（1982年），第957页。关于这方面的讨论，另参见保罗·爱德华·盖勒（Paul Edward Geller），"著作权必须永久地夹在市场与作者规范之间吗？"（Must Copyright be Forever Caught between Marketplace and Authorship Norms?），布拉德·谢尔曼（Brad Sherman）与艾林·斯特罗威尔（Alain Strowel）编，《论作者与起源》（*Of Authors and Origins*），纽约：牛津大学出版社，1994年。

①　参见，例如，"Copyrighthistory. org"版译本。这种解释似乎跟我在前页注2中所引用的、该译者自己在导语性文字中的表述存在分歧；参见同揭，第2页［其所翻译的同一段文字如下："因为作者对其思想的所有权（首先假定该所有权根据外部权利而得以适用）仍然是属于他的，尽管有任何的重印……"］。显然，评论人看到了"所有权"与真正的财产权之间的一个区别；或者解释了括号里的内容，意在表示并不赞同有关授予著作权的实在法（positive laws）；或者也许是两者兼而有之。另参见恰拉·皮埃瓦托洛（Chiara Pievatolo），《自由、所有权与著作权：为什么康德拒绝知识财产的概念？》（*Freedom, Ownership and Copyright: Why Does Kant Reject the Concept of Intellectual Property?*），工作论文（2010年7月2日），可见于：http://ssrn.com/abstract=1540095。

用段落中放在括号内的插入句，它是这样说的："即使有人认为存在着外部权利而言的这样一样东西。"但是，这对于我的解释也不算是什么问题。康德看起来是在说，"即使"外部（实在）法没有规定著作权，作者的财产权仍然存在，亦即，它是超越盗版行为而存在的。在康德写作该文的年代，并非每一个国家都有真正的著作权保护，并且彼时整个欧洲正就是否有必要对于图书采取更强大的著作权保护而进行激烈的辩论。事实上，康德所说的是，"即使在某一特定司法管辖区域并不存在有效实施的著作权，盗版行为仍然是不法的"。而其之所以不法，他说，正是依据"作者在其思想上的财产"。①

---

① 有一种意见反驳了如下观点，即康德在这篇论文中所支持的是作者享有一种内容广泛而且外延开放的知识产权。首先，他区分了有体的图书复制件的所有权与作者对其体现在这些复制件上的表达所享有的权利。根据康德的观点，只有前者的那类所有权才赋予了真正的对物权（*in rem* rights），而作者持续性对其表达所享有的权利，在本质上则是对人权（*in personam* rights），就像那些通过合同而被赋予的权利那样。DOR，8：79，格雷戈尔，第 29 页。其次，他主张支持按今天的标准来讲系对于著作权的广泛例外的那些东西，其中声明，由他人所作的节选或者翻译并不侵犯原始作者的权利。DOR，8：86—87，格雷戈尔，第 34—35 页。以上这些陈述的大部分，由著作权法学者金·特雷戈尔—巴拉—阿姆（Kim Treiger-Bar-Am）所作，金·特雷戈尔—巴拉—阿姆，"康德论著作权：转换性作者的权利"（Kant on Copyright: Rights of Transformative Authorship），《卡多佐法律评论》（*Cardozo L. Rev.*），第 25 卷（2008 年），第 1059 页。作为回应，我首先要强调的是康德这篇文章的语境与宗旨。康德的一些作品未经授权而被人复制和出版了，并且，由于 18 世纪晚期的著作权法还处于不够完善的状态，故关于康德能否根据当时的法律而享有任何法律上的救济权，尚属于一个悬而未决的问题［"如果本文所依据的思想，即关于一本图书的出版，是得到有力掌控的，并且（正如（转下页）

4.康德关于自治的扩张性观念

作者有权声称可以持续性控制其作品，并因此形成他们独有

（接上页）在下自我恭维的那样，它能够）根据罗马法学术必有的简洁而获得阐述的话，那么，针对未经授权的出版商所提出的指控，就可以真的向法院起诉，而不必首先等待一部新的法律出台。"DOR，8：87，格雷戈尔，第35页〕。虽然康德打算写这篇文章，严格来讲是从他最初提出的哲学原则出发的，但是，该文还是被打上了活像辩护词的诸多印记。事实上，它作为法律文件简报与哲学论证，两者可谓平分秋色。因此，当我们看到，康德对于那些无关乎他最关心的问题——对作品全部文本的直接复制，亦即制作发行未经授权的版本——的观点居然表示同意，也就不足为奇了。其次，他的意图是想要区分有体复制件的所有权与在该复制件背后的表达的所有权，但令人尴尬的是，这些术语并不能很好地发挥作用。他的分析在一开始集中于作者与其出版商之间的合同；该合同在康德的分析中变成了作者对其作品利益的核心。因为合同是对人权（right *in personam*），并且由于康德无法想象出这样的观念，即一本图书的购买人可以在该图书上享有一种动产利益，而某些被保护的财产权仍然保留在作者的手上（DOR 8：80 n*，格雷戈尔，第29页），所以，他整个的分析就是在以下两者之间作出区分，一个是图书的所有权人享有的"真正"财产利益，另一个是该图书作者享有的人身性（或者，大致上所谓的非财产性）利益。参见 DOR 8：79，格雷戈尔，第29页；DOR 8：83，格雷戈尔，第32页。这就导致他强调的是作者的名誉利益，当未经作者授权而出版某一图书版本时，该利益就会遭到侵犯。但是，在事实上，这种权利听起来更像是今天可以被归入商标法的那种利益，它在古典法律的意义上，很难说是对人权。因为作者可能与某位出版商订立合同，但该出版商通常并没有跟图书的每一册复制件的购买人订立合同，而在康德的时代，像后者这样的合同更是绝无可能。换言之，把讨论的焦点集中于作者与出版商的合同上，就省去了因为作者对于授权出版商以外的其他人提起诉讼，或者授权出版商针对非授权出版商起诉所带来的在诉因上的难题。也许在康德所处的时代，作者与出版商的圈子非常小，足以让其中每个人都知道哪个出版商是经过合法授权，而哪一些是非经授权的，这样，非经授权的（转下页）

的作者方的声音，这完全跟康德哲学体系的宏大主题相一致。康德从各种不同的维度，反复地回到关于人类自由（human freedom）这个宏大主题上来。他看起来几乎从未碰到过有一个论题不涉及这个中心主题的某个方面的。① 当然，自由就是隐藏在康德关于创造、占有与财产背后的统一性原则。通过根据自由原则而检验康德在这些论题上的某些陈述，我们就可以更好地理解我们可能如何将康德应用于知识产权的法律体系，甚至应用于解决在这个领域中一系列令人困扰的当代难题。

79

（接上页）出版商就可以被看作是对作者所享有的合同权利的干预，以便根据那种在今天所称的商业侵权行为理论（business tort theory）而对其提起诉讼。这就符合了康德似乎想要强调的作者权的准合同性（quasi-contractual nature）。但是，即便这样的说法成立，现在也不再是从前那样了，它只是强调了作为（qua）法律分析的康德的主张，具有偶然性与概念上的有限性特点。在今天，简单的事实是，作为一项一般性的法律权利是具有"对世"效力（good "against the world"）的，它必然对于康德所描述的作者利益赋予完整的效力与强制力。只有真正的财产权利，才能做到如此。我因此主张，当康德提到"作者在其思想上的财产权"时，他所说的就必然全部是关于作者的法律权利的本质。

① 在康德哲学中，自由通常具有多个维度。跟诸如休谟这样的经验主义者（empiricists）立场相反，康德说，我们的行为并不受经验事件的命令或者决定；一个人可以说，我们不受这些限制条件的约束。但是，康德也探讨了自由的自我规制（self-regulative）的方面，其根据在于普遍、共同与理性的原则。我们在选择遵守这些原则时是自由的——这具有重要意义，因为据此方法，康德就把自己与那种表示任性（capricious）或自私（selfish）的自由概念拉开了距离。这种同样的双脉冲——广泛的自治，但受制于对普遍理性原则的一种内在的认识与吸引——既调整人的内心的思考与选择，也规范在法律—社会层面上的行动。

　　我们先来考察创造性（creativity）。在《判断力批判》一书中，康德提到，艺术被定义为一种意志行为（an act of the will）："按理说，我们不应该把什么东西都称为艺术，除非它是通过自由，亦即通过一种将其行为建立在理性之上的选择权而制作完成的。"[①]康德关于创造性的若干论述，都支持这样的思想，即一件创造性作品的图像是以与一项行为准则（maxim of behavior）相同的方式而被呈现给人类的认知官能（cognitive faculty）的。正如在作出道德评判时，有关正确与错误的概念要与特定情景式输入相结合，一位艺术家在选择制作一件艺术作品时，抽象的美感也要与特定的创造性图像或者观念相结合。因此，可以合理地说，由自由想象所产生的图像可以变成对于行为的一个刺激，其作用方式正与一条道德戒律（moral precept）相同。事实上，关于天才级灵感（genius-level inspiration）的整个主题，或许最好就被认为是理性创造力（rational creativity）的一个特例，这个例子就特别好地说明了康德就有关自由的理性意志的思想所留下的宽松的概念空间。将之概括起来的最

[①]　康德，《判断力批判》，第43节，沃纳·S.普卢哈（Werner S. Pluhar）译，印第安纳波利斯：哈克特出版社，1987年，第170页，普鲁士科学院版，第303页（以下简称"COJ"）。康德在这一段话中进一步区分了以下两者，一个是自然的创造（natural creation），这或许是最纯粹的（通过本能产生的）真正灵感的形式，另一个是由某种意志行为通过自由而作出的生产（production）："因为尽管我们喜欢把蜜蜂的产品（合规则地建造的蜂巢）称为一个艺术作品（a work of art），但我们这样称谓，只是由于将其与艺术进行的某种类比；一旦我们想到蜜蜂并不是把自己的工作建立在自己的任何理性思考之上，我们马上就说，这是它们的本性（亦即本能）的一个产品，而我们称之为艺术的东西，则只应归于艺术的创造者。"同揭。

好方式，就可能这样说：当关于一件杰出作品的想法可能作为一个纯粹的灵感而撞击头脑时，[①] 如果该作品毕竟还是在这个世界上实现了的话，那么作为个人的艺术家就必须选择通过其脑力上的苦干加汗水而来完成这个图景。纯粹的灵感可以算作第一步，但只有个人的、自由运用的行为，意志力驱使下的人（willing person）才完成了第二步。[②] 把那些完全是偶然之作（serendipitous creations）的很不可能的情形抛开，那么，对康德而言，创造性成果总是涉及某种意志行为或者有目的的行为，即使它是从某个突然而至的灵感开始的。

正如个人意志将在创造行为中表现出来，它在康德关于自由的思想中也处于中心地位。特别是，他想要保留尽可能多的个人行为自由，相信必须依靠它，才使得人类的发展具有最大的可能性。这导致了关于在可被拨归之物的范围上采取一种非常广泛的理解。

---

① 参见，例如，《判断力批判》，第 49 节，普卢哈译，第 183 页，普鲁士科学院版，第 314—315 页，康德在其中写道："现在，如果给一个概念配上想象力（imagination）的表象（presentation），这个表象虽是展示这个概念所需要的，但它即便靠自己，却引发了如此多的思考，以致难以被一个确定的概念所总括，并且，这个表象甚至因此以一种不受限制的方式，在审美上扩展了该概念，那么，想象力在这里就是创造性的，并且使理智理念［intellectual ideas，亦即理性（reason）］的能力活动起来：当它被某种表象所引发时，理性就做出更多的思考，比它在表象中所能够被理解与说明的东西还要多［尽管该思考确实属于（被表述）的对象］。"

② "艺术是……作（doing）……；艺术的产品或者结果就是……作品［work（opus）］。"《判断力批判》，第 43 节，普卢哈译，第 170 页，普鲁士科学院版，第 303 页。

正如康德本人所言，"我的意志选择的一个对象，是我在体力上能够使用的某样东西"。如果对它的使用受到某一任意制定的法律的禁止，"自由就会在该相同意志的某一个对象上剥夺自己对其意志选择的行使，其方式就是它将有用的对象置于使用的可能性范围之外"。换言之，这将"构成外在自由与自身的一个矛盾"。

为此目的，康德认为，任何种类的对象都不应当被<u>绝对地</u>排除在人类占有的可能性之外：

> 外在获得的原则（principle of external acquisition）如下：某种东西，只要我［按照外在自由的法则（law of outer *freedom*）］把它置于我的控制（*control*）之下；并且它作为我选择的一个对象，是我有能力加以使用的某样东西，……；并且最终，我要（*will*）使它成为我的，那么，它就是我的。①

80　　他补充道：

> 让任何一个属于我的意志的对象都成为我的，这是有可能的。换言之，按照一条准则（a maxim），假如它被制定为一项法律（a law），某一意志选择的对象本身（在客观上）必须是无主的［即为无主物（res nullius）］，那么，这个准则就跟法

---

① 康德，DOR，6：258，格雷戈尔，第411页。

与正义（Law and Justice）发生冲突了。①

---

① 《正义的形而上学因素》（MEJ），第 10 节，拉德版，第 56 页。同样这段话，格雷戈尔的翻译略有不同："对我来说，任何我选择的外部对象作为我的，这是有可能的，也就是说，按照一条准则，如果把它变成一项法律，某一个被选择的对象本身（在客观上）必须不属于任何人（即无主物），那么，这是与权利相矛盾的。因为由我选择的某个对象，就是我在体力上使用的某样东西。假如它无论如何绝对不在我能够使用它的正当力量（*rightful* power）范围内，也就是说，如果依照一个普遍法则，对它的使用是不可能与每个人的自由并存的（将是错误的），那么，自由就会剥夺其自身对其选择的行使，其方式是将可使用的（usable）对象置于被使用的（*used*）一切可能性范围之外；换言之，它将从实践的角度毁灭它们，使它们变成无主物，即使按照普通法则，在对物的使用的选择上是跟每个人的自由在形式上是协调的"。康德，DOR，6：250，格雷戈尔，第 404—405 页。作为对此的回应，有人可能提出这样的主张，即无体物是先于国家而存在的一个财产种类，那么属于该种类的万物，按其本性就是不可归人所有的，而不只是根据法律规定。康德将会对此主张表示反对，其根据是，既然财产被预先假定为（事实上是要求成为）市民社会的装置，那么，形式上的财产种类就不可能先于国家而存在。例如康德，DOR，第 10 节，6：258，格雷戈尔，第 411 页〔其中康德提到，在市民社会的起源处，任何对象都处于某种意义的共有之中，其中存在一个共同的目的，必须把新成立国家的公民们联合起来，而任何处于自然状态（或者原始情形）中的个人，都不可能真正声称，其在完全法律意义上占有了某个对象〕。另参见里普斯坦，《强制与自由：康德的法律与政治哲学》，第 6 章，第 145 页及以下"自然状态中的三大缺点"（Three Defects in the State of Nature）。无主物（res nullius）与共用物（res communis）之间，无论如何都存在着一种非常精细的区别。参见卡罗尔·M. 罗斯（Carol M. Rose），"罗马人、道路与浪漫创作者：信息时代的公共财产传统"（Romans, Roads and Romantic Creators: Traditions of Public Property in the Information Age），《法律与当代问题》（*Law & Contemp. Prob.*），第 66 卷（2003 年），第 89 页。

　　这个关于何物可以为人所有的扩张性概念，就等于给人类意志以一张最大可能范围的画布，让其可以在这张画布上大显身手。有鉴于此，对康德而言，创造就总是涉及某个意志行为，康德关于在对象上主张权利的思想，就为在范围非常广泛的创造性成果上主张所有权开辟了一条道路。我们很快就会看到，这对于知识产权法来讲意味着什么。不过，在转向下一步讨论之前，有必要让我们暂停片刻，说明一下这个问题，即尽管康德所使用的是包含广泛的术语，但涉及它所针对的财产和占有时，他倒并不是绝对论者（absolutist）。他在关注原始取得的自由时，同样关注他人——那些不直接涉及某一具体占有的第三人——的自由。就在上面那段话中，他谴责了任何使得"一个对象……本身必须是无主的……"法律。他的重点并不是说任何人应当能够对任何东西加以占有并主张权利；远非如此。正如"权利的普遍原则"（the Universal Principle of Right，下文阐述）所规定的，我的财产权主张只有在同时考虑了任何其他人的自由的范围内才是有效的。[①]康德在这段话当中所关心

---

① 此外，康德非常倾心于关于财产分配适当性（appropriateness）的观点，它不同于一种绝对主义的财产理论。关于这一主题，参见本书以下第4章；另参见塞缪尔·弗莱施哈克尔（Samuel Fleischacker），《分配正义简史》（*A Short History of Distributive Justice*），麻省剑桥：哈佛大学出版社，2004年，第70—71页（它对比了康德的强烈而全面的财产概念——这本身对于现代自由主义者而言可能是显然的——与他给予再分配国家政策的同样全面的拥抱）。对于强有力的财产权与支持再分配这两者之间的明显矛盾，解决的关键是要记住，财产取决于国家的存在，国家是某个联合起来的一般意志的产物，而对于一些人来讲，要形成和表达他们的意志，就必须为他们提供最低水平的公共支持。参见里普斯坦，《强制与自由：康德的法律与政治哲学》，（转下页）

的，是人与物的相对地位。他说，当涉及人类的占有时，并不存在任何应当在这个范围之外的对象种类。那样就将构成一种对人类自由的不当限制。没有任何对象——按他所说则是没有任何的物本身——可以提出一种践踏人类自由之价值的权利主张。但是，当这样一种主张跟他人的自由发生冲突时，康德所讲的就纯属另一回事了。再次说明，我们在阐述权利的普遍原则时，会很快接着再来讨论这个问题。康德对于人类自由的牵挂被扩展到多大范围呢？除了纯粹的首次占有，他关于财产的理论还意味着哪些权利的范围？在康德的哲学中，对于占有人的自治利益（autonomy interest）是否存在任何限制？因为这些问题都承载着当下知识产权领域的重要主题，所以，我接下来将对它们一一加以考察。

我们可以将康德早期的陈述改写如下：不管是什么东西，如果我能将它纳入我的控制之下，并且有能力使用它，那么，它就归我所有。在这里，重点是对某个对象加以使用的能力。那些更具扩张性或者复杂性的占有种类之所以存在，目的是便于将所涉及的对象作某种进一步的使用。除了对于在获得上的自由或者积聚上的自由加以最大化，从对象的本身目的而言，这里还有更多的内容。获得占有通常并不是一个人就对象所确定的计划或者目标的最终目的。对象是为某一目的服务的，也具有某种用途，这是占有人最初之所

（接上页）前揭，第 25—26 页（"国家为那些不能维持自身的人提供支持，这一要求来自于人民能够共享某个联合意志的必要性，而这个必要性又是他们为自己立法而团结起来的一个前提条件。……排他权［亦即，强有力的财产权］得以被作为一般意志的对象，其唯一的方式就是保证对于那些无法维持自身的人提供公共支持。"）。

以得到它们的核心理由。

　　说得更具体一点，那就是，为了让占有真正地推进人类的意
81　志，它就必须足够地扩展，以容纳占有人的计划、目的或者目标。
米开朗琪罗在一块大理石上的权利，就必须包括他在工作期间对它
的持续性接触。但是，这一项被扩展的占有权，其意义在于推进他
创作雕像的宗旨或者目标，而这才是他运用其意志的最终目的。请
注意，这也完全可能包括了当他完成雕像后，对于该雕像加以控制
的权利。显然，假如他计划在完成该雕像后将其放在一座教堂里，
那么，假如某个陌生人将已完成的该雕像拿走，然后放置在街道的
一个角落里，那就严重地挫败了他的这个计划。

　　进而我将主张，米开朗琪罗在该雕像上的自治利益，应当扩展
至包括一项更具扩张性的转让权。它甚至包括了试图从该雕像的出
售中获得金钱的权利。深入理解康德式意志与自治的作用，我们就
会知道，它不仅必须包括一项关于转让该雕像的一般权利，而且还
特别包含一项按照他所确定的价格转让该雕像的权利。也就是说，
全面实现他在该雕像上的自治利益，其中就包含了从其雕刻与售买
当中谋生的权利。他的计划或者目的不仅扩展到对一块大理石的占
有和雕刻，而且还有其他更多。它包括了这样一种欲望，即开发其
才能，赢得作为一位艺术家的名誉，并且最终作为一位艺术家而谋
生。任何关于财产的观念，如果不能扩展至如此范围，那将因此而
存在欠缺。它就不能完整地反映并且鼓励形成一种扩张性的创作者
自治的感觉。

　　5. 今天人们对于自治价值的坚信

　　这个范围广泛的自治概念，为当下知识产权政策问题带来了

某些非常实际的效果。首先，正如我在此前所言，它把我们的注意力从这个主导当下争论的议题——即传播技术以及一般意义的技术体系——转移开来，重新回到个人创作者的身上。它重新唤起我们对于在制度背后的人，也就是所有这些"内容"的创作者的兴趣。其次，因为它非常直接地将财产表达为一种权利，这就无形之中把创作者的利益提升到一个很高的水平。这种对于财产的思考方式，就把创作者从争权夺利以及功利主义权衡的畛域中解脱出来；它使得创作者成为一个受到特殊关注的阶层。在此过程中，它指明了在政策上的一个总体性再定位，以及一系列更为细致的政策调整。

康德在其论著中所提出的这个一般性政策，事关鼓励大量存在的小规模创造性实体（creative entities），而对于数量较少的大规模实体，则政策相反（我在这里所说的是创造性实体，不仅因为正如我在第 7 章所讨论的，小型创造团队提供了许多纯粹个人性创造力的优势，而且还因为，在许多当代的创造性成果中，严格意义上的个人生产通常已经变得不可行了）。我们从一开始就必须理解，若严格从经济学术语来讲，将经济活动的整体打破而形成大量互不相连的生产单位，其实并不具备固有的优越性。作为一种经济产品的生产模式，分散化（disaggregation）并不比另一种替代性的集成化生产（integrated production）更具有任何道德上的优越性。在这里完全只是关系到净成本（net cost）——亦即，在将交易成本加入其中之后，由许多独立的生产者所创造完成的东西的成本是否低于将许多生产者集成为一家大公司所需的成本。从这个观点看，独立性的好处就转换成了经济学术语。通常，这些好处就围绕在独立生

82

产者这一方所付出的更加集中专注的努力上。经济学家奥利弗·威廉姆森（Oliver Williamson）称之为"高能激励"（high-powered incentives），[1] 他以此术语所表达的意思是，假如某位独立生产者做出了一个输入品，然后通过合同将它出售给一位买主，而该买主又将它用在某个更大的生产过程中，那么，可以预料这位独立生产者将会付出更大的努力。这个思想就是，当某人不得不通过合同来出售所生产的产品时，他在做出同样的输入品时就会施加更大的注意。这个故事的部分启示在于，相比于一家大企业内部的某个单位通过比较不正式的、科层制的程序从该大企业的另一个单位获得输入品，如果采用明文订立的合同方式，就可以更精确地写明产品质量和费用的标准。而另一部分启示，也是对我们而言十分重要的启示则在于，独立生产者会更加努力地工作，并且做事也更为专注。[2]

让我们再一次严格地从经济学角度来观察，独立生产之所以是人们想要的，只是因为它带来了较低的净生产成本（当然，这是假定这项输入品的质量提高或者成本降低胜过了因独立生产所导致的更高的交易成本）。这里并没有任何东西表明，独立生产就固有地是更好的。

但是，从一个略为不同的视角——即康德式视角——来看，独立生产确实固有地是更好的。在效率之外，独立生产还具有某些

---

[1]　奥利弗·威廉姆森（Oliver Williamson），《治理机制》（*Mechanisms of Governance*），牛津：牛津大学出版社，1996年，第43页。

[2]　关于这篇文献的一个摘要，参见罗伯特·莫杰思（Robert P. Merges），"财产权利的一个交易观点"（A Transactional View of Property Rights），《伯克利技术与法律杂志》（*Berkeley Tech. L. J.*），第20卷（2005年），第1477页。

重要的个人与社会价值，这就意味着，我们作为一个社会来讲，就应当承受相比于由一种严格地以效率为依据的观点所指示的稍高的交易成本。这样一种政策再定位必然具有概括性，所以，这里还需要通过某些具体的应用，来显示我所讨论的这些内容。

将知识财产理解为其中包含了创作者的自治，这就使得我们在解决那些在当事人之间旗鼓相当的案件时，亦即其中对于知识产权保护的成本与收益均存有疑问的情况下，倾向于创作者这一方。这一点已经开始在许多情形中发挥作用了。其中一个例子涉及这样一组案件，某位创作了受保护作品的作者许可他人将其作品使用在某一媒介上，比如放映剧情片电影，但后来他将该作品以一种新的传媒技术，比如发行录像带或者 DVD 的方式来加以利用，他对此提出异议。① 有时，合同条款写明了如何解决此类情形，但有

83

---

① 参见，例如布西与霍克斯音乐出版有限公司诉华特迪士尼公司案（*Boosey & Hawkes Music Publishers Ltd. v. Walt Disney Co.*），145 F. 2d 481, 487（2d Cir. 1998）［这是涉及"电影权"（film rights）许可的案件，其中，电影著作权的所有权人布西公司主张，它应当可以与另一家公司就该电影的录像带版本而签订新的合同，但法院判决却支持迪士尼公司，后者获得了布西公司最初的电影权许可；"对于迪士尼许可协议中的文字，更合理的解释应当是，它包含而不是排除了将一部电影以录像形式发行"］。另参见柯恩诉派拉蒙电影公司案（*Cohen v. Paramount Pictures Corp.*），845 F. 2d 851（9th Cir. 1988）（解释了"电视"权）；派拉蒙公共公司诉美国"Tri-Ergon"公司案（*Paramount Publix Corp. v. Am. Tri-Ergon Corp.*），294 U. S. 464（1935）（"录音制品"的权利）。关于法院在这些案件中所采用方法的一个摘要，参见梅尔维尔·尼默（Melville Nimmer）与大卫·尼默（David Nimmer），《尼默论著作权》（*Nimmer on Copyright*），纽约州阿尔巴尼市：马修·本德出版公司（Matthew Bender Publishing），2010年，第 3 卷，第 10.10 ［B］节［它对比了这些案件中的两种观点，（转下页）

时并没有写清楚。在没有清楚写明的情况下，假如有一项政策规定，当事人对于新一代传媒技术是否包含在最初订立的合同中产生怀疑时，应当将该合同解释为排除适用于新的媒介，那么，这样的政策就是适当的。这个解释让该作品的创作者获得了解放，他可以为作品在新媒介上的使用而另签一份新合同，这有利于创作者的自治，并因此而受到优先考虑。一项政策如果"将这种关系转到原创作者身上"，就使得创作者享有更大的行动自由，并在其作品创作之后的使用行为上享有更大的灵活性，那么，它就因此而促进了自治。

由于采取一种面向创作者自治的定位而提出的第二项具体的政策变化，则关系到知识产权的范围，在此情况下，特别是关系到专利的范围。我自己在以往的著述中已经表明，在某种情况下，充满活力的财产权提高了那些拥有高技能人群的独立性，因为他们所生产的是一种专门的技术性输入品——这种输入产品被结合到由其他公司（通常是大公司）所制造的产品当中。[①] 这方面的例

（接上页）一是支持许可人（创作者）一方的狭义观点，认为许可协议只包含了处于许可授权所明确规定之核心的那些媒介，另一种是支持被许可人一方的广义观点，认为许可协议包括了任何与原始授权所规定之使用具有合理相关性的使用]。《尼默论著作权》的作者表示其偏向于后者，即广义观点——它是倾向于被许可人一方的，而基于我在正文当中所阐述的观点，我对此并不赞同。

① 参见阿希什·阿罗拉（Ashish Arora）与罗伯特·P. 莫杰思，"特别供应的企业、财产权利与企业的边界"（Specialized Supply Firms, Property Rights, and Firm Boundaries），《产业与公司变革》（Indus. & Corp. Change），第13卷（2004年），第451—475页；莫杰思，"财产权利的一个交易观点"，前揭。

子，比如一种用于制造药品的特殊化学分子、一块用于手机的触摸屏、一套用于工业机器或者半导体制造的检测设备。在诸如此类的输入品上所存在的财产权，使得其生产者可以设立一家分离的独立企业，并将其所生产的输入品以一种独立的交易（arm's-length transaction）出售给另外的公司。而作为另一种替代性安排，则是由某家大公司的雇员成为该种输入品的生产者，那么，与后面这种安排相比，独立生产者能够在一家独立企业工作，就使得他们对自己的工作拥有更大的决定权，对他们的职业命运也有更大的控制力——也就是拥有更多的自治。①

第三项具体的政策，是关于在网络环境下作出同意表示的要求。有人曾经提出，从财富最大化的角度衡量，以这种方式表示

---

① 在经济学上，这种情况在很大程度上是从输入品购买人的角度来考察的；事实上，它就是众所周知的"生产抑或采购"难题（"make or buy" problem）。问题在于，究竟是将输入品的生产者作为其雇员，还是允许他们独立创建企业。在经济学文献中，它被构造为一个严格权衡（strict trade-off）的模型：由独立企业所生产的输入品在数量上的增加，需要与加大对雇员管理的控制进行权衡。我已经提出，在此对话过程中，引入一个规范性因素或许有所帮助；鼓励更多的小企业可能是一个好主意，即使严格来讲，它未必是最优的生产模式。参见罗伯特·莫杰思，"自治与独立：交易成本的规范性方面"（Autonomy and Independence: The Normative Face of Transaction Costs），《亚利桑那法律评论》（*Ariz. L. Rev.*），第 53 卷（2011 年），第 145 页。当然，确切地说，在多大程度上允许用这个规范性因素来推翻效率上的考虑，仍是一个难以回答的问题；我并不认为单凭鼓励自治的这个规范性价值，就能证明把效率消解掉是正当的。我更多地把这个价值看作是在这个等式中的"加分因素"（plus factor）。

同意所带来的负担可能远大于它的价值。[1] 某些同意表示，若作为某一类别来看，确实可能都抵不过它们对于将来潜在的被许可人（would-be licensees）所施加的成本。也有一种主张则是基于网络创作者的自治而提出来的，其认为社会对于前述结论不应当如此草率而为。

在这里，效率可能并不是一个充分的政策依据。某种更深层更基础的东西所预示的结果，就会不同于根据简单的功利主义计算所得出的结论。我们当中那些沉浸于康德著述的人已经看到，康德的视角可以帮助我们确定并且充实那些超越了纯粹功利主义的价值。如果知识产权是客观的、真正的权利，那么，它们有时就会胜过诸如效率之类的所谓"纯粹利益"的东西。在线同意表示，可能就是这样的一种情形。[2]

84　三、弃权的重要意义

在康德关于财产的思想中，自由处于中心地位，这在一系列段

---

[1]　参见劳伦斯·莱西格（Lawrence Lessig），《自由文化》（*Free Culture*），纽约：企鹅出版社，2004 年（他注意到"在自由与被控制之间的大致分界，现在已经慢慢消失了"，但是，不太自由的文化是存在的，因此，我们的文化仍然是，只能"基于授权"才可以使用）。一般性参见，本书第 8 章，"数字时代的财产权"。

[2]　为了更大的作者权利而要求他人承担更高的获得授权的责任，对此所提出的一个扩大式抗辩，在本书第 8 章"数字时代的财产权"中予以阐述。请注意，在下文所描述的康德对于弃权的全面性赞同，在某种程度上就减少了这种具有法律效力的责任。

落中皆有体现，其中的多处我们在此前已予以评论。我在这里想要多加一段，说明弃权概念在康德场景中的重要意义。虽然它的来源不太清楚，但该思想对于当下的问题却非常重要。它解决了创作者选择权中的一个关键方面：针对归其所有的某物的财产权，权利人享有自愿放弃或者弃权的权利。

在他写于 1785 年的一篇书评中，康德考察并最终否定了一项关于自由与强迫的主张。其中所涉及的，是一部带有康德色彩（Kantian overtones）的关于自然法的图书，作者是德国法学家戈特利布·胡费兰（Gottlieb Hufeland）。[①]胡费兰在这本题为《论自然权利的原则》（*Essay on the Principle of Natural Right*）的书中主张，一个人在面临某种对其权利的潜在侵害时，享有一种单独的自然权利，可以利用强力来阻止该侵害行为。[②]康德对此予以驳斥，其依据是，有关一项权利的思想本身就已经包含了强制他人不得侵害该权利的可能。让康德对胡费兰的主张感到不安的是，该主张以一项要求提高自身或者增强自我完善的假设性义务为前提。康德认为，这样的主张是荒唐的，因为这就意味着，一个人为了完成这项自我完善（self-perfection）的义务，就必须最大程度地去强制实现自己的权利。[③]按照胡费兰的设计，对于自然权利的强制执行，就几乎

① 参见 "Gottlieb Hufeland"（戈特利布·胡费兰）条目，维基百科，可见于：http://en. wikipedia. org/wiki/Gottlieb_Hufeland。

② 这篇书评重印于普鲁士科学院版康德著作全集，普鲁士皇家科学院，《康德著作全集》（*Kant's Gesammelte Schriften*），柏林："Georg Reimer" 出版社，即后来的德古伊特出版社（Walter de Gruyter & Co.），第 8 卷，第 128—129 页。

③ 艾伦·伍德，"康德实践哲学的最终形式"，前揭，第 1—21 页、第 7 页。

总是暗示着一种强制执行的铁定义务（ironclad *duty* to enforce）。康德对此同样给予反驳，而这就意味着，对于权利人的行为自由保留其开放性是具有重要意义的。康德说，任何在权利的定义中包含完全强制执行的必要性，就会因此变成它的一件约束自身的紧身衣，而这样的定义，从根本上是说不通的。康德式权利则意味着要扩展个人的自由，提高其自治。在这样的定义安排中，就没有强制性执行的一席之地了。

康德反驳意见的本质在于：胡费兰的权利思想中没有包括弃权的概念。放弃一项权利就是选择对它松手，选择不将其强制执行。鉴于康德支持内容广泛的权利，并以之支持人类尊严与个人自由，因此，这一点实在兹事体大。康德显然想到，将权利的授予与权利的强制执行分开是必要的。正如我们从康德对财产的描述中所看到的，权利的功能是为了让那些想要将其意志作用于世界的个人进一步扩大接触范围，并为此提供保障。但是，限制权利人，要求其最大程度地强制执行这样一项权利，却是在对这些目标起反作用。换言之，权利意味着扩大个人自由的范围，而不是对它加以限制。

如何将康德关于弃权的思想专门适用于财产权呢？请回顾一下，对康德而言，国家在许多对象上授予权利是十分自由的，因为一个自由的个人可能想要将其意志投射其上的正是这些对象。但是，将权利予以强制执行的自由，则是另一回事了。强制执行是一件由作为个人的权利人而非由国家来决定的事情。在此，个人自由就呈现为一个重要的新维度：财产权作为实现个人尊严与自治的工具，不能让它反而成为一件紧身衣，限制权利人的自由。通过将强制执行的决定权留在权利人手中，在财产权"授予后"阶段的选择自由就得以保留。根据康德的观点，国家有义务允许范围广泛的财产权主张，但同时，它被禁止对权利强制执行的条件作出决定。再次重申，将自治——个人选择——最大化是组织原则（organizing principle）。而在财产的情形中，使之成为可能的工具就是弃权。

（一）为什么现在它起作用了呢

从理论上讲，弃权是自治的一个有趣的方面：放弃权利的自由。而在实践中，却没有比它更重要的了。康德思想的这个部分，与我们今天面临的问题有着某种深远而直接的相关性。

弃权清晰地剖开了在个人财产与集体效率两者交叉处存在的一组棘手问题。弃权可以用来帮助回答这个重大难题：我们应当如何对以下两个方面加以调和，一方面是个人财产权的传统，另一方面是便于人们接触各种各样广泛分布的信息的需求。弃权为这个难题带来了令人难以置信的希望，因为它在关于创作者对其所创作的东西拥有控制权的这个基础信仰（bedrock belief）上仍然成立，但同时又促进了人们对大量作品的接触使用。当弃权受到鼓励并且广泛实施，特别是当它为了促进分享而与大规模的技术—法律制度相结合时，它就可以在不牺牲对个人所有权的尊重的情况下，减少交易成本。灵活性自治（autonomy with flexibility）：这就是我们作为社会整体所应当寻找的魔力组合。

或者，也许我们应当说，这是我们作为社会整体通常在实践中实际拥有的组合。许多反对增加知识财产的批评家们，大力支持关于过度财产化的主题（overpropertization thesis）。[①] 但对我来说，这里存在着一个关键性的概念错误。这些论述的一个重要方面是，错把"纸面上的法律"（law on the books）当成了"实践中的法律"（law in action）：他们未能解释在许多情形中的这个事实，即在绝大多数情况下，知识产权时常要么没有完全地得到强制执行，要么最终未被有效地执行。那些认为知识产权过度扩张的批评者，并不理解在今天的知识产权环境中，弃权是普遍存在的。[②] 当然，对

---

① 参见，例如詹姆斯·博伊尔（James Boyle），《公共领域：思想公共品的圈占》（*The Public Domain: Endosing the Commons of the Mind*），康涅狄格州纽黑文：耶鲁大学出版社，2008年，第42—53页；詹姆斯·博伊尔，"第二次圈地运动与公共领域的构建"（The Second Enclosure Movement and the Construction of the Public Domain），《法律与当代问题》（*L. & Contemp. Probs.*），第66卷（2003年春季），第33页。詹姆斯·博伊尔以一种与此相关的方式，描述了其所称的产权化的政治经济学，借助于这样的机制，竞争动力在某些情况下就导致企业追求比最优水平更强的知识产权（stronger-than-optimal IP rights）。参见乔纳森·M. 巴尼特（Jonathan M. Barnett），"财产作为过程：创新市场如何选择创新体制"（Property as Process: How Innovation Markets Select Innovation Regimes），《耶鲁法律杂志》（*Yale L. J.*），第119卷（2009年），第384页、第441—443页。

② 参见罗伯特·莫杰思，"混音的洛克 ;-)"（Locke Remixed ;-)），《加州大学戴维斯分校法律评论》（*U. C. Davis L. Rev.*），第40卷（2007年），第1259页、第1262页（"每天都有大量的知识产权拥有人自愿地放弃这些权利"）。那些提到放弃的人，以一种模糊的方式声称，这不足以保护业余创作者的利益，以及其他想要依靠知识产权的非强制执行手段的人的利益；然而这些阐述无法解释，为什么伴随着对创造性成果的过度财产权化而来的，却是一股生机勃勃的业余创作运动的兴起。参见，例如约翰·奎金（John Quiggin）与丹·亨特（Dan Hunter），"金钱毁掉一切"（Money Ruins Everything），《黑斯廷斯通信与娱乐法杂志》（*Hastings Comm. & Ent. L. J.*），第30卷（2008年），（转下页）

此现象的部分解释是，强制执行知识产权的成本非常之高；因此，常常是由于经济上的限制条件，阻止了知识产权人对其权利的强制执行。但是，即便因此造成的弃权算不上是理想的弃权情形，但这毕竟是当前知识产权图景的一个重要组成部分。而且，当然也有相当数量的不予强制执行其权利的决定，并非由于受到经济原因的牵制，而是出于一种利他主义的精神（spirit of altruism），[①] 或者基于一种"培育市场种子"（seed the market）的企图，即通过在眼前放弃创造性成果而寄希望于今后获得更大的市场份额。[②]

　　由于强制执行的高成本，也由于弃权，从而知识财产消费者在事实上的自由区（de facto zone of freedom）——如果你愿意那样说，也可称之为共享文化区域（zone of participatory culture）——其实非常之大。那种过于形式主义的关注焦点往往放在了（与"实践中的法律"相对的）"纸面上的法律"中，故而常常掩盖了这一点。大规模的共享倡议（sharing initiatives）不断增多，就是最好的证明，而这些倡议正是建立在弃权的法律原则之上的，并且结合了一种互惠性规范。

（接上页）第 203 页、第 246—247 页 ["如果说著作权的所有权人一般不会自找麻烦地去提起诉讼，那其实并非答案。……更好的做法是确立这样一项原则，例如，对享有著作权的材料作非商业性使用（在博客或者其他业余创作内容中使用）的，不构成侵犯著作权。……"]。

① 参见，例如，混音理论网站首页，http:// remixtheory. net/（2010 年 11 月 16 日访问）（在线资源，其目的是为了"主持、记录和推广那些探索当前的混音可能性的项目"）。

② 一般性参见，哈尔·瓦里安（Hal Varian）与卡尔·夏皮罗（Carl Shapiro），《信息规则》（*Information Rules*），波士顿：哈佛商学院出版社，1998 年。

86

（二）自愿性信息共有物

大规模的共享倡议范围广泛，从诸如拉里·莱西格（Larry Lessig）首创的知识共享（Creative Commons）、科学公共图书馆（Public Library of Science / PLoS）运动等的正式机构，到许多不太正式的个人创作者所付出的努力，不一而足。[①]为此而贡献其努力的每一个组织或者个人，都公开声明放弃其至少部分的财产权，以此来增加可以为至少一部分使用人所自由接触使用的信息。

让我们来考察其中一例。知识共享运动广为散布的标准格式的许可，允许创作者放弃他们对数字化内容（包括文字、音乐、照片、电影等）所享有法律权利的一部分或者全部。正如知识共享网站上清楚表明的，完全奉献（complete dedication）给公共领域只是其中的一个选项。例如，一位创作者可以将非商业性使用许可给公众，但保留其享有排除商业性使用（以及从中获取报酬）的权利。这实际上就是部分地将作品奉献给公共领域，而不是完全奉献。如果把权利比喻为一捆木柴，那么创作者只是从中抽出来几枝，放弃对它们进行强制执行的权利，也就等于把这些具体的权利奉献给了公众。各种的知识共享许可，就因此而可以被看作一份列有弃权选项的菜单，创作者自己可以从中逐项挑选。尽管受到知识共享许可约束的作品并不是每一件都完全进入公共领域，但是，每一作品的某些属性却进入了公共领域。因此这就潜在地形成一股强大的力

[①] 参见：http://creativecommons. org/；http://www. plos. org/。一般性参见，维基百科（Wikipedia），"Open Access（Publishing）"［开放获取（出版）］条目，可见于：http://en. wikipedia. org/wiki/Open_access_（publishing）。

量，增加了可以免费为各种使用人以多种方式使用而获得的作品的总量。①

　　市场力量也是鼓励广泛的弃权的。消费者喜欢免费。商业企业就努力地供给消费者所喜欢的东西。因此，如果人们偏好于那些附带赠送一点点额外免费的文化产品的，那么，一些有生意头脑的企业就可能提供这样的产品。② 而其他企业如果销售的是带有显著地限制自由的文化产品的，那么，它们要么把自己的产品做得特别有吸引力（用以抵消因为更大的限制而给消费者带来的价值损失），要么就得改变它们的限制政策。③ 事情就这么简单。换言之，这样一来，就应当有大量的内容可以被人用于制作混音、作品集锦，或者被人非常自由地加以使用。这里有一些可能是由商业公司实施的

87

---

① 一般性参见，迈克尔·J. 麦迪逊（Michael J. Madison）、布雷特·弗里希曼（Brett Frischmann）与凯瑟琳·J. 斯特堡（Katherine J. Strandburg），"在文化环境中创建公有物"（Constructing Commons in the Cultural Environment），《康奈尔法律评论》（Cornell L. Rev.），第 95 卷（2010 年），第 657 页（分析了规范借助于为一种文化"公有物"的形成做出贡献的过程，达到信息的互换、出售与共享）。

② 同样的观点还可见于劳伦斯·莱西格的一本书，他在其中讨论了"混合经济"（Hybrid Economy）的出现，该种经济就涉及某种商业利用与分享的混合。在这个问题上，他的立场跟我就相当接近了，尽管我们最初在讨论的起点上是存在分歧的。劳伦斯·莱西格（Lawrence Lessig），《混音：在混杂经济中创造艺术与商业繁荣》（Remix: Making Art and Commerce Thrive in the Hybrid Economy），纽约：企鹅出版社，2008 年。

③ 参见罗伯特·莫杰思，"在公共领域中的一种新活力"（A New Dynamism in the Public Domain），《芝加哥大学法律评论》（U. Chi. L. Rev.），第 71 卷（2004 年），第 183 页。

使用，也有一些被业余人士使用，他们喜欢对作品进行混音并且加以推广。并不是作品的全部内容都会被免费分发，但有相当的部分确实会是这样的。[①]

　　那些没有被放弃的内容，又会怎么样呢？在知识产权未予弃权的情形中，它们将继续得以保留。而根据定义，这就会对他人的行为构成限制。可以说，这无非就是弃权的反面。自治必然包括了强制执行其权利的权利，否则，它不就变成一个谎言了吗。我理解会有这样一些人，如果不让他们对别人的作品内容完全乱搞一通，并且在上面直接打上自己的印记，他们就觉得自己被剥夺了某种重要的自由。但是我相信，如果强制他们只能在受知识产权保护的创造成果的周边去从事工作，或者要求他们可以进行评论但不能直接复制创造性成果的要素，那么，这样做的成本并不会太高。这个成本就是承认创作者的权利。权利总是伴随有负担。自治确实意味着自由（freedom），但它本身并不是免费的（free）：它需要付出成本。

---

① 虽然某些作品由于非常权威经典，以至于不存在任何有效的替代品，可以让其较少带有使用上的限制，但是，知识产权法还是允许对它们加以批评［例如，某篇文章或者整个网站专门声讨"作为意识形态的芭比娃娃"（Barbie as Ideology）］、评论（关于"反对限制'小美人鱼'景色"的文章），甚至进行滑稽模仿［对霍格沃茨魔法学校（Hogwarts Academy）与哈利·波特的故事大加嘲讽的一部戏剧］。然而，对权威经典的作品进行商业性混音，仍然可能被知识产权法所禁止。那么，这样做就限制自由了吗？的确如此，但是，这样的限制既是出于一种合理的原因（为了支持权威经典的作品），并且是以某种有限的方式为之（比如，一个人总还是可以从这些作品中提取思想，并且将这些基本思想吸收到自己的原创性作品中；可以对它们进行批评与评论；可以对它们进行滑稽模仿）。

在我看来，这恰恰是以真实而有意义的权利来保护知识财产所带来的一个必然结果。通过与政策的结合，康德式自治就因此而获得了最好的提升。财产权应当可以被广泛获得。放弃权利也应当是容易的。但是，从严格意义上讲，弃权应当是一项自愿性措施。

四、康德与个人创作者共同体

贯穿本章，我已经给出暗示，尽管康德强调个人自由，但他在涉及财产问题时，却并不持绝对论。就跟洛克那样，他对财产给予显著限制，并不只是将这种限制放在某种关于初始财产拨归的理论上作一些点缀；相反，他是把它们作为其中一种基本原料成分来制作的。对于所有权这种法律权利，康德把它定位在一个适用于全体公民的广泛的义务网络（web of duties）之中。本节的内容就是对这些限制进行解释，并且阐明它们是如何贡献于一种既具约束性又是自由的财产理论的。

康德的理论紧紧抓住两大价值：每一个人的尊严与价值，以及人类共同体的重要性。在其所表述的那么多的问题当中，康德的关注始终在于对这两个看似不可调和的自由主张进行调和与平衡。因此，康德作为典型的集大成者（quintessential integrator），当然不会满足于构建一套一边倒的法哲学，例如现代纯粹形式的自由意志论（libertarianism）。[1]事实上，在康德讨论财产的著述中，最重要的也

---

① 我所想到的当然就是这本书，罗伯特·诺齐克，《无政府主义、国家与乌托邦》（*Anarchy, State and Utopia*），纽约：基本图书出版社（Basic Books），1974 年。

是我们将会看到的在知识财产背景下非常管用的一个方面在于，所
有权概念的建构必须以不干涉任何他人的基本自由为目的。他这样
88　说是什么意思呢？这里有没有任何可能适用于当下的知识产权政策
的问题？

（一）财产：从义务网络到一项权利

在康德的财产叙事中，他人或者第三人的位置是通过义务概
念而加以确定的。康德首先承认，当一个人（甲）占有某物时，其
他任何人就负有一项义务，不得在该物上损害甲。当把所有其他人
（除甲之外的每一个人）的义务拉在一起，并且以一种统一的方式
加以观察时，它们就构成了一项财产权利。换言之，财产就是任何
其他人对于甲所承担义务的总和。① 康德研究学者凯文·E. 多德森
（Kevin E. Dodson）将该原则解释为：

> 　　我被授权针对任何可能对我实施不当行为的人而使用强
> 制力，正如他人被授权针对我而使用强制力，以便阻止我对他
> 们实施任何的非正义行为。因此，"严格的正义（strict justice）
> 可以被表示为一种普遍的相互使用强制力的可能性，而它是
> 与任何人根据普遍法则所享有的自由相一致的"。那么，我

---

① 关于康德思想在这方面的自然法前身，你可能需要阅读下文，布莱恩·蒂梅
（Brian Tierney），"放任的自然法与财产：从格拉提安到康德"（Permissive Nat-
ural Law and Property: Gratian to Kant），《观念史杂志》（*J. Hist. Ideas*），第 62 卷
（2001 年），第 381 页，特别是第 395 页［其引用康德《正义的形而上学因素》
（MEJ），拉德版，第 36 页］。

们就发现，自由与强制被结合到正义或者关于权利的同一个概念之中了："正义（或者关于一项权利）的概念可以被认为直接包含了普遍的相互强制跟每个人的自由相互结合的可能性。"①

请注意财产拨归，本章到此为止都是根据自由来描述它的，但是，对它的探讨也可以根据相反的术语：即强制或者强制性服从——这是在一项义务背后所隐含的力量。根据康德的观点，在一个正义的社会中，我们之所以自愿承担这样的义务，是因为其他人也承担着同样的义务。因此，财产拨归——即一种个人的、单方的行为——就总是以一种相互尊重与互惠的精神而发生的。在财产权主张的情形中，互惠只不过意味着，财产拨归的个人行为总是并且固有地考虑到了他人需求的全部范围，亦即他人的自由。因为知识产权制度竭力想要在个人的财产拨归与第三人的自由之间做出调和，所以，康德思想就为该法律领域的理解和提高带来了巨大的希望。正如肯尼思·韦斯特法尔（Kenneth Westphal）所言：

> 康德对占有之权利所提供的正当性解释，没有涉及任何由他人负担的非正义的单方义务（unjust unilateral obligation），因为，在为他人设定义务以尊重我们的占有时，我们同样让我

---

① 凯文·E. 多德森，"在康德权利论中的自治与权威"（Autonomy and Authority in Kant's Rechtslehre），《政治理论》（*Pol. Theory*），第 25 卷（1997 年），第 93 页、第 99 页（引用康德《权利的科学》）。

们有义务尊重他人的占有。这不是单方义务,因为我们承认他人就像我们自己一样:在一个资源有限的星球上,有限的理性代理人生活得如此接近,从而可以与我们以及我们所使用的物进行互动。[1]

由此导致的相互联结的义务,就构成我所谓的"所有权人的共同体"(community of owners)。[2]

义务—财产的关联性就因此成为在财产拨归时应当考虑第三人限制的依据。为深入理解这种关联,我们首先需要掌握由权利人所负担之义务的本质。为此,我们求诸返还原物原则(principles of restitution)。

将他人已经合法主张的东西拿走,这是一种损害行为,也是法律所关注的中心。若按这种方式来阐述就可以发现,康德关于义务与财产的思想跟温迪·戈登的那篇关于返还原物与知识财产的经典论文之间,有着某种非常强烈的相似性。如同康德那样,戈登将财产的本质看作是由他人抑制自己使用已归某人合法主张的东西的义务所构成的。有关返还原物的传统话语采取了这样一种原则,即乙不得从甲所花费的代价上不当得利。不当得利(unjust enrichment)处于康德财产观的核心,其财产观认为,财产就是对任何其他人所承担的、尊重某物原始占有人在先合法主张的共同义务的一种必然表达。同样地,戈登关于知识财产的返还原物理论

---

[1] 韦斯特法尔,"康德关于占有的正当性解释",前揭,第103页。

[2] 我在第4章中阐述了那些一无所有者的待遇。

（restitutionary theory of IP）表明，不得不当拿走他人之物，而如此简单的一项义务，就为真正的、具有对世性的财产权提供了根源。从这个角度看，戈登的理论含有一种彻底的康德精神。[①]

当然，关于义务—财产的关联性，还有比这个更多的内容。而为了看清楚这一点，我们需要回头再来观察这些问题。返还原物的依据是向合法的财产所有权人承担的一项义务。那么，财产所有权人本身的义务又是什么？康德对此说了什么？我们接下来考察康德关于权利的普遍原则，以便增加对这些问题的认识。

（二）权利的普遍原则

从集体义务转向一项实际权利的变动过程，这正是康德非常仔细地加以彻底思考的对象。早在《权利的科学》（DOR）一书中，在"权利的普遍原则"这个标题之下，康德这样说道："每一个行动，如果它按照某一普遍法则而可以与任何人的自由共存，或者

[①] 参见安德鲁·博特雷尔（Andrew Botterell），"财产、矫正正义与不当得利的诉因的本质"（Property, Corrective Justice, and the Nature of the Cause of Action in Unjust Enrichment），《加拿大法律与法理学杂志》（*Can. J. L. & Juris.*），第 20 卷（2007 年 7 月），第 275 页（将康德的理论用于作为不当得利的诉因）。我在第 5 章再回来讨论戈登如何利用有关返还原物这项传统的法律/政策工具的用语，作为适用"中层原则"的一个例子，而"中层原则"则是为逃避必须就深层的规范性问题（normative issues）达成一致意见而共享的或者共同形成的一套观念性术语（conceptual vocabulary）。因此，对我来说，戈登所言正与康德关于财产的观点完全相符；但是，对于那些坚定的（dyed-in-the-wool）功利主义者，或者任何拒绝康德理论的人而言，他们仍然不会跟戈登关于返还原物的讨论形成交集。这就是一个例子，说明了我在第 1 章谈到在知识产权领域存在"底部空间"时所指的意思，亦即，对于规范性基础的多元论者所存在的空间。

按照其准则，每一个人的选择自由可以与任何人的自由共存，那么，它就是正确的（right）。"① 这里显然与康德在其《实践理性批判》（*Critique of Practical Reason*）中所阐明的著名的"绝对命令"（Categorical Imperative）存在着某种密切的联系。正是由于绝对命令，合法的个人行为必须跟关于正确与错误（right and wrong）的理性的、普遍的原则相一致。② 由于这些概念之间存在对称性，因此，在这里先对绝对命令作一番简要评述，或可有助于我们的理解。罗伯特·保罗·沃尔夫（Robert Paul Wolff）写道：

> 康德主张，当［一个人］对自身赋予理性时，从逻辑上来讲，他就是在暗示地命令［他自己］遵守这样的命题，即该等理性对于其他处于相似情形中的任何代理人而言，也同样是好的理性。这个在意志一致性上的要求，可以被非常普遍地表达为某种命令。这是理性赋予它自身的，仅仅接受那些行为规则［用康德的术语即"准则"（maxims）］［而它的理性将是］

90

---

① 《权利的科学》（DOR），导言 C 节，6：230，格雷戈尔，第 387 页。

② 对康德而言，一项"准则"（maxim）就是一条行动的规则。参见罗伯特·保罗·沃尔夫（Robert Paul Wolff），"康德的道德理论在权利论中的完成"（The Completion of Kant's Moral Theory in the Tenets of the Rechtslehre），简·克内勒（Jane Kneller）与悉尼·阿克森（Sidney Axinn）编，《自治与社群：当代康德式社会哲学解读》（*Autonomy and Community: Readings in Contemporary Kantian Social Philosophy*），纽约州阿尔巴尼市：纽约州立大学出版社（SUNY Press），1988 年，第 39 页、第 41 页。

它对于任何理性的代理人，同样是强迫性的。……①

沃尔夫将这个逻辑归为绝对命令，但是，它在康德所称的权利的普遍原则（UPR）中同样可以适用。② 权利的普遍原则可以被

---

① 沃尔夫，"康德的道德理论在权利论中的完成"，前揭，第39—61页，引文见第41页。

② 在康德对《权利的科学》（DOR）所作的导言式评论中，这种与绝对命令的关联是非常明显。参见，例如，III, 6: 225，格雷戈尔，第379页（"绝对命令，其本身仅仅表明什么构成义务，它就是：依照一个可以同时被承认为普遍法则［universal law］的准则［maxim］行事。——因此，你必须首先按照其主观原则来考虑你的行为；但是，这个主观原则是否在客观上也有效，你只能通过下面这个方法才能知道：当你的理性使它经受这样的检验，即通过它同时把你自己看作普遍立法的，那么，它就取得了这种普遍立法的资格。"）。绝对命令与在康德高度体系化哲学中的权利的普遍原则（UPR）之间，存在着如下这些技术性差别，包括：（1）绝对命令是一项关乎人的内心、自我管理的道德过程以及限制个人自由意志的道德规则；（2）权利的普遍原则所关注的则是外在的、通过立法施加的义务，它们是"一般意志"（general will），亦即，理想化的理性立法意志或者权力的产物。这两者之间的关系既是复杂的，在某种程度上也是有争议的，因此，把康德纳入法哲学上的这场争议性辩论，就会大有问题，这场辩论是关于恶法亦法（非正义的法律是否"真正地"属于法律），亦即实在法与自然法之争的问题。要想感受一下康德在处理这些问题时所发生的混淆，请看这一段："根据合法的立法（rightful lawgiving）所确定的义务，只能是外在的义务。因为这类立法并不要求这种义务的观念——它是内在的——本身作为决定该代理人做出选择的根据；而既然它还是需要一个适合于该法律的动机，因此，这类立法只能与外在的动机发生关系了。伦理的立法（ethical lawgiving）则相反，它虽然是将内在的行为变成义务，但它并不排除外在的东西，而是适用于任何属于一般性义务的东西。但是，正是伦理立法在它的法则中包含了行为的内在动机（义务的理念），而外部的立法必然不会体现出这个特性，因此，伦理的立法不可能是外在的立法（转下页）

认为是与绝对命令相同的一种"普遍化"(universalizing)原则，除了它是在实在法的领域而非道德约束范围内运行。根据权利的普遍原则，"法律确保我们在以下范围内享有对于外在的选择自由的权利，即根据一条普遍法则，该自由与任何其他人的选择自由是并存的"。[①]康德相信，对生机勃勃的财产的需求，导致了市民社会的形

（接上页）（它甚至也不是从神的意志中产生的外在立法），虽然它可以容纳那些依靠外在立法而存在的义务作为它的义务，并在它自己的立法中把这些义务放在动机的位置上。"《权利的科学》(DOR)，6：219，格雷戈尔，第383—384页。你看明白了吗？一般性参见乔治·P. 弗莱彻（George P. Fletcher），"法律与道德：一个康德的视角"（Law and Morality: A Kantian Perspective），《哥伦比亚法律评论》(*Colum. L. Rev.*)，第87卷（1987年），第533页始，第537页；杰里米·沃尔德伦，"康德的法律实在主义"（Kant's Legal Positivism），《哈佛法律评论》(*Harv. L. Rev.*)，第109卷（1996年），第1535页。对弗莱彻教授在这个主题上的著述，下面这篇论文给予了评论与批评，彼得·本森（Peter Benson），"康德眼中的外部自由"（External Freedom According to Kant），《哥伦比亚法律评论》(*Colum. L. Rev.*)，第97卷（1987年），第559页。对绝对命令本身之复杂性的一个检验，以及康德对它的不同构想，参见保罗·盖耶（Paul Guyer），"绝对命令的可能性"（The Possibility of the Categorical Imperative），《哲学评论》(*Phil. Rev.*)，第104卷（1995年），第353—385页。在一位颇有建树的康德研究学者手中，可以感受到一种对于绝对命令范围的广阔性的体验，参见奥诺拉·奥尼尔（Onora O'Neill），《理性的建构：康德实践哲学探讨》(*Constructions of Reason: Explorations of Kant's Practical Philosophy*)，剑桥：剑桥大学出版社，1989年［其中提出，从公共辩护（communal vindication）——既针对知识也关乎行为的合法性——作为康德哲学的基石这个意义上而言，甚至康德的知识论（epistemology）也是服从于绝对命令的］。

① 沙伦·B. 伯德（B. Sharon Byrd）与乔基姆·鲁斯卡（Joachim Hruschka），"承认私法所有权的自然法义务：康德在其权利论中的财产理论"（The Natural Law Duty to Recognize Private Law Ownership: Kant's Theory of Property in His Doctrine of Right），《多伦多大学法学杂志》(*U. Tor. L. J.*)，第56卷（2006年），第217页、第219—221页。

成，如果考虑到这一事实，那么，认为财产是受到这种"普遍化"的限制，也就不足为奇了。随着权利的普遍原则的运用，财产权就是必须被授予的，因为它们是提高人类自由所必需的。但同时，这些权利也是受到约束的：它们必须不能过于广泛，以至于干涉到同胞公民的自由。按康德所述，我们或许可以说，财产既是必需的，但也必然是受限制的。[①]

对我们而言，它有两个有趣的特征：（1）它把这种或许归根到底只是自利的行为（self-regarding act）——亦即个人取得财产的选择——变成了一种受到合理的正义原则与平等原则约束的行为；（2）它使得在该领域的意志行使，受制于一种默示的约束——即某种"共同体良心"（community conscience），其构成对某人的自利行为的制约。这就不仅仅是一个大范围的但书，或者大字号的警示说明；它变成了一项普遍存在的、彻底的和高度限制性的原则，永久地阐明与影响着个人财产拨归的合法性。[②]

权利的普遍原则与洛克的附加条件当然存在某些相近之处，

---

① 一般性参见，罗伯特·B. 劳登（Robert B. Louden），"康德的善行伦理"（Kant's Virtue Ethics），《哲学》（*Phil.*），第 61 卷（1986 年），第 473 页。

② 伯德与鲁斯卡，"承认私法所有权的自然法义务：康德在其权利论中的财产理论"，前揭，第 221 页："在原初的土地以及它上面的万物所形成的共同体中，只要我们愿意，并且按照我们选定的目的，我们进行立法……所根据的就是我们有使用按我们的喜好所选择的外部物品的自由。我们在这个共同体中的立法，也遵守在先的必须联合起来的众人意志（a priori necessarily united will of all）。这个意志对每一个人施加义务，要求不得干涉他人已经取得并且宣布为其所有的选定物品。在先的必须联合起来的众人意志，则承认并且保障个人的财产所有权，以避免就外在选择对象的使用而发生冲突。"

但与后者相比，它设定了更为严苛的限制。毕竟，在实现个人的财产拨归行为时要求"留有足够的同样好的东西"给其他人，这是有可能的（就洛克本身而言），但这样做却仍有无法不能满足康德的"普遍法则"标准。这是因为，洛克只是在影响到其他人获得财产拨归的机会时，才会对财产拨归加以限制，而康德是在它影响到他们整体上的自由时就会这么做。自由包括但当然并不限于财产拨归的能力。它还包括与他人联合起来、表达自我以及通过各种方式采取行动或者行为的机会。某一项财产拨归，如果干涉了这些更为广泛的利益，那么，即便它满足了洛克的附加条件，仍有可能违反康德的原则。由于这个原因，康德财产理论的内在逻辑就非常适合用来解释宪法第一修正案为财产拨归带来的限制，其效果甚至优于约翰·洛克的劳动理论。

91

通过那些附加条件，洛克确保某一财产拨归不会超过其公正的资源份额而多占多拿。毫无疑问，这是有助于构建共同体的。通过将后来的财产拨归考虑在内，某一财产拨归就不是一种严格意义上的自利行为了；他人的需求以及将来的主张，就与财产获得者自己的需求那样，一起被计算在等式之内。这正是杰里米·沃尔德伦的理论基础，他据此非常深刻地讨论了在洛克《政府论》中所散发出来的强烈的、被有神论所激发的（theistically motivated）、平等主义的光芒。[1]

---

[1]　杰里米·沃尔德伦（Jeremy Waldron），《上帝、洛克与平等：洛克政治思想的基督教基础》（*God, Locke and Equality: Christian Foundations in Locke's Political Thought*），剑桥：剑桥大学出版社，2002 年。

康德的"所有权人的共同体"取得了与此颇为相同的效果。正如洛克那样，康德要求某一财产拨归从一开始，亦即从初始财产拨归发生之时起，就将其他人一并考虑在内。而康德之所以这样做，也是基于一个非常相似的理由：因为他考虑到了其他人的需求以及潜在主张，其重要程度是与所有权人相同的。

（三）天才般创造的社会性方面

康德关于个人的全部讨论，与今天人们关于创造性的主流观点，特别是与某些知识产权学者的观点格格不入。[①] 在近来的学术研究中，学者们主要强调的一个重点，是创造性成果的高度社会性。一般观点认为，具有创造性的个人是在一片如此丰富而充满刺激的思想海洋中游泳，因此，如果人们只向仰泳或者自由泳的个人选手表示祝贺，那是不对的。不过很容易看出，从我行文至此的内容当中，可以预料康德会不假思索地拒绝上述观点所采用的方法，而是支持另外一种研究计划，即将注意力集中在游泳选手的身上，而不是在那片大海上。这种观察视角的变化，就把我们的注意力拉回到较早期的一种知识产权研究上，它强调的正是个人创造性贡献所具有的重要意义。

---

① 参见，例如，约卡伊·本克勒（Yochai Benkler），《网络财富论：社交生产如何转变了市场与自由》（*The Wealth of Networks: How Social Production Transforms Markets and Freedom*），康涅狄格州纽黑文：耶鲁大学出版社，2007 年，第 60 页［他把"以公有物为基础的同人生产"（commons-based peer production）赞颂为美德，而不是流行一时的怪念头，它可能从根本上重塑数字生产的生态］。一般性参见，第 8 章"数字时代的财产权"。

　　同时，如果说康德对个人的兴趣就意味着他对更大规模的共同体缺乏兴趣，那么这种看法也是错误的。他与今天的学者在这个认识上是相同的，即具有创造性的人们相互之间存在深刻的影响。但是，与当今知识产权理论家们不同的是，康德花费更多的精力来思考该种影响是如何从个人流向共同体的，而不是相反。康德在《判断力批判》中讨论了这些问题，其中谈到由某一类特别有趣的作品即天才创造所带来的，我们可以称之为社会效果（social effects）的东西：

　　　　按照这些前提条件，天才就是一个主体在对其认识能力的自由应用中，其自然禀赋所呈现的典范的原创性。这就表明，一个天才的产品（按照其中应归于天才而不应归于可能的学习或者训练来看）就不是一个模仿的榜样（如果是这样，那将意味着，正是构成作品之精神的天才因素就会丧失），而是被另一个天才追随的榜样。……但是，由于天才是自然的宠儿——这类东西，人们只能视之为罕见的现象——所以，他的榜样就为别的优秀头脑产生了一种训练，亦即一种按照规则而在方法上的传授，只要环境允许，就能够从此类天才产品及其独特性当中汇集这些规则；就此而言，美术对这些人来讲就是一件模仿的事情，因为自然正是以某个天才为中介而提供了规则。①

---

① 《判断力批判》（*COJ*），第49节。关于天才与"规则"之间的关系，参见奥林·N. C. 王（Orrin N. C. Wang），"康德的奇异之光：浪漫主义、（转下页）

米尔顿·C.纳姆（Milton C.Nahm）在他颇具影响力的关于康德美学的研究中，把上面这段话称为"一个关于原创性天才之作用的精妙解释"，而其中"康德主张，由一位天才所创作的有关美术或自由艺术的作品就唤起了其他的天才"。[①] 在这里，对于个人贡献的强调并没有错。但是请注意：一个伟大的原创性贡献并不是造出一条死胡同；它是"唤起了其他的天才"。一件天才创作的作品就像一块多棱面的燧石，火星从中迸发出来，引燃了其他的思想，而其

（接上页）周期性与天才的误用"（Kant's Strange Light: Romanticism, Periodicity, and the Catachresis of Genius），《发音符号》（*Diacritics*），第 30 卷（2000 年），第 13—37 页，第 24 页（脚注略）："通过天才，就产生了某些像是一条规则或者一个概念的东西，但又不是规则或者概念，以此而实现了美的艺术创造。……康德的天才因此就以两种方式为艺术带来了规则：第一，作为原始的非规则（originary nonrule），允许美的艺术解决在其观念性与非观念性特征之间的矛盾；第二，作为非规则，它变成了艺术学院模仿的平常规则。"另参见保罗·盖耶（Paul Guyer），"康德在三大批判中追求的目标"（Kant's Ambitions in the Third Critique），保罗·盖耶（Paul Guyer）编，《剑桥康德与现代哲学指南》（*The Cambridge Companion to Kant and Modern Philosophy*），第 538 页（对康德来说，"我们的美学判断与实践，即使它们不可能以决定性的原则为根据，也仍然具有一种理性的基础"）。

① 米尔顿·C.纳姆（Milton C.Nahm），"艺术的创造性"（Creativity in Art），菲利普·P.维纳（Philip P.Wiener）编，《观念史词典：关键性观念精选研究》（*The Dictionary of the History of Ideas: Studies of Selected Pivotal Ideas*），纽约：查尔斯·斯柯利布纳之子（Charles Scribner's Sons）公司，1973—1974 年，第 1 卷，第 577 页始，第 588 页，可见于：http://virgobeta. lib. virginia. edu/catalog/uva-lib:497916。另参见米尔顿·C.纳姆，《作为创造者的艺术家：人类自由论》（*The Artist as Creator: An Essay of Human Freedom*），巴尔的摩：约翰·霍普金斯大学出版社，1956 年，第 54—55 页。

他的个人创造者，则受到启迪而找到用武之地，并借此发挥出他们的潜能。这毫无疑问是一种社会现象。原始的创作者并不是在一片真空状态中工作，反过来，倒是那些后来者受到了一件天才级创造性作品的启迪。[①]

人际间形成的相互影响，而不是彼此孤立，这就是要点所在。由此而来的影响，要求许多人能够欣赏在某一件创造性作品上的相同的美学特征，即"美学判断的主体间有效性"（the intersubjective validity of aesthetic judgment）的一个要素。[②]后来的创作者为了获得启迪，必须首先理解和欣赏原始创作成果。那些受到启迪的人就证明了审美判断是具有人际间特性（interpersonal nature）。正如理

---

① 事实上，根据康德研究学者保罗·盖耶的观点，这段话不仅引入了一种对于天才的新的理解，超越了传统上将天才理解为某个撞大运一般的孤立事件；而且，它也为艺术世界中某种永久的先锋派开启了道路。盖耶写道："伊曼努尔·康德第一个承认了天才具有典型的独创性，这将是艺术史上发生持续革命的一种刺激与激发。……"保罗·盖耶（Paul Guyer），《美的价值：美学历史论》（*Values of Beauty: Historical Essays on Aesthetics*），剑桥：剑桥大学出版社，2005 年，第 10 章 "典型独创性：天才、普遍性与个性"（Exemplary Originality: Genius, Universality and Individuality），第 242 页。盖耶指出了康德的观念与我们的时代，即 "一个在艺术上永久革命的年代" 之间的相关性，同揭。盖耶还考察了康德和其他在 18 世纪的 "天才倡导者"（apostles of genius），令人惊奇的是，其中居然还包括约翰·斯图亚特·穆勒（John Stuart Mill）。与这些倡导者们一起，康德开创性地提出一种关于 "天才的艺术创新和个性" 在成本与收益上的解释，并因此开辟出一条新的道路，重新理解了艺术中的变革与持续性。

② 保罗·盖耶（Paul Guyer），《康德与品味的主张》（*Kant and the Claims of Taste*），剑桥：剑桥大学出版社，1997 年第 2 版，第 2 页。

查德·埃尔德里奇（Richard Eldridge）所主张的，对康德而言，伟大的艺术作品可以被许多人所欣赏，这一事实就表明，审美判断具有双重性：它基于某种共同的人类基础，因此为人们所共有；同时，它又有能力识别出其中的新颖性与创新。正如埃尔德里奇所提到的，对康德来说，一件天才的作品"就是赋予新的意义"。①

这个共享的意义，就允许那些追随天才而来的人，可以创造他们自己的作品。一个共享的作品体系累积起来，就成为一种文化遗产（cultural inheritance），可以为任何人获得，并且被任何人（至少潜在地）享受。因此，审美判断的这种共享的内在能力（innate faculty），就为一种共享的作品体系（亦即，一种共同的文化）创造了条件。然后，同样是这个共享能力，又带来了在该文化内部进行某种创新的可能性，它会被其他人所认可，并且在此基础上继续创新。② 正是康德思想中的这个方面，埃尔德里奇如此评价道，"康德在平衡个人与文化、自然与人工对于艺术作品所作出的竞争性贡献上，给予了微妙的区分"。③

---

① 理查德·埃尔德里奇（Richard Eldridge），《浪漫主义的持续：哲学与文学论文集》（*The Persistence of Romanticism: Essays in Philosophy and Literature*），剑桥：剑桥大学出版社，2001 年，第 75 页。

② 纳姆是这样解释的："康德坚持认为，生产力并不是变化无常的。天才不可能摆脱所有规则的约束。想象力的引出，其本身也必须根据理解的法则（诸如因果、关系、必要性等范畴的来源）。"米尔顿·C. 纳姆，"艺术的创造性"，前揭，第 577 页始，第 588 页，纽约：查尔斯·斯柯利布纳公司，1973—1974 年，可见于：http://virgobeta. lib. virginia. edu/catalog/uva-lib:497916。

③ 理查德·埃尔德里奇，《浪漫主义的持续：哲学与文学论文集》，前揭，第 75 页。埃尔德里奇称，康德的这个方面，正是在其文章"传统与个人才能"（Tradition and the Individual Talent）中所提到艾略特（T. S. Eliot）（转下页）

93 **（四）财产与国家：鸡生蛋还是蛋生鸡**

对康德来说，对财产利益的保护是核心的诱导性因素，它引领处于自然状态中的人们走向联合并形成一个真正的政府或者市民社会。从一个牵涉知识产权的问题上，康德的这一立场就将他自己推向了洛克的对立面。众所周知，洛克认为个人权利——从财产权开始——是属于处在"自然状态"中的人们的。对洛克而言，市民社会是由作为个人的权利人自愿成立的，因为这是保护他们权利的一种更为优越的方法。① 康德并不这样认为。在《权利的科学》最重要的一些段落中，康德有力地主张，权利只有依据一种已经确立的法律秩序才是可能的；对他来说，关于某种"前政治的"权利，一种先于市民社会而存在的自然权利或者固有权利的观念，根本上是说不通的。事实上，根据康德的观点，完全意义上的权利若无某个正在运转的政府支持它们，是不可能的。康德将完整的、正式的权利理解为是与一个建立在"一般意志"（general will）上的合法政府同时组成的。权利与政府，政府与权利；它们是康德政治思想中

（接上页）观点的来源，同揭，第 76 页。埃尔德里奇还提到了追求自由的"第二顺位"的能力（"second-order" capacity），类似于我们的吸收语言的能力；毫无疑问，我让它看作一种有益的方法，并借此来构建我想要阐述的独创性与知识财产。我们的法律——在许多方面也是我认为的知识财产的深层逻辑——就应当是，通过对第一顺位的表达性作品的保护，来刺激这个第二顺位的能力，让它变得具有创造力。

① 考虑到洛克著作的语境，这当然是很有意义的：他是在为享有主权的人民有权重构政府的基本形式［即 1688 年的"光荣革命"（Glorious Revolution）］而进行辩护，反驳那种认为传统的君权是英国唯一合法政治制度的观点。

不可分拆的一对范畴。①

因此，我们可以说，康德相信国家或者市民社会是早于财产形成的（或者至少是同时发生的），而对洛克而言，正如我们在第2章所见，其认为财产的产生在先，国家的起源则在很大程度上是为了确认和保护人们从自然状态中正当取得的财产权。在这件事情上，就有关知识财产而言，康德提供的理论更具吸引力。国家在先、财产权在后的康德式顺序，似乎对于知识产权理论更为管用，因为在谈到知识财产时，如果我们想要动用任何一种有效的强制执行手段，那么国家绝对是必需的。尽管各种各样的理论家们在谈到物质财产时已经分析过，为什么国家的强制执行是相对于私力救济（self-help）或者"小圈子"（small circle）的相互容忍而出现的一种更为优越的替代方案，② 但是，若照此来解释知识财产的情形，却

---

① 里普斯坦，《强制与自由：康德的法律与政治哲学》，前揭，第24页："立法机关通过一部法律，以此而意图为公民施加一项他们在该法律未获通过时无须承担的义务。对无主财产的取得表明，私权就预设了这样的公权力关系（public authority relations）。一个按其自身的主动性而采取行动的人，单方面为他人施加一项新的义务，要求其远离该财产。这样一种单方行为，只有在考虑到其具有一种更为一般性的全方位授权（omnilateral authorization）时，才可能与他人的自由相互并存。全方位授权只有在一种正当的条件下（亦即，在一个已经建立的市民社会中）才是可能的。基于同样的理由，任何其他的合法行为，包括解决私人之间的争议或者强制执行一项有约束力的争议方案，也都必须有合法的授权。"另参见伯德与鲁斯卡，"承认私法所有权的自然法义务：康德在其权利论中的财产理论"，前揭，第221页。

② 参见，例如约翰·昂贝克（John Umbeck），《一种财产权理论：在加利福尼亚淘金热中的应用》（A Theory of Property Rights: With Application to the California Gold Rush），艾默斯：爱荷华州立大学出版社，1981年。另参见（转下页）

几乎没有什么必要。虽然一些有趣的著述曾经将社会规范作为国家强制执行的一种替代，但是，我称之为"私人性的知识财产制度"（private IP systems）的文献还是彻底承认，这些社会规范只是罕见的例外，而从主要的方面来看，知识产权法还得依赖于一个强大的中央国家，以使之切实可行。[①] 在知识财产领域，一项财产权的首

（接上页）罗伯特·C. 埃利克森（Robert C. Ellickson），《无法的秩序：邻居之间如何解决争议》（ *Order without Law: How Neighbors Settle Disputes* ），麻省剑桥：哈佛大学出版社，1994 年。

① 参见，例如多坦·奥利亚（Dotan Oliar）与克利斯托弗·斯普里格曼（Christopher Sprigman），"（从此再）没有免费的笑声：知识产权规范的出现与滑稽喜剧的转变"［There's No Free Laugh (Anymore): The Emergence of Intellectual Property Norms and the Transformation of Stand-up Comedy］，《弗吉尼亚法律评论》（ *Va. L. Rev.* ），第 94 卷（2008 年），第 1787 页；罗伯特·P. 莫杰思，"责任规则的契约化：知识产权与集体管理组织"（Contracting into Liability Rules: Intellectual Property Rights and Collective Rights Organizations），《加利福尼亚法律评论》（ *Cal. L. Rev.* ），第 84 卷（1996 年），第 1293 页（描述了在某些限定情况下出现的"私人性的知识财产制度"）；罗伯特·P. 莫杰思，"财产权理论与公有物：以科学研究为例"（Property Rights Theory and the Commons: The Case of Scientific Research），《科学哲学与政策》（ *Soc. Phil. & Pol'y* ），第 13 卷（1996年），第 145—167 页（在处理从事研究工作的科学家之间的关系上，社会规范修改了形式上的法律权利）；罗伯特·P. 莫杰思，"从中世纪行会到软件开源：非正式规则、独占制度与创新"（From Medieval Guilds to Open Source Software: Informal Norms, Appropriability Institutions, and Innovation），知识产权法律史研讨会（Conf. on the Legal Hist. of Intell. Prop.），工作论文（2004 年），可见于：http:// ssrn. com/abstract=661543（行会作为前现代的知识产权执法机制，但是，随着技术变得非常"公开"，以至于无法有效地在团体内保持秘密，它的机制作用就失效了）；罗伯特·C. 艾伦（Robert C. Allen），"集体发明"（Collective Invention），《经济、行为与组织杂志》（ *J. Econ. Behavior and Org.* ），（转下页）

要特征——即它的"对世效力"——是其核心的、至高无上的优点，因为对于"世界"来说，这使得发现并且在许多情况下复制那些有价值的信息变得容易了。在有体财产的情形中，为那些在物理上最接近于有价值资产的人达成非正式的安排，有时就可以完全起到某种保护这些资产免遭盗窃的作用。但是就知识财产而言，想要照此思路来达成有效的安排，却是困难重重。由一个中央政府机构来提供强制执行的手段，这对于任何有效运转的知识产权保护制度来说，始终是必需的。正因为这一点，康德对于国家的强调看来是完全合适的。

94

（接上页）第 4 卷（1983 年），第 1 页（在工业革命过程中，相互进行信息分享）。一般性参见，迈克尔·J. 麦迪逊（Michael J. Madison）、布雷特·弗里希曼（Brett Frischmann）与凯瑟琳·J. 斯特堡（Katherine J. Strandburg），"在文化环境中创建公有物"（Constructing Commons in the Cultural Environment），《康奈尔法律评论》（*Cornell L. Rev.*），第 95 卷（2010 年），第 657 页（它分析了规范如何为一种文化"公有物"的形成作出贡献的过程，以达到信息的互换、出售与共享）。有些人对于某些替代正式知识产权的规范的有效性提出了争议。比较以下两文，其一是卡尔·劳森蒂亚拉（Kal Raustiala）与克利斯托弗·斯普里格曼（Christopher Sprigman），"盗版悖论：时装设计中的创新与知识产权"（The Piracy Paradox: Innovation and Intellectual Property in Fashion Design），《弗吉尼亚法律评论》（*Va. L. Rev.*），第 92 卷（2006 年），第 1687 页（它主张，一种对知识财产不予保护的共享规范，实际上导致在时装产业的更多创新，而这样一种动力，也可以在其他行业起作用），其二是斯科特·C. 亨普希尔（C. Scott Hemphill）与珍尼·萨克（Jeannie Suk），"时装产业的法律、文化与经济学"（The Law, Culture, and Economics of Fashion），《斯坦福法律评论》（*Stan. L. Rev.*），第 61 卷（2009 年），第 1147 页（它令人信服地主张，如果成功的时装设计很快就被人复制，那么，这将损害时装行业的创新，因此，知识产权制度应当为时装业提供某种有限的知识产权保护）。

（五）国家、权利与功利主义的知识产权法

借着这个关于国家作用的讨论，现在我们就可以进入一个涉及知识产权法理论与历史的重要问题上来了。18 世纪在英国和美国发生的一系列案件，将制定法上的著作权保护与普通法保护理论推向相互争斗的地位。[①] 这些案件广受评论，被认为代表了自然法与制定法之间就何者为知识产权保护之根本来源所发生的一个冲突。[②] 事实上，对这些案件的理解存在一个广泛的共识，那就是，它们永远地否定了那种认为知识产权保护属于一种自然权利的看法。在这些标志性案件之后，人们已经形成共识，认为知识产权是由特定国家偶然形成的产物。创作者对于知识产权保护并不享有任何固有的权利；政府如果认为合适，可以授予这些权利，但对它们来讲，并不是任何绝对的权利。许多人将这一争论结果与从某种功利主义的——并且特别是美国的——知识产权法视角所取得的胜利联系起来。这种看法常常跟欧洲关于知识产权法的自然法传统形

---

① 这些案件包括米勒诉泰勒案（*Millar v. Taylor*）［4 Burr. 2303，98 Eng. Rep. 201（K. B. 1769 年）］与唐纳森诉贝克特案（*Donaldson v. Beckett*）［2 Brown's Parl. Cases 129，1 Eng. Rep. 837；4 Burr. 2408, 98 Eng. Rep. 257（1774 年）］。在美国，参见惠顿诉彼得斯案（*Wheaton v. Peters*）［33 U. S.（Pet. 8）591（1834 年）］。

② 参见本杰明·卡普兰（Benjamin Kaplan），《一种从容的著作权观》（*An Unhurried View of Copyright*），纽约：哥伦比亚大学出版社，1967 年，第 15 页；马克·罗斯（Mark Rose），"作者作为所有权人：唐纳森诉贝克特案与现代作者身份的谱系"（The Author as Proprietor: *Donaldson v. Becket* and the Genealogy of Modern Authorship），《符号研究》（*Representations*），第 23 卷（1988 年），第 51 页。一般性参见，莱曼·罗伊·帕特森（Lyman Roy Patterson），《历史视角下的著作权》（*Copyright in Historical Perspective*），田纳西州纳什维尔市：范登堡大学出版社，1968 年。

成对照。尽管简·金斯伯格（Jane Ginsburg）和其他人精心构撰的历史著述早就指出，对待事物持如此看法其实相当肤浅，并且存在缺陷，[①]但是，在通常的知识产权学术圈中，还是大量地贴上了这样的标签：美国是为知识产权法打上某种功利主义牌号的发源地；欧洲则盛行一种以权利为基础的自然法观点。

康德对于财产权，特别是关于国家作用的分析，为这种肤浅的二分法带来了某种最具刺激性的挑战。对康德而言，这场争论涉及的术语没有什么意义。美国—功利主义观（American-utilitarian view）是错误的，因为财产并不是任由一家特定的立法机关随心所欲去规定的某样东西。如果它是被普遍理性（universal rationality）所命令的，那么它就必须被制定为法律。立法上的自由裁量跟它完全不相关；或者毋宁说，任何理性的立法机关的自由裁量都是受到普遍理性的约束的。对普遍法则的需求消除了美国—功利主义观当中关于自由裁量的，或者也可以说是任意性的方面，后者认为政府可以对财产权随心所欲地予取予夺。一个正当组建的政府必然遵守理性正义（rational justice）的原则。因为这个原则包括了某种形式的财产——当然包括知识财产，所以结论很简单，这些权利必须得到确立。固然，在该制度的具体内容方面，还是有可能存在自由

---

① 简·金斯伯格（Jane Ginsburg），"一个关于两种著作权的故事：大革命时期法国与美国的文学财产权"（A Tale of Two Copyrights: Literary Property Rights in Revolutionary France and America），《杜兰法律评论》（*Tul. L. Rev.*），第 64 卷（1990 年），第 991 页。另参见亚当·莫索夫（Adam Mossoff），"反思专利的发展：一段知识史，1550—1800 年"（Rethinking the Development of Patents: An Intellectual History, 1550—1800），《黑斯廷斯法学杂志》（*Hastings L. J.*），第 52 卷（2001 年），第 1255 页（强调了美国专利法发展中的自然法方面）。

裁量空间的。但是，由于该等权利的存在是由理性与正义原则所命令的，这就不是自由裁量的事情了。

　　同时，对于欧洲的知识产权自然法观点，至少对其中的某些方面，康德也同样会予以否定。原因还得转回到国家的作用上。根据通常的自然法理论，自然权利是先于国家的建立而存在的。国家的职责是为了强制执行这些权利，以使之发挥最大能力。但是，在康德的思想中，却并无这样的前政治权利（prepolitical rights）的位子。权利的存在与国家的建立，是携手并肩一起完成的。权利是一般意志的表达，或者说，是一个正当成立的立法机关所作出的表达。它们并不是由国家确认或者批准的某样东西，毋宁说，它们纯粹是国家的一个产物。从某种重要的意义上来讲，权利是由国家共同决定的：国家是把权利带到世上的传送工具。没有国家，它们真的不可想象，因此，无论如何，它们都不可能先于国家而存在，至少不会以它们最终的、成熟的形式而存在。①

---

①　简单地说，康德反对将自然状态作为市民社会的一个有效的基础，因为（1）一个适当建立的国家具有那些不为任何个人所拥有的权力，因此，个人成员不可能通过一份简单的协议而将他们个人的权力联合起来就形成一个国家；（2）由某一世代的各成员组成一个自愿的联合，不可能有效地约束在后代出生的自治的个人。正如里普斯坦对此所解释的，"通过何种权力，[例如由洛克所描述的] 公约实践才能够约束不属于该公约缔约方的人们？"里普斯坦，《强制与自由：康德的法律与政治哲学》，前揭，第148页。同样地，康德主张，某人对于其自己身体的权利，依据财产权利来解释也是无效的。财产的关键，不仅是它代表了某个人的一种扩展，而且它以限制他人——第三人——的自治的方式而约束他们。康德说，没有任何单方的占有行为可以对他人如此具有约束力，假如它只是依据单方的偏好或者意志的话。（转下页）

随之而来的还有更进一步的一个观点。正如 18 世纪的标志性案件所主张的，将知识产权保护扎根于自然法当中，就意味着它们是永久性权利（perpetual rights）。虽然严格来说，所谓权利在时间上不受限制的看法，其实并非自然法观点的一个必然附属物，但它常常被当作该理论在逻辑上的一个产物。事实上，前文刚刚描述的美国—功利主义观，其之所以被构建起来，部分原因就是为了反击这种主张。如果知识产权纯粹是国家自由裁量的产物，那就必然得出，国家有权确定这些权利只可以在有限时间内享有（既然国家有权完全拒绝给予知识产权，当然就暗含着它有权授予一种受到限制的权利）。考虑到这些支持授予限制性知识产权的实用主义理由，这就提高了某种倾向于功利主义视角的强大信念。

之所以倾向于支持康德对于财产的理解，一个主要观点是它允许我们在这种传统的二元选择之外，另走第三条道路。我们可以主张，借助康德的理论，若符合普遍理性原则，就会产生知识产权的保护，那么同样地，为了符合普遍理性原则，就要求该种权利受到时间上的限制。与传统的自然法原则相区差别的核心在于，对康德而言，普遍理性的意志（universal rational will）就意味着，他人的需求是被结合在针对包括财产权在内的全部权利而进行的理性思考当中的。因为财产所涵盖的是稀缺资源，并因此而对众人之间的经济需求加以调节，所以，折中与调和势必成为其构造当中的一

（接上页）该行为必须依据一种合法的政治制度，亦即，它必须带有正当建立之国家的各方意志的授权，以便合法地限制他人的自由。参见里普斯坦，《强制与自由：康德的法律与政治哲学》，前揭，第149—150页。

个组成部分。康德研究学者保罗·盖耶对此是这样表述的：因为财产权取决于可为全体人合理接受的公约与双方协议，所以，在其身上的限制——比如以公平分配为目标而实行的国家管制——作为正义问题，可能就是必需的了。[1]康德思想的这种理性—公约特征（rational-convention feature），当然就是约翰·罗尔斯关于"原初状态"（Original Position）与"无知之幕"（Veil of Ignorance）思想的基础（在第4章中，我将它们用于解释知识产权制度的选择）。

对于在知识产权理论中占据主流的二分法，康德的普遍理性主义为两边各自保留了某些吸引人的特征。从自然权利的这一边看，我们保留了关于知识产权是真正权利的思想：它们所代表的权利主张是如此重要，以至于在面对冲突利益时也不能将其排除掉。那些讨论在知识产权领域中涉及宪法上的"征收"（takings）问题的少量文献，正是朝这个方面努力的一种动向，并因此可以说，至

---

[1]　盖耶，"自由主义的康德基础"，前揭，第235页。盖耶将财产跟诸如表达自由之类的其他权利进行对比。他主张，不同于对财产的管制，国家不应当被允许在表达上施加限制，因为个人的信仰并不依赖于双方的同意。同揭，第237—238页。参见安德鲁斯·里希（Andrews Reath），"评论文章：康德道德理论中的价值与法律"（Review Essay: Value and Law in Kant's Moral Theory），《伦理学》（Ethics），第114卷（2003年），第127页始，第129页（他对于盖耶的著作进行评论和扩展）。另参见里普斯坦，《强制与自由：康德的法律与政治哲学》，前揭，第155页（他主张，一个正当建立的国家不可以禁止所有的财产取得，但可以"以各种方式限制初始取得——例如，为将来的子孙后代而留出若干地方为自然保护区"）。知识产权的时间限制与这个例子具有高度一致性。

少部分地反映了康德的思想维度。① 同时，这个等式中的社会—公
约性的这一半（social-conventional half）使得我们认为，一般而言，
知识产权应当受到时间限制，而不是永久有效的，并且，国家在起
草与适用知识产权法律时，享有相当广泛的自由裁量权。正像康德
的普遍原则所要求的，假如考虑到其他人的自由，那么财产权只有
在一个正当有理的框架（defensible framework）内才可能存在。尽
管可以想象的是，除了时间上的限制，还可以通过各种方式为这种
自由提供通融，但是，时间限制仍然是一个非常有效的方法，可以
为权利以及第三人的自由这两边都提供保护——因此，时间限制
非常广泛地存在于实际的知识产权制度中。虽然具体法律制度的实
际细节并不必然遵从普遍的先验原则，但是，基于同样的道理，我
们也不必惊讶于实际法律规则确实常常反映并且体现了这些原则。
此外，当一项原则——比如知识产权的时间限制——在实践中得
到广泛采用，那就可能提供了强有力的证据，证明大家在关于何谓
公平的问题上，存在着某种共同的感觉。②

---

① 参见，例如，亚当·莫索夫（Adam Mossoff），"专利作为宪法上的私有财产：
历史上根据征收条款而给予的专利保护"（Patents as Constitutional Private Prop-
erty: The Historical Protection of Patents under the Takings Clause），《波士顿大学
法律评论》（*B. U. L. Rev.*），第 87 卷（2007 年），第 689 页。

② "但是，正如在自然形而上学中必然存在着这样的原则，以便把那些关于一般
自然的普遍的最高原则应用到经验对象上去，一种道德形而上学也不能缺少
这样的原则，而且，我们将经常不得不仅仅通过经验来认识的人的特殊本
性（particular *nature* of human being）为对象，以便在它上面表明（*show*）从
普遍的道德原则中能够得出的结论。但这样做并没有使后者的纯洁性有所损
失，同样并没有使其先天的起源（a priori source）受到怀疑。事实上，（转下页）

　　小结：我们可以说，对于康德而言，以下两种主张均属错误：
（1）像财产权之类的重要权利纯属自由裁量的结果（在此情况下，
它们将不能被称作真正的权利）；（2）这些权利不管怎么样，总是先
于市民社会的形成或者某个实际政府而存在的。相反，康德的论述
将引导我们得出这样的结论，知识产权是根本性的权利，但它们也
不可避免地必须考虑他人的需求与权利，因为它们是一组理想化社
会契约（social conventions）的产物，而通过立法所产生的实在法，
通常就反映了财产的这个他顾性方面（other-rcgarding face）。

　　不过，这跟那种把知识产权看成一种按成本与收益进行功利
主义计算所得出的结果的说法，却不是同一回事。对康德而言，"净
社会收益"确实常常来自于实际的财产制度，但是，这只是一种副

（接上页）这里要说的是，一种道德形而上学不能建立在人类学之上，但却可
以应用于它。"《权利的科学》，"导论"第 I 节，6：216—217，格雷戈尔，第
372 页（着重号是原文的）。事实上，确实有一种感觉，其中的经验性事实说
明了康德所描述的正义的基本原则的形成："因为……正义的概念是一个纯粹
的概念，而它同时也考虑到了实践（就是把这种概念运用到在经验里所遇到
的具体事例），由此得出，当［将概念］再分成细目时，正义的形而上学体
系就必然会考虑到这些事例在经验上的多样性和差异性，以便使这些细目达
到完整（在细目划分上的完整性是建立一个理性体系的必不可少的条件）。"
《权利的科学》，英译本 MEJ 版，序言，拉德，第 1 页。关于这里的细微差别，
参见杰里米·沃尔德伦（Jeremy Waldron），"康德的法律实在主义"（Kant's
Legal Positivism），《哈佛法律评论》（*Harv. L. Rev.*），第 109 卷（1996 年），第
1535 页。关于它跟传统上就自然法与实在法之间所发生的法哲学争论，参见
乔治·P. 弗莱彻（George P. Fletcher），"法律与道德：一个康德的视角"（Law
and Morality: A Kantian Perspective），《哥伦比亚法律评论》（*Colum. L. Rev.*），
第 87 卷（1987 年），第 537 页。

效应，并非激发其动机的一项原则。[①] 即使社会福利变成了负值，理性的平等主义财产规则（rationally egalitarian property rules）也仍然是必需的。申言之，这只是因为它所拥有的是一项权利，而不只是一种利益。

五、案例研究：公开权

康德的理论可能变得极度抽象。正如我在此前所提出的，这当然是一个优点，但是也可能给人造成一些小小的迷惑。我认为这个理论确实非常管用，并且，通过举例与应用，可以帮助我们来解释复杂的理论，所以，我现在转向知识产权法在现实生活中的一个问题，即公开权（right of publicity）的起源与本质特征。

公开权保护的是某一名人的人格（persona）。它可以表述为禁止实施下列行为：未经授权而销售该名人的照片；或者在广告中模仿该名人的声音，以致让人相信这是该名人在唱歌，而实际上却并

97

---

① 比较《权利的科学》，导论，第 I 节，6：216，格雷戈尔，第 371 页："理性命令我们应当如何行动，尽管找不到这类行为的任何榜样，而且，理性也绝不考虑这样行动可能给我们得到什么好处，这种好处事实上只有经验才能真正告诉我们。因为，虽然理性允许我们可以用任何可能的办法，去追求对我们有利的东西，而且，根据经验证明，理性甚至还可能向我们承诺，服从其命令的人比违反它的命令的人得到较大的好处，特别是那些经过深思熟虑的行为而服从命令的，更是如此，但是，尽管如此，作为命令（as commands）的理性戒律，其权威并不依赖于这样的考虑。"另参见里普斯坦，《强制与自由：康德的法律与政治哲学》，前揭，第 148—149 页（他指出，在通常安排与效率安排以及建立在某个合法的康德式状态基础上的安排之间是存在差别的）。

非如此；或者复制该名人的人格当中其他可以被人辨认出来的特征（recognizable features）。[①]

　　我在这里的主要兴趣当然是关于这种较为另类的知识产权的发展演变，但我还是有必要稍作停顿，先对该权利的特征略予陈述。初看之下，这对于解释我在之前所强调的关于康德的一些主题，可能反而是一个糟糕的例子。人格真的不属于一个被人发现的并且之后在其上施加意志的对象。无论如何，它不可能被人占有。事实上，无论根据康德的理论或者任何其他理论，把它作为知识产权保护的一个候选对象，看起来似乎都是怪怪的。

　　但在实际上，它又被证明相当完美地体现了康德的理论。让我们从关于对象——即人们自身之外的某样东西——的观念开始。我曾说过，对康德而言，对象是重要的，因为它们起到了某种平台的作用，人们可以在它的上面施加其意志。在公开权的情形中，我们可以把某人内在固有的某一原始才能或者特征设想为对象。对于一位演员，这可能是一个面部外形轮廓、一种声音、一系列天生的举手投足；对于一位运动员，则是某些在身体上的天赋异禀，比如一副强壮有力而适于做投掷动作的胳膊，或者两条结实的大腿。在大多数情况下，还需要付出努力——巨大的努力——才能将这些自然禀赋转变为那些造就一位成功的著名演员或者运动员的要素。这个努力就代表着与自律和想象的结合，若按康德的用语来表述，

---

① 参见罗伯特·P. 莫杰思、彼得·S. 梅内尔与马克·A. 莱姆利，《新技术时代的知识财产》（*Intellectual Property in the New Technological Age*），纽约：阿斯彭（Aspen）出版社，第5版，2010年，第1020—1051页。

我们可称之为意志。

　　为了充分开发这些才能，一位刚出道的演员需要做很多事情。其中之一是持续地控制他的训练与教育。但假如有某个权威人物处于主导地位，掌控着该演员的发展，他就会要么让该演员转到另一个领域从事强制性活动从而导致其事业中断，要么做出了其他的指令或者控制，而这位胸怀抱负的演员在规划他或她自己职业命运的能力，就将因此遭到挫折。换言之，某人为了完全实现自己的理想，就需要个人能够尽可能彻底地照着自己的想法来驾驭人生。

　　这种广泛的自我引导（self-direction），就是康德式占有的一种类型。对某人技能的开发一定不能被打断；某人自己人生规划的演变一定不能被他人的版本所阻断或者扭曲。为一朝成名所必需的人力资本，常常系日积月累而成。在这个累积的过程中，它必须不受外部力量或者外人的攫取、挥霍、耗损或者改向。康德说，某人一旦为了在上面铭刻个人意志而占有某个对象，那么，这个对象就脱离了其他人的范围［这是与诸如权利的普遍原则（UPR）等相一致的］。某人在成为著名演员的道路上从通过累积人力资本开始，也正是如此。因此，即使人力资本无法被物理性掌控，但它还是能够——并且，假如社会结构非常完善的话，也应当——为人所占有。① 当这种充满活力的占有性权利（possessory right）在一套合法

98

----

①　对这项占有的干涉看起来会是什么呢？它或许是由某一州的职业分配署（Department of Job Assignments）发出的一道指令，命令一位单簧管演奏家跑到一家鲜花店去工作或者跟一帮铺路工人为伍。或许是一道强制性命令，要求所有胸怀抱负的演员们在一次委托性的由该州赞助的爱国主义表演中露面。或许是一个要求，让一位有抱负的田径运动员在该州赞助的监狱（转下页）

的法律制度中被适当地组织起来，它就变成了一种财产权。该财产是以某个名人的人格为形式，而其所保护的则是累积起来的人力资本的化身。于是，我们就有了公开权。[1]

由此产生的在某人人格上的知识产权，事实上就是一个很好的关于"对象"的例子，说明它们值得产生在康德（也是在洛克）意义上的财产。[2] 这也是说明某种非物理性占有概念的一个绝佳的例子。一个人不可能从物理上拥有其人格；从定义上讲，它具有一系列超然的品质。人格可以通过一张照片而被抓拍或者表现出来〔想一想任何一位好莱坞传奇人物，就可以自我意识到由某位才华横溢的摄影师抓拍的那些"电影明星范儿"：贝蒂·戴维斯（Betty Davis）、亨弗莱·鲍嘉（Humphrey Bogart）、凯瑟琳·赫本（Kather-

---

（接上页）或学校中担任体操教练。这些例子虽然极端，但它们都表明，对于一个外部权力而言，如果对人们在这一方面，亦即他们对才能与人格的开发的占有上加以干预的话，就将意味着什么。这当然是对一件物品跟占有之间关系所作的一种广泛理解，而它与康德在财产问题上的方法是完全一致的。

[1] 有些人已经看到了康德在道德权利观念上的一种反思，该道德权利具有某种类似财产权的特征，也保护创造者的独一无二的人身特征。参见金·特雷戈尔—巴拉—阿姆（Kim Treiger-Bar-Am）与迈克尔·J. 斯彭斯（Michael J. Spence），"私人控制 / 公共言论"（Private Control/Public Speech），工作论文（2010年），可见于：http://ssrn.com/abstract=1020882。事实上，公开权与著作人身权这两者具有共同的理论基础，那就是自治的概念，这完全是一种康德的思想，参见罗伯塔·罗森塔尔·克沃尔（Roberta Rosenthal Kwall），《创造性的灵魂：为美国制订一项著作人身权法律》（The Soul of Creativity: Forging a Moral Rights Law for the United States），加州斯坦福：斯坦福大学出版社，2009年。

[2] 将一个人天生的才能视作某种"拾得物"（found object），这个观点与某人是否值得拥有其天生能力的这一主题相关，而这个难题在约翰·罗尔斯的哲学中得到了高度关注，也是我在第4章讨论罗尔斯的著作时所要继续讨论的问题。

ine Hepburn）、哈里森·福特（Harrison Ford）]，但是，演员（或者运动员以及其他名人）的本质却永远是超然于任何具体化身的。为了控制其肖像，也为了防止他人从中获利或者将之扭曲，就需要在物理性占有这个无须解释的事实（brute fact）之外，还有一种行之有效的财产权。知识财产就是这样的法律体系。因此，公开权作为保护这些人格的知识产权法组成部门，在某种程度上就是最具有康德意义的财产权。①

公开权的历史起源。

鉴于我在此前提到的，在康德的理念与实在法的现实世界之间存在着一种复杂的关系，因此，根据这种康德式背景而来追溯公开权的历史，将会很有意思。从 19 世纪后期开始，法律学者们首次将一些分散而少量的侵权规则加以整合，称之为"隐私权"（the right to privacy）。② 这些规则，顶多算是零散的判例，但其所围绕的个人权利，却可以此来阻止他人窥探他们的生活，出版令人尴尬的肖像或者其他私人性内容。这些判例明显地为第三人确立了一项义务，即尊重个人的隐私利益。

20 世纪 50 年代，隐私规则被适用于一系列涉及名人肖像的案

---

① 关于这个方面，以下论文作出了精妙的陈述，参见爱丽丝·亨默尔里（Alice Haemmerli），"名人属于谁？关于一种康德式公开权的情形"（Whose Who? The Case for a Kantian Right of Publicity），《杜克法学杂志》（*Duke L. J.*），第 49 卷（1999 年），第 383 页。

② 一般性参见威廉·普罗瑟（William Prosser），"论隐私"（Privacy），《加利福尼亚法律评论》（*Cal. L. Rev.*），第 48 卷（1960 年），第 383 页。

件，最主要的是涉及棒球运动员。[①] 这些运动员的肖像通常被印在随同泡泡糖出售的棒球卡上；无论在当时还是现在，总有一些球迷喜欢收集、交易和钻研这些棒球卡。在这里其实不存在任何侵犯著作权的情形，因为卡片的制作发行公司并没有复制由他人完成的照片或者图画。但是，法院的感觉是，假如运动员对这些卡片的销售没有任何话语权或者能够从中获利的话，那么，这对于他们是不公平的。

99

　　在这起经典判例"哈伦化学厂公司诉托普斯口香糖公司案"[②]中，哈伦公司对某些棒球运动员的照片的使用拥有独家许可权。哈伦公司提起诉讼，请求在其与这些运动员所签订合同的期间内，禁止被告托普斯公司使用相同运动员的照片，发行跟其相竞争的棒球卡。原告在提交法院的诉状中，涉及一项创造性的理论融合，其中之一是关于纽约州的"隐私"权。该案件之所以值得关注，是因为它标志着这样一个确切的时刻，即法律把保护他人隐私的义务转变为一项（准财产）权利了。该转换就发生在下面这段话当中，它首先考察了托普斯公司的主张，即隐私权并不能支持哈伦公司的诉讼请求，因为严格来讲，该权利是一种为防止他人对私人事务做出令人讨厌的公开而提供的保护，是一项要求不得侵入他人隐私的消极义务：

---

① 参见哈伦化学厂公司诉托普斯口香糖公司案（*Haelen Laboratories, Inc. v. Topps Chewing Gum, Inc.*）〔202 F. 2d 866（2d Cir. 1953 年）〕。一般性参见，威廉·普罗瑟，"论隐私"，前揭。

② 202 F. 2d 866（2d Cir. 1953）。

本法院的多数意见拒绝了［托普斯公司的］这一主张。我们认为，除了隐私权，或者独立于隐私权之外，……一个人在其照片的公开价值上还享有一种权利，亦即，将公开发表其照片的专有特权授予他人的权利。……是否为它贴上一个"财产"权的标签，这并不重要；因为在这里，当然就像在其他地方那样，"财产"这个标签只是标志着这样的事实，即法院强制执行的是一项具有金钱价值的权利主张。

这个权利可以被称作"公开权"。因为这是众所周知的认识，即对于许多著名人士（特别是演员和球类运动员）而言，因其肖像向公众曝光所带来的，远不是让他们的感情受到伤害，而是如果他们不再能够通过授权制作那些展示在报纸、杂志、公共汽车、火车和地铁上的广告并且推广他们的面容，从而来获得金钱，他们就会特别地觉得遭到了剥夺。这种公开权通常并不为他们产生任何金钱，除非它可以被作为一种专有授权的对象，阻止任何其他的广告商使用他们的照片。[①]

法院在这里推翻了这样的观念，即球类运动员只享有不让他们的感情受伤害的一种有限的权利。但直觉告诉我们，这种有限的权利并不能支持法院所寻求保护的行为。用专业术语来说，它并不像一项真正的财产权那样，是完全可转让的。人们对这种有限权利的处理，从最大程度上而言，也只是让某人针对他人侵犯其隐私的行为而可以放弃提出侵权诉讼主张。像这样的一种弃权声明

---

① 202 F. 2d 866，第 868 页。

（release）其实就是一份合同，实际上就等于说，"你伤害了我，但我会让你逍遥法外；我不会去起诉你的"。假如有一位像旧金山巨人队（Giants）的威利·梅斯（Willie Mays）或者波士顿红袜队（Red Sox）的泰德·威廉斯（Ted Williams）那样的著名棒球手，他从20世纪50年代起就与哈伦公司订立了这样一份弃权声明，但与托普斯公司并未订立这样的文件，那么，假如托普斯公司销售了未经授权的棒球卡，他就可以起诉托普斯公司。但是（这是关键点），哈伦公司不能去起诉托普斯公司。因为隐私权，亦即不让某人的情感因为他人未经授权的公开出版行为而受到损害的权利，是一种人身权（personal right），是一种令人不受伤害的有限权利。假如不存在一项真正的财产权，哈伦公司所能拥有的就只是一组人身权，其形式是针对责任追究的弃权声明。哈伦公司不可能拥有一项真正的财产权，因为这些棒球运动员本来就没有这样的权利，又如何可以给予哈伦公司。

　　这就是法院在提到"这种……权利通常并不为他们产生任何金钱，除非它可以被作为一种专有授权的对象，阻止任何其他的广告商使用他们的照片"这句话时所指的意思。这里透露该意思的是"专有授权"（exclusive grant）这个短语，因为这是经典的"财产权话语"。为了获得胜诉，哈伦公司必须从运动员那里取得某种法律上的权利——被授予的是一项财产权而不是单纯的一份合同——以"阻止任何其他的广告商使用他们的照片"。如果没有这样一种授权，哈伦公司就不会拥有太多东西（也因此不会支付给运动员太多的钱）。① 换言之，哈伦公司必须从棒球运动员那里获得某样东西，允许其阻止他人使用该运动员的照片。而这个"某样东西"（something）只能是一项财产权。财产权的确切定义，是一项"具有对世效力的"权利主张，它通常就被描述为一种在所涉及的特定法律利益上"排除他人的权利"（在这里所涉及的利益就是指对运动员肖像的使用）。

这个动机在很大程度上是实用主义的，但是，本案所争议的关于创设一种财产权的法律创新，则必需要有一个重要的观念性步骤，才能做到与本章关于康德的主题保持一致。从一个实践角度看，工作繁忙的棒球运动员不可能耗费精力来监测是否有哈伦公司的竞争对手未经其授权而销售棒球卡，并且一旦出现此类行为即提起诉讼。由哈伦公司来做这件事情，才更为合适。但是从法律上讲，假如这些运动员唯一的权利只是使其隐私免于受到侵犯的人身权，那么，哈伦公司就不可能来保护棒球运动员的利益。

纯粹人身性的权利主张只是产生一系列的双方义务。而棒球运动员所需要的，却是一种法律上的权利，它把所有这些人身性的权利主张转化为一个单一的、可转让的权利，而他们就可以将其转让（亦即出售）给诸如哈伦公司之类的公司。这个可转让的权利就把他们所有潜在的、针对第三人的人身性权利主张"捆绑在一起"

---

① 从专业上来讲，法院对此案似乎有些夸大陈述；它暗示着，以运动员享有"不让他们的感情受到伤害"的权利为根据而免于承担责任，亦即根据人身性的、有限的隐私权而予以免责，将是没有什么价值的。这种看法不可能在每个案件中都正确，正如它暗示着，侵权诉讼的和解一般来讲没有什么价值。当然，法院的总体观点还是正确的，即在这种情况下，合乎逻辑的需求就是确立一项全面的财产权利。

（bundle together），从而将这个人身权的集合转变为某一个单一的法律上的"物"——一项财产权。这样一项权利，也使得像哈伦公司这样的公司更容易获得银行贷款或者吸引投资，因为这些权利为哈伦公司带来了更多实际的、针对竞争对手的强制执行权，而无须依赖于运动员个人来监测那些未经授权的竞争对手在棒球卡市场上的行为。财产权把经济权力集中于哈伦公司的手中，从而使它成为实现该权利的一个更加切实可行的焦点。

　　法院在哈伦公司案中所回应的，正是这种令人感受深切的需要。从逻辑和历史上看，这只是迈出了一小步。但是，从观念层面上看，却是远远的一大步。毕竟，我们的法律和政治制度并不是每天都在创设新的财产权。考虑到财产的重要性，以及它在我们法律实践与日常思考中所处的中心地位，这确实是一项大胆而重要的举动。在法院做出此番举动之后，第三人对运动员所负有的不得"伤害感情"的义务就得到了扩张，并且从形式上变成了运动员的一项利用其肖像的一般性权利了：一项简单的义务因此转变为一种完全成熟的财产权。

　　公开权的演变就因此而说明了一个重要的康德主题。对于这些被完全转变为财产权的义务而言，一套设计精巧的强制执行机制当然是必需的。仅靠一系列简单的自我执行的双方协议，无法达到这个目的。例如，运动员与那些相熟的棒球卡公司所签订的合同，对于阻止新创公司实施诸如拍摄一些运动员的照片，把它们复制到卡片上并且投入商业发行之类的行为，就束手无策了。这就需要有某种方法来阻止此类行为，以确保享有权利，可以对抗陌生人和新创公司。一句话，这里所必需的，正是财产权。

六、结论

公开权所显示的，正是我们在本章中所看到的康德的全部主题。这个新创设的权利，说明了在康德的财产思想中处于核心地位的两个基本概念：对象与占有。它也凸显了国家在康德理论中处于中心地位，因为如果没有普遍化的国家强制力，这样一种抽象的权利就难以界定，而且从根本上来讲，不可能被强制执行。并且，在公开权的适用上，它受到诸如宪法第一修正案之类的各种各样规则的限制。正如我们所看到的，根据首要的第三方限制（overarching third-party constraint），此类限制是很容易描述的，而这个限制即康德所称的权利的普遍原则（UPR）。

无论是初始财产拨归还是限制性原则的适用，都因此而依赖于某个运转的国家要具有切实可行性。事实上，它们是康德在其关于财产权的讨论中明确提到的、唯一的国家的作用。但是，在其他情形中，对于国家在配置与再分配资源上的作用所引发的、更加广泛的一系列争论，康德也有其贡献。康德关于每个人的尊严的思想，以及关于一个理性的集体性权力如何发挥其适当作用的思想，在他之后的时代中得到了回应，并且被人们结合到了自亚里士多德到托马斯·阿奎那再到让-雅克·卢梭的其他哲学家的思想之中。这个思想体系流传到 20 世纪后期，在罗尔斯关于社会正义的著作中达到了高潮。若想搞明白个人的财产权如何跟这个关于社会正义的现代思想相符合，也为了在社会正义论的语境中检验知识产权，那么接下来，我们将讨论的话题转向罗尔斯。

第4章 分配正义与知识产权

至少在大多数的论述中，财产与再分配是相背而行的两种思想动力。财产，正如我们已经看到的，其核心思想是个人对具体财物的控制，而分配正义（即对社会资源的公平分配）则常常与再分配相关联，这就要求国家对经济资源重新定向（redirection）。财产，从其逻辑结果而言，意思是指个人的全部控制：这个东西是我的；他人（特别是国家）不可以将它拿走。再分配，若将其推向极致，意思就是每样东西都属于每个人（由国家居中调节），每样东西都是可由国家予取予夺和配置的合适对象（fair game）。没有一样东西是"我的"，每样东西都是"我们的"，它集体性地属于社会。

在第2章和第3章中，我描述了洛克与康德如何试图解释个人的财产权主张而给第三人所造成的效果。当财产权严重损害他人的行为时，无论洛克的附带条件还是康德的权利普遍原则，都对它们作出了限制——这是走向分配正义的关键性的第一步。但是，若跟现代的分配正义理论相比，这只能算是并不那么大的一步。洛克与康德还是将他们的讨论主题定位在作为个人的财产拨归者身上，这就意味着，他们承认第三人的利益处于个人财产权主张的边缘。但是，在当代哲学思想中，分配正义的要求却比这个要多得多。特别是在约翰·罗尔斯的著作中，其讨论的起点并不是财产制度内部的（within）公正性，而是财产本身的（of）公正性，是把它放在总体的社会与经济环境中加以考察的。对罗尔斯而言，关键问题在于，是否并且在何种程度上，正是由于私人财产的存在才促进了资源在社会成员之间的公正分配。从这个现代视角看，本书与之相关的问题就是，在一个追求财产公正分配的社会中，知识产权是否应有其一席之地。

只有当知识财产能够从这个制度层面上获得正当性解释，我们才可以回转到洛克与康德所关注的主题上来，处理财产制度内部的公正性问题。如果财产作为整体无法得到正当性解释，那么，研究个人财产权利的具体结构就会变得毫无意义。当然，如果我能够表明，知识产权在一个公正的社会中确有其一席之地，那么，我就能接着把注意力进行转向，讨论怎样将公正因素嵌入到特定而具体的权利结构中，亦即将分配推动力（distributive impulse）适用于知识产权法的具体机制问题。这些机制从操作层面上，描述了社会性公正因素如何限制、修改或者以其他方式影响个人的知识产权。它们包括但已经远远不止于洛克和康德所描述的那些一般性的第三方限制。这两个主题，也就是在个人知识产权内部的制度性公正（systemic fairness）与分配机制（distributional mechanisms），构成了我在本章所承担的主要任务。

一、制度性分配正义与知识产权制度

因此，就让我们从知识产权和围绕它们的经济制度是否基本公正这个问题开始。关于这个重要的主题，请容我先将我的底牌亮在桌面上：知识产权在一个公正社会的基本结构中有其一席之地——而且处于某个重要的位置。我相信这些权利和制度有助于公正地配置财富。但是，不同于罗尔斯对财产持有一种高度抽象的理解，我相信公正因素不仅围绕或者超越于个人的财产权；而且，它就被塑造在个人财产权的结构之中。知识财产的分配性特征（distributional features）——即那些反映第三人利益的规则以及在特定知识产权的范围与影响上存在的一般公正性——就大大地有助于解释知识产权制度作为整体所具有的正当性。假如不涉及特定财产权的具体内容，那么，对私人财产的探讨就不能算真正完成。因此，我先从罗尔斯的理论起点开始，并且从抽象层面考察知识产权的制度性公正，而在本章的后半部分，我会再回过来讨论，如何将分配正义问题编织到个人知识产权的具体结构之中。

104 （一）罗尔斯的正义原则

罗尔斯的平生大作，是想要为构建一个公平正义的社会而设计出道德原则。他的思想体系始于一个康德式焦点，集中于每一位个人的权利，但是，他接着将这个焦点与对公正分配资源的强调相结合。将康德的个人主义与对集体的关切（collective concerns）相互汇合，再加上一种高度分析性的思维方法，这就是罗尔斯对社会正义理论所作出主要贡献的标志。

罗尔斯这个研究项目的核心之处存在着双重考虑（twin considerations），它最清楚地表现在他关于正义的两大原则之中，对此，他陈述如下：[①]

---

① 约翰·罗尔斯（John Rawls），《正义论》（*A Theory of Justice*），麻省剑桥：哈佛大学出版社，1971年，第46节，第302页。

第一个原则：

每个人对与其他人所拥有的最广泛的基本自由体系相容的类似自由体系，都应有一种平等的权利。[①]

第二个原则：

社会的和经济的不平等应这样安排，使它们：

（a）在与正义储存原则一致的情况下，适合于最少受益者的最大利益；[②] 并且

（b）依系于在机会公平平等的条件下向所有人开放的地位和职务。

　第一个原则，或者称为自由原则（liberty principles），包括了

[①]　第一个原则听起来显然类似于我们在第 3 章中所看到的康德的正义普遍原则（权利普遍原则）。参见，例如，托玛斯·波格（Thomas Pogge），《约翰·罗尔斯：传记与思想》（*John Rawls: His Life and Thought*），牛津：牛津大学出版社，2007 年，第 188—195 页（描述了罗尔斯与康德思想的整体关联性）。请注意，第一个原则对于第二个原则存在着"词典式优先"（lexical priority），这就意味着，在第二个原则所提出的分配性因素之前，必须先满足第一个原则。《正义论》，第 46 节，第 302 页。

[②]　"正义储存"原则（"just saving" principle）就是一般所称的"代际平等"（intergenerational equity）的罗尔斯版：其思想在于，今天所作的政策选择，必须考虑到当前这一代与后来的数代人，并且对他们都是公平的。一般性参见，罗杰·帕登（Roger Paden），"罗尔斯的正义储存原则与正义感"（Rawls' Just Savings Principle and the Sense of Justice），《社会理论与实践》（*Soc. Theory & Pract.*），第 23 卷（1997 年），第 27—51 页。我将在第 9 章中详细阐述这个重要问题，具体方式是对于药品专利与发展中国家的案例研究，而后者这个议题，就牵涉在全球知识产权制度设计中跟国际性分配关切问题（international distributional concerns）紧密相关的主题。

那些在现代宪政民主中被视为基本公民权利（言论自由、宗教自由等）的内容。罗尔斯思想的显著之处在于，它彻底而系统地解释了这些抽象的权利（abstract rights）对于那些贫困者而言并没有什么实际的价值。因此，它的第二个原则，就是要解决社会中的不平等问题。其思想是，一旦基本自由被确立之后，资源平等（resource equality）就起着一种道德底线的作用，如果要使它发生偏离，必须具有正当理由。特别是，罗尔斯规定，只有当其有益于最少受益者时，这样的不平等才是被允许的。[①] 第二个原则就常常被打上"差别原则"（difference principle）的标签，因为它是一个标准，用来衡量在某一特定的社会中，人们在可获得资源上所允许存在的差别。[②] 罗尔斯的这个具体构想，通常被称作"最大最小值"（maximin）原则［即最小值的最大化（maximizing the minimum）的缩写］：[③] 只有当它们对于某一社会中维持生活的最低水准——亦即最少受益者维持生活的水准——达到最大化的时候，不平等才是可以被容忍的。差别原则的第二部分，则明确处理了机会平等（equality of opportunity）的问题；这就意味着要扩大罗尔斯的平等主义项目的范围。为此，它确保社会像关注对于当前资源的使用那样，关注将来机会的分配。

罗尔斯的这两个原则都跟知识财产的讨论相关。在第一个原

---

① 罗尔斯，《正义论》，第 11 节，第 60 页；第 13 节，第 78—79 页。

② 约翰·罗尔斯，《作为公平的正义：正义新论》（*Justice as Fairness: A Restatement*），麻省剑桥：哈佛大学出版社，2001 年，第 43 页（解释了为什么"差别原则"是对这个概念的最好描述，而不是提出另外的替代性概念）。

③ 罗尔斯，《正义论》，第 26 节，第 152—158 页。

则中受到保护的自由，包括了拥有至少某些财产的权利。[1] 不过，这只是基本自由的一个非常有限的方面。罗尔斯把该权利只限定在那些他称之为"个人财产"（personal property）的东西上面，并且他将各种"生产资料性财产"（productive property）排除在该权利之外。[2] 在他后来出版的《政治自由主义》（*Political Liberalism*）一书中，罗尔斯从某种程度上对"个人财产"作了更加具体的解释：

> 个人的基本自由之一，就是持有并且独自使用个人财产的权利。这一自由的作用，便是给个人的独立和自尊留有充分的物质基础，而个人的独立和自尊这两个方面，对于发展和发挥道德能力来说，都是根本性的。[3]

因此，个人财产看起来就指那些为形成一个有效的、私密的个人空间所必需的财物：某人的牙刷和基本衣物，这当然是个人财产；碗盏、炊具、基本工具之类，也几乎肯定就是；但是，个人住所、交通工具以及更为精巧复杂的东西，可能就不算了。

---

[1] 罗尔斯，《正义论》，第 11 节，第 61 页。

[2] 参见罗尔斯，《正义论》，第 11 节，第 61 页、第 66 页［对比了"个人有权拥有（个人）财产的自由"与这样一个初始的假设，即在正义的社会中，"其经济大致上是一种自由市场体制，尽管生产手段可以是或者不是归私人所有的"］；另参见，《作为公平的正义》，第 138 页［"私有的个人财产"（private personal property）与"在生产资料上的私人财产权"（right of private property in productive assets）］。

[3] 约翰·罗尔斯，《政治自由主义》（*Political Liberalism*），纽约：哥伦比亚大学出版社，1993 年，第 298 页。

无论其具体范围是什么，罗尔斯的"个人财产"并不是一个扩张性概念。因此，一种范围广泛的财产权利，并不在罗尔斯所说的、由一个按照他的理论而符合公平的社会在一开始所必须提供的基本自由之中。这倒并不是说，罗尔斯相信财产就应当始终受到严厉的限制。相反，他认为，在一个依据其正义的两个原则所建立起来的社会中，公民可以确立起一套内容广泛的财产权利。[①] 只是他认为，这些财产权利并不是为一个合法构建的国家所必需的基本自由。对于罗尔斯而言，内容广泛的财产完全是与公平原则相一致的，只是它们并非为这些原则所必需。[②]

（二）"基本善"及其他：关于何者应当被分配之观念的扩张

行文至此，对于"资源"（resources）——对这些东西的公平分配就是社会正义理论的主要议题——这个术语究竟是指什么意思，我认为其实是模糊的。罗尔斯本人则是从他确认为"基本善"（primary goods）的一组颇具扩展性的清单开始的："权利与自由、权力与机会、收入与财富。"[③] 尽管有这样一份清单，但大多数对于分

[①] 参见罗尔斯，《正义论》，第42节，第270—274页，其中，罗尔斯对于社会主义生产与资本主义生产之间的选择，采取了不可知论。

[②] 参见《正义论》，第42节，第271页，其中，罗尔斯在市场的用途——他对此是广泛支持的——与私有财产的扩张性概念之间作了区分，而在这方面，他采取的仍然是不可知论："那么，很显然，在自由市场的用途与生产资料的私人所有权之间，没有任何本质上的联系"。今天的绝大多数经济学家则可能对此声明表示反对，多数人还会言辞相当地激烈。

[③] 《正义论》，第11节，第62页。

配正义的讨论，重心还是落在物质产品上。[1] 许多的后罗尔斯理论（post-Rawlsian theory）在后来扩充了这份清单，将一种关于更广泛的人类能力（human capabilities）的观念也包括在内。特别是，阿玛蒂亚·森（Amartya Sen）与玛莎·努斯鲍姆（Martha Nussbaum）主张，发展的观念应当包含某种对人类能力的强调，该能力所针对的是实现（fulfillment）而不只是获取（acquisition）基本的经济产品。[2] 根据这种观点，社会正义要求社会为每个人提供一个走向成功的完整机会。维持生计的基本物质，甚至是免于受到强迫的自由，这些都还不算够。

如果阿玛蒂亚·森和努斯鲍姆对罗尔斯的批评是认为其范围过窄，那么，另外一种观点则认为，罗尔斯的再分配做得过宽了。这个从另外方向提出来的基本反对意见是，罗尔斯的平等主义底线（egalitarian baseline）受到许多来自现实世界的社会主义与共产主义所展示的问题的困扰——特别是，它们过多地强调如何非常公平地切分经济蛋糕，却忽视了对于那些最先做出蛋糕的人提供奖励所具有的根本性重要意义。如果对经济资源实行广泛的再分配，只会大规模地消除让人们努力工作并提高他们个人生活水平的激励。尽管公平是一个值得赞美的目标，但是，为它付出的代价过高，需

106

---

[1]　塞缪尔·弗莱施哈克尔（Samuel Fleischacker），《分配正义简史》（*A Brief History of Distributive Justice*），麻省剑桥：哈佛大学出版社，2004 年，第 116—119 页。

[2]　玛莎·克雷文·努斯鲍姆（Martha Craven Nussbaum）与阿玛蒂亚·库马尔·森（Amartya Kumar Sen），《生活的品质》（*The Quality of Life*），牛津：牛津大学出版社，1993 年；玛莎·努斯鲍姆，《妇女与人类发展》（*Women and Human Development*），剑桥：剑桥大学出版社，2001 年。

要用整体性社会福利为代价才能获得。

针对这种反对意见，有一种回答是把社会退回到已经过时的自由放任（laissez faire）模式：让市场发挥作用，把再分配压到最低程度，并且接受这样的想法，即尽管事有不公，但这是我们在这个世界上所能做到的最好的事情了。而另一个更有创意的回答，则是从阿玛蒂亚·森－努斯鲍姆的批判中借用一页，同时求助于一种更古老的自由主义传统。其认为，想要实现一个公平社会，最好的方法是将个人提升与自我实现（self-fulfillment）的情形最大化。它较少强调结果——即人们在拥有物质资源上的平等——而更多地强调个人实现这些结果的机会。更多地强调行动与成长的机会，而较少关注人们实际拥有与持有的东西。[1]简单地说，这个目标就是，应当将可以称之为"通往自治生活的门票"（tickets to an autonomous life）的数量最大化，并且对这些门票的使用实行平等化。在第3章中，我已经探讨了财产权与专门的知识财产之间的关系。我在那里所表述的内容当中，隐含着这样的意思，即所有权代表了对于所付出努力与创造性成果的一种社会奖励。换一种表达方式就是，努力工作，做出创造性成就，这些应当足以在其中一张通往自治生活的门票上打孔，以示通过。在本章中，我将对此观点作出更加明确的阐述。不过，我为此必须先退后一步。到目前为止，我已经暗示性地指出，努力工作并且变得具有创造力，这种能力是

---

[1] 这些主题形成了下面这本书的核心，塞缪尔·弗莱施哈克尔（Samuel Fleischacker），《自由的第三概念：在康德与亚当·斯密中的判断与自由》（*A Third Concept of Liberty: Judgment and Freedom in Kant and Adam Smith*），新泽西州普林斯顿：普林斯顿大学出版社，1999 年。参见，例如，同揭，第 181—183 页。

一个人自然拥有的某样东西，从而，实际付出的努力以及由此取得的成果，才因此而正当地属于该人。但这样一来就绕开了罗尔斯所关切的一个关键性问题。因此，我们下面讨论的起点是先来探讨这个问题，即为什么通过努力与创造性工作所产生的成果，就应当主要是被那个碰巧具有这种才能并且实际付出了这种努力的人享有。由此，我们就被引导到这个具有挑战性的主题上来了，即奖赏（desert）在分配正义中究竟起着什么作用。

（三）财产与奖赏

让我们回到罗尔斯的理论架构。首先请注意，他关于正义的两个原则是打算按顺序实现的。因此，某样东西如果属于第一个原则所确定的一项基本自由，那么，它就不能为了促进由第二个原则所确定的资源平等而被牺牲掉。罗尔斯其中一个最为大胆的主张是，无论我们生来所处的社会地位，还是我们的自然才能，都不是我们固有地该得的东西。这就解释了为什么国家针对由这些初始有利条件所取得的成果，可以将其中的部分或者甚至是大部分正当地予以征收。换言之，罗尔斯并不认为，自然天赋与社会性有利条件就是我们对此拥有不可转让之权利的基本自由。它们属于意外得到的有利条件，之所以落在我们身上，只是随机的好运气使然。正如罗尔斯所述："它是我们道德判断的确定点之一，即没有一个人应该得到他在自然天赋分配中的地位，正如没有一个人应该得到他在社会中的初始地位一样。"[1] 由此，从这些幸运的天

107

---

[1] 《正义论》，第 48 节，第 311 页。

赋中所获得的成果或者收入，就是根据罗尔斯的第二个原则进行再分配的合适对象。根据这个原则，在资源上的不平等只有在它们服务于最不富裕者（least well-off）的利益时，才是被允许的。因此，除非从一项幸运的天赋中所获得的收入碰巧为贫穷者提供了帮助，否则，这些收入可以被国家征收，并且散发给更有急需的人。作为一个实践问题，罗尔斯承认，允许幸运地拥有天赋的人在对他们的收入按平等分享份额之外而能够为自身保留更多，有时也是必需的。但是，这也只有当它为了鼓励此类人开发并且应用他们的天赋，以便增加总的产出并间接帮助每一个人（包括最不利者）所必需时，才是被允许的。[①] 就依据天赋所产生的财产权利而言，只有当它们趋向于让穷困者的状况变得更好，并且只是在此范围内，财产权主张才是被允许的。复言之，罗尔斯的出发点是平等主义的公平（egalitarian fairness），然后是为财产权利而

① 罗尔斯承认，在一个实行平等主义的国家里，特殊的刺激可能是适当的，而这与最终建立在激励论观念上的知识产权法的基本结构之间，存在着某种对称性。从罗尔斯的视角来看，问题就在于，知识产权是否代表了这样的刺激，即仅仅以一种让穷困者的状况变得更好的方式而意图鼓励发展自然天赋。老实说，我并不认为知识财产能够符合罗尔斯第二个原则中的严格的正义标准。顶多也就能够说，随知识产权所产生的好处，有时可以让穷困者的状况变得更好，其实现方式包括提供由创新技术所支撑且价格不贵的产品，或者可以让人广泛接触使用的文化产品以及诸如此类的东西。正如我在下面所主张的，对知识产权的罗尔斯式辩护，并不能表明它完全符合罗尔斯的第二个原则，毋宁说，它提出了两个不同的主张：（1）正如许多的罗尔斯批评者所主张的那样，知识财产是在一种扩张了的财产权（expanded right to property）名下的一个财产类别；以及（2）知识财产几乎肯定是在一个公平的罗尔斯式国家（a fair Rawlsian state）的历史初期就会确立的一种财产。

做出调整，这就刚好跟洛克、康德的相反，后者（大致而言）是从
财产权开始的，然后为了集体公平（collective fairness）而对此加以
校正。

1. 我们值得拥有什么

许多观察家赞同罗尔斯的这个观点，即从道德上来讲，人是
没有理由去继承财富的。事实上，知识分子历史学家塞缪尔·弗莱
施哈克尔（Samuel Fleischacker）就曾说过，这种态度的发展，或许
就是现代分配正义观念出现过程中唯一的最为突出的事情。[①] 罗尔
斯在这里当然意识到了这一点。但是，当他的这种观点延伸至天赋
才能和努力工作的这个领域时，他的思想却遇到了严重的抵制。例
如，弗莱施哈克尔就这样说道：

> 如果我们引用"分配正义"来表达我们对这一现象的失
> 望，即懒惰的继承人生活优裕，而努力工作的人们却一贫如
> 洗，那么，非常正确的一点当然是，正如罗尔斯所设想的那
> 样，我们实际上隐含着这样一个一般性原则，据此，运气不应
> 当用来决定一个人的人生机会。不过，可能正确但也可能不正
> 确的是，正如罗尔斯所设想的那样，我们因此就把人们的才能
> 与努力工作的意愿跟他们通过继承获得财富相提并论了。……
> 罗尔斯需要提供一个论据，以便把我们从我们关于继承所得
> 财富（inherited wealth）具有任意性的共同直觉，转向他自己
> 的关于遗传所得的技能（inherited skills）具有任意性的直觉。

108

---

① 弗莱施哈克尔，《分配正义简史》，前揭，第 111—112 页。

他不应当只是假定我们与他有着相同的直觉，然而他实际上就是这样假定的。[①]

接下来，除继承财富之外，他们在有关奖赏的哲学共识上也存在意见分歧。相当一部分哲学家强烈主张支持这样的思想，认为奖赏无论采取这种或者那种形式，都可以在事实上构成在分配情形中提出道德主张的依据。[②] 由于知识产权与奖赏观念具有特别密切的关系，所以，我们对这些观念也应当抱有真正的兴趣。

哲学家乔尔·范伯格（Joel Feinberg）对于奖赏，发表了某些非常实用的基本观点。[③] 他在一开始提出了关于奖赏依据（desert basis）的概念，即根据什么而认为某人值得拥有某物。然后，他探讨了奖赏依据与所值得拥有之物这两者的关系。在田径运动会上，跳远项目的金牌就应当授予跳得最远的那个选手；在数字课堂上，应当为考试成绩最好的学生打出高分；等等。最重要的是，他在作为一个道德概念的真正奖赏跟他所称的资格条件（qualifying conditions）之间做了区分。在一项比赛或者竞争中的正式规则所描述的是资格条件，而且，满足该资格条件者，通常——但并非

---

① 弗莱施哈克尔，《分配正义简史》，第 132—133 页。另参见大卫·施米特（David Schmidtz），"如何奖赏"（How to Deserve），《政治理论》（*Pol. Theory*），第 30 卷（2002 年），第 774 页始，第 775 页（收集了那些赞同罗尔斯这一观点的资料来源）。

② 参见，例如乔尔·范伯格，《行为与奖赏》（*Doing and Deserving*），新泽西州普林斯顿：普林斯顿大学出版社，1970 年；乔治·谢尔（George Sher），《论奖赏》（*Desert*），新泽西州普林斯顿：普林斯顿大学出版社，1987 年。

③ 范伯格，《行为与奖赏》，前揭，第 64—65 页。

一定——也是那位从某种道德意义上来讲值得赢取奖赏的人。但在有的时候，水平最高的跳远选手，也就是那位最有才华并且最努力进行训练以提升这种才能的人，却正经受着某种伤痛的折磨；有时，最值得拿到高分的学生，在期末考试的那天却突然生病了。范伯格的一般观点就是，这时候就存在合法理由，需要将我们关于奖赏的概念与旨在适用资格条件的官方正式制度的操作区分开来。①尽管两者常有许多重合之处，但它们并不是完全共存的。这就等于在关于道德奖赏的高度理论性的讨论中，加入了一个实用主义的、制度性注脚。除此之外，它显然还跟知识产权制度中有关奖赏的讨论极具关联性。各种各样的知识产权规则，其意图都是为了尽量准确地对于奖赏作出评估，这也反映了这样一种理解，即考虑到奖赏评估会受到实践中无数的限制，因此，该制度为了完成布置给它的实践任务，就必须依靠代理因素（proxies）、捷径方式（shortcuts）以及其他的"资格条件"。

在这方面值得关注的是，对于某些哲学家比如沃切赫·萨杜斯基（Wojciech Sadurski）而言，奖赏与洛克的劳动概念紧密相关。萨杜斯基主张，"所付出的努力是奖赏的唯一合法性依据和计量手段"。②其他一些人对此思想也予以回应，并有所创新。例如，朱利安·拉蒙特（Julian Lamont）对于这种以所付出的努力作为依据的分配规范，在总体上予以支持，但是他对于通常就奖赏进行讨论的

---

① 范伯格，《行为与奖赏》，前揭，第 83 页。

② 沃切赫·萨杜斯基，《奖其所值：社会正义与法律理论》（*Giving Desert Its Due: Social Justice and Legal Theory*），荷兰多德雷赫特（Dordrecht）：雷伊代尔（D. Reidel）出版公司，1985 年，第 116 页。

方式，提出了某些方面的改进，认为应当考虑这样的事实，即所付出的努力与最终结果之间并非总是紧密关联的。[1]

尽管有所差别，但像萨杜斯基这样的研究奖赏的理论家们，在一些主要观点上大多还是相互赞同的。其中一个观点是，奖赏不同于赋权（entitlement）。奖赏是一种道德表述；赋权则更具法律色彩，意指某人根据正当制定的法律或者政策，可以有效地主张权利。[2]一般而言，哲学家们相信，奖赏应当尽可能经常地被反映在赋权之中。但是，正如之前关于代理因素的讨论所显示的，他们也都同意，实践中的困难有时就导致做不到这样。另一个达成共识的观点是，只要是以所付出的努力作为奖赏的根据，那么，其中所涉及的

---

[1] 朱利安·拉蒙特（Julian Lamont），"分配正义中的奖赏概念"（The Concept of Desert in Distributive Justice），《哲学季刊》（Phil. Q.），第 44 卷（1994 年），第 45 页始，第 47 页。特别是，拉蒙特强调了以下两点：（1）关于为什么某人被认为是值得奖赏的理由——他称之为"奖赏依据"（the desert-basis）——需要仔细确定；以及（2）在以下两种人之间应作某种分类，即（a）这种人相信，我们必须对于某一情况的所有方面实行一种较高程度的控制，以便让我们采取行动，找到在该情况下的奖赏主张的根据；（b）另一种人相信，我们不必为了找到某一奖赏主张的根据，而对某一情况实行那么大的控制。罗尔斯显然采纳了第（1）种立场的强烈形式，实际上是主张，我们从来就没有对于所有的情况（我们的家庭、成长、生活机会、教育优势或劣势等）实行过足够的控制。希瑟·米尔恩（Heather Milne）则为一种趋向于积极情感的平等分配（equal distribution of positive feelings）的奖赏观——即一种平等主义的奖赏理论——提出了辩解。参见希瑟·米尔恩，"奖赏、努力与平等"（Desert, Effort and Equality），《应用哲学杂志》（J. Appl. Phil.），第 3 卷（1986 年），第 235 页。

[2] 参见，例如拉蒙特，"分配正义中的奖赏概念"，前揭，第 52 页。

努力就必须是自愿的或者有目的的努力。[①]

2. "原初状态"中的知识财产

对我来说，假如要让知识财产是一种正当合理的基本权利（a defensible basic right）这一命题成立，我就必须证明：理性的人们在设立一项社会与经济制度时，将会同意把它作为一个财产问题从而建立一项知识产权制度。用罗尔斯的术语来表达就是：我必须证明知识产权是在"原初状态"[②]中经过深思熟虑而产生出来的。

为了证明这一点，我不得不对杰里米·沃尔德伦加以否定。[③]沃尔德伦主张，一群头脑正常的人假如处在罗尔斯式的原初状态中，就不会同意一种常规的（conventional）财产权安排。[④]说到常

---

① 参见，例如希瑟·米尔恩，"奖赏、努力与平等"，前揭，第240页。

② "原初状态"是一种假设的情形，其中，某一特定社会的所有的未来成员聚在一起，对于如何设立该社会的基本制度达成一致意见。处于原初状态的评议（deliberations）是在"无知之幕"下进行的——任何参加人都不知道他们在社会中所将具有的职业、技能、社会地位或者其他特点。原初状态可以被认为接近于在洛克、霍布斯等人思想中的"自然状态"（state of nature）；这是在有组织的政府或者"市民社会"实际到位之前的一个假设的时刻。

③ 沃尔德伦的《私有财产的权利》（*The Right to Private Property*）是必不可少的一本书，它对于我在本书所包含的诸多财产取得理论来说，真乃一册绝佳指南。作者是我的前伯克利同事，我对他的这本书引用甚多，而任何熟悉该书的人，很快就能看出它对于拙著所带来的贯穿全书的影响。不过，在这一部分，我倒是要对沃尔德伦给予纠正（或者至少是对他的思想加以扩展），而不是来赞扬他的。

④ 沃尔德伦这本书涉及两个基本主题：财产取得与财产分配。他所关切的主要是第一个主题，以及该主题与第二个主题之间的关系。这是与作者撰写该书的历史时刻（1980—1988年）相对应的，故而书中花费大量笔墨，全面研究了马克思主义的情形。虽然它绝大部分是否定了任何诸如某种（转下页）

规，我是指"或多或少类似于今天所存在的西方社会"。虽然我也会从其他方面来评估沃尔德伦的一般观点，但我还是（自然地）想要把焦点集中于知识产权制度。我的基本论据非常简单：我认为目前的知识产权制度从其许多的（如果不是大多数的）具体内容来看，基本上是公平的，因而，我相信还是很有机会让处于原初状态中的理性的人们可能对知识产权表示同意，或者在某种程度上讲，大概是会喜欢它的。

沃尔德伦的推理建立在这个观念之上，即强有力的财产权必然意味着可能排除食品、衣物和居所——亦即基本生活必需品。[①]按照沃尔德伦的观点，没有一个头脑正常的人会同意支持这种在某一天会以他的生命为代价的安排。没有人知道他是否会生来就缺乏这些基本的生活必需品。假如同意尊重财产辄有可能导致陷入悲惨贫困的处境，那么，明智的做法就是对此不予同意。如前所述，如果不采取任何的限制或者软化处理，他就持这样一种观点。不过，当然了，任何真正的财产制度都不会要求采用沃尔德伦所提议的那种僵硬的权衡方式。任何一项在真实世界中的财产制度——当然

（接上页）马克思主义目标之类的东西（这就部分地解释了为什么这本书已经算是够老的了），但它还是显示出信号，成功超越了当时的马克思主义领域。这可能就是原因之一，说明为什么沃尔德伦毫不含糊地声明，处于原初状态中的人们是不会同意一种常规的财产制度的［立此存照，我发现他后来的这本书《上帝、洛克与平等》（*God, Locke and Equality*），在财产分配的问题上就显得更加平衡，也更具说服力；特别请参见他在洛克的"仁爱"附加条件上所形成的颇具洞见的思想，对此，本书前面第 2 章中已有讨论］。

① 杰里米·沃尔德伦，《私有财产的权利》，牛津：牛津大学出版社，1988 年，第 274—278 页。

每一项都具有某种公平性主张——都带有至少一组最低程度的工具，用于处理在资源分配中所造成的重大失衡。所以在今天，并不必然要求在尊重财产与为最穷困者提供救济之间进行选择。换言之，只有当财产被定义为一项冷酷无情的自由主义制度（libertarian institution）时，人们才会拒绝默认其为财产权的基础。从另一方面看，假如财产权被理解为是跟另一项更大的制度结合为一体的，而该制度包括了为穷困者提供救济以及满足其他社会需求的话，那么，人们就会被这些好处所吸引，而不用害怕出现那种最坏的假设情形。所以，说到底，沃尔德伦之所以对财产权心生厌恶，是基于某种看起来完全不现实的、赤裸裸的权衡。

　　无论沃尔德伦受到什么样的影响，或者其动机为何，我相信，他的观点一旦涉及知识产权，那肯定是错误的。人们如果发现自己处于一种原初状态，其非常合理的选择就是，同意采取一种常规的知识产权制度。在原初状态中，没有人知道自己的才能和品位是什么样的。① 因此，任何人都有成为一位专业创造者（creative professional）的潜在可能，能够受聘最好的职位和获得最高的收入，而他的个人幸福就将存在于这样一项工作上，其中的知识产权保护将给

---

① 罗尔斯，《正义论》，第 24 节"无知之幕"，第 136—137 页："原初状态的观念旨在建立一种公平的程序，以使任何被一致同意的原则都将是正义的。……我们必须以某种方法排除使人们陷入争论的各种偶然因素的影响，引导人们利用社会和自然环境以适合于他们自己的利益。……我们假定［在原初状态中］……各方不知道某些特殊的事实。首先，没有人知道他在社会中的地位，他的阶级出身；他也不知道他在自然资源和能力分配中的财富，他的智力与体力，等等。……因此，各方有可能知道的唯一特殊事实，就是他们的社会在受着正义环境的制约及其所具有的任何含义。"

予其比在没有这种关键性权利的情况下所可能给予的要大得多的自由。

上述论据源于罗尔斯的第一个原则：对于那些从创造性独立（creative independence）以及随之而来的职业成就中获得最大好处的人来讲，知识财产就是一项基本自由。任何处于原初状态中的人都面对这样的可能，他或她都将拥有得以享受这些好处的才能。①对于其他类型的财产，当然也可以提出类似的论据，但我在这里还是要紧扣住知识财产。②

需要请大家注意的，是在我论据中的一个特点。知识产权保护所带来的好处，不成比例地落在了我称之为"专业创造者"的这样一群人的身上。我用这个术语是指什么意思呢？基本而言，这些人

---

① 正如我在之前所提到的，反而以罗尔斯的第二个原则为根据，倒是有可能为知识产权提供辩护。与知识产权保护伴随而来的非平等主义分配（inegalitarian distribution），可能通过给予最穷困者以利益的方式而变得具有正当性。即使一个人并不是命中注定要去从事一项依赖于知识财产创造的工作，但是，这些权利还是可能为消费者很好地提供高品质的创造性产品（新的发明、娱乐产品等）。假设，即使最穷困的人至少对这些产品中的某一些，能够付得起钱来购买，那么，知识产权保护就因此而可以为人们的生活贡献某些非常积极的东西，而不必去设想以专业创造者为职业究竟是否合理。因此，人们就会理性地同意社会应当授予知识产权。

② 其他种类的财产当然有能力为个人的独立与自治而作出贡献；设想一下工具之于工匠，或者田地之于农夫的意义。我并不是说，自治的因素不适用于此类资源的所有权。但是，鉴于知识产权对于职业养成、潜在收入以及在现代经济中的总体生活前景所具有的重要意义，并且，考虑到我正好比较熟悉知识产权所包含资源的有关情况，所以，我就把自己的分析限定在这个特殊而重要的领域了。

拥有天生的才能，并且具备发展的潜力，从而可以在某一种创意产业中将其施展出来。① 但是，即便以一种扩大范围的观点来看待人们成为一位专业创造者的可能性，显然，大多数的人仍然是永远不可能取得如此成就的，因此，专业创造者只是很小的一个阶层。如果我们要为知识产权辩护，而它的宗旨就只是为专业创造者带来特殊好处的话，那么，我们必须用某种方式证明，由此必然带来的不平等的利益分配是正当的。换言之，我们必须面对这样的事实，即

----

① 它们包括电影、出版、表演艺术、科学或技术研究，或者产品设计与开发。我的意思是指，这不仅包括像电影导演、作家或者获奖级产品设计师之类高度可见的（但也是非常有限的）工作种类，而且包括所有附属性的创意专业工作，人们从事此类工作是为这些行业的创造性方面提供支持：电影的灯光与音响专业人士、图书的编辑、录音棚的伴奏音乐师与录音师、产品检测与开发工程师，等等。通过这种方式来扩大职业范围，具有重要意义，因为这样才能准确地反映出人们在知识财产密集型产业（IP-intensive industries）中受雇佣的广泛程度，并因而不会无端地限制一个处于原初状态的人就实际受雇于类似工作的机会所形成的观点。实际上，这样做也算是一种"面面俱到"（covering my bases）。另有一种主张是根据罗尔斯在其他主题上所讨论的各种事物而提出的，认为对某人的人生愿景（life prospects）所作的经验性预测（empirical predictions）——亦即某人最终将会从事或者信仰 X 而不是 Y 的概率——并不是在原初状态中考虑的问题。可以举一个例子，其来自罗尔斯关于宗教自由原则的讨论："［在原初状态中的］各方必须选择可以确保他们的宗教与道德自由的一致性的原则。当然，他们并不知道，他们在宗教或者道德上的信仰，或者当他们对此进行解释时，他们在道德与宗教上的义务的具体内容是什么。……再有，各方并不知道他们的宗教或者道德观在他们的社会中命运如何，例如，它是属于多数派还是少数派。"罗尔斯，《正义论》，第33 节，第 206 页。因此，假如人们承诺会严格遵照罗尔斯版的原初状态的话，那么，正文中提到的主张，亦即从经验上讲，人们必须仔细考虑那些导致他们成为"专业创造者"的全部的潜在职业道路，或许就不是必需的了。

处于原初状态的理性人将会提出，考虑到他们可以从这种特殊的法律特权（legal privilege）中直接受益的可能性非常小，这又怎么证明知识财产具有正当性。

这可以被看作是一种特定情形，而其背后则是这个更加一般性的难题，即在一些职业上是确实需要给予特殊激励的。罗尔斯说，在某些情况下，为了让有实力的人们投身于对社会有益的活动，可能就必须为他们提供激励。[1]罗尔斯研究学者迈克尔·蒂特尔鲍姆（Michael Titelbaum）一般性地列举出医学研究和健康看护者作为例子。[2]但一些平等主义者却在这个观点上对罗尔斯严加指责，他们认为，在一个沿着罗尔斯路线——即所谓的罗尔斯"理念"（Rawlsian "ethos"）——而构建的社会中，其特征是总体上的合作精神（general cooperative spirit），这就要求具备高度技能的人

111

---

① 罗尔斯，《正义论》，第 13 节，第 78—79 页："在财产私有制的民主社会（property-owning democracy）里，那些作为企业家阶层的成员而开始职业的人，比如说，就比那些从非熟练工的阶层起家的人而更有一种较好的前景。……那么，有什么东西可以为这种生活前景的不平等辩护呢？根据差别原则，它只有在这种期望上的差别有利于那些处于较差状况的代表人，即在此例当中的非熟练工代表时，才是可辩护的。……企业家可以拥有的较大期望，就鼓励他们做促进劳动者阶层长远利益的事情。他们的较好前景就起着这样的激励作用，以便让经济过程更有效率，以更快的速度进行创新，等等。最后的结果则有利于整个体制的流传，并有利于最少受益者。……若要使这些不平等在差别原则上看来是正义的，就必须对这类情况作出某些论证。"

② 迈克尔·蒂特尔鲍姆（Michael G. Titelbaum），"一种正义的罗尔斯理念看起来像什么？"（What Would a Rawlsian Ethos of Justice Look Like?），《哲学与公共事务》（Phil. & Pub. Aff.），第 36 卷（2008 年），第 289—322 页、第 289 页。

们去完成为社会所需的任务，而不必给予特殊的激励。[①] 跟此处讨论相关的一点是，罗尔斯的意图是将差别原则适用于社会基本结构，而不是适用于个人性决定。然而同样明显的是，一个处于罗尔斯式社会中的公民，也被期待采取相当数量的他顾性行为（other-regarding behavior）。[②] 即便如此，蒂特尔鲍姆还是提出，这种平等主义的理念并非如此顽固不化，以至于必然会主导我们所有的跟工作相关的决定。罗尔斯式社会的公民将不仅对于罗尔斯第二个原则的平等主义精神，而且对于第一个原则的精神都要加以内部化。[③] 这个完整的罗尔斯理念允许个人在更大的范围内，做出有关他们工作生活的决定。而正是这个更加完整的罗尔斯理论版本，就为一项知识产权制度以及利用该制度的个人，提供了坚实有力的正当性解释。

我们的工作是一个如此重要和具有个人性的领域，从而处于罗尔斯状态中的人们将会理解，不能要求个人将其"生产性决定"

---

① G. A. 柯恩（G. A. Cohen），《捍卫正义与平等》（*Rescuing Justice and Equality*），麻省剑桥：哈佛大学出版社，2008 年，第 70 页、第 374—375 页（引用关于一位医生的例子，他必须放弃付给他的一半报酬，因为如果全部收下，该行为就将跟罗尔斯正义的命令相冲突）。

② 迈克尔·蒂特尔鲍姆，"一种正义的罗尔斯理念看起来像什么？"，前揭，第 295 页。

③ 从专业上来讲，正如蒂特尔鲍姆所言，完整的罗尔斯理念既包括在第一个原则与第二个原则前半部分（公正与平等的机会）之间的关联，也包括与第二个原则的后半部分亦即差别原则之间的关联。迈克尔·蒂特尔鲍姆，"一种正义的罗尔斯理念看起来像什么？"，前揭，第 304—305 页（"职业自由也是受到保护的；或许有一位富于才华的个人，若其成为一名医生将是对社会最有利的，但她却选择了在艺术领域的工作，因为她发现这个工作更有成就感。……这是符合完整的正义理念的。"）。

（productive decisions）做到在社会福利方面的最大化。[1]蒂特尔鲍姆说，理性的人们将会同意，个人价值（personal values）是非常重要的，它们可以很好地为个人的工作选择而提供信息。他以一位社会工作者（social worker）为例加以说明，该人的服务若放在大城市中，那是最为人所需的，但他却选择去另一个离家更近的小城镇工作，其服务尽管仍有价值却已没有那么高了。[2]在此情况下，这个人做出的非常个人性的决定，就没有达到社会价值的最大化。[3]但是，它确实反映了身处原初状态中的每个人都会予以同意的一组重要的利益，这种利益就可能被允许用来修正对于罗尔斯第二个原则的严格适用。

对于由此所导致的分配结果，可以给出的正当性解释是，该社会工作者在自治方面的自由利益，胜过了"差别原则"的适用。我为专业创造者和知识产权所提出的辩护，正是采取了相同的正当性解释。对于因某种知识产权制度所提供的激励而导致的"非平等主义的"（inegalitarian）分配结果，处于原初状态的人也将会予以同意，因为这样的激励对于具有创造力的人而言，正是其想要实现职业成就所必需的。这些激励为具有创造力的人们提供了职业选择的机会，而这反过来又影响到社会资源的总体分配。诚如蒂特尔鲍姆所言，知识财产带来了"生产上的自由"（productive latitude）：

---

① 迈克尔·蒂特尔鲍姆（Michael G. Titelbaum），"一种正义的罗尔斯理念看起来像什么？"（What Would a Rawlsian Ethos of Justice Look Like?），《哲学与公共事务》（*Phil. & Pub. Aff.*），第36卷（2008年），第290页。

② 同揭，第314—315页。

③ 蒂特尔鲍姆假设在大城市工作的话，社会工作者可以更低的成本去帮助更多的人。

一个穷困的个人，如果理解了他所处社会的基本结构背后的推理，就会接受其他人在行使生产上的自由时所采取的某些行为，认为其具有正当性，因为无论是他还是其他人都会看到，相关行为对于行为人的人生规划而言，其重要性大于所涉及的边际经济地位（marginal economic status）之于该穷困者福利的意义。情况可能就变成这样：由于在城市工作可以要求更高的工资，我们这位社会工作者就从工作单位拿走了更多的钱，而这些钱本来是当他愿意从事相同工作而只要求较低工资时，可以被用来分配给穷困者的。但是，这位社会工作者可以向穷困者解释，无论他可以怎么用这笔钱购买额外的商品，但相比于他有机会陪伴家人朋友、共度美好时光之于他的意义而言，这对于他的人生规划来讲都意义不大。这让我意识到，为了行使生产上的自由，就是身处民主社会的某一位成员可以向其他成员提供的一个合理的正当性解释。[①]

如果放到知识产权的语境中，可以将这段话翻译如下：即使某一知识产权的特殊激励导致了一种在某些方面不平等的资源分配结果，就像在一位创造者/所有权人与一位消费者之间所发生的那样，但是，该权利仍然可能是正当的。它可以使得某人去追求他最珍爱的职业目标，并且，他可以非常独立地实现这个目标。从而，他享有以这样的方式来实现目标的自由，相比于让该创造者在所得

[①]　迈克尔·蒂特尔鲍姆，"一种正义的罗尔斯理念看起来像什么？"前揭，第321—322页。

收入较少或者在自治较低的条件下工作而可能造成某种社会价值的损失，就是很值得的了。[1]而最终，处于原初状态的人们将会理解，创作自由与自治的价值是如此重要，以至于应当将它们列入基本自由的清单。这就确保了即使知识产权保护导致了某种分配上的不公平，但社会仍然应当将之纳入人人皆可被赋予的基本权利之中。

3. 我可以用某种奖赏来引起你的关注吗？

现在，我想要回过来，再接着讨论奖赏这个主题，以及它在身处原初状态的人们进行深思熟虑时所发挥的作用。与罗尔斯相反，哲学家玛格丽特·霍姆格伦（Margaret Holmgren）主张，某种奖赏观念很可能是被内嵌在任何公平社会的基本结构之中的。[2]对霍姆格伦而言，既然是在一个公平社会却又回避奖赏观念，这是不可想象的。人们关于奖赏的观念，将不可避免地与关于如何建立一个公平社会的判断相结合。换言之，在一个公平合理的社会中，奖赏概念是其基本结构的组成部分。霍姆格伦通过以下方式强调了她的这

---

[1] 当然，一位过着优裕生活并且控制着自己命运的创作者，相比于那些工作收入较低或者掌控不了命运的创作者，反而创造出更高质量的东西，这也是有可能，甚至是极有可能发生的事情。我在这里的讨论，暗示性地假设去掉了任何在作品质量上的差异，因为——假设更高的质量将为所有消费者的利益带来好处——这将加大如下论据的分量，即知识财产可以通过引用罗尔斯的第二个原则而得到辩护。但是，我在当下所要辩护的是这样的思想，即哪怕知识财产导致的不平等并不能让穷困者受益，它也仍然是正当合理的，因为它是根据罗尔斯的第一个原则而受到保护的职业自由和个人自治的一个必然组成部分，它涉及人的基本自由。

[2] 玛格丽特·霍姆格伦（Margaret Holmgren），"奖赏主张的正当性解释：奖赏与机会"（Justifying Desert Claims: Desert and Opportunity），《价值研究杂志》（*J. Value Inquiry*），第 20 卷（1986 年），第 265 页。

种论据，这在我看来是令人信服的，那就是表明，处于原初状态中的人们极有可能在奖赏问题上达成合意，将其作为一项重要原则，并且同意有必要设立制度，以便对于奖赏作出判断和相应地给予奖励。她明确提出的观点是，身处原初状态的人们把奖赏以及以奖赏为基础的制度看作是公平的，即便对于在某个社会中的最穷困者而言，也是如此。这个主题引发了其他人的共鸣。①

就知识产权的辩护而言，颇能说明问题的是，霍姆格伦提到以发明激励（incentives to invent）作为一个例子，来说明身处原初状态的人很可能同意实行以奖赏为基础的政策。② 这就进入了关于在原初状态中如何决定资源分配的一般性讨论。她在一开始假设了一　113

---

① 参见，例如，塞缪尔·弗莱施哈克尔，《分配正义简史》，前揭，第 116 页、第 132 页。比较乔治·谢尔（George Sher），《论奖赏》（*Desert*），新泽西州普林斯顿：普林斯顿大学出版社，1987 年。谢尔指出，罗尔斯的以下主张不合逻辑，即因为我们并没有从我们行动的某些根据中获得奖赏，所以，我们就不值得为我们行动的任何结果（例如发展我们的天生才能）而获得奖赏："如果要奖赏因我们的行动所带来的好处，就需要我们对于使我们的行动成为可能的任何事情而给予奖赏的话，那么，所有此类奖赏就会立刻被如下事实所取消，即任何人生来就处于或者此后生活在一个延续生命的环境中，却没有为此做过任何值得奖赏的事情。"乔治·谢尔，《论奖赏》，第 25 页。另参见艾伦·蔡特奇克（Alan Zaitchik），"论值得奖赏"（On Deserving to Deserve），《哲学与公共事务》（*Phil. & Pub. Aff.*），第 6 卷（1977 年），第 373 页。谢尔也指出了这个非常广泛的直觉，即认真勤勉和努力工作的人就应当获得奖励——他们是值得奖赏的。参见乔治·谢尔，《论奖赏》，第 4 章 "奖赏与勤勉"（Desert and Diligence），第 53—66 页。

② 霍姆格伦，"奖赏主张的正当性解释：奖赏与机会"，前揭，第 274 页（将 "发明新的产品" 列入这一份理由清单，据此，个人就可能需要并且值得获取比社会根据某种严格的平等主义安排所分配的更多的资源）。

种激进的平等主义资源分配：每一位公民都将从全社会所有的资源中获得一个平均份额。她接着解释道，某一位叫作琼斯的公民在本质上具有努力工作的动机，却对此产生挫败感，因为他心中有一个对他来讲非常重要的目标：

> 考虑到这个人（琼斯）想要以某些对他来说非常重要的方法而求得自我发展或者提高他自己的生活水准，而这必须要让他得到比他所获得分配的更多的经济资源。如果收入与财富是平均分配的，那么从根本上来说，琼斯将没有任何机会去追求这些目标。超时间的工作、更密集的劳动强度、做出更高质量的成就、开发更有效率的方法来完成工作、发明新的产品，等等，所有这一切都将徒劳无功。每次他通过努力工作而生产出更多的资源，都会被他所在社会的全体成员加以平均分配。[①]

霍姆格伦指出，公民琼斯在这里就被剥夺了"一种可以确保归他的但又可以与全体成员的类似利益相协调的基本利益"。[②]她将此称为"他通过自身努力而使自己生活获得最大富裕的机会"。[③]只要

[①] 霍姆格伦，"奖赏主张的正当性解释：奖赏与机会"，《价值研究杂志》，第20卷（1986年），第274页。

[②] 同上揭。

[③] 同上揭。霍姆格伦也描述了她的奖赏概念的界限，她指出，充分发展某个人的才华的这种可能性，不应以牺牲穷困者的最基本需求为代价。这就与康德的他顾性个人自治概念（other-regarding concept of personal autonomy）形成了一种共鸣。

能够在提供这样的机会的同时，又没有完全取消让穷困者维持基本生活的某种水准，那么，处于原初状态的人们看来还是极有可能同意让这个社会提供这些机会的。

4. 知识财产、机缘巧合与奖赏

即使承认了奖赏在一个公正社会的根本原则中有其一席之地，但仍然存在某种反对意见，不同意关于知识产权是从原初状态中产生出来的思想。知识产权，以及可能随之而来的收益，看起来似乎并不总是被人认为是值得给予奖赏的。回想一下有关奖赏之依据或者根据的思想——即因为某种行为或者特质而导向或者解释其所主张的应该得到某样东西。并不是每个人都相信这个论断，即知识产权总是应当授予那些带有某种合法的奖赏根据或者依据的人。假如授予知识产权而并非基于某种具备奖赏之合法性根据的东西，那么，从一种哲学上可辩护的意义（philosophically defensible sense）而言，这些权利本身就不是该得的。因此，在这种情况下，那些身处原初状态的人们就有可能拒绝知识产权。换言之，假如奖赏是这里的关键，那么就必须证明，知识产权是建立在那些构成一种真正之奖赏依据的基础上的。

或许，照此思路而提出的最常见的主张就是，创造性成果在本质上主要是集体成果（collective works），即由许多人并且通常需经过很长一段时间才完成的成果。根据这一理论，大多数电影、小说、非虚构类图书、发明和产品设计都是经过多年积累和集体创造的结果。从这个角度观察，知识产权就被看作是人为的法律构造（artificial legal constructs），它们对于创意事业的真实本质其实理解得既不完整也不充分，却常常据此而来分配个人的所有权。个人所作出的见解和努力，从最好的方面看可以说是被高估了，而从最坏的角度讲，则只是不可靠的观念性构造，被用来为强大的产业利益服务。

我在本书各处还会阐明这种对于奖赏思想的攻击，因此，在这里暂且不作全面的反驳。相反，我要把自己的讨论限定在一个根本性的观点上。对于具有创造力的人们来讲，他们的普遍经验就是，要想制作出新颖和显著的东西，几乎总是需要持久的关注、努力与个人的见解。这就远不止于仅仅在集体的水井上面来个蜻蜓点水，或者把旧作品换一个新形式重炒冷饭。不过，话虽如此，同样成立的是，几乎每一件创造性成果的完成，都需要凭借许许多多前人与今人所贡献出来的成果。这就是为什么我要在本章的后半部分，大费周章地构建一个关于创造性成果的模型，其中既承认必不可少的个人贡献，也要承认不可避免的、由同行与前辈所做出的贡献——亦即，每一件创造性成果中的社会贡献（social contribution）。任何对创造性成果的准确理解，都必须将这些要素加以综合与平衡。只有通过这种方法，才能够既让个人奖赏得其所哉，又把它置于适当的场景之中。

知识产权与奖赏概念，这两者在观念层面上完全相配；到此为止，我已详予证明。但是，在操作层面，在将大多数知识产权规则实际应用于创造性成果的层面上，仍然有一个问题尚未解决。我在之前曾提到，根据像乔尔·范伯格之类的理论家们的观点，个人的努力作为一项合法性奖赏主张之依据，必须系有意而为。但正如实际情况所示，这个恰恰成了知识产权理论家们数年来争执不休的一个问题。知识产权法如何才能与作为一项知识产权／奖赏主张之基本依据的有意而为的努力相适应呢？

　　按照这样的思路，知识产权法的一个经典难题是，如何看待那些纯粹意外的发现：例如，研究人员在实验室不小心把合适的化学成分给弄洒了，却意外产生出一种富有价值的药品。[①] 有人可能提出，这一行为缺乏目的性，因此对这种情形不应当授予任何的知识产权。但是，其他人则可能主张——我也倾向于同意该主张——当该研究人员在实验室工作并且对各种化学成分加以组合，这些行为就具有足够的目的性，从而他可以对这项幸运的发明提出奖赏主张。在这个例子中，目的固然是在一个更高的观念层面上发挥作用，但它毕竟还是现实的。一个人在实验室工作和调配各种化学成分，本身就是为了做出发明。某一项具体的发明（a *specific discovery*）确实来自机缘巧合，但这一事实其实无关紧要，只要该发明是由一个故意且有目的地推进的更大项目所导致的。[②]

---

① 参见，例如，罗伊斯顿·M. 罗伯茨（Royston M. Roberts），《意外之作：科学中的偶然发现》（*Serendipity: Accidental Discoveries in Science*），纽约：威利（Wiley）出版公司，1989 年。

② 这是路易·巴斯德（Louis Pasteur）的名言"机会总是垂青有准备的头脑"（chance favors the prepared mind）的核心所在。参见，同上揭，第 x 页。塞缪·戈温（Samuel Goldwyn）所说的"天道酬勤"（the harder I work the luckier I get），则是以不同的方式，表达了相同的思想。参见：http://www. brainyquote. com/quotes/quotes/s/samuelgold122307. html。这种将分析推向一个更高的观念水平的策略，同样可用于反驳一种不时地对康德与黑格尔的知识产权观念提出挑战的主张。我们在第3章中看到，康德支持这样的主张，认为财产权的目的就是鼓励自治的个人，将其人格铭刻在一个外部对象上。知识产权"人格理论"（personality theory）的批评者则指出，许多受知识产权保护的作品，事实上显得非常平淡无奇，并没有显示出什么人格的剩余。参见，（转下页）

　　说到机缘巧合，这就提出了一个关于奖赏及其代理因素（prox-
ies）的更加一般性的问题。假如人们正在讨论一项知识产权制度的
设计，那就必须考虑到，为了审查每一种被提议的知识产权而必须
付出多大的努力。例如，如果需要花费大量的社会资源，用来检测
在一件成果上是否存在着由寻求知识产权保护的创造者所付出的、
真实的、有目的性的劳动，那么就必须先考虑一下，这样做是否值
得？如果很容易得到某种相当可靠的指标（indicator），并且如果该
指标通常可用于作为一个公平的代理因素，来表示某人是否付出了

（接上页）例如，金·特雷戈尔—巴拉—阿姆（Kim Treiger-Bar-Am），"康德论
著作权：转换性作者身份的权利"（Kant on Copyright: Rights of Transformative
Authorship），《卡多佐法律评论》（Cardozo L. Rev.），第 25 卷（2008 年），第
1059 页始，第 1066 页（其提出，将康德与一种知识产权的人格理论联系在一
起是错误的，而这样的一种理论，无论如何都没有反映在英美法的判例法规
则以及制定法所规定的要求之中）。但是，将某种"人格理论"与作者"最深
处自我"（innermost selves）的表达联系在一起（同揭，第 1066 页），或者毋
宁说，以此低估可能体现某人最深处自我的表达的范围，这确实是一个错误。
个人的人格，是其品质的集合（an assemblage of qualities）。在个人的品质之
中，可能包含有一种用于解决问题的有效方法，或者一种用于表达的别具特
色的简洁方式。因此，由这样的人所完成的创造性作品，就可能带有这些品
质的印记。在创造性作品中所发现的表达正是这些品质，但是，这个事实并
不意味着，这些作品就缺乏一种个人的印记。同理，决定从一件创造性作品
中移除某人的任何个人历史痕迹，这本身就是对于一种高度个人化的审美选
择的表达，并因此而成为某人的人格特征的一个例证。这同样也可用来说明
这样的人，他们选择创作出严格且故意地具有自发性与偶然性的作品［请设
想一下杰克逊·波洛克（Jackson Pollock）的绘画或者杰克·凯鲁亚克（Jack
Kerouac）的意识流小说（stream- of- thought novels）]：这样的作品是一种高度
个人选择的产物或者表达，并因此是某一个人的人格的表达。

实质性的、有目的性的劳动，那就应当用这种可靠的便利措施，来替代那个复杂而具体的分析。奖赏理论学家朱利安·拉蒙特就曾提出过这个观点，他主张，生产力的提高就是对于劳动的一个有效的代理因素，并因此而为一项以奖赏为基础的赋权制度（desert-based system of entitlements）找到了一种正当理由。①

---

① 朱利安·拉蒙特（Julian Lamont），"以付出努力为基础的分配制度的难题"（Problems for Effort-Based Distribution Systems），《应用哲学杂志》（*J. Appl. Phil.*），第 12 卷（1995 年），第 215 页（其主张，由于在所付出的努力上存在衡量难题，因此，以生产力来衡量就常常作为一种确定奖赏标准的更优方法）。应当指出的是，尽管在有的时候，生产力可能是确定奖赏的一个可行的次优代理因素（second-best proxy），但它也不是一直如此。正如萨杜斯基（Sadurski）所指出的，诸如生产力这样的"输出"（output）型衡量标准，可能是个人努力加上各种各样的社会性输入（social inputs）相互结合而成的，"这些因素就超出了我们的控制，因而，我们不能对此而主张归功于我"。沃切赫·萨杜斯基，《奖其所值：社会正义与法律理论》，前揭，第 134 页。萨杜斯基对于输出型衡量标准的怀疑，就为时常受到批评的知识产权法律制度提出了一个有趣的方法，因为该制度需要花费社会资源，才能作出有关个人贡献（诸如，甲是作者吗？乙是第一个作出发明的吗？等等）的非常复杂的决定。知识产权制度（IP system）由一系列表达社会判断的制度（institutions）所构成，而在某些情况下，就某些创造性成果而言，通过这样的判断而将纠缠在一起的个人贡献与它们的社会背景分解开来，具有重要意义。从这个角度来讲，由知识产权法所带来的"计算成本"（measurement costs）是值得付出的，因为在这些领域，个人贡献是受到社会高度重视的。换言之，对萨杜斯基的回答就是，应当付出社会资源，从而将个人贡献与导致一项成功输出的其他背景因素区分开来。请注意，从这个角度看，把生产力的提高作为衡量所付出努力的一个代理因素，并不等同于追求一种结果主义或者功利主义的方法；人们之所以受到奖励，并不是由于集体幸福的最大化，而是基于他们个人是值得奖赏的，因为他们通过提高他们所负责的那部分生产力，从而贡献了某些有价值的东西。

　　还可以举出其他类似的反对意见，认为奖赏的其他代理因素——比如著作权法法上的"独创性"、专利法中的"非显而易性"等——并不总是反映真实的奖赏。但我想，依据刚才所讨论的类似理由，我们也可以很快地打消这些反对意见。

　　首先，我们可以说，尽管在某一特定情形中，这些标准用于衡量奖赏时可能确实蹩脚，但在一般情况下，它们仍然是进行估量的有效办法。在行政效率的实践范围内，这些已经形成的实际标准，在奖赏的检验方面做得非常好。若想要检验实际的奖赏——即真实的东西而不是某个代理因素——那么在某些情况下将是非常困难的，并因而在许多情况下只会增加许多不必要的成本。[①] 为解其

---

① 关于这一点，参见沃切赫·萨杜斯基，《奖其所值：社会正义与法律理论》，前揭，第 121 页 ["这种情况常常可能发生，即对于建立在奖赏基础上的正义，其法律执行的社会成本（social costs of legal enforcement）非常之高，因此，假如不改变关于何为奖赏的标准，那就应当干脆放弃法律执行的意图。"] 根据我在本书第 5 章所采用的术语体系，这就是一个例子，说明了作为中层原则的效率原则而对比例原则进行修改或者与之形成互动，其理想目标就是，试图根据它们所体现的贡献/努力/奖赏（contribution/effort/desert）而为财产权确定标准。那些沉迷于功利主义哲学的人，可以看出以下两者之间的一个直接类比：一方是规则实用主义（rule-utilitarianism），其思想是，假如某种实践从总体上看，或者作为一项规则而言，导致了净效用的增加，那么它就是正当合理的；相对的另一方是行为功利主义（act-utilitarianism），这是更为严格的要求，即每一个具体的行为都必须增加了净效用，才是正当的。一般性参见劳伦斯·B. 索勒姆（Lawrence B. Solum），《法学理论词典：功利主义》（*Legal Theory Lexicon: Utilitarianism*），可见于：http://lsolum.typepad.com/legal_theory_lexicon/2003/11/legal_theory_le_4.html。关于这个类比，我想要说的是，那就让我们倡导一种"规则奖赏"（rule desert）而不是"行为奖赏"（act desert）的方式。

中原因，请让我们考察几个简单的例子。

在著作权领域有一个著名的假设性例子，说有个人正拿着一支笔，突然被天上一个响雷所惊，于是在纸上画出一条弯曲潦草的线条。而以此方式创作出来的潦草线条具有独创性，足以有资格获得著作权保护。借助一个公认的归谬法（reductio ad absurdum），这个例子想要表达的意思是，著作权法所要求的"创造性"（creativity）标准其实何其低下，若对此意思加以扩展则表示，根据著作权法的标准而允许法院对创造性的种类或者程度加以调查的范围又是何其狭小。这个假设性例子意在说明，在对于受保护作品的是非曲直加以判断的这件事情上，法院是如何彻底地被排除在外的。

至于在这样一件作品上，诸如由谁来登记或者试图执行其著作权之类的不和谐的常识问题，我们暂且将它们放置一旁，转而将注意力集中于奖赏的构成要素上。显然，在此情况下，该人几乎没有付出任何的努力，因此，他也极少可能来主张奖赏。那么，为什么联邦著作权法还是应当允许在如此意外情况下形成的潦草曲线上存在一项有效的权利呢？答案就是，为一件与此类似的完全意外之作而寻求保护，可以预见其情形必定数量极少，几无可闻。但是，假如法律要求，当事人必须对于以努力为基础的奖赏中的某个要素加以证明，那么，这条规则就必将为创造者施加一种负担，而在某些情况下，该规则又可能被复制者或者其他侵权人所利用。假如要求证明一幅抽象画在构图与完成作品时的情形，而该画正是由于作者受到一阵雷声的灵感启发，并且用一系列随意的、四处涂抹的符号所组成，那么，这就可能为创作者添加某种负担。她将不得不出示速写本，或者举出在场的证人，来证实其创作经过，证明该

116

系争作品是付出了某种努力而完成的，并且是一系列有意实施的行为的结果。这个程序当然会产生某种好处；它将消除那种罕见的情形即为一个实质上并未付出努力的创造性作品而寻求著作权保护。但是，正如该例所示，其成本也将非常之高。法律制度于是基于常识而做出选择，回避了提供这种证据的必要性，这样安排的根据就是，举证成本太高，不值得。

接下来让我们考察这个故事的一个改编版本：为纯粹机缘巧合的发明（serendipitous discovery）[①]而寻求获得专利。我在之前曾简要提及它的一个经典场景，一位实验室的工作人员随意地洒落了一些化学成分，而这些成分组合在一起碰巧产生出一种极有价值的化学产品或者药品。若根据以所付出努力为基础的奖赏理论，为什么在此情况下社会还是应当授予一项专利呢？

上述关于对一条潦草曲线享有著作权的讨论，为此提供了答案：行政效率。这可能只是因为，假如要求在任何一种情形中，都必须证明发明系有意而为或者并非出乎意外，那么，由此带来的证明成本并不值得。而作为一个经验性问题，实际情况可能是，假如

---

① 关于"serendipity"一词的起源与传播扩散，著名的科学社会学家罗伯特·K.默顿（Robert K. Merton）与埃莉诺·巴伯（Elinor Barber）作了一番引人入胜的阐述，参见罗伯特·K.默顿与埃莉诺·巴伯，《锡兰国游历与探险》（*The Travels and Adventures of Serendipity*），新泽西州普林斯顿：普林斯顿大学出版社，2004 年［"serendipity"在现代英语中指"1. 意外发现珍奇事物的本领；2. 机缘巧合，好运气"，但该词由 18 世纪英国作家霍勒斯·沃波尔（Horace Walpole）所杜撰，起源于他的著名童话故事《锡兰三王子》（*The Three Princes of Serendip*），故事中的三位锡兰国王子具有随处发现珍宝的本领。"Serendip"就是南亚岛国斯里兰卡的旧称锡兰（Ceylon）。——译者］。

只是在实验室任意泼洒化学成分，那么几乎永远不可能产生出有价值的化学产品或者药品。因此，在法律中增设规定以检验这种极度不正常的假设性情形，没有任何意义。

不过这里还有另一条理由，可用来反驳以偶然性为由阻止授予专利的想法。偶然性所导致的发明，往往是此前艰苦工作的结果，而正是这些工作，为这个"幸运"事件的最终出现铺平了道路。[①]技术史上充斥着这样的故事，证实了诸如"机会总是垂青有准备的头脑"[语出路易·巴斯德（Louis Pasteur）][②]以及"天道酬勤"[③]之类的古老格言。事实上，机缘巧合的事例在人类发明史上虽然确非罕见，但是假如只凭运气本身，也就是不与此前的基础性工作或者此后的进一步发挥相伴随的纯粹运气，却几乎永远无法完全解释为什么会产生那些重要的发明。在我所能意识到的每一种情形中，发明人要么是经过长期艰苦的工作才导致出现幸运时刻，要么是必须付出长期艰苦的工作才能充实完善或者证明某个幸运的见解或者灵感具有可行性（workability）。

请容我略举数例加以说明。青霉素（penicillin）的发明常常被说成是来源于一个机缘巧合的时刻。那时，研究人员亚历山大·弗莱明（Alexander Fleming）注意到，通过（这是他后来发现的）由空气传播的霉菌即青霉菌（penicillium）的作用，杀死了他存放在

---

① 参见，例如，前揭，罗伯特·K. 默顿与埃莉诺·巴伯，《锡兰国游历与探险》，在该书中有许多故事。

② 参见《名人名言考证》（*The Quote Verifier*），伦敦：麦克米伦（Macmillan）出版公司，2006 年，第 22 页（巴斯德的这句话出自他在 1854 年的一场演讲）。

③ 或者称作"运气无非是设计的剩余"（luck is the residue of design）。

某些培养皿中的细菌。[①] 但是，此后的研究却持续达数年之久，其中的工作主要由霍华德·弗洛里（Howard Florey）与厄恩斯特·钱恩（Ernst Chain）所完成，目的是要证明其临床效果，并且完善提纯技术，以配制出后来人所共知的青霉素药品。[②] 诺贝尔奖委员会承认到这一点，故其后来将该奖项颁发给这三位研究人员而不只是弗莱明一人。

另一个至少在专利界常常被人提起的故事，是围绕纽约市的一位名叫伯特·亚当斯（Bert Adams）的发明家展开的。[③] 故事是这样的，有一天晚上，伯特在吸烟时，不小心有一些烟灰掉进了他已经混合起来的化学浆料里，结果导致它们形成了一节非常有效的干电池。而伯特故事的真相是，他为了做出这个电池发明，已经在备选的混合物中实验了数百次；虽然烟灰确实帮助他指明了正确的道路，但真实的故事却是一段漫长而艰辛的发明过程，从他的厨房开始，一直到美国最高法院判决他的专利有效才算结束。[④] 这些故事几乎都不能支持这样的想法，即专利是授予那些在本质上没有付出

117

---

① 关于对此的一个明确陈述，参见格温·麦克法兰（Gwynn Macfarlane），《亚历山大·弗莱明其人其事》（*Alexander Fleming: The Man and the Myth*），牛津：牛津大学出版社，1984年。

② 这就解释了为什么让弗莱明跟弗洛里、钱恩一起因为青霉素而分享诺贝尔奖。参见，同揭。

③ 理查德·高斯威茨（Richard L. Gausewitz），《专利等待授权：当代发明家及其发明》（*Patent Pending: Todays' Inventors and Their Inventions*），康涅狄格州老格林威治市：德温—阿代尔出版社（Devin-Adair），1983年，第54—66页。

④ 合众国诉亚当斯案（*United States v. Adams*）[383 U. S. 39（1966）]（在一起针对美国政府未经授权使用电池的案件中，法院支持亚当斯电池专利有效）。

努力并因而并不值得奖励的发明行为的。

（四）知识产权与最少受益者：为知识产权的不平等性辩护

讨论至此，这就触及我所主张的观点了。财产，包括知识财产在内，形成了一个比罗尔斯本人所认为的更大的"基本自由的总体系"（total system of basic liberties）的组成部分。为了某个人独特的个人生活项目的发展，或者整体的人生规划，就必须有至少某种形式的财产，因此，财产就构成了任何公平社会所必须给予保障的基本自由体系的一部分。即使根据罗尔斯的第一个原则，最广泛和最全面的财产类型也不是必需的——也就是说，在全部可能的财产权当中，只有一部分才是为了公平目的所真正必需的——但是，知识财产肯定构成这组财产权的一部分，它们就是基本的和必需的。这是因为，知识财产更具有人身性特点（personal nature），它与个人的个性（individual personalities）具有非常密切的关系，并且它为个人自治（individual autonomy）所必需。

总而言之，我提出在一个秩序良好的社会（well-ordered society）中，知识财产构成了"基本的自由体系"的组成部分。或者，用罗尔斯的术语表示就是，知识财产符合第一个公平原则。按照严格的罗尔斯式根据，假如我的上述主张成立，那么，我可以就此打住了。在罗尔斯的思想体系中，基本自由是优先于平等主义考虑因素的。换言之，如果某一基本自由确实是基本的，那么就不必再为分配结果提出辩护了。

但是，我并不打算就此歇手。关于知识财产是一种基本自由的主张，可能并没有把你说服。并且更为重要的是，我想到另一种情形——一个绝佳的情形——可以用来说明，从公平性根据而论，知识产权的分配效果也是完全正当有理的。因此，基于上述理由，我还要接着详细讨论罗尔斯的第二个原则，并且主张，若从社会中最少受益的公民的视角观察，知识产权制度所产生的不平等是合理的。

让我们回忆一下罗尔斯的第二个原则，它要求任何在平等分配上的偏离都必须根据社会的最穷困者而获得正当性解释。由某一特定的社会安排所导致的资源分配"差别"，必须以它们向任何该等潜在安排中的"最少受益者提供最大收益"作为衡量依据而仍属于情有可原。正如我在此前所言，这已经被归纳为如下原则，社会应当旨在将其为社会最穷困成员提供的最低维持水平达到最大化——即最大最小原则（maximin principle）。

1. 知识产权制度如何帮助最穷困的人

相当多的知识财产密集型产业及其产品，为社会的最穷困成员提供了直接的好处。[①] 知识产权是用以支撑诸如娱乐业、消费者电子业等各种关键产业支架的组成部分。这些产业当中的产品，受到了那些来自最低受益阶层的人们的高度评价，并且为他们带来了大量好处，而这些人正是罗尔斯第二个公平原则的对象。因此，尽

---

① 贾斯汀·休斯（Justin Hughes）指出了知识产权的另一项贡献性作用：许多人由于直接从知识产权以及知识产权主导的产业中获得好处，就从他们出生时的社会阶级而获得人生的极大提升。我这里所说的，正是娱乐、体育以及明星代言产业（endorsements industries）。出于众所周知的历史原因，非裔美国人的平均收入低于其他主要种族团体的收入。但是，只要快速浏览一下非裔美国人富豪排行榜，就可以看到，其中最有钱的人都是在娱乐、体育与明星代言以及出版行业。在该榜单领衔（也是为数极少的非裔美国亿万富豪之一）的奥普拉·温弗瑞（Oprah Winfrey），则横跨所有这些领域。

管身处娱乐产业顶端的人可以获得极高的收入，消费者电子类公司也获得了巨大利润，以及存在着诸如此类的其他情形，但是，它们也可以让社会最穷困的成员从中受益，这就足以证明，这些产业的设立是正当的，当然，知识产权的可获得性以及随之而来的收益也是正当的。

这里且举一例，来说明我所指的意思。在美国，处于低收入分配阶层的许多人都是电视节目的大粉丝。根据非营利性组织皮尤基金会（Pew Foundation）所提供的数据，在接受某项调查的年收入低于 3 万美元（大约处于美国收入分配的倒数第三档）的美国人中，66% 的人表示电视对他们来说是"必需的"；32% 的人表示有线电视或卫星电视是必需的。① 一项针对美国的相对贫困的老年人进行

① 参见皮尤研究中心（Pew Research Center），《社会与人口趋势》（*Social and Demographic Trends*），可见于：http://pewsocialtrends. org，链接"报告"（Reports），再链接 2006 年，《我们生活中不可或缺的东西：过去十年清单大增》（*Things we can't live without: The list has grown in the past decade*），查得如下网页：http://pewsocialtrends. org/2006/12/14/luxury-or-necessity/，首先链接标题"收入"（Income），再链接"趋向于只在一个方向展开模式"（the pattern tends to play out in one direction only）。超链表格可见于：http://pewsocialtrends. org/files/legacy/214. gif（调查时间：2006 年 10 月 18 日—11 月 9 日）。另参见艾伦·皮科克（Alan Peacock），《让广播业融资发挥作用》（*Making Sense of Broadcasting Finance*），斯特林大学（Univ. of Stirling）罗宾斯讲座（Robbins Lecture），1986 年，重印于鲁斯·陶森（Ruth Towse）主编，《文化经济学：艺术、传统与媒体产业》（*Cultural Economics: the Arts, the Heritage and the Media Industries*），Aldershot：爱德华·埃尔加出版社，1997 年，第 1 卷，第 435—448 页（其举出以公平为根据而为公共服务广播给予补贴的例子，说明电视应当为一国偏远地区的人们普遍接收，并且为较低收入者提供优质的信息与娱乐节目）。

的人种学研究发现，相当数量的老年人对电视的评价是一种赋予其能力的媒介（empowering medium），从而给予他们以探索问题与收集信息的机会，即便从他们所处的人生舞台来讲，他们的活动能力是有限的，他们的信息视野也是受到限制的。[1] 有意思的是，根据最近的一项调查，认为一台平板电视对他们而言是必需的低收入者数量之多，几乎两倍于给出同样回答的高收入者。[2] 另一项广泛的研究也已经用文件证明美国电视节目在发展中国家社会各阶层的流行度与影响力。[3] 并且，由于其渗透性与流行性，电视被证明是将公共服务信息向穷人进行传播的一种高效媒介。[4]

---

[1] 卡伦·里格斯（Karen E. Riggs），《老熟观众：老年人生活中的电视》（*Mature Audiences: Television in the Lives of Elders*），新泽西州皮斯卡塔韦市（Piscataway）：罗格斯大学出版社，1998 年，第 87 页。

[2] 保罗·泰勒（Paul Taylor）与温迪·王（Wendy Wang），《电视与电话正在消逝的辉煌》（*The Fading Glory of the Television and Telephone*），皮尤研究中心报告（Pew Research Center Report），2010 年 8 月 19 日，可查于：http://pewsocialtrends. org，链接 "报告"（Reports），再链接 2010 年。

[3] 参见，例如，贝拉·托马斯（Bella Thomas），"世界上的穷人在看什么电视"（What the World's Poor Watch on TV），《展望》（*Prospect*）杂志，2003 年 1 月 20 日，可见于：http://www. prospectmagazine. co. uk/2003/01/whattheworldspoorwatchontv/。

[4] R. 莫伊尼汉（R. Moynihan）等，"通过新媒体报道药物的疗效与风险"（Coverage by the News Media of the Benefits and Risks of Medications），《新英格兰医学杂志》（*New Eng. J. Med.*），第 342 期（1999 年），第 1645—1650 页；疾病控制与预防中心（Centers for Disease Control and Prevention），"叶酸运动与评估——西南弗吉尼亚，1997—1999 年"（Folic Acid Campaign and Evaluation—Southwestern Virginia, 1997—1999），《发病率和死亡率周报》（*Morbidity and Mortality Weekly Rep.*），第 48 卷（1999 年），第 914—917 页；（转下页）

初看之下，电影的数据似乎显得更复杂一些。在 2007 年的一项调查中，只有 6% 的受调查电影观众是落在最低收入级别的（指年收入低于 1.5 万美元的人）。[1] 考虑到大约 12.2% 的美国居民属于年收入低于 1.5 万美元的家庭，这个数据对于这一群体而言似乎代表性不够。[2] 但重要的是请记住，这只是针对首轮放映电影的数据。几乎所有的电影，最终都会以适合电视观看的各种制式而发行，从直接的电视台播放、DVD、录像带到各类点播或者在线观看等各种选择。因此，拥有电视机的人口数量就可能给出某种证据，证明低收入的观众其实观看了相当大量的电影。

此外，电影还被看作是为移民和其他属于低收入群体的人们提供的一种重要的娱乐来源。[3] 20 世纪早期的社会改革家简·亚当

119

（接上页）A. G. 拉米雷斯（A. G. Ramirez）等，"在多样性拉美裔人口中的预防与控制：一项促进研究与行动的全国性领导倡议"（Prevention and Control in Diverse Hispanic Populations: A National Leading Initiative for Research and Action），《癌症》（Cancer）杂志，第 83 卷（1998 年），第 1825—1829 页（描述了电视、报纸与电台在涉及子宫颈癌防治意识方面开展的运动）；E. M. 罗杰斯（E. M. Rogers）等，"娱乐—教育电台的肥皂剧对坦桑尼亚计划生育行动的效果"（Effects of an Entertainment-Education Radio Soap Opera on Family Planning Behavior in Tanzania），《计划生育研究》（Stud. in Family Plan.），第 30 卷（1999 年），第 193—211 页。

[1] 参见：www. mpaa. org/movieattendancestudy. pdf；另参见：www. mpaa. org/researchstatistics. asp。

[2] 参见：http://en. wikipedia. org/wiki/Household_income_in_the_United_States（引用了美国人口调查数据）。

[3] 拉里·梅（Larry May），《映照过去：大众文化的诞生与电影产业》（Screening Out the Past: The Birth of Mass Culture and the Motion Picture Industry），纽约：牛津大学出版社，1980 年。

斯（Jane Addams）曾就 20 世纪 20 年代"5 美分电影院"（five cent theaters）流行于芝加哥穷人的问题，给予了详细评论。[①] 而在主要的艺术形式中，电影（特别是独立制作人的电影）最有可能对社会最少受益者的生活投入一种持续而积极的关注。从《愤怒的葡萄》（*The Grapes of Wrath*）到《贫民窟的百万富翁》（*Slumdog Million-aire*），并且特别是一系列较少为人所知的独立制片人电影，[②] 就是这样一股稳定的故事片潮流，描绘了身处社会经济阶梯最低层台阶的人们的生活。

　　在专利技术上，也可以看到同样的故事。许多成功的发明，其目标正是为了给穷困的消费者省钱。试想一下，比如电话，它使得

---

① 参见简·亚当斯（Jane Addams），《年轻人的精神与城市街道》（*The Spirit of Youth and the City Streets*），纽约：麦克米伦出版社，1930 年，第 4 章"梦想之家"（House of Dreams），第 75—79 页；一般性参见吉姆·卡伦（Jim Cullen）编，《美国历史上的流行文化》（*Popular Culture in American History*），麻省马尔登市（Malden）：布莱克韦尔（Blackwell）出版公司，2001 年。还值得注意的是，电影业早期"大人物"（moguls）中的许多人［例如哈里·考恩（Harry Cohn）、山姆·戈尔德温（Sam Goldwyn）、路易斯·梅耶（Louis Mayer）和华纳兄弟（Warner Brothers）］，都是出身寒门，大多来自犹太移民家庭。参见 A. 斯科特·伯格（A. Scott Berg），《戈尔德温传》（*Goldwyn: A Biography*），纽约：艾尔弗雷德 A. 诺夫出版社（Alfred A. Knopf）1989（哈里·考恩是哥伦比亚电影公司创始人，山姆·戈尔德温与路易斯·梅耶都是米高梅电影公司的创始人，华纳兄弟则是华纳兄弟电影公司创始人。——译者）。

② 这是从最近这几年开始的，例如，参见《冰冻之河》（*Frozen River*），科恩传媒集团（Cohen Media Group），2008 年；《沙囊》（*Ballast*），冲积层电影公司（Alluvial Film Co.），2008 年；《温蒂和露西》（*Wendy and Lucy*），野外指南电影公司（Field Guide Films），2008 年；《拉丁男孩的天空》（*Chop Shop*），马斯克拉特电影产业公司（Muskrat Filmed Properties），2007 年。

那些受限于旅行能力而待在家里的人，只要支付一笔合理的费用，就可以与家人朋友保持联系，因此，电话受到了社会中较少受益的人们的高度评价。[①] 从 20 世纪 40 年代开始的农业技术革命得到了广泛的认可，因为它在世界范围内显著降低了食物成本。[②] 空调是给美国最穷困公民的生活带来革命性变化的另一项技术。[③] 对于诸如手机之类 [④] 更为先进的技术，或许同样也可以这么说。先进药品的引入，也是如此。全球范围内的寿命延长，正是此类药品所带来的一个结果，而其中的专利保护通常被认为具有关键作用。[⑤]

---

① 里格斯，《老熟观众：老年人生活中的电视》，前揭，第 130 页［描述了电话交流对于老年人的重要意义："即使在生活贫困的老年人中，电话交流已经成为消除自己与亲朋好友之间地理相隔之苦的一种方式。……（这些老人们）有的患有白内障，有的家中没有空调，但他们仍然会每个月花上几分钟，与远在亚特兰大的儿孙们通个电话。"］。

② 参见，例如，莱斯特·R. 布朗（Lester R. Brown），《变革的种子：1970 年代的绿色革命与发展》（*Seeds of Change: The Green Revolution and Development in the 1970's*），纽约：普雷格（Praeger）出版公司，1970 年。

③ 雷蒙德·阿塞瑙尔特（Raymond Arsenault），"漫长酷暑的终结：空调与南方文化"（The End of the Long Hot Summer: The Air Conditioner and Southern Culture），《社会史杂志》（*J. So. Hist.*），第 50 卷（1984 年），第 597—628 页（在美国南方，空调对于死亡率、经济发展等产生了积极效果）。

④ 参见，例如，弗兰克·乔丹斯（Frank Jordans），"世界上的穷人在驱动全球手机使用的增长"（World's Poor Drive Growth in Global Cell Phone Use），《旧金山纪事报》（*San Francisco Chronicle*），2009 年 3 月 9 日（美联社新闻报道）。

⑤ 参见，例如，弗兰克·R. 利希滕伯格（Frank R. Lichtenberg），"新药推出对寿命的作用：以 52 个国家在 1982—2001 年间纵向的发病水平数据为证据"（The Impact of New Drug Launches on Longevity: Evidence from Longitudinal, Disease-Level Data from 52 Countries, 1982—2001），《国际卫生护理金融与经济杂志》（*Int'l J. Health Care Fin. & Econ.*），第 5 卷（2005 年），第 47—73 页（许多国家的情况表明，在新药的推出与死亡率的降低之间存在关联）。

当然，所有这些数据证明，许多身处低收入阶层的人们享受到了某些娱乐产品或者从某些技术中受益。它们表明，整体而言，这些产业和创新给最穷困人们的生活带来的是一个净正值。照此发展下去，当然就是好的。但是，若只是从这些轶闻报道中得出结论，认为知识产权及其所培育的产业就代表了一种"为最少受益者提供最大收益"的安排，那完全是另外一回事了。有一种批评可能主张，其他的社会安排可能产生出具有同样品质但较少导致不平等的创新和娱乐业。在这样的产业中，工资和利润可能变得较低，但结果是产品价格也更低，从而可以把更多的钱留给穷人阶层。我认为，对此类批评，很有理由提出质疑；在共产主义与制度性社会主义的各种试验中，人们得到的一个教训就是，想要把资本主义好的一面（创新、增长）与不太好的一面（不平等）分隔开来是极其困难的。因此，我们固然不能确定有没有其他更好的方法，可以让社会的最穷困成员得到创新带来的好处和他们想要的娱乐，但我们知道的是，目前这个制度确实给这些人带来了各种不同的好处。论述至此，这就已经尽我们所能而接近于证明，以知识财产为基础的产业（IP-based industries）符合罗尔斯的第二个原则。

2. 小结：知识产权与差别原则

把知识财产当作"基本自由体系"的组成部分，这就绕开了对于分配的考虑。在罗尔斯理论中，基本的政治权利是优先于分配问题的。因此，将某种权利纳入第一个原则的好处是，它构成了权利的基本结构的一部分，而之后的资源分配正是建立在这个结构之上的。但是，有一些读者可能未必服膺于这个观点，即知识财产（或者一般意义上的财产）属于这份构成基本自由总体系的权利清单。

基于这个理由，也是因为我相信，必定还有一种扎实的情形来支持知识产权制度的分配效果，所以，我在这一节当中，试图为知识产权所产生的倾斜性资源分配进行辩护，而其依据就是，它为最少受益者带来了巨大的好处。因此，我的主张在总体上的要点就是：知识财产及其所支持的制度确实导致了经济上的不平等，但是，这种不平等也为最低受益者提供了明显的好处。

我已经说过，这并不等于就能得出结论，认为知识产权制度满足了罗尔斯的差别原则。为了获得更进一步的结论，我们还必须表明，知识产权制度如此安排，既产生进了必要的、最低程度的不平等，同时也为包括最穷困者在内的每一个人都带来了好处。尽管要从分配公平的角度来表明目前的制度就是最理想的，这的确是一种苛求，但是，这也是一个清晰的公平信号，即我们总的经济制度中确实包含了这样的机制，意在缓和因对于高度成功者给予强大的奖励所导致的倾斜性分配。在知识财产的语境下，有两个缓和机制（mitigation mechanisms）表现突出。其中一个机制为知识财产所独有，即法律所赋予权利本身的结构当中，就包含了各种各样的限制与例外，意在让某部分的知识财产使用人与消费者受益。另一个则是在我们制度中更具一般性的机制，也就是对于从取得成功的经济项目——包括以知识财产为基础的产品——中所获得的收入征税。在下一节，我会对这两种机制均予以考察。不过，为了准备这个讨论，我需要首先回顾一下此前在第 2 章和第 3 章的某些资料。怎样根据前述有关个人奖赏与知识产权的私人财产可拨归性的具体讨论，而为再分配政策（redistributive policies）辩护？这就是我接下来开始要研究的问题。

二、知识产权法如何把分配问题嵌入每一项知识产权当中

现在是时候从单个知识产权的层面来观察分配问题了,以便我们能够把它们置于一个公平社会的总体背景之下。分配公平问题是如何植入或者嵌入到单个的知识产权之中的?如何将公平因素纳入知识产权规则的微观结构(microstructure)之中加以考虑?这就是我们在本节所要接着讨论的主题。

121   (一)个人奖赏与社会义务:核心与边缘

按照我的设想,每一项知识产权都包括两个独立的组成部分:一部分是不可侵犯的个人贡献,我称之为该权利所涵盖成果的"受奖赏的核心"(deserving core);而另一部分则最好把它看作来源于社会力量和社会性要素,我称之为"边缘部分"(the periphery)。因为边缘部分是归属于社会力量的,它就代表了该成果中由社会本身借助再分配政策而拥有某种权利主张的部分。① 边缘部分本身可以

---

① 关于财产权包括个人与集体这两个方面,已有大量文献涉及于此。参见,例如,卡罗尔·M. 罗斯(Carol M. Rose),"财产话语的经典,抑或布莱克斯通的困惑"(Canons of Property Talk, or, Blackstone's Anxiety),《耶鲁法律杂志》(*Yale L. J.*),第108卷(1998年),第601页始,第603—606页[威廉·布莱克斯通爵士的"绝对主义"财产观(absolutist view of property)常常被人引用,而事实上,他非常理解在他所处的时代,法律现实其实相当复杂];阿莫诺·利尔瓦伊(Amnon Lehavi),"财产之谜"(The Property Puzzle),《乔治城法律杂志》(*Geo. L. J.*),第96卷(2008年),第1987页始,第2000—2012页(在财产法的公共利益与私人利益之间形成了错综复杂的关系);格里高利·S. 亚历山大(Gregory S. Alexander),"美国财产法中的社会(转下页)

再分割，就大致沿着我在本章后半部分所描述的三个再分配阶段进行。[①] 图 4.1 是以图像形式所显示的核心 / 边缘概念。

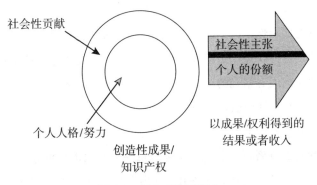

图 4.1　核心 / 边缘概念

对于这幅说明图，请让我先插一句话。图中的各个部分，分别表示个人与集体的相对比例，这是经过特意挑选的。我以此想要阐明的思想是，每一件创造性成果的优势是来自于个人的独特才能与

122

（接上页）义务规范"（The Social-Obligation Norm in American Property Law），《康奈尔法律评论》（*Cornell L. Rev.*），第 94 卷（2009 年），第 745 页（描述了反映财产所有权人之权利与义务的法律规则）。

① 某些分配性政策在一项财产授予之初就被嵌入其中〔例如，在保护时间上的限制，或者将某些对象排除在可保护的范围之外，就像著作权法上的事实类作品（fact works）或者专利法上的自然规律（law of nature）〕；另一些则是在某项受知识产权保护的成果被使用的过程中发挥作用（例如，著作权的"合理使用"，或者在专利案件中限制采取禁令救济）。边缘的最后部分，则以对于受知识产权保护的成果课税为代表——这是将一般性社会再分配政策专门适用于知识产权的情形。通过上述方式，每一项知识产权就概括了糅合在每一件受知识产权保护之成果当中的个人方面与社会性方面。

贡献（这个论据稍后再予详述）。社会贡献则是相对较小的。①这当然就意味着，社会性权利主张也是较小的，并因此，再分配所能达到的最大程度，顶多也只是一种适可而止的水平。但是，图中的量值仅具有提示性，这个描述不管怎样还是显得挺粗糙的。我不希望由此让读者错误地产生某种精确感。毕竟这只是观念上的图示，并非科学绘图或者精确的制图法呈现。我可能只是想说，本图示"非按比例"或者其他诸如类似的话。因此，重点是不要执迷于这份图示的细节或者特定尺寸，而是去领会我所说的实质内容。

　　慷慨的读者可能看到，这种对每一财产权进行再分割的策略，就从观念上提出了两个已经引起许多学术争论的问题。其中一个问题是，提出再分配主张将会怎样深度侵入个人的合法财产权利主张。另一个问题，也是知识产权学者抱有特殊兴趣的问题则是，究竟应当将创造性成果的来源归功于个人的灵感抑或社会的集体性技术秘诀或者巨大的知识宝库。这两个问题都很重要。不过，就算是一位慷慨的读者，也会对我的做法表示犹豫，因为我坚持认为，必须采取一种全面的观念性行动，将这两个问题结合起来一并处理。为什么不是把它们分开来处理？为什么不是先讨论根据每一成果中个人与集体的贡献程度，确定知识产权的范围应当有多大，然后再提出一个独立的问题，即当涉及知识产权时，何种程度的再分配才能说得通？不知怎么地，为什么非得把对于第二个问题的回答跟第一个问题纠缠在一起，弄成一团糟？换言之，把个人与社会在

---

① 我在这里是作一般性讨论；我所关注的是处于中间水平的创造性成果，也就是那些典型的成果。而在这个中间水平的两边，毫无疑问都存在着例外。

创造性成果的输入上所发生的拔河大战（tug-of-war），跟个人与社会对于资源的权利主张之争相结合，这样做到底有什么好处？

好处就是：我的方法利用了现代知识产权理论的一块基石，从而可以在财产权的分配性方面获得杠杆优势。大多数知识产权学者都承认，在几乎每一件创造性成果中，除个人创造者之外，还注入了其他的力量，因此，知识产权就应当具有足够的渗透性，以允许第三人广泛地加以接触使用，同时构成对创造者专有权的一种限制。我的方法是把这个传统上所关切的问题与关于分配公平的古典问题联系起来。我的基本思想就是，以注入每一件成果中的"社会性比例"（social quantum）作为一个合理的依据，来解释对于该成果所产生收入或者结果而提出的社会性/分配性主张。由于在作品完成过程中注入了社会的影响，因此，社会性主张就应当被认为是与这些成果所包含的权利连为一体的。这是一种所谓的输入—输出模式（input-out model）：输入社会影响，输出社会性主张（social influence in, societal claim out）。

当然，这种对知识财产的理解同样抓住了个人贡献的重要性。个人的原创性工作是输入，创造性个人不可避免提出的财产权主张，则是输出。知识产权的两部分观念（two-part conception）就让个人性贡献以及对财产的个人控制保留在核心地位。而进入该权利的社会性贡献部分，则是与完成某一受保护成果的个人原创性工作相互混合与缠绕在一起的。同样地，社会提出的权利主张，是在国家授予某种财产权的时候才显现出来，并且附属于一种不可侵犯的私权（private right）。私权是坚定不移的基础，支撑和承载着社会性权利主张。没有个人的权利，社会性权利主张也就不存在。

　　我认为，这个模型抓住了财产的本质，当然，这正是它在知识财产当中所表现出来的。财产权是个人与特定财物之间的映射；它们代表了个人的控制，而控制之所以得到保障，就是因为其中有一种个人性贡献。然而，假如没有国家的支持，财产——经典的表述就是称之为一项"对世性"权利主张——是不可能存在的。国家在授予某项财产权时，就是把一小片的强制力（coercive power）赋予了个人。个人因此而被允许动用这个国家的权力，来对抗陌生人侵入该权利的行为。国家是由全体公民构成的；因此，财产的所有权人在强制实行其财产权时，实际上就是在行使集体性公民的权力。

　　几乎所有为知识财产所涵盖的成果，上面都存在着集体性贡献。而一旦授予某项知识产权，对该知识产权的强制实施就当然是一种集体行为。对于知识财产而言，尤其如此。在大多数情况下，私人的强制实施几乎是不可能的，因为所有权人不可能侦测到每一个可能使用或者复制其创作成果的人。但是，在创造性成果的起源与受保护成果的权利结构之间，却存在着某种对称性。社会帮助形成了这些成果；社会制度被要求有效地保护这些成果；因此，社会理应在每一件成果上保留某种利益。由此观之，知识产权法就是对这种在个人创造者与被他称为家园的更大的社会之间所存在的强烈的共生关系（symbiotic relationship）进行编码。

　　这也为一般性财产提出了一个教训。我认为，它表明分配正义是内在于财产法的，而不是作为某种外部价值。再分配并不是像糕饼上的那层糖霜，只是被涂抹在财产的表面。它是作为必要成分而被烤制在糕饼里面的，从一开始就构成了这份制作食谱中不可或缺的部分。[①]我认为，如果既想要给予个人财产权，也要为影响和改变这些权利的再分配政策提出有力的辩护，那么，这是对两者予以

---

① 从绝大部分内容来看，人们对于知识产权法的通常认识是，把它看作某种更一般性方法的一个例子，借以说明效率或者福利是法律的至高无上的规范性目标。这种观点可以表述为一项简单的准则，"不要利用法律规则来达到分配目标"。这种思想是美国法和经济学的主流。它在路易斯·卡普洛（Louis Kaplow）与斯蒂文·沙维尔（Steven Shavell）合著的一些作品中，得到了完美的解释。参见路易斯·卡普洛与斯蒂文·沙维尔，《公平与福利》（*Fairness Versus Welfare*），麻省剑桥：哈佛大学出版社，2002年。主要根据这个思想流派而对知识产权法所作的一个阐述，参见威廉·兰德斯（William Landes）与理查德·波斯纳（Richard Posner），《知识产权法的经济结构》（*The Economic Structure of Intellectual Property Law*），麻省剑桥：哈佛大学出版社，2003年。（例如，兰德斯与波斯纳将知识财产与有体财产相类比；他们举英国从16世纪开始的"圈地"运动为例，后者通常被认为大大提高了整体经济的生产力，尽管它是以增加农村贫困、承受严重的分配性混乱作为代价的。参见兰德斯与波斯纳，前揭，第12页）。显然，将关注的焦点专门集中于效率或者福利的最大化，就排除了任何分配正义或者公平的作用。但是，包括本人在内，也有许多人并不同意上述方法。在本书中，我的重心集中于知识产权法的规范性阐述，而这完全不在功利主义/福利最大化的范围之内。在本书第5章，我将效率表述为知识产权法的一项坚实的"中层"原则，立法机关和法院对此均有阐释与应用。关于一种与我类似方法的阐述，参见朱尔斯·科尔曼（Jules Coleman），"福利的根据"（The Grounds of Welfare），《耶鲁法律杂志》（*Yale L. J.*），第112卷（2003年），第1511页始，第1538—1539页（这是针对前揭卡普洛与沙维尔《公平与福利》的书评）："道义论者不需要主张，并且可能也确实没有主张，法律不应当按其对福利的影响来加以评估。他只是主张，除了按其对福利的影响进行评估之外，法律还应当按其符合正义需求的程度而加以评估。"科尔曼巧妙地描述了道义论学派（deontological school）与唯福利论方法（walfare-only approach）之间的区别。像我一样，科尔曼在其文章中也广泛地汲取了"福利派"（功利主义）阵营的工具。

调和的唯一方法。

1. 知识产权与随时间而赋予的奖赏

除了奖赏的基本公平性，哲学家们还对它的另一方面表现出兴趣，这就是时间的方面。尽管大多数对于奖赏的讨论是以过去时进行的，[①]但是，一项富有意义的创新改变了这种假设，并且为有关知识产权的讨论带来了积极效果。[②]哲学家大卫·施米特（David Schmidtz）即照此进路加以撰述，他在一开始提出的观念是，值得奖赏的某样东西是一个随时间而要求许多"输入"的最终状态。按照施米特的说法：

> 从某种程度上讲，任何人都是幸运的，但是，在变得幸运（being lucky）与纯粹就是幸运（being merely lucky）之间，还是存在着很大的差别。变得幸运这一不加掩饰的事实，不排除其值得奖赏（being deserving）。而纯粹就是幸运则排除其值得奖赏，因为如果说我们纯属幸运，那等于是说，我们没有提供任何的输入（付出努力或变得优秀），而后者才是主张奖赏的根据。假如想要反驳在某一特定情形中所提出的一项奖赏主张，那么我们就必须证明，在该情形中缺少……作为奖赏主张

---

① 事实上，乔治·谢尔对奖赏的辩护，就取决于对个人因素与长期的身份持续的一种复杂的认识，因此，它就假设，奖赏必须始终与过去的行动相关。参见乔治·谢尔，《论奖赏》，前揭，该书第 10 章"为什么过去是相关的"（Why the Past Matters），第 175—193 页。

② 参见，例如，沃切赫·萨杜斯基，《奖其所值：社会正义与法律理论》，前揭，第 118 页（"奖赏的考虑因素总是以过去为导向的"）。

之根据的输入。[①]

施米特在这里就为下面这种思想提供了一个有用的词汇：尽管从
许多方面看，人生境遇总是带有偶然性，或者需依情况而定，然
而对于一个处境优裕的人来讲，还是有可能提供那些输入的，从
而使其在某个时刻应得奖赏。有时，艰苦工作或者勤勉用功是与某
个偶然的人生起点混杂在一起的。在此情况下，艰苦工作或者勤勉
用功就是为最后的成功所作出的一个输入，并因此而构成提出道德
奖赏主张的基础或者根据。[②] 在施米特的结构中，时间的先后具有
重要意义；一些最初的禀赋，例如与生俱来的才能就可能无法让我
们自始即应得到奖赏（deserving ab initio），但是，当一个具有才能
的人在此后添加了某种输入，比如通过艰苦工作而发展了最初的才
能，那么，他就可能属于应得奖赏了。在这种情况下，该人在后来
尽其所能付出的努力，就表明他是值得奖赏的。[③] 这种奖赏并不是

① 施米特，"如何奖赏"，前揭，第 776 页（着重号是原文的；脚注略）。

② 施米特对于罗尔斯的立场总结如下："我们可以说，没有人值得奖赏，因为，
如果我们假定，只有当我们奖赏给那些'命中注定'要努力工作的人时，我
们才对努力工作的人给予奖赏，那么，这不正是我们所要说的了。"这一立场
为施米特所反对。参见，同揭，第 777 页。显然，在施米特关于用我们的方
式来赢得奖赏（earning our way into desert）的思想与洛克的思想存在很大的
重合，因为洛克认为，财产的根据就是将我们靠纯粹运气（dumb luck）而继
承得来的东西（地球上的万物）跟我们运用所控制的某样东西，即我们的劳
动两相结合。同样，康德关于对控制的自愿应用的观念，促成了他关于占有
与财产的阐述，而这与施米特的主张也存在着许多相似之处。

③ 正如他所说的，"有时，我们奖赏 X，是根据我们在收到 X 之后的行为，而不
是在此之前的行为"。施米特，"如何奖赏"，前揭，第 778 页。这个（转下页）

一个二进制变量，在某一特定时刻要么是开的、要么是关的；它是随着时间经过，例如随着具有最初才能的加以淬炼或者提高其才能而不断工作，才被赋予奖赏的。这样来理解奖赏，就意味着我们不能把奖赏说成是一种二进制状态——要么值得奖赏，要么不值得奖赏。相反，在某一时刻，我们可能只是"开始变得应得奖赏"（coming to deserve），亦即，可能让我们的行为进入某种赢得有效的奖赏主张中了。[①] 就此而论，注意到下面这一点是很有意思的，即关于某人"正在完善其才能"（perfecting one's talent）这句话，若按普通语言学来解释，就接近于是指关于完善一个请求、一项财产权

（接上页）主张的论调与精神，不禁让人强烈地联想到以善行为基础的（virtue-based）或者"美德"观念（aretaic view）的伦理学。这种观点强调古希腊意义上的善行（正义、仁爱等）；从这个角度来看，应当以促进这些善行来设定社会制度。在这一节中，我在这里所述的关于奖赏的大部分内容，就非常适合对知识产权作一种以善行为基础的论述。参见，例如，科林·法雷利（Colin Farrelly）与劳伦斯·索勒姆（Lawrence Solum），"法律美德论导言"（*An Introduction to Aretaic Theories of Law*），科林·法雷利与劳伦斯·索勒姆编，《善行法理学》（*Virtue Jurisprudence*），第1—23页，纽约：帕尔格雷夫·麦克米伦（Palgrave Macmillan）出版公司，2008年。事实上，对于奖赏以及它在一个基本权利与赋权体系中的位置而采取一种开放思想的理解，就意味着尽管在"美德"词汇上是有区别的，但从观念层面而言，它与自由主义思想的道义论伦理学理论（liberal-minded deontological ethical theory）高度重合。

① 关于一个在某种程度上具有相似性的思想，参见蔡特奇克，"论值得奖赏"，前揭，第378页："在某人的任务或者工作中，还有一件比付出努力更基础的东西，那就是在准备为其任务或者工作而努力的过程中所付出的努力。"请注意，在蔡特奇克这段陈述中的"准备阶段"（preparation stage）所付出的这种努力，常常扩展至对时间的控制，它因此就十分符合我在第3章讨论康德关于占有与财产的理论时所阐述的内容。

或者一种合法利益的法律概念。这种可以相互通用的解释，凸显了
道德与法律具有共同的语言学传统。

　　这种认为随着时间经过而不断赋予奖赏的观点，正是我所相
信的感觉，即创造性才能通常是"应得奖赏"的。如果你已经证明，
奖赏的对象就是才能本身，那么，由你的才能所带来的某些成果就
至少是你应得的。你用以表明这一点的方式就是，这些随时间而发
展的才能，通过你的行为而开始让它们变得应得奖赏了。而通过这
一重要方式，这个关于"赢得奖赏"（earning desert）的观念就要求
必须给予我们这样一个机会，来证明我们值得拥有我们的初始禀赋
（initial endowments）。

　　随时间而赋予的奖赏，它为知识产权带来了一种非常有趣的
双重作用。一项知识产权可以是社会承认奖赏的一种方式；它也可
以是附属于某一特定成果的一个"奖赏的标签"（badge of desert）。
但是，知识产权还可能意味着更多：它们可以成为某一项制度的基
础，而该制度允许人们表明，他们从一开始就是值得奖赏的。知识
产权可以提供一个平台，使某一项职业得以在该平台上开始经营，
而这个职业可以成为运用或者实现某一组初始禀赋的一种媒介。通
过这种方式，知识产权就可能不只是奖赏的象征；它们也可以帮助
产生奖赏。它们可以允许我们对自己的创造性天赋获得完全的所
有权，并因此表明，追根溯源，我们对于它们是值得奖赏、当之无
愧的。①

---

①　施米特称它为奖赏的"承诺模式"（promissory model）：我们先收到奖励，接
　　着用后来的行动来赢得它。参见施米特，"如何奖赏"，前揭，第785页。我
　　对知识产权法的理解，就是把奖赏与自治相关联，其方法是将（转下页）

2.关于核心与边缘的进一步考察

即使到目前为止你还是同意我的观点的，但你也可能很明白，对于奖赏提出某种一般性辩护，并不足以证明知识产权法的基本公正性，更何况还要考虑到知识产权制度目前的构成情况。你可能同意，某些人由于他们的努力或者行动，值得获得某种回报，但是，你可能对于这些回报的本质和程度会提出严肃的质疑。有人如果创造了某一件为知识财产所涵盖的有价值的成果，事实上他就应该得到某些东西作为回报；但是，如果——而这常常就是如此——该成果的部分价值来自于在相关文化中的背景材料或者其他处于公共领域的资源，那么，根据社会对该成果的贡献，这样的回报请求范围又该有多大呢？也就是说，你可能怀疑，奖赏究竟是否像一根脆弱的芦苇，仅仅为支持针对创造性成果的控制而提出最低程度的主张（a minimalist claim），抑或，它支持对于这些成果以及由此产生的所有收益结果而提出一种全方位的主张（a full-bodied claim）。最后，你可能提出疑问，对于财产权——特别是知识产权——而言，如果权利人想要让其权利发挥任何明显而重大的影响，就得依靠诸如专利局、版权局以及法院之类的社会资源，那么，从抽象层面上讲，应当如何根据上述事实而对奖赏主张加以修改。

简单地说，这个问题其实就是：我们如何将个人的某一项奖赏主张跟以下两个事实进行平衡：（1）在创造出某一成果时，在前端

（接上页）罗尔斯第一个原则中的这两个概念相互联结起来。知识产权给予具有创造力的人们依其所长而谋生的机会，然后他们就可以充分发挥他们的禀赋才能（或者由此获得奖赏）。

所发生的社会投入；以及（2）为帮助保护以及强制执行某一项知识产权，在后端对社会资源的需求。我们要做的就是在观念上构建一个关于创造性成果/知识产权的模型，以便平衡这两方面的要素。这就把我们带回到了在本章一开始所提出的核心/边缘模型（core/periphery model）。

（1）创造性成果的产生。在每一件受知识产权保护的成果背后，都有一位创造者或者一支创造者团队。此外，每一位创造者，其本身也是一系列影响和生活经验的最终结果。若从这个层面来观察创造者，有两个基本方法。其一是把他看作一个独立自主（self-contained）与自我激励（self-motivated）的实体：一个以自己的才能与意志力作为其独一无二身份之组成部分的人。根据这个观点，创造就是一个只关乎天赋才能以及对其加以开发与引导的自律的问题。创造者的成果就是一个通过高度个体化的个人训练以及个人努力所产生的最终结果。

这个观点让人想起在罗尔斯影响深远的公平理论中受到最广泛批评的那个方面，即他关于个人奖赏的思想。罗尔斯大胆地试图抵制关于个人作用的普通直觉，但是在许多人看来，他并没有能够做到这一点。正如我们已经看到的，关于奖赏及其在分配正义中的地位，存在大量的哲学争论，但是我认为，这里最终诉诸的常常就是个人的经验。我们都知道存在这样的人，他们当中有的人具备与生俱来的能力，能够将每一项可以得到的"地位"优势（"positional" advantage）——财富、教育、自律训练，等等——结合起来，而有的人却最终没有通过付出艰苦的努力，去开发他们的才能。这在那些必须将某一项创造性才能跟纪律以及一种培育其自然禀赋的意愿相互结合的领域，尤其如此。明白了这一点，那么，当我们看到有的人，甚至是那些具有这些"地位"优势的人，假如他付出辛劳，开发自己的才能，并因此而取得重大成就的，那就很难认为这样的人不值得获得某种回报。在这种情形中可以清楚地看到，要想取得成功，除了社会因素或者地位优势之外，还必须付出其他的某样东西。正是这个额外的东西——即某种基于个人意志的行为，而不是某种针对社会性"输入"预先安排好的反应——才赋予像他那样的人以权利，可以从他们工作所创造的成果中获得利益。

同时，对于大多数人来说，当他们在这时或者那时看到一张饥民挨饿的照片，或者看到一幅显示小孩子们正经受着让人虚弱不堪（但或许是可以治愈）的疾病的画面，就会想到：这些孩子当中是否有一位潜在的莫扎特，或者有某个孩子拥有温顿·马萨利斯（Wynton Marsalis）那般的音乐表现力，或者，隐藏在饱受病痛折磨的脸庞背后，难道不是一颗充满创造思想的雄心吗？我们从直觉上知道，在那个时候，一个人的出身状况是决定其才能能否实现的一个巨大因素。社会状况显然有着相当大的影响力。对于那些珍视每一个体之充分发展、享受真正自由的机会的人们来讲，这就意味着一件事情：为了给每一个人提供发挥其全部潜能的机会，在必要时，我们就需要补足在社会状况中出现的短缺。

一个全面而平衡的知识产权理论，应当对这两种直觉能够全部加以解释：个人意志在才能的表达上所具有的重要性，社会对于承认与发展该项才能所产生的影响。接下来，我要描述的是这个理论中的一块重要的观念性积木，即关于"核心"的思想。

（2）对核心的解剖。其基本思想是这样的：我们可以设想，在

每一件创造性成果中都有这样的部分，它是个人的纪律与意志的产
物。我们称这部分为"核心"。从观念上讲，它是在每一项智力创
造中处于中心地位的、不可避免和必要的组成部分，就是中心之宝
（central nugget）。有关核心的观念，标志着这样一种关键性认识，
即每一项创造性成果都必然涉及作为某一个人之组成部分的意志
行为。即使一个人受过各种各样的训练，并且享受着由朋友、家庭
以及一般地由社会所带来的优厚环境的有利条件，但是，若想要创
造出某种有价值的东西，个人仍须全力以赴，把自己投身到眼前的
难题中去。有关核心的观念，就是表彰这个结合了智力性创作的创
造性成果。它代表了其中无法归因于社会的创造性驱动力（creative
impulse）成分——也就是个人自身的独一无二的部分，它将个人
才能、训练与辛苦劳动结合起来而作出表达。因此，它代表了某一
创造性成果中作为个人所有权人所值得控制以及从中受益的部分。
核心就代表了一个创作者对于一项创造性成果所享有的、最深刻与
最正当合理的权利主张。个人意志创造了这个核心，因此，个人就
值得拥有这个核心。

相反地，同样是在观念层面上，我们可以设想，在某一件成果
中的某些内在价值是可以归属于创造者的环境优势（situational ad-
vantages）的——亦即从广义解释的"社会性因素"（social factors）。
为使我们的思想保持连续性，我们将之称作"边缘"。这里的重点，
并不是说我们能够对每一项创造性成果均作出某种严格的分析，以
便对于每一个具体创造行为的核心与边缘作出某种精确的测量。这
里的思想毋宁是说，我们应当首先对每一项成果的内在价值勾画出
一幅心理图像，然后把它分为两个组成部分，以便完善这幅图像。

其中一部分，显然就处于该图像的中心，它代表的是核心，亦即个人意志行为的产物。另一部分则是围绕它的，代表了边缘，也就是剩余的、为创作者的创造行为助以一臂之力的环境优势或者社会性因素。本章在前面所显示的图 4.1，就是用以呈现该图像的一种方式，当然，可以采用的方式不止这一种。

那张图自然是很不精确的，但它表达的意思非常清楚。要想把创造性的某些方面分别配置到我所构建的这两个粗糙的范畴——（1）个人意志与（2）社会/地位的有利条件——其实殊为不易。仅举（来自罗尔斯的）一例加以说明：接受训练的意志（willingness to undergo training），这其实可能是社会化的产物。同时，把该训练朝着新方向推动的纪律，却可能是个人的独一无二的特性。[①] 如果我们考虑到关于不利条件的特例，则情况会变得更加复杂。因为最初的不利条件可能刺激有些人付出超常规的努力，所以，在某种情况下，由最初的不利条件转化来的"优势"（"advantage" of initial disadvantage）反倒可能被看作是导致个人成功的一个社会性贡献。即便我们能够从某一项成功的创造性成果中，把个

---

① 且让我从成千上万的例子中仅举一例：在战后的日本，有许多日本年轻的艺术家受雇创作漫画和其他大众消费类艺术品，但是，只有一部分人打开了这个巨大而独一无二的视觉世界，其中就以宫崎骏（Hayao Miyazaki）的电影《千与千寻》（*Spirited Away*）与《哈尔的移动城堡》（*Howl's Moving Castle*）为代表。参见，海伦·麦卡锡（Helen McCarthy），《宫崎骏：日本动画大师》（*Hayao Miyazaki: Master of Japanese Animation*），加州伯克利：石桥出版社（Stone Bridge Press），1999 年，第 30 页（其描写宫崎骏的第一份工作，是当一名初级的动画工作者，他要做的事情无非是把高级动画作者的素描图片装进画框里）。

人贡献的部分都拣选出来，但是，每一种情况下所发生的因素混合，却因创造者个人而大为不同，也因每项成果而明显各异。假设一位贫穷的年轻作者，他写出的第一部小说，可能需要付出极其艰巨的自我牺牲（Herculean self-sacrifice）才能完成；但他后来的作品，却可能随着他在文学上的成功而得以从同行的输入和特权中获得好处。因此，该作者就可能经历了两种判然有别的环境优势。第一种是比较奇特的优势，它建立在资源匮乏的基础上，但这种情况并非绝无可能。第二种则是较为常见的优势：该作者凭借已经取得的成功以及随之而来的人脉与生活阅历，随着时间而不断积累，就形成了通常的环境优势。

再次说明，这里的重点并不在于追求多么精确的刻画。核心／边缘模型不是一个详尽细致的分析工具。它旨在提供一种思维结构，从而为某一成果的创作者配置一种强有力的权利主张进行辩护。当然，像这样的权利主张，通常就被称为财产权。因此，我们真正所具备的，其实就是这样一个解释，说明为什么一项原创性成果的创作者值得为该成果而享有一种真正的财产权。所谓核心，这个概念就因此而意味着反对罗尔斯的（非）奖赏理论中的过度社会性导向（excessively social orientation）。创作者真正值得拥有某种财产权，从这个一般性观念可以进一步得出结论：把完全值得奖赏的（well-deserved）知识产权纳入人们在一个正义社会中有权拥有之基本自由的清单，这样做是恰当的。①

---

① 从专业上讲，根据罗尔斯原理，这个陈述可以从两方面加以解释。它可能意味着知识财产是"个人财产"的一个种类，而罗尔斯承认，个人财产是其第一个正义原则之下的一种基本自由。另一方面，它可能被解读为（转下页）

（3）边缘部分：这是当着财产权主张的面而为再分配进行辩护。正如我在此前所述，在每一创造性成果中存在这样的组成部分，它并不属于个人意志与努力的产物。[1]我将其称为边缘部分，而它从概念上可以被看作是一系列社会性因素的产物。它所代表的

（接上页）这样一种主张，即认为罗尔斯将所有的非个人（或者"生产性"）财产排除在由第一个原则所保证的基本自由清单之外是错误的，而知识财产是特别值得奖赏的一种生产性财产，应当被包括在一个公平社会的基本结构之中并且受到保护。由于知识财产是提高个人自治的方式，因此，它可以被认为是某种罗尔斯式的混合物，即个人的生产性财产（personal-productive property）。

[1] 萨杜斯基在批评将洛克有关财产拨归的劳动理论加以扩张时，提出了这个观点："我不明白为什么一个（对于我们工作成果的）权利是由另一个（对于我们身体的）权利而来。投入到该成果之中的，不仅有我们的劳动，而且还有我们不能对此主张同样权利的其他资源：原材料、工艺诀窍、技术，等等。判断我们在某一产品上的权利，因此就需要预先判断我们对于被用于生产所涉及商品的全部资源与因素享有什么权利。这个判断就将不得不考虑那些非常复杂的社会关系；例如，如果我的教育是受惠于某人的纳税，那么，这位纳税人就为我的工作成果……作出了贡献。……有许多用于生产的因素是社会合作的结果，我们不可能像我们可以对自己的身体主张权利那样，简单地将这些因素主张为我们的'权利'。"沃切赫·萨杜斯基，《奖其所值：社会正义与法律理论》，前揭，第135页。尽管这个主张的内容较多，但请记住以下两点，一是在我看来，如果对洛克思想作一种适当的理解，其中就包括需要仔细地注意关于将劳动与其他输入相混合的思想；其二，在洛克理论的各个方面，可以发现一种比例回报的概念（财产权主张与所付出努力之间的比例性）。此外，我还想要提出，社会已经（我认为是明智地）选择要花费一些资源，以区分在某个创造性成果的生产中所付出的个人因素与社会性因素；在知识财产的情形中，萨杜斯基所确认的这种高度复杂性，正是说出了社会是如何高度评价这类作品的。关于针对个人努力的比例性回报的思想，更多内容请参见本书第6章"比例原则"。

是与作为个人的创作者相对应的社会，在一项成果当中享有某种合法性主张的那部分。在每一成果中必然存在着某种不属于核心范围的部分，这种观念就证明了，对于该成果所获得收入的某些部分进行再分配是正当的。

　　边缘这个概念，就与罗尔斯关于再分配的理由直接发生密切联系了。如果核心所代表的是对某一成果提出合法性奖赏主张的范围，那么，边缘部分就代表了该成果内在价值中可以作为再分配之适当对象的那部分。简而言之，核心部分是不可侵犯的，至少在正当情况下不得侵犯。但是，边缘部分却是社会可以提出主张的适当对象。

　　社会对于某一创造性成果中属于"它的"那部分，可以提出哪些种类的主张呢？我将根据本章开头所确定的再分配三个阶段来予以回答：（1）最初授予权利的阶段；（2）知识产权所保护成果的利用阶段；以及（3）知识产权所保护的成果被售出并获得利润之后的阶段。

　　阶段 1 和 2 就发生在知识产权法本身内部，而阶段 3 则是发生在它的外部。所谓的内部，我的意思是指，它处于知识产权法律结构之内，本身构成了知识产权法规则的一部分。这种知识财产内部主张（IP-internal claims）的最明显例子，就是规定某一知识产权在保护时间上是受到限制的，它属于阶段 1 的规则，也是典型的知识产权制度。对于专利与著作权而言，财产权只能维持一段有限的时间，而这段有限的时间，就可以被看作是一个在时间维度上的核心（temporal core）——在某项智力成果的全部生命周期当中，专属于该成果创作者的那部分。在该权利期限届满之后，我们可以认为，该权利进入了边缘部分：创作者要求奖赏的主张已经获得满足，现在，一般公众可以自由接触使用该成果了。在阶段2的例子，可以举这样一组规则，它们允许第三人接触和使用某一创造性成果。著作权法中的合理使用，专利法中的试验性使用，以及商标法中的指示性使用或者非商标性使用，都是典型的这类规则。[①]

（二）在实际知识产权法的具体内容中的分配机制

核心／边缘模型把我们对罗尔斯理论的高度抽象的思考，落实到针对某个知识产权的层面。根据这个模型的指示，我们已经看到，公平与平衡的需求是贯穿在知识产权法之中的，并且在该法律的基本结构中表现无遗。[②]但是，无论它对于概念的澄清起着什么

[①]　对比埃尔德雷德诉阿什克罗夫特案（*Eldred v. Ashcroft*）[537 U. S. 186（2003）]（该案判决在很大程度上拒绝了用宪法第一修正案来限制著作权法的必要性，因为已经存在着由各种各样的著作权判例规则所提供的"内部"限制，比如思想／表达二分法、合理使用抗辩）。

[②]　应当指出的是，关于知识产权与分配正义，大部分文献所涉及的是知识产权规则对于跟创意产业存在这样或者那样联系的人的分配效果。其中所考虑的，通常就是创作者／所有人（creator/owners）与消费者／使用人（consumers/users）这两大团体。按照这一路径所作的学术研究，往往描述知识产权规则如何影响这两个团体之间的资源分配。与更一般性的关于分配正义的哲学讨论不同，这个文献在阐述分配问题时，并不是从最广泛的层面上出发，并不包括那些既不生产也没有使用受知识产权保护的东西的人。在其讨论中的相关参与人，可以被统称为知识财产创造生态系统（IP-creative ecosystem）的参加人。因此，当学者们讨论知识产权法的分配效果时，他们实际上是在讨论知识产权规则对于这个生态系统的各参加人的效果，并不是讨论社会全体成员之间的公平分配问题。当然，由于知识产权保护对象的使用人与（转下页）

样的作用，关于每一成果都是由核心与边缘构成的观念，从某种程度上还是被排除在那些构成知识产权法实体内容的具体规则之外的。

因此，现在就让我们书归正题。分配推动力（distributive impulse）借以在知识产权法中应用的具体机制——也就是用于体现我所讨论的核心／边缘概念的操作规则——究竟是什么呢？这是我在本节所要阐述的问题。为有助于让这里的分析更加顺畅，我们针对分配机制所作用的某个典型的知识产权，比较详细地描述其生命周期的三阶段。

第一阶段是洛克与康德的理论所描述的那个阶段，也就是初始财产授予阶段。建立在他人的、第三人需求基础上的限制，形成了此项财产授予的一部分；它们被内嵌于知识产权的结构当中。在知识产权被授予之后，由该知识产权所涵盖的这一项成果就可以为世人所获得了，而从此时起，第二阶段开始。在授予之时尚属公平的权利，也可能一变而为有害于第三人，例如，由于环境慢慢发生变化，以至于该权利最终为权利人这一方添加了不适当的杠杆优势（disproportionate leverage）。在这一时刻，各种规则就要发挥作用了，它们对于某一项知识产权被利用的方式——即知识财产所有

（接上页）消费者团体也是规模巨大的，因此，在实践中，知识产权制度的公平性与它对于一般人而言具有最大程度可能的公平性，这两者之间的差别也许没有那么大了。沿着这些思路所作的一个精妙分析，参见莫利·谢弗·凡·豪厄林（Molly Shaffer Van Houweling），"著作权的分配价值"（Distributive Values in Copyright），《德克萨斯法律评论》（*Tex. L. Rev.*），第83卷（2005年），第1535页。

权人被允许实施的范围——进行监督。因为这些规则保护第三人免于从已授予的知识产权中受到不利影响，所以，它们就提供了第二次机会，来评估知识产权法的分配性影响。第三阶段则是在权利被授予，并且知识产权所保护的成果已经被利用之后才开始的。就像在其他经济活动中的获利那样，从知识产权所保护成果的销售中获得的利润，也是可以课以税收的。在传统上，税收是现代经济中最常见的政府再分配机制，因此，它也必然成为我们分析的一部分。

1.公平性与权利的初始授予

在知识产权法所体现的各种各样的制定法中，我们可以根据其具体内容，发现各种次要的分配性妥协。许多的知识产权规则形成已久，并且在知识产权法中深嵌其间，因此，它们的分配作用几乎是隐而不彰的。但是，它们毕竟就在那里。最好的例子就是与大多数知识产权相伴随的保护期限，我们可以举出其中重要的三种，即专利、著作权与公开权的保护期限。时间性限制可以实现分配目标，因为它确保知识产权不是永久存续的，从而，创造性成果所包含的利益最终会向一般公众免费开放。一个丰富而深厚的公共领域随着时间而不断发展壮大，并且使得人人受益，不管该人在社会中处于怎样的地位。

知识产权法还充斥着各色各样其他的分配性交易（distributional bargains），它们以多种不同的方式被编入法律结构之中。例如，公共电视广播、教堂布道的行为，可以按照某些著作权法规则而获得免责，而为盲人准备的作品，也受到同样的待遇。与此类似，外科手术方法被排除在专利保护范围之外，国际奥林匹克标志则根据商标法而受到特殊保护。这些技术性细节在很大程度上确实会耗费许多知识产权法执业者的时间与精力，但是，它们是储备库，可以用来针对知识产权以及这些权利的对象、范围与影响而做出形形色色、错综复杂的判断。它们表明，分配问题的解决，不仅在于知识产权法与基本架构所赖以设立的结构层面，而且也存在于每一个不断改进的知识产权法的较低层面上。知识产权法的结构就充满了大大小小各种层次的分配性政策。

本书第6章讨论知识产权法当中的比例原则（proportionality principle），我在其中提出的一项总原则，可以把许多散落在知识产权法各处的以分配为导向的规则搜罗起来。在那里，我把关于比例回报（proportional reward）的思想描述为构建知识产权法所必需的其中一块观念性积木。比例性承载着一个固有的分配性要素：每一创造者所获得的权利，应当与其贡献的价值相当并且互成比例。不过，比例性还有一位略显隐秘的双胞胎。由于权利被限定在一个相应比例的回报上，这就把其中的剩余留给了其他人，留给了一般公众。假如某一件作品的作者被授予适度的权利，那么，当该作品向公众散布时，其中的大部分就留给了其他人。这里存在着一种清晰可辨的分配性成分。某件作品的使用人从中所得到的好处，甚至超过了作者获得的比例性回报。照我看来，尽管它必定也为某些较为松散的目的服务，但比例原则还是在众所确认的知识产权法的分配功能（distributive function）上，发挥着非常大的作用。

2. 利用阶段：在授权后环境中的公平

某一知识产权生命周期的第二阶段，就是我所称的利用阶段，它从权利被授予之后开始。某一受知识产权保护的成果的所有权人，通常就会直接销售该成果的复制件或者将成果体现到某个更大

131

的产品中，例如，将某个专利组件装入一个由多组件构成的复杂产品中。分配问题常常就产生于利用阶段，而为了回答这些问题，也已经有各种各样的知识产权立法规定与判例规则被逐渐发展起来了。事实上，知识产权法中最令人困扰的难题就产生于如下情形，即某一项权利的授予虽系合法，但当它处于被利用的环境时，却被赋予了远远大于在授予时所设想的力量。

正是在这一阶段，比例原则发挥了它的某些最重要的作用。在第6章中，我沿着这些思路，详细考察了若干典型案例。[①] 其中包括为阻止未经授权接入诸如 Xbox 之类的电脑游戏机系统而编写的非常简短的软件代码，然后主张对该代码享有著作权。从已经判决的若干案例看，尽管这些代码是完全可以获得著作权的，但是，第三人为了寻求接入游戏机系统，却可以对它们进行反向工程（reverse-engineered）。实际上，这些判决依据的正是这样的观念，即如果强制执行这些简短代码的全部专有权，就会为游戏机的制造者提供不适当的杠杆优势。这些简短的小段代码，就成了打开一个更大市场的钥匙；因此，为了防止这个代码有效地将他人锁在市场之外，法院拒绝强制执行在代码上的著作权（按专业术语来讲，法院认定对这些代码的复制属于合理使用）。

另一个例子涉及专利。某些专利权人已经摸到门道，先是在那些具有潜在获利性的技术上取得专利，然后玩一种伺机而动的策略（waiting game）。其思想就是，当其他公司投资开发某一项技术时，

---

① 关于此处以及下一段所举例子的具体内容及其引证，参见本书第6章第2节"何谓比例性"。

自己实际上已先行拥有了专利，但一直等到该市场变得成熟起来，制造商方面产生了可观的沉没成本（sunk costs）时，才通过主张专利权而触发捕捉器，收网渔利。最高法院也意识到这样一种策略。为防止专利持有人运用不适当的杠杆优势，最高法院给予下级法院以自由裁量权，可以在此类案件中拒绝给予禁令救济。如此一来，就能有效地降低从这种触发捕捉器的策略中所获得的经济回报，从而将涉案专利恢复到大致的初始价值上。

在诸如此类的案件中，法院抑制对知识产权的利用，以防止这 132 些权利在特定的商业环境中发挥不适当的杠杆优势。从我们的视角来看，这里的重要意义在于，这种推动力正是来源于法律对分配问题的关切。法院监督某一项知识产权在被授予之后是如何在世上发挥作用的，以确保从该权利所获得的经济回报，跟它所代表的原初贡献相比并没有变得过多。换言之，法院所保护的是，反对在某些情况下的过度回报（overreward）。法院这么做，是在努力维持在授权阶段体现在知识产权上的分配平衡。

3.对知识产权所保护的成果征税

除了这些内部规则，知识产权制度其他方面所代表的，是在一项成果的价值中受制于社会一般公众主张的部分。最明显的例子就是税收，这是在阶段3的一种典型的分配制度。税收当然处于知识产权法的外部。但是在原则上，针对从创造性成果所获得收入的某些份额是可以征税的，并不会因此侵犯作为创作者核心的所有权。换言之，在边缘部分的某个方面，就是社会对于来源于某一受知识产权保护成果的收入而以税收形式所提出的主张。

该模型的这一部分，则与某些源于诸如罗伯特·诺齐克之类的自由主义目标背道而驰，后者强烈反对再分配性质的征税。诺齐克写道，如果资源（1）是在某个社会存在之初公平取得的，并且之后（2）通过一系列的自愿交易而转让与积累起来的，那么，社会及其政治机构无权干涉随后的资源分配。[①]欺诈、犯罪与非自愿的转让，这些可以根据矫正正义（corrective justice）的原则来处理，但除此之外，国家没有权力对公平取得的资产进行再分配。诺齐克的自由主义理论受到来自多方面的攻击，[②]但在这里，我把自己限定

---

① 参见罗伯特·诺齐克（Robert Nozick），《无政府、国家与乌托邦》（*Anarchy, State and Utopia*），纽约：基本图书出版社，1974年。

② 芭芭拉·弗里达（Barbara Fried）对此发表一篇著名的批评，抨击了诺齐克在《无政府、国家与乌托邦》一书中所举的一个例子。芭芭拉·弗里达，"威尔特·张伯伦再考察：诺齐克的'转换正义'与以市场为基础的分配难题"（Wilt Chamberlain Revisited: Nozick's 'Justice in Transfer' and the Problem of Market-Based Distribution），《哲学与公共事务》（*Phil. & Pub. Affairs*），第24卷（1995年），第226—245页。诺齐克所举的例子是关于篮球运动员威尔特·张伯伦（Wilt Chamberlain）。按照诺齐克的观点，针对国家提出的再分配主张，人们有权保留他们根据禀赋才能所获得的收入。张伯伦可以保有他因为打篮球收到的全部出场费（gate receipts），尽管在事实上，他并没有付出任何努力就获得了他在身高与灵敏度上的天赋。弗里达指出，诺齐克讲的这个故事是玩了一个障眼法，从而把读者的注意力吸引到这个不存在争议的观点上，即那些花钱看张伯伦打球的篮球迷之类的人，可以通过正当转让他们所拥有的东西——在这个例子中就是他们买门票的钱——而来观看比赛。按照弗里达的观点，诺齐克在这里的讨论，实际上隐藏着一个经典的争议：一个人在一场交易中获得了某件有价值的东西，是否从道德上而言就值得拥有其全部的交换价格。换言之，球迷有权转让他们所拥有的金钱，但是，这并不等于说张伯伦就有权保留他们所支付的全部金钱。球迷对其金钱的正当所有权，并不能以某种方式转移到张伯伦那里，而不受国家的任何再分配主张的影响。

在一个较为明显的观点上。知识产权严重依赖于国家这个集体性实体（collective entity）的运作。[①]正如我贯穿全书所强调的，如果没有某个国家机关的帮助，知识产权从根本上来讲是不可能得到强制执行的。因此，对于从这些权利中所获得的收入征税，以此来解决这个国家公民的需求，这样就能说得通了。在这些需求当中，首当其冲的是跟知识产权强制执行直接相关的法院与司法体系。但是，我想要提出的是，除了知识产权的强制执行，这些需求还将扩展至其他许多方面。新作品得以产生的文化背景，对创作者以及其读者和观众进行培训的教育机构，甚至为维护一个高度专业化的创作者阶层所必需的民事秩序——所有这些都与集体需求相关。对于从知识产权所保护成果的收入中征税，就可以并且应当被用于帮助为满足这些需求而付出的成本。[②]

133

[①] 这当然对于任何的财产权都是成立的。参见，例如约拉姆·巴泽尔（Yoram Barzel），《国家理论：经济权利、法律权利与国家的范围》（*A Theory of the State: Economic Rights, Legal Rights, and the Scope of the State*），剑桥：剑桥大学出版社，2002 年，第 13—58 页（分析了国家的强制执行对于一项财产制度的稳定运行是必需的）；贝尼托·阿鲁纳达（Benito Arruñada），"财产强制执行作为有组织的同意"（Property Enforcement as Organized Consent），《法律、经济学与组织杂志》（*J. L. Econ. & Org.*），第 19 卷（2003 年），第 401 页（解释了在土地登录上的政府垄断有助于私人合同行为以及对第三人的保护）。正如我在本书所主张的，这对于知识产权而言，更是如此。

[②] 根据弗里达对诺齐克的批评，我可以把自己的观点陈述如下：对威尔特·张伯伦打篮球所得收入的一部分征税是公平的，因为他从下面这些地方获得了好处：球迷前来观看比赛需要走过的道路、警察维持秩序使得球迷可以安心观看比赛，还有其他更直接的方式，等等；而且，由于社会保持安宁与秩序，人们在此前提条件下，才得以享受闲暇和把钱花在诸如观看篮球（转下页）

关于税收，还有两个简要的观点。第一，国家拥有广泛的权力，可以向财产的所有权人征税，而这（特别是在美国）并不算是一种侵犯所有权本身的权利，当然这一思想显然不是知识产权法独有的；它是针对各类财产的一个特征。[①] 第二，在某些时候，税率

（接上页）比赛之类的奢侈性消费上。需要补充的是，我支持这个观点，也是因为我认为，张伯伦是通过其自身付出努力，发展其才能，才有资格得到这样的奖励。尽管，作为波士顿凯尔特人队的一个老牌球迷，我必须补充，比尔·拉塞尔（Bill Russell）也很值得拥有其奖励——或许甚至应当比张伯伦所得奖励还要多一点！

[①] 参见，例如，诺德林格诉哈恩案（*Nordlinger v. Hahn*）[505 U. S. 1（1992）][该案判决支持加州 13 号提案（California Proposition 13）的合宪性，尽管该法案针对实质性相同的物业却依据该物业是被保留抑或出售而设置了截然不同的税负]；斯蒂芬·马扎（Stephen W. Mazza）与特蕾西·A. 凯依（Tracy A. Kaye），"美国对税收立法权的限制"（Restricting the Legislative Power to Tax in the United States），《美国比较法杂志》（*Am. J. Comp. L.*），第 54 卷（2006 年），第 641 页（其考察了司法对于美国税收立法所给予的广泛的尊重）。有一种观点指出，司法对于税收权的立法给予全面尊重，跟法院方面对于那些侵犯所有权的形式性事件（formal incidents of ownership），比如关于财产征收的立法，却有着将其推翻的强烈意愿，这两者实际上是相互匹配的。参见阿莫诺·利哈维（Amnon Lehavi），"征收 / 税收的分类"（The Taking / Taxing Taxonomy），《德克萨斯法律评论》（*Tex. L. Rev.*），第 88 卷（2010 年），第 1235 页。利哈维提出了一个有趣的论题，认为美国财产法存在着一个奇妙的平衡，据此，形式上的所有权受到积极保护，但也积极地回避了国家给予其持续性经济价值的保证。参见，同揭，第 1235 页。利哈维所发现的这套逻辑，同样可以在知识产权领域发挥作用："无论当一位创造者被承认为其发明的形式上的所有权人时，可以享受什么样的以自治为基础的内在好处（intrinsic autonomy-based benefits），但对于受保护信息的真正的经济价值，国家是不会以任何方式予以保护或者保证的，这跟国家对于在该信息上的法律权利所给予的保护恰恰相反。"同揭，第 1253 页。

上升得太高，以至于无论如何从原则上来讲，国家都被看作逾越其权限的适当边界了。①根据我在本章描述的核心／边缘概念，这将意味着，税率变得如此之高，以至于从效果上看，国家的主张触及了在某一成果的价值中它无权提出合法主张的那部分。这就侵犯了它不得触碰的核心。②

---

① 一般性参见，理查德·A. 爱泼斯坦，《征收：私人财产与国家征收的权力》（*Takings: Private Property and the Power of Eminent Domain*），麻省剑桥：哈佛大学出版社，第 283—305 页［其主张，在某种一般性自由派理论的背景中，税收与特种捐税（special assessments）必须加以校正，以使得它们为那些纳税人带来与其成本或者负担成比例的好处］。许多税收方面的学者指出，在税率上保持累进制（即越富有的人缴税越多）的最好方式，是根据消费而不是根据收入来计征税收。参见，例如，爱德华·J. 麦卡弗里（Edward J. McCaffery）与小詹姆斯·R. 海因斯（James R. Hines Jr.），《税收累进制最后的最好希望》（*The Last Best Hope for Progressivity in Tax*），南加州大学法与经济学工作论文系列（University of Southern California Law and Economics Working Paper Series），工作论文第 92 号［2009 年 4 月，可见于：http://law. bepress. com/usclwps/lewps/art92/.其提出，由于所得税（income taxes）导致了抑制人们赚取更多收入的欲望，因此，它们是实行累进税收原则的一个蹩脚的方法；而消费税（consumption taxes）是根据人们的购买而非收入来征税的，因而是一个更优的替代方案］。

② 这让人想起约翰·马歇尔（John Marshall）大法官的著名陈述，它实际是对丹尼尔·韦伯斯特（Daniel Webster）所作的口头辩论的改写："由各州来行使对它征税的权力［指一种联邦特权］，就会将它毁灭，这是再明显不过的了，故对此权力应当予以否定。"麦卡洛克诉马里兰案（*M'Culloch v. Maryland*）［17 U. S. 316, 427（1819）（马歇尔大法官）］。由此产生的一项准则——征税的权力包含有毁灭的力量（the power to tax is the power to destroy）——可以被用作在知识产权语境中的一项指导原则。假如税率升得太高，以至于它实际上重创了知识产权的核心，那么，它的作用就只能是毁灭每一位创造者（转下页）

三、从罗尔斯到罗琳：一个关于分配正义与知识产权的案例研究

我在这里所讨论的许多主题，都可以通过 J. K. 罗琳（J. K. Rowl-

（接上页）依据其权利所应当享有的强烈的个人财产权。关于联邦知识产权法中的征收议题，参见亚当·莫索夫（Adam Mossoff），"专利作为宪法上的私有财产：历史上根据征收条款而给予的专利保护"（Patents as Constitutional Private Property: The Historical Protection of Patents under the Takings Clause），《波士顿大学法律评论》（B. U. L. Rev.），第 87 卷（2007 年），第 689 页。关于最优税收问题的专业性经济学文献，有一篇颇有帮助的文献评论，艾伦·J. 奥尔巴克（Alan J. Auerbach）与小詹姆斯·R. 海因斯（James R. Hines, Jr.），"税收与经济效率"（Taxation and Economic Efficiency），艾伦·J. 奥尔巴克与小詹姆斯·R. 海因斯主编，《公共经济学手册》（Handbook of Public Economics），第 3 卷，阿姆斯特丹：北荷兰出版社（North-Holland），2002 年，第 1347—1422 页。虽然经济学模型常常强调相对较低税率所带来的好处，但是，有关税率、经济发展与整体社会福利之间关系的历史与实证性证据，却显示出非常复杂的另一面。历史证据表明，在税率与经济发展之间，并不存在明确的相关性。例如，三位著名的税收政策专家这样写道："无论在税率较低还是税率较高的时候，美国都发生过高速增长。在美国历史上，近来最强劲的增长扩展期跨度达 20 年之久，从 20 世纪 40 年代到 60 年代，而那时最高的边际个人所得税率达 70% 甚至更高。1993 年，当最高边际税率从 31% 提高至 39.6% 时，反而促进了经济增长。不同国家之间的比较也证明，经济的快速增长，既可以是高税收国家的一个特征，也可以是低税收国家的一个特征。这些因素表明，税收收入的增加如果经过精心设计，并不必然会给经济表现造成重大损害，甚至反而可能使之增强。"亨利·J. 阿伦（Henry J. Aaron）、威廉·G. 盖尔（William G. Gale）与彼得·R. 奥斯扎戈（Peter R. Orszag），"应对税收收入的挑战"（Meeting the Revenue Challenge），爱丽斯·M. 里夫林（Alice M. Rivlin）与伊莎贝尔·索希尔（Isabel Sawhill）编，《恢复财务正常：如何平衡预算》（Restoring Fiscal Sanity: How to Balance the Budget）华盛顿特区：布鲁金斯学会，2004 年，第 111 页、第 112 页。作为一项指南，似乎一个接近于 50% 的总平均（不同于边际）税率，对于受知识产权保护成果的收入的公平性而言，就接近于限值了。

ing）的故事而加以详细阐明。尽管从某些方面看，她的事业成功是个例外，但是，在分配正义与知识产权问题上，它还是提供了一个极佳的案例，可以作为研究样本。

罗琳女士出生于一个职业中产阶级家庭。她的母亲酷爱阅读，在培养罗琳对图书与故事的深厚感情方面，言传身教。罗琳上学是在公立（按照美国的意思，即指非私立的）小学与中学，而后入读公立的布里斯托大学（Bristol University）。在一次访谈中，罗琳特别提到有一位能够启人灵感的英文老师，对她产生了某种关键性影响。

在离婚之后不久，罗琳写出了她著名的七部《哈利·波特》系列小说中的第一部，而那时她还得自己照顾新生的婴儿。在此期间，她得到了国家的帮助，包括领取普通失业保险金，以及后来从一个公共艺术委员会那里获得了一笔奖金。

众所周知，这部小说大获成功。罗琳，正如人们所知的那样，现在已经变成了罕与匹敌的作家，一位靠自己的创造性努力而打拼成功的亿万富翁。在取得这个令人难以置信的成功之后，她现在每年向英国政府交纳数百万英镑的税收——实际上就是交给了人民，而在今天的他们当中就有仅仅数十年前的她。

J. K. 罗琳的故事抓住了我在本章所提出的若干观点。罗琳常常讲述她那英雄般的励志故事，如何拼命地将第一部小说写出来。她要推着婴儿车带小宝宝去散步，挨到小宝宝的午睡时间，然后她就冲进一家咖啡馆，在那里可以喝上可口的咖啡，写下几页手稿。那时候罗琳正面临失业，精神沮丧，还常常为自己的将来忧心忡忡，但是，她心存一种强烈的感受，要求她把故事写下来，而这个故事，就是几年前在一次长途火车旅行中最初闪现在她脑海里的灵感。[①]根据罗琳的讲述，图书出版的那些通常步骤——先找到一位代理人，通过他再找到一家出版商，然后再对书稿进行编辑和校订——远不如眼下史诗般的奋斗来得急迫，那就是，先把她已经构思成熟的人物和故事情节写出来。

尽管存在这些困难，但罗琳也具有他人所不具备的诸多优势。她出身于一个稳定的中产阶级家庭；接受过良好的基础教育；上过一所可靠的公立大学；在她成为单身母亲的初期，收到了来自亲朋好友的支持。即便如此，要完成这第一部书，毫无疑问还得依靠她个人巨大的主动精神。她的朋友们惊奇于她的坚持与担当。回顾往事，她描述了为冲破困难，完成这第一部书所需的动力。简单的事实就是，在那段艰苦难熬的时光里，罗琳的"环境优势"没有一项能够足以确保把这本书写出来。固然，她生来就有这种内在的才能，而她的父母、老师、邻居、朋友以及同胞公民们，在培养与帮助她的过程中，也都可能助以一臂之力。但是，她必须靠自己来写这部书。这不可能从她的自然禀赋中涌现出来。那些培养了她的人们也不可能替她来写，"社会"更不可能来写。因此，我认为，几乎从每一种意义上讲，这部书都完全是想象的产物。于是就到这样的时候，想要把事情做成功，必须付出艰苦的努力与坚持的动力，而它就这样做到了。

总之，在《哈利·波特》这部书中，有一部分是来自于 J. K. 罗

---

① 关于哈利·波特的故事构想，照罗琳的话讲，"纯粹是涌进我脑子里的"。参见：www.jkrowling.en/biography。

琳的个人意志与担当的行为。这就是我称之为核心的那部分。从观念上讲，我们可以想象还有另一部分，它代表的是剩余部分，包括所有关于罗琳的家庭影响、学习训练以及其他的环境优势。为了说得更直接明了，我称之为作品的边缘部分。我的观点与罗尔斯的相反，倒跟他的一些批评者相一致，我认为罗琳值得拥有并且控制其在《哈利·波特》书中的核心。她对其作品的这个方面提出主张，在我看来具有深厚的根基：从各个方面都暗示着，她真正赢得了它，她真的值得拥有它——她对它拥有一种权利。这个权利不只是那种依据效用最大化激励（utility-maximizing incentives）而提出的主张。尽管如下假设是可以得到证明的，即使她只能收到比现在所收到的更少的钱，或者只能换来比目前保护水平更低的著作权，在此情况下她仍然会写出一部或者多部图书，但是，她仍然可以保留她的核心的权利。正因为如此，国家不得在她的作品上，或者从这些作品所产生的收入上要求过多，否则，实际上等于抽掉了这个核心。

有关核心的比喻扩展到关于不得侵犯某一区域的思想。它还意味着某一个对立面，即存在于该核心之外但仍属于创造性成果的组成部分的某样东西。这一区域我称之为边缘部分。以《哈利·波特》图书为例，边缘部分就是该图书当中代表社会对作者 J. K. 罗琳所作的全部投入与支持——所有对她的影响、所有带给她的环境优势——的那部分。正如我在前面所述，对这个区域加以量化，以一种算术意义的方法将其与核心部分进行对比，这是不可能的。但我们必须要理解，从观念上讲，确实存在这样一个区域，它虽处在核心的外面，但仍属于创造性成果的一个组成部分。正是这种

135

关于边缘部分的观念，为英国国内税务署（Britain's Inland Revenue Service，简称"British IRS"）的做法提供了正当性解释，它从《哈利·波特》的特许销售和向他人发行所获得的收入中要求分一杯羹。这种以对罗琳作品征收公平评估之税收所表现的社会性主张，就可以正当地认为落入了罗琳作品的边缘部分，因为它所体现的，正是社会最初对这些作品作出贡献的那个部分。英国社会帮助塑造与培育了 J. K. 罗琳，因此，社会也有权对她作品的一部分提出某种主张。从不太严格的意义上讲，社会赢得了这个主张，并且值得通过对罗琳作品征税的方式而加以实施。相对于她对这些作品的核心所享有的强力主张，这个税收就是其公平而正当的对立面。罗琳自己所缴付的税收，有一些就可以被理解为是对其他失业的单亲父母、艰难谋生的人们（有时甚至包括一些作家）所提供的支持。因此，这个圈子就联结起来了：社会针对从她高度个人化的作品中所获得的收入而主张获得相应份额，并以此来支持其他像曾经的她那样处于贫困状态中的人。

四、结论

在本章一开始我曾说过，我接下来要探讨的，主要是关于法哲学家们所理解的分配正义，这正是我努力想要做到的。自始至终，我所寻求的就是在这些讨论领域中的一个珍品：平衡。当谈论到财产和分配正义时，大多数理论集中于两个极端。通常，假如哲学家的主要关切是在于分配正义，他们就倾向于对财产权的容忍（tolerate），而不是主动拥抱（embrace）。这很容易明白为什么会这样。个人对于单个财产的控制，常常会受到这样一种观念的干涉，它要求将资源从个人甲那里转移给个人乙。特别是，假如所追求的目标就是资源的平等分配——这对于最著名的分配正义理论家约翰·罗尔斯而言，至少在某些时候他就是这么想的——那么，显然就必须贬低（de-emphasized）财产权的重要性。另一方面，财产权的支持者们对于再分配，通常顶多也就表现出不温不火的欣赏（tepid appreciation）。由一个集体主义的国家（a collectivist state）来强制实行的社会性主张，又往往侵入了私人控制的区域，而这个领域恰恰是私有财产背后的驱动力。典型的财产权鼓吹者就因此而希望保持一种最低程度的、通过政府法令实行的资源再分配。而一种较不典型的观点，亦即自由主义的视角，虽然在这场对话中可能并没有得到更多的表现，但它还是在吵吵嚷嚷中被表达出来了；这个观点通常或多或少地带有绝对性——个人的权利主张是唯一具有合法性的，而一切的再分配都是盗窃（individual claims are the only legitimate ones, and *all* redistribution is theft）。

我已说过，我在这里的目标是追求平衡。我在一开始阐述了约翰·罗尔斯完整的分配正义理论，以便根据罗尔斯的两个公平原则来为知识产权提供辩护。其中的论据是这样推理的：

1. 知识财产是一项基本权利，不得因为考虑公平因素而被侵犯：它构成了"基本自由总体系"的一部分；

2. 按罗尔斯的术语来讲，知识财产虽获得特殊的回报，但其在分配效果上还是体现为一个净正值，就此意义而言，它使穷困者受益。简单地说，穷人从知识产权所保护的成果上受益良多，以至于由该等权利所涵盖的产品就足以弥补最终落在权利人手中的额外的分配份额。

但是，在罗尔斯详尽的体系之外，把分配问题带入有关知识产权的对话当中，还有着另一层意思。在本章中，我也阐明了知识产权专门的这些具体规则，表明这个法律体系是如何系统地体现出它对分配问题的关切的。在一项知识产权的生命周期的全部三个阶段中，我发现了一股强烈的分配推动力，并且表明了它是如何运作的。我也试图强调，虽然罗尔斯提供了讨论社会正义的基本结构，但在许多方面（例如，强调机会的平等而不是在物质资源上的平等，以及更多地欣赏关于奖赏的作用），我们对这些问题的理解已经远远超越了他最初的观念。

第二编　原则

第5章 知识产权法的中层原则

我在本章首先描述法学理论中的"中层原则"。中层原则是把迥然不同的规则和实践联结在一起并且贯穿其中的概念，同时，它们提供了一套共同的政策性词汇，为诸如康德主义和功利主义等各种不同的基础性观点搭建起沟通的桥梁。接着描述了我认为的知识产权法上的四个基本的中层原则：不可移除（亦即公共领域）原则、比例原则、效率原则和尊严原则。该章的其余部分则致力于对这些原则逐一作出简明解释，并附以某些支持性例子。第6章则集中于对其中一个原则，即比例原则，进行广泛的讨论。

一、什么是中层原则？

中层原则是这样一些基本概念，它们将某一特定法律领域的众多互不相关而又内容具体的判例法则、立法规则与实践做法联结在一起。例如，在侵权法中，诸如过失责任和严格责任等法律规则与意外保险之类的实践，共同构成了这个领域的沙砾状细节（gritty detail）。根据法哲学家朱尔斯·科尔曼（Jules Coleman）的观点，将这些各不相同的具体细节联结起来的，就是"矫正正义"（corrective justice）原则：即关于将受害人恢复至某一损害事件发生之前状态的观念。[①]科尔曼称：

> 我偏好于……从中间开始，如果有的话，先问一下我们
> 目前所从事的法律实践到底体现了什么原则……对于我们可
> 能发现的原则处于什么道德地位，我们则不会一开始就带有
> 任何假设。相反，我们仅仅试图确认该实践中具有规范性重要
> 意义的要素，并且试图将它们作为原则的体现而加以解释。[②]

对中层原则的确认是一种归纳法操作：寻找贯穿某一领域的共同概
念，并将之视为某一更完整之原则的例证或者表现形式。[③]其思想
就是，从处于底层的实践开始，并且"向上"抽象，以形成一个可
以解释实践并将之合理化的统一原则。

假如首先出现的是详尽具体的规则和实践，中层原则就从它
们当中产生，或者体现在它们之中，那么，在这些原则之外还有什
么？处于这个层级体系最高位置的又是什么？对科尔曼（以及其他
人）来说，答案就是一系列的"上层"原则（"upper-level" princi-
ples），它们大致相当于深层的或基础性的伦理价值。用科尔曼的话

---

① 参见朱尔斯·科尔曼，《原则的实践》(*The Practice of Principle*)，牛津：牛津
  大学出版社，2001年，第54—55页。

② 参见朱尔斯·科尔曼，《原则的实践》，牛津：牛津大学出版社，2001年，第
  5—6页。

③ 或者换一种说法，它是"一种实用主义导向的概念分析形式"。斯蒂芬·R. 佩
  里（Stephen R. Perry），"评论：法学理论中的方法和原则"（Review: Method
  and Principle in Legal Theory），《耶鲁法律杂志》(*Yale L. J.*)，第111卷（2002
  年），第1757页始，第1759页（这是对科尔曼《原则的实践》一书的评论）。

来讲，"矫正正义的原则……占据了某个中间层，就处在侵权法的实践与一个关于分配人生厄运成本的更上层的公平原则之间"。[1]

本书论述至此，我们当然已能显见科尔曼所称的"上层原则"。第 2 章和第 3 章分别借助于洛克和康德的财产权理论，其中涵盖的是所有权的公正性。第 4 章则直接致力于在知识产权法中所适用的公正性和分配正义。正如我在导论中所述，我坚信这些基础的规范性原则不仅独立于该领域的操作性细节，而且同样也独立于源自这些细节并由这些细节所塑造的中层原则。我用"独立"（independence）一词，意指存在着多个基础的规范性信奉（foundational normative commitments），它们同样可以很好地支撑起知识产权法的原则和实践。从第 2 章到第 4 章，我提供了其中的数个，因为我认为这几个基础性原理，对于解释知识产权法结构的正当性是最好的。但是，其他的基础性原理也可能有着同等的功效。正如我在之前所指出的，我认为在该领域的基础层面，为各种用于正当性解释的原则是留有"底部空间"的，其中或许就包括了功利主义和林林总总的替代性的伦理学说。[2]

---

[1]　朱尔斯·科尔曼，《原则的实践》，前揭，第 54 页。

[2]　我将伦理信仰放在我的论述提纲的最底部，而科尔曼则将上层原则放在最顶部，这似乎会令人感到困惑。我始终将洛克、康德以及其他人的思想作为知识产权领域的基础，因此，在本书中就把它们放在了目前的位置。虽然说，这种事情的处理肯定带有某种任意性。即便如此，可能值得注意的是，我的大部分学术生涯，都把精力花费在关照知识产权领域中那些具体规则和特定制度了，而不是放在高度哲学化的理论上。因此，我把具体细节置于我所安排的层级系统的顶部或者优先地位，而把深层的伦理原则置于底部，也许就有意义了。我讲述这一段个人学术传记，可能并未道出理论的最好来源，但从中仍不可避免地可以发现其中的轨迹。

　　中层原则以多种方式而让基本价值卷入其中，但是，它们的有效性却并不依赖于任何特定的价值。它们萌生于规则和具体细节，从真正实践的谷物中萌芽。因此，在知识产权领域的许多规范性争论（normative debate），恰恰就发生在中层原则这个层面上。实际上，从某种角度来看，这正是中层原则的作用所在：它们使得规范性争论——高于具体规则层面的争论——不再要求争论各方在终极的规范性信奉上达成深度合意。正因为如此，中层原则成了大多数知识产权政策争论的通用媒介。它们在知识产权领域，就等同于在多元化社会中允许规范性政治辩论的共享性"公共价值"（shared "public values"）。尽管公民个体的终极伦理价值观可能存在显著差异（试想一下原教旨主义基督徒、忠诚的无神论者和虔诚的东正教犹太人之间的差异），但是，他们在某些基本价值上还是能够充分地达成一致，以便为协商政策议题——比如宗教信仰或者言论自由问题——而腾挪出"公共空间"。同样，具有相当不同之终极信仰的学者和实务工作者亦可共聚一堂，探讨合适的知识产权政策。中层原则为这场辩论提供了共同的话语。

　　我来讲一个故事，用这种形式来说明其中的思想：有一位康德主义者、一位功利主义者和一位具有怀疑精神的实证主义者（他认为知识产权法根本就没有伦理基础）一起走进一间酒吧，姑且称之为"中层烧烤酒吧"（Midelevel Bar and Grille）。康德主义者得知自己没法点一杯他最喜爱的一种不知名的德国小麦发酵酿制的啤酒后，嘟哝着发起了牢骚。功利主义者也加入其中，抱怨酒水单上没有纯手工酿造的英国烈性黑啤。甚至连具有怀疑精神的实证主义者也开始哀叹，因为他无法点到自己的最爱的一种帕布斯特蓝带啤

141

酒。虽然心有不甘，但他们最终都还是点了标准的百威啤酒——这是酒水单上唯一的啤酒。酒保一边给他们下单，一边说："你们其实应该心存感激，毕竟你们还能喝上这些东西。难道你们不知道吗？这可是全镇唯一的一间酒吧，可以为你们仨坐在一起喝酒提供酒水服务。"闻听此言，他们不再抱怨了，倒也相谈甚欢，直至深夜。

　　故事讲完暂搁一边（毫无疑问，故事的作用也就到此为止），而中层原则的观念就可以让人更增一分熟悉。许多人可能已经看出来了，我刚才这个故事的版本来源于约翰·罗尔斯关于在一个现代国家的多元主义构想。[①] 对罗尔斯而言，"公共理性"（public reason）所起的重要作用，正如中层原则在我的知识产权研究方法中所起的作用。他将公共理性所创造的共享性协商空间称之为"重叠共识"（overlapping consensus），而这也非常符合我在本章所描述的精神。针对那些就知识产权法的终极的规范性基础而持有不同信仰的人们，中层原则就为他们创造了某种重叠共识。这些原则为政策辩论的进行，提供了某种共同的观念性话语。它们摒弃并且在一定程度上超越了在终极问题上的分歧，同时将相互分离的规则和实践联结在一起，拧成一股绳。[②]

---

① 参见约翰·罗尔斯，《政治自由主义》，纽约：哥伦比亚大学出版社，1993 年。

② 另参见凯斯·桑斯坦（Cass Sunstein），"不完全理论化合意"（Incompletely Theorized Agreements），《哈佛法律评论》（*Harv. L. Rev.*），第 108 卷（1995 年），第 1733 页（这是与重叠共识非常相似的观点）。关于重叠共识和不完全理论化合意这两种思想，有一个有趣而简要的介绍，参见拉里·索勒姆（Larry Solum）的法学理论博客，"法学理论词典：重叠共识和不完全理论化合意"（Legal Theory Lexicon: Overlapping Consensus and Incompletely Theorized Agreements），可见于：http://lsolum. typepad. com/legaltheory/2009/11/legal-theory-lexicon-overlapping-consensus-incompletely-theorized-agreements. html。

（一）中层原则来自何处？以不可移除／公共领域原则为例

为了说明这些原则是如何从一堆杂乱的判例与规则中被确认出来的，请让我从不可移除原则为例开始讲起。[①] 在对这一原则的各种不同来源加以描述之后，我会简要回顾一下，它跟我在第2章至第4章所描述的那些更深层的规范性理论有何不同之处。总的思路是，我的论述将集中在中层原则的"中间性"（mid-ness）上：即不仅展示这样一项原则是如何从一堆杂乱的底层规则、判例法则与实践当中得以确认的，而且表明，它与各种不同的基础原理（洛克理论、康德理论、分配正义理论，等等）既保持一致性而又同时具有独立性。

并非所有的信息都能受到知识产权的保护。例如，在著作权法

[①] 我更乐意将"不可移除"（nonremoval）一词添加到关于公共领域的通常术语体系之中，因为它带着某种对洛克思想的提示：某种东西是落在潜在的财产拨归者的范围之外的，因为它不能合法地归人所有。固然，关于"公共领域"的讨论要比"不可移除"的讨论多得多，但是，在知识产权领域使用上述用语的，也并非只有我一个人。例如，在有关发明的情形中，人们经常认为，如果将显而易见的从而可以轻而易举做出的发明从公共领域中移除出来，对其授予专利，那么，明智的政策就应当是禁止这样的做法。在公知内容上做出一个显而易见的变体，还未成熟到可供利用的程度；若将其从公共领域中移除，所代表的则是公众的损失。另参见，理查德·H. 斯特恩（Richard H. Stern），"化合物和组合物在结构上的显而易见性：联邦巡回上诉法院关于狄龙案的全席判决"（Structural Obviousness of Compounds And Compositions: The CAFC's En Banc *Dillon* Decision），《欧洲知识产权法律评论》（*Euro. Int. Prop. L. Rev.*），第13卷（1991年），第59页始，第61页［"（专利局）认为，若就狄龙（Dillon）的化合物给予其专利，所带来的后果就是，将一种公知的脱水化合物的变体从公共领域中移除了……"］。

中，历史信息以及其他的事实信息（factual information）就不能获得著作权。[①]专利亦是如此：没有人可以就基本的数学或科学公式，或者自然规律（比如牛顿的万有引力定律，或者波义耳关于大气压强与体积的定律）而获得排他性权利。在商标法中，商人不得将人们广泛使用的词语独占为其商标的名称。在上述每一种情形中，所涉及的信息就被视作固有地属于公共的，超出了可以将其拨归个人的边界。这就有助于构建共有知识的宝库，任何人均可从中自由取用，也没人能够将其归为私人所有。其他的法律规则还对于知识产权的存续期间加以限制。[②]法律规定的保护期限一旦截止，或者在截止之前未续展其保护的，则任何一项知识产权都将期满终止。此时，任何人都可以永久地自由获得该成果了。因此，从严格意义上讲，根据知识产权法所得到的财产拨归，就始终是一种暂时的现象。所有的成果，即便是那些受到严格保护的成果，都是从早期就是公共的。任何人最终都能使用它们，而在此之前只是一个时间的

[①]　简·C. 金斯伯格（Jane C. Ginsburg），"破坏并重构历史：霍尔林格诉环球电影公司案之后对历史类作品著作权保护范围的评述"（Sabotaging and Reconstructing History: A Comment on the Scope of Copyright Protection in Works of History after *Hoehling v. Universal Studios*），《美国著作权协会杂志》（*J. Copyright Soc'y*），第 29 卷（1982 年），第 647 页。

[②]　商业秘密和商标在适当条件下是可以无限期受到保护的，因此，从技术上来讲，我此处所说的仅适用于专利和著作权。但是，即使是商标和商业秘密，法律要求其权利具有持续的可强制执行性，这就意味着，实际上，它们当中的许多也最终会落入公共领域，而到此时，它们实质上也变得不可以从公众可获得的对象当中移除出去了。一般性参见，罗伯特·莫杰思、彼得·梅内尔与马克·莱姆利，《新技术时代的知识产权》，2010 年，第 5 版。

问题。因此，尽管通过知识产权保护，可以在一段有限的时间内将一项创造性成果从公众自由可获得的状态中移除出来，但是，一旦权利期满终止，它就再也不能从自由流通中被移除了。对于知识财产而言，财产权是暂时的；它的自由可获得性，则是永久的。

在全部的自由可获得的成果周围，还围绕着一个暗含的扩张区域。在此区域内的东西，不能被拨归私人。对于各种不同的知识财产类型，扩张性区域也有所不同。在著作权法中，一件作品欲获得保护，其必须是"独创"的。独创性要求就阻止了某人对公共领域的东西——例如已发表的一本图书或者一部电影——再次主张权利。[①] 这项要求更进一步地避免了将那些已经进入公共使用范围的大量情节素材和标准主题，即所谓的必要场景（*scenes a faire*）拨

---

① 不过，在著作权中是允许独立创作的；因此，如果某人全新创作出一件作品，碰巧跟《堂吉诃德》完全一致（当然，这是不大可能的），那么，这个新作品将可以获得著作权，当然了，尽管原始的那部《堂吉诃德》是可以被人复制的，因为它现在已经进入公共领域了。参见上揭，第421页。另参见豪尔赫·路易斯·博尔赫斯（Jorge Luis Borges），"《堂吉诃德》作者皮埃尔·梅纳德"（Pierre Menard, Author of the 'Quixote'），唐纳德·A. 耶茨（Donald A. Yates）与詹姆斯·E. 厄比（James E. Irby）编，《迷宫：豪尔赫·路易斯·博尔赫斯短篇故事及其他作品精选》（*Labyrinths: Selected Short Stories and Other Writings by Jorge Luis Borges*），纽约：W. W. 诺顿出版社，2007年（它虚构性评论了《堂吉诃德》的逐字逐句的再创作，而只有博尔赫斯才可以做得到，其描述了原作和新版作品之间的细微差别）。另参见费斯特出版公司诉乡村电话服务公司案 [（*Feist Publ'ns, Inc. v. Rural Tel. Serv. Co., Inc.*），499 U. S. 340, 345（1991）] ["在著作权中所使用的原创性的（original）这一术语，仅仅意指该作品是由作者独立创作的（与从其他作品中复制相对），并且拥有至少某种最低程度的创造性。"]

归私人。[1] 这些标准的"积木块"也是公共领域的一部分，就如同不受保护的特定作品，比如超过著作权保护期的书籍或者从未受著作权保护的电影。[2]

专利法甚至为公共领域提供了更为精心的保护，避免将已经在"现有技术"中为公众可获得的任何东西拨归私人。首先，一项发明必须具备"新颖性"才是可专利的。这一高度专业性的规则，避免了对之前已经以可为公众接触的形式而获得的任何东西授予专利权。这一规则具有相当高的专业性，几乎充满了学术意味。例如，在某一起案件中，德国某大学图书馆中仅存的一篇某学生的论文，竟然导致了身在美国的某位工业研究者的一项专利走向灭亡。[3] 同样，俄罗斯某冶金杂志上的一篇文章，使得某个美国研究

143

---

① 它们被定义为"在处理特定主题时，'事件、角色或场景'（incidents, characters or settings）等不可或缺的实用要素，或者至少是某种标准"。雅达利公司诉北美飞利浦消费电子公司案（*Atari, Inc. v. North American Phillips Consumer Electronics*）[672 F. 2d 607, 616（7th Cir. 1982）]。

② "公共领域"这个表述，系由法国引入到美国的知识产权法中的，关于该词语的详细历史，参见泰勒·T. 奥乔亚（Tyler T. Ochoa），"公共领域的起源与含义"（Origins and Meanings of the Public Domain），《戴顿大学法律评论》（*U. Dayton L. Rev.*），第 28 卷（2003），第 215 页。奥乔亚说，"公共财产"（public property）是 19 世纪表示不可移除的最通常使用的表述；最高法院于 1911 年首次采用"公共领域"一词。参见巴格兰诉库舍涅公司案（*Baglin v. Cusenier Co.*）[221 U. S. 580, 598（1911）]。对于"公共领域"[以及它的前身公共"领地"（public "demesene"）]概念的流行，奥乔亚将其归功于美国伟大的法学家勒尼德·汉德（Learned Hand）在 1915 年至 1924 年间所作的一系列判决。参见奥乔亚，"公共领域的起源及含义"，前揭，第 243 页。

③ 霍尔案（*In re Hall*）[781 F. 2d 897（Fed. Cir. 1986）]。

团队研发的一种实用的工业合金丧失了可授予专利的资格。[①] 这些虽然都是极端的例子，但在专利法的历年记录中，也绝非不同寻常。该领域的这些规则是如此热切地想要保存公众对于现有技术的接触，以至于它们显得近乎荒谬。在现有技术的实际可接触状态方面，则不作任何的调查；一旦其公开，哪怕是边缘性的，仅仅在一个偏僻的地方或者以某种默默无闻的形式公开，那么马上就游戏结束——不授予任何专利。绝对的。

与著作权一样，专利法也保护一个围绕在已为公众可获得事物周围的"扩张区域"。专利法主要采取的是"非显而易见性"要件，而这一形式是出了名的含义模糊。根据这项规则，如果某样东西依现有技术而言是显而易见的，那么任何人都不能对此获得专利。人们对于他人侵占已经可以为人所获得之物的担忧，通过这一规则，就延伸至任何从开始时起可以为人所获得的东西上，这些东西源于那些实际上已经可为人所获得之物，并且来得容易，又是可预见的。即使某位发明人作出了一样新事物，用专利法术语来说就是"新颖"之物，但这还不够。它必须非常之新颖，不同寻常地新颖。若创新不够明显，那就是无足轻重的——它们即便还没有问世，就已经是可以为人所获得的了。

商标法中，甚至在商业秘密法中，也有类似的规则。在每一种

---

① 钛合金公司诉班纳案（*Titanium Metals Corp. v. Banner*）[778 F. 2d 775（Fed. Cir. 1985）]（其以俄罗斯某一份冶金杂志中的一个图表上的数据点与某一专利权利要求的主题相重合为由，宣告该项专利权利要求无效）。

情形中，在知识产权法的每一个领域中，核心的规则推动力都是相同的：禁止将已为本领域人员所占有的东西拨归个人。这些规则为知识产权图景中的其他机构——专利局、商标局、版权局以及法院——适用并予以执行。它们形成了一系列的行为和实践，贯穿着整个法律体系的定义和适用。

1. 通过实践归纳而找出原则

知识产权法的这些规则有助于我们弄明白朱尔斯·科尔曼关于中层原则的思想。对科尔曼而言，在观念层面的任务是，把每一条规则、每一项实践看作某个更宽泛之原则的体现。我们应当理解，原则就隐藏在具体规则之中；更不用说，规则并非自觉地从原则中被推导出来的。从事观念性分析的工作，就是为了从特定规则和实践的细节中推导出原则。

我在前面所描述的知识产权规则，就构成了关于公共领域的不可移除原则。这个原则按照某个更宽泛的观念，将这些规则紧密地联系在一起并加以解释。不过，我所描述的各种各样的规则，并不是从某个奥林匹斯山的起点（Olympian starting point）演绎出来的；没有人可以说，在授予任何实际的知识产权保护之前，"就应当存在一个公共领域"。相反，每一条规则都起源于某一组特定的问题，并且，该规则随着时间的推移，根据新的情况而不断发展和演变。我自己关于非显而易见性的详细研究就证明了这一点，并且，对于我在前面所描述的每一条规则，我也都做过类似的研究。①

144

---

① 参见，例如，罗伯特·P. 莫杰思，"创新的经济学视角：商业成功与专利标准"（Economic Perspectives on Innovation: Commercial Success and Patent Standards），《加州大学法律评论》（*Cal. L. Rev.*），第 76 卷（1988 年），（转下页）

那么，我现在来做这项工作，意义何在——也就是它的回报在哪里呢？于我而言，答案有两个方面。首先，通过建构一个中层原则，可以更加细致入微地理解规则，尤其是规则之间共同协作的方式，以及它们之间的相互作用。这是当代财产权理论的一个突出贡献；我们痴迷于组织、分类并且识别出那些贯穿于特定财产规则体系的原则和主题，我相信这样做的结果必定是，让我们对财产法的观念性结构获得某种更为清晰的理解。这会带来各种好处，开始让我们的思考变得更加清晰和精确（但并非仅限于此）。

其次，在中层原则层面的论述，可以在无需就规范性基础原理达成一致意见的情况下进行，而这就带来了如许优点。从我所描述的知识产权规则中，我们可以再次看到这一点。无论是带有康德式直觉的人，还是信奉洛克的人，抑或是以强烈的功利主义为基础的人，他们很有可能坐到一起，来讨论知识产权法的公共领域问题。正是以不可移除这一理念作为一项基本原则，才引来此类讨论并且得以相互沟通。并且，关于不可移除的主题，又使得该讨论在一个更高层次上展开，即把它落在政策层面，而不仅仅是在个别案件、争议或者规则的层面上。这样的对话，就比参加者在终极规范层面展开讨论而更富有成效——也更具有世俗性！

以著作权法中的独创性为例。一些学者将之视为某种功利主义的或者至少是结果主义的规则，意在表达甚至是整体福利的最大

（接上页）第 803—876 页；罗伯特·P. 莫杰思，"不确定性与可专利性标准"（Uncertainty and the Standard of Patentability），《（伯克利）高科技法律杂志》[（*Berkeley*）*High Tech. L. J.*]，第 7 期（1993 年），第 1 页。

化。[①] 根据这一观点，独创性只关乎成本和收益。大概而言，获得已有信息的成本低于再创造该信息的成本。作为一般规则，这一点当然是成立的。因此，一项财产权制度若要讲求效率，就必须禁止将已经为人所知的信息拨归个人所有。这样就确保社会不会为信息而付出过多的对价。

　　笃信洛克理论的人可能会说，为确立著作权而要求的那一点点独创性，就是证明个人所付出努力或者劳动的一个有效的代理因素，并且，如果没有证据证明做出了某种独创性的贡献，就不存在任何关于主张某项财产权的坚实基础。[②] 康德主义者则可能主张，即使只

[①] 参见，例如，大卫·麦高恩（David McGowan），"著作权的非结果主义"（Copyright Nonconsequentialism），《密苏里法律评论》（*Mo. L. Rev.*），第 69 卷（2004 年），第 15—16 页（其认为，一般而言，尽管诉诸功利主义理论的著作权学者，实际上是从伦理/规范性起点而提出论据的，但是，著作权法中的独创性仍然是一个例子，说明一项规则可以沿着功利主义/结果主义进路而得到解释）。

[②] 加拿大最高法院 2004 年的一份著作权案判决触碰到了这个主题。参见加拿大 CCH 有限公司诉上加拿大律师协会案（*CCH Can. Ltd. v. Law Society of Upper Can.*）[（2004）S. C. R. 339, §15（引证略）]："关于著作权法中'独创性'的含义，存有着相互冲突的观点。有一些法院认定，一件作品如果源自作者，并且不是对其他作品的单纯复制，就足以授予著作权。这一思路与独创性的'额头流汗'（sweat of the brow）或'勤奋'（industriousness）标准相一致，它们的前提就是某种自然权利或者洛克式的'正当奖赏'[just desserts（原文如此）] 理论，亦即，作者值得因其生产某一作品所付出的努力而获得奖励。另一些法院则要求，作品必须具有创造性才算是'独创'的，并因此而可以受到著作权的保护。这一思路也跟财产法的某种自然权利理论相一致；但是，它较少绝对化，因为只有当作品属于具备创造性的产物时，才会受到著作权保护的奖励。"一般性参见，利奥尔·泽默（Lior Zemer），"构建一个（转下页）

是微弱的证据，证明了意志将其自身投射在某一对象或者物品之上，那么，这也能够让由此产生的一件作品获得著作权保护的资格。

2.共同的基础

诸如不可移除原则之类的原则，是从对于许多判例法则与制定法规则的分析中显现出来的。它们因此而具有理论性或者政策导向性；然而，由于它们并未植根于任何特定的规范性框架，也就避免了假如在该层面展开而极有可能带来的一场毫无结果的争论。我在本书的导论部分，已经对于个中原因有所描述。假如要以功利主义来解释正当性，却又缺乏这样的数据。① 而对有些人来讲，包括知识产权学者大卫·麦高恩（David McGowan）在内，他们的主旨十分清楚：我们必须停止在工具性依据上的假辩论，转而支持顺着明确的伦理性进路，展开一场更为直接的辩论。② 考虑到此类辩

（接上页）全新的著作权洛克理论"（The Making of a New Copyright Lockean），《哈佛法律与公共政策杂志》（Harv. J. L. & Pub. Pol'y），第29卷（2006年），第891页〔其一般主张，在将洛克理论适用于著作权时，应采用一种更多带有社群主义的（communitarian）解读，强调其附加条件，等等〕。

① 参见大卫·麦高恩，"著作权的非结果主义"，前揭〔他认为出于这个原因，以工具论或者功利主义价值的话语而展开的著作权主张，常常在实际上却是以隐蔽的或者躲在幕后的伦理信仰（ethical commitments）为根据的〕。

② 这个观点的另一种变换形式，来自侵权法学者彼得·热拉尔（Peter Gerhart）的这本书，《侵权法与社会道德》（Tort Law and Social Morality），剑桥：剑桥大学出版社，2010年。热拉尔认为，侵权法可通过某种同时结合了功利主义和道义论这两种要素的单一的综合性框架而加以解释。他明确拒绝科尔曼的中层原则概念，部分原因在于，它们是来源于法律规则的，但规则自身又以终极的规范信仰为根基。热拉尔相信，假如该规则自身就植根于更深层的且可能含混不清的理论的话，你就不可能从纯粹的规则那里向上推导出原则。

论达致合意的可能性，我认为这一建议还是过于乐观了。与罗尔斯一样，我也愿意承认，在终极性伦理信奉上可能分歧巨大，以至于排除了所有达成合意的可能性基础。在这样一种情形中，我们所能希望得到的最好结果，就是一套共同的规范话语（normative language），以便用它在某个非基础性的层面展开辩论。再次重申，中层原则所要达到的，正是这个目的。

假如我在前面讨论的这些知识产权规则用某种统一的方法来加以思考，那么，它们所给出的定义，就是法院和学者们所称的"公共领域"。[①] 这个领域，或者这个观念上的空间，就是不可移除原则的最终产品。由于公共领域是由许多互不关联的规则所导致的产物，并且其本身也不是按统一的概念运行的，因此，当我们看到它在观念上存在各种巨大的差异时，也不应感到奇怪。例如，知识产权学者帕梅拉·萨缪尔森（Pamela Samuelson）就统计出多达十三种明显的"公共领域"观念。这些各有不同的观念，主要分歧在于确认属于公共领域的来源：（1）按其本质特性，从来就不能作为某种知识产权受到保护的信息；以及（2）本应受到保护但实际未受保护的信息、可受保护但尚未保护的信息，或者曾受保护但已

---

① 关于对这一主题的大量文献所作的精彩回顾，包括对许多明显不同的"公共领域"概念加以分类的建议，参见詹姆斯·博伊尔（James Boyle），"第二次圈地运动与公共领域的构建"（The Second Enclosure Movement and the Construction of the Public Domain），《法律与当代问题》（*Law & Contemp. Probs.*），第66卷（2003冬/春季卷），第33页、第68页；帕梅拉·萨缪尔森（Pamela Samuelson），"丰富公共领域的话语"（Enriching Discourses on Public Domains），《杜克法律评论》（*Duke L. J.*），第55卷（2006年），第783页。

不再受保护的信息。

另一个视角则与知识产权学者大卫·兰格（David Lange）相关，它挑战了兰格视之为主流的如下假设，即公共领域代表了在知识财产世界中的某种剩余性补充（residual afterthought）——知识产权这头巨兽席卷全境并且给予其保护之后所残留下来的那部分。[①] 兰格认为，这种关于知识产权的传统思考方式是将财产权放在前景位置（foreground），甚至当话题转向公共领域时，依然如此。之所以会这样，正是源于公共领域的一个定义，它把公共领域看作知识财产图景中以不受知识财产保护为特征的那个部分。将公共领域看作"在财产空间里的一个洞"（a hole in property space），这种思想仍是以财产权的讨论为核心。兰格想要将公共领域从这种处于剩余状态的背景（background）中脱离出来，并且干脆将其放到前景位置。[②] 这就意味着，有必要将公共领域的地位设想为具有某种积极属性，是一项确定性权利（affirmative right），而不是作为知识财产图景中被定义为不具备财产性的那一部分。

我对兰格所述内容给予部分赞同，特别是对于那些在某一已经存在的专有性作品上集体性贡献了价值的创造者群体，有必要承

[①] 大卫·兰格（David Lange），"重新想象公共领域"（Reimagining the Public Domain），《法律与当代问题》（*Law & Contemp. Probs.*），第66卷（2003冬/春季卷），第463页。

[②] 同揭，第474页（其认为，公共领域应当"在法律中得到独立而肯定的认可，它在本质上时而是集体的，时而又是个人的，但却无处不在、轻便简单和范围明确"）。

认其享有某种积极权利。[①]但同时，有一些此类文献又将公共领域 146
概念的地位提升过高；将不可移除原则放在前景位置，这就走得太
远了，以至于模糊了当初授予知识产权的根本目的。[②]

　　请注意，在兰格与我之间存在着某种意见分歧。这是以知识产
权学术的典型话语展开讨论的，所以，我们之间所争论的是关于公
共领域如何应当在我们的思考中处于显要地位，以及关于公共领域
的理想范围和规模。但是，假如我们是针对知识产权学术文献而展
开讨论，那么这个争论就可能呈现为其他不同的特征了。首先，我
们每个人都可能交换这样的经验性主张，例如，随着内容传播的
新技术以及法律方面的新发展，公共领域究竟是发生了萎缩还是
扩张。对此，我们也可能掺入非经验性主张（nonempirical claims），

---

① 参见我的论文"为了大众的洛克"（Locke for the Masses），《霍夫斯特拉法律评
　　论》（Hofstra L. Rev.），第36卷（2008年），第1179页。我在其中探讨的想法，
　　即依据洛克原则，通过转让某些种类的知识产权，从而对集体努力给予奖励。

② 参见，例如，兰格，"重新想象公共领域"，前揭，第479—480页，其中转引
　　大卫·兰格（David Lange）与珍妮弗·兰格·安德森（Jennifer Lange Ander-
　　son），"著作权、合理使用与转换性评论的财产拨归"（Copyright, Fair Use and
　　Transformative Critical Appropriation），2001年，最新版本可见于：http://www.
　　law. duke. edu/pd/papers/langeand. pdf（最后访问2010年12月21日）["在任何
　　情形中，创意性挪用（creative appropriation）都应推定享有特权，无需一开始
　　先考虑他人的利用是否会严重影响在先作品的经济价值，也无需考虑其作者
　　或经营者的荣誉或情感……"]。我不同意这种看法；于我而言，正如我在第
　　2章和第3章中依据洛克和康德的理论所主张的那样，作品的"经济价值"以
　　及作者的"荣誉或者情感"居于知识产权的核心。关于兰格所讨论的这个具
　　体问题——即已有作品的转换性使用问题，特别是在数字或者网络世界中的
　　问题——我在第8章中再来处理。

或者至少是弦外之音：我可能强调的是创造者激励的重要性；兰格则可能强调，充足完备的公共领域对于自由表达以及提供完整的表达机会具有多么重要的意义。我们都会引用判例以及其他的法律评论，以表明它们对于我们各自立场的支持。假如正好涉及某个特定的争议，或者我们正好是在一个更一般的层面上进行辩论，那么，相同的辩论风格就将占据上风。假如手头正好有一个具体案例，那么法院在判决这个案件时，也可能像学术辩论那样，深入探讨其中的一些相同的主题；它甚至可能在判决中引用某些学术观点。假若确实如此，它的用语很可能采用精心装饰的平衡性隐喻（balancing metaphor）。最终，天平的两端，要么这一端要么另一端将不得不胜出，从而案件得以裁决。在这之后，这份判决立即变成了向学术讨论提供的食粮，由后者对其进行消化、评论和批评。在此阶段，立法机关也可能涉入其中，尽管这种情况并不常见。无论如何，知识产权的学术和法律制度的正常交互过程，就是以这样的方式向前迈进的。

　　我在此处的重点是，关注诸如公共领域不可移除观念之类的中层原则是如何为知识产权法律与政策的日常运行服务的。公共领域作为一个概念，就使得兰格和我这样的学者以及法院，都可以参与重要的政策议题的讨论，而不必非得等到我们就根本性规范达成一致意见才行。我不知道大卫·兰格所信奉的根本性规范是什么，也不了解为公共领域讨论带来影响的其他众多学者究竟信奉什么样的根本性规范。有些人可能是功利主义者，而另一些人则投身于康德主义；也有其他人可能认为，知识产权法就只是经过粉饰的权力政治——某种深深扎根于霍布斯式唯物主义的世界观（Hobbesian-materialist worldview）。就这场辩论而言，这里的重点在于，终极信仰的差异性与此无关。知识产权学者、律师和法官可以在围绕公共领域的重要的政策议题上彼此契合，而无须在终极信仰层面达成一致意见。

（二）原则的实用主义

147

中层原则为相互冲突的世界观搭建了桥梁，而它们这样做极其管用。不过，这样做还有一个额外的好处。中层原则将人们的注意力从终极规范信仰的层面，转移到一个更具功能性和实用主义的层面，这样一来，就能够并且应当更加经常地将人们的注意力召唤到知识产权制度的实践性特征上，而这些特征恰恰是在涉及基础理论的辩论中极容易被人忽视的。这些实践性问题，对于知识产权制度的运行至为重要。而且，它们还具有活跃并且深化理解理论性问题的潜能。

在公共领域的语境中，我们对此可举出一个极好的例证：法律实施的成本问题。特别是，究竟有多少权利得到了实际执行，而这样的实践性问题可能影响到我们对公共领域的效力规模和范围的理解，并因此而让我们明白应当采取何种政策。观察法律实施的实际状况，可能会影响我们在某些方面的深层理论信仰。

知识产权有着各种不同的种类，它们被授予给形形色色的主体，并且在各种环境中加以运行。既然法律实施的环境存在显著差异，那么，针对法律实施的实际状况，就不可能只存在单独一套的统一化情形。因此，为说明在知识产权政策制定上受到的实用主义因素的影响，我们就从中挑选下面这个特定的例证：数字内容。

　　所谓数字内容，我的意思是指以数字形式发布的各种创造性作品（文字、图片、音乐和视频），它们通常通过互联网在线发布。知识产权学者担心公共领域在网络世界发生萎缩——他们声称，由于技术保护更加有效，使得著作权保护变得更强，再加上商业模式的不断变化，就会最终带来如此结果。关于数字内容的创作者以及对该领域知识产权政策的批评，我将在第8章中再予以详细讨论。而在这里，我只想把自己限定在一个问题上，它与中层原则正好切题：即在数字领域的法律实施成本。

　　我的基本主张是，一旦将法律实施成本考虑在内，那么，关于数字化内容的知识产权保护的许多学术研究，即便不算它们完全是在耸人听闻，那也将开始显得黯然失色。[①]当然，更大的重点在于，他人不必对任何特定的基础性理论买账，就可以理解我的主张，或者甚至会同意我的观点。我们之所以能够在中间层面展开对话，就是运用了知识产权政策的词汇，它们连通并且超越了不同的对于知识产权法的根本性观念。

　　我可以用后面图5.1所示的两张图片，来说明我的主张。每一张图片都反映了各种法律权利在适用于数字内容时的一个空间性表示。第一张图，也就是在图5.1上部的那一张，显示了大约在20世纪80年代和90年代早期所存在的法律状况（前互联网时代的体制）。阴影区域显示的，则是适用于该空间的各种不同的权利。请注意：使用人拥有某些确定性权利（它们表示为该图左边的阴影区域）；创作者享有某些权利；由于对该等权利的执行成本高昂，因

---

① 我在第8章中将对此再详予论述。

此，这些创作者的部分权利就留在"桌面"上供他人使用了。这部分权利就构成了该图中的"弃权空间"（waiver space）。这个空间表示这样一组创造性作品，它们从某种法律意义上而言是受到知识产权保护的，但权利的所有人出于实际原因而未予以强制执行。[①]

　　现在来看位于图 5.1 下部的这张图。它显示的是随着 20 世纪 90 年代中期互联网的崛起所形成的权利空间。请注意两点。首先，受法律保护的作品范围已发生显著扩张。这要归因于立法的变化，包括 1998 年《新千年数字著作权法》（DMCA）的通过、音乐作品著作权扩大至短时数码声音片段［"采样"（sample）］以及一系列其他方面的发展（更多讨论见本书第 8 章）。其次，请注意，理论上受保护但实际上未被强制执行的权利的范围发生急剧增大——"弃权空间"在大量扩张。我们可以从各种免费的在线内容中找到此类证据——在粉丝网站、新闻网站和其他类似网站上可获得的"实际上免费"的材料，免费的音乐网站、免费视频网站［优兔（YouTube）以及许多其他网站］，为提高用户购买付费内容兴趣而提供的免费样片，以及任何诸如此类的东西。通过各种不同的形式，弃权空间的扩张成为当今数字环境的一大显著特征。

---

① 实际上，这里代表了两种类型的作品。一类作品是，它们事实上受到某个现存的有效知识产权的保护，但是由于在法律上实施该项权利的成本过高，因此不值得加以强制执行。另一类作品是，它们本来应当受到某种知识产权的保护，但实际上并没有，原因是该作品的创作者在决定是否需要费心费力去申请某项权利时，已经了解到法律实施的状况并且将之考虑其中。就我们目前而言，这两类作品之间的差别，并没有什么重要意义。但在某些上下文当中，这种差别可能是有意义的。

149

传统权利的构造

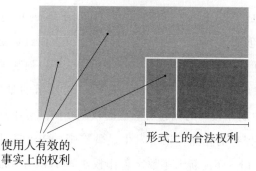

使用人有效的、
事实上的权利

形式上的合法权利

数学时代权利的构造

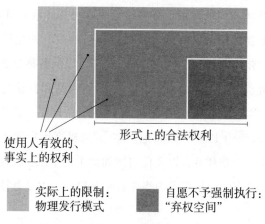

使用人有效的、
事实上的权利

形式上的合法权利

实际上的限制：
物理发行模式

自愿不予强制执行：
"弃权空间"

使用人形式上
的合法权利

创造者有效的财
产权

图 5.1 传统权利与数字时代的权利

　　让我先澄清一下我用这个图例所要表达的以及没有表达的关于中层原则的观点。我并没有说法律实施成本就不具有令人感兴趣的理论内涵，也没有说它们不支持各种终极的规范性信仰。事实上，现实世界中的执法环境是一种丰富的资源，人们大可针对各种基础性理论而产生出深刻的见解。我想说的是，法律实施成本在实践中的现实情况，对于以中层原则为中心的讨论具有特别重要的意义。有关法律实施成本的信息，严重依赖于知识产权政策的运行，以及规则和制度性实践在现实世界的作用。这些政策性讨论正是冠以中层原则之名进行的——在知识产权争论中，占据其大部分主业的就是各种各样实用的、集中于事实的问题。要想在政策性解决方案上形成初步的、附条件的一致意见，取决于一套在原则层面的共同话语，而该话语既超越于最低层的讨论细节（个别的判例、规则，等等），但又达不到诸如知识产权本质特性及其终极正当性等深奥的根本性问题的程度。有关知识产权制度运行的实用性事实，比如有关法律实施成本的信息，就因此而特别适合于在这个层面展开政策性辩论。

二、知识产权法的中层原则

150

　　本章至此，我已经介绍了中层原则的思想，并且举出一例——那就是对于公共领域的不可移除原则——以作详细的案例研究。接下来，我要将我所看到的在知识产权法中发挥作用的其他中层原则予以论列。除了前述（1）不可移除原则，它们还包括:（2）比例原则，（3）效率原则，以及（4）尊严原则。

　　我会依次对这些原则本身加以描述，并从知识产权法的主要领域中分别举例说明。我在这里不可能对每一项原则都做到面面俱到。相反，我只给出其基本思想，随后举出若干例子，以寄望于大家对每一项原则都能有所了解。

（一）比例原则

一项知识产权的大小或者范围，应当与该权利所保护成果的价值或者重要性成比例。这就是比例原则（proportionality principle）。该原则十分重要而且非常复杂，为此，我投入整个第6章来对它进行解释并且加以适用。所以，在这里我只需给出一个简要的概述，并简短地探讨一下它跟其他中层原则的关系。

最先认识到比例性回报在知识产权法中的重要意义的并不是我。①正如我们在前几章所见，在洛克和康德的理论中，都可以找到他们对这个概念的坚定支持。我自己在以往的作品中，也已经呼吁要关注这样的情形，其中，法定权利给予了某一方"过度的"或"不合比例的"杠杆优势——即超越该方当事人在某一特定情形下正当应得的力量。例如，我反对为一小片基因片段（small snippets of genes）授予专利权，这是20世纪90年代随着基因测序技术首次使得基因片段变得切实可行时所形成的一个热门话题。我还认为，有些专利的所有权人正在以某种方式利用复杂的技术场景以及技术公司所作的大规模投资，因此，有必要在该等专利受到某种侵犯，亦即对于财产权的某项经典性附属权利发生某种严重侵害时，

---

① 贾斯汀·休斯（Justin Hughes），"知识财产哲学"（The Philosophy of Intellectual Property），《乔治城法律杂志》（Geo. L. J.），第77卷（1988年），第287页始，第309—310页［其以专利法中的"比例性贡献"（proportional contributions）概念，作为知识产权法中的"以增值作为正当性理由"（value-added justification）的例子］。

拒绝给予其永久禁令的救济。在著作权法中，我也不时地能够看到，法院并不情愿任由一项"小"权利而被用作撬动某个大市场的战略性杠杆。

事实上，在知识产权法中，许多在规则上有着显著差异的领域，也都透露出这个相同的基本观念。一项专利的权利要求必须与专利的说明书所教导的内容相称；如果不能满足这个基本的对称性，就会导致专利无效。传统上，专利权的范围也要考虑到它所涉及发明的重要性或者意义，其借助的手段正是在判例法上的等同规则（doctrine of equivalence）之下的"开拓性专利"规则（"pioneer patent" rule）。

与前述各种各样的规则性问题（至少对于如我这般的知识产权制度学者而言）同样有趣的是，我感到它们提出的是一个更深层次的问题。这些知识产权的威胁是，它给予其权利人以超过我认为其应得的部分而大得多的经济力量。直至最近，我才清晰地认识到，贯穿这些例子的是一个共同的原则：不合比例回报的原则（principle of disproportionate reward）。其基本思想十分简单。在授予一项知识产权的法定要件之外的，或者更确切地说，内嵌在这些要件之中的，是一项将互不相连的各种情形联结起来的超然的原则。简单而言，一项知识产权给予其持有人的杠杆优势或力量，总体上不得与其在此情形下应得的权利发生比例失当。如果从效果上看，某项知识产权给予其持有人对一个更大市场的权力或者控制，超出了根据该知识产权所保护成果而实际应得的市场范围，那么该权利就必须以某种方式予以限制或者撤销。

当然，对于不合比例的杠杆优势以及知识财产所有权人的适当奖赏，假如只用宽泛的笔触来描述，还是比较容易的。而要为这样一种思想补上具体细节，却颇为困难。无论如何，我在第6章所做的或者试图做到的，也正是这一点。

（二）效率原则

效率意味着以尽可能低的成本而做成事情。相当多的知识产权学者认为，效率同时（从一种实证的意义上）解释和（从一种规范的意义上）引导了知识产权领域的面貌与方向。在本书导论部分，我解释了为什么我认为这个观点具有误导性。如果说要让它为知识产权领域提供令人信服的基础，那么，对知识产权法的功利主义阐述尚不足以令人信服，并且它可能永远也做不到。依我之见，洛克、康德以及其他人提出的丰富而强有力的道德传统，倒是为此领域提供了某种更为稳固的基础——正如你在第2章和第3章中所见。然而，我在导论中也解释道，从许多方面来看，效率仍然跟知识产权领域密切相关。它是一项原则——也是一项重要的原则——但是，它并非我们解释和引导这个领域所必需的唯一的原则。

我在此处的目的是想表明，效率原则作为一项中层原则是如何发挥作用的。但我先来稍微具体地解释一下，处于这种中间层面的效率原则，如何区别于某种严格依最优效率概念为基础而建立起来的完整的知识产权法规范理论，亦即某种功利主义的阐述。

1.为什么效率不是根本性的

想要根据经济学上的帕累托原则而树立起某种成熟的基础理论，这是一项具有悠久历史的传统，而帕累托原则就认为，资源的分配应当达到这样一种状态，即再也没有资源的转让可以让任何人的境况变得更好而同时没有让其他人的境况变得更差。这种事物的状态就被称作帕累托最优（Pareto optimality）。而一个稍微不那么苛刻的标准则可以从帕累托优势（Pareto superiority）这个思想开始。其言下之意是，每当有人的境况变得更好，而任何其他人要么没有变化要么也变得更好时，均应当发生资源转让。这些关于效率分配的专业定义，虽然类似于有关效率的常识性观念，但并不能确切地做同等延伸（coextensive）。① 意图用这些原则来为资源分配构建起一个良好的伦理基础，却常常备受责难。人们通常采用的一个理由是，关于通过市场交换来实现在伦理上理想的资源分配的这套理论，严重依赖于初始资源禀赋公平性的假设。② 帕累托配置取决于价格——而价格是传递关于各当事方的相对价值信息的信号。如果有人发出了更高的估值信号，具有更强烈的支付意愿，那么，

152

---

① 参见，例如，艾伦·E. 布坎南（Allen E. Buchanan），《伦理学、效率与市场》（*Ethics, Efficiency and the Market*），牛津：牛津大学出版社，1985 年，第 11 页。"关于帕累托原则，最好的表述是：（1）它既与效率的常识性含义存在着某种细微的相似之处，即采取消耗最小成本的有效方式来达到某人的特定目的；同时，（2）帕累托原则又与以下原则相类似，即社会安排应当在这种意义上互相获得好处，而这个意义就是，无论是意图达到帕累托最优状态，还是在帕累托更优状态而非帕累托更劣状态之间的选择，它们均同意如果这样做没有使其他人变得不利，则某些人就应当可以获得好处。"

② 参见，例如，布坎南，《伦理学、效率与市场》，上揭；塞雷娜·欧萨丽蒂（Serena Olsaretti），《自由、奖惩与市场》（*Liberty, Desert and the Market*），剑桥：剑桥大学出版社，2004 年，第 9 页（其从以下方面为市场经济的基本公平辩护，即市场经济为应得的和负责任的选择给予回报，并且当它脱离此种理想时受到规制）。

资源只能向这些估值更高的人流动。但是很明显，支付能力并不仅仅取决于主观估值。它也依赖于进行支付的能力——这又反过来依赖于初始的货币、财产权以及法律赋权（legal entitlements）的分配。假如这些初始的（交易前的）分配是不公平的，那么，通过市场交换并不能克服这一点。[①]即便法和经济学的领军学者理查德·波斯纳，他在后期作品中也承认了这个基本观点。[②]

因此，公平依赖于初始的所有权结构。某种极度不公平的资源分配，不可能通过一系列的自愿转让，就能像变魔术一般在每一种情形中加以补救。我们在第4章关于分配正义的讨论中已经看到了这种思想。不过，这种思想的一种更狭窄、更具限定性的版本浮现在知识产权的其他领域。这一组更狭窄的实例说明，为什么仅仅依靠效率是无法充分证明知识产权的正当性和支撑整个知识产权制度的。

有时，某种人人遵循的市场交换模式，若按照所交易的经济资产为公众所知的真实价值衡量，则将是荒谬的。一项经过某种基本估值并且价值相当公道的资产，可能以某一个看起来严重膨胀的价格易手。当交易的条件曝光之后，它就可能证实，是由某一组特定

[①] 参见，例如，路易斯·A.康豪瑟（Lewis A. Kornhauser），"财富最大化"（Wealth Maximization），彼得·纽曼（Peter Newman）编，《新帕尔格雷夫法和经济学词典》（*The New Palgrave Dictionary of Economics and the Law*），纽约：斯托克顿出版社（Stockton Press），1998年第3卷，第679—683页。

[②] 理查德·A.波斯纳（Richard A. Posner），"财富最大化和侵权法：一种哲学探究"（Wealth Maximization and Tort Law: A Philosophical Inquiry），大卫·G.欧文（David G. Owen）编，《侵权法的哲学基础》（*Philosophical Foundations of Tort Law*），牛津：牛津大学出版社，1995年，第99—111页。

情形引发了估值膨胀。

　　例如，当事人甲可能因为组装一件包含了成百上千个独立部件的产品设计，从而形成了巨大的沉没成本。假如在甲的沉没成本已经形成之后，后来有另一当事人乙宣称，该产品设计当中的某个关键部件，是受制于归他所有的某种财产权的，那么，此时甲全部的沉没成本可能都面临风险。如果乙的立场足够强硬，他就可能从甲的整个复杂产品的价值中主张分得相当大的一部分——即使乙只是对某一个小部件拥有权利。在此情况下，甲完全可以主张，乙在该部件上借以获胜而得到的市场价格，已经与该部件的根本价值严重不成比例。经济学家称，乙在此时拥有对甲的"挟持力量"（holdup power）。就我们而言，重要的是，如果法院或者其他外部机构不介入，来为这一挟持状况提供补救，那么，由甲付给乙的市场价格就将跟乙的部件的根本价值完全不成比例。法院之所以被要求介入，目的是为了将乙的部件的价格回归至其根本价值。

　　这个例子表明，为了维持市场交换的根本公平，法院必须愿意去关注，在某些极端情况下的实际交易是否在基础性的赋权结构中隐含着功能失调——这是一个需要通过调整知识产权而加以解决的问题。法院不能简单地说，"既然这个交易是自愿发生的，所以必然是有效率的，并因此是公平的"。只有当赋权结构适当发挥作用时，市场交换才会带来效率。在一些极端情形中，赋权结构丧失了与经济现实的关联，那么，在这些情形中的市场交换就因此而不可能显示为一切皆好、一切皆公平。只是由于法院有能力透过离奇的市场估值，找寻出赋权所采用的在方式上的功能失调，公平才得以维持。简而言之，自愿的市场交换并非达到双边公平的一个万能代理因素（universal proxy）。

这种情况我在第6章还要作更深入的探讨。届时我们将会看到，这只不过是知识产权制度力求使其内在价值跟知识产权的范围和强度保持一致的众多情形中的一种。就目前而言，我的观点十分简单：自愿的市场交换并不总是代表着公平的结果。因此，效率——它要求在所有的情形中将商品通过市场交换而转移给估值最高的使用人——不可能起到作为某种知识产权制度的根基的作用。如果有时我们需要超越效率，以求得到正确的结果，那就不能仅凭效率作为我们制度的普遍标准。

2.效率的适当角色

到此为止，我已经提出，效率无力独立地充当知识产权的基础。那么，它应当扮演什么角色呢？效率作为一项中层原则，其功能又是什么？

答案其实很简单。无论法律制度在开始时是如何赋权的，效率原则都保证以尽可能便宜而又快捷的方式，将这些权利分配给估值最高的人行使。效率不能解释知识产权法的基础或者为其正当性辩护，但是，作为一项操作性原则，它可以保障这套法律体系平稳并且尽可能以最低的成本运行。尽管它不是某种可以为知识产权制度辩护的终极价值，但是，它的确起到了某种十分重要的作用。

作为一项起作用的原则，效率带来了各种各样的好处。经济史学家迪尔德丽·麦克洛斯基（Deirdre McCloskey）在为资本主义经济提供某种更为宽泛的辩护时，对此做了这样的解释：

　　　　　"私有财产和不受束缚的交易——一句话，现代的资本主义——并不是天国，这谁都知道。但就稀缺物品的分配，尤其是让稀缺物品变得更多而言，那么……它是最糟糕的制度，除了所有那些不时被试验的其他制度。而我已经提出，它的伦理效果，却无论如何都不是完全坏透了的。……"[①]

阿玛蒂亚·森沿着相同的进路，为市场交换辩护：

"语言、商品或者礼物的交换自由，按照其讨人喜欢但又相互间隔的效果来看，自然无需为它们提供辩护性正当解释；它们是人类的社会生活方式的一部分……我们有充分的理由去买和卖，去交换，去寻求可以基于交易而繁荣的生活。"[②]

总结起来就是：效率是这样的原则，它把起点视作某个假定的事实，并且力求减少那些阻碍自愿交换的成本。为了搞明白这项一

① 迪尔德丽·麦克洛斯基（Deirdre McCloskey），《资产阶级的美德：商业时代的伦理学》（*The Bourgeois Virtues: Ethics in an Age of Commerce*），芝加哥：芝加哥大学出版社，2006 年，第 480 页。麦克洛斯基极度信仰由建立在市场交换基础上的经济和社会制度所带来的"文明化"（civilizing）利益，她在这一点上指出："资本市场的参与和资产阶级的美德，让这个世界变得文明。"同揭，第 26 页。但是，她的资本主义观念，把市场交换放在一个更大的"资产阶级美德"（bourgeois virtues）的体系中，因此，她既追随亚当·斯密但又有所超越。对麦克洛斯基而言，效率是"谨勤"（prudence）美德的一种表现，它是促进经济增长和个人繁荣的资产阶级美德的一种——但也只是其中之一。此外还包括正义、勇气、节制以及其他更具精神气质的美德（信仰、希望和爱）。

② 阿玛蒂亚·森（Amartya Sen），《以自由看待发展》（*Development as Freedom*），纽约：诺普夫出版公司，2000 年，第 112 页。

般性原则是如何应用于知识产权法大大小小的各个方面的，我们来考察一些实例。

3. 知识产权法中的实例

如同所有的财产权那样，知识产权将个人的所有权人对应于特定的资源。这是服务于效率目标的，因为当某人意图得到或者必须获得某一资源时，他能够知道该向谁去要：找到所有权人，并且达成一笔交易。财产权的巨大优势在于，它们让资产与所有权人相互关联，从而为交易的达成以及最终将资源流向估值最高者的用途而设定了起点。

知识产权理论家斯科特·基夫（Scott Kieff）确认并且描述了这一优点。基夫经常撰文，阐述知识产权如何地为那些想要获取信息者的需求而提供服务。他认为知识产权具有"灯塔效应"（beacon effect），把潜在的信息使用人吸引过来，并且为其引向存在所需信息资源的来源。① 使用人明白，正是所有权人才有权授予其接触使用所需之信息，因此，使用人就会去寻找所有权人。

财产理论家亨利·史密斯（Henry Smith）以某种相似的方式来描述知识财产。对他而言，一项知识产权——如同所有种类的财产

---

① 参见斯科特·F. 基夫（F. Scott Kieff）与特洛伊·A. 帕雷德斯（Troy A. Paredes），"设计一场交易：反公地难题的私人订制解决方案刍论"（Engineering a Deal: Toward a Private Ordering Solution to the Anticommons Problem），《波士顿学院法律评论》（*B. C. L. Rev.*），第 48 卷（2007 年），第 111 页始，第 140 页（它描述了"灯塔效应"，借此，某一项财产权就向他人发出信号，如果有人想要利用某一特定财产的话，就必须找到该权利的拥有人并与之达成交易）。

那样——围绕着资产而创造了自治区域。[1] 它服务于两个目的：在该区域之内，所有权人享有广泛的自由裁量权，可以开发并且任其所愿地使用其资产。而该区域之外的人亦即第三人知道，当他们想要接触和使用该资产时，必须跟谁去进行交易。用史密斯的术语来说就是，知识产权是一个很好的例子，用于说明高度"模块化"（modular）的排他权。[2]

在我自己的作品中，我承认在知识产权的结构中存在着这些相同的优势。我在与经济学家阿希什·阿罗拉（Ashish Arora）合撰的一篇论文中主张，在某些情况下，知识产权就使得某一复杂部件的生产者可以组建起一个制造和销售该部件的独立公司。[3] 其思想在于，当该部件成为他人——通常是大公司——所制造的多部件产品的一个"输入品"时，知识产权就有助于保护该部件的生产者，避免被操控的风险。根据我们的模型，如果没有知识产权保护，那些精于生产该部件的公司可能会发现，他们唯一的选择只能

155

---

① 参见，例如，托马斯·W. 梅里尔（Thomas W. Merrill）与亨利·史密斯（Henry E. Smith），"财产法的最优标准化：物权法定原则"（Optimal Standardization in the Law of Property: The Numerus Clausus Principle），《耶鲁法律杂志》（*Yale L. J.*），第 110 卷（2000 年），第 1 页。

② 亨利·E. 史密斯，"作为财产的知识财产：对信息产权的勾画"（Intellectual Property as Property: Delineating Entitlements in Information），《耶鲁法律杂志》（*Yale L. J.*），第 116 卷（2007 年），第 1742 页。

③ 阿希什·阿罗拉（Ashish Arora）与罗伯特·R. 莫杰思，"专门化供应企业、财产权与企业的边界"（Specialized Supply Firms, Property Rights, and Firm Boundaries），《产业及公司变化》（*Indus. & Corp. Change*），第 13 卷（2004 年），第 451 页。

是为某家大公司打工。而这种情况就丧失了小企业的优势——灵活、专注和自治。由于知识产权，该等部件的专家们才有可能得以组建他们自己单独的独立公司，因此，知识产权也是在为上述价值服务。

我在其他一篇论文中，还考察了知识产权促进信息交易的方式。[①] 我特别指出，作为一种在信息上的财产权，知识产权为那些想要将信息出售给某一买家的人带来了双重收益：（1）在导致最后签订正式的法律合同之前的敏感阶段，知识产权保护了信息的卖方，它为"前合同披露"（precontract disclosure）行为提供了便利，并因此支持了市场交换；以及（2）在就某一信息交易产生争议或冲突的情况下，知识产权给予信息的卖方以更多的法律选择，包括更加有力的法律救济。

因此，知识产权显然可以作为谈判和交易的起点，启动被迪尔德丽·麦克洛斯基和阿玛蒂亚·森之类的理论家们所热情歌颂的、伟大的资源分配机制。但是，效率原则远比这个更为宽泛。在知识财产中，效率有时意味着一开始就不要授予某项财产权。在此情况下所适用的效率原则，常常与不可移除原则发生重叠。发明必须具有非显而易见性才可以授予专利，对于此项要求，长期以来的一个正当性解释是，因为这样就保存了社会资源。假如是一项显而易见的发明，那么即便不对其授予一项专利权，也可能很快会被人做出来。既然如此，为什么还要授予其专利呢？社会无需承受一项专利

---

① 罗伯特·R. 莫杰思，"财产权的一个交易视角"（A Transactional View of Property Rights），《伯克利技术与法律杂志》（*Berkeley Tech. L. J.*），第 20 卷（2005 年），第 1477 页。

以及随之而来的成本，也不必受此麻烦，就可以很快获得该发明所带来的全部利益。专利肯定会让社会付出某种成本，而假如社会从中获得的回报是在无需成本的情况下本来就可以获得的东西，那还要授予专利干什么呢？[①]

有时，效率原则是在权利授予之后才会触发的。这是关于著作权合理使用抗辩的一个当代的经典解释。该理论称，只有当受著作权保护作品的市场不能形成时，才可引发合理使用。[②] 合理使用的市场失灵理论，其核心正是效率：如果某个市场无论如何都不可能形成，那么，强制执行著作权就没有任何意义。没有市场，作者就不可能从中得到回报，而那些想要使用作品的人，反倒失去了使用作品的机会。

合理使用的市场失灵理论的创始人是温迪·戈登（Wendy Gordon），她从一开始就承认，这项规则并不只是基于纯粹的效率，还有其他更多的因素。[③] 她指出，即使形成了有效率的市场，但有时

---

① 效率原则可以被表述为一项积极原则：只有当其可能诱使作出那些倘未授予专利就不会被做出来的发明时，才授予专利权。参见，例如，罗伯特·P. 莫杰思，"创新的经济学视角：商业成功与专利标准"，《加州大学法律评论》，第 76 卷（1988 年），第 803 页；罗伯特·P. 莫杰思，"不确定性与可专利标准"，《（伯克利）高科技法律杂志》，第 7 期（1993 年），第 1 页。

② 温迪·戈登（Wendy Gordon），"市场失灵时的合理使用：对贝塔麦克斯（*Betamax*）案及其先例的一个结构性与经济学分析"（Fair Use as Market Failure: A Structural and Economic Analysis of the Betamax Case and its Predecessors），《哥伦比亚法律评论》（*Colum. L. Rev.*），第 82 卷（1982 年），第 1600 页。

③ 温迪·戈登，"市场失灵时的合理使用：对贝塔麦克斯（*Betamax*）案及其先例的一个结构性与经济学分析"，《哥伦比亚法律评论》，第 82 卷（1982 年），第 1600 页。

156　仍存在着适用合理使用规则的情形。压倒性的社会利益可能更为重
要。戈登在作如此主张时，其着手论证的正是我在本章所倡导的分
析范式。她承认，效率是知识产权法的一项重要的原则，但并不是
唯一相关的原则。因此，她主张的这种效率理论，不仅承认了在某
些情况下效率作为原则不起作用，而且可能存在其他某种更像分配
问题或者基本公平之类的东西，能够对该法律给予更好的解释和指
导。同时，戈登并未试图将其理论植根于任何的终极性规范框架，
比如功利主义或者洛克的财产理论。① 相反，她是以中层原则为基
础而展开论述的。这就暗示性地为持有多样且分散的规范性信仰的
人们，留下了空间。她的理论不仅将一组真实的案例联结起来，同
时为深层的规范性分歧默默地牵线搭桥。在此意义上，戈登提出的
合理使用的市场失灵理论，就为中层原则如何运作提供了一个非常
可靠的模型。

---

① 在其他学术研究中，戈登以一种更为深刻和复杂的方式研究了这些问题。参
　见，例如，温迪·J. 戈登，"自我表达中的财产权：在知识产权自然法中的平
　等与个人主义"（A Property Right in Self-Expression: Equality and Individualism
　in the Natural Law of Intellectual Property），《耶律法学杂志》（Yale L. J.），第 102
　卷（1993 年），第 1533 页（其详细论述了知识产权的洛克理论）。关于戈登作
　品在中层原则的层面上颇具影响力的另一个例子，参见温迪·J. 戈登，"论信
　息的拥有：知识财产与返还原物的动力"（On Owning Information: Intellectual
　Property and the Restitutionary Impulse），《弗吉尼亚法律评论》（Va. L. Rev.），第
　78 卷（1992 年），第 149 页［其将返还原物（restitution）置于知识产权理论的
　核心，而后者以终极性规范原则为依据却又没有与之直接相勾连］。

（三）尊严原则

尊严原则隐藏在知识产权法的许多规则和案例背后。这项原则是指，某一成果的创造者应当受到尊重和承认，其方式是在那些与财产相联系的传统权利集合——排他权、转让（出售或许可）权、任其意愿加以使用的权利，等等——之外进行扩展。与这个原则相关的情形，通常带有某种非财产性维度（nonpecuniary dimension），而事实上，该原则所保护的利益，常常被认为在创造者将某一特定创造性成果上的权利出卖之后而仍然持续。因此，知识产权法中跟尊严原则相关的问题，常常最接近于这种在形式上的法律制度，该制度承认，一项成果往往不可避免地打上了创造者的个人印记——与康德和黑格尔的财产理论相似的因素。①

知识产权领域有一项古老的惯例，认为美国的知识产权制度是沿着功利主义路线构建的，而欧洲的知识产权制度则是基于自然法原则。当然，贯穿在这两大地区的知识产权法中的迹象表明，有些东西确实符合这一看法。但即便如此，这里还是存在着一种严重夸大其事的倾向。严谨的历史研究著述已经表明，这两种知识产权制度均是某种集自然法、功利主义因素以及其他影响于一身的复杂

---

① 参见罗伯塔·罗森塔尔·克瓦尔（Roberta Rosenthal Kwall），《创造性的灵魂》（*The Soul of Creativity*），加州斯坦福：斯坦福大学出版社，2009 年，第 39—41 页（其分析了康德和黑格尔理论对欧洲有关著作人身权的法律所带来的影响）。另参见特雷戈尔–巴拉–阿姆（Kim Treiger-Bar-Am），"康德论著作权：转换性作者的权利"，前揭（它专门指出，根据康德的理论，对于著作权保护产生影响的是某一独特个体作为作者的表现，而不是一件给定的创造性作品当中关于某个鲜明人格的证据）。

混合体。① 创造者因其所作出的成果而被社会所承认，这个思想对于社会具有内在的价值，当然就成了这两种知识产权制度在结构上的共同组成部分。

　　这一点在著作权法中最容易看到，因为在那里，尊严原则不仅历史悠久，而且还有某种牢固的规则渊薮，尤其是在欧洲，当然在美国也是如此。甚至专利法——它据称是知识产权的功利主义理论最纯粹的庇护所——也带有尊严原则的烙印。从历史上看，自然权利的概念似乎确实进入了专利法的基本架构中，尽管传统上的阐述往往与此相反。②

　　不过，还是让我们先回到著作权。著作人身权（moral rig-

157

---

① 简·C. 金斯伯格（Jane C. Ginsburg），"一个关于两种著作权的故事：大革命时期法国与美国的文学财产权"（A Tale of Two Copyrights: Literary Property in Revolutionary France and America），《杜兰法律评论》（Tul. L. Rev.），第 64 卷（1990 年），第 991 页，重印于罗伯特·P. 莫杰思与简·C. 金斯伯格编，《知识财产的基础》（Foundations of Intellectual Property），纽约米尼奥拉：基础出版社（Foundation Press），2004 年，第 285—291 页。

② 参见，例如，亚当·莫索夫（Adam Mossoff），"反思专利的发展：一段知识史，1550—1800 年"（Rethinking the Development of Patents: An Intellectual History, 1550—1800），《黑斯廷斯法学杂志》（Hastings L. J.），第 52 卷（2001 年），第 1255 页（显示了自然权利在专利法发展中的影响）；亚当·莫索夫（Adam Mossoff），"谁关心托马斯·杰斐逊的专利思想？历史语境下专利'特权'的重新评价"（Who Cares What Thomas Jefferson Thought about Patents? Reevaluating the Patent 'Privilege' in Historical Context），《康奈尔法律评论》（Cornell L. Rev.），第 92 卷（2007 年），第 953 页始，第 971—972 页（他反驳了历史学家的观点，他们认为早期的专利"特权"被看作纯粹是由国家任意带来的产物，从而区别于真正的财产权，后者正相反，其根基是在于某种先于国家而存在的自然权利）。

hts）——某一作者因其作品而享有持续性身份表示并且控制其作品之呈现的权利——或许就是经典例子，说明尊严原则在起作用。[1]持续性身份表示（continuing credit）的权利，意味着不可将某一作者的名字从其作品的复制件上移除；表示其系创作该作品的作者，这一身份是持续性的，即便在创作者已经将其作品上的其他全部法定权利出售之后，亦是如此。换言之，该等权利的买受人不能一并购买这项权利，移除创作者的名字，当然也不能用自己的名字进行合法替换。作者身份的这个事实是不可转让的；实际创作者不能将之出售，第三人也不能购买。

尽管诸如作者身份表示权之类的著作人身权在欧洲法中得到了牢固确立，但在传统上，它们在美国却受到严格的限制。[2]诚然，美国对于尊严原则也有若隐若现的认可，[3]比如在如下规则中，它

---

[1]　关于著作人身权的背景，参见克瓦尔，《创造性的灵魂》，前揭；马丁·A. 罗德（Martin A. Roeder），"著作人身权规则：对艺术家、作者和创造者法律的一项研究"（The Doctrine of Moral Right: A Study in the Law of Artists, Authors and Creators），《哈佛法律评论》（*Harv. L. Rev.*），第 53 卷（1940 年），第 554 页；亨利·汉斯曼（Henry Hansmann）和玛利亚·桑提丽（Maria Santilli），"作家和艺术家的著作人身权：一个比较性法学和经济学分析"（Authors' and Artists' Moral Rights: A Comparative Legal and Economic Analysis），《法学研究杂志》（*J. Legal Stud.*），第 26 卷（1997 年），第 95 页始，第 105 页。

[2]　简·C. 金斯伯格，"美国著作权法和商标法中的主张作者身份的权利"（The Right to Claim Authorship in U. S. Copyright and Trademark Laws），《休斯顿法律评论》（*Hous. L. Rev.*），第 41 卷（2004 年），第 263 页。

[3]　参见萨谢蒂里诉卡斯拉伊安案（*Seshadri v. Kasraian*）［130 F. 3d 798, 803—804（7th Cir. 1997）（波斯纳法官）（"当代美国著作权法中显现出著作人身权规则的微弱之光"）］；泰玩具公司诉 GMA 配饰公司案（*Ty, Inc. v. GMA*（转下页

们允许作者终止在其拥有议价实力之前或者在作品价值得到确认之前所签订的许可协议。对作者而言，这些终止转让规则（termination-of-transfer rules）就在创造性作品上创设了某种持续存在的、不可剥夺的利益，不仅不得讨价还价或者让作者签字放弃，并且，它们作为一个权利问题，作者随时可以在之后再提出主张。这种权利具有不可转让性——即无论交易有多么地自愿，也不论补偿有多么丰厚，均不能通过合同放弃该权利——这个事实就说明，它肯定至少部分地体现了尊严原则。①

除了关于终止转让的规定，著作权法中其他散落的边边角角，也透露出尊严原则的痕迹。在一起著名的案件中，《巨蟒剧团电视秀》（*Monty Python TV show*）节目的创作者禁止其中一些遭到删节

（接上页）*Accessories*）〔132 F. 3d 1167, 1173（7thCir. 1997）（波斯纳法官）（其中述称，初始禁令"从'著作人身权'规则那里汲取了额外的营养……这项规则正悄然潜入美国著作权法"）〕。

① 关于这一点，参见这篇极富启发性的论文：尼尔·内坦内尔（Neil Netanel），"著作权可转让性的限制与作者自治的提高：一个规范性评价"（Copyright Inalienability Restrictions and the Enhancement of Author Autonomy: A Normative Evaluation），《罗格斯法律杂志》（*Rutgers L. J.*），第 24 卷（1993 年），第 347 页。内坦内尔认为，"一般而言，自治的不可转让性是值得称道的，因为它不仅是为了促进作者的利益，也是为了培育文化的繁荣"。同揭，第 354 页。这篇论文突出了自治与尊严之间的关联，它通过培养作者的能力，使其可以撤销一份旧的许可协议并且以一份新的许可协议来赚更多的钱，从而促进其自治；由协议终止权所保护的作者声誉和人身性利益，也使作者有机会获得更多的赔偿，这通常就有助于创作者的自治。

的单集在美国播放。① 不过，通常的情况是，考虑到美国法采用以
功利主义为导向的观念，尊严原则只能偷偷地躲在其他法律理由的
背后。例如，词作者和音乐家约翰·福格蒂（John Fogarty）赢得了
与公司之间旷日持久的战斗，该公司拥有其早期一些歌曲的著作
权。该著作权的所有人起诉福格蒂，因为后者创作并且表演的一些
新歌，风格类型跟其早期大红大紫的作品相类似。尽管法院认定，
依据通常的著作权理论，后来创作的新歌并不构成侵权，但是，法
院判决意见中还是存在这样一种强烈的感觉，认为如果由于早期作
品的著作权而排除福格蒂利用已成为其独有的个人风格的东西进
行后续创作和表演，那么从根本上讲是不公平的。正如上诉审法院
所述，下级法院"维护了（福格蒂的）权利……得以继续按照独特 158
的'沼泽摇滚'风格和类型来谱写音乐，并因而进一步拓展了《著
作权法》的宗旨……"②

　　这种表明作者身份的著作人身权，在专利法中同样存在。发明
人享有在专利证书上署名的权利。即使在不涉及金钱利益的情形中
（例如，发明人已经将全部利益预先转让给了雇主），这项权利依然

---

① 吉列姆诉美国广播公司案（*Gilliam v. Am. Broadcasting Co., Inc.*）［538 F. 2d 14
　（2d Cir. 1976）］。有关吉列姆案的背景，参见贾斯汀·休斯（Justin Hughes），
　"美国的著作人身权与达斯塔案'漏洞'的修补"（*American Moral Rights and
　Fixing the Dastar 'Gap'*），《犹他法律评论》（*Utah L. Rev.*），2007 年卷，第
　659 页。

② 范塔西唱片公司诉福格蒂案（*Fantasy, Inc. v. Fogarty*）［94 F. 3d 553（9th Cir.
　1996）］。

存在。^①正如著作权法一样，作者或者发明人的身份是不可以买卖的。这里就存在一种承认其为做出创造性成果之人的权利，而该权利超越于就该成果上其他权利所达成的经济交易，并免受该交易的制约。在一些国家，这项原则的表达可以在相关规则中找到，例如规定发明人——尽管其受雇于大公司，并且已经签字转让其在发明上的权利——假如其完成的是一项重大发明并且该发明利润丰厚的话，仍可享有单独获得回报的权利。^②

三、结论

现在，如果我还算有效地对本章进行了论述的话，那么，中层原则的理念至少在某种程度上可以被人理解了，而专为知识产权法领域选择的这四项中层原则，目前也已经有所展开。每一项原则还有更多的东西——事实上，要多得多——可以进行讨论。它们

① 查尔尼克诉伊卢米纳公司案（*Czarnik v. Illumina, Inc.*）［437 F. Supp. 2d 252, 256（D. Del. 2006）（原告有理由要求对发明人身份予以改正，因为"他在科学共同体中的声望和信誉遭到了损害"）］。另参见周氏诉芝加哥大学案（*Chou v. Univ. of Chicago*）［254 F. 3d 1347, 1359（Fed. Cir. 2001）（"被人认为是发明人，这是一件重要的事情，是显示在其领域取得成功的标志……被当成发明人之后，金钱也可能会滚滚而来"）］。一般性参见，《保护工业产权巴黎公约》（*Paris Convention for the Protection of Industrial Property*）［第4条之三，1883年3月20日缔结，1967年7月14日在斯德哥尔摩修订，24 U. S. T. 2140, 828 U. N. T. S. 305（"发明人有权要求在专利证书上记载自己是发明人"）］。

② 参见罗伯特·R. 莫杰思，"雇员发明的法和经济学"（The Law and Economics of Employee Inventions），《哈佛法律与技术杂志》（*Harv. J. L. & Tech.*），第13卷（1999年），第1页。

所形成的重大主题，跨越和贯穿了一个如此庞大的法律体系，因此很明显，对每一项原则只作简短的描述，几乎不可能穷尽其中的话题。除了这四项之外，还存在其他可供备选的原则。在像知识产权这般浩大的领域中，应当存在着空间，可以容纳多样化的组织性、解释性原则，而不仅仅是这四项原则。一章之内，无法毕其功于一役。

同时，在这四项原则中，有一项原则对我来讲是如此重要，而其作为一项原则又如此不被人理解，因此值得对它格外予以关照。这就是比例原则，也是下一章的主题。

第6章　比例原则

一、引言

在第5章中,我描述了知识产权法的四项中层原则。每一项原则都很基本,也很重要,囊括了许多详尽的规则与判例法则;也正是由于这些特点,它们得以成为原则。而在这四者当中,我现在想要着力阐述比例原则。

之所以选择在这里强调比例原则,是基于两个原因。首先,它是这四项中层原则当中理论化程度最低的一个。我在论述不可移除原则时,已对公共领域的问题着墨甚多。效率原则,也就是第二项中层原则,它从某种意义上来讲,就是知识产权学术研究中的这个整体性思想流派——即法和经济学方法——背后的驱动力量。至于尊严原则,它既作为有关著作人身权研究的大量文献的基石,也构成了许多研究美国和欧洲知识产权法传统的背景。但是比例原则,尽管我认为它至少与其他几个原则同等重要,却很少被人认为是一项独立的原则。

其次,我相信比例原则能够用来很好地说明什么是中层原则。比例原则稳稳地坐落在以下两者之间,它的下面是更底层的原则或者基础理论,而在它的上面则是知识产权法的具体实践,也就是将该套法律应用于解决现实世界问题的规则和制度。在底部层级,比例性的观念就被紧紧地内嵌于我们在第2章和第3章所考察的知识产权基础理论当中。我们已经看到，洛克为初始财产拨归所提供的正当性解释，正是依据在所付出的劳动与所主张的财产权之间达成的某种基本的对称。同时，附加条件则几乎就是明确根据适当比例（due proportion）而被构想出来的：它们适用的前提条件是，财产权超过了初始财产拨归人所主张的公平范围。对于康德来说，同样如此；将权利普遍原则适用于财产的最好理解方式，就是将财产视为一种限制，以防止某一财产拨归人对于跟其应得奖赏不成比例的部分提出权利主张，并因此为社会带来过度的负担。

与此同时，如果在我的观念性层级体系中"向上"观看，那么，比例原则就把知识产权图景中各种各样互不相连的规则和制度特征——比如权利范围、权利的限制以及侵权救济等——联结在一起了。所有这些在知识产权法主要部门的规则性领域，都体现了比例性的观念。一项成果的创造者，其作出贡献的相对量级与重要性程度，在很大程度上就是促进知识产权法具体适用的驱动力。此外，比例原则也很好地表明，当朱尔斯·科尔曼声称法律的中层原则不仅描述了大片的规则时，这句话所指的意思。① 正如科尔曼

---

① 朱尔斯·科尔曼，《原则的实践》，牛津：牛津大学出版社，2001 年，第 54 页："社会实践将抽象的理念转化为规制性的原则；他们使德行变成义务。……换言之，我们所从事的实践并不仅仅揭示了我们所信奉的原则的内容；每一项实践都部分地构成了内容。"这与汉斯—格奥尔格·伽达默尔（Hans-Georg Ga-damer）所称的法律解释（legal interpretation）十分相似。对伽达默尔而言，在它们得到适用之前，含义并不是被抽象地分配给法律命题（legal propositions）的。对他来说，将法律命题适用于某一具体的事实类型，才构成（constitutes）其含义，这就是它的含义。汉斯—格奥尔格·伽达默尔，《真理与方法》（*Truth and Method*），纽约：十字街出版社（Crossroad Publishing），1989 年第二次修订版，第 310 页、第 325 页。

所言，规则在实际上定义和塑造了原则；亦即，关于一项原则的意思，只有通过考察该原则所起源的一系列具体实践，才能被人理解。在此意义上，只有当我们理解了专利法的可实施性要件与侵权行为、著作权法上的合理使用与滥用，以及一系列相关的操作性规则的某些具体内容之后，我们才能从真正的意义上讨论知识产权法的比例原则。

二、什么是比例性?

我们的法律制度承认，在有的时候，法律所赋予的权利给予了某人"过度的"或者"不成比例的"杠杆优势。我这样说的意思是指，超出了一个人恰如其分的力量，或者考虑到具体情形而超出了合理的范围。举一个例子来解释，它涉及随着现代基因测序技术的发展，可以在小小的基因片段上获得专利了。[1] 20 世纪 90 年代，那些想要获得基因片段专利的公司实行这样一种创新战略：它们先就数以百计的基因片段而随意申请专利，但实际上对于这些片段是否构成有用基因的一部分，它们毫无所知。然后，它们的计划就是等待时机，直到其他人测定出由某个基因生成的一种蛋白质确实对人有用，那么到这时候，在该基因的一个片段上享有专利权的人

---

[1]　参见丽贝卡·艾森伯格（Rebecca Eisenberg）与罗伯特·P. 莫杰思，"关于某些与确认部分 cDNA 序列相关之发明的可专利性的意见书"（Opinion Letter as to the Patentability of Certain Inventions Associated with the Identification of Partial cDNA Sequences），《美国知识产权法协会季刊》（Am. Intell. Prop. L. Ass'n Q. J.），第 23 卷（1995 年），第 1 页。

就会提出主张，要求从所产生的收入中分得一杯羹。在短小的基因片段上所获得的专利，从本质上讲，当其被授予专利时其实价值寥寥，但却可能在后来产生如此巨大的收益。这一战略似乎很是运作了一段时间，直到被法院取缔。[①]而让我感到困扰的是这样一种比例失当的感觉：这些都只是微不足道的专利，其依据的是从本质上讲具有随机性的基因片段，但是，假如真的完全得到法律实施，却可能值上大把的钞票。

161

更为晚近的例子是，一些专利权人找到了一条发财的门道，可以用某种方法对技术公司的大规模投资动用杠杆优势，而这种方法令我（以及其他许多人）感到震惊，因为它非常不公平。在这些情形中，专利权人打的是一套技术公司的沉没成本（sunk costs）加"自动禁令"（automatic injunction）规则的组合拳，以此而从技术公司那里不公平地榨取巨额钱财。通常，这一切都始于复杂产品中某个单一部件上的专利。正因为这种专利，假如是在复杂产品的设计被确定之后，专利人发现或者主张其权利的，就可以产生过度的杠杆效应——此时再要改换其他设计，成本可能会非常高昂。多年以来，联邦巡回法院作为美国最重要的专利法院，一直坚持这样一条规则，保证在侵犯专利权诉讼中胜诉的专利权人可以获得一项针对侵权人（即该诉讼中的败诉方）的永久禁令。该项规则如果盲目适

[①]　参见费歇尔案（*In re Fisher*）[421 F. 3d 1365（Fed. Cir. 2005）]。关于该案的背景，在下面这本教材中有详细介绍，罗伯特·P. 莫杰思与约翰·F. 达菲（John F. Duffy），《专利法律与政策：案例与材料》（*Patent Law and Policy: Cases and Materials*），弗吉尼亚州夏洛茨维尔：律商联讯（LexisNexis）集团，2007 年第 4 版，第 250—256 页。

用，有时就会为专利权人带来巨大的议价优势，特别是在假如禁令意味着必须关闭某一条正在盈利的生产线，从而使侵权人遭受巨大经济损失的情况下。当巨大的沉没成本和禁令规则的机械适用相结合时，复杂产品中的某个微小部件上的专利就能产生巨大的、比例严重失调的杠杆优势。[①]

比例性在其他情形中也有所体现。例如，我曾经广泛撰文，讨论适用于可专利之发明的一项法律标准，即非显而易见性要件。[②]依据这项标准，某一发明只有在与此前已经出现的技术（现有技术）相比而体现出某种非同小可的进步时，才是可专利的。通过这个方法，就确立了授予专利的标准，从而，只有重要的发明才能获得回报。只有当某项技术贡献与对应的法定权利成比例时，才可以给予一项财产权。

在专利授权的可实施性规则（doctrine of enablement）上，也可以看到同样的逻辑在起作用，而这通常就被人表达为比例性回报的话语。根据这个规则，发明人必须充分公开其专利上的信息，以教导在本领域的其他人如何来制造和使用被主张专利的发明。根据专利领域的判例，这个公开必须与专利权人的权利要求的范围相

---

① 罗伯特·P. 莫杰思，"专利怪物的烦扰：创新、寻租与专利法改革"（The Trouble with Trolls: Innovation, Rent-Seeking and Patent Law Reform），《伯克利技术法律杂志》（*Berkeley Tech. L. J.*），第 24 卷（2010 年），第 1583 页。

② 可参见罗伯特·P. 莫杰思，"不确定性与可专利性标准"（Uncertainty and the Standard of Patentability），《（伯克利）高科技法律杂志》[（*Berkeley*）*High Tech. L. J.*]，第 7 卷（1993 年），第 1 页。

称。[①]一项专利，若与其所教导的内容相比属于过度主张的，则归为无效，因为其潜在的经济控制力跟它实际为该领域给出的教导不成比例。

在著作权法领域，也有大致类似的规则在运行。认定侵犯著作权的"实质性相似"标准，就发挥着类似于专利法中的非显而易见性要件的功能。依据一系列的判例法则，法院并不情愿让当事人用一个"小"著作权作为控制某个庞大市场的战略性杠杆。为达到这一结果，法院适用以下三条各不相同的判例法则：合理使用、著作权"滥用"（misuse）以及拒绝适用有关反规避的法律（anticircumvention law）。例如，在合理使用的案例中，电子游戏硬件的销售商试图利用某些极简短的"锁定"代码上的著作权，来排除其他公司开发与该硬件兼容的电子游戏。法院驳回了这种诉讼请求，认定竞争者享有某种"合理使用"的权利，可以复制该代码，以便开发与硬件兼容的游戏。[②]这些价值非常低微的著作权，被认为不足以让电子游戏开发者得到他们所声称的市场杠杆。这些著作权所带来的杠杆优势，跟它们的内在价值不成比例，因此不能在法律上得到

162

[①]　参见，例如，费歇尔案（*In re Fisher*）〔427 F. 2d 833, 835（C. C. P. A. 1970）〕（依据可实施性要件，专利权人必须披露信息"至少达到与其权利要求的范围相称的程度"）。这一要件在以下教材中进行了讨论，参见罗伯特·P.莫杰思与约翰·F.达菲，《专利法律与政策：案例与材料》，前揭，第271—272页。

[②]　参见，例如，世嘉企业有限公司诉崇盛公司案（*Sega Enterprises, Ltd. v. Accolade, Inc.*）〔977 F. 2d 1510（9th Cir. 1992）〕；索尼计算机娱乐公司诉康纳克狄格斯公司案（*Sony Computer Entertainment, Inc. v. Connectix Corp.*）〔203 F. 3d 596（9th Cir. 2000）〕；雅达利游戏公司诉任天堂美国公司案（*Atari Games Corp. v. Nintendo of America*）〔975 F. 2d 832, 843—844（Fed. Cir. 1992）〕。

强制执行。①

我们可以看到，贯穿在这些例子中的是一项共同的原则：即关于不成比例回报（disproportionate reward）的思想。其基本思想十分简单。在授予某项知识产权的法定要件之外，或者更确切地说，内嵌在这些要件之中的，是一项超然的原则，它将各种互不相连的情形联结起来。

这项原则，简单而言就是指，知识产权给予其持有人的杠杆优势或者力量，总体上不得与其在此情形下应得的权利发生比例失当。

如果从效果上看，某项知识产权给予其持有人对一个更大市场的控制力，超出了根据该知识产权所保护成果而实际应得的市场范围，那么，就必须以某种方式限制该权利。

（一）桥梁的寓言

我们可以通过一个简单的故事和示意图［见图 6.1（a）］，来说明比例原则。假设在一条大河的西岸有一座城镇。自远古以来，人们就靠船渡河，但是水流湍急，过河成了一件非常危险的事情。尽管河东的土地肥沃，但却无甚价值，因为人们借以往返市镇的桥梁，即使离他们最近的那座也还是相距遥远。此外，在东岸土地上

---

① 关于在依据《新千年数字著作权法》（*Digital Millennium Copyright Act*）而采取反规避措施保护时适用合理使用抗辩的情形，参见张伯伦集团公司诉斯凯力技术公司案（*Chamberlain Group, Inc. v. Skylink Tech., Inc.*）［381 F. 3d 1178（Fed. Cir. 2004）］（法院认定，被告复制原告的车库门开锁安全短代码属于合理使用，因为在此情形中，原告是试图利用该短代码而有效保护其在兼容性车库门钥匙的市场）。

生长的农产品，就算被带到市场也早已变质，并且无论以何种方式运输，成本都是太过昂贵了。

阿尔（Al）是镇上的一位居民，他在沿河接近于河道最窄的地方拥有一大片土地，并且沿河岸上下两个方向，各绵延达数英里，如图 6.1（b）所示。

某一天，一帮企业家决定跨河建造一座桥梁。由于国家对于这一段河流的沿河土地所有权状况搞得混乱不清，阿尔那块地的产权界线究竟位于哪里，也是不甚明了，因此，企业家们就从当地为数众多的土地所有权人那里获得了筑桥许可，但其中偏偏没有阿尔。企业家们花费巨资，冒着风险，在此过程中也克服了许多棘手的后勤补给困难，最后终于把桥建起来了［见图 6.1（c）］。但阿尔向当地的土地法庭提出请求，要求就其地产界线的边界给出指引。

与此同时，这座桥梁被证明大获成功，为河流东岸开拓了广阔的新市场。人们广种粮食，大赚其钱，并且这些市场还在急剧扩张。每个人都相信，制度最终是会厘清该土地的产权状况。同时，精力充沛的人们各自施展手腕，目的是在桥东边赚大钱的新区域中占有一席之地。图 6.1（d）表明了这一情形。

作为理性的商人，建造此桥的企业家们随着时间推移而慢慢地提高了过桥费，以利用他们所开拓的这些宝贵的市场。

而后某一天，土地法庭颁布裁决：该桥梁的桥墩明显位于阿尔所主张的土地界线之内。实际上，该法庭认定，为支撑该桥梁所必需的全部区域中，阿尔拥有其中 5% 的土地。阿尔随即与建桥的企业家们展开谈判。他想要自己的收入最大化，因此他计算了所有可以在河东岸生产农产品的总价值，可能在东岸建造的房屋的总价值

163

以及在该桥梁建造之前人们从这个地点过河原本应当支出的成本；然后他设定了相应的报价：要求获得在该桥梁新开辟的（东岸）所有经济活动的预期总利润的40%。企业家们对此惊慌失措：这个要价实在定得太高了。图6.1（e）显示的，是阿尔所拥有土地的大小跟他索要的经济活动利润份额之间的对比。

面对企业家们提出的强烈抗议，阿尔回应道："但是这座桥是我的财产啊。没有我的同意，你们不得侵入，我会把桥墩下面的土地以租赁合同的形式出让。这是我的财产，所以我有权利，想定什么价就定什么价。"

一般而言，阿尔说得没错。这是一般而言。财产权的真正权能之一，就是排除他人的权利。另一项权能是，它是可转让的（并且是可分割的，以及可以部分转让的）。所有这些都建立在财产的一般原则之上，把它们加起来，就为阿尔提供了充足的理由。

但是，企业家们难道就没有什么可以争辩的吗？难道他们的愤怒感只是出于一种误解，是由于他们没有认真考虑他们所彻底信仰的私有财产权观念吗？我认为不是的。我认为另一项一般原则，即比例原则，此时可以开始发挥作用了。在这种罕见的情形中，财产权确实赋予了不成比例的杠杆优势，因此，比例原则就要以这样或那样的方式，作为一个限制性因素起作用了。我可以并且将会［从下一小节关于亿贝（eBay）案开始］举出大量的实例，说明该原则一般性地在知识产权法领域发挥着作用。但就眼下这个例子而言，该原则就等于是说：阿尔可能并不享有完整的、不受任何约束的自由，可以将价格确定在他想要的价位上。他很可能不得不适度降低其要求，以便接近于因该桥梁系部分建立在他的土地上从而应得的

（a）

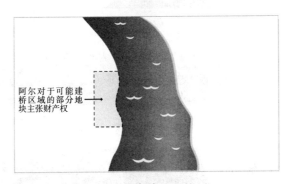

（b）

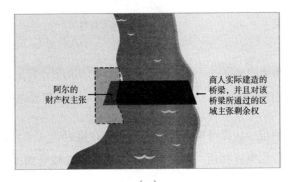

（c）

165

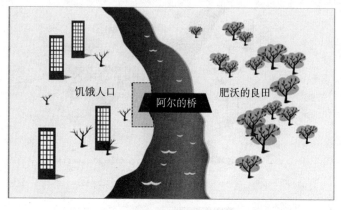

（d）

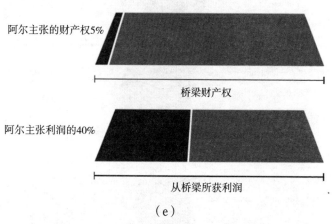

（e）

图6.1　桥梁的寓言：一开始的情形（a），阿尔的财产权主张（b），
桥梁被建起来了（c），建桥以后的情形（d），分割战利品（e）

一个公平回报。法律可能将他的回报限定在接近于一个公平租赁费
率的水平。如果这样做，那么，财产权就将有效地受到比例性这个
反原则（counterprinciple of proportionality）的限制。

1. 专利法的一个例子：亿贝案

在专利法中，比例原则就隐藏在亿贝案的背后。[①] 本案的争议主题，涉及我在本章前面部分所提到的"自动禁令"规则。在该案中，最高法院指示下级法院，在侵犯专利权的案件审理结束而要作出判决时，应当放弃自动禁令规则，而应依据传统的公平原则——即按照被称为衡平法（equity）的法律分支所表示的原则——决定是否颁发禁令。亿贝案判决中有一份强有力的协同意见（concurring opinion），呼吁特别关注禁令有时给专利权人所带来的过度的杠杆效应。该协同意见称：

> 一个产业已经发展起来了，而里面有些公司并不是把专利作为生产和销售产品的基础，相反，其目的主要是为了获得许可费。……对这些公司而言，一项禁令以及因违反禁令所带来的潜在的严重制裁，可以被用作一种讨价还价的工具，向那些为实施该专利而寻求许可的公司收取极高的费用。……当专利发明只是其他公司所寻求生产的产品中的一个小部件，并且专利权人以禁令相威胁只是被用作谈判中的不当杠杆时，那么，给予法律上的赔偿就可能足以充分弥补该侵权行为所带来的损失，而颁布一项禁令则可能反倒不符合公共利益。[②]

---

① 亿贝公司诉麦氏交换有限公司案（*eBay, Inc. v. MercExchange, L. L. C.*）[126 S. Ct. 1837（2006）]。

② 547 U. S. 388, 396—397 [肯尼迪（Kennedy）大法官撰写该协同意见书，史蒂文斯（Stevens）、苏特（Souter）和布雷耶（Breyer）大法官加入]。

正如该案的多份法庭之友意见书（amicus briefs）所解释的，由于财产权的说明书（specification）发生延迟，因此常常驱使这些专利权人采取此种策略。世上存在那么多的专利，它们有可能被复杂产品的部件所涵盖或者"读入"（read on），而这些产品的销售者不可能确定他们可能对之构成侵权的所有专利。专门确定这些专利并且在诉讼中主张该等专利的公司已经出现了，而它们利用的优势也就在此。这些公司跟前述桥梁寓言中的阿尔非常相像。它们都拥有财产权，而该财产权在经过一段时间之后，被证明是极具价值的。像阿尔一样，它们本身对于其中的实际经济价值几无贡献。你们可以回想一下，阿尔的土地财产权并非建造桥梁的一个主要因素；事实上，它跟桥梁建造者即企业家们的初始投资无关。同样，某家生产公司制造出有价值的产品，其中包含很多的部件，而直到该产品获得成功之前，那个一直隐藏着的专利都几乎没有为其带来什么价值。

如果隐藏的或者休眠的财产权在法律上得到彻底实施，那么，它所赋予的经济力量将远超其内在价值。这也正是肯尼迪大法官在上述摘录的协同意见书中所承认的。如其所言，在此种情形中，"以禁令相威胁只是被用作谈判中的不当杠杆"。在比例原则中，处于核心地位的正是这种不当杠杆的思想，以及关于超越合法性经济力量的观念。

2. 小权利和大杠杆

替代性的观点是，将财产权看作一个固定的事实，由它所产生的经济杠杆，则被当作授予该项权利的一个自然结果，也就是其意图达到的结果。联邦巡回上诉法院在亿贝案中，就在下面这段话中阐明了这个观点，不过，其判决已经被最高法院推翻。

> 如果禁令给予专利权人在许可交易中以额外的杠杆，那
> 也是该项排他性权利的一个自然结果，并不是为无意在市场
> 中与潜在侵权人展开竞争的一方当事人给予某种不合比例的
> 回报。①

联邦巡回法院的观点与最高法院所采纳的观点相比，关键性差别在于：前者暗示着，由某个适当授予的财产权所产生的任何杠杆都是正当合理的，而后者则认为，并非总是如此。最高法院采取的立场是，在适当的情形中，它可以考察由某一项财产权所创造的杠杆效应。这样的考察与探询，尽管本身并不多见，却揭示了比例原则的核心。这个稍显极端的案件，揭示了该原则的基本逻辑。财产所有权人的贡献要与该权利在真实市场交易中所产生的经济杠杆进行权衡。当这种关系发生失衡时，即"小权利"产生了"超级大杠杆"的情况下，法院就要介入其中，以便重置平衡。

　　需要强调的一点是，阿尔在达到获得如此重大杠杆效应的状况时，几乎未做任何值得称道的事。为获取他的地块儿，阿尔既未承担风险，也没有投入过多的时间、精力或其他资源。正如我在该寓言故事中所讲的那样，他并未投入实质性的资源，来确定那一小片地块，而且，他就土地所有权问题提起诉讼，也不会给他造成额

---

① 麦氏交换有限公司诉亿贝公司案（*MercExchange, L. L. C. v. eBay, Inc.*）〔401 F. 3d 1323, 1339（Fed. Cir. 2005）〕。

外的成本或者承受额外的风险。[①] 假如上述任何事实有所变化，这个寓言可能就会朝着另一个不同的方向发展。例如，假设阿尔为某一个具有社会建设性的目的而作出了重大投资，则可能不会给人造成如此强烈的过度杠杆的直觉感受。易言之，杠杆效应的"过度"感受是基于这样的事实，即阿尔在值得称道的工作、风险或投资方面均无所作为。[②]

[①] 这里暗含的一个意思是，由阿尔的财产权主张所覆盖的物理范围，与法院可能认为合适的杠杆优势程度之间并没有任何固定的关系。即便只是一小片地块，任何人只要提前知道它占据了某个十分重要的战略位置，都可能提出非常高的要价；换句话说，在这种情况下的小规模地块，并不会妨碍其产生很高程度的经济杠杆。我在桥梁寓言中使用了物理尺寸／经济价值的度量标准，但在现实生活中，关键还是在于合法的（内在的）经济杠杆与真实经济杠杆之间的关系。

[②] 此处的直觉，非常符合这篇著名论文，它涉及在合同订立中有关错误（mistake）的规则。参见安东尼·克朗曼（Anthony Kronman），"错误、信息、披露与合同法"（Mistake, Information, Disclosure and the Law of Contracts），《法学研究杂志》（*J. Leg. Stud.*），第 7 卷（1978 年），第 1 页。克朗曼认为，假如某一缔约当事人已经投入重要资源以获取有价值的信息，则其应当可以利用该信息而取得缔约上的优势。换言之，合同的另一方主体不得以其没有接触过前述信息为借口，主张免除合同的履行。相反，假如一个人可以轻易获取信息，并且没有付出任何努力，那么克罗曼声称，对于以此信息为基础所订立的优势合同而予以强制执行，就是不公平的。在这个解释理由中，除了对于功利主义激励和道德奖赏的组合式强调之外，还有其他的东西——而正是这一个原因，让我发现它跟知识产权法中的比例原则十分相似。对克朗曼这篇论文所作的精彩讨论与扩展，参见金姆·莱恩·谢佩勒（Kim Lane Scheppele），《法律的秘密：普通法中的平等与效率》（*Legal Secrets: Equality and Efficiency in the Common Law*），芝加哥：芝加哥大学出版社，1988 年，第 32—36 页。

（二）桥梁寓言的第二个版本：增值抑或寻租？

前述寓言和例子包含了这些共同的要素。假设甲在 T_0 时间获得一项知识产权。在获得之时，该权利所涵盖的资产具有某种"基本"价值，但没有任何特殊的价值。后来，在 T_1 时间，该资产变得非常值钱——其原因可能是：产权变得更清晰了；市场力量发生了某种变化；除了甲之外还有其他人在付出努力；或者发生了其他事件，但该事件并不归因于甲的努力、技能或者其远见卓识。现在这个回报——人们企图称之为一笔意外横财（windfall）——就摆在知识产权的所有人面前，那么，甲能够收获它吗？通常，知识产权法通过一系列巧妙设定的规则，会给出一个否定的回答。尽管在判例法则的层面，法院不会将这些各自独立的规则跟一个中央驱动型的原则相联系，但是，在那里确实有一个统一的原则在发挥作用：即比例原则。

现在让我们把这个寓言的事实稍加改动。假设沿着该河流有许多的地点都可以过河。进一步假设，为了开发河对岸的宝贵土地，许多人已经讨论了跨河建造一座桥梁的可能性。但是，并没有人向前迈出一步，提出建桥的明确方案；也没有人知道建桥的确切位置。阿尔评估了一下形势，决定实施一项策略。他决定，在已经成熟和有人定居的河岸各处，购置一系列的小片地块。但这样操作起来也挺复杂。因为产权信息不易找到，也因为当地的土地登记办公室效率低下，所以，在该区域获得财产权比较难办。阿尔为了让"该系统运行起来"，投入了大量的时间和精力。他成了土地登记办公室的固定客户，仔细翻查老旧地图，研究陈年的土地授权文件。他与土地登记办公室的工作人员关系十分友好，甚至为每两年换届的该县土地登记官竞选而提供政治献金。

　　凭着他在土地登记办公室的这层关系，阿尔就可以沿着已经有人定居的河岸，买到许多地块并进行登记。这些地块面积都不大，而阿尔想买的地块，都要求地面坚固，即如果要造桥的话，都是适合在上面建造桥墩的。由于土地登记簿上关于由谁拥有哪一块地的记载参差不齐，因此，任何人想要发现阿尔究竟在做什么，或者甚至想要找出特定那片地块现在的所有权人是谁，都不是一件容易的事。阿尔取得这些地块，为每块地平均花费五枚金币，现在他就坐等机会上门。

　　果然，数年之后，一帮企业家宣布计划建造一座桥梁。他们沿着河岸勘查，最后决定在某个具体的位置开工修建。企业家们聘请的律师虽然竭尽全力检索土地记录，以便找出是谁拥有这片地块，但真的想要找出来，却非常困难。因此，他们建议企业家们专门拨出一笔合理数量的资金，等到确定并且找到这位所有权人之后，再付钱给他。这笔钱的数额是按照过去数年沿河同等土地的销售价格确定的。可比性销售价格都在五枚金币的范围之内，但为了保险起见，律师还是建议企业家拨出十枚金币用作购地款。企业家们照此建议操作，然后就开始建造这座桥梁。

　　桥梁竣工，并最终证明它大获成功——仅第一年就产生了高达 10000 枚金币的收入，但在此之后，阿尔开始接触这些企业家，并向他们出示了某一片地块的土地证书，因为就在该地块上，建有该桥梁的桥墩。他可以出让那一片地块的永久租赁权，但索要 2500 枚金币。企业家们极为愤怒。但律师告诉他们，通过向土地登记办公室调查，发现阿尔的土地证书几乎肯定是有效的，并且，如果企业家们试图起诉，请求宣告阿尔的所有权无效，那么，法院在诉讼期间可能颁发临时禁令，实际上就会关闭该桥梁。令人担忧的是，想要解除禁令并允许大桥保持开放，阿尔可能坚持要从10000枚金币的年收入中索取更大的份额。

桥梁寓言的这个版本跟前文的第一个版本在某些方面是相同的。其中一个方面是时间问题：当事人都是一直没有提出财产权主张，直到企业家的沉没成本已经形成并且想要改变建桥地点已经为时过晚之后。另一个共同因素是，阿尔为土地支付的买价跟他在与企业家进行市场交换的过程中所提出的最终价格之间，存在巨大的差异。

即便如此，我想强调在这个版本的寓言中还有一个不同的因素。阿尔买了许多地块，是希望其中某一片地块能够最终被选作建桥的地点。用经济学术语表示就是，他投下了一系列的赌注，期望最终有一个能够获得回报。简而言之，在这个版本的寓言故事中，阿尔是一位投机者。当然，他这样做并没有任何不对；正如阿尔一样，"未雨绸缪"（ahead of the curve）正是企业家精神的核心，并因此从一般意义上来说，也是经济增长的核心。棘手的问题是出在阿尔进行投机的方式——他采用了与众不同的投机形式。他的投机包括为法律—政治程序的"运转"（working）而投入大量的时间和精力。我们必须回答的问题是，此类活动是否属于我们想要让社会来促进的那类事物。简单来说，我们必须确定，阿尔对法律/政治程序的巧妙利用，是否对于经济增长有所贡献。

1.什么是寻租？

在讨论伊始就认识到这一点将大有帮助，即按照经济学术语，投机是一个宽泛的概念，它包含了一系列的活动。从这个范围的一端看，几乎所有涉及任何一种风险的投资均可被归为投机。举凡从某个证券交易所买入股票，到销售保险合同，再到买入商品期货合约，任何东西都可能符合资格。到此阶段还没有什么疑问，因为通常来讲，上述这些均是生产性活动。它们让巨大的资本联合得以形成；各不相同的风险得以聚合起来，而它们的成本就得到了规制与控制；并且，通过采取不同的金融多空立场，可以软化因某一高成本事件所带来的冲击，各种各样的风险得以被抵消或者对冲。对于一个正常运转的现代经济体而言，这些都是积极的贡献。投机（*speculation*）一词在语言学上的词根也证明了这一点。根据《牛津英语词典》（*Oxford English Dictionary*），它来源于拉丁文"*speculari*"，意指刺探、监测、调查或观察。[①]

　　虽然人们存在某种共识，认为投机是有效率的，但是，当投机行为依赖于直接的政府行为，诸如政府赠地、监管决策、立法等等，却会遭人谴责。一般而言，经济学家常常将异常的投资回报称为"租值"（rent）。在它的中性意义上使用时，租值或者"超常利润"（supernormal profits）可以是生产性的，甚至是高尚的，而在这种情况下，像阿尔所做的那样去追求它们，就是一件好事。但是租值也可以是非生产性的。由于预期政府的行动将会带来大量的租值，企业家以这样或者那样的形式投资于政府体制的运转，这样就可能导致无效率的行为。在经济学文献中，这通常被称为"寻租"（rent seeking）——这是一个明显带有贬义的词汇。寻租的典型例

---

① 《牛津英语词典》，牛津：牛津大学出版社，1989 年与 1997 增订版，"Speculation"条目。

子包括向政府官员行贿，花费巨资进行游说或者其他意图影响官员的行为，或者更一般而言，花钱让自己在政府程序中处于优势地位。所有这些支出，就跟那些更直接的生产性活动（投资于实际资产，比如原材料和机器，或者花钱提高现有资产的生产力）形成了鲜明的反差，或者至少是含蓄的对比。寻租不是一件好事，因为它导致的是一种简单的财富转移，通常从纳税人那里（借助政府）转移到个人或者私人公司的手中。如果有太多的资源被卷入财富转移，而不是创造财富，那么社会就出问题了。为创造财富而投资，抑或通过寻租实现简单的财富转移，这两者之间的反差，正是寻租概念的核心。

　　坦率地讲，经济学家可能痛苦地看到，为区分无效率的租值和好的或者高尚的租值而在两者之间划一条线，其实是模糊不清的。依照惯例，好的租值很少被称为租值。它们毋宁被称为正面激励、创新投资或者超竞争性回报（supracompetitive returns）。几年前，经济学家迪尔德丽·麦克洛斯基（Deirdre McCloskey）写了一本引人入胜的书，探讨经济学家如何通过使用此类富有特殊含义的词汇，传达其中隐含的道德信息。[①] 在租值和正面激励的语境中，典型的解释是，当人们通过某种非法的或者至少是遭受质疑的行为而寻求获得租值时，这对于经济将是一件坏事。第七巡回法院法官理查德·波斯纳（Richard Posner）教授对以下两者作出区分：一个是超竞争性回报，有人可能称之为租值，但它在道德上是中性的；

---

① 迪尔德丽·麦克洛斯基，《经济学的修辞》（*The Rhetoric of Economics*），麦迪逊：威斯康星大学出版社，1998 年第 2 版。

另一个是"人为的"租值（artificial rent），比如，通过市场垄断力量获得的或者通过一些排除他人市场准入的特别政府许可而获得的租值。[1] 也有其他人在使用租值这个词时，就意指任何由政府干预的财富转移。[2] 无论如何定义，寻租通常被认为是一件坏事。回到这个修辞的主题，某人确实是在寻租，但回应他的，或者随之而来的却是一个正面的激励；或者说，他带来了一项创新。租值是坏

171

---

[1]　参见理查德·A. 波斯纳，"垄断与管制的社会成本"（The Social Costs of Monopoly and Regulation），《政治经济学杂志》（*J. Pol. Econ.*），第 83 卷（1975 年），第 807 页、第 808 页［其讨论了"垄断性租值"（monopoly rents），即那些由（通常也是暂时性的）市场力量所支持的租值，或者从政府所支持的排他权力中获得的租值］。对于在有害性租值与通过竞争所产生的租值（一般因此而较少具有危害性）之间的区别，下文作出了某种有益的尝试，参见戈登·塔洛克（Gordon Tullock），"寻租：定义的难题"（Rent Seeking: The Problem of Definition），《特权与寻租的经济学》（*The Economics of Special Privilege and Rent Seeking*），第 5 章，马萨诸塞州诺韦尔市：克吕维尔（Kluwer）学术出版社，1989 年，第 49—58 页。

[2]　此处的经典参考文献是詹姆斯·M. 布坎南（James M. Buchanan）、罗伯特·D. 托利森（Robert D. Tollison）与戈登·塔洛克（Gordon Tullock），"关于寻租社会的理论刍议"（*Toward a Theory of the Rent-Seeking Society*），卡城：德克萨斯农工大学出版社，1980 年，第 ix 页。［"（寻租）一词意在描述个人通过国家庇护而寻求财富转移的资源浪费性活动"］。如果不是出于伦理上的可质疑性，可能没有必要指出在无效率与国家行为之间的关系，后者显示了在寻租理论和保守主义或者自由主义政治之间存在着某种亲密的关系。关于依此思路而对寻租概念提出的一种批评，参见史蒂文·G. 米德玛（Steven G. Medema），"另眼观察寻租难题"（Another Look at the Problem of Rent Seeking），《经济学专题杂志》（*J. Econ. Issues*），第 25 卷（1991 年），第 1049 页始，第 1053 页（他批评了这种非历史性假设，即认为存在着某种"自然的"权利分配，但由于寻租性游说活动而受到政府的"干预"和"人为的改变"）。

的或无效率的，寻租者是社会的一大祸害。投资和创新则是有效率的，甚至是高尚的；投资人和创新者是社会的一大福音。

2. 比例原则的适用：寻租率

记住这些常识，接下来让我们在桥梁寓言中考虑这个问题：投机者阿尔究竟是一位遵照正面激励而为经济做好事的、品行端正的企业家呢，还是一位以某种手段玩弄或滥用游戏规则，以获取非法优势而让社会承担高昂代价的、粗鄙下流的寻租者？在某种给定的情形中，这可能是一个难以回答的问题。但是，正确理解它却极其重要。正如经济学家威廉·鲍莫尔（William Baumol）所评论的，企业家通常无关道德好坏（entrepreneurs are typically amoral）。鉴于企业家是偏好风险的，因此，哪里有他们能够获得收益的地方，只要真的是一种净收益，他们就会去那里寻求收益。[①]因此，严格以企业家的观点来看，走私用于制造炸弹的设备，跟领先开发出艾滋病治疗或者宗教雕塑的市场，它们之间没有区别。这就取决于社会，特别是法律制度对于事物所作出的相应规定，从而，企业家的精力就会被引导到对社会有用的方向上。[②]以此视角观察，严格的刑法加上政

---

① 威廉·J. 鲍莫尔（William J. Baumol），"企业家精神：生产性、非生产性与破坏性"（Entrepreneurship: Productive, Unproductive and Destructive），《政治经济学杂志》（*J. Pol. Econ.*），第 98 卷（1990 年），第 93 页（"基本的假设是，企业家的总供给在不同社会当然会有所变化，而由某一社会的企业家活动所作出的生产性贡献，则变动更大，因为在企业家的活动中，还要划分出诸如创新之类的生产性活动以及诸如寻租或者有组织犯罪之类的在很大程度上属于非生产性的活动"）。

② 参见同揭，第 93 页（他主张，这取决于建构游戏规则以便引导企业家从事于生产性活动的社会制度）。另参见威廉·J. 鲍莫尔、罗伯特·E. 利坦（转下页）

府的执法意愿，就降低了从炸弹走私交易中获得的收入回报，并因此而可能提高从参与对社会有益的——比如艾滋病治疗的——市场所带来的相对收入。正如鲍莫尔和其他一些人所承认的，企业家的精力是符合人性的一个事实。唯一的问题是，如何引导它？

回到这则关于桥梁的寓言，我们面临的第一个问题是：阿尔到底是如何取得其所购置的这些地块的财产权的？阿尔针对土地登记办公室所做的这些行为有价值吗？如果没有，那么，当开始要对阿尔的权利给予强制执行时，我们可能就要考虑到这一点。我们甚至可能考虑，对于极端地影响或者"博弈"登记程序的企图要予以某种限制。这整个的问题探究，就是适用比例原则的一种演练。特别是，我们应当注意到，对于法律—官僚程序的投资与对于土地本身的各种投资之间的比率。后者这方面的投资，可能包括为确定哪块土地或许特别适合于建造桥墩而投入的时间、努力和资源（例如，为确定岩层稳定性而进行的土地测量、地质勘察），也包括在这些地块本身上所作的直接投资，比如清理土层，让坚固的基底露出来，以便向别人证明该地块适合建造桥墩。

172　　我们可以用一个比率，来表达关于这个比例的整体感觉。其

（接上页）（Robert E. Litan）与卡尔·J. 施拉姆（Carl J. Schramm），《好的资本主义、坏的资本主义以及增长与繁荣的经济学》（*Good Capitalism, Bad Capitalism, and the Economics of Growth and Prosperity*），康涅狄格州纽黑文：耶鲁大学出版社，2007年，第7—8页［将导向生产性创新的企业家活动与"非生产性……活动"加以对比，后者"既包括犯罪行为（例如非法贩卖毒品），也包括合法的'寻租'行为（亦即，意在转移财富而进行政治游说或者提起不必要的诉讼）"］。

中，"投资 $_{LB}$"表示在法律和官僚制度成本（legal and bureaucratic costs）上的投资，"投资 $_{AD}$"代表的是在资产开发（asset development）上的投资，该比率表示为：

$$投资 _{LB}/ 投资 _{AD}$$

这就引出了一个适用比例原则的简单方法。如果该比率过高——比如超过了 1∶1——那么，这就应当是对法院和监管部门的一个警示，表示这里可能有寻租行为正在发生。相反，当该比率很低（例如，低于 1∶5）时，我们就可以确定，法律—官僚程序并没有驱动人们作出投资决定，并因此而很有可能不存在至少是这种形式的寻租行为。

3. 历史上的一些例子

当寻租比率变得严重倾向于对于社会具有非生产性的一面时，机构就需要采取某种纠偏行动，以使其重回平衡。从一种经济学的观点来看，政府机构只是实现某个目的的一种手段。当政府机构本身变成了目的，当与政府的互动没有被看作是一种对生产性投资的辅助，而是被看作对其自身的投资，那么，寻租就变成了一个问题。如果与政府的关系是服务于某个利润核心的，那么，这样的商业行为可能是生产性的。但是，当与政府的关系本身变成了某个利润核心，那就会招致麻烦。

从历史上看，在高速增长的经济体中，当寻租行为失控，即刚才描述的那个比率开始发出警示信号时，政府就通过法律和政治制度对其加以限制。现代语言中的寻租一词，正是源于这些事件。寻租这个概念，把历史上许多臭名昭著的单独而分散的国家导向型投机（state-oriented speculation）事件聚合到一起，并且可以用这个概念来解释它们。它们的共同特点是，以牺牲用于开发真正经济资产的、对社会有价值的投资为代价，把资源消耗在获取政府所授予的财产上。历史上有许多这样的事件，都集中于这种或那种形式的土地投机活动。在对一些历史性事例作一番快速浏览之后，我们会再回到桥梁寓言，而那时我们有了这些工具为配备，就可以帮助确定阿尔在土地上的投资究竟应当（作为值得赞扬并且有益的投机行为而）被容忍，还是（作为寻租类的投机行为而）遭到谴责。

我们来看一个早期的例子，它涉及 17 世纪 30 年代在马萨诸塞湾殖民地（Massachusetts Bay Colony）的土地授予（land grants）。马萨诸塞大法院（Massachusetts General Court）——它是殖民地的立法机关——在早期区分两类大规模的土地所有人。[①]那些虽拥

---

① 参见，例如，约翰·弗雷德里克·马丁（John Frederick Martin），《荒原逐利：企业家精神与十七世纪新英格兰城镇的建立》（*Profits in the Wilderness: Entrepreneurship and the Founding of New England Towns in the Seventeenth Century*），北卡州教堂山：北卡罗来纳大学出版社，1991 年，第 37—38 页［它描述了由马萨诸塞大法院（也就是当时殖民地的立法机关）在 17 世纪 30 年代所适用的区分，前者是改良其所占有之土地的积极土地投机者，后者则是极少或者根本未做任何改良的消极缺位的土地所有权人；由后者所拥有的土地受制于该法院的回收决定，目的是为了促进对土地的开发和改良］。总体上，当时盛行的社会态度是，为了鼓励欧洲移民定居在广阔的美洲大陆，土地投机是必要的，虽然对于其更为贪婪的一面也需要加以限制和谴责。参见，例如，詹姆斯·D. 杰曼（James D. German），"不道德利己主义的社会效用：殖民地时期新英格兰地区的加尔文主义、资本主义与公共政策"（The Social Utility of Wicked Self-Love: Calvinism, Capitalism and Public Policy in Colonial New England），《美国史杂志》（*J. Am. Hist.*），第 82 卷（1995 年），第 965 页始，第 983—984 页［它描述了新英格兰地区的传教士如何创造出一种新清教神学（neo-Puritan theology），要求在精神上追求纯洁，但是在市场交换中也承认一定范围的自利］。

有产权但没有为土地开发付出任何努力的缺席所有权人（absentee owners）受到了法律的谴责，其中涉及的所有权也被撤销。但是，那些招募移民并且投资于改进土地的积极投机者，则饱受赞扬并且得到了奖励。众所周知，殖民地时期以及美国独立之初的联邦党人时期，许多投机者都与政界大有关系。投机者如果知道如何运作法律制度以获取优势，就会得到额外的奖励。[①] 通常，赢得比赛的都是行事机灵的人，而未必是对法律细节和道德标准一丝不苟的人（比如，乔治·华盛顿就是一例）。[②] 不过，即便如此，大多数的这些投机者并不只是操弄法律—政治制度。他们当中最早的投机者是到欧洲人定居地之外的边疆地区探查和勘测土地的人，他们在那里推进开发和占领，并且有时还占据其中的一部分土地，进行直接投资。[③] 然而，这里还需要额外的"投资"，因为他们自身就处在

173

---

① 参见，例如，艾伦·泰勒（Alan Taylor），《威廉·库珀的城镇：美国共和早期边境上的强权和劝导》（*William Cooper's Town: Power and Persuasion on the Frontier of the Early American Republic*），纽约：复古图书公司（Vintage Books），1995年，第55页［它描述了土地开发计划中的合伙人如何雇聘亚历山大·汉密尔顿（Alexander Hamilton）来确保他们的权利，而他在跟某一土地所有权人展开一场令人生疑的谈判时，施加了某种程度的经济胁迫］。

② 历史学家斯图尔特·班纳（Stuart Banner）描述了这样一位投机者，他"指导其同伴要尽其所能，大量购置（英国立法规定的禁止定居区）沿线以西的印第安人的土地，并且'将整件事情保守为一个深藏不露的秘密'，因为这是不合法的。这位投机者就是乔治·华盛顿"。斯图尔特·班纳，《印第安人如何丢失了土地：边境上的法律与强权》（*How the Indians Lost Their Land: Law and Power on the Frontier*），麻省剑桥：哈佛大学出版社，2005年，第100页。

③ 华盛顿通过测量和绘制地图，为自己所购置的大片土地（横跨6州，总数为52000英亩）增加了价值，但也承担着"政治风险"，因为他的这些产权也可能最终被证明一钱不值。参见安德烈·林克莱特（Andro Linklater），（转下页）

跟英国人发生直接军事冲突的危险之中。当美国的建国之父在《独立宣言》中同意，"用我们的生命、财产和神圣的名誉彼此宣誓"（mutually pledge to each other our lives, our fortunes and our sacred honor），足见夹在中间的这个用语——财产，它在那时主要表现为土地的形式——绝非等闲之物。后革命时期的投机者也都是繁荣至极，他们在那时就不仅仅购买和持有土地了。有一项详细的案例研究是针对威廉·库珀（William Cooper）的，其中表明，这位纽约州库珀斯镇（Cooperstown）的开发商和投机者，就与该城镇的定居者一起生活，为他们提供更多的信贷，并且鼓励他们将精力和资源投资到他们自己的农场中。[①]

　　同样的模式一直持续到19世纪。在19世纪早期，以托马斯·杰斐逊（Thomas Jefferson）为首的一个联邦委员会制定了一套土地销售和测量系统，旨在打击寻租型投机者的钻营行为。[②]法律史学家威廉·J.赫斯特（J. Willard Hurst）针对法律在威斯康星州木

（接上页）《丈量美国：历史上最大宗土地交易如何塑造了合众国》（*Measuring America: How the United States Was Shaped by the Greatest Land Sale in History*），纽约：羽企鹅出版公司（Plume Penguin Publishing），2002年，第44—45页。

[①]　泰勒，《威廉·库珀的城镇：美国共和早期边境上的强权和劝导》，前揭，第101页（它描述了在18世纪晚期，土地开发者威廉·库珀对于被他吸引而来到纽约州库珀斯镇定居的人们予以积极的监管、鼓励并进行投资）。

[②]　林克莱特，《丈量美国：历史上最大宗土地交易如何塑造了合众国》，前揭，第70—71页："为防止投机者通过贿赂测量员和土地登记官而获得那些质量最好的土地，委员会取消了不规则地形和复杂登记程序的弗吉尼亚式界线测量方法（Virginia method of metes-and-bounds surveys）。取而代之的做法是，在未被占有之前对乡村进行测量，并将之划分为简单的方块……这样，就不会有土地剩下来没人要了。"

材工业发展过程中的作用，进行了意义深远的研究，他发现，19世纪晚期出现的反投机者论调，主要目标是为了让那些集聚在政治势力雄厚的大公司手中的土地减少至最低程度。这种在土地规模上的投机以及由此所获得的利益，被认为与直接的经济发展最大化的目标存在冲突：

> 在此语境下，人们一定会将针对在森林土地上的"投机行为"的批评，理解为其目标是针对那些仅仅靠持有土地而非着手将其投入使用来获取增值盈利的行为。对森林"投机行为"的谴责本身就证明了这样的偏好，即高估自然的固定资本在促进稀缺的流动资本的生产效率方面所具有的效能；该批评的要点在于，"投机者"并未将所获得的土地转化为生产的一部分。①

---

① 威廉·J. 赫斯特（J. Willard Hurst），《法律与经济增长：威斯康星州木材工业法律史》（*Law and Economic Growth: The Legal History of the Lumber Industry in Wisconsin*），麦迪逊市：威斯康星大学出版社，1964年，第109页。赫斯特进一步写道："假如把整个记录——行动和文字——都考虑进去，那么很显然，这个社区最为重视和坚持的，从根本上来说，就是一条不断上升的物质生产力曲线。而引人注目的是，那时候的预警和抗议又重新回到这个问题上；正是由于大规模的投机性所有权不定期地威胁要将其拥有的土地排除用作积极性生产，导致其经常被非常明确地宣布为是与公共利益相违背的。"同揭，第32—33页。人们从这个宣布中，可以听到洛克所提到的关于浪费性财产拨归所带来的灾难，并因此看到19世纪的经济管制与洛克的反糟蹋附加条件之间所存在的共通性。更大范围的重点是，人们能够不断地看到，公共机构有必要对正在进行的经济性财产取得与市场交换过程而采用替代性价值（superseding value）。

　　类似的主题也明显地存在于美国西部与采矿权相关的法律中。
在此情景中的法律规则，最初只是非正式的规范，而后矿主们在缺
乏正式法律制度的情况下，自己发展出一套规则。[①]矿主们需要应
对的一个问题是过度主张权利（overclaiming）——在一片范围广
阔的地域跑马圈地。为阻止此类情形，矿主团体开发出一项规则，
将主张权利的范围限定在一个普通作业队能够开发的规模范围之
内。[②]要想持续保有该权利，就得让它运转起来。与大多数此类非
正式规范一样，这项规则后来也被法典化而收入联邦采矿法，该法
律要求权利主张人通过阶段性投资而"完善"（perfect）某一项起初
不成熟的权利主张。[③]

　　这些例子并不是意图证明法律制度通常是根源于寻租的，或
者甚至法律制度以某种控制性假象而保留了寻租。相反，制度经济
学家道格拉斯·诺思（Douglass North）曾经发出这样的感叹，他说，
有时似乎显得不可思议，当社会开始明确财产权时，确实就把事情
做好了（when societies do get things right when it comes to specifying

---

①　参见约翰·昂贝克（John Umbeck），《一种财产权理论：及其对加利福尼亚
　　州淘金热的应用》（*A Theory of Property Rights: With Application to the Califor-*
　　nia Gold Rush），荷兰海牙：马蒂努斯·奈霍夫（Martinus Nijhoff）出版公司，
　　1984 年。

②　同上揭，第 91—98 页。

③　参见 30 U. S. C. § 23；"评论，一般采矿法与实际占有规则：国会立法的实例"
　　（Comment, The General Mining Law and the Doctrine of Pedis Possessio: The Case
　　for Congressional Action），《芝加哥大学法律评论》（*U. Chi. L. Rev.*），第 49 卷
　　（1982 年），第 1026 页始，第 1033—1034 页（其描述了在提交联邦采矿主张申
　　请之前的占有要求）。

property rights）。① 而许多有关社会停滞、衰退、崩溃的历史研究表明，它们的特征就是一个个超大规模寻租的故事。在美国，经济史学家们指出了因社会激励变得扭曲时所发生的众多事件。这些例子包括了 1862 年的《宅地法》（*Homestead Act*），按照一些人的看法，该法律导致在"土地竞赛"（land races）和跑马圈地上的过度投资，并且损害了人们在真实经济发展上做出有序而及时的投资。②

---

① 道格拉斯·诺思，《制度、制度变迁与经济绩效》（*Institutions, Institutional Change and Economic Performance*），纽约：剑桥大学出版社，1990 年，第 110 页（"因为是由政治机构来制定和实施经济规则，所以，毫不奇怪的是，财产权就很少是有效率的"）。

② 参见特里·L. 安德森（Terry L. Anderson）与彼得·J. 希尔（Peter J. Hill），《并非如此狂野的荒野西部》（*The Not So Wild, Wild West*），加州斯坦福：斯坦福大学出版社，2004 年，第 13 页［"为（依据《宅地法》）获得宅地而进行竞赛……就引诱人们跨越（经济）边界，在有人对土地提出某种积极租值之前就定居于此。等待就意味着有落后于他人的风险，这块土地就会落到最先到达者的手中……为了捕鱼、抽取石油或者地下水，以及为了占据人造卫星的轨道而展开竞赛、打败他人，这些都是关于租值如何可能被消散的其他例证"］。安德森和希尔针对当中的一些无效率的例子，提出了一个私人解决方案，而该方案与前面提到的采矿主张规范完全相同。在中西部地区的定居者团体建立了"权利主张俱乐部"（claiming club），其要求定居者付出适度的金钱性开销和劳动，才能确保其产权。关于在边疆土地上进行有效率定居的这个一般主题，参见迪安·利克（Dean Lueck），"以先占作为财产权的基础"（First Possession as the Basis of Property），特里·L. 安德森与弗雷德·S. 麦克切斯尼（Fred S. McChesney）编，《财产权：合作、冲突与法律》（*Property Rights: Cooperation, Conflict and Law*），新泽西州普林斯顿：普林斯顿大学出版社，2003 年，第 200 页［它描述了经济学对于法律上的先占规则的看法，认为其意图是让租值消散（rent dissipation）和资源过度利用的最小化］。

4.控制寻租：小调整，大功效

在这一节，我们到现在为止已经搞清楚了两点，而在转向我们对于桥梁故事作出最后一个变换版本之前，我来把这两点简要地重述一下。第一，经济投机是一种必要的并且通常是有效率的经济活动。社会需要有第一波的投资者去开辟道路或者开拓边疆，无论它是指从字面意义上所理解的一个新的地理区域，还是从比喻意义上所理解的由他们所带来的某种新的技术或者商业观念。第二，前瞻型投机态度只关心潜在的将来收益，因此，它并不区分究竟是对社会有用的投资抑或对社会无用的投资。而这恰恰是政府部门的职责，它要致力于管制和维持经济竞争以及一般性经济活动的基本条件。①

---

① 尽管我认为这是不可避免的，即法院和其他机构必须进行监管，以防止出现最坏的寻租情形，但我还是想要在此澄清，我认为这只是极少数的例外，通常需在其必要性十分明显时才可实施。我在这里呼吁作某种制度性的调整，只是要求法院对权利的结构做出微调，以矫正已经失控的寻租策略。这种规制是小规模的，以需求为驱动的，在范围上是适度的，并且在正式记录中往往是被隐藏起来的。也就是说，法院在提供这项必要的服务时，它在说到寻租问题时只能是偶然提及，或者采取间接方式，或者有时根本就不提。因此，这种再平衡的行为，远不同于在私人交易的细节中加入的、广泛而普遍的政府介入。尽管它也起源于相同的公平和正义感，但是，比起那种积极和普遍的管制，比如限制高利贷的法律，或者重新审查并且推翻私人交易的一般性政策，它却更为谦抑。参见布赖恩·M. 麦考尔（Brian M. McCall），"无利可图的贷款：现代信用管理及迷失的高利贷理论"（Unprofitable Lending: Modern Credit Regulation and the Lost Theory of Usury），《卡多佐法律评论》（*Cardozo L. Rev.*），第 30 卷（2008 年），第 549 页（将限制高利贷的做法追溯至《圣经》，古典时期和远古时代后期，例如阿奎那的时代）；詹姆斯·戈德利（转下页）

在我国的制度中，这项职责首先落在法院的身上，尽管行政机关也常常插手某些事务。立法机关同样会发挥作用。但是，通常在第一阶段，法院就面临着从经济制度中产生的、分散且特定的更多争议。因此，法院常常能够早于其他机构发现有寻租行为出现的信号。

这一点在专利法中十分明确。过去数十年所发生的一个极好的例子，是一位名叫杰罗姆·莱默逊（Jerome Lemelson）的大量持有专利的人的崛起。他的崛起是建立在对专利的创造性运用上，而他的故事则是经典案例，阐明了一套新的实践做法是如何显现的：该种实践在一开始被人容忍，后来则招致某种担忧，而当所有的人都很清楚地看到其实他们正在见证一个寻租事件时，这种实践最终被严加控制了。莱默逊横跨许多的产业，积累起数量庞大的专利。他固然是一位发明家，但他真正的才华，却在于他的先见之明和决

175

（接上页）（James Gordley），"交易中的平等"（Equality in Exchange），《加利福尼亚法律评论》（*Cal. L. Rev.*），第 69 卷（1981 年），第 1587 页（其对于为了公平而对交换或交易进行监管的驱动力，作了历史起源的考察）。关于为高利贷的一种经典辩护，参见亚当·斯密，《国民财富的性质和原因的研究》，第二部第一卷第四章第十五部分（标准版本），伦敦，1776 年，第 44 页；牛津：牛津大学出版社重印版，1976 年，第 357 页（"在法定利息率……被固定为仅略高于最低市场利息率的场合，头脑清醒的人都宁愿借给诚实人，不愿借给浪费者和投机家。因为借给诚实人所得的利息，和借给浪费者所收取的利息几乎相同，而钱在诚实人手上，比起放在其他人的手上要稳当得多。这样，一国资本就大部分在诚实人手中，而在这些人手中的资本，大抵都用起来是有利的"）。我在此不是为反高利贷法辩护；我只是再次指出，回顾整个历史就应当承认，政府必须对经济交换的基本条件加以管制，以保持一种诚实与合法的感受。

断力。他提交了数百件具有前瞻性的专利申请，而当整个产业形成并且发展起来之时，他已经在专利局持续"布局"多年了。[①] 然后，受益于 20 世纪 80 年代末形成的一种明显偏向专利的环境，他将自己的专利向一系列毫无戒备的产业扩张。这样做的结果是，他打造了一个价值十亿美元的专利许可帝国，通常这些许可所由达成的专利，就合法覆盖了那些大型且重要的产业（比如条形码技术），而莱默逊却对这些产业从未真正作出过贡献。他的"见识"就隐藏在秘密的专利申请中，而这些专利申请从未曾有人读过，直到他因此得到专利授权，并且迅速对任何进入其视线的人提起诉讼。[*]

但最终，莱默逊在一起案件中遭遇了失败，该案涉及一项于 1954 年提出申请却直至 1994 年才获得授权的专利。他利用这项长达四十年之久的专利申请，向条形码技术产业提出诉讼请求，而在该案中，就像许多其他案件那样，法院倾向于认定该专利有效并且被告构成侵权。不过，法院在该案中深挖历史，却重新发现了一条规则，从而禁止此类公然滥用专利制度的行为。[②] 此案费时如此之

---

① 关于本案背景，参见保罗·戈斯汀（Paul Goldstein），《知识财产：成就或者摧毁你生意的棘手的新现实》（*Intellectual Property: The Tough New Realities that Could Make or Break Your Business*），纽约：企鹅出版集团，2007 年，第 56—58 页（其中描述了莱默逊所采取的"滥用"和"操纵"策略）。

* 当时美国专利法的特点是，专利申请文件是保密的，直至授权后才公开。——译者

① 参见标志技术公司诉莱默逊医疗教育与研究基金案（*Symbol Techs., Inc. v. Lemelson Med., Educ. & Research Found.*）〔422 F. 3d1378, 1385（Fed. Cir. 2005）〕（法院认为，出于商业原因而故意拖延某一专利的授予，是一种对专利制度的滥用）。

久，当然不够理想。但至少法院最终为这种特定的寻租招数，打上了一个句号。

另一个例子是实用性要件。[①] 它被描述为试图将授予某一财产权的时机加以最优化的一项法律规则。根据大卫·哈多克（David Haddock）的这项意义重大的研究成果，[②] 研究实用性要件的学者们表明，该要件的意图是针对那些想要在某一项新技术得到充分描述和理解之前就获得专利的人，以阻止他们实施寻租行为。这个要件的理由很明显，即通过要求专利申请人展现出真正的技术进步，防止合法租值（legitimate rents）的损耗。假如在创新过程的某个过早的阶段即授予专利，显然就会导致资源的过度消耗，将资源花费在撰写过早且宽泛的专利文件的尝试中。专利法的实用性要件，要求创新者在获得专利之前就已经达到真正的技术性里程碑，从而阻止浪费性支出。投资和努力因此被导向技术的开发，这是对社会有用的目标，而不是仅仅为了向专利局发起冲刺而展开竞赛。这是一个绝佳的例子，说明这项专利规则可以在授予专利之前——即事前阶段——阻止寻租行为。

（三）桥梁寓言的第三个版本：依靠大众的力量而胜出

176

这是桥梁寓言的第三个也是最后一个变换形式。设想它发生

---

② 参见：35 U. S. C. § 101（2006）。

③ 大卫·D. 哈多克（David D. Haddock），"先占与最佳时机：限制经济价值的消散"（First Possession Versus Optimal Timing: Limiting the Dissipation of Economic Value），《华盛顿大学法律季刊》（*Wash U. L. Q*），第 64 卷（1986 年），第 775 页。

在相同的背景——在一条河的这一边人口繁盛，但只有跨过一座桥才能抵达对岸，而在河的另一边也才有机会开发出巨大的经济潜能。这一次，我们设想在河的这一边有许多用于建桥的潜在地点，条件都一样好。现在设想阿尔拥有沿河的一小块地。这当然是非常好的一块地，位置也不错，但是作为跨河建桥的地点，它跟其他许多地块相比，无所谓孰优孰劣。

现在再设想，有一两个人聚集到阿尔的地点，开始动手建造桥墩。他们每个人都运来一些石块，并将之投放在阿尔地块旁边的河道中。同样的事情也发生在不属于阿尔的其他沿河地点。不久之后，消息就传开了，但是慢慢地，到阿尔的地点向河中投石的人群开始增长。在其他地点也能看到有人在用这种方法参与投石，但数量远不及在阿尔的地点那么多。未几，消息传来，建桥的选址就是阿尔的地点。于是，越来越多的人参与进来，而这座桥梁也开始初具规模：首先完成了桥墩，然后建造了基座，再以后就开始铺设架桥的工作了。而现在，其他地点也已经着手工作的人们却仍然进展缓慢。那些想要结识对岸人民并且有兴趣到桥的对岸开展生意的人，开始在阿尔拥有财产权的这个作业点集结。虽然没有经过真正的规划——这在某种程度上纯属机遇——阿尔的地点真的成了"那个地点"。这就是将要建桥的地方，因此，任何人如果对于桥梁或者对岸将要建造或者开发的事务感兴趣的话，那么，这里就是"桥梁中心区"。

在桥梁接近竣工之际，阿尔开始感觉到，他在桥墩所在地的财产权实际上可能变得非常值钱了。而对于那些在桥梁上已经付出工作并且现在已接近完工的人来说，他们希望阿尔会承认他们所作出的全部贡献。他们相信，由于他们为建造桥梁而如此卖力地工作，因此，阿尔如果决定要主张他的财产权以及在他的具体决策过程中，他都会做到公平合理。

阿尔是可以做到公平合理，而且从理论上讲，他没有必要在土地租约中提出太高的要价，因为建桥者还在不断工作直至完工。毕竟一旦桥梁建造完成，桥上的交通流量就会开始增长，将会有大量的人员和货物从这座桥上经过。因此，阿尔的要价不用定得太离谱，特别是，假如他是按某一（小小的）百分比而要求从过桥费或者该桥梁所产生收入中分成的话，他就很可能赚得盆满钵满。

1. 产权、网络效应和群体劳动 177

我在这个版本的寓言中想要突出的重点，就是所谓的"网络效应"（network effects）。从一个经济学的视角观察，它的思想很简单，即在某些情形中，他人的选择会影响你对某样东西的评价，并因此影响你自己的选择。最简单的例子是在今天已经过时的固定电话网络。你的朋友们所选择的网络，会严重影响你选择加入哪家公司的电话网络。在这种电话系统中，假如你想要通话的人跟你处于同一网络，那么打电话和呼叫计划才会更有价值。因此，假设存在许多竞争性的电话网络，那么，你朋友们已经加入的那个网络，就会严重影响到你选择究竟加入哪一个网络〔在实践中，这个动力如此强大，以至于固定电话网络常常被认为是"天然垄断"（natural monopolies），因为当每一个人都共享某个单一网络时，该网络才真正具有最大的价值〕。

在这个版本的寓言中，一旦跑到阿尔的地点来建造桥梁的人数达到某个关键量级，网络效应就开始发挥作用。事态发展到某个时刻，形势变得很鲜明了，在阿尔的地点开建桥梁将是最后的赢家。但这个故事在显示该时刻时，还是会存在一定的偏差，因为实际上源自物质性基础设施建设的网络效应，通常并不像源自参与技术标准的网络效应那样强烈。尽管对于每一个有兴趣建桥的人来说，聚集到阿尔的地点可能较为容易，但是，固执己见地想要建造另一座桥梁的人，并不会因为该选择的出现而被排除跟其他建桥者的互动。我们可以拿它跟技术标准进行对比，比如对某个电脑操作系统的选择。假如大部分人选择了 X 系统，那么，选择 Y 系统的人就会遭到排斥。她可能无法与选用 X 系统的人交换文档、图片文件或者电脑程序。在此情形中，Y 系统的价值实际上就变得非常之低。Y 系统的用户被迫变成了某个虚拟的在荒岛上的鲁滨逊·克鲁索（Robinson Crusoe），甭想与其他用户交流互动，也别指望从一个不被人接受的系统中发现太多的价值。

不过，在阿尔的"众筹"（crowd sourced）建桥的故事中，有一件事正好说到点子上了，那就是他的胜出是具有随机性的。似乎确实没有特别好的理由，来说明为什么阿尔的地点就会赢过其他人的地点。无论如何，这都不是因为其地理位置优越，也不是因为阿尔更加勤勉或者他有先知先觉。事实上，只是因为他足够幸运而已。我们知道，技术标准的产生也常常就是这么回事。按照通常的衡量标准，那些最终胜出的设计或者标准，常常并不比其他一个或者多个的替代性选项优秀。有些事情就是碰巧天助我也——仅此而已。

178　但对于其他潜在的赢家而言，则意味着游戏结束。那些显示出强烈的网络效应的市场，通常被称作"赢家通吃"（winner take all）的市场。① 这个寓言表明，如此标签，恰如其分。

因此，一定成分的好运气构成了这个寓言的一部分。② 而寓言的另一方面是，许多人的贡献才使得大桥最终大功告成。这个特征在不同的网络市场中也有或多或少的呈现。有时，用户所付出的努力仅限于学习某一个系统——例如微软视窗操作系统之类的某个用户界面。但在其他时候，由大量用户所付出的努力，才造就了最终的市场赢家。我认为建桥成功是靠着许许多多的个人为之付出巨大的集体努力，就是试图抓住网络效应的这个侧面。通过这一点我想表明，正是由于存在许多分散用户付出的大规模努力，才为网络效应故事增添了另一个维度。在任何网络市场中，个体用户的选择确实创造了"赢家"，这是千真万确的，但是，用户选择参与以及选择行为本身，并不必然让他们有权主张什么更多的东西。被集聚起来的选择的确成就了赢家，但是很明显，设计或出售该获胜产品——胜出的电话系统或者操作系统——的个人或公司，才是作出了更大的贡献。假如用户不仅贡献其选择，而且付出了努力，那么，这个故事就会变得更加复杂。事实上，由广泛分

① 参见，例如，卡尔·夏皮罗（Carl Shapiro）与哈尔·R. 瓦里安（Hal R. Varian），《信息规则：网络经济策略指南》（*Information Rules: A Strategic Guide to the Network Economy*），麻省波士顿：哈佛商学院出版社，1999 年，第 187 页［讨论了"市场倾斜"（market tipping）语境下的"赢家通吃的市场"，也就是这样一个时点，某一标准由于相互采纳和接受了强烈的网络效应，从而成为"赢家"］。

② 参见 W. 布赖恩·阿瑟（W. Brian Arthur），"从历史事件看竞争性标准、增长性回报与锁定"（Competing Standards, Increasing Returns, and Lock-In by Historical Events），《经济学杂志》（*Econ. J.*），第 99 卷（1989 年），第 116 页（讨论了在标准采纳上的随机事件与"路径依赖"）。

散的用户作出显著努力的贡献，就可能构成某种依据，要求对该胜出系统的所有权人予以重大限制。如若不然，就是认为分散用户所付出的努力跟该系统所有权人的努力相比，要么不那么重要，要么不那么有价值。尽管许多限制本身也可能存在附加条件或者受到约束，但是，如果我们相信洛克原则是成立的，即劳动或努力应当构成财产权主张的基础，那么至少从理论上讲，这样的限制是必需的。

2.举例：由用户产生的增值

在20世纪90年代的一起案件中，一家美国联邦上诉法院拒绝对莲花1-2-3（Lotus 1-2-3）电子表格系统的菜单指令结构给予著作权保护。[①] 判决的最终结果是，莲花公司（Lotus）的对手宝兰公司（Borland）被允许出售含有兼容莲花公司菜单结构的电子表格。法院的多数意见直接明了，它是依照制定法得出的结论。但是，迈克尔·博丁（Michael Boudin）法官在该案中发表的一份协同意见却表明，他意识到，在设定网络产品权利时，不可避免地要承认用户的贡献。博丁法官在协同意见中阐明了为莲花电子表格的许多用户维持某种"公共"空间的重要意义，因为这些用户编写了他们自己的可以跟莲花电子表格一起运行的小程序或"宏指令"（macros）。但是，除了运用有关公有物（commons）的那套话语，他的逻辑还在于强调，莲花公司菜单的大部分价值，正是由那些使用1-2-3程序并为之编写宏指令的用户付出努力所创造出来的：

179

---

① 莲花发展诉宝兰国际案（*Lotus Dev. v. Borland Int'l*）［49 F. 3d 807（1st Cir. 1995）］。

要求保护计算机菜单，这就提出了这样［一种］担忧，即以某种激烈的形式针对公有物的接触使用而设置了藩篱。一份新的菜单确实可能是一件具有独创性的作品，但是随着时间推移，它的重要性可能更多地来自于用户所作出的投资，因为这些用户在学习该菜单并且开发出他们自己的依赖于该菜单的小程序和宏指令……［处理该案的］另一种不同方法，是认定宝兰公司的使用行为享有免责特权，因为根据本案所描述的背景，宝兰公司并不寻求将莲花公司菜单所带来的进步优势挪占为己有；毋宁说，宝兰公司提供了它自己的一个可以说更具吸引力的菜单，而它这样做，只是想给以前的莲花公司用户提供一种选择权，以利用他们之前在学习菜单或者开发宏指令上所作的投资。与本案不同的是，假设宝兰公司只是（用不同的代码）复制了莲花公司的菜单，自己并没有作出任何贡献，而后贴上宝兰的标签再次销售莲花的产品，那么，前述这样一种享有免责特权之使用行为的方法，并不能自动保护宝兰公司。①

---

① 49 F. 3d 807, 819, 821. 博丁法官补充道："对于那些基于其自身原因——即跟他们为了自己学习莲花公司菜单命令或者创作依赖于它们的宏指令所作的任何投资无关的原因——而重视莲花菜单价值的用户而言，不可能为了确保能够接触使用莲花菜单而选择使用宝兰公司的程序。……如果莲花公司就该［菜单命令的］模式而被授予某种垄断权，那么，那些已经学习了莲花 1-2-3 软件的命令结构或者已经设计出他们自己的宏指令的用户，就被锁定在莲花软件上了。……只要莲花软件是更优秀的电子制表软件——无论是质量更高还是价格更低——那么这种优势就不存在任何问题。但是，假如出现了一款更优秀的电子制表软件，那就很难明白为什么那些已经学会了莲花菜单并且为之设计出宏指令的消费者，还应当继续痴迷于莲花菜单，因为在学习上作出投资的毕竟是用户，而不是莲花公司。" 49 F. 3d 807, 820, 821.

用户的集体努力——也就是他们的劳动——应当在分析该原始程序所有权人的财产权时加以考虑，这种想法真是一个引人注目的提示。[①] 这似乎就暗示着，这种想法是建立在如下观念上的，即财产权与劳动相关；一项合法性财产权主张的核心，就是所付出的劳动。但是，它挑战了通常的——洛克式的——思维，就在于它认为，在分析所有权人的权利时应当考虑用户所付出努力的作用，或者甚至可能将某些种类的财产权转让给分散的用户本身。无论如何，这份协同意见承认，在关于1-2-3程序的总体财产的演算过程中，由分散用户所付出的努力应当作为一个相关的考虑因素。

我在针对此案所写的一篇论文中，探讨了这种可能性，即对于由分散的创造者所形成的大型群体而给予某种形式的知识财产。我的主张是，我们的法律制度是围绕着关于某个单一的、高度集中的创造性实体（通常为某一个人或者一家公司）这样的观念而构建起来的，它并不能很好地解释由分散用户所付出的努力。在这篇论文中，我还提出了一些建议，涉及如何将分散的创造者所作出的贡献融入知识产权政策的主流之中。简单的想法就是，如果根据约翰·洛克的财产权理论，那么，这些用户的努力是值得引起知识产权法的关注（和保护）的。我描述了两种主要的集体创造："添加"型和"纯粹原创"型。添加型作品，是指在某种程度上根据通常归单一所有权人享有的已有作品而创作的作品。它们包括：由用户贡献原创性材料的粉丝网站；在线游戏中由用户产生的游戏角色或者

---

① 我对此观点曾有过简要描述，参见罗伯特·P. 莫杰思，"为了大众的洛克"，《霍夫斯特拉法律评论》，第36卷（2008年），第1179页。

场景；用户生成的软件添加，比如宏指令、程序修改器，等等；甚至包括用户学习某一标准技术（比如某个操作系统）以及为与之兼容而修改自己的作品所付出的努力。"纯粹原创"型作品，则是指那些由分散的用户从头开始创作的作品，比如维基百科。每一种集体创造当然各有其自身特点，但是把它们联结在一起的则是这样一条共同的主线：它们诱使某些群体提出财产权主张，以彰显属于他们的劳动。

关于集体创造的这一事实，很难说是什么新闻。近年来已有许多人对此发表过评论。但是，这些评论者在讨论这种类型的创造性作品时，绝大部分将之远远地排除在传统模式之外——无论从组织性、社会性还是法律上。从法律的视角看，集体创造如今被看作是对有关激励、保护和认同的传统机制的挑战。特别是知识财产，它被说成是非常不适合于这种新类型的创造性作品的。虽然相当多的这些陈述是言过其实的，但我也看到，有一些陈述确实直击要害。其中首当其冲的观点是，知识产权法太依附于某个以单独的创造性个体作为核心的过时的创造模式。诚然，这一模式的运行为时已久；在集体创造的广阔海洋中，单独的创造者就像一座罕见而不同寻常的孤岛，而如此光景已经离我们太过遥远了。即便如此，我认为正在不断涌现的集体创造模式仍然是一个新事物，至少从其当前的以群体形式所呈现的模式来看。同样，它对知识产权领域的传统思维提出了挑战。以下就是我所说的挑战。

简而言之，这个挑战就是：传统的知识产权制度是按照个人创造者以及传统上雇佣这些个人创造者的组织而被构想和设计出来的，那么，我们如何调整该制度，转向一种创造者处于广泛分散状态的创造模式？我们如何超越这种传统的二分法：有权／无权，知识产权／公共领域，或者排他权／公共资源，而去创设这样一组承认某个中间依据的赋利——排他性（或者半排他性）的团体权利？对这些问题的详尽回答，尚需时日，并且它将涉及各种各样在规则和制度上的微调。① 但在这里，几乎在刚刚开始的时候，如果设定某些观念性依据的规则，将其用于指导这个调整过程，那么似乎还是很有帮助的。

　　着手做这件事情的最好方式，是回到第一原则（first principles）。对于知识产权法，正像一般而言对于财产权那样，那就意味着回到约翰·洛克的著作。当我们就此问题寻求某种洛克式解决方法时，就像我们在第 2 章中所做的那样，我们发现有一些直截了

---

① 有关团体和团体权利的一般性主题，已经存在相当多的观念性基础作品，其中的一些可以为教导我们如何建构和管理团体性财产权而提供宝贵的经验。参见，例如，阿维亚姆·索菲尔（Aviam Soifer），《法律以及与我们为伴》（*Law and the Company We Keep*），麻省剑桥：哈佛大学出版社，1995 年（转下页）（接上页）（法律制度在处理团体权利时，需更加精巧填密；需要将视线从专门关注于个人和国家之间的关系上转移开来）；玛丽安娜·康斯特布尔（Marianne Constable），"书评"，《当代社会学》（*Contemp. Sociology*），第 26 卷（1997 年），第 362 页（"团体对个人的身份十分重要，理应得到法律的承认"）；埃里克·克拉埃斯（Eric R. Claeys），"洛克思想中的私人结社与自由派公共福利"（The Private Society and the Liberal Public Good in John Locke's Thought），《社会哲学与政策》（*Soc. Phil. & Pol'y*），第 25 卷（2008 年），第 201 页（它描述了洛克关于自愿性私人结社的观点）；凯文·A. 科德纳（Kevin A. Kordana）与大卫·H. 布兰克芬·塔巴赫尼克（David H. Blankfein Tabachnick），"罗尔斯的私人秩序观"（The Rawlsian View of Private Ordering），《社会哲学与政策》（*Soc. Phil. & Pol'y*），第 25 卷（2008 年），第 288 页（讨论了罗尔斯关于正义的两个原则及其在私人结社上的应用）。

当的原则，可以一般性地帮助我们建构对这些问题的思考。这些原则是:(1)对于劳动应当回报以财产权——即一种对其他任何人均有效的主张，对此的正当性解释是，其付出了将原初材料转化为有用之物的努力;(2)在已经归他人所有的资产上付出劳动，可以为劳动者产生某些权利，但这取决于付出劳动所依据的"雇佣条款";(3)集体财产权的主张跟其他同类的权利主张一样，也受制于相同的警示（"附加条件"），而所有这些权利主张的目的，都是为了使作为个体的创造者的权利跟社会整体所提出的更大的权利主张相协调。

181

三、比例原则的修复和维持

简短的小结:比例原则是指这样的思想，一项财产权应当与某个对社会有用和有价值的东西存在合理的相关性。假如某一财产权上不受管制的市场价格，急剧地背离了它的基本的社会有用性，那么，此时就必须做出某种制度性回应。在上一节中，我们考察了三种假设的情景，其中由于各种各样的原因，都出现了这样的情况，即财产权被授予了跟其基本社会价值相比不合比例的经济杠杆。我也简要地描述了知识产权法的一些例子，比如在亿贝案中所讨论的产品部件专利权人，以及在莲花软件案中代码编写宏指令的用户。我以桥梁寓言为例，试图提取其中一些重要的东西，即该寓言的要素分别对应着现实世界所发生的知识产权冲突的重要侧面。

在此，我要对前述例子中的一个侧面作更深入的挖掘。最高法院在亿贝案中称，涉案专利被赋予了"不适当的杠杆"（undue leverage）。正如我在此前所言，这正是它与联邦巡回法院的主要分歧点，后者抵制任何此类企图，即不适用传统的强禁令规则（strong-injunction rule），而是要估测专利的市场价值。联邦巡回法院的常识性观点，也是曾经受到广泛认同的观点是认为，一旦创设了基本的法律权利——在该案中，即指一旦授予了某项有效的专利权——法院就无权对市场形成的过程加以干预。凭借禁令规则，一项专利可以强制提出无论什么样的要价，这都是基于专利属于财产这一事实所得出的正常结果。但是，最高法院并不同意这个观点。它听取了上诉人亿贝公司以及在该案中提交意见书的其他公司所发出的抱怨。这些意见归结为一点，就是对不合比例的杠杆提出控告——这项控告受到了最高法院的认真对待。

最高法院因此表明它有这样一种意愿，要检视一下驱动该部件专利市场形成的赋权构造。以这起著名的案例为起点，我想要评论其他那些让法院愿意推进这一举措的情形。我所关注的是，弄清楚在什么情况下法院会觉得这么做是合适的，即为了矫正不适当的杠杆而改动已授予的知识产权的赋权结构。我在此前已经说过，在这些授权后矫正的情形与最初授予权利的要件之间，存在着某种关联。无论是授权后的矫正还是授权前的要件，其目的都是为了实行比例原则。这一点在授权前要件的情形中是比较容易看出来的，也较少有争议。而授权后矫正的情形则殊为不寻常，原因在于法律制度的强烈推定，其偏向于稳定的赋权以及在此基础上达成的可强制执行的协议。

（一）超越亿贝案：授权后的比例原则

理解授权后矫正的关键是，在不可预见的新事态有效地增加了依附在知识产权上的杠杆效应之后，通常就会出现某种重建比例性的企图。恰如此前所述寓言中出现的三种假设性情景，不适当的比例通常非得经过一段时间之后，才会变得明显起来。通常，不适当的杠杆效应是由于情势变迁所致，当最初符合逻辑的也是富有效率的法律标准付诸适用时，由于情况已经变化，就变得不合理了。当然，由法院来评估各种变化的情形，并相应地调整法律规则，这是特别适合的。正如本章描述的许多例子清楚地表明，法院在知识产权制度中已经表现出这样的倾向。我把这几个例子概括如下：

· 适用合理使用规则，以阻止计算机游戏制造者的不适当杠杆优势；

· 修改禁令标准，以阻止亿贝案中专利权人的不合比例的杠杆优势；

· 更新专利法中的实用性要件，以排除对于旨在攫取后来所发现基因之价值的基因片段而授予专利；

· 修正损害赔偿的规则，以便当小部件专利对抗多部件的复杂产品时，将经济补偿恢复至跟其技术贡献相一致。

以上这些情形，都有法院介入其中，以矫正不合比例的杠杆优势。

1. 比例性原理：事前与事后

根据第 5 章的精神，我将比例性确定为知识产权法的一项中层原则。我尚未做到的——也是法院在适用比例原则时从未真正尝试去做的——是为其提供某种理论支撑。现在，我试图来填补这一空白。

183　　　　首先，我们必须处理这样一种潜在意见，它反对在初始设定财产权之后适用比例原则。该意见根深蒂固地反对这样做，因为里面包含着某种相当强大的思想传统。抵制干预已设立的财产权，这通常跟自由主义理论相关。在此名号下的政治哲学形成了一种强有力的动机，担心不加约束的政府权力会攫取私人财产，破坏私人安全。在法律规则和政策的层面，这种担心常常就被表达为这样的强烈诉求，要求政府尊重已经设定的财产。在事前阶段（ex ante stage），政府可以改变授予财产权的标准。不过，任何政府官员如果试图在授权之后没收财产或者甚至改变财产权的，则都会面临重重困难。

　　　　尽管事前／事后（ex ante／ex post）的区别泾渭分明，但是仍有理由对这个分界线表示怀疑。法和经济学方法论最重要的一个贡献，就是唤起人们注意，针对今天某一个独立冲突所作出的一份司法判决，会以某种方法影响并且塑造将来的私人行为。[①] 在某一个特定争议出现之后，对该争议的解决就等于提供了一条法律规则，它塑造和构建了人们将来的议价行为以及其他行为。事后塑造事前（ex post shapes ex ante）。无数的评论者已经提出，假如存在一项普遍的理解，认为财产权可以根据事实而加以调整，并且在少数的边缘情形中，应当将情势变迁或者迫切的社会需求纳入考虑范围，那么，这种理解就会自然地被吸收到全体财产拥有人的既定预期之

---

① 弗兰克·伊斯特布鲁克（Frank Easterbrook），"最高法院 1983 年开庭期——前言：法院与经济制度"（The Supreme Court 1983 Term—Foreword: The Court and the Economic System），《哈佛法律评论》（*Harv. L. Rev.*），第 98 卷（1984 年），第 4 页。

中。如果会偶尔发生再平衡，而这一事实是被内嵌在权利人的预期之中的，那就不能认为当实际发生了某种再平衡的情形，就会从根本上损害权利人既定的预期。

在宪法关于"征收"（takings）的文献中，这是一个争议性话题。[①] 不过，人们大可不必先在这场充满争议且旷日持久的争辩中表明立场，就完全可以接受我有关知识产权的主张。知识产权是复杂的，并且存在多面性，因此，知识产权的判例法规则就处于某种永无止境的衰落、变化和流动模式中。法院可以从文字上改动数以百计的知识产权判例法规则的小细节，它们贯穿在一项著作权、商标权或者专利权的全部生命过程之中。每个人从一开始就知道，在最初授予权利时，它就是这样的。最初在获得一项知识产权时，各种的不确定就已附加其上——比如在权利的有效性、覆盖范围，特别是在其最终经济价值上的不确定性。因为这些权利在很大程度上受制于在判例法规则上的流变，所以并不能合理地认为，人们与此权利相关的预期是僵硬的、固定的和全面的。在某种意义上，拥有一项知识产权就是一场冒险——并且每一个有经验的知识产权人都深谙此道。冒险精神内嵌在每一个所有权人的预期当中，而这种看法与如下观念就完全不一致了，后者认为，知识产权的判例法规则或者政策的细微变化，在某种程度上将会处处动摇知识财产所有

184

---

① 理查德·爱泼斯坦，《征收：私人财产与国家征收的权力》（*Takings: Private Property and the Power of Eminent Domain*），麻省剑桥：哈佛大学出版社，1985年。另参见威廉·A. 菲谢尔（William A. Fischel），《管制性征收：法律、经济与政治学》（*Regulatory Takings: Law, Economics and Politics*），麻省剑桥：哈佛大学出版社，1998 年（其中包括一份绝佳的综述，涉及大量的文献）。

权人已经形成的、秩序井然的预期。如果说真的有某一类所有权人习惯于其财产权的命运是曲曲折折的，那一定就是知识产权人。正是这样一类所有权人，他们比其他人更加理解，不能指望一成不变的判例法规则和绝不动摇的政策。假如提出相反的主张，认为知识产权的方方面面从一开始就必须是固定的、冻结的、永不能变化或者改动，除非为由这种变动所带来的成本支付足额的补偿，那么，真要这样去实行，可就愚蠢到家了。

2. 比例性原理：对市场交换的管制

因此，无论如何以我的观点看来，为矫正可能出现的剧烈的不平衡而对知识产权予以适度调整，这完全是正当合理的。现在的问题是：我们可以去哪里找到这样的指引，告诉我们何时以及如何去做？我们可以运用何种理论，以便正确行事，而不会做得过头？

答案就从洛克开始，而通常也是如此。我在第2章中指出，洛克的著作包含了广泛的证据，支持关于对财产权加以限制和约束的观点。我们也已经看到大量关于对知识产权加以微调的例子，在此略举数例：比如亿贝案中关于对禁令适用标准作出某种改动，或者费歇尔案中取消基因片段专利的资格，或者将著作权合理使用规则适用于计算机游戏接口的反向工程。从几方面的理由来看，这些调整均是完全符合洛克的财产思想的。其中一个理由是，它们代表了在初始权利授予之时似乎就暗含其中的小调整。在诸如知识财产之类的非常复杂的领域，当初始分配之际，不可能预见到任何因某一种对资源的财产拨归而造成的第三方效应（third-party effects）。因此接下来，在初始授权之后，也就是在事后阶段，就需要不时地适用我在第2章所讨论的一些附带条件——特别是充足性和仁爱这两项附加条件，但也可能是反糟蹋附加条件。除此之外还要记住，洛克当然明白他关于财产拨归的基本理论是支持建立市民社会的，但是他也清楚，一个充分运转的国家在执行财产制度时，在具体操作上也会有相当程度的自由裁量权。基于这些原因，授予权利之后的调整，看起来就跟洛克所认为的财产权强大有力但也绝非不受限制的观念完全一致了。

康德也与此相关。对于财产权，康德自己也设定了一系列的限制，无论在最初主张权利的阶段，还是在适用或者实施权利的阶段，而在后面这个阶段，无论如何也暗示性地体现了这种限制。对康德而言，最关键的限制就是他的权利普遍原则，即授予财产权应当是为了提高个人自治，但是也必须同时跟任何其他人的自由相符。尽管这可能被解释为只是在初始授权时的一个约束——即只有当任何其他人也受制于同样的授权条件时才能授予某人权利——但是，它也可以用于支持授权后对财产进行调整。在康德理论中并没有任何地方暗示着，自由的条件是不可以随时间而改变的。并且，他为一个市民国家建立之后的实际法律制度的运行留下了大量空间，所以，这里可以合理地假定，我所描述的那种微调与他在总体上的财产观是完全相适应的。

那么，我们从有关分配正义的第 4 章中又能学到什么呢？在这个一般性的进路当中，存在着大量颇具相关性的文献。它不仅处理市场交换结果的公正性问题，也解决关于国家何时以及如何介入，对于市场交换的结果予以撤销或者调整的难题。比例性问题涉及此种理论，因为矫正不合比例的杠杆效应的动力，总是涉及以某种方式改变一项财产赋利，而这必然导致对市场交换的改动。让我们回顾一下亿贝案，当最高法院提到"不适当杠杆"时，这只是意味着在现有的禁令规则之下，专利所有权人所要求的一种价格看起来与其专利的内在价值完全不成比例。法院为了回应这个已经被觉察到的不平衡而改变禁令规则，就等于以某种方式重新设定了赋权的结构，其用意显然是为了影响在禁令规则的阴影下被交易的权利，除此之外，还能是什么呢？法院此举的逻辑和话语的背后，深藏着这样一种思想，即如果法院不介入的话，专利所有权人就会在市场中继续通过专利而获得比其真正应得的更多的回报。

可以这么说，亿贝案的判决适用于所有让法院感到财产权已经开始施加"不适当杠杆"的情形。当然，隐含的前提是，这里还有另外一种、也是较低程度的杠杆——它对于专利的所有权人而言本质上是"适当的"。在具体案件中适用这一逻辑，就因此而属于对在经济交换关系中的公平或者分配正义观念进行某种限制性的、暗地里的适用，而这一主题我们在第4章中已经作过一定的深入思考。对专利规则所作出的是一些小调整，当然跟约翰·罗尔斯所拥护的那种彻底再分配的方案，在规模上不可同日而语。但是从表面来看，在像亿贝案之类的案件背后的基本逻辑，确实与分配正义的宏大理论存在某些共通之处。

我这里所说的共通之处，核心在于这样的推动力，使人去回顾那些看起来用以保障自愿的市场交易的条件。建立在既有赋权之上的市场交换，并不总是被视作一种不可或缺的公正标志。也不是要把它当作一个如此神圣的过程，以至于永远不得对其加以干涉或者调整。事实上，正是某种源于既有赋权的不合比例感与在判例法则上的微调整相结合，分配正义的精神才得以找到在实践中的应用。

3. 关于剩余价值的辩论——置身其外

我们现在碰到的，正是一个棘手而复杂的话题——"剩余价值"（surplus value）难题——的边缘。基本的问题是，在某一市场经济中，商品销售者是否应当得到——由于被强烈地赋予权利从而享有——他们通过市场价格所能够获得的全部剩余价值。[①] 剩余价值有多种定义，而它给人的基本直觉是：市场上出售的商品往往具有某种自然的或正常的价值，但有时由于各种各样的市场动力，某一销售者可以在此数额之上提出更高的要价。知识产权领域的问题是，他们应当持有市场价格当中超过自然或正常价值的那部分即剩余价值吗？这个简单的问题却引出了各种相互冲突并且彼此交错

[①] 若用经济学专门术语来表示，类似于剩余价值的某样东西，是能够同时为生产者和消费者带来增值的。由于强大的市场力量设定了比某一买方个人对于某物品的估值更低的价格，买方所支付的价钱就低于其本来愿意支付的价格，他获得了某种红利：由此就产生了消费者剩余（consumer surplus），也就是全体消费者所获得的这些红利的总价值。当生产者因出售某物所得到的付款高于其本来准备接受的最低价格时，他们也获得了剩余价值（在这两种情形中，所指的价值均是指边际单位的，也就是被购买或者出售的最后一个单位的价值）。市场价格是由供给和需求这两方面的因素相互作用而设定的，典型地表示为某一图表上的曲线。重点是：市场价格是由总的力量设定的，但是，对于任何单个的交易而言，其市场价格却可能为消费者或者生产者带来某种意义上的意外之财［用一个更好的术语来说，就是边际性意外之财（marginal windfall）］。给它贴上一个标签，就是经济剩余（economic surplus）。参见，例如，格里高利·N. 曼昆（N. Gregory Mankiw），《经济学原理》（*Principles of Economics*），俄亥俄州梅森市：西南出版公司（South-Western Publishing），2007 年第 5 版，第 145 页。

的答案，它也因此成为知识产权界一个持续不休的争论。[①]

这个争论的其中一块，专属于我们在第4章所讨论的约翰·罗尔斯以及他的批评者，其中最突出的是著名的自由主义哲学家罗伯特·诺齐克。在他1974的《无政府、国家与乌托邦》一书中，诺齐克提出，判断资源分配是否公正的唯一相关的标准，是财产的初始取得以及后续转让的公正性。诺齐克称，如果人们自愿将其所拥有的某些东西转让给他人，而这些财产转让不成比例地累积到了某个

[①] 这个问题在法学领域，正如在许多其他领域那样，已经有所抬头。其中一个明证，就是"司法估值难题"（problem of judicial valuation），它在法学文献中是一个古老的修辞了。詹姆斯·C.邦布赖特（James C. Bonbright）在20世纪20、30年代担任哥伦比亚大学商学院教授，他在1927年就此问题写了一篇法律评论文章，后来还出版了一本专著，两者至今仍被人引用。参见詹姆斯·C.邦布赖特，"司法估值难题"（The Problem of Judicial Valuation），《哥伦比亚法律评论》（*Colum. L. Rev.*），第27卷（1927年），第522页。关于更多的最新文献资源，参见，例如，基思·沙夫曼（Keith Sharfman），"司法估值行为：某种来自破产法的证据"（Judicial Valuation Behavior: Some Evidence from Bankruptcy），《佛罗里达州立大学法律评论》（*Fla. St. U. L. Rev.*），第32卷（2005年），第387页始，第388页，脚注2。这个问题延及范围十分广泛的法律制度。试想一下：宪法中的征用权、破产中的重组、合同法中的损害赔偿、物质财产法中对财产利益的"强制性出售"；这份清单还可以罗列出更多名目。在所有这些情形中，法律行动者——通常是法院——被要求在某一项资产上确定某种金钱性价值，因为出于某种原因，该资产被指控未能在某一次市场交易以适当方式加以转让。每一领域均各有其难处，因此，在法院所作出的单个判决上，当然从来不乏批评。但是，司法估值是法律制度中一种普遍存在的实践。事实上，从某种观点来看，假如某些资产或者利益的转让是必需的，但出于某种原因，该种转让又面临难题，那么，此时就需要法院出面解决，以作为市场的替代。

人的手上，那么，这里仍然没有任何理由去质疑分配的结果。任何想要再分配的努力，都将破坏初始取得的合法性。何况，再分配还必须由国家不断介入，对财产分配作出调整，使其保持在被认为符合"公正"的参数范围之内。这个主张相当于认为，人们有权获得其财产的全部经济价值——即他们在某一公平市场交换中所要求的价格——只要它们是诚实地来自于该财产的。这被称作对于财产权的"历史"阐释。这也是对以下立场的一个辩护，即销售者应当获得其所出售财产的全部市场价格。只要销售者对其所售之物享有某种合法有效的权利，那就没有人能够对出售价格的任何部分提出主张。这种意见涉及范围宽泛，其中甚至包含某种强烈的反税收之意，但是在当前的语境中，我只想坚持讨论它的其中一个方面：也就是这样一种观念，它排除了授权后对于人们所拥有东西的财产权进行调整的任何机会，不管在该等赋权的"内在"价值上存在什么样的社会性直觉，或者该权利所提出的市场要价是如何地不公平。因此，假如有效的所有权就意味着有权主张全部的剩余价值，那么，诸如在亿贝案中所采用的"不适当杠杆"术语之类的东西就不存在了，并且因此也就没有任何地方可以适用更宽泛的比例原则。

　　有关公正和剩余价值的文献庞杂多样；在以市场经济为基础的社会中，这一问题被以多种形式表现出来。我们在第 4 章讨论到创造者是否应当得到因其天赋而产生的成果时，谈到了剩余价值争论的一个方面。对这个问题的一个绝妙例证，是诺齐克在解释其"历史产权"（historical title）理论时所使用的一个著名的例子。为了回应罗尔斯提出的主张，即在很大程度上，没有人应当为其与生

187

俱来的天赋而获得奖励，诺齐克就描述了如下事例，表明球迷们如何地自愿交钱，就是为了迫切地见到一位体育明星即篮球运动员威尔特·张伯伦（Wilt Chamberlain）。根据诺齐克的观点（它再一次跟罗尔斯的观点相反），张伯伦值得为其天赋而获得奖赏，而且，因为他的球迷花钱就是来看他展现天赋才能的，所以他理应保留所有从他球迷那里得来的钱。其中的思想也很简单：球迷们对于为观看比赛而支付的钱是享有所有权的——在这些钱的上面，没有人比他们拥有更优越的权利主张。因此，把所有这些钱都汇聚到张伯伦的口袋里，毫无疑问就是公正的。球迷们的钱是诚实得来的，张伯伦也是诚实地获得了球迷们的钱。对诺齐克而言，这些都没有争议，事情就此了结。

　　法律学者芭芭拉·弗里达（Barbara Fried）对诺齐克的张伯伦故事提出了批判，称这个故事实际上是"想得美"。[①]诺齐克讲这个故事是在玩一个障眼法，从而把读者的注意力吸引到这个不存在争议的观点上，即人们可以正当地转让他们所拥有的东西，但在此过程中他却把一个经典性争议隐藏起来了：一个人在一场交易中获得某个有价值的东西，从道德上而言，是否就值得拥有其全部的交换价格。换句话说，隐藏在表面之下的，正是古老而富有争议的剩余价值问题。弗里达无意揭开剩余价值之谜（或许也没有人能够完全令人满意地做到这一点），但是她信服令人地提出，诺齐克的方法是把问题隐藏起来——用她的话说，就是在讨论过程中把它"私带

---

① 芭芭拉·弗里达，"威尔特·张伯伦再考察：诺齐克的'转换正义'与以市场为基础的分配难题"，《哲学与公共事务》，第 24 卷（1995 年），第 226—245 页。

偷出"了——而这并不算是答案。弗里达的立场是，每一个球迷对
其钱财享有所有权，然后他们把钱转移给张伯伦，但这并不能自动
证明，张伯伦得到全部的市场支付就是公正的。假设它确实在公正
性上回避了问题的实质，那么就得把它去掉。因此，对于那些在与
诺齐克的争论中支持弗里达这一方的人而言，国家有权对张伯伦的
收入征税，甚至可能是侵略性征税，因为张伯伦对于其全部收入，
并不存在任何不可压倒的奖赏主张。

　　弗里达对诺齐克理论的批判，可以引为对比例原则的辩护。驱
动诺齐克理论的是僵化地遵循赋权现状（*status quo* entitlements），
而与此如出一辙的还有这种观点，其认为财产权绝不允许为了矫正 188
被人察觉的过度杠杆的情形而进行干涉和做出调整。同样的批判还
适用于：有人声称，所有的市场结果本身都是有效并且公正的，因
为该结果是以在触发交易时已经存在的赋权为依据的，但是，这种
说法回避了公正性问题的实质，而不是对它的直面回答。稍微改
变一下表达就是，因为我们被允许检验的只是市场交换的前提条
件，公正性只是一层单薄而且皱巴巴的窗户纸，所以它要求我们从
市场交换的结果上转开去。假如在总体层面上似乎已经显现出不公
正——例如张伯伦赚了大把的钞票却没有交税，而其他人却饥肠
辘辘——那么，我们就不应当被阻止调查甚至调整在总体层面的
结果。如果我们的方法确实阻止这么去做，那么这将表明，仅仅看
到初始的禀赋或者赋权，就是一种不合时宜的信奉。要是我们在大
规模结果的层面上被束缚了双手，我们就将被阻止去实现并且参与
许多的正义行为。固然，每一个付费看张伯伦打球的球迷，对于他
们花在球赛门票上的钱享有权利。即便如此，对于张伯伦借助其天

赋和球迷们对比赛的兴趣所赚来的巨大的意外之财征税，也是公正的。同理，某一财产所有权人依据初始条件——实际的合法所有权加上某种既定的市场状况——而尽可能多地从其土地使用人那里攫取收益，可能看起来也是完全合情合理的。即便如此，若由于情势变迁，使得财产所有权人的要价比该资产的内在价值高得多，那么，为矫正这种无意之间并且不可预见地获得的意外横财，稍微调整一下所有权人的权利，或许也是公正的。假如在每一种情况下，市场交易都会产生意外之财，那么，由此所暗示的观念就是，此类市场交换并非总是具有不可置疑和不可动摇的公正性。

　　我们也看到，这就与第4章所涉及的一些分配问题发生了共鸣。在桥梁寓言的三种假定情景中，每一种都是由不属于所有权控制范围的外部力量在为财产权的市场价值做出显著的贡献。我们可以说，由此产生的不合比例性，正是社会力量作用的一个结果。当我们回忆起第4章所讨论的、在某一个创造者的成功与成就上所存在的社会性贡献与个人贡献时，这种说法让人产生似曾相识的感觉。就像我为某种一分为二的奖赏观念所作的辩护那样——在归功于个人的、处于应得奖赏核心的贡献与处于边缘位置的、一般性社会贡献之间进行区分——我认为，比例性也同样依赖于某个类似的一分为二的做法。法官如果在某一案件中观察到财产权似乎已经积累起某种不适当的杠杆优势，那么，他就必须进行评估，确定该权利的市场力量是否仍与其内在价值或者其所代表的贡献保持着某种令人信服的关系。因此，第4章所阐述的应得奖赏的核心，在精神上就接近于财产权的内在价值的观念。这两个概念都体现了某种对于适当性或适合度的深刻感受。

（二）一项重要而适度的原则

法院的业务介入私人市场秩序，这确实是也应当是非比寻常的事情。法院在那些出现了不适当杠杆的案件中适用各种各样的法律规则，往往都会引起激烈的争议，但它也是受到严格限制的。它们也理应如此。在适当的情形中，让某一市场的运转发生短路急停，确实可以起到很好的作用。在极少数的情形中，由于作为市场基础的财产权受到了操控并且被滥用，就会引发市场的混乱。在知识财产的情形中，这就意味着，由于出现非常状况，导致用以出售某一财产权的市场价格被人为扭曲，脱离了它跟基础性成果的内在价值之间的正常关系。

在这些极少数的情形中，通常可靠的市场机制失灵了，而法院不得不介入其中。维护稳定和社会的规制性，并且因应基本公正之需求而出手干预，这当然是法院的一项重要使命。

这是一种分配性观点：在这些情形中，已经不可能依赖市场而为相关交易设定一个适当的价格。或者更准确地说，这里必须要有干预，以便重新设定市场。除非对事物予以重置，否则，不可能依赖市场而实现其适当之目的。财产权的所有人获得了不合比例的杠杆优势，就会得到相比于其所拥有创造性成果的内在价值过高的回报。这样导致的结果——某种不劳而获的经济租、某一个超常的回报——会把投资和资源从其他更具生产性的项目上吸走。此时就需要由某个法院出手干预，重新校正市场谈判和交易的出发点。

比例原则所要求的干预在本质上是受到限制的，因此，以下两点也是理所当然的。第一，尽管那些体现了该原则的规则都涉及由法院做出这样一个判断，即默认的市场评估价值超出了适当的比例，但是，这并不是要求该法院自己来给出估值取而代之。唯一真实的估值，需要在以下两种价值之间作某种比较：即该权利的"内在"价值与所涉及权利在某一市场交易中能够卖出的价格。换言之，价值评估只是大致上的，严格来讲是相比较而言的——从数学意义上来讲，它是序数的（ordinal），而不是的基数的（cardinal）。法官只需要问：该权利的内在价值跟它在市场中的要价是否根本不成比例？相比于认定某一个具体的（基数的）价值，对这个问题更容易做出决定。比例原则回避了明确估值的必要，甚至隐藏了在复杂分析的初步阶段所必需的隐性估值，因此，该原则就将法官从严格的审查和批评中解救出来，而假如法官明确地以他们自己的判断来取代市场，那么，这样的审查和批评必然随之而来。

在比例原则中隐含估值的第二个好处是，它被归入——真正地被隐藏或掩盖——在有关判例法则的决定或者司法裁决之中。估值从来不必予以确切说明，实际上，法官从来没有必要提出一个带有具体数额的估值。某一个比例性分析的最终结果，也不是根据估值来加以说明的。事实上，除非你仔细观察，不然你不会看到任何进行估值的迹象。法官会说，"不应当颁发这个禁令"，或者"这属于合理使用"，或者"这项专利不符合实用性要件"。这些规则的形式性结构具有很大的优点。在我们的社会法律制度中，抨击司法估值是很容易的，因为出于各种目的，市场交换被当作合法性的基准。那些依据比例原则而运行的规则，体现了某种更加聪明的社会智慧。它们所掩饰的，不仅是对某一特定权利的具体估值，而且在许多情况下，甚至是最终进行了某种估值的这个事实。

即便如此，明确地承认存在着不适当的杠杆，却依然像一条光滑的坡道，而且十分陡峭。跨步太大，它就会变成一个岩石散落的深渊。我知道，那些出于好意的干预（well-intentioned intervention），原来旨在"矫正"各种各样的"市场失灵"，却成了引发由许多出于善意的社会主义改革者或者权力癫狂的专制者所支持的某种反乌托邦政策的开端。我对此全都意识到了。不过我仍然要说，虽然这样做存在危险，但是，在市场分配变得十分荒谬或者明显不公正的情况下而仍然放任之，则是更加危险的。假如罗尔斯对世人有何教导的话，那就是，在制度层面对于公正分配所给予的关注是与政治合法性紧密相关的。我们很难为一个任由极度扭曲之交易存在的法律制度辩护，即便它们产生于最初是自愿的安排。不公正和不合理的经济安排，毕竟是专制者的终极武器。

四、结论

桥梁寓言以及由此引申出来的知识产权案件，在本质上就是，一项小小的财产权却最终控制了一个大市场。这就违反了知识产权法中一个暗含的原则：财产权的内在价值应当与它所控制的市场呈现为适当的比例。一整套知识产权规则的运行，目的就是为了规制这种比例关系。

比例原则与洛克和康德的财产理论有着某种强烈的密切关系。它将这些理论家内嵌在其理论中的各种各样审慎的限制，进行了某种完美的应用。并且，由于它反映了这样一种判断，即在特定情形中，财产的所有权人收获了比其应得的更多的东西，所以，它也表达了我们在第 4 章所考察的、对于分配正义的某种担忧。

191

　　现在，我们对第5章中层原则的深入探讨就要接近尾声了。回顾一下在本书导论中的那张层级示意图，我们正准备向着该图的顶层继续前进，那里就进入了具体规则和政策的领域。目前的计划是，将迄今为止所形成的概念，适用并且扩展到某些与知识财产相关的复杂议题上，我们就从公司所有权这个一般性难题开始。因为知识产权是以个人努力、个人赏罚和个人自治而被授予，并且得到正当性解释的，那么，在一个事实上由公司之类的集体组织拥有和控制那么多诸如此类权利的世界中，我们该如何理解它与知识产权的相关性呢？这就是我们在接下来要着手解决的一般性难题。

第三编　专题

第7章 职业创造者、公司所有权与交易成本

至此，我已花费大量时间，从一个基础的理论性层面，解释了知识产权法的正当性。我在第2章至第4章中提出，知识产权法完全符合财产权的基本理念与社会的基本组织结构，并且也是很说得通的。在第5章和第6章中，我陈述了那些被我看作知识产权领域的基本原则的内容：不可移除/公共领域原则、效率原则、尊严原则和比例原则。而在第6章中，我又着重详细阐述了最后这项原则。在此刻，我希望自己已经有效地证明，在一个正义且理性的现代国家中，知识产权法是值得拥有一席之地的。如若不成，那我已经尽力了，如有其他未尽之处也只能留待他人了。

前文我已经尽己所能，将这些观念性的建筑石块放置妥当。现在，我要转向知识产权法结构当中更具可视性的部分。对所付出的努力给予奖励，促进自治——这些深刻的设计都可以在知识产权法中找到相应的表达，而与之偕行的还有这样一种关切，即个人的财产权应当与他人的利益相协调。那么，在风吹雨打的现实世界中，这些设计方案又是如何付诸实践的呢？

给出基本的回答是简单的；但要落实起来，却比较复杂。奖励就意味着给付报酬：那些创造出值得受到知识产权保护的成果的人，应当得到某种体面的报酬。自治意味着选择与行动的自由：知识财产应给予其所有权人以开发才能的机会，并借此而过上一种作为职业创造者的稳定的生活。因此，无论从哪个方面看，我们称之

为知识产权法的这个结构体系当中，都应当包含这样两个特征：奖励和自治。

一、职业创造者

在这一节中，我先就有关职业创造者给出一些总体上的信息：他们有多少人，为谁工作，以及大概赚多少钱。我的目的是采用多样化的人群为样本，并就他们的经济状况提供一些基本信息，因为此前即使提到它们，也总是在抽象的层面上讨论。

不过，在着手开始之前，我有必要首先为这种思想提供辩护：职业创造者应当成为知识产权法律和政策所关注的一类特殊的对象。

（一）为什么要特别关注职业创造者？

知识产权保护与职业创造者的培养，这两种观念一度深深地交织在一起，以至于它们总是被人认为是同步扩展的。彼时，通过创造性成果而维持生计，实乃知识产权法的核心功能。尽管不管什么时候，总有相当数量的业余爱好者以及为创造性成果的宝库作出无私奉献的人，但是，从事创造性工作的阶层的生计问题，仍然被认为是知识产权的核心所在。在我看来，目前仍然如此。[1]

---

[1] 参见，例如，罗伯特·安德鲁·麦克菲（Robert Andrew Macfie），《著作权与发明专利》（*Copyright and Patents for Inventions*），爱丁堡：T. T. 克拉克出版社，1879 年，第 79 页［在著作权的支持者与反对者之间进行的苏格拉底式对话（Socratic dialogue）中，支持著作权方的立场引用如下："我认为这些人（作家）以写作为生，有权期待国家给予保护，以反对那些想要剥夺他们财产与生计的人。"］。

这种主张在今天不仅有待为之辩护，而且，它在许多领域是受到正面限制的，这就显示出，历经多年，它在我们的话语中已经发生了多大的变化。今天，有很多人发声，支持"自下而上"的创造力（bottom-up creativity）。业余爱好者的兴起、文化的民主化、由普遍可及的创作和传播技术所导致的拉平效应（leveling effect）、与正规创作者相对应的由"用户"贡献的内容，这些都是当下非常重要的议题。为职业创造者所作的任何辩护，都必须面对这些议题在当代知识财产话语中的主导地位。

我的辩护分为两部分。我首先要提出的是，职业创造者及其创造的高品质成果对于那些依赖知识产权的产业来讲，仍然至关重要。而进一步的观点是：对知识产权给予实实在在的尊重，也属于最具灵活性和包容性的政策，它同样能够支持一种自下而上的文化运动（bottom-up cultural movement）的繁荣发展。通过知识产权的强保护而培育职业创造者的事业，就能最大程度地贡献各种各样的创造性成果——无论是专业的还是业余的。这一政策相比于知识产权的弱保护政策而更具优势，尽管弱保护政策可能对业余创造者会有些许帮助，但却会给职业创造者造成极大的冲击。相反，对知识产权的更强保护——不管很多人可能会怎么说——对于业余创造者的损害很小，却能为职业创造者提供某种关键的生活保障。知识产权的强保护政策之所以没有站在业余爱好者的、自下而上式创造的立场上，原因就在于，知识产权常常未得到实际执行。要么是专业性侵权行为未能被人察觉或者被人忽视了，要么是这些权利可能已经通过多种的机制（比如合同、通知或者向公众捐献的方式）而正式放弃了。因此，那种通常认为更强的知识产权保护就会不可避免地干涉业余爱好者的创造活动的观念，其实是错误的。所以，任何为促进自下而上式文化从而采取削弱知识产权的政策，其实没有必要。而它对于职业创造者的伤害，却显然无法被解释为是正当的。

1. 知识财产与劳动的财产化

尽管从我撰述至此的内容看，这些似乎都是不言而喻的，但是，我还是需要再花一点时间，更为深入地探讨一下，知识财产是如何服务于职业创造者（以下有时简称为"创造者"）的利益的。我们有必要理解的是那个借以将知识产权和对创造者阶层的关怀与培育相互联结起来的机制。

简单地说，这个答案就是，知识财产增加了职业创造者的平均收入。尽管正如我们在第6章所见，知识产权虽然也提升了创造者的尊严；但是，增加其收入仍是主要的贡献。然而，它增加收入的方式却常常并未被人充分理解，因此就有了手头的这个话题。

我们设想一种情景：某人的工作涉及创作或者表演，比如，他可能是一位电脑程序员或者一位音乐家。假如该程序员针对某一特定行业所面临的具体问题，专门编写出代码——比如，为汽车经销商编写了追踪产品库存和销售的软件。当然，也可能是表演者谱写歌曲和弹奏吉他。

从事此类工作的人，可以并且通常是"按时计酬"拿薪水的。实际上，他们的收入因为可用于工作的小时数有限而存在上限。哪一天要是他们不写代码或者不表演音乐，他们就赚不到钱。

编写代码的程序员或者音乐家要怎么做才能摆脱这种约束呢？有两个方面：一是通过某种方法，能够把他们一时所付出的努力固定下来，以此而可以被人复制或者重放；二是提供法律保护。第一个方面的必要性非常明显。你必须把某个表演"装进罐子里"，才能让人任意地重放该表演。第二个要求也相当明显。说到底，假如没有任何办法来保护某个已经被固定下来的表演免遭他人复制，那么，程序员或者音乐家就只能卖出一份复制件。

按照理想的状态，对已被固定的表演提供法律保护，将是既有威力而又灵活的。它不仅适用于缔结合同来进场观看表演的观众，而且对完全陌生的其他人同样有效。这当然就是指某种财产权——即一种具有对世效力的权利。在已被固定的表演上所形成的财产权，就使得创造者本人即便在其所付出的努力结束之后，仍能就该努力的某个特定数量而获得收入。它保护的是已固定的成果，防止其未经授权而被复制，而这样一来，它将创造者的努力就从静态的、一次性的事件，转化为某种动态的生产性资产——即从工作（work）转变为一件成果（a work）、一项资产或者物品。这就是我所指的劳动的财产化（propertization of labor）。①

若由付出努力的人拥有资产，其中的好处是显而易见的。创造者对某一项资产拥有知识产权的，他就有机会以多种不同的方式去赚钱。最根本的是，创造者个人能够从某一次特定的付出当中多次

198

---

① 有人很可能提出这样的问题：假如我是如此热衷于劳动的财产化，那为什么不把这种想法延伸至那些在传统上不受知识产权保护的工作成果种类（types of work product）上呢？尽管从某些方面看，这种想法的确有其意义，但是，我在本书中还是将讨论对象仅限于知识产权保护的传统对象上。许多年以来，这些成果和行为表现被判定为是值得授予财产权的，而其他的成果种类，则至少被默示地认为，迄今尚不具备给予某种财产权之特权的价值。

地获利。在该努力已经付出之后，靠它维持生计的能力却长存下来了。甚至即使创造者不拥有某一资产的情况下，财产化仍能够对其有所帮助。职业创造者作为雇员从事工作，若其所付出的努力可以被财产化，这就能够为雇主带来更大的价值。由于可以将雇员所付出的努力财产化，也就提高了雇主的发展前景，继而能够转化为创造性雇员增加收入的前景。也有证据表明，根据当前主流的法律规则，由于雇主可能获得知识产权，作出创造性成果的雇员所分享的利润份额也相应增加了。①

2.简短的历史转向：赞助制以及对它的不满

从历史上看，有一个例子可资说明知识产权是如何在提升创造者自治的同时，提高其收入的。在实际可行的知识产权制度出现之前（大概在公元1800年之前），就有人受雇充当职业创造者（尽管本书到此为止所提到的那些工作，在那时候当然并不存在）。而那时最常见的雇佣模式，则是我们今天所称的"赞助制"（patronage）。在这种体制下，一位独立的作曲家、作家、科学家或者学者直接受雇于人，特别是由某位家财万贯或者出身显赫的人雇聘他

---

① 若将之适用于其成果可能导致专利发明的技术雇员，则是最有说服力的。因为难以精确地证明某人最早是在什么时候完成某个想法的，因此，当一家大公司的某个雇员想到了一个好主意之后，就有可能离开该公司，去创办一家新公司，然后为该想法申请一项专利。尽管存在关于雇员发明归公司所有的规则，但是，这种"离职选项"（exit option）仍然是可能的。这里所蕴含的一个意义是，雇主必须善待那些具有创造力的雇员，以便让这些雇员不那么可能自行提出离职选项。参见罗伯特·R. 莫杰思，"雇员发明的法与经济学"（The Law and Economics of Employee Inventions），《哈佛法律与技术杂志》（*Harv. J. L. & Tech.*），第13卷（1999年），第1页。

们。职业创造者必须服务于赞助人的心血来潮的想法。尽管存在某种流动性——具有更高天赋的职业创造者通常会跳槽到更富裕的赞助人那里，虽不至于经常发生这样的事情——但是，其中也受到非常明显的约束。创造者不得不讨好赞助人，或者更一般而言，要服从于赞助人的目的。同时，他们还不得不持续地创作出新的作品，以博得老主顾的欢心；由于能够为创造者带来收入的观众或读者，往往就是某位赞助人或者一群身居宫廷的爱好者，在此种情形下，就不可能"重复利用"那些旧作品。因此，赞助制尽管为职业创造者提供了某种生计，但是，其工作条件，特别是为培养创造力所必需的条件，却远不够理想。

关于知识产权在 19 世纪兴起的一个通说（斯坦福大学法学教授保罗·戈斯汀的著作或许与此说法最相关联）[①]认为，这些权利第一次使得职业创造者可以直接吸引大批的观众。它们为创造者本人提供了一种摆脱赞助制的方法，从而将创造者与大批观众直接相连。而随着创造者与观众之间的关联取代了在赞助制下有限的并且受到拘束的市场，这就导致职业创造者队伍的大爆发。或许令人惊喜的是，至少在某些情形中，这个结果也使得职业创造者的工作节奏变得更加轻松。我们从 19 世纪一些伟大的作曲家的生平历史中可以找到证据，它们证实了这一点以及我所论述的其他某些观点。

就像 18 世纪以前的其他职业创造者一样，作曲家也在赞助制

199

[①]　保罗·戈斯汀（Paul Goldstein），《著作权之道：从古登堡到数字点播机》（*Copyright's Highway: From Gutenberg to the Celestial Juke-box*），加州斯坦福：斯坦福大学出版社，2003 年修订版。

之下工作。① 若想成为一名职业创造者，就得找到一位愿意为创造性生产付费的人。赞助人一般为贵族成员，并且常常是国王以及其他形式的政治统治者，他们通过雇佣作曲家或其他人，创作出适合在宫廷及类似场所表演的音乐，以增加赞助人的威望（财力雄厚的教堂也会雇聘作曲家）。

　　约瑟夫·洛温斯坦（Joseph Lowenstein）在一份有关文学作品市场的历史研究中，指出前现代作者的艰难处境："但是，严格来讲，作者的处境极其凄凉：文艺复兴时期的作者从未真正拥有一部文学作品，或者至少不是一部像我们现在从某种程度上抽象地想到的文学作品［文学作品这一抽象概念的发展是一个缓慢的过程：它依赖于多重因素，其中包括在17世纪文学市场中的作者权利（authorial rights）的扩张……］。"② 对作品控制权的缺失困扰着作曲家，如同他们挣扎着维持生计一样。正如18世纪意大利作曲家路易奇·波凯里尼（Luigi Bocherini）所言："但是请记住，没有任何事情比束缚一位贫穷作家的双手更为糟糕的，换句话说，那就是让他受制于规则，从而束缚了他们的思想和想象力。"③

---

① 参见，例如，保罗·J. 柯尔钦（Paul J. Korshin），"十八世纪文学赞助制的种类"（Types of Eighteenth-Century Literary Patronage），《十八世纪研究》（*Eighteenth-Century Stud.*），第7卷（1974年），第453页。

② 约瑟夫·洛温斯坦（Joseph Lowenstein），"手稿的市场"（The Script in the Marketplace），《符号研究》（*Representations*），第12期（1985年），第101页、第102页。

③ 杰曼·德·罗斯柴尔德（Germaine de Rothschild），《易奇·波凯里尼：生平与作品》（*Luigi Boccherini: His Life and Work*），安德烈亚斯·梅厄（Andreas Mayor）译，牛津：牛津大学出版社，1965年，第66—67页。

　　学者们一般都同意以下这个评估：情况在 18 世纪开始发生改变。在多重因素的综合作用下——许多国家的政治结构发生改变，财富不断增长，平民百姓也开始欣赏音乐，以及同样重要的是，对音乐曲谱给予更强的知识产权保护——职业创造者开始通过与大量受众直接接触的方式来赚钱，至少能从中获得他们的部分收入。由数量众多的无名消费者支付的小额价钱，取代了由单独一位赞助人提供的大额付款。

　　那些生活在 18 世纪这段过渡期的人，被迫去适应赞助制和大众市场参与这两者各自带来的好处和坏处。著名作家和智者塞缪尔·约翰逊（Samuel Johnson）就是一个鲜明的对照，他对此（以及其他许多问题）的观点被詹姆斯·博斯韦尔（James Boswell）记载下来并流传开来。19 世纪杰出的评论家和历史学家托马斯·卡莱尔爵士（Sir Thomas Carlyle）曾就詹姆斯·博斯韦尔于 19 世纪出版的《约翰逊传》（*Life of Johnson*）写过一篇书评，其中梳理了塞缪尔·约翰逊对 18 世纪赞助制的经历：

> 　　约翰逊在此领域崭露头角之时，文学……正处于由赞助人保护走向社会大众化的过渡阶段；文学也不再以提供颂扬式的敬献给某位大人物之类的用语为必需，取而代之的是与书商展开精明的讨价还价。……约翰逊刚出道时，作者仍有两条可供尝试的前进路径：[寻求赞助或者与书商进行交易]。对心思缜密的人而言，似乎并不能确定首选哪种方式：无一种方式具有很强的吸引力；赞助人的资助到手之前，几乎必然被阿谀奉承所玷污；书商们则被贪婪至极的愚蠢搞得心理扭曲，更

别提他们完全僵化的头脑以及令人作呕的姿态……，而几乎不可能保持生活井然有序。一面是以贫穷困苦作为代价，而另一面，除非你对它严加注意，否则就是以罪恶为代价。在那时，约翰逊恰好有机会审视上述两种方法，确定它们究竟是什么；但随即在他初步尝试之后就发现，前者对他没有任何好处。再一次，我们听到了那末日审判的吼声如同烈焰熊熊燃烧一般，传至切斯特菲尔德勋爵的耳朵里，以及通过他向整个世界宣布，赞助制应到此为止！①

（1）知识产权与大众化观众的产生。从理论层面而言，更强大和更明确的知识产权保护，与以写作、作曲以及诸如此类作为真正职业的可能性，这两者之间存在着某种清晰的关系。知识财产，如同所有的财产一样，都涉及如何形成市场：对某一物品授予权利，就是为了让任何想利用该物品的人知道去跟谁联系，并且为其使用而向谁去付费。如果某人对其所生产的物品不享有某种财产权，对于该物就不存在任何直接的市场。或许会有其他方式，让此人就其制造该物而获得酬劳——例如，该人以雇员身份而对某一大型产

---

① 托马斯·卡莱尔（Thomas Carlyle），"博斯威尔的约翰逊传记（书评）"［Boswell's Life of Johnson（Book Review）］，《弗雷泽杂志》（*Fraser's Magazine*），第5期（1832），第396—398页。约翰逊致切尔斯菲尔德勋爵的那封著名信件，也许是对于在赞助关系中遭到轻慢待遇所提出的最畅快淋漓的批判，关于该信件的文本，参见詹姆斯·博斯韦尔（James Boswell），《塞缪尔·约翰逊博士传》（*The Life of Samuel Johnson, LL. D.*），第一卷，亚历山大·内皮尔（Alexander Napier）编，伦敦：乔治·贝尔父子出版公司（George Bell & Sons），1884年，第210—211页。

品作出了部分的贡献，那么他只能就其在此过程中所付出的劳动而获得报酬。只有当某种形式的财产权完全涵盖了由该人所制造的东西时，他才能信心满满地在大众市场上向大量的陌生人销售其产品。

这一基本逻辑对于写作和曲谱的市场增长，起到了非常重要的作用，并因此在这些领域开始出现了无须赞助人支持的职业选择。说来并非巧合，在传统的赞助制制度之外获得资助的作曲家当中，至少有一部分开始跨入了这样的时代，而与此同时，著作权制度明确承认了作曲家的权利。例如，18 世纪英国的一起涉及 C. P. E. 巴赫［C. P. E. Bach，他是德国著名作曲家约翰·塞巴斯蒂安·巴赫（Johann Sebastian Bach）之子］的著名案件，就是作曲家主张在其自己所谱写的音乐作品上享有著作权而发起的挑战，而著名法学家、首席大法官爱德华·曼斯菲尔德勋爵（Lord Edwin Mansfield）在听取巴赫的代理律师的口头辩论之后，作出判决支持巴赫的主张：[1]

> 这部由议会所制定法律（Act of Parliament）的用语十分宽泛："书籍和其他著作"（books and other writings）。它并未限定所使用的语言或者文件。音乐是一门科学；可以被书写；并且是以符号和标记来传达思想的。某人可用表演的方式使用音乐的复制件；但他没有权利通过制作多份复制件和对它们加以处分的方式来劫掠作者的收益……我们的意见是，乐谱

---

[1]　巴赫诉朗文案（*Bach v. Longman et al.*）［2 Cowper 623（1777）］。

就是安妮女王八年制定法*中规定的著作（writings）。

201　　这种在作曲家权利上的扩张，并不仅限于大不列颠一地。纵观整个欧洲，法院及立法机关也都从19世纪开始，对音乐曲谱授予著作权。学者们尝试回答的问题是，这些变化是否达到了预期的效果；这些变化发生之后，职业作曲是否成为一个更加可行的、更有回报的事业？

　　为回答这个问题，经济学家F. M. 谢勒（F. M. Scherer）进行了深入研究。谢勒尝试用统计分析的方法，来估计更强的著作权保护对于18和19世纪欧洲人的职业选择的影响。[①] 他的研究结论，顶多也只能称作是含混不清的。他依据一项严格的定量分析得出结论，认为要想证明由于著作权保护的增强而确定无疑地导致了欧洲在该研究时段的作曲家数量的增加，这是不可能的。初看之下，谢勒的研究结论犹如对下述观念的当头一棒，即认为著作权保护对于音乐作曲家是至关重要的——亦即，著作权保护是人们将谱写乐曲当成一项可赖以独立生存的职业选择的一个重要因素。但是，在接受这种看法之前，我必须指出两个相关的要点。首先，尽管在该项研究所涉及的这一时期，著作权有其重要性，但是，作曲家的收入，至少是部分收入，通常仍然是从与著作权不相关的来源获得

---

*　指1710年《安妮法》（*Statute of Anne*），时为英国安妮女王执政八年。这是英国历史上第一部著作权法，也被公认为世界上最早的著作权法。——译者

① F. M. 谢勒（F. M. Scherer），《四分音符和钞票：18和19世纪音乐曲谱的经济学》（*Quarter Notes and Bank Notes: The Economics of Music Composition in Eighteenth and Nineteenth Centuries*），新泽西州普林斯顿：普林斯顿大学出版社，2003年。

的。这就意味着，增强著作权保护的边际效应可能还不够明显，不足以吸引更多的人把成为全职作曲家当成自己的事业。但这并不意味着著作权是无关紧要的。正如朱塞佩·威尔第（Giuseppe Verdi）的例子所表明的那样，著作权使得至少有一部分作曲家，对自己的职业生涯有了更大的掌控力。[1] 因此，相关的问题并不在于人们是

---

① 参见 F. M. 谢勒（F. M. Scherer），《四分音符和钞票：18 和 19 世纪音乐曲谱的经济学》（*Quarter Notes and Bank Notes: The Economics of Music Composition in Eighteenth and Nineteenth Centuries*），新泽西州普林斯顿：普林斯顿大学出版社，2003 年，第 179—180 页。"在 19 世纪 40 年代后期，威尔第和里科尔蒂（Ricordi）开始为每一次表演他们的乐谱而收取使用费。最初是要求支付一笔固定的费用 400 法郎（即 16 英镑，或者相当于英格兰南部地区一位建筑工匠的三个月收入），在尚未制定著作权法的地区，则收费减半。这导致一些小城镇的剧院演出者根本无视威尔第的著作权，干脆从私底下搞到他们的乐谱，甚至四处游说，请求废除撒丁王国的著作权法。在 1850 年的一通往复信函中，里科尔蒂向威尔第作了这样的解释，这就是今天被经济学家称之为二级价格歧视（second-degree price discrimination）的原则。'这对我们更有好处'，他写道，'假如我们将这些乐谱提供给所有剧院使用，但按照它们的特定收入来调整价格，因为我以 300 或者 250 里拉的价格从很多小剧院那里收到的钱，相比于以 1000 里拉的价格从 10 到 12 家剧院那儿收来的钱，数量还要多出很多'。里科尔蒂向威尔第提议，对于一家外地的剧院，可以按其支付能力进行单独谈判，确定每一场表演收取的使用费。威尔第在一部歌剧的最初 10 年中，将从乐谱出租收入中获得 30% 的费用，从乐谱销售收入中获得 40% 的费用。这个协议安排被威尔第所接受，而在后来，威尔第的费用份额更是升至 50%。为了执行这个协议，里科尔蒂还雇请了一支当地的代理人队伍，以便监督外地剧院对乐谱的使用，防止发生盗用。他还在意大利的较大城市聘请律师来处理表演合同争议。里科尔蒂主张，这些交易成本证明了，他要从来自外地剧院的许可费当中保留大部分份额是合情合理的。由于从乐谱销售和表演费当中获得了实质性收入，威尔第也观察到，他没有必要再像'苦工'（gallery slave）一般，以一种疯狂的速度埋头作曲。在 1840 年至 1849 年间（1849 年时，他 36 岁），威尔第共创作 14 部歌剧。而在 19 世纪 50 年代他创作了 7 部，60 年代则是 2 部，然后在接下来的 30 年当中，仅仅创作 1 部。"

否选择当作曲家；那些具有音乐才华的人可能本来就知道，即使只有微弱的著作权保护或者甚至不存在著作权时，他们照样能够凭此技艺维持生计。毋宁说，相关的问题在于，职业作曲家选择从事的是什么样的活动组合。这里所有的定性证据都指向下面这个重要的结论，这也是谢勒的第二个主要贡献。谢勒的研究表明，加强著作权保护，就给予作曲家对此类作品以更大的掌控力，这些作品是他们自己得以作为职业作曲家谋生而谱写出来的。因此，最终的这个结论还是清楚的，更强的知识产权保护在事实上就是一个主要的促进因素，使得以作曲作为一个具有回报性的职业是可行的。

此处最好的明证，是作曲家们自己的陈述。让我们想想作曲家阿瑟·沙利文（Arthur Sullivan）下面这段慷慨激昂的陈述，他以吉尔伯特与沙利文组合（Gilbert and Sullivan）*而出名，当时是在纽约的一家剧院，观众座无虚席，正是这部现在众所周知的音乐剧《日本天皇》（The Mikado）在美国的开幕之夜：

> 也许有一天，这个伟大国度的立法者们……会明白，给予一个将自己的才智投入到文学领域的人以［与一位机械发明人］同样的保护，是多么地适宜。……但是，即便这一天真正到来，当然我希望也坚信它能够到来……我们……仍然应

---

* 吉尔伯特与沙利文组合是指维多利亚时代幽默剧作家威廉·S. 吉尔伯特（William S. Gilbert）与英国作曲家阿瑟·沙利文的合作。从 1871 年到 1896 年长达 25 年的合作中，他们共同创作了 14 部喜剧，其中最著名的有《皮纳福号军舰》（H. M. S. Pinafore）、《彭赞斯的海盗》（The Pirates of Penzance）和《日本天皇》。——译者

当，……主要还是相信伟大的民众具有准确无误的本能，喜欢那些真、善和诚实的东西。[1]

沙利文讲话中所指的，是 1885 年的这段事实，其时美国的专 [202]
利保护被认为生机勃勃且富有效力（这与沙利文的祖国英格兰正好
形成鲜明的对比，据称英格兰 19 世纪晚期的专利制度远远落后于
同时代的美国）。[2] 他也可能指的是国际保护：在他演讲的时候，美
国的专利国际保护已经做到位了（因为美国参加了 1883 年《保护
工业产权巴黎公约》，正处于国际社会对专利一体化产生兴趣的第
一次浪潮中），但是，美国在加入 1886 年《保护文学艺术作品伯尔
尼公约》方面，却步履缓慢，直到 20 世纪后期才成为该公约的正
式一员。

通过对比的方式，我们对于国家资助（state patronage）的问
题，用简单几句话就能说清楚。人们一度认为，对于创造性成果给
予官方的国家资助，可能是比传统的赞助制和以知识产权为基础的

---

① 《纽约时报》（*N. Y. Times*）娱乐版，1885 年 9 月 25 日，第 5 版，转引自兹维·S.
罗森（Zvi S. Rosen），"歌剧盗版的黄昏：音乐作品公共表演专有权前传"（The
Twilight of the Opera Pirates: The Prehistory of the Exclusive Right of Public Perfor-
mance for Musical Compositions），《卡多佐艺术与娱乐法律杂志》（*Cardozo Arts
& Ent. L. J.*），第 24 卷（2007 年），第 1157 页始，第 1178 页。

② 参见佐里安·卡恩（Zorina Khan），《发明的民主化：美国经济发展中的专利
与著作权》（*The Democratization of Invention: Patents and Copyright in American
Economic Development*），纽约：剑桥大学出版社，2005 年，第 1790—1920 页。

"资本主义"模式更好的替代方案。[①]但基本上来说，并没有任何证据支持这一假设，所以，今天它在很大程度上仍然只是一纸空话而已。尽管适度的国家资助仍然在继续，它一般采用专项经费和补贴的方式，而不是直接委托创作以及为全职的职业创造者提供资助。不过，即便只是这些向着完全的国家资助所摆出的小小姿态，也会引起人们的担心——有强大的证据表明，在所有可能的选项中，完全由国家资助的模式被认为可能是最糟糕的一种。[②]

---

① 革命后的苏联或许是最好的例子，那时正处在由国家支持艺术实验的早期繁荣阶段。参见奥斯汀·哈林顿（Austin Harrington），《艺术与社会理论：美学中的社会学争论》（*Art and Social Theory: Sociological Arguments in Aesthetics*），麻省马尔登市：政体出版社（Polity Press），2004年，第78—79页。或许也是可以预料，由国家所支持的艺术繁荣是短命的，随之而来的则是对各种形式的个人主观创造性的残暴摧毁；列宁去世后，苏维埃国家要求艺术用于促进诸如团结一致、为革命献身等国家目的。苏联不仅通过资助审批的方式，还通过诸如驱逐出境的镇压手段来推行这样的政策。同揭。通常参见戴维·R.希勒（David R. Shearer），"斯大林主义"，罗纳德·格里戈尔·萨尼（Ronald Grigor Suny）编，《剑桥俄国史：二十世纪》（*The Cambridge History of Russia: The Twentieth Century*），第3卷，剑桥：剑桥大学出版社，2006年，第192页、第208页："斯大林政权通过扩张对所有文化生产组织的垄断控制，来强制执行审美规范。"这个朝着纯粹社会主义艺术的转变过程，就完美地记录在鲍里斯·帕斯捷尔纳克（Boris Pasternak）的小说《日瓦戈医生》（*Doctor Zhivago*）以及后来由大卫·里恩（David Lean）导演的同名电影中，在剧中，革命将军斯特列利尼科夫（Strelnikov）向诗人兼医生尤里·日瓦戈（Yuri Zhivago）宣布："个人生活在俄国已死……历史是凶手。"从这句话当中，以及从整个故事的情节中明显可见，假如艺术专门依靠国家支持，则其最终会走向自治的反面。

② 参见，例如，朱迪思·哈金斯·巴尔夫（Judith Huggins Balfe）编，《向吹笛人付钱：艺术赞助制的成因与结果》（*Paying the Piper: Causes and* （转下页）

当然，从历史当中举出一个例子，不可能代表作出了一种严密的解释。然而，从赞助制向个人所有权的运动，当然就表明了知识产权能够有利于并且提高创造者的自治。[①] 尽管今天的经济状况从许多方面看已经发生改变，而且理想的知识产权政策，也并不简单地就是加强权利保护而将其余事情留给市场解决这么一件事，但是，在这段历史插曲中，确实存在一个宝贵的教训。若加以适当处理并且抱持一种对细微区别的欣赏态度，我们就能够续写这一段摆脱赞助制的成功故事。在改善工作条件和提高个人创造者的创作自由方面，知识财产依然潜力无穷。

（2）故事仅此而已？即使对于那些认同职业创造者值得在知识产权法中受到特别关注的人，仍然可能对此表示怀疑，即知识产权的强保护，或者在某些情况下甚至是任何的知识产权，是否就能达到这个目标。有人会提出，还有其他更好的方式，让职业创造者从其成果中受益。也有人可能会说，即使知识产权有效地奖励这些职业创造者，但实现它的社会成本却十分高昂——亦即，知识产权游

（接上页）*Consequences of Art Patronage*），伊利诺伊州香槟市：伊利诺伊大学出版社，1993 年，第 251 页（在讨论国家以非直接方式支持艺术时，提到"直接的国家资助存在人所共知的困难"）。

① 历史学家在厘清诸如赞助制安排之下的艺术家和工匠们能保持多大的自治时，面临着许多难题，对此的一个概述，参见吉尔·卡斯基（Jill Caskey），"侦探小说？赞助制、准则与罗马哥特式艺术中的代理难题"（Whodunit? Patronage, the Canon, and the Problematics of Agency in Romanesque Gothic Art），康拉德·鲁道夫（Conrad Rudolph）编，《中世纪艺术手册：北欧的罗马式和哥特式艺术》（*A Companion to Medieval Art: Romanesque and Gothic in Northern Europe*），麻省马尔登市：布莱克维尔出版社，2006 年，第 193—200 页。

戏实际上得不偿失。我在本章后半部分再来回应这两种反对意见。而现在，我想简要描述一下我们所讨论的对象。到底有多少职业创造者，他们在从事什么样的工作以及他们一般能赚多少钱？除非我们知道我们所讨论的人员规模，以及他们工作与生活的一般特征，否则，我们不可能明智地探讨如何用最好的方式来帮助他们。

（二）职业创造者概览

我现在来描述一下，这些职业创造者到底是谁。我也会简要地描述有关他们所从事的职业类型，他们具体做什么样的工作，有多少人是单独工作的，又有多少人是在公司工作，以及这些公司的规模有多大（这里的一个重要主题是，将个人自治这个抽象的目标转化成一种有利于独立工作者和"小型创造团队"——通常为小公司——的实践偏好）。如果有可能，我还想就职业创造者的职业收入方面谈一谈直观的感受。

我的论述分成三个部分。第一部分包含了通常所称的"著作权产业"：娱乐业、出版业，等等。第二部分包括的是一个非常多样化的团体，这些技术专家所从事的工作主要就是发明。第三部分涉及一个规模虽小但也具有多样性的团体，他们专注于商标和品牌推广的工作。我的想法是，将职业创造者作为一个整体，为他们照一张极其简明的掠影。

1. 娱乐业

我们先来看有关艺术、娱乐及休闲产业就业状况的一些基本信息（参见表 7.1）。

表 7.1 2006 年艺术、娱乐与休闲产业细分领域就业状况（单位：千人）

产业部门	就业人数	百分比
艺术、娱乐与休闲产业总计	1927	100
艺术表演公司	121	6.3
艺术表演、体育及类似事务的推广者	83	4.3
独立艺术家、作家与表演者	47	2.4
艺术家、运动员、演员和其他公众人物的代理人或经纪人	17	0.9

来源：美国商务部劳工统计局，实时数据参见：http://www. bls. gov/oco/cg/cgs031. htm#emply。

需要注意的一个重点是：根据这些数据，在美国经济中作为 "独立艺术家、作家与表演者"工作的仅为 47000 人。虽然正如本章其他一些表格所显示的那样，在我们所称的"职业创造者生态系统"（creative professional ecosystem）中从事工作的还有其他许多人，但是，艺术家、作家和表演者仍然是这一生态系统的核心。并且，这是一个范围很小的核心。同时，上述数据显然低估了在这个部门的就业人数。正如该报告所称的，"大多数在艺术、娱乐和休闲产业的机构会把灯光、音效、场景布置以及展览建设工作外包给其他公司，而这些公司并不包含在该产业之中"。[①] 我们从这些数据中还能得出其他的结论：在这个领域的大部分公司属于小公司。图 7.1 即是明证。[②]

对有关雇员（相对于独立工作者）的数字作更详细的观察，就再次表明，处于娱乐产业中心位置的其实就是数量很小的职业创造

204

[①] 参见：http://www. bls. gov/oco/cg/cgs031. htm#emply。

[②] 美国商务部劳工统计局，见于：http://www.bls.gov/oco/cg/content/charts/cht_cgs_031_1.gif。

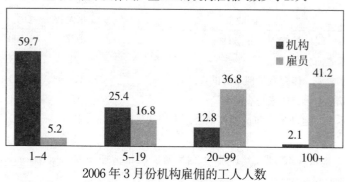

图 7.1 艺术、娱乐及休闲产业的公司规模，2004 年

来源：美国商务部劳工统计局，《各产业职业指南（2006—2007 年）》（*Career Guide to Industries, 2006—2007*），华盛顿特区：美国政府出版局（Government Printing Office），2006 年，第 246 页。

者核心。[1] 在这里，有 84200 位"艺术导演"、79000 位多媒体艺术家与动画制作者、23600 位美术家（雕塑家、油画家与插画师）、13100 位"工艺美术家"以及 21500 位"其他"艺术家。相比之下，园艺工作者和游乐场服务人员的数字却分别高达 113000 人和 166400 人。[2] 显然，一个小小的职业创造者团体却支撑了由相关工作人员所组成的庞大的生态系统。

205

---

[1] 《就业前景手册，2010—2011 年版：艺术家与相关工作者》（*Occupational Outlook Handbook, 2010—2011 Edition: Artists and Related Workers*），见于：http://www.bls.gov/oco/ocos092.htm（2010 年 12 月 30 日访问）。

[2] 同上揭，表 3，"在艺术、娱乐和休闲产业中按职业划分的有薪工人就业状况，2008 年以及预期变化，2008—2018 年"（Employment of wage and salary workers in arts, entertainment and recreation by occupation, 2008 and projected change, 2008-2018）。

我们来具体分析一下作家的情况，从而会对他们的收入有所感觉。表 7.2 显示的，是对作家职业估计的从业人员以及估算的平均工资，而表 7.3 则显示了这一职业按百分比估算的工资。表 7.4 展示的是作家的高收入产业，同时给出在各该行业受雇的作家人数，而表 7.5 所示，则为雇佣作家的主要产业。

表 7.2　受雇作家人数估算与平均工资估算

就业人数	平均时薪	平均年薪
43390 人	31.04 美元	64560 美元

来源：美国商务部劳工统计局，《就业职位统计》(*Occupational Employment Statistics*)，27—3043：作家与作者 (Writers and Authors)，http://www. bls. gov/oes/current/oes273043. htm。

表 7.3　按百分比估算的作家工资

	10%	25%	50%（中位数）	75%	90%
时薪（美元）	13.47	18.34	25.51	36.08	51.26
年薪（美元）	28020	38150	53070	75060	106630

来源：美国商务部劳工统计局，《就业职位统计》，27—3043：作家与作者，http://www. bls. gov/oes/current/oes273043. htm。

表 7.4　作家的高收入产业

产业	就业人数（人）	平均时薪（美元）	平均年薪（美元）
独立艺术家、作家与演员	2550	44.91	93420
电影与视频产业	2040	41.07	85420
广告、公关及相关服务行业	6380	35.19	73200

来源：美国商务部劳工统计局，《就业职位统计》，27—3043：作家与作者，http://www. bls. gov/oes/current/oes273043. htm。

表 7.5　雇佣作家的产业

产业	就业人数（人）	平均时薪（美元）	平均年薪（美元）
报纸、期刊、书籍和电话簿出版	8630	25.51	53050
广告、公关及相关服务行业	6380	35.19	73200
电台与电视广播产业	3090	31.41	65330
电影与视频产业	2040	41.07	85420
独立艺术家、作家与演员	2550	44.91	93420

来源：美国商务部劳工统计局，《就业职位统计》，27—3043：作家与作者，http://www. bls. gov/oes/current/oes273043. htm。

206　　　当我们把它放在娱乐业中再来仔细观察出版行业的雇佣情况时，我们同样会发现，一个小小的创造者核心却支撑着一个远为庞大的公司生态系统：这个创造者核心包含了 32810 位记者（reporters）与驻外记者（correspondents）、61820 位编辑、9130 位作家（此处将其与记者单列——但我可以将他们看作是全体记者当中的一小部分）以及 4950 位摄影师。[①] 如表 7.6 所示，整体而言，专职作家在一些行业的就业预测是十分明显地呈现出负增长的趋势。

---

① 来源：美国劳工统计局，2009 年 5 月按职业划分的就业数据，北美行业分类系统（NAICS）511000——出版行业（不包括互联网），见于：http:// www. bls. gov/oes/current/naics3_511000. htm。关于类似的数据，参见罗伯特·G. 皮卡德（Robert G. Picard），"日报产业经济学"（The Economics of the Daily Newspaper Industry），艾莉森·亚历山大·皮卡德（Alison Alexander Picard）等编，《媒体经济学：理论与实践》（*Media Economics: Theory and Practice*），新泽西州马华市：劳伦斯·厄尔鲍姆联合出版社（Lawrence Erlbaum Assocs., Publishers），2004 年第 3 版，第 109 页、第 110 页、第 116 页（截至 2001 年，报社雇佣 445000 人，其中编辑占 7%—10% 的预算，但是这一数据看起来正在迅速下降）。

表 7.6　各产业雇佣人数、职业就业人数及百分比分布（2008 年以及 2018 年的目标）

产业	2008			2018			增减百分比
	雇佣人数（千人）	产业百分比	职业百分比	雇佣人数（千人）	产业百分比	职业百分比	
就业总人数，全体从业人员	151.7	0.10	100.00	174.1	0.10	100.00	14.81
信息产业	16.1	0.54	10.60	15.4	0.50	8.86	−4.00
出版行业（互联网除外）	9.1	1.04	6.02	7.4	0.88	4.24	−19.17
报纸、期刊、图书与电话簿出版商	8.6	1.39	5.67	6.7	1.34	3.84	−22.26
报纸出版商	4.2	1.30	2.80	3.3	1.34	1.88	−22.69
软件开发商	0.5	0.20	0.35	0.7	0.20	0.40	30.68
电影、视频与录音产业	2.4	0.64	1.61	2.8	0.66	1.61	14.56
电影与视频产业	2.3	0.63	1.51	2.7	0.65	1.54	17.20
录音产业	0.2	0.81	0.11	0.1	0.84	0.07	−23.23
广播（互联网除外）	3.2	1.02	2.12	3.6	1.06	2.06	11.87
电台与电视网广播	3.0	1.31	1.99	3.4	1.43	1.93	11.03
无线电台广播	0.4	0.42	0.29	0.4	0.45	0.26	0.68

续表

产业	2008			2018			增减百分比
	雇用人数（千人）	产业百分比	职业百分比	雇用人数（千人）	产业百分比	职业百分比	
电视广播	2.6	2.07	1.70	2.9	2.16	1.67	12.81
有线电视及其他预付费节目	0.2	0.22	0.12	0.2	0.22	0.13	25.41
艺术、娱乐与休闲产业	3.0	0.15	1.95	4.0	0.18	2.29	35.07
艺术表演、观赏性体育运动及相关产业	2.7	0.65	1.75	3.6	0.78	2.09	36.45
演出公司	0.3	0.28	0.22	0.4	0.30	0.22	12.94
观赏性体育运动	0.1	0.08	0.07	0.1	0.08	0.07	15.67
项目推广、代理人与经理	0.1	0.09	0.06	0.1	0.09	0.07	23.12
独立艺术家、作家与演员	2.1	4.22	1.40	3.0	4.65	1.73	41.76
博物馆、历史古迹与类似机构	0.3	0.20	0.17	0.3	0.20	0.19	23.89

续表

产业	2008			2018			增减百分比
	雇佣人数（千人）	产业百分比	职业百分比	雇佣人数（千人）	产业百分比	职业百分比	
个体自营与无报酬家庭从业人员，所有工作	105.5	0.90	69.54	122.2	0.99	70.15	15.82
个体自营的从业人员，所有工作	105.2	0.91	69.37	121.9	1.00	69.99	15.84
无报酬家庭从业人员，所有工作	0.3	0.21	0.17	0.3	0.22	0.16	8.11

来源：美国商务部劳工统计局，《就业前景指南，2010—2011 年版：作家、作家与编辑》（*Occu-pational Outlook Handbook, 2010—2011: Authors, Writers, and Editors*），http://www. bls. gov/oco/ocos320. htm（预测数据，具体统计为 XLS 文件，2010 年 12 月 30 日访问）。

对音乐家而言，情况稍有不同。如表 7.7 所示，音乐家的就业存在两个明显的事实：（1）被雇佣的音乐家分布于广泛多样的行业中；以及（2）差不多将近一半的人（240000 人当中的 119000 人）均是自主就业，他们并没有任何固定的或者永久的雇主。[1]

重复一遍，关键的要点在于，在娱乐产业中，一个由职业创造者组成的小团体，构成了某一个庞大的经济结构或者生态系统的核心，并且，许多的这些职业创造者是在小公司就业或者自己独立工作。

2. 专利和小型创新团队

在专利世界中，一般情形也与之类似。在某个宏大的经济背景下，职业创造者也构成了一个规模虽小但非常重要的核心团体。正如娱乐和出版业那样，我们所看到的也是一个混杂的产业结构或者生态系统，其中，创造性发明人在各不相同的多种环境下工作。有的是大型公司，设有规模庞大的研发部门；IBM 和微软公司就是两个显著的例子。但是，这些大型公司也在间接支持某个由更小的公司所组成的网络，其中的许多公司都具有高度的创新能力。事实上，近些年关于创新的研究一直都在持续地强调，小型创新公司在整个公司图景中正变得越来越重要。[2]

---

① 改编自美国商务部劳工局，《就业前景指南，2010—2011 年版（目前数据）》[Occupational Outlook Handbook 2010-2011 edition (current data)]，预测数据见于：http://www. bls. gov/oco/ocos095. htm。

② 参见，例如，马可·伊恩斯蒂（Marco Iansati）与罗伊·莱维恩（Roy Levien），《拱顶石优势：商业生态系统的新动力对于战略、创新与可持续性意味着什么》(The Keystone Advantage: What the New Dynamics of Business Ecosystems Mean for Strategy, Innovation, and Sustainability)，波士顿：哈佛商学院出版社，2004 年，第 82—83 页 [其以软件行业的微软公司为例，描述了"拱顶石公司"（keystone companies）如何将大小公司统一到某个遍布于商业生态的网络中]。

表 7.7　音乐家、歌手与相关从业者（2008—2016 年）

音乐家、歌手与相关从业者	2008 年		2016 年（预测）	
	人数 （千人）	百分比	人数 （千人）	百分比
就业总人数，全体从业人员	240.0	0.16	259.6	0.16
领取工资和薪水的就业总人数	120.3	0.09	133.7	0.09
信息产业	1.2	0.04	1.2	0.04
电影、视频与录音产业	0.8	0.21	0.8	0.18
电影与视频产业	0.4	0.10	0.4	0.10
录音产业	0.4	2.26	0.3	2.31
广播（互联网除外）	0.2	0.05	0.2	0.05
电台及电视广播	0.2	0.07	0.2	0.07
电广播	0.1	0.11	0.1	0.12
教育服务，公共和私立	3.9	0.03	4.9	0.03
艺术、娱乐与休闲产业	34.4	1.75	36.7	1.61
艺术表演、观赏性体育运动及相关产业	33.4	8.22	35.6	7.61
艺术表演公司	29.1	24.73	30.3	23.95
项目推广人、代理人与经理	2.2	2.02	2.6	1.99
独立艺术家、作家与表演者	2.1	4.07	2.7	4.12
全日制餐厅	0.4	0.01	0.4	0.01
酒吧（酒精类饮料）	0.2	0.06	0.2	0.06
其他服务场所（政府和私人家庭除外）	78.4	1.42	88.4	1.42
宗教、慈善、市政、专业服务与类似机构	78.4	2.64	88.3	2.63
个体经营的从业人员	119.7	1.03	125.9	1.03

来源：美国商务部劳工统计局，《就业前景指南，2010—2011 年版（目前数据）》
[*Occupational Outlook Handbook 2010—2011 edition（current data）*]（预测数据，http://
www. bls. gov/oco/ocos095. htm.)

　　"小家伙的崛起"（rise of the little guys）代表着对某种长期趋势的逆转。[①] 从 19 世纪后期至近乎 20 世纪末期，大部分产业的经济力量还是被集中掌控在那些变得越来越大的公司手中。[②] 这对于创造阶层的职业生涯有着深远的影响。自 19 世纪晚期以来，伴随着大公司的研发部门的增长，公司专利的数量也随之提高，这些都是

[①] 参见理查德·N. 朗格卢瓦（Richard N. Langlois），"正在消失的手：变革中的工业资本主义动力"（The Vanishing Hand: The Changing Dynamics of Industrial Capitalism），《产业与公司变革》（Indus. & Corp. Change），第 12 卷（2003 年），第 351 页。内奥米·R. 拉莫若（Naomi R. Lamoreaux），丹尼尔·M. G. 拉夫（Daniel M. G. Raff）与彼得·特明（Peter Temin），"超越市场与等级：关于美国商业史的一种新融合"（Beyond Markets and Hierarchies: Toward a New Synthesis of American Business History），《美国历史评论》（Am. Hist. Rev.），第 108 卷（2003 年），第 404 页。

[②] 研究企业的历史学家艾尔弗雷德·D. 钱德勒（Alfred D. Chandler）对此发表了经典的阐述，参见氏著《看得见的手：美国企业的管理革命》（The Visible Hand: The Managerial Revolution in American Business），麻省剑桥：哈佛大学出版社，1980 年，以及《规模与范围：工业资本主义的动力》（Scale and Scope: The Dynamics of Industrial Capitalism），麻省剑桥：哈佛大学出版社，1994 年。关于将钱德勒的著作置于最近发展的背景从而形成的一个观察视角，参见理查德·N. 朗格卢瓦，"在一个更大框架中的钱德勒：市场、交易成本和历史上的组织形式"（Chandler in a Larger Frame: Markets, Transaction Costs, and Organizational Form in History），《企业与社会》（Enterprise & Soc'y），第 5 卷（2004 年），第 355 页。从一个历史的视角，主张我们历史中有许多的部分，是由朝着实现洛克式个人主义（Lockean individualism）理想的运动所组成的，尽管这个运动有时比较缓慢，相关论述参见彼得·卡斯滕（Peter Karsten），"评论：劳动之痛？南北战争前美国的工人、老板和法院"（Review: Labor's Sorrow? Workers, Bosses, and the Courts in Antebellum America），《美国历史评论》（Rev. Am. Hist.），第 21 卷（1993 年 9 月第 3 期），第 447—453 页。

在经济史上有着完备记录的事实。1891 年，71% 的专利授予给个
人；[①]而到 1999 年，在当时的全部专利中，有 78% 被授予给公司。[②]
多年以来，经济史学家似乎都相信，这一趋势在很大程度上是不可

---

① 参见内奥米·R. 拉莫若（Naomi Lamoreaux）与肯尼斯·索科洛夫（Kenneth
Sokoloff），"独立发明人的衰落：一个熊彼特式的故事？"（The Decline of the
Independent Inventor: A Schumpterian Story?），美国国家经济研究局（Nat'l Bu-
reau Econ. Res.）工作论文第 11654 号，2005 年 9 月，第 9 页，见：http://www.
nber. org/papers/w11654。

② 布朗温·H. 霍尔（Bronwyn H. Hall）、亚当·B. 贾菲（Adam B. Jaffe）与曼纽
尔·特杰腾伯格（Manuel Trajtenberg），"国家经济研究局专利引用数据文
件：教训、见识与方法论工具"（The NBER Patent Citations Data File: Lessons,
Insights and Methodological Tools），国家经济研究局工作论文第 8498 号，2001
年 10 月，第 12 页，见：http://www. nber. org/papers/w8498。关于在中间若干
年的透视，参见洛厄尔·朱利亚德·卡尔（Lowell Juilliard Carr），"千名发明人
十年间的专利行为表现"（The Patenting Performance of 1, 000 Inventors During
Ten Years），《美国社会学杂志》（Am. J. Soc.），第 37 卷（1932 年），第 569 页
（在样本中，有许多发明人是独立的个人或者是来自小公司的）；巴科夫·S.
桑德斯（Barkev S. Sanders）、约瑟夫·罗斯曼（Joseph Rossman）和詹姆斯·L.
哈里斯（L. James Harris），"由公司取得专利"（Patent Acquisition by Corpora-
tions），《专利、商标与著作权杂志》（Pat. Trademark &Copy. J.），第 3 卷（1959
年），第 217 页（1936—1955 年间在美国所授予的专利中，有 59% 转让给公司，
41% 归个人）。在 1963 年至 1995 年间，有 24.2 % 原本归实体所有的被授权专
利，转移到了个人手中。而非美国籍的个人发明人甚至更少；在 2008 年，授
予外国实体的专利有 74465 件，但授予外国个人的专利，则只有 3615 件。参
见美国专利商标局（USPTO），按年度分类计算的专利数量——独立发明人
（Patent Counts by Class by Year—Independent Inventors），2008 年 12 月 31 日，见
于：http://www. uspto. gov/web/offices/ac/ido/oeip/taf/cbcby_in. pdf。关于一般性背
景，参见约翰·R. 艾莉森（John R. Allison）与马克·A. 莱姆利（Mark A. Lem-
ley），"美国专利制度日益增强的复杂性"（The Growing Complexity of the United
States Patent System），《波士顿大学法律评论》（B. U. L. Rev.），第 82 卷（2002
年），第 77 页。

211

表 7.8　美国专利所有权分布状况（单位：件）

	1995 年之前	1998 年	1999 年	2000 年	2001 年	2002 年	2003 年	2004 年	2005 年	2006 年	2007 年	2008 年	总计
美国公司	1101870	66052	69389	70887	74329	74154	75327	73021	65207	78925	70498	69962	2032622
美国政府	43417	1028	984	928	957	913	882	842	698	792	724	676	55737
美国个人	352680	16407	16698	16129	15203	14116	13536	12172	10358	11857	9898	9021	537603

逆转的，并且大部分的创新必然来自纵向一体化的大型公司，主要源自其内部的研发部门。尽管独立发明人仍在继续作出有价值的贡献，但是人们长期以来仍然认为，大部分重要的发明必然源自大公司的研发团队。[①] 当然，个人相比于公司所拥有专利数量的数据，确实支持了这一观点；即便是近几年的数据，也表明公司所拥有的专利数量在持续增长，而相应的代价则是，个人发明人的专利数量减少（参见表 7.8）（这些数据仅指美国实体；外国实体拥有的专利所有权分布，甚至更加朝着由公司享有所有权的方向倾斜）。

　　但是，公司享有专利的所有权，并不必然等同于由大公司主导。近年来人们已经看到，关于大公司注定占据创新图景之主导地位的这一墨守成规的观念发生了重大修正。特别是，以下两方面的发展引起人们的关注：小公司作为新技术的主要来源而发生复苏，这部分地归功于人们重新意识到小公司的优势；[②] 在大公司之间不

212

---

① 参见，例如，戴维·C. 莫厄里（David C. Mowery）与内森·罗森堡（Nathan Rosenberg），《技术和对经济增长的追求》（*Technology and the Pursuit of Economic Growth*），剑桥：剑桥大学出版社，1989 年，第 71 页（"公司内部的研究工作，能够更好地将商业性成功的创新所必需的各种输入因素结合起来，使用和提高从市场和生产部门收集来的针对具体公司的知识储存，以及利用好在生产部门与某种技术知识获取之间的紧密联系"）；克里斯托弗·弗里曼（Christopher Freeman），《产业创新经济学》（*The Economics of Industrial Innovation*），伦敦：劳特利奇（Routledge）出版社，1974 年第 1 版，第 103 页（"公司研发在主要的革命性技术飞跃中开始占据主导地位……"）。

② 理查德·N. 朗格卢瓦，"技术和组织中的模块化"（Modularity in Technology and Organization），《经济行为与组织杂志》（*J. Econ. Beh. & Org.*），第 49 卷（2002 年），第 19—37 页；理查德·N. 朗格卢瓦，"正在消失的手：变革中的工业资本主义动力"，《产业及公司变革》，第 12 卷（2003 年），第 351—385 页。

断提高的共识是，它们为了得到新的思想，必须眼光向外，包括投向比它们小的公司。[①]

对于那些具有创造力的科学家、工程师以及各类发明人而言，这就意味着他们自己拥有或者参股小公司的新机遇。知识产权正是此类公司取得成功的一个关键。[②] 学者们已经不断地证明，小型专门化的科技公司更加依赖于知识产权。因为相比于大公司，它们为研发投入而寻求融资的途径更少。[③] 大公司往往可以通过多种方法

---

① 亨利·切斯布鲁尔（Henry Chesbrough），《开放式创新：技术创造与营利新律令》（*Open Innovation: The New Imperative for Creating and Profiting from Technology*），波士顿：哈佛商学院出版社，2003 年。

② 参见斯图尔特·J. 格雷厄姆（Stuart J. H. Graham）等，"高科技企业家与专利制度：2008 年伯克利专利调查结果"（High Technology Entrepreneurs and the Patent System: Results of the 2008 Berkeley Patent Survey），《伯克利技术法律杂志》（*Berkeley Tech. L. J.*），第 24 卷（2009 年），第 1255 页。事实上，这项最近的调查结果显示，由技术型创业公司所持有的专利比以前人们所认为的更加广泛。

③ 参见乔纳森·M. 巴尼特（Jonathan M. Barnett），"可专利产品的私人保护"（Private Protection of Patentable Goods），《卡多佐法律评论》（*Cardozo L. Rev.*），第 25 卷（2004 年），第 1251 页始，第 1252 页（已经发展成熟的企业或者已经上位者，有多种方法来收回其研发成本，比如将创新产品与它们销售的其他产品捆绑在一起，但是，产业新人则必须更多地依赖于法律保护）。我和其他一些人也持有某种类似的观点，即法定的知识财产权使得那些专门的、科技密集型部件的制造者有能力组建自身的独立公司，而不是作为落脚在大公司内部的一个部门或者专业小组。参见罗伯特·P. 莫杰思，"财产权的一个交易视角"（A Transactional View of Property Rights），《伯克利科技法律杂志》（*Berkeley Tech. L. J.*），第 20 卷（2005 年），第 1477 页；阿希什·阿罗拉（Ashish Arora）与罗伯特·R. 莫杰思，"专门化供给企业、财产权与企业的边界"（Specialized Supply Firms, Property Rights, and Firm Boundaries），（转下页）

将其研发投资赚回来，比如将新的技术结合到多部件构成的复杂产品中，或者通过在市场推销其创新产品而打败其他企业，或者利用其他依赖于规模效应的技术。小公司则极少有如此多样化的选择。对它们而言，知识产权显得更加重要，因为它们往往必须把某一专门化部件出售给其他公司，以便将其结合到某个更大的产品中。①这些交易本身伴随着风险；作为交易伙伴一方的大公司，有时可能会复制该项新技术，而假如没有专利，那么小公司对此几乎不具备有效的反制手段。我自己的一些研究已经表明，专利有助于促进涉及新技术交易的供给。而在另一项相关的研究中，我与另一位合作作者表明，专利保护对于提供专门技术供给的企业而言，大有好处，因为它们必须得跟作为技术购买方的大公司进行交易。②

　　这一研究思路若从某种经济学意义而言，可谓严格缜密，然而它所触及的，却是一个超越了纯粹经济学的主题。尽管知识产权被表达为是为小型专门化公司的生存而提供帮助的，但在这些假设

（接上页）《产业与公司变革》（*Indus. & Corp. Change*），第 13 卷（2004 年），第 471—475 页。某些相关思想的评述，参见丹·L. 伯克（Dan L. Burk），"知识财产与企业理论"（Intellectual Property and the Theory of the Firm），《芝加哥大学法律评论》（*U. Chi. L. Rev.*），第 71 卷（2004 年），第 3 页，以及保罗·J. 希尔德（Paul J. Heald），"关于专利法的一种交易成本理论"（A Transaction Costs Theory of Patent Law），《俄亥俄州立大学法律杂志》（*Ohio St. L. J.*），第 66 卷（2005 年），第 473 页。

① 关于这一主张的正式版本，参见莫杰思与阿罗拉，"专门化供给企业、财产权与企业的边界"，前揭。

② 参见格雷厄姆等，"高科技企业家与专利制度：2008 年伯克利专利调查结果"，前揭，第 34—35 页。与坊间流传的证据相反，该调查发现，初创公司申请专利的主要目的，是为了防止其他实体复制它们的产品和服务。

的情景中，它们还要实现一个更深层的目标：自治。通过使小公司成为彼此分离，并且能独立运行的实体，知识产权就允许更多的个体发明人组成独立的创新团队。[①] 因为不用受一个大雇主直接的监管性控制，技巧娴熟的技术专家们在他们的工作生涯中，就能享受平均而言更大的行动自由。他们有更多的自由，可以专注于能激发其兴趣的领域，选择他们愿意从事的项目。如果将他们从事工作的身体看作某种对象，那么我们可以从这种职业自由的一孔之中，窥见某个康德式主题。正如我们在第 3 章所见，财产权给人以稳定的预期，而不管时间如何推移；人们知道，处于其合法控制之下的某一对象，将随时间的经过而继续保持这种状况，不受任何的外界干扰。正是通过这种方式，小型创新团队才能构建其技术知识和技能的基础，不受公司监管者的干扰，并依赖专利而保持独立。某一知识产权组合，固然不能保证这个团队必然取得成功。但是，它确实给予他们一个可依其自身条件取得成功的机会。

　　这完全是以如下观念为前提的，即小型创新团队允许其个人成员相比作为大型公司的雇员而享有更大的灵活性。这应当不再是一个争议性观点；社会科学研究始终表明，对企业家行为的最强劲的促进因素之一，就是驱动他们在工作条件和工作生涯上可以施加

①　关于企业家高度重视自治的价值的证据，参见托拜厄斯·J. 莫斯科维茨（Tobias J. Moskowitz）与安妮特·维辛-约根森（Annette Vissing-Jorgensen），"企业家投资的回报：私募股权溢价之谜？"（The Returns to Entrepreneurial Investment: A Private Equity Premium Puzzle?），《美国经济评论》（*Am. Econ. Rev.*），第 92 卷（2002 年），第 745—778 页（企业家们常常被提高自治的渴望所激发，因此，他们具有不同于普通人的风险偏好）。

更多的控制。① 虽然即使小公司也存在着等级制度，并且一般也有一个 CEO，但是，它在本质上还是较少具有官僚习气，也远没有大公司的上下等级制。② 正是由于小公司灵活的结构，再结合那些使小企业网络时时可以复制大公司优势的技术与组织实践，才得以推动小企业走在科技进步的最前沿。③

---

① 亨利·索尔曼（Henry Sauermann）和韦斯利·M. 科恩（Wesley M. Cohen），"是什么在鼓励他们？雇员动机与产业创新"（What Makes Them Tick? Employee Motives and Industrial Innovation），美国国家经济研究局工作论文第 14443 号，2008 年 9 月，第 4 页，见于：http://www.nber.org/papers/w14443.pdf（"企业的研发人员行使实质性的自治——可以说相比于其他种类的雇员而更大……"）。比较，菲利普·阿吉翁（Phillipe Aghion）、马蒂亚斯·德瓦特里邦（Mathias Dewatripont）和杰里米·C. 斯坦（Jeremy C. Stein），"学术自由、私人部门聚焦与创新进程"（Academic Freedom, Private-Sector Focus, and the Process of Innovation），《兰德经济学杂志》（Rand J. Econ.），第 39 卷（2008 年），第 617 页（它提出了一个模型，表明学术研究的优点，其允许由研究人员对于创造性活动实施最大程度的控制，而与之相对的产业研究，则允许管理层对企业研发人员的活动进行指导，尽管并不是完全地下指令）。

② 佐尔坦·J. 艾克斯（Zoltán J. Ács）及戴维·B. 奥德莱奇（David B. Audretsch），《创新与小企业》（Innovation and Small Firms），波士顿：麻省理工学院出版社，1990 年，第 40 页（"小企业对于创新作的贡献令人印象深刻，因为与大型公司相比，它们拥有若干优势。其中一个重要的优点是，它们较少带有官僚作风……"）。

③ 参见，例如，朗格卢瓦，"技术和组织中的模块化"，前揭。至少有某些实证性证据支持这样的观点，即小企业正变得越来越重要。参见 CHI 调查公司（CHI Research, Inc.），"小企业与技术：收购、发明人流动与技术转让"（Small Firms and Technology: Acquisitions, Inventor Movement, and Technology Transfer），《致小企业管理局的报告》（Report to the Small Business Administration），2004 年 1 月，第 ii 页，见于：http://www.sba.gov/advo/research/rs233tot.pdf：（转下页）

知识产权——此处专指专利权——就因此而为这种情况下的自治目标给予支持，正如在娱乐产业中支持职业创造者的自治一样。由于许多发明人实际上是以团队方式进行工作，并因此不算是严格意义上的"自治"，而且大公司客户可以不顾那些名义上独立的小公司，仍能对后者施加强大的压力，因此，这里的自治效果在某种程度上是有所削弱的，但是尽管如此，小型团队给予每一位成员以更多的个人自治，这一事实依然成立。知识产权在多大程度上促使小公司变得更加成功，这些权利就在多大程度上为自治作出贡献。这是一个十分重要但却常常被人忽视的贡献，而我们在第 2 章和第 3 章所探讨的规范性基础，就是对该贡献的一种细致的反思。

3. 从事外观设计和品牌建设的职业创造者

商标保护常常被认为不太适合跟著作权与专利权放在同一个观念性框架中。我们也时时被告知，商标的基本目标是保护消费者免受欺诈，这个目标并不必然引导人们去生产更多或者更好的商标。尽管现在人们对于商标的规范性基础的理解，较诸前述传统观点而略有强化，但是，有一样东西，也就是这样一种观念仍然没

（接上页）"小公司的技术影响力正在日益增强。在美国的高度创新型企业（指最近 5 年拥有超过 15 件美国专利的企业）中，被认定为小企业的比例从 2000 年的 33%（在当时这项研究中，拥有 15 件以上专利的公司总共是 1070 家），增长到 2002 年数据库（此类公司总共 1270 家）中的 40%"。另参见同揭，第 iii 页："从 20 世纪 90 年代中期到之后十年的早期，大企业中的高产发明人（亦即，至少拥有 10 件专利的发明人）的比例从 72% 下降至 69%，而小企业中的这一比例则从 12% 上升到 16%。"

变：商标法在某些方面与其他知识产权存在根本性区别。[①]

确实，这个看法有一定道理。但也容易高估了这种差别性。有一种方法可以看到，专利法、著作权法和商标法之间的共性大于其差别，那就是，我们要把注意力放在该法律领域所意图为之服务的创造性社群（creative communities）上。

我想要主张的是，假如我们以这种方法——即按照知识财产对于依赖它而形成的创造性社群所发挥的作用——加以观察，那么商标法与专利法、著作权法相比，其实并无太大的区别。在从事创造性外观设计与品牌的专业人士那里，商标法所发挥的功能，正如同著作权法之于作者或者专利法之于发明人 / 企业家那样。商标法使他们得以生存、发挥作用并且有时还能获得繁荣发展。即使在商标产生于大公司的情形中，由于商标法律保护，它也会把资源吸引到这一功能上来，并因此而为一群商标领域的专业骨干力量提供支持。[②]

214

---

① 例如，很少有人认为，法律需要为创造商标本身而提供激励。要为产品起个可用的名称，这相当容易；而且，与发明某样东西或者撰写一部小说或一首歌曲相比，它的成本也要低很多。跟商标相关的激励，更多地是在推广某个品牌、标识或者设计方面进行投资，消费者才会因此而将商标与特定公司所销售的特定产品联系起来。参见，例如，罗伯特·P. 莫杰思等，《新技术时代的知识产权》，纽约：阿斯本（Aspen）出版社，2010年第5版，第735页。关于另一个虽与此不同但颇有启发性的视角，参见马克·P. 麦克纳（Mark P. McKenna），"商标法的规范性基础"（The Normative Foundations of Trademark Law），《圣母大学法律评论》（*Notre Dame. L. Rev.*），第82卷（2007年），第1839页。

② 比较，麦克纳，"商标法的规范性基础"，前揭，第1843页［"现代法律……将商标看作一个兼具价值和意义的贮藏库，它可以被适用于一系列范围广泛的商品和服务。换言之，21世纪的商标法几乎就等同于意在提高品牌价值的产业政策。"（脚注略）］。

工业外观设计师则依赖于各种各样的知识产权保护，以确保在其成果上的权利。更准确地说，最主要的是因为他们的客户有此保护需求。一般而言，工业设计师工作室本身并不制造、销售产品；他们的"产出"是优美的设计、兼具吸引力与功能性的包装、既便于记忆又富含信息的标识和商标。但很显然，工业设计师的客户所看重的，是他们能够确保对于这些由其委托设计师所完成的外观设计和商业标识享有权利。在此重申，正如著作权和专利权那样，在外观设计和商业标识上享有某种财产权的可行性，相比于没有这种可行性的情况而言，就使得那些纯粹的设计师工作室更易于生存。说得极端一点，假如外观设计不可能得到任何的保护，那么设计师就只得乖乖地到综合性大型生产企业那里去打工当雇员。因为只有运用那些面向大企业开放的其他投资回报策略，在某一项精巧设计上的投资才可能赚得回来。

尽管目前尚无确切的研究，但专业设计师的收入之低是人所共知的，这不仅牵涉到公司对待外观设计价值的态度，也跟法律只赋予设计师的工作成果以相对较弱的知识产权有关。[①] 固然，设计师往往是独立工作的；正如有人所指出的：

> 我所认识的大部分设计师，其工作是作为咨询顾问，而

---

① 参见，例如，哈维·罗斯金·莫洛奇（Harvey Luskin Molotch），"深入到东西里面：专业人士是如何把它做出来的"（Inside Stuff: How Professionals Do It），《这些东西从哪里来》（*Where Stuff Comes From*），纽约：劳特利奇出版社，2003 年，第 23 页、26 页（其指出了"设计人员的低收入和弱势地位"，尤其是与工程师和职业销售人员相比）。

不是作为他们为之提供设计服务的企业的雇员（例如在汽车产业中常见的那样）。……尽管无从知晓出自这些咨询师的产品和来自公司内部设计人员的产品呈现为何种相对比例，但是，就创新、技巧和产品领导力而言——汽车产业除外——这些外部的设计师工作室才是策源地。①

然而，设计师的低收入以及对设计成果缺乏控制力，意味着即便他们是独立工作的，也低于其或许应当具有的自治性。商标法有助于解决这一问题。通常，若提供保护以避免消费者的混淆——这是商标法确定法律责任的传统基石——那就等于承认在一项独创性外观设计上存在某种财产权。而当商标保护进一步加以扩展时，它就以某种方式提高了独立设计师和品牌专业人士的能力，他们就可以做他们最擅长的事情并能够以此谋生了。

这里需要纠正一个潜在的错误印象，这一点也很重要。并不是所有跟商标相关的工作都与工业外观设计相关。品牌建设已经成为一个大规模的全球产业，其中以广告与相关推广形式所发生的费用，年度支出总计大约可达 6530 亿美元。② 负责广告活动和推广项目的专业人士所从事的工作，从某些方面看，无疑是与写作、音乐表演、发明等工作相似的；没有理由不把这些人称之为"创造性人才"（creative talent）。这里当然存在范围上的限制，也就是传统

215

---

① 莫洛奇，《这些东西从哪里来》，前揭，第 23—24 页。

② 杰克·W. 普伦基特（Jack W. Plunkett），《普伦基特广告与品牌产业年鉴（2008年）》（*Plunkett's Advertising and Branding Industry Almanac 2008*），得州休斯敦：普伦基特调查公司（Plunkett Research, Inc.），2008 年，第 29 页。

的知识财产能在多大程度上加以扩展，以保护这些专业人士的工作成果。我们举一个例子加以说明，假如将商标法保护延及至甲公司的某一广告活动所创作的视觉印象［或者"外观感知"（look and feel）］，那么这将带来某种危险，因为这样做就会破坏商标法关于保护消费者的传统使命。因此，就这个例子而言，假设乙公司在另一项广告活动中聪明地复制了甲公司的产品来销售其自己的产品，但只要这样做并未导致消费者将乙公司所销售的产品误认为甲公司的产品，那么，乙公司就不承担任何商标法上的责任。

即便如此，商标法中甚至带有这样的限制，在其中留下一些空间，以关照品牌和外观设计的专业人员。假如消费者混淆与对专业人士的奖励这两者存在一致性，那就没有理由不将商标法吸收到知识产权法的观念性结构之中。与著作权和专利相比，商标政策的合理解释可能更具有多维度性（multidimensional）。但是，这也没有必要将其从用以支撑著作权和专利的支持自治（proautonomy）、让创造者获得回报（creator-rewarding）的理论基础中完全剥离。

二、知识财产所导致的交易"管理费"问题及解决

我一直强调，娱乐产业的从业人员和其他创意人才依赖于著作权，发明创造团队依赖于专利，而设计师和品牌建设者则依赖商标法来支撑他们的生活。但是，为这些职业创造者提供支持的知识产权，也带来了某种成本。赋予创造者阶层以法定权利，这当然是在帮助他们，但也对那些利用或者消费创造性成果的人，施加了某种负担。如何授予这些权利，激励创造者并且让他们正确行事，同

时把消费者和用户身上的负担最小化——这既是本书第 2 章至第 4
章所述规范理论提出的要求，也是知识产权政策必须面对的现实挑
战。本章的剩余部分就将直面这一挑战。

　　正如我在此前所述，知识产权常常被人弃权或者实际并未执
行。即便如此，若采取某种支持知识产权的政策，无疑仍然会增加
成本。假如权利未被放弃，那么，要想确定知识财产的所有权人
都可能是一件成本昂贵的事情。而一旦找到了权利人，还可能产
生谈判的成本。而后当然还会有授权费用——通常就是许可使用
费——这些都被添加到产品销售的成本上。简单的事实是，如果有
更多的知识产权，而且给予更强的保护，那么通常就会增加交易管
理费（transactional overhead），被计入那些利用了创造性资产的产
品生产当中。若按照自治这一人人喜爱的主题来表述，那么，更
强的知识产权保护，就会阻碍并且拖累任何想要利用他人创造性
成果作为"输入"并进行自我创造的人。它削弱了利用这种输入
进行再创造的人的自治，但增强了那些做出并且出售该等输入者
的自治。

　　那么，这是否就变成了简单地涉及谁的自治更重要的问题呢？
在一定程度上，的确如此。正如我在第 4 章所具体指出的那样，在
一个公平正义的社会中，我们有充分的理由相信，消费者和用户应
当并且愿意为高质量的创造性成果付更多的钱。知识财产的分配效
应，就可以被辩解为是正当的，尽管存在着这样的担心，认为这些
权利必然导致精英主义（elitism）。观众与用户将乐于从他们的自治
当中切出一小部分（以付费的形式或者在使用上受到限制的方式），
从而给予职业创造者更大的自治。

216

但这个故事说起来，却绝不是仅仅如此而已。一项理想的知识产权政策，应当以使用人的最低成本为代价而满足职业创造者的利益。这个思想与第6章所描述的效率原则以及使用人的自治利益相一致，那就是，既让职业创造者受益，但又不能过度加重用户与消费者的负担。然而，鱼和熊掌不可兼顾，不是吗？许可成本通常直接转化为创造者的收益，因此，降低这项成本就必然减少创造者的收入，难道不是这样的吗？

并非完全如此。许可成本当中的一部分，根本不是归创造者受益。这部分成本是为明确知识产权而发生的纯粹交易成本，包括确定权利人、谈判达成许可、为维持与权利相关的支付机制运转所需要的成本。因为这些成本根本不是服务于任何有价值的目的，所以，它们都是用于削减成本的主要目标。拿一台机器作比方，它们是知识产权这台机器的不同部件之间所发生的纯粹摩擦。图7.2阐明了这一观点。它显示的是，如果我们对交易成本施以合理的关注，就能在不提高消费者成本的情况下，增加创造者的收入。图7.2最后的那一组表明，假如我们考虑创造性成果的外溢（spillover）收益（亦即，将来用户与其他非消费者群体的收益），那么，知识产权的总收益就超过了成本，甚至带来了强劲的创造者收入。

知识产权政策应当把消费者付款中流入交易成本的那部分比例降下来。这一目标应当尽可能减少纯粹摩擦，同时，将流向创造者的收入加以最大化。一台运转流畅的机器对任何人都有好处。我们作为一个社会整体，如果能够把从所有权人那里转移权利给使用人的成本最小化，那么，我们至少确保知识产权许可所带来的负担是在服务于某个有价值的目的——即提高职业创造者的自治。基于本书此前所述的全部理由，对我而言，这就是一个高尚的目标。将那些从本质上来讲流向毫无用处的地方——亦即，只是消耗在权利移转过程中——的金钱予以最小化，这就推动我们趋向于以尽可能最有效率的方法达到目标。

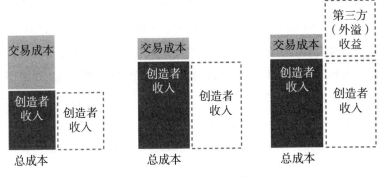

图 7.2　创造者收入和交易成本

（一）一体化解决方案：创造性产业中的大型公司

在某些情形中，对个体创造性成果赋予法定权利，就会增加做生意的成本。设想有一位商人，想要创办一家儿童玩具制造公司。这是一项成本高昂的计划。他必须租赁或建造一间工厂，或者至少确定某个具有一定额外生产能力的合约制造商。包装、发行、销售以及促销环节也都必须支付费用。此外，如果他想制造的玩具涉及这种或那种知识产权，还会增加另一项成本。他首先必须明确，该知识产权归谁所有，进而必然要与之达成一项交易，最可能的方式就是知识产权许可。这份交易可能包含了关于如何制造该玩具的某些信息，在此情况下，它在某种意义上已经超越了单纯的知识产权，而是包括了有关产品的制造细节以及其他有价值的信息。但这也可能只是一份纯粹的知识产权许可协议：假如该玩具已经为公众所熟知，或者我们这位商人只是就某一个为人熟悉的标志或者设计（可以想一下米老鼠）而达成许可，那么，他在该交易中所获得的唯一东西，可能就是简单的关于制造该玩具的法定权利。^① 无论如何，这里的重点是相同的：从我们这位玩具制造企业家的视角来看，在玩具上的知识产权就属于另一项成本。

218　　　为确定权利人以及相应进行谈判所产生的成本，是用来说明经济学家所称的交易成本的一个典型例子。大量的经济学理论与实证研究——这是由诺贝尔奖获得者奥利弗·威廉姆森（Oliver Williamson）率先开创的领域——已经逐步建立起来，致力于研究这些

----

① 我的意思是，假如玩具制造商想要做的事情就是使用由知识产权所涵盖的东西（与法定权利本身相对），那么，他可能就没有必要跟知识财产的所有权人达成交易。米老鼠是一个人所熟知的形象，以至于没必要向迪士尼公司讨要一张大师级的米老鼠画像；一个人光凭记忆就可能把米老鼠画出来，并且把它用到诸如皮球或者棋盘游戏之类的玩具上。当然，他这么做有可能招致迪士尼公司的诉讼。而我的观点恰恰就在于：玩具厂商之所以要取得迪士尼的许可，其原因是为了获得使用米老鼠形象的法定权利。至于信息内容，亦即关于如何把米老鼠画出来，则已经广为人知。因此，使用米老鼠形象的许可就是一个"纯粹"知识产权许可的例子：当事人唯一需要获得的就是法定权利，而不是任何附随于该许可的单独的信息内容。这是最纯粹的例子，证明知识产权造成了额外的交易负担。要不是因为知识财产，他人就没有任何理由去获得迪士尼的许可。因此，对知识产权的正当性解释就必须说清楚，这个额外的交易负担是如何使迪士尼的创意团队从中受益的，同时，有效的知识产权政策也必须是为了寻求将此类交易的成本最小化。

成本，以及分析商人们是如何处理它们的。[①] 如果按照这个理论来阐述，那么我的观点就是：知识产权政策应当涉及如何为职业创造者带来回报，同时减少交易成本。

有关交易成本的文献是围绕这样一种核心的权衡（trade-off）而被组织起来的，这就是通常所称的"自制抑或外购"（make or buy）的权衡。某一企业所需要的东西可以由企业"内部"生产亦即自制。这具有某种明显的优势，对我们而言，最重要的好处是，制造商得以回避了与另外一家公司谈判和执行某一合同的成本高昂的过程。在一家大公司内部，假如制造部门想要生产由设计部门所设计的玩具，它们之间不需要订立一份合同。只要某位公司主管发布一道命令，另一位主管就会推动其团队作出回应，而工作就这么完成了。这种组织形式被研究交易成本的理论家们称为"等级制"（hierarchy）。

此种安排的弊端在于，大公司可能变得官僚化。要么是某个部门忽视来自其他部门的订单，而由此也不会带来什么严重的后果；要么就是作出回应的动力可能以沉默而告终。每一个部门可能会树立其忠诚的对象、自身的惯例以及自己优先考虑的目标。大公司的等级制虽然节省了订立合同的成本，但是，它也可能让公司变得行动缓慢、反应迟钝。

相反，一家小公司则可能更为灵活。原因之一是，当小公司向

---

① 参见奥利弗·威廉姆森，《治理机制》（*The Mechanisms of Governance*），牛津：牛津大学出版社，1996 年；奥利弗·威廉姆森，《资本主义的经济制度》（*The Economic Institutions of Capitalism*），纽约：自由出版社（Free Press），1985 年。

大公司出售其制造的产品时，双方会缔结合同。它们在合同中会设定详细的履行要求，例如具体规定，除非把订单做到完全符合大公司客户的要求，否则小公司得不到付款。这些具体的合同式行动刺激，被称作"高能激励"（high-powered incentives）。高能激励是通过合同安排生产所获得的一种重大收益，同时，它们与公司等级制或者一体化生产，恰好形成了某种暗示性对比。通过合同具体规定详细的履行条件，并且严格加以执行，相较于试图命令同属一家公司的关联部门来配合履行，反倒较为容易。

但是，这个理论还存在另一面。合同也是需要付出成本的。首先，起草一套关于履行条件的详细合同，以及与合同相对方进行谈判，这些都会带来成本。交易成本理论中的一个重要认识是，这些成本有时候会很高，在极端的情形中，有时甚至高到实际上不可能制定出可强制执行的合同。根据合同转让的标的越是模糊不定，想要制定一份具有执行力的合同的可能性，就更是像天方夜谭。可以举一个很好的例子，假设根据一份合同，一家小公司着手研制之前从未制造或者尝试过的新产品。如果某样东西是模糊不定的，或者在一开始对其所知不多，那么，如何才能具体规定履行义务的特征呢？任何在此情况下所订立的合同，必将是开放式的，也因此带来了风险。合同一方当事人若无道德原则，就会利用合同的这种松散性。例如，一家小公司可能制造出一台可通过验收的新产品的原型机，并且声称，其已经完成了"尽最大努力交付令人满意的产品"这样一项文字表达含混不清的义务。但是在此之后，也就是在前述合同履行完毕后，这家小公司却可能在该新产品上开发出更好的版本，然后贴上自己的标签，或者另与他人订立利润丰厚的合同。然

而对于第一份合同的买方而言，却很难证明该小公司违反了原初的
这场交易。

　　在交易成本理论中，这种风险被冠以"机会主义"（opportunism）之名。根据该理论，解决这个难题的一个方法是，在投机主义
风险较高的地方，就干脆摒弃合同方式。实际上这就意味着重新回
到一体化和等级制。简而言之，生产者的"输入"难以具体界定时，
它们就会被需要这些"输入"来制造自己产品的大公司所兼并。在
这些情形中，公司等级制更胜一筹；而由于合同的高能激励难以企
及，因此，对输入品的生产就在大企业内部解决了。

　　也有一些学者在交易成本理论中引入某种变通，据此，有关
资产所有权的协议就能够解决某些棘手的交易冲突。在合同不能有
效执行的情形中，双方当事人可以达成一致意见，将某些与该交易
相关资产的这样或那样的所有权交给对方，以此方式而创造出对双
方有益的履行激励。对交易成本理论作出这个变通是有效果的，但
在适用范围上却有所限制，因为它只适用于某一专门性输入品（a
specialized output）必定会被制造和出售的情形。[1]

---

[1]　参见桑福德·J. 格罗斯曼（Sanford J. Grossman）与奥利弗·D. 哈特（Oliver D.
　　　Hart），"所有权的成本与收益：一种纵向与横向一体化的理论"（The Costs
　　　and Benefits of Ownership: A Theory of Vertical and Lateral Integration），《政治
　　　经济学杂志》（*J. Pol. Econ.*），第 94 卷（1986 年），第 691 页；奥利弗·哈特与
　　　约翰·穆尔（John Moore），"财产权与企业的性质"（Property Rights and the
　　　Nature of the Firm），《政治经济学杂志》（*J. Pol. Econ.*），第 98 卷（1990 年），
　　　第 1119 页。关于新财产权（NPR）理论的一份优秀综述，参见奥利弗·哈
　　　特，《企业、合同与金融结构》（*Firms, Contracts and Financial Structure*），牛
　　　津：牛津大学出版社，1995 年。关于这一理论体系——通常被称为 （转下页）

无论是直接适用还是对资产所有权作出变通，交易成本理论都描述了这样的条件，即复杂产品的部件在有时候就据此条件而由独立企业制造出来，并且通过合同出售给其他企业。有时，这些部件本身就是创造性成果，并且构成某一更大的集成产品——例如娱乐产品中的电影——的组成部分，或者某一复杂产品的一个技术性部件。我在本章乃至事实上贯穿全书当中均主张，知识产权为独立创造者和小型创新团队提供了可行性支持，并因此提升了职业创造者的自治。

即便如此，大公司依然存在诸多优势，使得它们在相当多的情形中都是表现更优的。交易成本理论描述了其中一个优势：数量众多的单独交易带来的高成本，使得一体化成为一个更好的替代性选择。假如必须组装到同一产品中的各个部件是紧密相关的，则该结论尤其正确。例如，一部长度与故事片相仿的动画片，可能包含成千上万的单幅绘画、十几首或更多的音乐谱曲，以及大量其他的创造性输入。如果每一位专业动画设计师都是作为一个独立承包商，那么，要把一整部电影组装完成并且发行，将不得不执行成千上万份各自独立的合同。在这种以及其他类似情形中，假如把全部或者大部分的创造性团队都变成公司内部的雇员，这显然是有优势的。在这种情况下，正如在其他情形中那样，将所有相关的生产性部件

（接上页）"新财产权"（new property rights）方法——在知识产权上的深度应用，参见罗伯特·R. 莫杰思，"知识产权、输入品市场与无形资产的价值"（Intellectual Property Rights, Input Markets, and the Value of Intangible Assets），1999 年，见于：http://www. law. berkeley. edu/7937. htm（文件存于"早期论文"项下）。

整合到某一企业内部就具有优势了。

但是，这对于职业创造者意味着什么呢？大企业生产所秉持的经济逻辑是与创造者的自治相互矛盾的吗？当谈到职业创造者时，大公司的存在从某些方面看是否也是说得通的呢？对于这些问题，一言以蔽之：是的。大公司以直接和间接的方式发挥着重要作用，从而在职业创造者群体借以运营的商业生态系统中，成为其中的必要组成部分。由于这些大公司所作的贡献，对每一位雇佣职业创造者所在的主要产业群体而言均有所不同，因此，下面我将分成单独的小节予以阐述。

1. 大型传媒公司

当代评论家们对于集聚了庞大数量的受知识产权保护成果的大型公司，通常持坚决否定的态度。华特迪士尼公司、大型唱片公司、电影制片厂以及诸如此类的实体常常成为他们批评的对象。主流观点认为，这些大公司观念陈旧、墨守成规、利欲熏心，因此绝对不会站在个人创新模式的这一边。维基百科、粉丝网站、开源项目以及其他协作型组织则恰恰相反：形式新颖、充满活力、非营利、不受老派做事方式的桎梏，从而更能代表组成该机构的成员的诉求，并能快速做出反应。这种对比呈现了这样的情形：一边是厚颜无耻、金钱至上的公司；另一边则是生机勃勃的有机共同体。

大公司就像许多的大型组织一样，很容易被挑出来成为批判对象。当然，这种想法至少在这一点上是真实无疑的，那就是电影制片厂经常炮制"模式化"（formulaic）电影，而大型唱片公司则制作出许多"泡泡糖流行乐曲"（pop bubblegum）。另一方面，记住这一点也很重要，即这些大型传媒公司雇佣了成千上万的人，他们的事业是致力于创造出众多高品质的、面向大众市场的作品——电影、唱片、电视节目、图形艺术，等等。虽然也有成千上万的业余电影制作人，他们的电影被上传到诸如优兔（YouTube）之类的网站上；但是，几大主要的电影制片厂实际雇佣的员工却高达270000人。[①] 出版行业的情况也是如此，正如图7.3所示，极少数的公司（不及总数的2%）却雇佣了该行业超过40%的人员。

221

出版行业中，有超过一半的机构只有每家不足5名雇员，但40%的工作却集中在那些雇员人数超过250人或更多的大机构中。

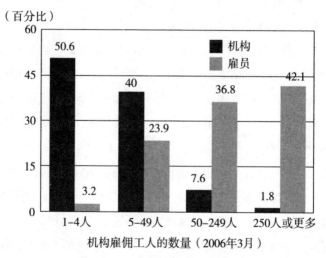

机构雇佣工人的数量（2006年3月）

图7.3　出版行业机构的规模

① 美国国际贸易委员会（U. S. International Trade Commission），"美国电影和电视产品的迁移"（The Migration of U. S. Film and Television Production），2001年，第15页。见于：http://www. ita. doc. gov/media/filmreport. html。

在所有这些行业中，大公司的雇员——其中的典型例子就是职业创造者——通过贡献那些既有价值又受人欢迎的创造性成果，为自己赚得可持续生活的工资。他们通过自己的创造性活动而谋生。从知识产权政策的视角出发，这样的群体绝对是至关重要的。能够真正地从创造性成果中谋生，这正是知识财产的全部内容。这就确保可以向消费者稳定地提供高质量的创造性成果——这也是知识产权法的真实目的。因此，大型传媒公司雇佣如此多的职业创造者，这一点绝非跟知识产权法无关。在我看来，政策上若以牺牲大型传媒公司的利益为代价而支持优兔之类的传播者，那就必须考虑到该政策对于职业创造者这一基本团体所造成的负面影响。①

即便我们假定要排除职业创造者在大型传媒公司中的贡献，但是在起草那些伤及该等公司的知识产权政策之前，我们可能仍须三思而行。这是因为，大公司的健康成长以及福利，会以多种重要方式影响到个人创造者和小公司。例如，大型传媒公司通常就是独立的专业人士和小公司的孵化器。②许多在大型主题公园、世界博览会以及诸如此类场所工作的创意设计师，往往是从迪士尼公司开

222

---

① 我在第 8 章中将更加深入地探讨对于数字内容职业创造者保持激励的必要性。

② 参见托马斯·赫尔曼（Thomas Hellmann），"雇员何时成为企业家？"（When Do Employees Become Entrepreneurs?），工作论文，不列颠哥伦比亚大学，2006 年 8 月，见于：http:// strategy. sauder. ubc. ca/hellmann/pdfs/MSRevision_August_2006-All. pdf（其引用数据的来源表明，在全部企业家当中，有 70% 来自于发展成熟的企业，他们在那里接受培训并且获取新观念的灵感）。

始他们的职业生涯的，[①] 而同样的情况还发生在动画领域的一些小玩家，比如奇迹电影公司（Miracle Studios），它就是由一群想要保留迪士尼老电影当中的手绘动画片传统的人员组成的。[②] 即使是那些一开始就独立创建的小型创意公司，它们也常常与大型传媒公司进行交易，以利于其创造性成果的发行和市场推广。皮克斯（Pixar）与迪士尼公司的协议就遵照了这一模式（直到 2006 年迪士尼公司收购皮克斯公司为止），而许多年以来，独立的唱片制作人与发展完备的大型唱片公司之间也采用了这种合作模式。[③] 发展完备的

① 参见约翰·汉尼根（John Hannigan），《幻想之城：后现代大都市的利与乐》（Fantasy City: Pleasure and Profit in the Postmodern Metropolis），伦敦：劳特利奇出版社，1998 年，第 120 页。

② 参见"现在甚至迪士尼公司也在影片中放弃了手工绘制而走向数字化了"（Now Even Disney Goes Digital to Put Drawing Out of the Picture），《泰晤士报》在线版（Timesonline），2006 年 7 月 21 日，见于：http://entertainment. timesonline. co. uk/tol/arts_and_entertainment/article690659. ece; http://eddiepittman. com〔这家网站属于埃迪·皮特曼（Eddie Pittman），他是华特迪士尼公司的前雇员，现为自由执业的动画片绘制者〕。关于对另一产业中的公司分拆动力的详细研究，参见史蒂文·克莱珀（Steven Klepper）与萨利·斯利珀（Sally Sleeper），"通过分拆进入"（Entry by Spinoffs），《管理科学》（Mgt. Sci.），第 51 卷（2005 年），第 1291 页（其详细研究了高精度激光产业中发生的各种各样的公司分拆）。

③ 威廉·M. 拉斯洛夫斯基（M. William Krasilovsky），《音乐这个行业》（This Business of Music），纽约：公告牌图书公司（Billboard Books），2003 年，第 31—32 页（"独立制作人通过合同而拥有特别令人满意的艺人，这样，他们就有能力与一家主要的唱片公司达成一份唱片标签交易（label deal）。唱片标签交易可以规定，唱片冠以该制作人的商号和标签发行。制作人声称，唱片标签交易有助于将艺人吸引到他们旗下"）。

大型公司通过这样或者那样的方式，为从事创意工作的人们和小公司提供资源，并给予其帮助。借用商学院的某种行话来讲，大型传媒公司俨然娱乐产业"生态系统"中一个不可或缺的组成部分。伤害它们，必然也会影响到小公司和独立创造者。

　　为什么这里一直强调职业创造者的重要性，以及大公司为他们提供支持的必要性？因为有些人主张，既然知识财产于当今时代是有害的或者无关紧要的，那就应当将之弱化，而他们常常抛出这样一种为其观点辩护的三段论：（1）知识产权政策由大型传媒公司所制定，并且是为了它们的利益，而极少或根本没有考虑个体创造者的利益；（2）大型传媒公司好像体型庞大但已经过时的恐龙，它们努力维持的这种垂死的经济生活方式——它部分地通过更趋强大的知识产权而实现——既令人悲哀但也充满危险；因而（3）那些真正支持个体创造者的政策，就必然要反对大型传媒公司的利益，其部分手段就是减少对知识产权的强调。对此可以简化为这样一种表述，虽然有点夸大其辞：在数字时代，让迪士尼受到伤害的，必定对小家伙大有好处。

　　我在这里的目标，就是要打破这个三段论逻辑。我认为，大型传媒公司并不是全体创造性成果贡献者的不共戴天的仇敌。他们甚至也未必是身为"小家伙"的创造者——亦即在大型传媒公司约束范围之外工作的个人与小型团队——的敌人。[①] 我的最终目标，则

———————————

①　这里应当指出的是，从一方面看，创意内容具有更大的多样化，实际上增加了大型传媒公司的收入。其思想在于，在生产和发行成本都很低的拥挤市场中（也就是今天的数字化生产和网络发行的时代），大媒体从其制作与销售的"优质内容"（premium content）上所获得的回报，实际上是增加（转下页）

是为当代经济中的财产权观念提供辩护；也就是主张，在所有权人与这些有价值的资产之间所存在的这种——映射关系，仍然是有意义的，即便在数字传媒时代亦然。我感到有必要为此提供正当性解释，以便让一个对于维持知识产权保护起到推动作用的关键性利益团体，能够在这幅创造性图景中占据持久性的一席之地——在某种意义上，就是为财产权的捍卫者提供辩护。这倒并不是说迪士尼公司之类的大公司是动画绘制者、作家和音乐家们所能碰到的最好归宿；而只是说它们为许许多多以此工作谋生的人们，提供了报酬不错的就业机会——这也是在知识产权领域制定政策时的一个重要考虑因素，我认为它的目标就是为这些人持续提供这样一种生计。① 我接下来的任务，是离开有关产业结构的问题，转而更直接地阐述我在当前的数字知识产权政策中所看到的这个核心议题：为一个最有利于职业创造者经济生存能力的法律基础设施而提出证明。行文至此已经非常明显，我把对于个人财产权的持久信奉，看作这个基础设施中的一个关键性部分。这样带来的结果就是为某一部分的创作者给予特权，而这正是我在第 4 章详予辩护的一项

（接上页）了的。参见保罗·西布赖特（Paul Seabright）与海伦·维茨（Helen Weeds），"广播节目中的竞争与市场力量：租值从何而来？"（Competition and Market Power in Broadcasting: Where Are the Rents?），第 12 页，见于：http://privatewww. essex. ac. uk/~hf-weeds/SeabrightWeeds_paper. pdf. ；发表于保罗·西布赖特与尤尔根·冯·哈根（Jürgen von Hagen）编，《广播市场的经济规制》（*The Economic Regulation of Broadcasting Markets*），剑桥：剑桥大学出版社，2007 年。

① 提供某种生计，这当然是较为理想化的自治目标的一个重要而实际的方面。对于自治的阐述与辩护，参见本书第 2 章至第 4 章。

政策。[①]

2. 为替代性（开源或集体共享）产品模式进一言

今天的知识产权学术文献充斥着这样的论著，它们鼓吹用以取代大型传媒公司的现代性替代方案，因此，我觉得非常重要的是，在此陈述一下我关于大公司和当今甚嚣尘上的文化产品新模式之间关系的观点。

首先，我应当声明，我是非常认真地对待文化的参与性和民主性方面的。我已经投入好些精力，思考如何对于我们继受而来的知识产权法律结构加以修正和改动，以鼓励众多的参与性创造的新方式——维基、开源项目以及被称为"众包"（crownsourcing）的其他方式。[②]但是——这也是我与许多当代知识产权学者的分歧之

---

① 正如我在第 4 章所解释的那样，我在这里提到给予特权，是指给予帮助或协助。财产权持续保持有用并且是可获利的，并因此而能够帮助那些制作并销售高质量内容的人，以及那些具有必要资金来强制执行其权利的人。我并不是意在暗指那种没有或不应该有资格获得财产权的低价值内容；尽管它通常也是获得了财产权的。我也并不主张，知识产权政策应该专门对于低质量内容的创造者造成不合比例的伤害。我的提议是，以更加简便的方式把受知识产权保护的内容捐献给公众，促进分享——我在本章后半部分以"容他权"（right to include）为标题一并加以讨论——而这些提议恰恰是在相反的方向上，朝着一种对业余内容一视同仁和以分享为基础的生产模式推进。我的观点只在于，当我们考察"实践的法律"（law in action）时，事实就是生机勃勃的知识产权为高质量内容的个人所有权人所提供的帮助或协助，相比于为其他人所提供的帮助要多得多，而（通过知识产权政策所表达的）创造性自治与平等的社会目标，本来就应该如此。这就是我所指的"给予特权"（privileging）的全部含义。

② 参见，例如，我的文章"在公共领域中的一种新活力"（A New Dynamism in the Public Domain），《芝加哥大学法律评论》（*U. Chi. L. Rev.*），第 71 卷（转下页）

处——我也相信，知识产权政策负有某种促进和鼓励创造的特殊义务。假如人们不能全身心地投入其中，将他们可观的创造性才能开发和表达出来，而与此同时，大型组织又常常缺乏能力将这些个人的贡献组合起来，以形成先进、精致与光彩照人的形式，那么，我相信这会让我们的集体文化遭受极大的损失。正是这些职业创造者给我们带来了许多产品，它们也已经成为文化符号和共同的里程碑。如果没有他们，我们可资利用的素材将大为减少。说实话，我们所有人在某种意义上讲，都在"创造文化"，而这些职业创造者所利用的一些素材，就是被人一致认可的神话、传奇和古老故事。但是，假如没有当代这些以可获得方式存在的高质量的产品，那么，我们可用来构建我们共享文化的素材将大量缺失。这也是我为什么如此重视这些职业创造者的原因。而且，假如他们的工作富有成效，他们的作品就能吸引大量的观众，所以，我并不认为这是一种特别精英主义的观点。毕竟，他们身处市场经济环境的运作之中。因此，他们的作品（在许多情况下）必然得到大众的广泛认可。而鉴于知识产权法的规则，它所设立的一系列广泛的参与机制也是开放的，举凡评论、批评到模仿（当然只针对思想而非表达），甚至是滑稽模仿，皆属可行。人们对美国的流行文化怎么品头论足都可以，但是，"不民主"（undemocratic）这张标签无论如何也贴

（接上页）（2004 年），第 183 页（有必要为创造者提供某种简便的方式，便于其将作品捐献给公有领域）；以及"为了大众的洛克"（Locke for the Masses），《霍夫斯特拉法律评论》（*Hofstra L. Rev.*），第 36 卷（2008 年），第 1179 页〔有必要用财产权理论来解释在众包产品（crowdsourced products）中被聚合起来的劳动〕。

不到它的身上。假如精英主义者会对于创造性人士的照顾和培育表现出关切，那么，这简直就是一种奇怪的精英主义：他们竟然会如此经常地对人民表示关怀，从而指责把低俗的娱乐产品强加给美国人民！

好吧，这也许并不是说不够民主。可能它只是出错了。为什么职业创造者应当得到特殊保护？毕竟，保护他们的成果，就剥夺了其他人的自由：以自认为合适的方式使用这些成果的自由、东拼西凑将它们合成新的（可能是颠覆性的）作品的自由、将它们挪用并创作他们自己作品的自由。它剥夺了人们参与构建自身文化的自由。既然如此，又该如何证明这种对自由的"剥夺"就是正当的呢？

我认为有两种证明方式。第一种是，承认高品质的内容对于某种共享文化体验的重要性；第二种是，批判有关保护这些内容将对自由构成重大侵犯的主张。关于第一点，我在此前已有陈述。在此仅对第二点略予阐释。

自由确实受到知识产权法的限制，这一点毫无疑问。但这种限制并没有像许多人认为的那么严重。知识产权通常不是自我实施的（self-enforcing）。由于知识产权的强制执行成本高昂，因此，这一确定无疑的事实就针对知识产权可能严重侵犯自由的情形而提供了第一层保护。对于知识财产的所有权人来说，这是他在生活中遇到的令人乏味的事实，却对使用人的自由问题产生了十分重要的后果。对知识财产的消费者而言，他在事实上的自由空间——如果你愿意那样说，即指参与文化（participatory culture）的空间——其实相当的大。某种过度形式化的关注焦点往往将目光落在纸面的法律上（而不是与之相对的实践中的法律），从而常常模糊了这一点。但不管怎么说，这就是事实。

针对使用人自由的第二层保护则是通过市场实现的。人人都爱自。商业企业尽力供给人们所爱之物。因此，如果消费者偏爱那些带有一点点额外自由的文化产品，商业企业就会提供给他们。这就意味着，企业在销售文化产品时如果明显限制用户自由的，要么不得不将这些产品制作得特别具有吸引力（以抵消因施加更大的限制而给消费者造成的价值损失），要么就得改变他们的用户限制政策。事情就这么简单。也就是说，应当会有大量的内容可以供人进行混合、拼凑或者其他方式非常自由地加以使用。这些使用，有一些是出自商业公司，另一些则来自于喜欢混合并且想要推广该文化产品的业余爱好者。并非所有的内容都能这么自由地被散发出来的，但有相当数量的内容确实如此。假如某些作品是如此地经典，以至于文化活动的参与者感觉到，他们必须引用这些作品——也就是说，不存在任何其他附加较少用户限制的替代品——那么，知识产权法就允许对该等作品进行批评（例如，一篇致力于探讨"作为意识形态的芭比娃娃"的论文或者整个网站）、评论［比如，针对"抵制限禁版《小美人鱼》（*The Little Mermaid*）"而撰写的一篇文章］，甚至是滑稽模仿（例如，对霍格沃茨魔法学校和哈利·波特系列故事加以嘲讽的一部戏）。但是，对经典作品进行商业性混合的行为，则可能受到知识产权法的禁止。这属于对自由的限制吗？当然是的，但该限制是基于某种正当的理由（是为了支持经典作品），并且是以某种限定的方式（在此情况下，人们仍然可以从这些作品中借用其思想，并将这些基本思想融入自己的原创作品中；他们可以对之进行批评与评论；以及对它们进行滑稽模仿）。在我看来，这些对自由限制的程度是有限的，而且就其本身而言，也完全是合理的。我了解到，有些人会觉得，假如不能把这些内容完全打乱，并且直接贴上自己的标签，他们就认为自己被直接剥夺了一种重要的自由。但是我相信，迫使他们在这些经典作品的外围进行创作，以及对它们进行评论而不是直接复制其中的要素，这样做并不需要太高的成本。承认创作者在这些作品上的权利，这确实是成本。权利总是伴随着他人的负担，但依我之见，这些负担还不算太过沉重，以至于构成应当削弱该等权利的正当理由。[①]

最后一点是关于"自下而上的文化"（bottom-up culture），这就让我们重新回到了关于知识财产真正的是一种法定权利的这个观念。这当然是洛克和康德所赞赏的财产权观念带来的结果，我们在本书第2章和第3章已予详述。我已经逐渐认识到，无论采用何种形式，我们不可能严格地将某种功利主义的推理应用到关于最佳知识财产政策的问题上，以使得由此产生的文化成果可以在创造者与消费者的经济偏好之间形成完美的平衡。因此，以我们现有的认

---

① 我并不打算暗示，只有经典作品才应当受到知识产权的保护。我在第8章中将更加深入地探讨"混合"（remix）的现象和观念，其中我解释道，许多原创作者以及以利润为导向的公司，却从动机上看，愿意放弃其知识产权并且将内容无偿捐献给混合者。经典作品并非唯一应受知识产权保护的作品，但是，它们通常是最值得让人付出成本与麻烦来加以保护的对象。换句话说，在知识财产的世界中，因高昂的实施成本所产生的实际效果就是，为知识财产的所有权人造就了放弃其权利的强烈刺激。知识产权固然保护了自治，但只有当创造者选择强制执行其权利（通常是由于跟成本相比，值得这样做）时，才是如此。

知状态，最好是把知识财产看作是一个权利问题。同时我认为，职业创造者值得拥有并且实现其知识产权——这既是（洛克与康德式的）第一原则问题，也是（依照第4章所描述的罗尔斯式）社会合意的问题。任何政策，假如以牺牲职业创造者的利益为代价而明显地支持业余爱好者，那么按照我的思维方式来看，都不可能是合理的。①

3. 大型科技制造公司

正如在娱乐产业那样，尽管从提升自治的理想情形看，可以采取个体自营或者完全独立的形式，但是，大公司也确实为职业创造者的前景作出了贡献。大公司的贡献有两种方式：首先，大公司通过购买小公司所出售的专门类产品，制作并且出售那些需由小公司增添部件或者加以扩展的消费类产品，由此而形成某种生态系统的支柱，小公司常常得以在其中得到繁荣发展；其次，大公司通过雇佣大量的职业创造者，使之能够以此作为事业，并且有时候给予其充分的培训，使他们有能力脱离大公司而创立自己的公司。当

---

① 在这方面，显然并不是只有我一个人持此观点。参见，例如，杰伦·拉尼尔（Jaron Lanier），《你不是个小玩意：一个宣言》（*You Are Not a Gadget: A Manifesto*），纽约：阿尔法雷德·克诺普夫（Alfred A Knopf）出版社，2010年，第83页（"假如有一天，某个带有愚蠢噱头的免费视频，就像专业电影制作人的产品一样能够吸引众多眼球的话，那我们为什么还要给电影制作人付费？"）；安德鲁·基恩（Andrew Keen），《业余爱好者的狂热崇拜：博客、我的空间（MySpace）、优兔及当今其他由用户生成的媒体正在如何摧毁我们的经济、文化和价值》（*The Cult of the Amateur: How Blogs, MySpace, YouTube, and the Rest of Today's User-generated Media Are Destroying Our Economy, Our Culture, and Our Values*），纽约：双日（Doubleday）出版社，2008年。

放眼于更为宏大的场景时，我们就看到，在对职业创造者的关照和培育方面，大公司几乎没有什么令人憎恶之处。它们反倒是不可或缺的。

大公司也以某种方式间接地帮助小企业，那就是作为一个培训基地，一个让企业家们多方面从中汲取经验和技术诀窍的源泉。例如，有关企业家精神的研究就一直表明，大多数成功的创业公司，其创办人往往来自于已经发展成熟的大公司。例如，一项关于磁盘驱动器产业公司成立模式的具体研究表明，其中的大多数小型创新公司，追根溯源就出自那几家大公司。对硅谷创新文化发展历程的历史性描述也证明了这一点；并且历史一次又一次地表明，那些至关重要的小公司若追究其根基，就源于现在的少数几家大公司，最著名的是仙童半导体公司（Fairchild Semiconductor）。

最近一些关于创新产业结构变化的高水平论述表明，已经发展成熟的大公司还起着另一种虽有不同但同样重要的作用。在当今占据主导地位的、更加变化多端的产业结构中，大公司需要的专门部件，通常由高度专业化的小公司来供应。尽管在这些论述中，常常以"模块化"（modularity）和纵向"非一体化"（vertical "disintegration"）的主题作为其特征，但是，它们也承认大公司的重要性。日本汽车产业广泛依赖于在许多部件上的外包，从而常常被当作今日盛行的新型"扁平化"（flatter）产业结构的一个典范，而与之相对比的则是更早的年代，那时一辆汽车几乎所有部件都是由大型汽车公司内部制造完成的。然而，即便在这个美丽新世界中，日本的汽车公司仍然规模十分庞大。至少在这个领域，产业的非一体化只是一个相对的术语。大公司仍然占据汽车产业的核心（在其他许多产业亦是如此）；无论人们如何细致地加以衡量，它们也还是大公司。

总的观点就是：个人所有权与小公司具有促进自治的特征，这可能跟一幅完全由大公司所主导的产业图景之间存在紧张关系，但与此同时，正是由于大量存在的大公司，才帮助和促进了某种包含较小生产单位的产业结构。因此，尽管生机勃勃和可强制执行的知识产权可以促进形成大量的、支持自治的小公司，但是，这些知识产权并不会导致大公司就因此而全部渐趋消亡。假如我们真正重视自治和独立的价值的话，大公司也不应该趋于消亡。小的生产单位想要取得成功，将在很大程度上可能依赖于在产业图景中存在的一家或者多家大公司。因此，即使完全抛开知识产权给大公司自身带来的利益不说，这些权利也使小公司得以与大公司相互独立，而又可以共同参与来制造各种各样的创新产品。这一结论听起来似乎自相矛盾，但在这个语境当中，却又是合情合理的。在将知识产权与更大的自治以及小公司的经济生存能力连接起来的链条当中，大公司常常是其中必要的一个环节。

（二）重回交易成本

然而，正如我在此前所述，这种连接的环节越多，交易成本就会越高。知识产权可以帮助小公司在公司生态系统中造就少数几个大牌玩家，但却无法逃避这样的事实，即独立生产单位越多，常常带来了越高的管理成本。我在这里强调的解决方案是，接受其为某种必要的成本，甚至是值得付出的成本，但与此同时，尽可能多地将之最小化。在这一节中，我力图让这个一般性告诫发生实际效力，建议采取某些实际方法，以减少在多个独立的权利人之间所发生的交易成本。我的建议总的来说可以分成两类：（1）降低完全弃权的成本，其所依据的理论是，假如让放弃权利的做法变得更容易，就会降低知识产权制度的总成本；（2）降低权利交换的成本，其方法是鼓励设立多企业的联盟和集中式知识产权清算机构。

（三）对知识财产的弃权与"容他权"

我首先来谈一谈，关于如何让知识产权的放弃变得更加简便易行。乍看之下会令人生疑，像我这样的人怎么会去追问这个似乎有点奇怪的命题。多人协作产生的内容、网络在线文化的拉平化特色以及开源运动，这些都是处于数字革命话语核心的主题。它们都强调，过时的"专有性"（proprietary）或者"集中化"（centralized）的文化与互联互通、高度民主化的文化新曙光时代之间存在显著的差异，因为后者所依赖的是这个广泛传播的信条：放弃个人权利主张，以促进互动的、大规模协作产生的"成果"。但为什么像我这样的老派人物，也要来探讨关于知识产权捐献的问题呢？

这里有两个原因。首先，因为数字革命代表着正确的方面：内容分享的便捷与无远弗届，这是革命性力量，而人们能利用它来做事，着实令人兴奋。第二个原因是，与传统知识产权的批判者不同，我并不认为这种新型的分享方式破坏了传统知识产权的合理性。事实上，我想要提出的是，假如能够正确理解这种分享方式的法律语境，我们就不会将它看作是对知识产权的一种威胁或者挑战，而是会把它看作是这些权利实践具有灵活性的明证，以及与这些权利仍然相关的规范性基础的明证。简言之，把放弃财产权作为

228 选项，正是任何财产制度的一个核心特征。除其他章节之外，我们在第3章探讨康德关注于弃权的思想及其与个人自治的联系时，已经看到了这一点。许多潜在的知识产权的所有权人放弃他们尚未成熟的权利主张，以支持共享性、协作式的参与，但是，这无论如何不会削弱知识产权在初始的合理性。相反，它恰恰是支持其合理性的。另外同样重要的是，许多人选择了弃权这一路径，但这无论如何并不暗示着其他人也必须作出相同的选择。因为，正如知识产权允许其所有权人为了集体项目而贡献他们自己的成果，知识产权同样也保护那些想要保留其个人创造性成果的人，他们不愿意让自己的成果被融入大规模的合作当中。财产的全部意义就在于自由，权利人要么完全放弃自己的权利，要么为经济利用之目的或者仅仅因为审美偏好而拥有它们。康德对此已作过许多阐述，而知识产权法正是反映了这种基本见解。完全弃权的做法当然简单而且广受欢迎，但是，这一事实并不意味着它就应当成为法律的默认规则。若允许财产的这个基本要素——即对个人自治的尊重——在数字革命的压力之下而发生改变，则将是一个严重的错误。

1. 放弃权利的正确（与错误）方式

在促进分享的同时又要保持传统上对自治的尊重，最好的方式就是让所有权人放弃其权利的做法变得简便易行。而为促进分享的错误方式，则是在一开始就削减或者消除这些权利。按照前一种方式，个人选择仍然被置于知识产权结构的核心位置，而后一种方式则以协作的名义碾压了个人选择。假如知识产权制度既致力于维护传统的权利，同时又使这些权利的分享变得简单易行，那么，我们可以做到鱼和熊掌兼得，在传统的所有权与简单的分享这两方面都得到最好的结果。但是，假如以促进分享的名义而削减权利，那就丢失了传统上对个人自治的尊重。

在我对通过弃权而促进分享的一些直截了当的方式作简要描述之前，让我先来处理针对我的方法所提出的两项反对意见。第一项反对意见是，将传统的知识产权保护扩展至数字空间，就等于是权利的一次显著扩张。这项主张取决于若干事实，特别是，由于诸如数字权利管理（digital rights management/DRM）之类（在很大程度上并未被人意识到）的技术，权利人在数字世界中拥有更加全面地强制执行其权利的（在理论上的）能力。由于这项一般性主张已经被总结为"许可文化的增长"（the growth of the permissions culture）［这个标签与数字理论家拉里·莱西格（Larry Lessig）有关］，所以我在下面阐述时也沿袭这样的术语。第二项反对意见的论据也跟莱西格有关［还包括威廉·费歇尔（William Fisher）以及其他人］，他们声称，知识产权法的出错不是在于它试图为创造者提供收入，而是在于它允许创造者施加控制。这些评论家们提出的解决之道是，将收入和控制相分离，通常是采取某种（高度不明确的）对数字内容的强制许可制度。我也会对这种关于无处不在的强制许可的思想加以考察。

窃以为，"许可文化"的观念，若作为一个事实问题来看，它在很大程度上是错误的。在网络世界中，知识产权显然并不那么容易得到执行，因此，数字内容的使用人仍要受制于各种形式的限制性许可以及许可授权程序。许多创意产业的成果——从专业性音乐作品到传统的报纸——都可以被数字化利用，但其命运却日渐式微，足可证明这一点。正相反，我们可以利用更多的自动许可与

229

补偿制度，而不是更少（谷歌图书馆搜索和解协议在这方面提供了某些有趣的可能性，尽管当收入记账与补偿制度均由某一家占据支配地位的公司所控制时，这从某种程度上来讲，确实令人不安）。[①]

我认为，无论从实践还是理论的根据而言，无处不在的强制许可的观念也不成立。从实践的角度看，在能够对强制许可这一建议的可行性作出现实评估之前，首先必须解决的难题是，如何在个人创造者之间分摊这些潜在地来自网络活动的巨大的收入流。根据以往对于强制许可的经验，我对此并不乐观。在理论层面，强制许可这一观念反而更为差劲。要想把补偿和控制这两者有效地分开，非常困难；它们是趋向于携手并进的。而且关键是，一些创造者愿意牺牲一部分金钱收入来换取更大的控制。这本身应当是伴随任何财产权而来的自治的一个很重要的方面。尽管在数字内容上拒绝表示同意，这在一些知识产权理论家看来，可能是无可救药地落伍了，但是，坚决说不的权利，却正是作为一项财产权的其中应有之义。

2. 简化弃权

那么，该如何在自治与许多创造者渴望将其作品与人分享这两者之间达成最好的平衡呢？答案很简单：创立一种简单直接的机制，允许个人创造者放弃其知识产权。这也正是知识共享组织（Cre-

---

[①]　关于相关背景，参见帕梅拉·塞缪尔森（Pamela Samuelson），"谷歌图书搜索与网络空间中图书的未来"（Google Book Search and the Future of Books in Cyberspace），2010 年 2 月，见于：http://people. ischool. berkeley. edu/~pam/GB-SandBooksInCyberspace. pdf；帕梅拉·塞缪尔森，"学术作者反对谷歌图书搜索争议的和解协议"（Academic Author Objections to the Google Book Search Settlement），见于：http://people. ischool. berkeley. edu/~pam/JTHTL. pdf。

ative Commons）的本质所在，它们推广各种各样的许可，以达到使创造者能够广泛地分享自己作品的效果。其中的难题在于，这些许可仅仅是合同。而一种更好的做法是，将弃权机制直接写入著作权法（和专利法），并且设立一个中央型在线登记簿，用于记录弃权声明，以供人们简单易行地进行检索和证实。这就解决了因利用合同方式签字放弃某一权利所带来的一些专业性难题（人们对公示公信、合同相对性等问题的担心）。

　　这个机制的净效应是，当它涉及个人的知识产权时，维持了我们传统上对于个人决定的尊重。一项生机勃勃的弃权制度只会将自治原则——众所周知，它在知识产权制度中处于非常核心的位置——带入到共享内容与协作创造的时代。传统的法律结构服务于由新的数字技术所带来的那些人人想要的做法——这听起来真像是一个完美的结合。

（四）降低权利清算的成本：跨企业联盟

　　让权利的放弃变得简便易行，这固然具有重要意义，但是，认识到财产权意味着要给权利人带来经济回报，这一点同样重要；当然，这是从个人成果导向更大的个人自治的实践路径。因此，现在就让我们直面在本章前半部分所提到的事实，即强大的知识财产提高了交易成本。理想的知识产权政策往往以此为开端，但是，接下来还需要走得更远。权利当然必须予以承认，但同时，我们要将在整个经济中运转这些权利所消耗的资源最小化。这里就有了跨企业联盟（multifirm consortia）的用武之地。

　　把许多拥有知识财产的人，通过多种方式联合起来。在与技术相关产业，他们可能形成专利联营（patent pools），旨在将不同企业所拥有的专利聚合起来，依据某个"一站式销售"（one-stop shopping）协议而颁发这些专利的许可，然后根据各成员认同的某个内部评估程序，对许可收入进行分割。反托拉斯机构在涉及这些专利联营时，往往会放弃它们传统上对于全行业合作（industrywide cooperation）模式的反对意见；由此节约的交易成本，通常就抵消了任何关于从此类协议中产生反竞争活动的担忧。①

在娱乐产业，这样的联盟也是众所周知的。最早的一个例子是美国作曲家、作家和出版商协会（American Society of Composers, Authors and Publishers，简称 ASCAP），这个组织汇集了数量庞大的音乐词曲的著作权，并向电台、电视台以及其他媒体渠道发放授权许可。广播音乐公司（Broadcast Music, Inc.，简称 BMI）是它的一个竞争对手，发挥的功能相同。其他具有类似特征的各种组织也成立起来了，它们对于在音乐作品上的其他权利以及文字作品的著作

---

① 参见，例如，"商业审查函"（Business Review Letter），美国司法部代理助理副部长（Acting Assistant Attorney General）乔尔·I. 克莱因（Joel I. Klein），1997年6月26日，见于：http://www. justice. gov/ atr/public/busreview/215742. pdf（司法部批准了由9个专利权人组成的联盟，其形成许可组织，就是为了对数据压缩技术的必要专利发放许可）；《知识产权许可反托拉斯指南》（*Antitrust Guidelines for the Licensing of Intellectual Property*），1995年4月6日，第2.3节，"许可带来促进竞争的好处"（Procompetitive Benefits of Licensing），见于：http://www. justice. gov/atr/ public/guidelines/0558. htm#t23。关于一份历史综述，参见理查德·J. 吉尔伯特（Richard J. Gilbert），"专利联营的反托拉斯：一个世纪的政策演变"（Antitrust for Patent Pools: A Century of Policy Evolution），《斯坦福科技法律评论》（*Stan. Tech. L. Rev.*），2004年第3期。

权发放许可。①

尽管一般来说，反托拉斯法还是能够接受联盟模式的，但是，构建联盟也并不总能够从监管机构那里得到完全自由行事的授权。ASCAP 和 BMI 在早期就遭到过异议，而在之后的数十年里，仍然长期受制于由法院监督的双方同意判决*（consent decrees）。专利联营也经常遭到监管机构按照反托拉斯规则所提出的异议。② 虽然法律在很大程度上趋向于对此给予支持，但是，反托拉斯异议还是会采用某种常规性依据而反对此类联盟安排。

新一代的联盟构建带来了新的异议。有一组重要的异议是源于那些可用来发行内容的技术"平台"的不断成长。苹果公司的

231

---

① 关于专利联营、ASCAP 以及相关组织的历史背景与理论探讨，参见罗伯特·P. 莫杰思，"将责任规则写入合同：知识财产交易与集体管理组织"（Contracting into Liability Rules: Intellectual Property Transactions and Collective Rights Organizations），《加利福尼亚法律评论》（*Cal. L. Rev.*），第 84 卷（1997 年），第 1293 页；罗伯特·P. 莫杰思，"知识财产交换制度：专利联营的例子"（Institutions for Intellectual Property Exchange: The Case of Patent Pools），罗谢尔·德赖弗斯（Rochelle Dreyfuss）编，《知识产品：对保护的新主张及其边界》（*Intellectual Products: Novel Claims to Protection and Their Boundaries*），牛津：牛津大学出版社，2001 年。

* 指经法院核准，被告同意终止其非法行为，政府同意不再追究并撤诉，法院据此所作的判决。——译者

② 合众国诉美国作曲家作家与出版商协会案（*United States v. American Society of Composers, Authors and Publishers*）[208 F. Supp. 896（S. D. N. Y. 1962）]，维持原判 [331 F. 2d 117（2d Cir. 1963）]（该案审查并且修订了原先的 1941 年 ASCAP 双方同意判决）；飞利浦公司诉国际贸易委员会案（*Philips Corp. v. International Trade Commission*）[424 F. 3d 1179（Fed. Cir. 2005）]（根据各种反托拉斯规则而对光盘专利联营提出异议）。

iPod 播放器是在音乐领域的一个技术平台，如同亚马逊公司的 Kindle 之于电子图书阅读器。技术平台现在变得十分流行，不仅因为它以某种新的格式将作品提供给公众并因此实现增值，而且因为平台所有者也在设法吸引大量的内容所有权人加入该平台。例如，大多数主要音乐唱片公司将它们的音乐通过 iPod 播放器提供给公众。而大部分图书出版商也已经同意，将其旗下作者的至少部分图书放入诸如 Kindle 之类的电子书阅读器。大量的内容所有权人跟实力雄厚的大型科技公司相结合，这就为消费者带来了获得货真价实内容的希望，但同时也添加了严重的风险。

其中的一个风险是，平台—内容组合具有潜在的反竞争性前景，这是当代学术研究关注的一个重点。[①] 知识产权领域的一些评论家们曾经提出，知识产权在其可能促成平台—内容组合时，应当受到限制或者加以管制，因为这会威胁到某一特定产业的竞争性平衡。欧洲针对苹果公司将 iTunes 内容入口与 iPod 硬件平台相结合形成一体化的音乐系统进行监管，其背后的依据正是这个理论。[②]

---

① 关于一份涉及内容捆绑（content bundling）经济学的综述，其解释了唱片公司与数字音乐平台之间交易的一些特征，参见雅尼斯·巴克斯（Yannis Bakos）与埃里克·布吕诺夫夫松（Erik Brynjolfsson），"捆绑信息商品：定价、利润与效率"（Bundling Information Goods: Pricing, Profits, and Efficiency），《管理科学》（*Mgmt. Sci.*），第 45 卷（1999 年），第 1613 页。

② 参见，例如，"挪威：苹果公司 FairPlay 的 DRM 属于非法"（Norway: Apple's FairPlay DRM is illegal），MacNN，2007 年 1 月 24 日，见于：http://www.macnn.com/articles/07/01/24/norway.rules.against.drm/；"挪威在今日裁决，苹果公司在其 iPod 和 iTunes 商店中使用的数字权利管理技术是非法的，在此之前，本周早前有一份报告称，法国和德国也已经裁定，追踪苹果公司封闭的（转下页）

少数派的观点实际上是拥护这些促进平台—内容一体化的政策的，其理论是，这将促进兼容性内容的最优化生产，[①] 但是，多数的评论家对于将内容和平台捆绑在一起的商业交易，还是表达了真切的担忧。

但我并没有发现什么理由，要对平台—内容的交易表示事前担忧（ex ante concern）。知识产权允许内容的所有权人开拓各种各样广泛的选择：在某种情况下为特定平台而给予排他许可；或者给予有限时间的排他许可；或者对部分媒体给予排他许可，而对其他媒体则不给予此种许可；以及诸如此类的选择。这种因为知识产权而得以成为可能的竞争，就可以解决学者们针对平台—内容的交易所表现出来的大部分担忧。

1. 案例研究：音乐作品数字权利管理系统

关于苹果公司的 iPod-iTunes 平台的争议（特别是在欧洲），再加上它专有的 FairPlay 数字权利管理系统（FairPlay DRM System），

（接上页）iPod/iTunes 生态系统。……挪威的消费者调查专员（Consumer Ombudsman）裁决，该封闭系统属于不合法，因为歌曲经由苹果 FairPlay 的 DRM 编码之后，无法在 iPod 之外的任何其他音乐设备上播放，这就违反了挪威的法律。'这是再清楚不过的了。Fairplay 是一项非法的锁定技术，其主要目的在于，通过阻止共同可操作性，将消费者锁定在由苹果公司所提供的设备套装上'，消费者委员会高级顾问托盖尔·沃特豪斯（Torgeir Waterhouse）这样告诉公众"。

① 道格拉斯·利希特曼（Douglas Lichtman），"新兴平台技术中的财产权"（Property Rights in Emerging Platform Technologies），《法学研究杂志》（*J. Leg. Stud.*），第 29 卷（2000 年），第 615 页（其主张，双重边际化和利己性的定价决策，导致平台可兼容内容的产出不太理想，因此，政策应该鼓励内容和平台的一体化生产）。

这就为本节所描述的某些专题，提供了一个很好的研究案例。我首先描述一下苹果公司就其平台而在知识产权上所持的立场，然后讨论音乐内容产业的竞争力量如何影响了苹果公司在这个领域的总体性战略。

苹果公司的 iPod 音乐播放器最初要求所有在该平台出售的音乐作品都要进行重新编码，并收入苹果公司专有的 FairPlay 数字权利管理系统。尽管 FairPlay 系统可以保护音乐家和作曲家的作品免遭复制，但它也被认为具有将消费者锁定在苹果公司产品上的效果。一旦某人的音乐作品上传至某一台苹果公司的 iPod 播放器，它就被转化成 FairPlay 格式，除了 iPod，任何其他播放器不可以再播放该音乐文件。这种"锁定"（lock-in）效果的力量，从理论上讲，就可能被某一格式的所有权人，比如本案中的苹果公司所利用，从而建立起在音乐播放器行业的某种支配地位。为解决这一难题，就涌现出各种各样的监管性提议，而到 2003 年，人们普遍认为确实有必要采取反托拉斯干预，以避免由单一公司占据市场支配地位。

但是，接下来就涉及竞争了。根据其中一份陈述：

在线音乐服务已经出现，它允许以某种不受保护的格式永久下载音乐作品，例如 2007 年 9 月上线的亚马逊音乐商店。此外，一些主要的唱片公司宣布，它们将其音乐作品目录中的部分音乐提供给在线商店，以一种不受保护的格式用作试听。可以说，这些发展是针对使用人所声称的对于互用性（interoperability）担心的一种回应，并且说明了在数字权利管理的互用性领域中存在着这样的市场动力。①

　　这些发展变化暗示着，存在某种针对监管的替代方式。其思想其实很简单：只要在发行内容的平台之间存在竞争，那么消费者在很大程度上就能得到保护。正如我们在 iPod 播放器上所看到的那种暂时性锁定，这可能是一个影响因素，但是，随着平台之间的竞争加剧，锁定效果必定会被减弱。这是因为，锁定的一个直接功能就是影响该平台的成本，而平台所有者之间发生竞争，则自然而然并且必然趋向于降低某一平台的价格。这种动力在目前的数字音乐市场中表现明显，正如亚马逊网站的杰夫·贝索斯（Jeff Bezos）在一篇采访中所表明的那样，而这家新进入音乐市场的网站已经在挑战苹果公司的地位了。亚马逊公司进入数字音乐行业受到了主要的内容所有权人——那些大唱片公司——的密切关注，因为它被看作苹果公司在音乐平台市场所占据支配地位的一股关键性抗衡力量：

① 厄尔斯·加瑟（Urs Gasser）和约翰·帕尔弗里（John Palfrey），"打破障碍：信息通信技术共同可操作性驱动创新的时间与方式"（Breaking Down Barriers: When and How ICT Interoperability Drives Innovation），贝克曼法律与社会中心（Berkman Center for Law and Society）系列出版物，2007 年 11 月，第 6 页，见于：http://cyber. law. harvard. edu/interop。关于苹果公司将其 DRM 技术（FairPlay）与音乐内容进行专门捆绑的策略，以及由政府官员与私人主体试图阻止苹果公司此举所发动的反托拉斯行动，这篇论文进行了详细讨论，参见尼古拉·F. 夏普（Nicola F. Sharpe）与奥洛芬迷拉约·B. 阿莱瓦（Olufunmilayo B. Arewa），"苹果公司是在公平游戏吗？为争议指点迷津"（Is Apple Playing Fair? Navigating the Controversy），西北大学法学院，公共法律与法学理论系列，第 07—18 号，《西北大学科技与知识产权杂志》（Nw. J. Tech. & IP），第 5 卷（2007 年），第 331 页。

　　　华尔街日报：内容公司，至少是其中的某一些，并不总能
够与（苹果公司的）史蒂夫·乔布斯相处得非常愉快，你（亚
马逊）是否正好从这一事实中受益？

　　　杰夫·贝索斯：我的看法有一点不同。我会说，让许许多
多的公司来发行它们的音乐，这是符合它们显为人知的自身
利益的，这一点很清楚。音乐（知识财产）所有权人正在仔细
地关注我们的增长率。我认为，他们会感到非常愉快。①

233　　　这和其他评论者的看法保持一致，他们观察到，平台所有者之间
（以及诸如音乐内容之类的配套产品的生产者之间）的竞争：（1）是
无处不在的；并且（2）常常被监管者所低估，因为后者趋向于受
市场份额的数字所蒙蔽，而该数字若放在一个长期的、动态的竞争
过程来看，就等于在某一时刻被拍到的一张"快照"而已。② 先查

---

① 沃尔特·莫斯伯格（Walt Mossberg），"我们阅读的方式：亚马逊公司杰夫·贝
索斯纵论书籍为何如马匹"（The Way We Read: Amazon. com's Jeffrey Bezos on
Why Books Are Like Horses），《华尔街日报》（Wall St. Journal），2009 年 6 月 9
日，第 R3、R10 版。

② 参见罗伯特·哈恩（Robert Hahn）与彼得·帕塞尔（Peter Passell），"微软：掠
夺者还是猎物？"（Microsoft: Predator or Prey?），《经济学家之声》（Economist's
Voice），伯克利电子出版物，2008 年 4 月，第 1—2 页，见于：http://www. be-
press. com/cgi/viewcontent. cgi?article=1335&context=ev:［"这里的真实情况是，
那些在技术和市场营销上明显领先的公司，其能够维持优势的时间甚至更
短。结果，基于传统的市场控制力标准而构建的反托拉斯政策，最好的结果
也无非是以某种方式保证律师能够获得很好的报酬，而更有可能的是，对于
生产性变革构成一大障碍。尽管微软公司与（欧洲的）监管者之间所发生的
争议很多并且形式多样，但是，它们往往都是随着该公司在以往（转下页）

一下当前市场份额的数据，再结合关于某一平台所有者持有的知识产权的信息，然后很快得出结论，认为处在该平台背景中的知识产权是危险的，如此操作当然简单轻松了。但是，正如急速演变的数字音乐的情形所表明的那样，如此鲁莽地改变这里的知识产权政策，却可能是一个错误。[①]既不是通过削弱知识产权保护而强制命令其具备互用性，也不是一揽子的事后知识产权监管，而是竞争，通常它才是消费者福利的最好守护神。

2. 平台与联盟的构建

上述关于音乐作品数字权利管理（DRM）的案例研究，表明了技术发行平台在成为内容所有权人的一个焦点而起作用时所具有的力量。在许多的内容领域——且举三个例子，即音乐、图书和电影——其内容的所有权散布在许多不同的实体之间。但是，因为必须将大量的内容吸引到自己的平台上，这就导致平台的所有者要率先组建一个集中化的清算所（clearinghouse），既是为了内容，也为了该内容上的知识产权。通过这种方式，平台就变成了创建内容联

（接上页）打败了摇摇欲坠的对手获得成功之后发生的。……无论微软公司在市场上拥有怎样的控制力，当其与监管者就这些问题——比如哪一款应用软件可以与操作系统绑定，以及哪些种类的专有信息必须与竞争对手分享——而陷入苦战时，公司的控制力其实已经在衰减了"]。

① 另一个例子还是来自出版业，由于多个电子书阅读器的生产商进入市场，这就为出版商在内容定价上带来了更大的杠杆优势。该杠杆优势还扩展至与包括谷歌在内的其他平台所有者进行的价格谈判，后者出售这些图书数字版的在线使用权。参见莫科托·里奇（Mokoto Rich），"出版商在电子书价格战中赢回一局"（Publishers Win a Bout in eBook Price Fight），《纽约时报》（*New York Times*），2010年2月8日，第B1版（电子书销售者的进入，已经使得出版商在与谷歌公司谈判时，要求更高的版税以及更加有利于作者的使用条款）。

盟的一个焦点。

　　曾经有很多人怀疑，认为主要的音乐唱片公司永远不可能汇聚到一起，允许音乐作品的消费者从某个单一来源购买数字音乐。但也有人以苹果电脑公司为例，证明这些怀疑是错误的，因为苹果公司有着强烈的意图，想要将内容吸引到 iPod 播放器上来，并且受此驱使而搭建该平台。图书出版商的动作太过迟缓，以至于没能为电子图书创建某个"一站式书店"，但是，诸如亚马逊、苹果与谷歌公司之类的电子图书销售商却都具有这样一种激励，要将互为竞争对手的出版商们聚集起来，并且为了让这一机制有效运作而在交易基础设施上大力投资。

　　对于这种安排，利弊俱存。从好的一面看，平台的所有者是在为内容创造者的利益服务。以平台为中心的内容清算所，使得独立创造者能够利用新的发行技术而保持其独立性。这就满足了传统上的促进创造者自治的目标，也使得职业创造者有可能以一种有效的方式而获得新的读者或者观众，从而继续以个人或者小型团队的形式来创作其成果。

　　有害的一面则在于，创建知识财产／内容清算所的平台所有者处于这样一种地位之后，就会对内容的所有权人行使某种重要的杠杆优势。例如，苹果公司可能会主张，音乐销量额中的实质性部分，是其在 iPod 设计、iTunes 发行软件和网站以及归苹果公司所有的其他资产上所作投资带来的结果。[①] 由此导致的杠杆优势就减少

234

---

① 贾森·戴德里克（Jason Dedrick）、肯尼思·L. 克雷默（Kenneth L. Kraemer）与格雷格·林登（Greg Linden）在他们关于 iPod 播放器和笔记本电脑的创新所作的分析中表明，苹果公司在高端 iPod 产品上获得的毛利润，（转下页）

了那些可由内容创造者所得收入的份额——然而正如我所主张的，这些内容创造者，比如词曲作者、音乐家和作家，才是知识产权政策最为珍视和钟爱的对象。

那么，该做些什么呢？从某种程度上而言，我的部分回答是：不必恐慌，也不要贸然做出考虑不周的政策回应。正如我在此前所提出的，竞争性准入常常能够缓解临时处于支配地位的平台所有者所具有的市场控制力。同样是这股挤压内容所有权人的力量——平台所有者的杠杆优势——产生了很高的边际利润，当然就会吸引其他人的竞争性准入。即便如此，在某些情况下，市场控制力可能足够强大，从而使得市场准入发生困难或者至少进展非常缓慢。那么在此期间，一些抗衡性的法律压力可能还是必要的。在这方面有一个先例可供借鉴，例如，在电子游戏领域发生的那些案例（第6章已有所描述），其中就适用了合理使用规则，以防止利用受著作权保护的锁定代码来排除在电子游戏领域的竞争。法院在这类案件中之所以拒绝强制执行在代码上的著作权，是考虑到它的意图在于排除未经某一平台所有者的授权而销售电子游戏，而法院的裁决就为竞争者的进入打开了法律之门。其他规则，包括知识产

（接上页）总体上比笔记本电脑制造商所挣得的利润要高。他们进而认为，苹果公司所享有的这些增加的毛利润，一部分归功于在iPod上所体现的创新。iPod "不仅是一种硬件创新，而且是一个由iPod产品家族所组成的，并且与iTunes软件以及iTunes商店紧密结合的一体化系统"。贾森·戴德里克、肯尼思·L.克雷默与格雷格·林登，"谁能够从全球价值链的创新中获取利润？一项关于iPod和笔记本电脑的研究"（Who Profits from Innovation in Global Value Chains? A Study of the iPod and Notebook PCs），《产业与公司变革》（*Indus. & Corp. Change*），第19卷（2009年），第81页。

权滥用与反托拉斯规则，也都可以在适当的案件中加以适用。假如现有的规则不足以担此重任，那还可以发展出与该种情形相适应的新规则。[①] 重点在于，只有当知识产权法对于受知识产权保护的内容的创造者表示真正的关切，它才是有意义的，而假如这必须要提出新的规则来抵消平台所有者的控制力，那么，法律也不应当羞羞答答地不做任何反应。

　　但请注意我在此呼吁作出反应的本质特征。它在很大程度上是回应性的，即在很大程度上是事后的（ex post）反应。只有当情况已经被证明对于内容创造者构成了持续且或许难以消除的不利影响时，法律制度才能介入，对事物加以矫正。如同在之前所讨论的弃权那样，我在这里还是要主张，在个人资产上赋予个人权利的这个基本架构——它说明了赋予知识财产的基本政策——是可以依赖的，以便最好地服务于从长远来看的创造者的利益。急于对当下处于主导地位的平台所有者实施监管，其反映出来的缺陷，就如同因为担心数字时代的知识产权会带来假想的压倒性交易负担，从而急于削弱知识产权。恐慌之下所出台的政策，显示出某种信任不足。这个被证实能够应对以往的情况变化而仍显得生机勃勃的基

----

① 关于沿着这一思路而产生的某些想法，参见罗伯特·P. 莫杰思，"谁拥有查尔斯河大桥？软件产业的知识产权与竞争"（Who Owns the Charles River Bridge? Intellectual Property Rights and competition in the Software Industry），工作论文，1999 年 4 月，见于：http://papers. ssrn. com/sol3/papers. cfm?abstract_id=208089；彼得·S. 梅内尔（Peter S. Menell），"计算机软件的定制式法律保护"（Tailoring Legal Protection for Computer Software），《斯坦福法律评论》（Stan. L. Rev.），第39 卷（1987 年），第 1329 页［他提出这样的新观念，计算机软件若已变成某个受到广泛采用的标准，则其著作权"因通用化而消灭"（genericide）］。

本架构，同样也可服务于将来的创造者社群。只要平台所有者在努力争取内容创造者的支持，并且特别是只要平台之间存在竞争，那么，在政策上保持耐心与信任就能说得通。

三、结论

235

本书为知识产权的正当性提供了一种理论上的解释。尽管我试图在这一领域的理论基础上采纳某种多元论的观点，但我还是要大胆地声称，我自己偏好于一种深层的规范性方法。本章探讨的是关于实践中的方法，而我们社会对于知识产权的信奉，就因此而为职业创造者的工作生活起到了重要的作用。我首先对于职业创造者是哪些人做出概述——这是对于知识产权所意图支持和培育的职业创造者阶层的一种事实描述。随着职业创造者被赋予对其所创造资产的个人控制权，我特别强调自治——这是包括知识财产在内所有财产在根底部分的相当抽象的目标——得以获得提高的方式。当然，我也必须承认，在那些以知识产权为主的产业中，其经济形态的一个突出特征却是往往采用大公司的形式。我对于这个悖论的解释是，大公司提供了这样的支持条件，使职业创造者能够独立地或者至少以小型创新团队的方式进行工作。大公司之所以在某些情形中得到繁荣发展，其中一个原因是，假如采取个人所有权的方式就会带来巨大的交易成本。因此，降低交易成本就理所当然地成为任何有效的知识产权制度的一个重要目标。我提出，知识财产所赋予的自治包括了对于财产权加以自由放弃的权利，而广泛存在的弃权行为就表明，实际运行的知识产权制度是具有灵活性的。最后，我回顾了当前就新的发行技术所产生的争议，亦即，由新平台所带来的难题以及它们对于创造者的潜在影响。这些平台既充满生机又暗含危机。其生机在于，通过单独一个发行中枢，迫使许多的独立创造者和知识财产的所有权人集聚起来，这就自然成为聚合内容和降低内容获取成本的一个焦点。而危机则在于，平台所有者凭借其拥有的发行技术，可能会从聚合内容所产生的价值当中截取一大部分。我提出，平台之间的竞争对于缓解人们的这种担心，可能会大有帮助，尽管某些事后的监管也可以发挥作用。

贯穿全章，我的主张是，知识产权政策的目标应当是给予个人以财产权，同时使权利的转让变得简便易行，从而做到既减少社会成本又提高个人自治，而所有这一切都是为了贯彻处于知识产权法核心的目标，即关于让创造者获得回报的规范性律令。

本书到目前为止，我所陈述的大部分内容都是高度一般性的，意在描述究竟是什么在驱动当代法律制度给予知识产权保护。在接下来的两章，我将离开这些一般性问题，转而讨论下面这两个在当今知识产权法律实践中既复杂又充满争议的问题：数字时代的法律保护（第8章），以及发展中国家特别是在药品和制药领域的知识产权问题（第9章）。现在，我的目标是要将前几章的思想，应用到某些在知识产权领域争议已久的具体政策问题上，而通过这种方式所显示的是，这些高度抽象的规范性理论以及观念性原则可以帮助我们来处理某些特别令人困扰的难题。

第8章 数字时代的财产权

一、引言

职业创造者在数字世界中，注定比在其他任何环境中面临更大的压力。因此在这一章，我将继续扩展并且适用第2章至第4章中的基本的规范性框架，并且结合第5章和第6章的中层原则。我的目标是想要表明，即使是在知识财产领域中变化最快的部分，即使身处这样的背景，即大多数知识产权学者认为知识产权经常是阻碍而不是促进创造，但是，强劲的知识产权保护依然是最好和最公平的政策。

这样的观点放在今天绝对是一种少数派。许多知识产权学者强调的是数字媒体"开放"带来的重大好处，并将知识财产作为实现这一目标的一个主要障碍。这个通常的观点非常简洁明了：假如数字内容和携带数字内容的平台能够从法律所能推进的关于使用的限制上解脱出来，那么，由广泛的可获得性（availability）以及网络效应的内在逻辑所驱动的数字媒体，将更好地繁荣和服务于知识产权制度的目标。概括而言，其主要思想在于，数字时代最好的知识产权政策，就是实行某种最低限度干涉的知识产权政策。

在这一章，我要对现在广泛的主流意见提出异议。在我看来，强劲的知识产权保护，绝不可能会跟促进数字媒体繁荣的环境相矛盾。恰恰相反：知识产权是实现这个目标所必需的。知识产权促成了数字时代一系列有效的政策，它们从广泛控制和强制执行，朝着促进广泛的开放获取而发生变化。正如传统上所定义和理解的那样，知识财产给予私人企业以一种很大程度的灵活性，而这正是数字媒体的动态性与挑战性环境所需要的。相比于"知识财产最低限度干涉主义"（IP minimalists）的这种自上而下和一刀切的方法，传统的知识产权强保护是在鼓励并促进人们采取各种各样的方法——包括各种程度的开放性——而不是强制推行或者压制任何单独的一种方法。

因此对我而言，个人财产所有权的传统优点——自治、去中心化和灵活性——在数字时代仍然一样都不过时；实际上，它们一如既往地具有重要意义。尽管我们被不断变化的用以创造和传播独创性作品的新技术所包围，但是，个人通过知识产权的形式而实现其对个人财产的控制，却依然是合情合理的，并且基于同样的原因，今后还会一直如此。知识产权承认个人成就并给予回报，并且以此带来更大范围的个人自治。它们允许个人决定如何使用以及由谁来使用该创造性成果。知识产权为数字时代的创造力，提供了一个公平合理的制度环境。

因此，我认为财产的基本情形依然非常具有说服力。虽然数字技术减少了创造性工作的机械性和重复性的方面，但是我认为，它们并没有从根本上使创造变得更容易。为了想出一个好主意，或者想出某种用以表达或者做成某事的恰当方式，你可能是坐在笔记本电脑或者先进的计算机工作站面前拼命工作，正像你以前是坐在打字机或者制图桌前工作一样。① 一旦创造出某个独创性的东西，在今天同样是利益攸关的——无论在个人层面还是社会层面——仍然是这样的问题，即谁将获得创造性的经济回报，以及当它在世界上不受束缚时，谁将控制该创造成果。

为创造性成果给予知识产权的强保护，这个悠久的传统却在最近这些日子里，遭到学术文献的猛烈炮轰。这就意味着，虽然主张采取强劲的知识产权保护不算十分激进，但是，在数字技术的年代，主张将传统的财产权概念置于当今时代的中心地位，确实显得格格不入了。借助理论可以帮助我们明白，是什么使它显得格格不入，而在我开始就财产权的持续可能性展开基本论述之前，我想先就当前知识产权学术研究的某些方面作一简要阐述。

① 本章的部分内容出自罗伯特·P. 莫杰思，"数字时代的财产概念"（The Concept of Property in the Digital Era），《休斯敦法律评论》（*Hous. L. Rev*），第 45 卷（2008 年），第 1239 页。这一段话引自剧作家吉恩·福勒（Gene Fowler）的一句名言："写作容易：你所需要做的就是盯着一张白纸，直到盯得眼睛出血"（Writing is easy. All you do is stare at a blank sheet of paper until drops of blood form on your forehead）。参见：http://en. wilipedia. org/wiki/Gene_Fowler。类似的引用在历史传统上多有记载，它们都证明了，创作任何有价值的东西俱非易事。参见，例如，本·琼森（Ben Jonson），"纪念我尊敬的作家威廉·莎士比亚"（To the Memory of My Beloved, Author William Shakespeare），1623 年第一对开本版（1623 Folio edition）莎士比亚作品集《导论》（Introduction），第 58—59 行，被引用于乔纳森·F. S. 波斯特（Jonathan F. S. Post），《十七世纪早期英语抒情诗》（*English Lyric Poetry: The Early Seventeenth Century*），伦敦：劳特利奇出版社（Routledge），2002 年，第 45 页（"他／任何写出生动诗行的人，必定都挥汗如雨"）。

239　二、财产仍然有其意义吗?
　　　一份关于当前知识财产议题的地形图

　　有关知识产权的法律文献卷帙浩繁,并且还在与日俱增。因此,想要跟上它随时更新的步伐,已经变得几乎不可能。假如你把博客、电邮时事通讯以及网页都纳入传统定义的文献,那么,整个画风只会变得更加糟糕。它不仅数量庞大,而且极度复杂。光是实务界的文献数量本身就很惊人。再加上关于各类知识产权主题——专利、商标、著作权等——的高度专业性的学术文献,你就得考察这样一个极其多样化的文献著述。

　　在这些海量文献中,我计划先确定当前主要的两股思想,也就是两条重要的论辩思路,然后再加以批判。第一股思想,我称之为数字决定论(digital determinism,简称"DD")。这种思想认为,在知识产权政策背后的核心驱动力,应该是数字内容创造和传播的技术律令(technological imperatives)。数字决定论的战斗口号可能是,"在一个网络主导的世界中,实行网络友好型政策"(network-friendly policies for a network-dominated world)。亦即,对于持数字决定论逻辑的这些学派而言,(知识产权以及其他领域的)政策目标就是要为那些可以通过数字技术实现的功能让路。按照这个观点,好的规则是这样的:允许最大程度的互联性,数字"内容"吞吐量的最大化,以及对网络上的每个节点或者用户而言的最大自由度。例如,现在能够做到通过网络来下载和传播音乐,尽管在一般情况下,未经内容的所有权人同意是禁止此类做法的,但数字决定论的支持者因此提出，应当改变法律，以顺应技术目前所能实现的广泛做法。正如知识产权学者劳伦斯·莱西格认为的那样，既然使用人即便认识到他们正在做违反法律的事情，他们也不会就此停手，那么，现在是时候改变这个制度了，以便适应这些在现实世界中不可避免的行为，这些行为人只是"自然而然地做着新技术鼓励他们去做的事情"。① 在这一观念背后的思维就是，采用过去常用来描述它的那些学术修辞而来表现当下的情形。创造性成果是"输入品"；这些成果的观众和消费者是"使用人"；创造性和互联互通则是通过那些设在网络空间这个特定领域中的"粗管道"（fat pipes）*进行的。特别是，当涉及用"输入品"来描述创造性成果时，这个修辞就暗示着，技术制度对于实现和调整创造性成果的创造和传播，发挥着关键的影响力。

　　用一个词来概括数字决定论的血统，那就是它的顺序（in order）。这种思想跟技术决定论（technological determinism）这个一般概念存在某些共同之处，而后者所定义的观念就是，技术驱动历史

---

① 劳伦斯·莱西格（Lawrence Lessig），《混音：让艺术和商业在混合经济体中繁荣发展》（*Remix: Making Art and Commerce Thrive in the Hybrid Economy*），纽约：企鹅出版社，2008 年，第 18 页。另参见唐·塔普斯科特（Don Tapscott）与安东尼·D. 威廉斯（Anthony D. Williams），《维基经济学：大规模协作如何改变一切》（*Wikinomics: How Mass Collaboration Changes Everything*），纽约：作品合集出版社（Portfolio），2006 年，第 52—53 页（对于互联网的年轻用户而言，"将各种媒介、黑客作品，或者其他填充物与消费文化相混合，这是他们与生俱来的权利，他们可不会让已经过时的知识产权法挡了他们的路"）。

＊ 喻指同一建筑内不同楼层之间的光纤主干。——译者

240 （technology drives history）。^①1933 年芝加哥"世纪进步"世界博览

会的格言是"科学发现—产业应用—人类顺从"（science finds—In-

dustry applies—man conforms），它算是精确地捕捉到了这种思路的

精髓。^②从 20 世纪 80 年代开始，研究科学技术相关问题的社会学家

和历史学家就在为技术决定论背后的基本前提而争论不休，特别是

关于人类是否必须遵守由技术的"内在逻辑"所产生的任何律令。^③

---

① 关于一项全面的探讨，参见梅里特·罗·史密斯（Merritt Roe Smith）与利
奥·马克斯（Leo Marx）编，《是技术在推动历史吗？技术决定论的困境》
（*Does Technology Drive History? The Dilemma of Technological Determinism*），麻
省剑桥：麻省理工学院出版社，1994 年。更多的关于这个观点的历史学知识，
参见约翰·M. 斯托德梅尔（John M. Staudenmeier, S. J）,《技术的故事讲述者：
重新编织人类历史》（*Technology's Storytellers: Reweaving the Human Fabric*），麻
省剑桥：麻省理工学院出版社，1985 年。

② 卡罗尔·珀塞尔（Carroll Pursell），《美国的机器》（*The Machine In America*），
1995 年，第 230 页。珀塞尔描述了当时人们对于经济大萧条的一种反应，即呼
吁建立新的政治结构，以更好地适应 20 世纪头 30 年的机械化和产业化所带来
的大规模经济变化。参见同揭，第 268—269 页。

③ 在技术拥护论（technological boosterism）与技术决定论之间存在着某种悠久
的关联。参见约翰·M. 斯托德梅尔，《技术的故事讲述者：重新编织人类历
史》，前揭，第 xv 页（进步的神话……开始成为西方殖民主义意识形态的正
当性理由。……西方命中注定要处于人类发展的最前沿）。关于美国特别倾向
于将新技术视为某种世俗的宗教体验，参照大卫·奈（David Nye），《美国的
技术至上》（*American Technological Sublime*），麻省剑桥：麻省理工学院出版
社，1994 年。诸如"互联网将改变一切"（the Internet will change everything）
这样令人心跳不止的保证，在 20 世纪 90 年代互联网刚刚兴起那阵子曾风靡
一时，它就是一个最新的、很好的例子，说明这种对技术拥护的狂热性。头
脑冷静的观察家早已注意到当代人的这种趋势，他们往往夸大当时新技术的
重要性。参见，例如，乔治·奥威尔（George Orwell），"畅所欲言"（转下页）

他们当中的许多人主张，社会生产力形成并且决定了技术的很多方面（有一些人则认为几乎就是技术的全部）。对这些学者而言，技术决定论这个概念掩饰了在各种各样情况下，人类对于技术制度的干预。[①] 换言之，这些学者拒绝了决定论上关于技术形成社会的描述性断言。他们反对这样的思想，即技术并不是沿着自主路径发展的，而且技术并不具有某种不可阻挡的内在逻辑。相反，他们主张，技术是由人类（或者社会）生产力所形成并且受其引导的。

　　按照这个观点，早期网络狂热分子的战斗口号——"信息渴望自由"（information wants to be free）——充其量只能算是一种天真的提法。对于技术史学家而言，说信息"渴望"任何东西，这个观

（接上页）（As I Please）专栏，《论坛报》（*Tribune*），1944 年 5 月 12 日，重印于《乔治·奥威尔散文、新闻报道与书信选编：畅所欲言》（*Collected Essays, Journalism and Letters of George Orwell: As I Please*），第 3 卷，波士顿：戈丁出版社（Godine），2000 年。"最近读了一批书，其相当肤浅地对'进步'盲目乐观，令我感到震惊的是，人们自动地不断重复某些在 1914 年前时髦一时的词语。其中人们最喜爱说的两大词语是'距离的消除'（the abolition of distance）和'前线（亦即边界）的消失'［disappearance of frontiers（i. e. borders）］。我都说不清已经有多少次遇到过这样的陈述了，比如'飞机和收音机已经消除了距离'，以及'世界的各个角落现在都变得互相依存'。"

① 参见，例如，威伯·比克尔（Wiebe Bijker），《自行车、电木和灯泡：关于一种社会技术变革理论》（*Of Bicycles, Bakelite, and Bulbs: Toward a Theory of Socio-technical Change*），麻省剑桥：麻省理工学院出版社，1995 年。"技术决定论抑制了对于技术的民主控制的发展，因为该理论暗示着，所有的干涉都是徒劳的，……如果我们不培养关于社会技术发展（sociotechnical development）的建构主义观（constructivist views），强调技术变革和选择的可能性与约束条件，那么，大部分公众就必定不会理睬他们还有参与决策的可能性，结果将导致技术的真正失控。"

点恰恰是某种形式的决定论。但更为重要的，并且对本书而言更加切中要害的是，网络狂热分子的这种早期主张在规范上的推动力。对这些人而言，"信息渴望自由"直接指向这样一个规范性纲领：我们应当去拯救它！换句话说，社会应当去适应由这个技术所带来的各种可能性，消除任何挡道的以及阻止其实现全部可能性的各种障碍。因此，尽管网络的狂热爱好者未必是从实证的（positive）或者描述的（descriptive）意义上表示他们完全信仰技术决定论，但是，通过所提出的政策建议，他们确实表达了技术决定论的一个规范性版本（normative version）。[①]

---

① 有一些关于数字知识财产的学术著述完全承认技术的社会决定性本质，并且提出，当前诸如大型媒体公司之类的既得利益者正在试图控制互联网和其他数字技术，以转向对他们有利的方向。参见，例如，劳伦斯·莱西格，《代码2.0 版》（Code Version 2.0），纽约：基本图书出版公司（Basic Books），2006 年。塔尔顿·吉莱斯皮（Tarleton Gillespie），《捆绑：著作权与数字文化的形态》（Wired Shut: Copyright and the Shape of Digital Culture），麻省剑桥：麻省理工学院出版社，2007 年。这些著作中的叙述，不是以不可避免的技术发展路径为中心的，相反，它们所围绕的观点是，利己主义的经济参与者对于某种具有内在解放性的技术力量采取了笼络的做法。换言之，这些著作是从政治经济学的维度展开讨论的，与严格意义上的技术决定论并不一致。针对这个问题，可以讨论之处很多，但我在这里只限定在这样一个观点上：诸如谷歌、优兔之类的内容"聚合者"（aggregators）的增长，正在快速地产生出某种针对这些传统媒体利益的自然的反作用力，而这显然改变了知识产权政策的政治经济学。在提出数字决定论的思想时，我的主要观点是在于主张，当前有许多知识产权学者相信，数字技术具有某种内在逻辑，从而要求社会必须通过知识产权策略来适应这种技术。我在本章所瞄准的，正是这种"温和的"技术决定论。我认为，我们应当为我们的宗旨和目标而改变数字技术，而不是总想着如何努力地改变我们自己来适应它。我进一步想到，我们的宗旨和目标应当包括促进个人自治和为职业创造者提供支持——这两个方面都是财产权制度所要推动的。

第二股思想倾向，也与上述内容密切相关。这种思想认为，数字技术具有鲜明的特色，因此，政策最应当谋求鼓励的是集体创造性（collective creativity，简称"CC"）。这种思想最初开始于互联互通正变得越来越大的事实，但它现在已经超越了这个事实。学者们依此进路所作的撰述，对于网络本身的技术逻辑并不太感兴趣，他们的兴趣反倒是在人类互动的潜力，以及（特别是）由于该技术才得以实现的团队层面的创造性上。源于这个思想流派的某些主张，确实非常引人注目。按照其重要人物的看法，我们正处于一场极为重大的文化革命之中。这是人类历史上第一次将分布广泛的个人通过虚拟社区而联结起来，这就使得各种各样在以前不可想象的合作成为可能。创造性作品——音乐、文学、电影等——都能为全世界具有接收能力的人即时分享，而无须再通过那些大型的、自利的"中间人"，比如唱片公司、出版商与电影制片厂。由许许多多个人所作出的小贡献，可以被无缝聚合起来，使得一种新型的"分布式创造"（distributed creation）成为可能，而这是前所未见的新事物。随着我们对于团体力量、虚拟创造团队的新认识，社会正在发生转变，而各种"传统"或者"既得"利益正在被取代或者受到了威胁。确实，一种全新的工作方式（可能甚至是一种新的存在方式）——这是一种社交方式，一种建立在分享基础上的开放方式——正在显现，就在我们的眼前。①

241

---

① 参见，例如，约查·本克利（Yochai Benkler），《网络财富：社交生产力如何转变市场与自由》（*The Wealth of Networks: How Social Production Transforms Markets and Freedom*），康涅狄格州纽黑文：耶鲁大学出版社，2006 年。（转下页）

数字决定论（DD）与集体创造性（CC），这两者显然存在诸多共同之处。事实上，它们只是描述同一事物的两种不同方法，这样的说法并不为过。数字决定论所关注的是为互联互通提供动力的电信公司与服务器，而互联互通是集体创造性所依赖的平台。集体创造性则着眼于通过所有这些硬件实现的虚拟社区以及"分布式单独个人的大脑"（distributed single brains）。当然，两者之间也存在某些区别。数字决定论视角可能强调的是，个人对于数字资料的创造和消费／使用，就像集体作品一样，都是网络图景的一部分，而集体创造性这个思想流派则可能指出，集体交互行为是受到任何特定的技术性基础设施的强烈影响从而得以成为可能的，当然，它也并不必然依赖于技术基础设施。

让我感兴趣的，是数字决定论和集体创造性这两种视角所共同的财产权观。不管中心思想究竟是技术制度应该决定政策，抑或社会必须高度关注对集体交互行为与生产的培育，通常来说，个人财产权都被看作是问题的一部分，而不是解决方案的组成部分。对技术狂热分子而言，财产权阻碍了信息在整个网络的高效流动以及流向网络所联结的"节点"（或者人们）。对于那些将兴趣放在通过集体创造性而实现社会转变的人来说，其财产权观也同样如此。就

（接上页）参见唐·塔普斯科特与安东尼·D. 威廉斯，《维基经济学：大规模协作如何改变一切》，前揭。在《维基经济学》中，作者纵情宣称，这种新型大规模协作的好处就意味着，它"将最终取代传统的协作模式，进而成为创造财富的主要经济引擎"。同揭，第1—2页。他们还宣称，将网络用户"作为价值的合作创造者而带进这项事业的机会，可能就带来了最令人兴奋的、长远的、在商业世界前所未有的变革与创新的引擎"。同揭，第53页。

其与单独的企业或者个人相联系而言，财产权被认为只会趋向于把信息的自由分享以及由此构建的过程给搞乱了。财产权与充满在集体创造性背后的虚拟社区的开放性以及在创造上的谦卑精神（亦即，无需说明个人贡献）根本就是扞格不入。

今天，身在数字决定论和集体创造性阵营的大多数学者，太擅长于做他们的本行工作了，以至于倡议在数字领域中应当完全消除财产权。他们承认，在某些情况下，或者说在当代的许多情形中，财产权的确是一项有用的制度。他们主张，在数字时代实行的政策应当是将财产权给技术律令（数字决定论）或者团体精神（集体创造性）所带来的影响最小化；或者在观念层面上，应当严格限制将我们所称的"财产权逻辑"侵入到数字领域之中。因此，为避免空发议论，我在此予以明确，这些观点正是我在下面将要批评的对象。我的主张并不是说，从某种全球性意义上讲，数字决定论和集体创造性的世界观就完全是反财产权的。这些观点的背后推动力毋宁在于，认为财产权作为一种制度和作为一个概念，财产权在数字时代的重大趋势上挡道了。我也承认，它们的目标并不是要完全消除财产权，而是为了降低财产权对数字领域的影响。我在这里将矛头所对准的是"以财产权为障碍"（property as obstacle）的核心思想，无论其体现在实践中还是停留在观念上。

财产权给予个人以对财产和资源的控制。拥有财产，就意味着有权决定对某一资产的处置：谁来使用它，以及在何种条件下可以使用它。尽管在不同的财产权制度之间当然也存在广泛的分歧，但财产的核心要素仍然是指：（1）由个人（2）对资产加以控制（至少是具有某种程度的排他性）。这一基本思想被杰里米·沃尔德伦准

242

确地捕捉到了，我在第 2 章中提到，他将财产权称作个人与资源之间一对一的映射。[①]

在数字世界里，这两个要素都出问题了。在这个领域中，财产或者资源被说成是按照不同的规则在运行。并且，正如前面所述，个人的重要性已大为降低；网络、集体性这些成了更基本的分析单元。下面请让我更加全面地描述这些观点，或可有助于大家理解我的回应。

（一）数字资源的流动世界

哲学家戈登·赫尔（Gordon Hull）在一篇饶有趣味的文章中指出，现在假如要我们在一份数字"原件"与一份数字"复制件"之间说出它们的区别，那简直是不可能的。[②]数字作品的这个特征，导致其他学者也在强调数字作品具有流动的边界（fluid boundaries）。[③]

[①] 杰里米·沃尔德伦，《私人财产权》，牛津：牛津大学出版社，1998 年，第 38—40 页。

[②] 戈登·赫尔，"数字著作权和纯粹法的可能性"（Digital Copyright and the Possibility of Pure law），《对话》（*Qui parle*），第 14 卷（2003 年），第 21 页、第 25 页 ["如果缺乏视觉可辨识的底线，就不存在这样的标准，以判定究竟哪个对象合法地体现了文化表相（eidos），而哪些并没有体现。在围绕数字复制所发生争论的背后，隐藏的正是由于缺乏底线所带来的结果"]，可见于：http://ssrn.com/abstract=1019702。

[③] 参见，例如，N. D. 巴特拉（N. D. Batra），《数字自由：你能掌握多少？》（*Digital Freedom: How Much Can You Handle?*）马里兰州拉纳姆市：罗曼与利特菲尔德出版公司（Rowman & Littlefield），2007 年，第 4 页（其谈到互联网与相关技术对传统文化带来的影响，以及它们的"数字流动性"）。我在此应当指出的是，有些人在数字技术出现以前很早就相信，个人作者身份（转下页）

想要对某一数字作品进行添加、修改或者调整，这都是轻而易举的事，从而，想要保持作品的原始完整性，反倒非常困难。按照一大批学者的观点，这是数字技术所带来的巨大的革命性好处之一，而且它确实成为日益显现的并且目前正在快速成形的一系列实践和规范的标志——这就是通常所谓的"数字文化"（digital culture）。[①]

（二）集体性：数字时代创造性的本质？

对许多人而言，与数字领域的流变性同样重要的是，许多分散的个人能够为更大的集体目标而贡献其创造性努力。计算机开源

（接上页）（individual authorship）这个概念是有问题的——事实上，所有的作品在本质上都是由社会性或者集体资源装配而成的。参见，例如，莱奥尔·泽梅尔（Lior Zemer），《著作权中的作者身份观念》（*The Idea of Authorship in Copyright*），英格兰汉普郡：阿什盖特出版公司，2007 年，第 2 页（其提出，在所有受著作权保护的作品中，"公众"应该被承认为是一种形式上的合作作者）。

[①] 参见，例如，塔尔顿·吉莱斯皮，《捆绑：著作权与数字文化的形态》，前揭；戴维·特伦德（David Trend），《解读数字文化》（*Reading Digital Culture*），麻省马尔登市：布莱克维尔出版社，2001 年。另参见罗斯玛丽·J.库姆（Rosemary J. Coombe），《知识财产的文化生命：作者身份、财产拨归与法律》（*The Cultural Life of Intellectual Properties: Authorship, Appropriation and The Law*），北卡罗来纳州达勒姆：杜克大学出版社，1998 年，第 82—83 页［其中述及我们现在所处的"对话文化"（dialogic culture）］。正如劳伦斯·莱西格所解释的，数字技术实现了完美的复制，并且允许广泛和匿名的传播，再加上这样一项既存的规则，即假如我们合法地拥有受著作权保护的内容，那么我们就可以对它进行任意处置（比如，我们可以把手上的图书借给一位朋友），而这样一来，就使得现在通过互联网大规模共享那些受著作权保护的材料，变成了某种看似合理合法的行为。莱西格，《代码 2.0 版》，前揭，第 173 页。

程序就是一种蓝本，这种程序是由许许多多的个人程序员贡献计算机代码而形成的一个复杂的最终产品，比如一套操作系统或者某个服务器软件。但是，现在这个原型已经蔓延到各种各样有趣的领域了。维基百科（Wikipedia），或者一般而言的各种维基（wikis），就是当下的热门例子。许多分散的个体，他们每个人都对特定话题拥有某种有用的知识，他们的贡献被汇入到某个单一的在线资源中，而该在线资源又不断地加以编辑、改进和更新。同样的动力机制，也在当下的其他许多领域发挥作用：从粉丝网站（人们在其中就共同的兴趣，比如一套系列丛书或者电影，分别贡献故事、评论、图形艺术以及其他相关的内容），到食谱分享网站，再到各种各样的旅游攻略网站。

　　诸如此类的集体作品，其背后的基本逻辑当然还是老的那一套；"人多力量大""三个臭皮匠赛过诸葛亮"以及其他许多的陈词滥调。但是，数字狂热分子却一再指出，无远弗届的互联互通以及某个共同的（数字）媒介已经将集体努力提升到了一种全新的高度。无论可能存在过什么样的可供类比的前身，它们相比于由互联网和数字技术所实现的即时、广泛和全面的内容聚合，只能算作提供一个模糊的比较对象。①

　　数字狂热分子们在这里当然可以举出一个很好的论据。由一群又一群的"业余爱好者"将个人的小小的创造性工作，贡献给某

---

① 正如《维基经济学》的作者告诉我们的，我们确实进入了一个"协作与参与的新时代"，唐·塔普斯科特与安东尼·D. 威廉斯，《维基经济学：大规模协作如何改变一切》，前揭，第18页。

一件令人叹为观止的单个作品，这样的事情虽非数字时代的首创，但也可以肯定地说，在当下的数字时代，它们肯定变得更加常见了。比如，在《牛津英语词典》（*Oxford English Dictionary*）第一版的编写过程中，许许多多的业余词典编纂者为之工作，他们为每个单词的用法作出了个人的贡献，而把这些贡献加起来，就形成了这样一部皇皇巨著，但是，这部词典长期以来被人们奉为非凡之作，即便不是独一无二，也是极为罕见的。① 而"协作性娱乐"（collaborative entertainments），无论是自发的音乐即兴合奏，还是诸如《龙与地下城》（*Dungeons and Dragons*）之类的角色扮演游戏，虽然在数字时代之前也确实存在，但它们却由于如此地不同寻常，以至于可能被认为脱离了主流娱乐形式而遭人摒弃。而在今天，却产生了成千上万的"小牛津英语词典"（*little OEDs*）和其他的在线协作性团体。这种现象的大量出现，即便谈不上是某种质变，无疑也是标志着一个重大的量变。

集体创造性的情形现在正变得愈加普遍，这一点没有任何争议。然而，我所反对的是这样的观点，其认为在数字时代，集体作品就将并且应该系统地取代个人作品。并且我认为，随着个人创造力的重要性持续增强，财产权作为一项法律和社会制度，就因此而在数字时代依然行得通。更重要的是，我认为继续授予并且实施财产权，并不会威胁到集体创造的可行性，相反，假如为了进一步促

---

① 西蒙·温切斯特（Simon Winchester），《万物之要义：〈牛津英语词典〉编纂记》（*The Meaning of Everything: The Story of the Oxford English Dictionary*），纽约：牛津大学出版社，2003 年。

进集体创造而严重削减财产权的话，则将会大大地破坏为个人创造所提供的条件。我接下来在第四节"不断更新——但并不会消亡的——财产权"，再回来讨论这些主题。

244 三、职业创造者与法律基础设施

正如在第 7 章所解释的那样，数字决定论和集体创造性这两种观点，都对拥有大量受知识产权保护作品的大公司持某种明显的负面态度。有此嫌疑的大公司通常包括华特迪士尼公司、大型唱片公司以及电影和电视制片公司；微软和甲骨文之类已经发展成熟的软件公司也常常被划入其中。我在第 7 章中指出，这些批判意见，有许多其实并不恰当。大公司不仅雇佣了大量的职业创造者，而且，或许更为重要的是，它们也在创意产业的整个生态系统中占据着某个重要的位置。它们是专业化产品和服务（动漫、声效工程、科学与技术专门人才、独立从业的"天才"等）的购买人，并且，它们也孵化了在这些产业以及其他领域中的创业公司。正如我在第 7 章中所述，任何人如果真正关注于维护和支持职业创造者，那么，在他们提议灭绝所有的"恐龙企业"以及其他支撑以知识财产为基础的产业的大公司之前，均应当三思而后行。

当然，所有这些的预设前提是，职业创造者是值得人们予以关照的人群——他们应得某种特别的关注或者认可。但这一点，并不是任何人都会同意的。因此，在我们转向对于数字时代的创造者命运作某种更广泛的考察之前，有必要首先回顾一下，对这类人群给予支持的合理理由。

（一）对于某些种类的创造性表达给予特权

由于承认"职业创造者"这样一类特别的人群，这就引发了一系列的问题。我在这里讨论其中的两个问题，一个具有广泛的道德性，而另一个则更为实用主义。第一个问题是，我们对于这一群人所作出的贡献相比于其他人的贡献而给予其特权，这样做有什么正当性吗？我在此特别强调的是"混合者"（remixers）所提出的权利主张，这些人通过修改原创作品并且将多件原创作品混合到一起，从而创造出区别于前述作品的某种新东西，以此表达其创造性。第二个问题是，作为一个社会来讲，我们为什么应当采取特别的措施，来保护职业创造者免于受到新技术所带来的翻天覆地的变化。如果电子管制造商、电报员、马车夫、电话接线员以及旅行社代理人，都可以由于新技术的出现而丢了饭碗，那么，为什么不可以让作家、音乐家和艺术家丢饭碗呢？换言之，后面这一类人究竟有什么特别之处，以至于我们就应该对他们特别照顾，维护他们的生计手段呢？

混合者和混搭艺术家可不只是数字创作内容的消极消费者；他们将现存的作品加以整合，进而得到新的创造性作品。这些人所 245 呈现的，是一种相比于单纯使用的情况而言更加困难复杂的情形：他们想要将数字创作内容看作某个更大作品的起点，并且在后者那里打上他们自己意志的烙印。假如知识产权法承认创造性是一个重要的目标，那么，为什么在对待这些混合者的权利主张时，应当相比于对待那些"原始"创造者而给予较少尊重呢？

我认为，这些讨论中经常采用的话语实际上已经暗示了答案。那些原始创作被说成是混合者的某种"输入品"。我的回答就是：

假如职业创造者不想让他们的作品被当作某种输入品，或者他们想控制何时以及如何被当作输入品，那么，法律就应当为他们的这种偏好提供保护。假如有些人潜在地反对将他们的原创作品——即一种自我表达的媒介——赋予某种商品的特征，被投入到混合重组的过程中（被当成许许多多的创造性泥浆），那么，他们应当有权坚持必须事先获得他们的许可。说得尽量直接一点就是，混合者的权利主张通常跟原创作者的权利主张并不具有相同的分量，因为他们相对于原创作者的作品，处于一种很不相同的关系当中。[①]法律在这里可能对原始创作者的财产权主张给予强制执行力，因为该项权利主张是更值得予以认可的。

在讨论这个观点时，知识产权批评家们常常提出这样的论据，即创造性作品总会涉及对他人的借用。这个论据有时会招致这样的指责，认为那些强大的既得利益者是在操纵"独创性"这个（从根本上而言模糊不定的）概念来为他们自己的目的服务，[②]而有时候又

---

① 我在这里归纳如下：（1）一种情况是，原始创作者的作品担当着某种真正独一无二的文化角色，使得他人有权使用该作品，但我认为这种情形是非常罕见的；（2）另一种情况是，混合者使用原始创作者的作品是出于好玩；以及（3）第三种情况是，原始创作者的作品对于混合者发表某种政治性或者社会性陈述而言是必需的。换言之，让我们把《宪法第一修正案》的议题搁置一边。那么，这一点应当是很清楚的，即我并没有把第一修正案议题的定义下得像近来的某些评论家那样宽泛，后者让第一修正案吞噬了知识产权法的很大部分，至少在数字领域是如此。

② 参见，例如，詹姆斯·博伊尔（James Boyle），《巫师、软件与怨气：法律与信息社会的建构》（*Shamans, Software, and Spleens: Law and the Construction of the Information Society*），麻省剑桥：哈佛大学出版社，1996 年。

导致这种较为温和的论据，认为法律就应当与时俱进，承认混合者也作出了同等的贡献。[①]

在这个问题上，我必须同意著作权学者多丽丝·埃斯特尔·朗（Doris Estelle Long）的说法，她通过指出莎士比亚、米开朗琪罗与某些"合成文化"（remix culture）的例子之间的区别，评论了"创造者总是在借用他人"（creative people have always borrowed）的这一主张：

> 很少有人会对此提出争议，即米开朗琪罗和莎士比亚所创造的作品最终丰富了公共领域，他们确实创作了新的作品，而这反过来又为后来的艺术家提供了灵感。现在，鉴于复制技术的先进性，启人灵感的复制就像按下按钮一样容易，而在许多情况下，甚至都不需要加以训练或者借助由先前的复制性作品所展现出来的技巧。我并不打算提出，利用这些复制技术所创造的作品是缺少创造性的，或者就不值得保护。我只是认为，通过此类数字技术所实现的复制水平，已经彻底地改变了启人灵感的复制（inspirational reproduction）的本质，从而要求人们重新审视数字时代著作权保护的目的和影响。[②]

[①] 参见，例如，http://Remixtheory, net/。

[②] 多丽丝·埃斯特尔·朗，"不和谐的协调：'现款提货式'创造性的限制"（Dissonant Harmonization: Limitations on 'cash'n Carry' Creativity），《奥尔巴尼法律评论》（*Alb. L. Rev.*），第 70 卷（2007 年），第 1163 页始，第 1168 页注释 20。

246　换言之：的确，混合者也具有独创性。但是，某些作品比其他作品
具有更高的独创性。而且，的确，这里的"独创性"是一个社会建
构的术语。但是，作为社会而言，我们如此建构这个术语，是为了
反映我们所重视的东西。独创性关注于思想而不是在固定的、最终
的创造上，而这样的独创性就比那种把既有的最终作品混合起来的
独创性而享有特权。①

1. 激励作为一种给予特权的方式

这个关于独创性的讨论，把我们引导到另一个相关的话题上。
近来有关著作权的著述当中有一个常见的主题，认为大多数作者

---

① 重要提示：混合非常有趣，而人们也非常喜欢做这样的事情。因此，就有很
好的理由，让人们互相共享他们自己的原创作品，而且，为那些想要把东西
进行混合的人提供免费的输入品，也是一种很好的业务。正如我在后面所提
出的，这是财产权所具有的一个巨大的优点：你可以很容易地任意放弃这些
权利，而在混合共同体（remix community）中，确有许多人就想这么做。参见
罗伯特·P. 莫杰思，"混合的洛克"（Locke Remixed），《加州大学戴维斯分校法
律评论》（U. C. Davis L. Rev.），第 40 卷（2007 年），1259 页。这意味着，财
产权将只适用于那些想要它们的人。《维基经济学》的作者塔普斯科特与威廉
斯主张，混合实际上是在推广基础性的音乐作品，从而，原创性艺术家和他
们的唱片公司应当能够从这种发展所带来的额外曝光中受益。唐·塔普斯科
特与安东尼·D. 威廉斯，《维基经济学：大规模协作如何改变一切》，前揭，第
139—140 页。但是，说这些唱片公司出于自利原因而应该考虑允许他人对它
们的知识财产加以混合，跟说这些唱片公司在法律上必须这么做，这两者还
是不一样的。再说一遍，弃权在这里或许是可取的，但是，作为单独的艺人
应该保留其权利，可以出于审美或者其他原因而拒绝将其歌曲用于某个混音
版，即便这会给他带来任何潜在的利润。

主要是被内在奖励（intrinsic rewards）所激发的。[1] 这导致许多的观察家得出这样的结论，认为对于许多艺术家而言，知识产权保护的"激励论叙事"（incentive story）并不真实，并因此失去了当代知识产权制度的一条重要支柱。对于这种论据，通常的回应要么是引用

---

[1] "制度动机"（institutional motivation）与"个人动机"（personal motivation）之间的最初区分是由经济学家布鲁诺·弗雷（Bruno Frey）所作。参见布鲁诺·弗雷，《艺术与经济学》（*Arts and Economics*），柏林：施普林格出版公司，2000 年。互联网可能正在改变对于艺术家而言的产业结构，使得下面这个古老的难题有所改进，即［寡头卖主垄断的（oligopolistic）］产业结构在传统上就会冲淡知识财产之于艺术家的个人激励的效果。关于这一点，参见鲁斯·陶森（Ruth Towse），"部分是因为金钱：奖励与艺术家的动机"（Partly for the Money: Rewards and Incentives to Artistes），《演化政治经济学》（*Kyklos*），第 54 卷（2001 年），第 473 页。乔尔·法尔基（Joelle Farchy）与海瑞迪安娜·瑞娜爱维森（Heritiana Ranaivoson），"数字权利管理与竞争：在线音乐市场的情形中因文化多样性所带来的结果"（DRM and Competition: The Consequences on Cultural Diversity for the Case of the Online Music Market），著作权专题经济研究协会（Society for Economic Research on Copyright Issues），2005 年度会议，加拿大蒙特利尔，可见于：http://www. serci. org/documents. html（2010 年 12 月 31 日访问）；罗纳德·贝蒂格（Ronald Bettig），《著作权文化》（*Copyright Culture*），科罗拉多州波尔得：西景出版社（Westview Press），1996 年；理查德·卡弗斯（Richard Caves），《创意产业》（*Creative Industries*），麻省剑桥：哈佛大学出版社，2000 年。戴维·思罗斯比（David Throsby）提供了某种证据，证明艺术家之所以工作，在一定程度上就是为了挣钱，并且他们的劳动供给与经济奖励之间是正相关的，尽管对艺术工作而言，需要有强烈的内在动机和兴趣爱好。戴维·思罗斯比，《经济学与文化》（*Economics and Culture*），剑桥：剑桥大学出版社，2001 年。鲁斯·陶森，"著作权和艺术家：一个文化经济学的观点"（Copyright and Artists: A View from Cultural Economics），《经济学综述杂志》（*J. Econ. Surv.*），第 20 卷（2006 年），第 567 页、568 页（描述了艺术劳动力市场上的"赢家通吃"的方面）。

某些一般性陈述，认为对于特定的艺术家或者创作者而言，激励仍然具有重要意义，要么是引用一些综合性实证研究，表明在回报与创造性成果的产出之间，存在着某种宏观层面的相关性（macrolevel correlation）。

我想尝试作出某种不同的回答。我打算提出的主张是，对于激励论叙事而言，它不只是一个简单的二元效果——激励要么导致创作者生产出新的作品，要么没有。激励对于所产生的创造性作品的质量，可能关系更大，而不在于是否导致某个特定的人最终进行了创作，或者甚至必然提高了所产生作品的总数量。

在这些问题上，几乎不存在确凿的证据；事实上，当人们就此问题展开论述时，为了避免落入一种"轶闻趣事之争"而往往会面临困难。例如，作者们常常引用艺术家的传记，甚至他们自己的经验来支持那种内在动机论（intrinsic motivation thesis）。[①] 而另一方面，讲求实际的经济学家以及那些支持知识产权强保护的人则会引用他们自己的反例。[②] 若按照这些说法所陈述的议题，那就很少能够找到令人满意的解决方案。

---

① 小亨利·H. 佩里特（Henry H. perritt Jr.），"侧面攻击新音乐市场的数字权利管理（DRM）马其诺防线"（Flanking the DRM Maginot Line Against New Music Markets），《密歇根州立大学国际法杂志》（*Mich. St. J. Int'l L.*），第 16 卷（2007 年），第 113 页始，第 145—146 页（其中描述了作者所认识的两位创作者的内在动机）。

② 参见，例如，F. M. 谢勒（F. M. Scherer），《四分音符和钞票：18 和 19 世纪音乐曲谱的经济学》（*Quarter Notes and Bank Notes: The Economics of Music Composition in Eighteenth and Nineteenth Centuries*），新泽西州普林斯顿：普林斯顿大学出版社，2003 年。

但是，我们如果把这个议题稍加重构，就可能在外在的（激励）与内在的动机上取得一些进展。关于该议题的传统陈述，问题是在于它的论述过于死板。那些引用内在动机论的艺术家们可能只会说，是的，无论他们面对的外部奖励结构是什么，他们都将创作出艺术品。另一种回答——对于"即便没有知识产权保护，你仍然会进行创作吗？"这个问题，他们回答"不会"——则要求人们必须对他们身份当中的很大一个方面给予否认。根据我们的经验，"艺术必将产生"（art will out）这种说法在某种程度上是真实的；一些作家在"二战"期间被关入集中营，但他们至少还能保持继续写作，而各种各样的艺术家，他们即使身陷囹圄，或者贫困交加，以及在没有任何支持或者鼓励的情况下，正如苏联的许多艺术家那样，还是会想方设法表达自己。因此，许多艺术家确实是被强大的内在动机所驱使，这一点无可置疑。有些人总能够想出办法来的。

因此，即使这样的提问没有任何价值，即是否至少有些艺术家在缺少外在奖励的情况下仍然会进行创作，但是，我们还是可以提出一系列更为细致的问题。通过这些问题，我们就可能在关于数字时代作品知识产权保护争论的真正利益攸关的问题上，以及关于财产权所可能起到的作用等方面，得到更好的指引。具有创造力的个人能够在其工作中投入多少时间；一位艺术家能否全职工作，进而不断生长直至完全成熟并且变成一位真正意义上的职业创造者（这是我们在第 7 章中深入讨论过的一个话题）？将某一艺术家的作品加以细致而精心的编辑、完善，并进而呈现给观众，以发挥该作品的全部潜力，使其处于最引人注目的状态，这样做得到吗？简单地说，围绕并且影响着创造性个人工作的条件是什么？并且，这些条件能够让创造者充分获得繁荣发展——亦即创造出尽其所能的最高品质的作品吗？①

2. 创造性精英？

这里无可逃避的事实是，我通过某种令某些人感觉到不自在的方式，勾勒出关于激励的难题。这是因为，我已经强烈地暗示，确实存在着这种被称为"职业创造者"的群体，而照顾和哺育这类人群，是知识产权制度的一项——也许就是唯一的——必要的功能，当然，或许并不是每一个想要从事创造性工作的人都能够获得跻身这类人群的资格。换言之，跟我关于知识财产的外在动机或者激励效应的讨论紧密相联的，是某种在等级上的感觉，是某种创造性精英（creative elite）的观念。简单地说，我确实相信，有一些创造性作品真就反映出比其他作品更高的品质。

在这场内容宽泛的并且从数字世界的当代观察来看或许甚至占据着主导地位的思想斗争中，这个问题就与新数字技术所带来的创造力的"民主化"（democratizing of creativity）迎面相撞了。许多仔细考察新兴的数字图景的人们已经注意到"业余爱好者"（amateurs）或者外行人（laypeople）——非专业人士，亦即在传统精英

---

① 詹姆斯·海尔布伦（James Heilbrun）与查尔斯·M. 格雷（Charles M. Gray），《艺术与文化的经济学：一种美国视角》（*The Economics of Art and Culture: An American Perspective*），剑桥：剑桥大学出版社，1993年，第300页［"（艺术家从事的）第二职业是一把双刃剑：一方面它们使得艺术家能获得某种更好的生活水准，但另一方面又由于减少了练习、上课和排练的时间，从而阻碍了他们在人力资本上的投入"］。

人士之外的人们——的崛起，变成了数字创造力的一股主力。[①] 我对于被称为职业创造者的这类人群却深表关切，这看似严重违背了这股民主化的趋势。事实上，我确乎在暗示，对财产权的尊重与一个排除了大多数业余爱好者的高度集中的精英阶层的出现和维持，两者之间存在着某种密切的联系。即便我对于外在动机效果的看法是正确的，仍然会有人合情合理地问我，这样做的代价是否值得？为了维持某个职业创造者阶层，就值得给民主化和草根创造力方面造成损失吗？难道作为一个社会来讲，我们真的想付出这种代价吗？[②]

无论如何，这就是我认为的某些民主化倡导者所想要提出的 248 问题。这个问题把如我这般的人逼到了一个艰难的处境。要么，仍然坚持我的意见，主张将那些"小家伙"排除掉，尽管他们为优兔的视频、涉及流行角色的新场景、网络电脑游戏的新角色作出了贡献。要么，另一种选择就是，拥抱民主化的价值，将之作为数字世界中的一股重要力量，但为此付出的代价则是我所珍视的为财产权的辩护。

---

① 参见，例如，埃里克·冯·希普尔（Eric von Hippel），《创新的民主化》（*Democratizing Innovation*），麻省剑桥：麻省理工学院出版社，2005 年。

② 这是约查·本克利（Yochai Benkler）提出的问题，他说，社会应当充分认识到它在规制技术和制定法律——这两者都属于在他的术语体系中所指的"制度生态"（institutional ecology）的组成部分——时所产生的成本，它们阻碍了数字网络的自由运行、共享规范以及诸如此类的东西。参见约查·本克利，《网络财富：社交生产力如何转变市场与自由》，前揭，第 428—429 页。

（二）数字知识财产"歧视"业余爱好者吗？

　　幸运的是，我没有采用这种非此即彼的方法。我相信这样的二选一是一种错误的选择。简单的事实就是：即使有强大的财产权在支持某个职业创造者阶层，然而，各种形式的以及享有各种荣耀的业余创作文化还是可以并且将会得到繁荣发展。当然，由于某种对财产权的持续信奉，就会削弱某种在数字领域的业余爱好者的创造力（考虑到法律实施需要付出成本，而且权利人可能决定自愿弃权，其后果并不会像许多知识产权批评家所担心的那样严重）。但是，免费数字文化中的这种边际性减少，仅仅是我们为维持职业创造者阶层所必须付出的代价。换言之，要想得到优质的创造性作品，其成本就是让业余爱好者作品的数量略有减少。对我而言，这样做是值得的。

　　特别请注意，我们不是必须在一流的电影、音乐作品跟业余创作内容的丰富数量之间做出选择。我们可以对这两者兼而有之。事实上，在优兔上快速浏览一番，从中显示出，我们确实做到了二者兼得。真正的选择是在以下两者之间，一个是实行这样一项知识产权政策，其迫使潜在的职业创造者放弃自己的理想，或者为了生存而从事他们所不愿意的职业，而另一个则是实行这样的知识产权政策，其允许（某些）具有天赋和富有创造力的人们可以从其所愿，并且在某个时刻可能晋身为职业创造者阶层。换句话说，这个选择是要么（1）削弱知识产权（或者默许它们发生事实上的减弱），并迫使每一个人都落入永久的业余爱好者阶层，要么（2）保持某种对于知识产权强保护的信奉。① 后一种政策固然会使某些具有创造力的人被排除在创造者高层序列之外。但是在我看来，前一种政策则更糟。它将阻止任何人进入这个阶层。它实际上就会破坏我们已经知道的"职业创造者"的整个范畴。

同样重要的是请注意，"数字依赖型创造者"（digitally dependent creators）并不会被全体永久地排除在职业创造者的序列之外。事实上，有些人已经将自愿提交"粉丝"作品、游戏角色或者开源软件代码的做法看作精心设计的"面试"方式，以作为升入职业创造者序列的敲门砖。通过某种与此相关的方式，对独创的、创造性的作品给予强保护，就可能推动人们去创造出此类作品，而不是创造出那些更加简单直接的数字创作内容。换言之，通过认可其财产权来提高更具独创性的创造成果，就可能鼓励人们付出更大一点的

249

① 顺便一提，这并不意味着人们必须对知识产权的全部扩张都加以支持，并且就有关提升公共领域的全部政策均予反对。我所主张的仅仅是如下这种信奉，即维持这些为培育与支持一个能够自我生存的职业创造者阶层所必需的经济状况。但是，并不是所有的知识产权扩张都具有这种效果。经济学家鲁斯·陶森为我们所需要的这种分析提供了一个很好的起点。参见鲁斯·陶森，"著作权与经济激励：在音乐产业的表演者权上的一种适用"（Copyright and Economic Incentives: An Application to Performers' Right in the Music Industry），《演化政治经济学》（Kyklos），第 52 卷（1999 年），第 369 页。陶森提供数据，说明在英国规定了表演者权之后，确实为音乐家带来了额外的收入。但她主张，如果考虑的是中位数收入，则尚不抵实行该项新权利所必需的交易成本。这正是解决这个难题的正确方法；在这个特定主题上，剩下来的唯一问题是，制度是否会随着时间而发生演变，有可能将交易成本降到足够低的程度，以使得该权利是值得的。

努力，创造出某种在内容上符合独创性这个法律标签的作品。[①]

（三）混合者的合理使用？

　　我对混合问题的讨论，到目前为止所强调的只是独创性内容的创造者。对于其他为新事物的产生而工作的人，他们也值得受到知识产权的保护。他们的工作成果可以很容易地加以复制、传播和修改——在我看来，后面的这些工作具有次重要性。跟从前的创作者一样，他们同样需要在其工作中获得自治，同样怀有靠自己双手来谋生的希望。

　　对数字技术运用自如的新一代，已经变得精于利用原创的创造性作品，将之当成各种各样创造性项目的一个起点。这些人就是混合者。他们取用数字版的独创性作品，对它们加以修改，与其他的作品相互混合，有时会以一种有趣的和富有创意的方式为之。[②]因为他们提取的是可以自由获得的材料，并且因为他们添加了自己

[①]　请考察，例如史蒂文·赫勒（Steven Heller），《一位设计师企业家的教育》（*The Education of a Design Entrepreneur*），纽约：欧沃斯出版社（Allworth Press），2002 年。赫勒描述了他教授学生如何进行网页设计的经历。赫勒提到，他设法教导学生的是，如果他们想成为优秀的设计师，就必须学会如何创作出原创性内容，而不只是把现有元素组合一下。同揭，第 xiv 页。他说到有一位学生，想要用现成的内容组合起来做一个新的网站，但是该学生在某些内容的所有权人那里遇到了授权许可的麻烦。作为回应，这位学生就改变了方向，"他……决定扩大范围，将他自己担当作者的原创材料包括其中——这是一个高尚的目标……"同揭，第 xiii 页。这虽然只是一则轶闻趣事，但其中的观点非常明确：许多人会喜欢这位设计师的。

[②]　参见，例如，劳伦斯·莱西格，《混音：让艺术和商业在混合经济体中繁荣发展》，纽约：企鹅出版社，2008 年。

的创造性手法，所以，他们常常就会主张，他们的所作所为跟"传统的"创造性没有什么不同。[1] 他们的主张导致了如下结论，混合行为应当得到正式的法律承认——亦即，应当尊重其为著作权法项下的一种"合理使用"。[2] 他们会说，在有关混合的议题上，我恰恰是把法律特权放错了地方，放在了独创性内容的创作者身上，而不是放在大胆的、遭人误解的但同样具有创造力的混合者身上。

为使这场辩论以适当方式进行，我们就得比较详细地研究一下合理使用规则。在这番研究之后，我还要试着将有关混合的争议跟本书第一、二编所提出的议题联系起来。我从洛克和康德那里推断其思想，再引用尊严原则与效率原则，以此来证明我为什么相信这一结论是正当的，即一般而言，知识产权法中应当被赋予特权的

---

[1] 莱西格不时地暗示着，混合就类似于合理使用，但令他感到奇怪的是，假如在一篇文章或者其他的文字当中引用某位作者的话，被认为是合法和正常的，那为什么"引用"——或者混合——某一电影或者歌曲或者视频当中的一部分，却是非法和不正常的。劳伦斯·莱西格，《混合：让艺术和商业在混合经济体中繁荣发展》，前揭，第53—54页。莱西格还提出，混合的意思来自于"文化参考"（cultural reference），后者构成了混合的基础，亦即，混合利用了由参考资料所创造出来的意思，目的是为了创设某一样新的东西。劳伦斯·莱西格，《混音：让艺术和商业在混合经济体中繁荣发展》，前揭，第74—75页。

[2] 参见，例如这篇文章，比尔·汤普森（Bill Thompson），"公共领域与创造性作者"（The Public Domain and the Creative Author），夏洛特·韦尔德（Charlotte Waelde）与赫克托·麦奎恩（Hector MacQueen）编，《知识财产：公共领域的多面性》（Intellectual Property: The Many Faces of the Public Domain），麻省北安普顿市：爱德华·埃尔加（Edward Elgar）出版公司，2007年，第138页："对这些新类型的创造性（混合、混搭等）的兴趣，以及对它们进行传播的热情，似乎说明当下的合理使用概念可能过于狭窄了，从而毫无必要地扼杀了创造力，而这反过来引导我们反思，是否有必要扩大公共领域。"

是原始创作者而不是混合者。我也将阐述，如何把某些著名的针对创作者权利的传统限制适用于混合作品的情形。

1.交易成本与转换性使用

合理使用是著作权法中一个争论不休的主题。其部分原因在于，它是在侵权指控中当侵权行为已经被证明成立之后仍能提出的少数几个抗辩理由之一。也就是说，它符合某种正当性辩护或者辩解的本质特征：当事实证明确实侵犯某一著作权时，侵权人仍然可以用合理使用相抗辩，并且在某些情况下，可以此逃脱法律责任。在每一起依据合理使用而结案的案件中，都必然首先存在一项有效的著作权，并且已经证明对该著作权的侵权行为成立。因此，这个抗辩必然在道德上具有很大的分量；因为它是在法律上的侵权行为业已成立的情况下而依然让侵权人逃脱法律责任，那么从这一事实出发，可见这是一项多么强大的规则。

合理使用之所以发生争议的第二个原因在于，正如法律所规定的那样，这项规则是开放式的。著作权法宣布了这项规则的一个示范性立法宗旨，然后列举了法院在适用该规则时可以考虑的四个非穷尽性"要素"。[①]对于那些脑筋活络的当事人和积极有为的律师而言，这项规则的适用范围似乎太容易任人摆布了；假如手头的案件有需要，都可以用上千种新式的、富有创意的形式来对该规则加以塑造、修改和粉饰。考虑到有必要设立一个灵活和开放式的"安全阀"，使之能够释放由于著作权法的过度专业性适用所可能带来的压力；因此，合理使用规则也的确应该如此。然而，假如人们就

---

① 《美国法典》(*U. S. C*) 第17编，第107条。

是想搞清楚究竟法律允许他们对于某一件享有著作权的作品做什么或者不允许做什么，那么，此时的合理使用规则就成了触犯众怒的一个源泉。

在这一节中，我不打算再详细研究合理使用的整个令人着迷的全景图；有许多专著已经详细讨论过这个问题，并且，假如历史曾经给过任何指导的话，那么毫无疑问，今后还会有更多的指导。相反地，我想要将关注的重点转移到这项规则的两个特征上，它们在过去的二十五年间崭露头角，并且可以帮助我们理解在将合理使用适用于混合的情形时处于两难困境的核心问题。这两个特征是：(1) 用于说明该项规则之合理性的市场失灵或者交易成本，以及 (2) 转换性使用的概念。抓住这些概念，就等于为我们提供了解决有关混合问题所必需的工具。

（1）市场失灵。大约三十年前，有一位名叫温迪·戈登（Wendy Gordon）的年纪轻轻而又雄心勃勃的著作权法学者对有关合理使用的案例进行了系统调查，并且找到了一种革命性的思想。所有这些案例有着看起来不相一致的方面，但也许可以用市场失灵这个简明的思想来解释它们。[①] 或许，合理使用就是当著作权所有者与作品使用人之间进行交易的成本太高，或者甚至高到无法进行交易时，法律制度所采用的一个代理因素（proxy）。这在当时看来是一个激进的观念，因为它背离了这样的传统观念，即合理使用的关键

---

① 温迪·戈登，"市场失灵时的合理使用：对贝塔麦克斯案及其先例的一个结构性与经济学分析"（Fair Use as Market Failure: A Structural and Economic Analysis of the *Betamax Case* and its Predecessors），《哥伦比亚法律评论》（*Colum. L. Rev.*），第 82 卷（1982 年），第 1600 页。

是在于发现某个能够包括一切的公平观念（all-embracing notion of fairness）。而在温迪·戈登的手上，公平从根本上来讲并不是一个神奇的先验性概念，可以用它来解决实际争端；它是在进行真正重要的分析工作之后所得出的结论。而这项工作，完全只与享有著作权的作品的市场相关。假如一个市场已经形成，为自愿交易的买家和卖家设定了必备的条件，那么，此时就没有必要再考虑公平的问题。只有当市场尚未形成，但从其他方面来看，这个市场又是可欲的或者合乎逻辑的，那么，合理使用才会被人从法律工具箱中掏出来，通过对它的适用而获得正确的结果。温迪·戈登非常聪明，知道在有的时候，使用人的特权必然胜过著作权所有者的利益，因此，她为合理使用的剩余范畴（residual category of fair use）留下了空间，而这些范畴跟某一市场是否简易可行无关。她也仔细阐释了她的方法，要求法院评估因为裁决构成合理使用而可能对某一享有著作权的作品的价值所造成的影响——从而，即便不存在市场失灵，但是假如在某一案件中，一旦做出有利于侵权方的构成合理使用的判决，就会破坏或者严重损害所争议的享有著作权作品的价值，那么，该案件的裁决结果还是应当支持著作权人这一方。但是，除了这些附加要求之外，温迪·戈登所提出的将合理使用付诸实践效果的关键，还是要看市场失灵的情形。

在适用戈登的革命性方法时，我们所面临的一个困难是与时机的选择相关的。有时，市场需要经过一段时间才能形成。特别是当一项新技术的突然出现，打断了已经建立的商业模式时，当前的市场参与者可能需要花费一段时间，才能开始理解新的现实情况。这种事情在最近几年反复发生，比如，可下载音乐的横空出世，或者视频内容的互联网传播成为替代传统广播和有线电视的一种可行方式。将知识产权学者丽贝卡·艾森伯格（Rebecca Eisenberg）的话转述一下就是，要想判断市场究竟失灵（failing）还是尚在形成之中（forming），这可能很难区分。①

　　我偏好于个人的知识产权，而与此相一致的是，我在这场争论中选择支持这些人，他们在认定某一特定的实践性做法是否构成合理使用时，持有审慎的态度。我担心，如果匆忙地贴上合理使用的标签，就会扼杀市场的形成。一旦被认定构成合理使用，我想这就不太可能由于将来的发展而招致法院改弦易辙，转而认定某一业已确立的合理使用不再具备作为抗辩理由的资格。因为作为私人主体的当事人会依据法院起初的合理使用认定，并以此为基础而构建他们的决策，或者甚至是他们的整个业务，而假如法院在后来撤销了该项认定，就可能完全颠覆公众广泛分享的关于哪些行为属于合法的预期。法院当然也讨厌这么做，并且我认为这种事情不会经常发生。这就意味着，最初所作的一项关于合理使用的认定，可能具有某种社会性"锁定"效应——即自始至终地剥夺了某位著作权人的某一个市场。

　　为了给市场的形成提供一个合理的机会，更为审慎的做法是，

---

① 参见丽贝卡·S. 艾森伯格（Rebecca S. Eisenberg），"在专有性研究工具上的交易：市场失灵还是市场形成？"（Bargaining over the Transfer of Proprietary Research Tools: Is This Market Failing or Emerging? ），罗谢尔·德赖弗斯（Rochelle Dreyfuss）等编，《扩大知识产权的边界：知识社会的创新政策》（*Expanding the Boundaries of Intellectual Property: Innovation Policy for the Knowledge Society*），牛津：牛津大学出版社，2001 年，第 223 页。

在某一案件中，假如双方的主张势均力敌，那么先不忙着在一开始就认定构成合理使用（当然，在以下情况下，如果涉案的侵权行为落入某个在传统上受到早已确立的合理使用规则保护的范围，比如构成滑稽模仿的，那么这种做法并不适用；参见下文）。如果在事实上市场确实已经形成，那么，避免过早做出一份认定构成合理使用的裁决，就会为创造者保留一个获得金钱补偿的机会。而如果市场并没有形成——即如果有利害关系的当事人每一次具有了采取行动的机会但他们并未采取行动——那么在此后的某个时间判定构成合理使用，则可能是恰当的。但这应当是在推迟一段实质性时期之后，因为市场可能需要这样一段时间才开始运行。

在最近几起涉及新技术的著作权争议中，法院在作出一项明确的合理使用认定时，可以觉察到其中带有某种谨慎。20世纪90年代有一起涉及照相式复印的案件，某家公司拥有大批从事研究工作的科学家，因其大批复制从科技出版物上选定的文章，从而被起诉侵犯著作权。这家公司提出的主张之一是，因为个人复制科技期刊文章的市场还没有完全建立，科技期刊的出版商主张按照单篇文章所制作的复制件来收取费用，这在某种程度上来讲，尚属不同寻常的做法。第二巡回上诉法院通过约翰·纽曼（John Newman）法官发表的判决意见，拒绝了这个辩论主张的要点。法院转而考察当时正在形成的对每一篇文章授予许可的初期结构，并且特别指出，若法院在此时做出一项认定构成合理使用的裁决，实际上就会将这些开创性做法扼杀在摇篮之中。①

---

① 美国地球物理学会诉德士古公司案（*Am. Geophysical Union v. Texaco, Inc.*）[60 F. 3d913（2nd Cir. 1994）]。

在最近关于在线音乐传播的案件中，也能看到某种同样的倾向。尽管它们集中于数字音乐共享技术的复杂问题上，但这些案件的判决意见却反映出，法院并不愿意让单个音乐文件的复制行为完全摆脱法律责任。[①] 由于实际可行的在线音乐许可的开创性做法正处于形成过程中，法院明智地回避了就文件共享问题做出某种合理使用的认定，因为一旦认定就将是不可逆转的。

与混合问题更加直接相关的是，针对在"混音磁带"（mixing tapes）与混合音乐的创制过程中使用受著作权保护的短小片段，法院并不愿意对此给予一种宽泛的豁免权。[②] 尽管存在争议，但我认为，法院的判决抵制了为数字"取样"（digital "sampling"）行为提供一般性例外，这一做法从根本上而言似乎还是正确的。此类案件的产生还处于实践的早期阶段。至少有一些法院已经认定，数字取样市场可能正在形成之中。正如我在这里所主张的，在这种情况下，一旦认定构成合理使用就会产生从一开始就让这个市场失去活力的效果。本能的反应似乎就是，最好还是再等一等，给制度、机制、交易习惯以及规范以形成的机会。如果它们确实形成了，则早期对于潜在的市场失灵的担心也就烟消云散；著作权人将因此而拥有了另一个出售其作品的渠道（由于人们普遍担忧，数字音乐时代正在明显地破坏音乐家们谋取一种体面生活的能力，因此，这是一个重要的考虑因素）。而如果市场未能发展成熟，那么总还是留有

---

① 参见，例如，米高梅电影制片公司诉格罗斯特公司案（*MGM Studios, Inc. v. Grokster, Inc.*）［45U. S. 913（2005）］。

② 参见，例如，布里奇波特音乐公司诉帝门影业案（*Bridgeport Music, Inc., et al. v. Dimension Films, et al.*）［410 F. 3d792（6th Cir., 2005）］。

空间，可以此后再来认定合理使用。正如我此前提到的，在知识产权所保护内容的市场形成方面，存在着诸多障碍。在游戏开始之初即作出一份关于合理使用的明确认定，那就等于设置了一个不可克服的障碍，因此，亟应予以避免。

253　　（2）转换性使用。如果市场失灵代表了最近在合理使用理论上的主要创新的一半，那么，另一半创新就必然是某种关于转换性使用的思想。大约从 20 世纪 80 年代开始，学者们就在重新考虑用什么方法，可以将那些对社会大有好处的侵权性使用行为（infringing uses）分离出来，并因此而更值得为其提供合理使用的正当性辩解。[①] 于是他们想到了关于转换性使用的思想：这是一种添加了侵权人创造性输入内容的侵权性使用，它将被侵权作品带入某个新领域或者新市场，或者只是产生某个与该独创性作品非常不同的最终产品，以至于最合适的处理结果就是使之免于承担侵权责任。无论对这种思想如何进行定义，转换性使用的思想核心都是指侵权人一方作出了某种引人关注的并且对社会有益的贡献。尽管并非完全没有争议，但是，在有关合理使用的法律中，这个概念已经变成其中公认的一个组成部分。[②]

---

① 　参见皮埃尔·N. 勒瓦尔（Pierre N. Leval），"合理使用标准刍论"（Toward a Fair Use Standard），《哈佛法律评论》（*Harv. L. Rev.*），第 103 卷（1990 年），第 1105—1136 页。

② 　按照某些数字技术狂热分子的观点，财产权对于内容的自由共享与修改带来了束缚，而放松束缚的一种方式是，允许对于受著作权保护的作品进行"转换性使用"（例如，混合）而无需作者的许可，以及对于商业性（即不属于非商业性）转换性使用，考虑采用某种强制许可的方案。参见，例如，迈克尔·A. 艾因霍恩（Michael A. Einhorn），《媒体、技术与著作权：法律（转下页）

明显可见，它与市场失灵形成了鲜明的对比。转换性使用的全部关心，就在于侵权人作出的贡献，即由他们所添加的价值。固然，市场失灵也预见到了增值的作品，但是，那是在市场交换前的背景下发生的。市场是一套默认制度（default institution），决定了要做成哪笔交易，以及基于什么条件进行交易。侵权人可能增加哪些价值，以及基础性作品对于侵权人而言所具有的价值，这些具体细节，都将由双方当事人协商解决。

同时，这两种思想之间也存在某种共同的根据。通常，在那些强调侵权行为具有转换性使用特点的案件中，往往存在着一股市场失灵的暗流。亦即，法院暗示着，侵权人是以著作权人所未曾预料的某种方式或者目的而使用其作品。该种侵权性使用，从某种程度上来说，与著作权人或者处于类似情境中的其他人所追求的计划、设想或者惯例是不相干的。该侵权人所进行的使用具有奇特性与新颖性，并因此而与有关市场失灵的分析殊途同归：这种对作品的使用或者修改，或许本来就不属于对著作权人所授予权利的范围。①

（接上页）与经济学的整合》（*Media, Technology and Copyright: Integrating law and Economics*），麻省北安普顿市：爱德华·埃尔加出版公司，2004年，第13页（其从法和经济学的角度提出，混合行为就是转换性使用，假如允许原始作者对该行为加以控制，就将是无效率的）。

① 参见，例如，上揭。艾因霍恩主张，混合行为（至少在业余爱好者之间的混合行为）应当被认为构成合理使用："……转换后的作品带有新的意义，在很大程度上趋向于获得新的受众，可以预见的是，它并不会取代原始作品的销售或者干涉后者发给演绎作品创作许可。因此，任何创作者在创作出原始作品上的激励，不可能取决于一小部分的转换性使用被公开发表抑或不可能被发表……"。而且，他还主张，在混合作品与粉丝小说上要求获得（转下页）

假如说这表示未能形成某一市场，这可能未臻准确；更准确的说法可能是，没有人认真地预料到会有这样一个市场——原始创作者最先并没有考虑到会有这样一种自愿交换。

当这种假设的情形发生时，人们的基本感受是，这是一种不公平的财产拨归（unfair appropriation）。[1] 该种思想认为，侵权人为著作权人的作品设计了一种全新的、原创的应用方式——这是该作品的创作者完全没有想到的用途。在这样的情形中，假如允许著作权人从侵权人的独创性见解中获得好处，这似乎是错误的。这从某种意义上看，仿佛是著作权人试图将由侵权人的独创性见解所增添的价值拨归己有。因为这看起来是错误的，所以，法院就宣布这是一种合理使用，进而允许该侵权行为继续存在。

254 （3）有关混合的市场失灵与转换性使用。如果放在混合的情形中，这种思想又会给我们带来什么呢？我们必须作出决定，在这些分析性概念中，究竟谁占主导地位：有一种思想认为，市场还在形成之中，不应当事前就取代它；另一种思想则认为，混合者以著作

（接上页）那种传统的许可，可能产生过高的交易成本，并可能因此遏制许多非商业性使用人去创作出富有趣味的作品。同揭，第29页、第36—37页。

[1] 我在专利法中描述了这样一种类似的情形。有一个人先提出了某项专利申请，接着在等待审查授权的过程中对它进行修改，以便将其竞争对手首先想到的一种想法包含其中，那么，这个人就不应该在扩张性修改所涵盖材料上被授予所有权——我将这种情形称为"通过修改手段的不法挪用"（misappropriation by amendment）。参见罗伯特·P. 莫杰思，"软件与专利的范围：一份来自中间回合的报告"（Software and Patent Scope: A Report from the Middle Innings），《德克萨斯法律评论》（Tex. L. Rev），第85卷（2007年），第1627页始，第1653页。

权人未曾预料的方式增添了价值。

虽然存在一些例外，但我还是相信，市场失灵是占主导地位的。既然混合已经成为一种人所共知的做法，而且各种各样与其相适应的交易规范和机制正在显现，那么，采用市场失灵的分析方法是合理的。假如全面宣布混合行为构成合理使用，就等于关闭了一个刚刚开张的市场，打消了原始创作者的一个潜在的收入来源，并因此而稍稍减少了该作品的创作者在数字形式上的自治范围。同样地，尽管最初的某些混合者可能是以未曾预见的方式使用了受著作权保护的作品，但时至今日，混合已经成为整个创意领域中广为人知的一部分。因此对混合者而言，不可能再主张其对某件原始作品进行数字修改就是一种未曾预料和令人称奇的作品使用方式。我们已经走过了开拓型混合者的时代。著作权的所有权人已经非常熟悉混合现象以及数字混合的市场，因此，任何单个的混合者可能都没必要再向某一著作权所有人提请注意这个市场。

当然，混合现象的某些单独例子，可能还是具有完美的创造性和独创性的。① 但是我认为，这并不是确立某种广泛的合理使用特权的理由。假如针对受著作权保护作品的改编——这些在著作权领域中被称为演绎作品——而形成了一个完善的市场，那么，该演绎作品具有独创性并不能作为侵犯著作权的抗辩理由。根据某一

---

① 因此，混合"比赛"是很常见的，包括某种由博物馆和其他相关艺术机构所举行的比赛。例如，布鲁克林博物馆（Brooklyn Museum）请混合者从它的声音云（Soundcloud）网页下载歌曲录音，对它们进行混合，参加这项名为"谁在摄录摇滚乐：混音！"的比赛。可见于：http://www.brooklynmuseum.org/exhibitions/rock_and_roll/remix.php。

本享有著作权的短篇小说而拍摄出一部极具创造性的电影，这仍然可能侵犯该小说的著作权。这个规则多年以来虽不时地引起一定程度的争论，但它最大的合理性或许在于，著作权人是值得控制其小说角色和故事的命运的，即便要把它们改编到某种新的媒介中（这是以某种方式表达了第5章所展现的尊严原则）。无论如何，它都已经成为知识产权场景中的一个被人接受的组成部分。而当它被适用于混合的情形时，鉴于社会对于市场交换的强烈偏好，这就意味着，即便创造性的混合者提出权利主张，也必须向原始内容创造者的权利让步。

2. 洛克、康德与混合

从表面看，洛克理论以劳动为中心，它看似为混合者的权利主张提供了支持。拿到一份数字文件，再费时费力地将它转化成某一样新的东西，这的确属于艰苦的劳动。难道这不应当构成混合者享有某种权利的依据吗？

这当然不应当构成依据。洛克的理论远不止于将劳动简单地等同于财产权。第一，洛克承认，在一个已经归他人所有的财物上进行劳动的人，不能以此为据而提出一项正当的财产权主张。只要周围存在大量的无人主张权利的对象，那么，在某个已经拨归他人的东西（或者，更不必说创造）上进行劳动，就构成了洛克所设想图景中的"干预"（meddling）。[①] 简而言之，劳动不可能对于这种非

[①] 参见约翰·洛克，《政府论（下篇）》，第33—34段："谁有同那被占用的东西一样好的东西可供利用，他就无须抱怨，也不应该干预旁人业已用劳动改进的东西。"另参见，杰里米·沃尔德伦，《上帝、洛克与平等：洛克政治思想中的基督教基础》，剑桥：剑桥大学出版社，2002年，第172页（转下页）

法挪用的行为而提供正当性理由。第二，洛克承认，劳动以及基于劳动所产生的某一财产权主张，是可以通过合同加以转让的。[①] 对于他的这一论断，这就意味着，一位雇员可以获得计时工资作为交换从而放弃其财产权主张。但这也可以被解读为是对如下思想的支持，即假如合同是将劳动引入某一生产渠道的传统方式，那么，潜在的财产权主张就要让位于合同的约束效果。在创意产业领域，后期制作的劳动（follow-on labor）通常以这种方式发生转让；诸如电影编辑、文学编辑、后期电影特效、灌制音乐唱片时的声音合成等例子，都说明了这一点。固然，这些都是困难而费劲的任务，但在传统上，它们并不产生某种独立的财产权主张或者法律上的特权。传统上，它们被适当地看作从属性的劳动形式，其起源并且依赖于某一件最初的独创性作品。混合行为跟它们没有什么区别。

　　出于以下两方面的原因，在某一混合上即使付出艰苦劳动，也不足以产生一项财产权主张。其一，它是在劳动之上所应用的劳动，是被添加在原始创作者的劳动之上的，而后者是在一张白纸上

（接上页）（"对他人利益的损害是主标题，在此标题之下，才可以合理地提出反对其获得财产"）。这个原则也可见于传统的返还原物法（law of restitution），其自罗马时代以来，即禁止以后来添加的劳动为由，在某一已由他人合法拥有的财产上提出合法性权利主张。参见詹姆斯·杜利（James Tully），《关于财产的一场对话：约翰·洛克与他的论敌》（*A Discourse on Property: John Locke and His adversaries*），剑桥：剑桥大学出版社，1980 年，第 118 页〔其引用了查士丁尼《学说汇纂》（*Digest*）中的语录，该书被认为系古罗马法学家保罗（Paulus）所撰〕。

① 参见约翰·洛克，《政府论（下篇）》，前揭，第 28 段（其讨论了雇主对"仆人所割的草皮"享有所有权）。

更早付出的努力，这就使其在获得一项更优先的权利主张上具有正当性。其二，在混合上的劳动，通常应当并且本来可以通过原始创作者与后续混合者之间通过订立一份合同的方式加以引导。这两个原因都指出，在这种情况下就应当拒绝给予任何的洛克式财产权主张。

至于说康德，他的权利普遍原则对于混合问题也有所启示。正如我们在第3章和第7章所看到的那样，这项原则的标志就是平衡性自治（balanced autonomy）的概念。之所以授予某人以财产，是为了鼓励自治，但是，它若发生在严重侵犯他人行动自由的情况下，则是受到限制的。具体到混合行为，问题在于，混合者的行动自由是否受到了非常严格的限制，以至于根据权利普遍原则，反对为独创性作品给予完整的财产权保护。我认为，并非如此。混合艺术确实需要接触使用既有的数字内容，但现实中也存在其他大量的内容，可以任其自由选用。在大部分情况下，并不是说有哪一件特定的或者单个作品，就一定是混合者想要施展其才华所必不可缺的。因此，假如有某一件特定作品落在混合者可获取的范围之外，那也算不上是让混合者丢掉了关键性的东西。反之，假如某一个体的创作者并不想让他的作品被用于混合，却被迫将其作品提供给他人使用，那他就真正地丢失了某样重要的东西。因此，若以康德的方式来衡量各方的自治利益，那也应是原始创作者胜出。

3. 著作权与混合的数量：问题出在哪里？

之所以抵制混合者享有广泛的合理使用的权利，另外一个强有力的原因在于：没有任何证据表明，社会可能出现某种混合的短缺。互联网充斥着各种富于创意的、放肆随意的、充满情趣的，并且有时候是稀奇古怪的混合内容。而所有这一切，都是在没有给予混合者以某种广泛的合理使用特权的情况下出现的。我们又该如何来解释这一点呢？

从最主要的方面看，这是因为权利人已经以各种方式同意了混合的做法。有一些权利人是明确地放弃了自己的权利；诸如大卫·拜恩（David Byrne）、野兽男孩（Beastie Boys）与查克·D（Chuck D）之类的著名表演家，他们允许对其选定的作品作混合之用。[①] 而一些新出道的艺人，则加入了"开源唱片公司"（open source record labels），将他们的作品免费提供给他人采用。[②] 对那些渴求出名的音乐家而言，捐献免费样本现在已成为一种广为人知的职业规划策略，而且，甚至是那些功成名就的艺术家，也已经认识到这样做的价值，他们通过选择性地发布免费内容而来维持观众对他们的了解和兴趣。[③]

不过，正式弃权只是混合者所使用内容当中的一个来源。更为常见的则是某种不太正式的默许形式。内容的所有权人并没有正式授权他人采取一系列的混合行为，而只是对此行为予以容忍。其中

---

① 这些艺术家参与制作由《连线》（*Wired*）杂志发起的一张 CD，该 CD 通过这份杂志发行，并且可以通过知识共享组织在线获取。可见于：http://ccmixter. org/view/media/samples。

② 参见维基百科"开源唱片公司"（Open Source Record Label），可见于：http://en. wikipedia. org/wiki/open_source_record_label。

③ 在讨论混合作品的优点时，《维基经济学》的作者主张，有充分的理由认为，唱片公司会"竭尽全力"去鼓励进行混合，而不是以其按照当下著作权法属于违法行为为由予以打击。唐·塔普斯科特与安东尼·D. 威廉斯，《维基经济学：大规模协作如何改变一切》，前揭，第 139 页。

原因，部分地是由于强制执行的成本过高；大量的混合系业余爱好者所为，这就使得想要有效地阻止这些混合行为非常困难。而另一部分原因则是出于战略性考虑：业余爱好者的混合行为可以建立起人们对于专有内容的兴趣，从而可能成为一种"病毒式营销"(viral marketing)，让被混合的原创内容的优点遍布于全世界。况且，许多的内容所有者也不愿意对他们自己的粉丝提起诉讼。

最后，因为混合行为流行一时，大量的可用于混合的材料，正是拜业余爱好者所赐，并供业余爱好者所用。知识共享组织(Creative Commons)根据各类开放分享合同(open-sharing contracts)来传播信息，将内容提供给公众，而完全或者绝大部分地不受使用上的限制；该组织加入了一个名叫"CCmixter"的网站，后者的作用就像是一个主要的集散中心，向公众提供可用于无限制混合的内容。[①]

许多著作权法专家已经注意到，在数字领域内广泛存在着对权利不予强制执行(nonenforcement)的情况。人们用不同的标签来描述这一现象，包括"容忍性使用"(tolerated use)和扩张性默示许可(expanded implied licensing)。[②]无论用什么标签，其基本思

[①] 参见：www. creativecommons. org/("找到已经许可的作品，你可以进行分享、混合或者再使用……")；http://ccmixter. org/("混合者：如果你在进行取样、混合与跨界混搭，请选取可供下载的样品包和伴奏，你也可以把你的版本回传至本网站，以供其他人使用和再取样。上述一切行为均属合法")。

[②] "容忍性使用"(tolerated use)的观念是由哥伦比亚大学知识产权学者吴修铭(Tim Wu)所创设。参见吴修铭，"优兔真的存在法律问题吗？"(YouTube Really Have Legal Problems?)，《石板杂志》(Slate)，2006年10月26日，可见于：http://www. slate. com/id/2152264/；另参见吴修铭，"容忍性使用"，哥伦比亚法与经济学工作论文第333号，2008年5月，可见于：(转下页)

想是相同的。由于广泛地不强制执行权利，就已经为数字作品的使用人带来了一组新的事实上的权利（de facto rights）。由于在很多情况下，混合行为都不受监控，因此，这些准权利比比皆是。基于我在本章所试图解释的原因，它们并不能跟原始创作者所拥有的真正权利相媲美。然而，它们具有重要的意义；因为，当使用人在判定其制作与传播某一件混合作品是否为一个好主意时，确实会考虑到权利人不强制执行其权利的这个准规范（quasi norm）。从大量的可以自由使用的混合数量上判断，混合者已经将权利人不强制执行其权利的这项广泛流传的规范，完全地内在化了。结果就是，今天如果认为业余爱好者所作的非商业性混合就介于一种准合理使用行为与一种由绝大多数权利人所作的默示许可行为之间，那么，如此说法并不为过。

广泛的容忍性使用，对于理解数字作品上的知识产权在现实世界中的效果至关重要。正如我在本书导言所强调的并且在第 7 章中再次强调的那样，授权后的实际环境，相比于对"纸面上"权利的形式性描述，至少是同样重要的。数字作品的权利在事实上的范围，比起制定法对于知识产权的形式性表述所看起来的范围，实际上要窄得多。并且，即便形式上的权利在最近几年已经得到了显著扩张，但情况照旧。图 8.1 就说明了这一点，它显示为两个部分，

257

（接上页）http://papers. ssrn. com/sol3/papers/cfm?abstract_id=1132247。关于扩张在线形式的默示许可，参见奥里特·菲什曼·福里（Orit Fishman Afori），"默示许可：一种正在形成的著作权法的新标准"（Implied Licenser: An Emerging New Standard in Copyright Law），《圣克拉拉计算机与高科技法律杂志》（*Santa Clara Computer& High Tech. L. J.*），第 25 卷（2009 年），第 275 页。

一个是由知识产权法所创设的形式上的"权利空间",另一个是在现实世界中,由内容的所有权人所体验到的事实上的"有效权利空间"。这张图在总体上的观点非常简单:即用图像的方式表明,最

258

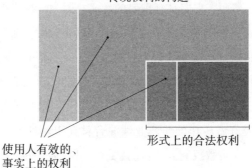

传统权利的构造

使用人有效的、
事实上的权利

形式上的合法权利

数学时代权利的构造

使用人有效的、
事实上的权利

形式上的合法权利

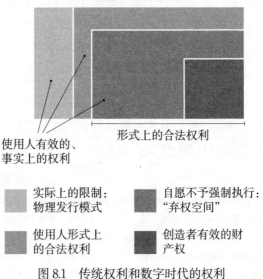

实际上的限制:
物理发行模式

自愿不予强制执行:
"弃权空间"

使用人形式上
的合法权利

创造者有效的财
产权

图 8.1 传统权利和数字时代的权利

近这些年数字作品的使用人（包括混合者在内）在事实上的权利已经得到了显著扩张，尽管同时期在形式上的权利也得到了增强。

权利人不强制执行其权利与"权利缓冲"（right cushion）。因此，权利人系统性地不强制执行其权利，就成为数字知识产权景观的一个可预见的特征。正如我刚刚提出的图表所显示的那样，这实际上是在纸面上的知识产权法与作品使用人和消费者所真实体验的知识产权法之间，制造了一个缓冲带。这个权利缓冲将为知识产权政策带来什么样的影响呢？

当实践情况缓冲了因授予权利所带来的影响时，保持政策精准平衡的压力就会减少。以同等程度而为双方授予权利的压力也有所减少。对消费者和使用人利益的照顾，不仅表现在他们所得到的形式上的权利，而且（主要地）也借助于较高的法律实施成本以及在权利所有人之间的市场竞争。由于权利在强制执行上面临困难，再加上权利人自愿决定放弃强制执行，这就缓解了特定权利对于使用人与消费者所带来的全面性影响。然而，那些创造出高价值作品的人，他们还是可以借助国家所授予的财产权，获得适当的回报。因此，当我们把这两件事情——即创造性作品上的财产权，以及在形式上的权利与社会实践之间存在某种相当大的缓冲这一现实——放在一起考虑，我们就得出了类似于某种均衡（equilibrium）的结论。知识产权就是权利，自带有权利的各项权能；但是，权利人出于自利性考虑，我们也可以预期这些权利常常会被放弃或者不予强制执行。当然，这些权利可能并不总是会被放弃，这就是作为一个社会，我们必须愿意承受的代价，既为了那些产生出创造性作品的人，也为了他们所做出的正确之举。而这些权利也并不总是价

259

值足够之大，一定会被强制执行，这就是创造者如果试图在互联网时代作为职业创造者谋生时所必须面对的现实。我们不是通过设定势均力敌的权利，来体现使用人和消费者的利益，相反，我们可以认识到，从某种事实意义上而言，通常正是授予知识产权的执法环境在保护着这些利益。

权利缓冲的另一面也应予以注意。正如权利人对其权利明显地不予强制执行就抵消了知识财产对于使用人所施加的负担，但它也可能淡化了知识财产给职业创造者所带来的好处。这就意味着，为了让这些权利继续发挥其传统功能，让努力工作的创造者充分获得回报，所以，我们可能还得加强知识产权的保护。有人可能提出，事实上，这正是在过去十五年左右的时间里，知识产权立法上一直发生的事情。从某些方面看，知识产权法确实已经得到显著增强；这些例子包括：延长著作权的保护期限，增设侵犯知识产权的刑事责任规定，以及扩张知识产权法，将防止专有性内容保护技术措施的破解方式（亦即 1998 年《数字千年著作权法》）也纳入其中。① 从权利人的角度观察，这或许也是可以理解的，因为有大量广泛的侵权行为无法得到有效监测，这势必导致权利人渴望采取更强的知识产权保护。这也是部分地出于某种心理反应，亦即，对于一股不断升高的非商业性侵权行为浪潮而作出的一种反击。当然，

---

① 参见，例如，帕梅拉·塞缪尔森（Pamela Samuelson），"著作权掠夺"（The Copyright Grab），《连线》（Wired）杂志，第 4 卷第 1 期（1996 年 1 月）；杰西卡·利特曼（Jessica Litman），《数字著作权》（Digital Copyright），麻省阿莫斯特市：普罗米修斯图书公司（Prometheus Books），2001 年［其描述了《数字千年著作权法》（DMCA），包括刑事责任条款的扩张］。

这样做从经济上来讲也是说得通的。为日益扩张的非商业性复制而割让更多的空间，可能引发这样一种信念，认为针对较大规模的商业性侵权人应当采取更加强硬的路线。假如从非商业性复制中漏掉的利润相对较小，那么，权利人可能会容忍某种大规模的商业性复制。但是，假如非商业复制被看作是对于权利人收入的重大侵袭，那么，以前可以容忍的来自商业性复制的漏损，似乎就可能难以为继了。换言之，执法计算公式发生的转换可能有利于个人消费者，但是，它也导致某种呼声，要求从各种不同角度加强知识产权。

（四）将创作者的权利考虑其中：数字技术的设计

最近几年当中的一个焦点，是涉及数字作品的传播技术，特别是在线文件的分享功能。在 2005 年的格罗斯特案（Grokster）中，美国最高法院在谈到这类技术时，将功能设计者（utility designer）对于潜在侵权行为范围的知道和计划，置于认定构成著作权责任的中心。它所产生的效果，在某种程度上是将人们的注意力从此前业已确立的标准上转移开来，而该标准就是，对于具有潜在侵权性的技术，只要表明其具有某种"实质性的非侵权用途"（substantial noninfringing use），就应当允许进行制造和销售。①

有许多人支持实质性非侵权用途标准，将其看作一个避风港，以便让人开发出可用于传播受著作权保护作品的有用技术。但它也

---

① 米高梅电影公司等诉格罗斯特有限公司等案（*Metro-Goldwyn-Mayer Studios, Inc., et al. v. Grokster, Ltd., et al.*）[545 U. S. 913（2005）]。实质性非侵权用途标准，则产生于索尼公司诉环球城市电影公司案（*Sony Corp. v. Universal City Studios*）[464 U. S. 417（1984）]。

不乏诋毁者。其中一个反对意见认为，这个避风港为技术开发者提供了错误的激励。只要他们从事开发的技术满足了实质性非侵权用途标准，就可以免于承担责任。对它的批评是：这样就没有理由再去设计一种让其对著作权人的影响达到最小化的技术了。因为只需要达到非侵权的临界值水平即可，至于该技术对著作权人所造成影响的大小，则与此无关。由于是临界值标准，也就失去了任何进行平衡的必要。一项传播技术，只要它能够满足实质性非侵权用途，就可以在即使为权利人造成大量的不可挽回损失的情况下，依然逃脱任何的著作权法律责任。

对该标准的批判始于这样的提议，即应当为传播技术的设计者提供某种激励，以更好地反映由他们的设计所带来的总的成本和收益。[①] 类似这样的激励就被嵌入对于具有潜在危险性产品的设计所适用的一般侵权标准之中。这个替代性标准的吸引力在于，它能更加恰当地平衡由新技术所带来的总损害与社会总收益这两者的关系。将避风港去掉，确实可能令这些技术的设计者添加了一层额外的担心，然而，这恰恰是该标准所预料的结果。尽管如此，没有任何证据显示，在这些情况下，由于受到法律责任的威胁而会在事

---

① 参见彼得·S. 梅奈尔（Peter S. Menell）与戴维·尼默（David Nimmer），"从索尼案松开"（Unwinding Sony），《加州大学法律评论》（*Cal. L. Rev*），第94卷（2007年），第941页（其从侵权法中引入了一种替代性合理设计的标准）；彼得·S. 梅奈尔与戴维·尼默，"实践中的法律现实主义：侵犯著作权间接责任中继续适用侵权法框架以及索尼案标准在事实上的消亡"（Legal Realism in Action: Indirect Copyright liability's Continuing Tort Framework and Sony's De Facto Demise），《加州大学洛杉矶分校法律评论》（*UCLA L. Rev*），第55卷（2007年），第143页。

实上给创新带来任何实质性抑制。随着格罗斯特案而变得至为常见的"冻结创新"（chilled innovation）假设，已经被这个证据推翻，那就是，新的数字传播技术依然获得了某种快速发展。[①]

1. 对创造者的损害：尊重知识财产为一种权利

我之所以喜欢这种更加平衡的方法，在于它更加认真地对待由创新性传播技术而给创造者所造成的损害。这正是完全承认创造性作品并给予适当回报的意义所在——也是我贯穿全书所强调的一个主题。该种平衡方法，要求设计者完全认识到其正在设计的技术所可能造成的或者起源于此的损害。成本——收益分析方法起源于侵权法，但它在知识产权理论范围内也非常适用，因为这种用于处理产品设计所导致问题的方法，其真正的重心就放在由此所引起的损害上，并且暗示着，它的重心在于避免这些损害。有关产品设计的法律，对此予以明确规定，即如果存在着另一个替代的、可行的产品设计，而该设计可以避免或者减少某种类型的损害，那么就应该选择该替代设计。请注意，它所强调的重点相比于"实质性非侵权用途"标准是不同的，按照后者，只要满足某一临界值标准，就既不需要考虑总体损害的大小，也不需要考虑可能减少总体损害水平的那些替代设计。

在数字传播技术的情形中，人们需要考虑的是创造者因此所

261

---

① 参见彼得·梅奈尔，"被冻结的创新还是平稳的发展：关于数字时代侵犯著作权间接责任的思考"（Chilled Innovation v. Balanced Evolution: Reflecting on Indirect Copyright Liability in the Digital Age），可见于：http://www.mediainstitute. org/new_site/IPI/072409_ChilledInnovations. php［其记载了格罗斯特案（Grokster）之后在新的数字传播技术上的强劲发展］。

遭受的损害。在这个问题上适用平衡标准，要求对于享有著作权作品的市场所造成的损害进行某种全面性衡量——这种损害在很大程度上就落在创造者共同体的肩上。实质性非侵权用途标准只考察是否牵涉使用人的某种最低程度的利益，而与之不同的是，全面的成本—收益标准（full cost-benefit standard）则既要考虑对于创造者造成损害的总体水平，也要考虑可能存在的、将会导致较少损害的替代设计。任何设计，假如既保留了大部分或者全部的非侵权用途的潜在可能，同时又减少了对原始内容的创造者所造成的损害，那么，根据前述标准，它就应当是被强烈优选的设计。

准确而言，它本就应当如此。只有像这样的标准，才会认真对待创造者的权利——真正将它们当作权利。正如我在前面提到的，我们有理由相信，在侵犯著作权的认定上采用这样一种平衡的标准，并没有也不会给数字技术的发展造成严重的障碍。然而，即便它确实因采用新技术而提高了成本，那也未必导致不假思索地拒绝适用该标准。正如我在本书导论中所言，"权利的特征在于，不能仅仅以社会效用为由而将之推翻"。如果我们严肃对待有关知识产权的思想——如果我们给这个思想赋予生命而不是将它用作空洞的标签——那么，在净成本上的少量提高，就不应当构成充分的理由，允许借助数字技术而来淡化知识财产，从而对原始创造者造成严重的损害。

2. 保护知识财产免受损害

关于对数字技术适用侵权责任的认定标准，最后一个也是理论上的要点，是它在这里的顺序。我们在第3章中看到，康德的财产理论是设想从一种保护其免受损害（这是一个侵权法上的概念）

的关切，无缝过渡到一种"对世性"的普遍权利（回想一下该章关于公开权的例子，它就是沿着类似路径发展而来的）。通过确定某个对象上的一般性权利，就把让该对象免受干扰之苦而提供的保护，得到普遍化了。在决定对数字技术设计而采用适当的侵权责任标准上，同样的互动也在起作用。提供保护以防止损害，这应当被内嵌到适当的法律标准中，这样做就跟财产法所促进保护的利益密切相关了。从某种角度而言，知识产权可以被看作是关于创造者不受他人损害的权利，一种不许他人干涉其创造性成果的权利的概念化。有关数字技术的案件，就是从个人知识产权这一事实出发的，并且由此而演绎为保护（或者不保护）其免受新的数字技术所带来的损害。但是，在这个领域的知识产权保护也可以朝着相反的方向而概念化。创造者享有免受数字技术损害的权利，可以被置于前端和中心的位置，并且从观念上来讲，首先应当考虑它；以此为起点，知识产权就可以被看作是保护其免受某种损害的自然而然的逻辑结果。无论采用两者当中的哪一种方式，驱使人们加以分析的，都是由各种侵权行为而对创造者造成的总体损害——亦即，人们首先假定处于危险境地的正是这些创造者的权利，再来决定用哪一种方式更为适当。

262

（五）财产权处在一个合同无处不在的时代

　　文件共享并不是在数字时代可以实现的唯一的新做法。处处都要订立合同，现在也成了生活中的一个现实。我因此想要说明的是，权利人有能力在允许用户接触数字作品之前，就要求其同意相关的条款和条件。现在，这些在线形成的合同极为常见，并且许多学者从中看到，知识财产作为一项重要的独立制度将会终结。这些学者共同拥有这样一种简单的想法：因为当下对数字作品的接触是以对合同条款表示同意作为条件的，并且，合同在实际上可以被用来造就某一类超级知识产权，所以，合同能够并且最终将会取代财产权。由于可以要求人们就各种各样的东西而同意订立合同式使用条款，因此，也就没有必要再通过财产权来提供标准化的使用条款了。为特定目的所形成的，以及根据情况而在时间或者需求上作出调整的个人定制协议，将挤掉老式的、现成的一组权利，也就是我们所知的财产权。通过某种相关的方式，技术保护体系——亦即将内容封装起来的技术，从而只允许那些拥有许可代码的人才可以接触该内容——被认为是合同性限制条款的完美助手。通过合同设置使用条款，而技术保护系统则将监督这些条款得到实施，否则拒绝他人接触其想要的内容。

除了从规范意义上看合同是否比财产更为可取——亨利·史密斯（Henry Smith）与托马斯·梅里尔（Thomas Mrrill）等学者已经明确对此提出严重质疑①——我认为，财产权实际上不大可能被替代。尽管合同可能开始占据某些本来由财产权单独占据的领域，但是，我怀疑它们能够完全取代财产权。例如，在某一对象表面所实行的一项"对世性"权利，其基本逻辑是如此强大，以至于即便是双边合同所具有的令人吃惊的灵活机制，也不能将它完全排挤。

---

① 托马斯·W. 梅里尔与亨利·M. 史密斯，"财产法的最优标准化：物权法定原则"（Optimal Standardization in the Law of Property: The Numerus Clausus Principle），《耶鲁法律杂志》（*Yale L. J.*），第110卷（2000年），第1页。

　　之所以不足以胜任，倒不在于合同本身。而是因为订立合同，亦即缔结一份合同的过程，总是会涉及一套远比一项财产权更为复杂的法律机制。合同需要至少存在两个当事人，他们走到一起，在某个时刻达成合意。最近若干年以来，随着在线许可在商业和法律领域的扩散，无论在实践还是观念上，所谓的合意时刻正变得越来越少。虽然现在订立合同较为容易，看起来似乎是以无缝连接的方式达成的，但是，它依然不是像财产这般可靠的法律工具。原因在于合同具有某种相对性（privity）：对甲而言，他可以约束乙，或许随后还可以约束丙、丁与戊，但都必须通过一根完整不断的合同链条把所有这些人连接起来。在这个复杂体系中的任何失误，在这根链条上的任何中断，都可能割断合同当事人之间的联系。因此，即使当事人各自的权利可以通过合同加以仔细设定，但是，在缺乏合同上的同意的情况下，该等权利并不具有约束力。那些在线交易的老练参与者当然深谙其道，因此，他们竭尽全力想要确认"该合同是心甘情愿达成的"（the contract follows the content）。为解决这个问题，他们甚至重新启用和解释了某些在一定程度上晦涩不清的动产法规则。尽管一些聪明之士满怀好意，为此付出了最大的努力，但迄今为止也只是证明，人们不可能设计出一条与财产权具有相同强制力和法律效果的、牢不可破的合同链条。

　　从某种角度看，这些努力颇具启发性。在历经各种各样漫无边际的偏离之后，它们还是引导我们回归这样一个核心的真理。拥有国家所授予的这些权利是极具价值的，因为仅凭这些权利，就具体规定了对任何他人都具有约束力的现成的义务和特权。财产权呈现出某种超相对性（metaprivity）：我们既然是同属一个国家的公民，因此，由这个国家所授予的财产权，对于我们每个人都具有约束力。公民之间的法律关系（即"legal relations"，而老一辈人可能会教导我们应称之为"juridical relations"）是基于共同的公民身份而建立的，其权利的产生不需要任何特定的双边协议。财产权强制执行的前提条件是同属于一个国家，而不是基于某个特定合意的行为。财产是一种"对世性"权利，对全体公民均有约束力，因为公民们共存于同一个政治、经济和社会的"世界"，即都在同一个国家之中。这项制度的强权性和必要性令人信服，过去如此，今天依然稍不曾减。它适用于在线世界中的数字对象的这一事实，也只是略具新意而已。这种本质上的连续性产生于对这样一组"预设"（prefab）权利的需求，它们能够由国家所授予，并且仅仅凭借着这种授予，就具有针对任何其他人的约束力。

264 四、不断更新——但并不会消亡的——财产权

我在本章以及前一章当中主张，对于职业创造者给予持续的关怀，其方式就是在数字时代重树一种对于强知识产权的信奉。我试图证明，让这群人能够在这个以数字技术广泛传播其作品的时代谋得稳定的生活，对于社会而言具有重要意义。而相对于在数字领域弱化、缩小乃至消除财产权的提议，这就构成了某种对抗性主张。

不过，许多评论者倒也并不打算走到要求取消财产权这样的极端。例如，劳伦斯·莱西格与威廉·费歇尔就分别提出，数字时代的真正难题，并不是在根据财产权获得收入补偿的方面，而

是在于它们赋予了太多控制的这一事实。[①] 他们提议，通过立法方式，为全体的内容创造者规定某种一揽子的付款方案，从而将财产权的这两种效果分开。这些建议方案尽管各具细节，但它们存在某种基本的共性：创造者将获得某种按使用次数计费的付款，但他们对于由何人在何时使用其作品，则没有权利说不。从这个意义上来讲，它们提出的是"先使用后付款"（take now and pay later）的方案——用知识产权术语表示，即强制许可。[②]

多年以来，我曾经撰写数篇论文，反对扩张性的强制许可，[③] 即使数字技术也没有让我的观点发生太大的变化。我依然认为，私人定制的清算所（clearinghouse）优于某种一步到位的立法解决方案，因为这样的清算所是由其成员所建立的并且对其成员负责，而

---

① 参见劳伦斯·莱西格，《思想的未来》（*The Future of Ideas*），纽约：古典书局（Vintage），2002 年，第 201 页［"给予补偿但不能进行控制（Compensation without control）。"（脚注略）］；威廉·W. 费歇尔，"说话算数：技术、法律以及娱乐的未来"（Promise to Keep: Technology, Law and the Future of Entertainment），加州斯坦福：斯坦福大学法律和政治丛书，2004 年，第 6 章（"一种替代性的收入补偿制度"）。

② 假如近来还在适用强制许可的话，莱西格说，"……那么，在围绕这些［数字混合］技术的创新上将会呈现出一种爆炸式增长。……任何人一旦产生某一想法就可以去用它，这是与强制许可的条款相符的"。劳伦斯·莱西格，《混音：让艺术和商业在混合经济体中繁荣发展》，前揭，第 111 页。

③ 参见罗伯特·P. 莫杰思，"以合同约定责任规则：知识产权与集体权利组织"（Contracting into Liability Rules: Intellectual Property Rights and Collective Rights Organizations），《加州大学法律评论》（*Cal. L. Rev.*），第 84 卷（1996 年），第 1293 页；罗伯特·P. 莫杰思，"表演权组织的持久生命力"（The Continuing Vitality of Performance Rights Organizations），2008 年工作论文。

且在许多情况下，还跟其他的清算所存在竞争。这些清算所的起点是个人的财产权，只是将许多的权利所有人集合起来，变成某个单一的集体管理组织，可以一站式地授予"一揽子许可"（blanket licensing）。我认为，这些组织给予创造者以从其作品中获利的最佳机会，具体理由我在其他地方已有阐述；我因此认为，它们在维持允许职业创造者繁荣发展的经济基础设施方面，可能发挥某种重要的作用。

我也开始注意到，对于这些组织而言，这里存在着一个超越功利主义情形的利益最大化的维度。有人提出，它们在实践中就像一个政府官僚机构那样运行，因此从本质上说，没有必要将自愿的许可组织与某种由立法所规定的强制许可区别看待。即便集体管理组织在运行层面上确实如此，当然我对此是表示严重怀疑的，但是从原则上来讲，它们仍然不同于某一个由立法规定的或者强制性的组织。某一位创造者加入某个自愿的清算所，这是由其自己选择的；他或者她并未受到强迫。从某种实践角度看，这或许只是一个小问题；但是在哲学层面上，这一点却很重要。这意味着除非自愿，否则，人们可以不同意许可他人使用其作品。而它也意味着，一位挑剔的个人假如想要真正地控制其作品，就可以选择单独行动，仅仅通过个人交易的方式来许可他人使用其作品。

当然，正是由于财产的这个特征——你必须首先征得许可才能使用——导致了这么多的难题。劳伦斯·莱西格在其著作《自由文化》（*Free Culture*）中悲叹"许可文化"（permission culture）的兴盛，然而，这不正是基于知识产权作为真正财产权的这一事实所自然而然得出的直接后果吗：

[在前互联网时代]法律的焦点落在商业性创造力上。法律通过授予其对创造性作品的专有权而来保护对于创造者的激励,从而他们就能在某个商业性市场上出售这些专有权,而这种保护刚开始还是较弱的,接着就变得很广泛了。这当然也是创造力和文化的一个重要部分,并且,它在美国已经变为日益重要的部分。但它在我们的传统中绝不是占据主导地位的。相反,它只是一个部分,一个受到约束的部分,需要跟自由进行权衡。

现在,在自由和约束之间的这种粗略划分已经被清除了。互联网为这种清除铺平了道路,在大媒体的推动下,法律现在也在影响着它。这在我们的传统中还是第一次,即个人对文化进行创造和共享的通常方式落入了法律的调整与监管,而法律的扩展已经将它之前从未涉及的大量的文化和创造力纳入其控制范围了。在我们历史上——在自由文化与只有经过许可才可以使用的文化之间——保持平衡的技术,已经被破解了。结果就是,自由文化变得越来越少,而许可文化则越来越多。①

这里的基本观点是,在数字创作上的知识产权跟互联网时代的个人自由之间发生了剧烈冲突。当然,这一点放在整个财产权制度上也都是成立的:个人的财产权主张总是会影响到其他人的自由

---

① 劳伦斯·莱西格,《自由文化》,纽约:企鹅出版社,2005 年,第 8 页。

（在理论上就是指任何的他人，因为财产权具有"对世性"）。[①]但是，让许可文化的批评家们感到沮丧的是，跟历史性标准相比，现在要获得许可的负担似乎在与日俱增（我要再次指出的是，自愿弃权的频率现在也正变得非常普遍）。之所以会这样，有两个原因：知识产权法已变得更加严密，而互联网（至少在理论上）有能力要求在更多的情形中获得许可。

因此：个人的财产权与第三人的自由——这两者之间的对抗才是问题的关键。就我而言，我是这样来解决问题的。我认为，纯粹使用某一数字创作的内容，并不构成应当压过个人财产权主张的那类自由。[②]但是我也承认，在数字时代实行更严格的许可要求，就会潜在地产生负担。因此我认识到，减少交易成本才是一种重大的社会利益。

266　　这种对财产权的坚持会给我们带来什么；如果要求实行所有这些许可，其回报又是什么？这里的思想在于：对某些创造者而言，保持其作品的完整性比要求获得一个高价补偿更为重要。或许，他们起初完成作品的主要原因是为了表达他们在某个方面的自我，或者是为了传达某一特定的思想或者情感。对于这些创作者而言，对作品的控制就不是未在考虑之列的问题。相反，这是他们决心创作与传播作品时所考虑的核心。如果有人告诉他们说，"不用担心，不管如何使用你的作品，都会付钱给你的"，这句话就没有

---

① 杰里米·沃尔德伦，"从作者到复制者：知识财产上的个人权利与社会价值"（From Authors to Copiers: Individual Rights and Social Values in Intellectual Property），《芝加哥肯特法律评论》（*Chi.-Kent L. Rev*），第 68 卷（1993 年），第 841 页。

② 罗伯特·P.莫杰思，"混合的洛克"，前揭。

任何意义。他们可能会回答说，"这比假如我从未创作出该作品的情形而更糟糕。我想要体现的是该作品的呈现方式——我要控制它的描述。这是我创作并且将它发表出来的原因，这是我的创作动机中非常重要的部分"。

关于这一点，请回忆一下我们在讨论康德的财产理论时所提到的，关于米开朗琪罗如何着手处理大理石的那部分。为了完成一尊完全实现其设想的雕像，艺术家必须明白，他能够指望持续地接触该大理石，而不会有其他人未经授权，就假手其上作出他们的贡献。数字内容的创作者同样值得拥有这种权利。尽管他们所工作的媒介确实容易受外界影响，但这并不足以构成理由，从而剥夺他们享有与雕塑家或者画家同等的待遇。当然，如果这种易受外界影响性处于创作者所设想的核心，那么，她可以邀请其他人任意进行混合——复言之，这才是弃权的价值。但是，媒介本身并不应当决定或者限制这一结果；它应当是一个由创作者选择的问题。

有些创作者可能确实想要维持其对作品的控制。对于他们，我们可能会说，控制不可能有效地与收入补偿相分离，[①]因为，控制就是收入补偿，或者无论如何就是收入补偿的一部分。这是第 5 章所讨论的尊严原则的一种体现。它是知识产权法结构当中的一部分，是该领域的结构所围绕的基本原则之一；从其本身来讲，不能因为新数字媒体的性质可以做到不受控制了，从而将它弃置一旁。正如

---

① 关于这个方面，参见劳伦斯·莱西格，《代码 2.0 版》，前揭，第 183 页（其在物质财产与知识财产之间作出区分；并声称，社会需要某种激励来生产和保护物质财产，但是对于知识财产，只需要生产的激励——而不需要对其加以保护或者控制的激励）。

我们之前讨论在知识产权学术研究中的数字决定论（DD）的特点时所看到的，如果允许由数字媒体的技术特性来决定知识产权法在该领域所适用的基本内容，那将是一个错误。尊严是知识财产中非常重要的部分，以至于不能仅仅因为数字技术使得碾压尊严变得很容易实现，从而就让这样的结果发生。[①]

（一）"为了大众的洛克"：集体权利探讨

这里有一种更为激进的想法。[②] 数字时代首要的一个见解是，集体努力能够产生出重要的创造性成果。维基百科和粉丝网站就是其中著例；类似的例子还有很多。我已经反驳了许多在数字时代对于经典财产权理论的批判，但是，这个领域中的这种批判，看起来还是恰当的。我们的制度是把个人作者区分开来，并且在事实上意图将个人或者小群体与他们所创作的产品相联结。但是，这套体系在识别集体性创作成果的积极权利时，却存在困难。例如，虽然有这样的规则来防止权利人收获集体努力的成果，但这些规则却是消极运行的。在最近的一篇文章中，我与一位合作者描述了在如下情形中的这样一项规则，其中，技术使用者的团体采用了某一项技术作为标准，而其假设的前提是该技术不受专利保护，或者即使在其

---

① 关于它在美国知识产权法中的重要意义，参见以下这本杰出的著作，罗伯塔·罗森塔尔·克沃尔（Roberta Rosenthal Kwall），《创造性的灵魂：制定一部美国的著作人身权法》（*The Soul of Creativity: Forging a Moral Rights Law for the United States*），加州斯坦福：斯坦福大学出版社，2010 年。

② 这一节借用了罗伯特·P. 莫杰思，"为了大众的洛克"（Locke for the Masses），《霍夫斯特拉法律评论》（*Hofstra L. Rev.*），第 36 卷（2008 年），第 1179 页。

267

上有任何专利，也不会被强制执行。我们提出，在这些情形中就应当适用一项禁止反悔规则，以阻止专利权人在诸如此类的情况下收获集体努力所应得之回报。[①]

对于建立在"经典作品"（canonical works）之上的粉丝网站所付出的集体性努力（正如我们在第 2 章中所描述的那样），一项类似的禁止反悔规则可能也同样说得通。[②]假如某位知识财产的权利持有人允许粉丝对某一部经典作品或者一组作品进行评论、修改与添加，那么，阻止其因后来改变主意而要求移除由粉丝所添加的内容，这是有道理的。[③]事实上，这将创设一项集体层面上的默示许可或者弃权制度，它的效果是，为粉丝创设具有约束力的"信赖"权利（"reliance" rights），因为这些粉丝在贡献材料的时候，预期著作权人将允许其实施该行为。这或许会提高由著作权人所承担的监控成本。即便如此，那也只是一部分作者才需要付出的成本，他们让自己的作品成为典型，并且吸引广泛的评论和粉丝们的创作贡

---

① 罗伯特·P. 莫杰思与杰弗里·库恩（Jeffrey Kuhn），"对已获专利保护的标准适用禁止反悔规则"（An Estoppel Doctrine for Patented Standards），《加州大学法律评论》（*Cal. L. Rev.*），第 97 卷（2009 年），第 1—50 页。

② 史蒂文·A. 赫奇（Steven A. Hetcher），"利用社会标准来规范粉丝小说和混合文化"（Using Societal Norms to Regulate Fan Fiction and Remix Culture），《宾夕法尼亚法律评论》（*Penn. L. Rev*），第 157 卷（2009 年），第 1869 页。

③ 这个问题在下面这篇文章中予以强调，参见德博拉·哈尔伯特（Debora Halbert），"大众文化与被大众化的文化：一份关于用户创造权利的宣言"（Mass Culture and The Culture of the Massed: A Manifesto for User-Generated Rights），《范德堡娱乐与技术法杂志》（*Vand. J. Ent & Tech. L.*），第 2 卷（2009 年），第 921 页始，第 947 页。

献。这种集体层面的权利是按照上述思路，根据禁止反悔规则而产生的，它无非是实行了我在有关分配正义与知识财产的第 4 章中所提出的观点："社会帮助形成了这些成果；社会制度被要求有效地保护这些成果；因此，社会理应在每一件成果上保留某种利益。由此观之，知识产权法就是将这种在个人创造者与他称之为家园的更大的社会之间所存在的强烈的共生关系进行编码。"集体层面的权利，无非就是确保该法律编纂形成一个平衡的版本。

　　而我在这里所主张的是它的一个加强版——以一种更加积极和更加一般性的方法承认集体权利。此类权利的模型正在显现，比如在为原住民提供特别知识产权的领域，原住民就起着担当古老文化的手工技艺、艺术形式等的管理人的作用。我认为，现在是时候考虑诸如此类的想法了，并且应当将它们广泛地转化到数字时代，以便找到某种方法，用集体层面的权利来奖励集体性努力。对于这样一种权利的确切范围，当然还需要付出某种艰苦的思考，并且毫无疑问还需要某种试验。但是，在成功地改造知识财产以适应数字领域的过程中，它将是不可或缺的。

268　五、结论

　　我在这里真正所述者为何？把它们归结起来又意味着什么？

　　中心思想其实相当简单。如果我们授予财产权，最终拥有这些财产权的个人或者其他实体是可以放弃它们的，假如他们认为合适的话。如果这样做更为有利可图，或者出于其他目的，他们可能放弃这些权利。但是，假如我们严重地侵害了财产权，那又如何呢？此时，我们就失去了这种灵活性。我们为每个人规定了某种"低保护"的门槛。在民主创造力（democratic creativity）最大化的名义下，我们消除了由个人艺术家或者企业受让人做出选择的可能性。正如我提出的，这样做的结果之一就是，我们可能消除或者（进一步）缩小了职业创造者谋生的前景。前述关于数字资源的讨论，指向如下两个要点。第一，有一种强烈的数字决定论成分在最近的理论化——这几乎可以称之为某种数字失败主义（digital defeatism）——过程中起作用。这种主要的新技术的轨迹和动力在于，推动我们的社会远离财产权。而我们最好的回答，也可能是我们唯一的回答是：让我们自己去适应这种新技术；去习惯它，把它内在化，将它作为一个不可避免的事物而接受它。第二个要点在于，互联网和其他数字技术已经实现了由某种协作性和交互式创造的美丽新世界，它的逻辑和动力跟财产权的约束存在不一致性。在许多情况下，如果坚持资源必须归个人控制的这种过时的思想，就会阻挠这种新技术范式的希望。

问题可能就落在这里了：要么，你相信这种新技术已经从根本上重新塑造了这样的现实，即所有这些古老的信条（诸如人之本性、在我们思想中个人的重要意义等）都变得世事难料了；要么，你相信互联网以及任何可能的技术，不可能永远地终结这个关于个人与集体、自我与社会的古老的辩证法。或许，我们在数字时代来解决这个问题还为时过早。或许是我本人，作为一个来自模拟时代的旧世界的产物，只是受到既有心态的太多束缚，以至于不能清晰地抓住这个刚刚开始的新的社会现实。这当然也是有可能的。

但是，我可不这么看。对我而言，上述第一种选择——即有关数字技术的思想，将在一股集体互动与创造力的浪潮中清除个人的重要性——要想成功的机会很小。例如，维基百科的创始人其实家境富裕，他创办该网站只是为了"回报"社会，而这就很难被看作将来电子商务的一个可行的经济模式。因此，第二种选择看起来更有可能。尽管我认为数字技术在很多方面都很棒，包括它有能力培育某些真正具有创新性的集体事业方面，比如开源软件和维基百科，但是，我并不认为它标志着一个急剧变化的文明方向，或者我们所知悉的人性将会因此发生终结。本人读史甚多，因此我们知道，在此前其他技术诞生时，围绕在它们周围的也曾有过类似的革命性修辞话语：且举数例，比如电报、收音机、电视、原子能与太空旅行，等等。其实不是这样的，假如我必须在互联网改变我们这个物种，或者相反地，我们最终将在这种技术的各个方面留下我们虽不完美但鲜明独特的印记（正如对于此前的其他技术所做的那样）这两者打赌的话，那么，我会对后者押注。对我来说，这意味着财产——作为我们已知的具有持久性和灵活性的经济制度——有可能拥有一个长远而充满希望的未来，可以融入并且贯穿整个数字时代，并且一直存续到此后不管什么样的时代。

第9章 专利与发展中国家的药品

今天，知识产权制度面临的最大挑战之一，是针对发展中国家所必需的关键性药品，该如何处理其专利问题。在大多数情况下，这些专利归发达国家的制药公司拥有。许多人提出，发展中国家的疾病被"大制药公司"所忽视，而这些制药公司将它们的研发重点放在跟世界上最需要药品的人口无关的那些疾病或者健康状况上。他们同样认为，即使制药公司生产出为发展中国家所需的药品，但世上的穷人还是很少能够出得起价钱得到它。

我相信，我所形成的这套思想，可以有助于我们解决这个问题。它在某种程度上就是一个完美的测试情形，呈现为一种在经济与道德因素上的相当复杂的结合。

在厘清这些问题之前，我需要先解释某些相关方面的事实，其中涉及发展中国家、发展中国家必需的药品，以及专利在管制这些药品的获取方面所起到的复杂作用。然后，我们再回到约翰·洛克，对于构成其财产理论之必然组成部分的仁爱原则（我在第2章中已有讨论）作一番回顾。在评论仁爱概念如何适用于发展中国家的专利药品之后，我还将讨论在这种思想上的某些限制——特别是，当药品并非用于解决严格意义上的生存问题，而是为了有助于提高生活质量时所带来的难题。

接下来，我们从洛克转移到罗尔斯。罗尔斯对于分配正义的理解，部分地在于"公平储存"原则这个观念，它是一种用以表达人

271　们所熟知的"代际公平"（intergenerational equity）这个更具普遍性
思想的方式。这个思想要求在就资源利用作出决策时，应当将未来
世代考虑在内，而这样一来，它对于处理药品专利和发展中国家的
这个难题就具有至关重要的意义了。原因在于：今天的某种批量式
的再分配政策，带有这样明显的风险，会去拆掉那些为明天的药品
所必需的研发基础设施。只有综合考虑仁爱原则和代际公平，将它
们与有关药品研发和药品发行机制的具体理解结合起来，才能为公
平获取药品这个复杂的难题带来完全的正义。

一、某些背景事实

　　发达国家的健康状况整体上比发展中国家好得多。从死亡率
统计上判断，导致死亡最大数量的单一原因似乎是在营养上的差
别。[①]不过，疾病的差别比率也是非常重要的原因，特别是像疟疾
这样的传染性疾病。[②]因为药物产品能有效地治疗许多的这类疾病，
并且，因为专利对于制药产业非常重要，所以，有关专利与发展中

---

① 参见世界卫生组织，《全球健康危机》（*Global Health Risks*），2009 年，第 3 页，
　可见于：http://www.who.int/healthinfo/global_burden_disease/GlobalHealthRisks_
　report part1.pdf。

② 关于由疟疾所造成的死亡人数，参见马克·S.克莱普纳（Mark S. Klepner）、托
　马斯·N.昂纳什（Thomas N. Unnash）与林登·胡（Linden Hu），"大幅缩减通
　过媒介传播的传染性疾病"（Taking a Bite Out of Vector-Transmitted Infectious
　Diseases），《新英格兰医学杂志》（*New Eng. J. Med*），第 356 卷（2009 年），第
　2567 页（"疟疾……每年夺去一百万到两百万人的生命，其中大部分是五岁以
　下的儿童"）。

国家的争论，主要就集中在那些用于治疗传染性疾病的专利上。特别是，以下这几种疾病在有关这场争论中吸引了最多的关注：（1）疟疾；（2）艾滋病病毒 / 艾滋病（HIV/AIDS）；以及（3）肺结核。①

艾滋病病毒 / 艾滋病或许是用来说明有关药品专利与发展中国家的这一难题的绝佳例子。在 20 世纪 90 年代，当艾滋病病毒传染病首次被人完全理解时，一些早期的艾滋病病毒药物治疗就已经被开发出来，授予专利，并且在世界的整个发达国家的世界中迅速扩散了，尽管其成本很高。但是在发展中国家，情况却并非如此。尽管药品差别性获取（differential access）问题在这一次也不算新鲜事，但是艾滋病病毒传染病还是给这个问题带来了某种新的紧迫性，从而成为卫生专家与学者进行政策讨论的一个主要对象。

这里有一个复合性因素，正当艾滋病病毒传染病开始成为焦点的同时，全球专利体制也在快速变革。作为一项内容广泛的改革的组成部分，关贸总协定（GATT）已经启动了新一轮的关于《与贸易有关的知识产权协定》（TRIPS 协定）的谈判。TRIPS 协定于 1995 年签订；依据该协定，发展中国家同意按阶段对于一系列可专利的对象提供最低限度的保护，其中包括药品。不过，几乎在该协定签订之际，它就被一场巨大的争论所包围。更高水平的专利保护与在专利药品（最主要的就是艾滋病病毒治疗药物）的获取上不断扩大的缺口之间相互汇合，就给全球专利政策与世界卫生造成了巨

272

① 世界卫生组织，《全球疾病的负担：2004 年更新版》（*Global Burden of Disease: 2004 Update*），2008 年，第 28 页（肺结核的病人数量：非洲 140 万，东南亚 280 万，美洲 40 万；艾滋病病毒感染者：非洲 190 万，美洲 20 万；腹泻性痢疾的病例数量：非洲 9.12 亿，东南亚 12.765 亿，美洲 5.43 亿）。

大的紧张关系。

这些紧张关系转而对 TRIPS 协定中的某些条款施加了压力，后者被视作发展中国家的利益与发达国家，最主要的是美国、欧洲和日本的大制药公司的利益之间所达成的一个妥协。这些条款本来的意图是作为全球知识产权体系的"安全阀"。TRIPS 协定中有一项特别重要的措施，它规定当公共健康面临某种重大或者严重的威胁时，各成员可以决定对于公共健康至关重要的产品上的专利实施"强制许可"。发展中国家那些支持药品获取的势力，以及同情它们的非政府组织（NGOs）都主张，艾滋病危机正是这些条款所预想的那种紧急状况。由于发达国家的贸易谈判代表是从大型制药公司那里获得信息和支持的，因此他们最初就抵制这种主张。他们提出，在专利药品获取上所存在的不足，并不是导致药品差别性获取率的真正原因；在他们看来，卫生服务机构的无所作为以及高风险的病患行为，才是真正的罪魁祸首。即便如此，部分地是出于回应来自非政府组织的压力，也是为了挽回在一般公众面前造成的坏名声，许多制药公司在此前后还是加大或者发起了自愿性的药品"捐赠"计划。[①] 接下来取得了一项重要的进展，那就是正式宣布强制许可条款可以被广泛地适用，以回应对于药品获取问题的关切。但即便在《多哈宣言》（以该文件通过时的所在城市即卡塔尔首都多

---

① "药品：通向金矿的泥潭？"（Pharmaceuticals: Quagmire to Goldmine?），《经济学人》（*Economist*）2008 年 5 月 17 日，第 102 页 ["盖茨基金会的山田忠孝（Tachi Yamada）那时在葛兰素史克公司（GSK）工作，该公司正面临南非在艾滋病药品上作出的强烈反抗，他说'制药公司如果不承认它们对穷人的责任，就不可能生存下来'"]。

哈命名）之后，关于专利药品获取的争议仍在继续。

二、药品获取权及其范围

获取受专利保护的药品，这代表了一种针对财产权而提出的
典型的、以公平为依据的挑战。假如疾病患者碰巧生活在那些难以
获取专利药品的地区，那么，专利作为财产而享有排他权的同时，
也是在剥夺他人的生命。难道这个情形就证明了所有那些对财产的
批判，特别是批判将财产设想为一种权利的观点吗？或者说，有没
有一种方法可以来协调以下两者的关系，一边是这里所提出的公平
获取药品的明显诉求，另一边是关于财产的整体思想，亦即个人对
于各自分离的资产实施控制？

答案是一声非常响亮的：有！而这个答案的原材料就列在本书前
面第 2 章至第 4 章当中。我们所讨论的每一种基础性规范理论——洛
克与康德的财产理论以及约翰·罗尔斯对分配正义的关切——对
于解决专利药品获取的难题都是非常有效的。尽管从这些基础理论
著作中，很难看出任何实际的药品获取政策的具体细节，但是，所
有的基本原则都可以从中找到，这一点倒是无可怀疑的。只要对每
种理论的相关内容略作回顾，就能看出我所指的意思了。

273

（一）洛克的仁爱附加条件

正如我们在第 2 章中所见，约翰·洛克提供了一套关于财产原
始取得的强大理论，以及一系列施加在该权利上的强有力的限制。
在该章当中，我详细描述了围绕财产拨归理论在知识产权情形中的

应用所产生的争论。我也相当具体地讨论了充足性与反浪费这两项附加条件，以及再一次地对于它们如何应用于知识产权的情形给予特别关注。我也提到，财产权还存在着第三个主要的限制，亦即仁爱附加条件。这个附加条件是洛克理论中与专利药品获取难题尤为密切相关的方面，因此，我特意将其留于本章中阐述，以便探讨洛克理论的这个部分是如何加以具体应用的。

洛克在《政府论（上篇）》的第42段中，对仁爱附加条件陈述如下：

> 作为一切人类之主和父亲的上帝，没有给予他的任何一个儿女以对世界上的特定一部分东西的这种所有权，倒是给予了他的贫困的兄弟以享受他的剩余财物的权利，以便一旦他的兄弟有急切的需要，不会遭到不正当的拒绝。所以一个人不能够基于对土地的所有权或财产权而取得对别人生命的正当权力，因为任何有财产的人如果不肯从他的丰富财物中给予他的兄弟以救济，任他饥饿而死，这将永远是一宗罪恶，正如正义给予每个人以享受他的正直勤劳的成果和他的祖先传给他的正当所有物的权利一样。仁爱也给予每个人在没有其他办法维持生命的情况下以分取他人丰富财物中的一部分，使其免于极端贫困的权利。……[1]

---

[1] 约翰·洛克，《政府论（上篇）》，第4章，第42段，剑桥：剑桥大学出版社，第3版，1988年，彼得·拉斯利特（Peter Laslett）编（以下简称"拉斯利特版"），第170页。

在这段文字中，洛克讨论了以下两个重要的观点：（1）财产并不赋予这样的权利，可以拒绝对怀有"急切的需要"（pressing want）的人提供救济；（2）处于极度贫困中的人，针对由合法所有权人所拥有的资产，享有一种真实的、有约束力的权利，而这项权利与最初财产拨归者的权利出自同一来源，并且同等重要。我依次讨论这些要点，然后将它们联系到药品专利的难题。

1. 急切的需要

洛克的第一个观点可简单表述为：财产并非绝对。财产可能是一项权利——正如我们在第 2 章中所看到的，对洛克而言，它几乎肯定就是权利——但它并不是一项绝对的权利（an *absolute* right）。在该章中，我解释了它为何如此。洛克说，财产促进了维持人类生存和繁荣这个更为宏大的目标。这一项权利是随着关于让人类成长、生殖繁衍与繁荣发展的这一神圣使命而来的。因为想要在对于上天赋予我们（亦即全体人类）的资源真正拥有初始权利的全部这些人之间，协调他们对资源的使用实在是非常困难，并且成本高昂，所以，个人所有权就是必需的了。为了生存，必须将一些物品从共同所有的原初状态中脱离出来，于是我们就拥有了财产。

对洛克而言，假如主张个人甲所拥有的财产权胜过个人乙所拥有的谋求生存的基本权利，那么这将是荒谬的。如果财产的全部意义就是为了促进人类的生存和繁荣，那么，这个权利怎么可能被用来否定其他人的生存呢？这根本就是讲不通的。

在本章的稍后部分，我会再来考察将仁爱附加条件适用于发展中国家的药品专利时所产生的某些复杂情形。但是，在如下这种简单的情形中，假如公司甲的专利确实非常清楚地、直接地阻碍了

274

个人乙的生存，那么，仁爱附加条件在这里就很易于适用了。也就是说，在此情形中，乙将胜出。

2.穷困者的权利

就洛克而言，穷困者针对为其生存所必需的物品而享有权利，即便这些物品是归他人合法拥有的，无论该他人系通过有效的原始财产拨归所得，抑或之后通过从原始财产拨归人那里转移而拥有。这是仁爱特有的一种方法，原因在于以下两个基本的方面。第一，这是一种从接受人，亦即处于穷困状态者的角度来描述仁爱附加条件的方法。第二，它为传统上用以显示仁爱的义务观（view of the duty），提出了一种特别强烈并且在事实上非常新颖的视角。

从非常早期的时候起，仁爱就在犹太—基督教传统中被描述为一种义务（obligation），其主要功能是提高施予者（giver）在精神上的富裕。[①]事实上，到中世纪的时候，有一些神学家就认为，贫困的存在，至少部分的原因是为了让仁爱得以展现。[②]从这个角

[①]　塞缪尔·弗莱施哈克尔（Samuel Fleischacker），《分配正义简史》（*A Short History of Distributive Justice*），马萨诸塞州剑桥：哈佛大学出版社，2004年，第49页。

[②]　参见，例如，米歇尔·莫拉特（Michel Mollat），《中世纪的穷人：社会历史论》（*The Poor in the Middle Ages: An Essay in Social History*），阿瑟·戈德哈默（Arthur Goldhammer）译，康涅狄格州纽黑文：耶鲁大学出版社，1986年，第44页；彼得·拉蒙特·布朗（Peter Lamont Brown），《西方基督教世界的兴起》（*The Rise of Western Christiandom*），牛津：威利—布莱克维尔出版社，2003年第2版，第69页。诚然，穷人有时也被看作类似耶稣的形象，他们的贫穷就是在效仿简单生活与"不沾世俗"（non-attachment to worldly things）的美德，而这也正是受到中世纪教会的高度评价。参见，例如，米歇尔·莫拉特，《中世纪的穷人：社会历史论》，前揭。

度来看，仁爱的接受者之所以重要，仅仅是因为他们为乐善好施者提供了机会；当然，他们并不处在这个场景的中心。仁爱被看作是一种美德，正直之士将之适用于其所拥有的全部财产。正因为它不是由实在法或者市民国家所规定的要求，所以它是德性的。仁爱就是指令，在面对巨大的需求时，一个人必须用他所拥有的某些东西去做正确的事情。

请注意，在这个构想中，所有权是被假定存在的。仁爱是在所有权这个无可置疑的事实的"顶层"运行的一种美德。在适用仁爱的道德义务时，乐善好施者将会与其所拥有的某些东西发生分离，这就是实践意义上的所有权变动。但是，该义务是与所有权的对象相互分开的。仁爱式捐献，是一种将某人拥有无可置疑产权的某部分东西自愿进行的转让。

洛克在这里介入其中，从而让事情发生了变化。他把穷困者本身置于这幅图景的中心：正是他们的贫穷，而不是施予者的美德吸引了我们的注意力。在洛克的构想中，仁爱并不是跟所有权和产权问题相分离的事情。仁爱是所有权的必然组成部分，因为根据仁爱附加条件，穷困者对于由财产所有权人拥有和持有的物品，享有某种实际的权利主张。仁爱并不独立于所有权问题；它对于后者而言，是必不可少的。

请回忆一下洛克这段铿锵有力的话："正如正义给予每个人以享受他的正直勤劳的成果和他的祖先传给他的正当所有物的权利一样，仁爱也给予每个人在没有其他办法维持生命的情况下以分取他人丰富财物中的一部分，使其免于极端贫困的权利。"这句话呈现为一组强大的类比。对于强有力的财产权主张而言，正义和仁爱是相互匹配的起源，两者都最终呈现为财物上的正式的所有权。同样地，"正直勤劳"与缺少"其他办法维持生命"也是相互配对的，就等于各自提出了财产权主张的正当理由。最后，勤劳的"成果"与"极端贫困"配对，就暗示了对财产权主张范围的限制。初始财产拨归与仁爱附加条件，形成了相互匹配的一对，它们有着同等正当与有效的起源、辩解与限制。这个句子的结构所披露的正是权利的结构："正如正义给予，……因此仁爱也给予……"

带着这个构想，洛克就将仁爱的接受者从幕后推到台前。施予者的激励性义务转化为接受者的不可避免的权利。在这个过程中，接受者被表现为应当得到与初始财产拨归者相同的尊严。这段话就因此代表了确凿的证据，支持像本书第2章那样，对洛克作一种平等主义的解读。在这里更为确切的是，它构成以下论据的某种坚实的基础，即至少在他们的生命处于危险之际，穷困者对于专利药品享有一种确定的权利主张（firm claim）。

（二）康德的权利普遍原则

根据康德的权利普遍原则（UPR），"法律确保我们在以下范围内享有对于外在的选择自由的权利，即根据一条普遍法则，该自由是与任何其他人的选择自由并存的"。[①] 正如我在第3章所解释的那

---

① 沙伦·B. 伯德（B. Sharon Byrd）与乔基姆·鲁斯卡（Joachim Hruschka），"承认私法所有权的自然法义务：康德在其权利论中的财产理论"（The Natural Law Duty to Recognize Private Law Ownership: Kant's Theory of Property in His Doctrine of Right），《多伦多大学法学杂志》（U. Tor. L. J.），第56卷（2006年），第217页始，第219—221页。

样，康德的财产权理论表达了这个一般原则的某种特殊情形：财产
权是可以广泛获取的，但是，当个人的财产拨归干涉了他人自由
时，还是会被拒绝的。康德说，尽管对于强有力的财产权的需求驱
使市民社会的形成，但是，财产权无论如何也要受制于这个"普遍
化"的原则。按照权利普遍原则的适用，财产权是受到限制的：它
们必然不能如此宽泛，以致干涉其他公民的自由。在一个康德式国
家中，个人财产既是必需的——以促进自治与自我发展（参见第3
章）——同时，根据权利普遍原则，它也必然是受到限制的。①

　　死亡是对自治的终极约束；一个人在死亡之后，就不再存在
"自我"需要加以引导。因此，假如因个人甲提出的一项财产主张
而导致了个人乙的死亡，那么，康德的权利普遍原则就会拒绝这项
财产主张。不过，正如其他的议题那样，康德在这方面的观点也不
是那么简单的。特别是，他表达了关于"紧急避险"（necessity）作
为合法抗辩的复杂观点，而这一观点跟我在这里要归功于他的财
产权限制原则之间，存在着某种非常接近的相似性。②康德说，实

① 参见沙伦·B.伯德（B. Sharon Byrd）与乔基姆·鲁斯卡（Joachim Hruschka），"承
认私法所有权的自然法义务：康德在其权利论中的财产理论"（The Natural Law
Duty to Recognize Private Law Ownership: Kant's Theory of Property in His Doctrine of
Right），《多伦多大学法学杂志》（*U. Tor. L. J.*），第56卷（2006年），第221页。

② 有关紧急避险抗辩的背景，参见塞缪尔·弗莱施哈克尔，《分配正义简史》，前
揭，第28—32页（其描述了托马斯·阿奎那的观点）；詹姆斯·戈德雷（James
Gordley），《私法的基础》（*Foundation of Private Law*），牛津：牛津大学出版社，
2006年，第7章"未经所有权人同意而丧失财物：紧急避险与敌意占有"（Loss
of Resources Without the Owner's Consent: Necessity and Adverse Possession），第130—
154页（其描述了从亚里士多德经由阿奎那再到中世纪教会法学者的进程）。

际上，至少在这样一个关于紧急避险的重要例子中——甲为了拯救自己的生命，杀死了乙，或者至少将乙置于直接的严重危险的境地——那个实施了某一为避险所必需之行为的人是可谴责的（culpable），但并不是可惩罚的（punishable）。①康德主义原则的内容非常丰富，因此，康德关于紧急避险的论述究竟想表达什么，存在诸多争论。有一种观点——它至少和大多数其他观点一样貌似有理，并且比某些观点看起来更有道理——是把康德关于紧急避险的思想看作某种借口或者抗辩：一个不法行为，并不会因为紧急避险而

---

① 康德，《道德形而上学》（*The Metaphysics of Morals*），玛丽·J. 格雷戈尔（Mary J. Gregor）编译，剑桥：剑桥大学出版社，1996 年，第 236 页。另参见阿瑟·里普斯坦（Arthur Ripstein），"紧急关头"（In Extremis），《俄亥俄州立大学刑法学杂志》（*Ohio St. J. Crim. L.*），第 2 卷（2006 年），第 415 页。里普斯坦作了一个很好的总结，康德关于损害财产的刑事责任的思想，就来自于他的以财产作为一种促进个人自治权的（私）权利的基本观念："刑法的结构来自于私法上的不法行为的结构，因为后者的法律就定义了那些针对人身和财产的不法行为的基本种类，而它们就是刑法所调整的主要对象。康德关于私法上的不法行为的描述，不是以损害为基础的（harm-based），而是以权利为基础的（right-based）：一项私法上的不法行为就是对他人自由的干涉。这里存在两种基本的干涉类型：伤害（injury）和侵占（trespass）。伤害所涉及的是剥夺了某人对其所享有权利（right）的能力（power）——通过实际的损害或者字面上的剥夺而实现。对人身、财产以及名声的伤害，就剥夺了受害者他们所享有的这些能力——亦即使用他们自己的身体、物品或者好名声的能力。伤害限制了自由，因为它剥夺了人们享有的确定与追求他们自己目标的手段。侵占则涉及利用他人的人身或者物品，去追求后者所不愿意追求的一个结果。侵占他人的人身、财产和名声，就是为了达成另一个人的目的而使用正当属于他人的东西：一个人使用了他人的能力，而这样做，就使得该人的能力受制于他人的选择。"里普斯坦，"紧急关头"，前揭，第 416 页。

变得正确，但是它被免于承担形式上的法律责任。[①] 有许多人，特别是康德学者阿瑟·里普斯坦（Arthur Ripstein）对这个观点作了充分的描述，而它就取决于形式上的实在法（用康德的术语就是"外部的"法律，参见第 3 章）与"内部的"道德之间的区别。对康德而言，财产是一种绝对的权利，未经允许而将它没收，在客观上总是不法的。但与此同时，某些没收却是不可以被国家惩罚的，因为它们未落入法律所合法规定的适当范围之内。

　　因为康德并未明确讨论适用于财产权的紧急避险抗辩，所以我们只能推测，如何将他的思想适用于药品专利。即便如此，这里还是可以提出这样一种观点的。正如我在第 3 章中详细解释的那样，在康德的法律思想与他的财产理论之间，通常存在着某种高度的对称性。权利普遍原则就是一个很好的例子；正如我在第 3 章所解释的，财产的延伸最多只能到此为止，再进一步就会干涉其他人

---

① 参见，例如，里普斯坦，"紧急关头"，前揭；卡里德·戛纳以姆（Khalid Ghanayim），"为西方法哲学中的紧急避险申辩"（Excused Necessity in Western Legal Philosophy），《加拿大法律与法理学杂志》（*Can. J. L & Juris.*），第 19 卷（2006 年），第 31 页。尽管戛纳以姆对康德的讨论集中在那个著名的杀害其他人以挽救自己的生命的假设上，但是该讨论还是明确地包含了那种可适用于拿来专利药品以挽救迫在眉睫的生命的紧急避险。参见戛纳以姆，"为西方法哲学中的紧急避险申辩"，前揭，第 56 页："尽管康德的观点仅仅涉及以命换命的情形，但是他的理论，或者他的理论的精神却允许我们提出，在以下情形中，将这种用以否定刑事惩罚的紧急避险作为一种抗辩还是恰当的，即在损害依法受保护的利益的案件中，当行为人受到威胁的伤害并没有超过若其选择不伤害这些合法利益时所可能受到的伤害时，比如，在将生命跟其他受保护的价值，比如身体的完整性、健康、自由或者财产相对比的情况下。"

的自由，而这一观点，无非就是对康德关于法律与自由的一般观点所作的一种具体应用。因此，对药品专利难题的分析，就转变为关于财产对于那些正遭受可治愈疾病之痛苦的人们的自由所造成的影响问题。简单地说，要想确定康德关于这个问题将会得出什么样的确切结论，这是很困难的，但是我可以确定，这个分析主要关心的将是药品专利在限制自由（freedom-restricting）方面的特性。想要找到正确的答案很难，但要提出正确的问题却并不难：财产应当延伸至阻碍或者限制这些本可获得治疗的病患者自由的程度吗？

在我看来，病患者自由受到的约束是如此之大，以至于药品专利上的财产权也必须为其让路了。正如我之前所说，针对眼前这个难题，这不是对康德的权利普遍原则所作的唯一可行的解读。但我认为这是最好的解读，并且，考虑到康德的文本以及我所理解的药品专利难题，这当然就是我所能作出的最好的解读。

（三）分配正义与药品专利

在本书第一编所探讨的三位主要的基础理论思想家当中，最容易被用来解决本章难题的，就是罗尔斯了。回忆一下我在第 4 章所总结的罗尔斯的观点，即财产属于众多的第二位权利（secondary rights），它们居于其哲学思想中某个较低的优先层面上。在罗尔斯的词典里，它不是一种"基本的善"（primary good）。而像食物、住所和基本健康保健的获取，则是基本的善。那么对罗尔斯而言，当面临严重威胁到其他人生存的主张时，财产权必须让位，这是无可置疑的。罗尔斯式等级体系的全部观点，就是为了让此类议题变得直截了当。人们所设想的政治制度应当被设计成（假如无知之幕落下并且伴随的审议程序得到实施，则将被设计成）给予基本的善以优先权。药品专利的难题，正是罗尔斯在构建他的制度时看来已经在其心中所考虑的那种议题。

唯一可能的例外是代际平等的问题——罗尔斯称之为"公平储存"（fair savings）原则。我在下一节关于药品专利的语境中再来讨论这个问题。

（四）药品专利与中层原则

到目前为止，我已经用本书第一编所探讨的各种基础理论：洛克、康德和罗尔斯，以及导论部分关于功利主义理论的话语，对药品专利难题进行了表述。然而，假如秉持我在第 5 章所赞同的多元主义，那么，接下来似乎也有必要根据知识产权法的中层原则，再来讨论一下这个问题。正如我在该章所提出的，我们无须对知识产权法的终极性的基础理论达成一致意见，便可以就影响专利药品获取的专利法的重要细节，展开某种合情合理的政策性讨论。这就是中层原则的作用。

穷人与药品专利的问题，绝大多数涉及的是效率原则，而在较小的范围内，还涉及比例原则。药品研究开发者的尊严利益，以及不可移除原则，则跟这个问题均不存在直接争议。因此，我自己在这里的讨论，就限定在效率原则和比例原则上。

当药品获得问题看起来就像是关于某种权利——事实上是一种人权——与经济利益（在这种情况下，指制药公司的经济利益）发生冲突的一个经典案例，那又怎么可能去讨论效率呢？难道人命关天不应该优先于单纯的效率吗？难道帮人活下来，不应当优先于药品创新者的经济福利吗?

我认为, 这个问题并非这么简单。事实上, 用效率话语来重述药品获取的问题, 以及在该过程中将穷困者的需求作为讨论的一个重要组成部分, 这都是可行的。也许, 真正的问题在于: 假定在人类的疾病上有着某个大量的供给, 并且有大量的人口需要治疗, 那么, 将用于治疗这些疾病的有效药品数量最大化的最佳方式是什么? 我们如何能够充分利用所有可能的资源——自然产物、人类技能、科学知识等——把这些资源整合起来, 以解决世界范围内的疾病治疗难题?

若照此方式陈述, 效率原则显然在这场讨论中占据某种重要的地位。它引导我们从整体上以及从长远角度观察, 如果发达国家投入大量资源用于药品的创新研发, 同时暂时将穷人可获得药品的日子推迟到日后, 那么在此情况下, 药品供给的总量是否会变得更大。这从短期来看, 的确有许多人被排除在最佳治疗范围之外, 但是从长远看, 是否帮助了更多的人呢? 换言之, 效率原则将引导我们进行这样一场讨论, 即让任何可能从这些药品中受益的人立即获得所有这些药品的一项慈善政策 (open-hearted policy), 是否等同于以牺牲药品的创新基础设施的长期可行性作为代价而进行的一次性分配财富。我在后面会较为详细地考察这些问题; 但在目前, 我只想表达的是, 效率原则为处理这个至关重要的问题提供了一个有益且实用的术语框架 (terminological frame)。

在这一语境中所要讨论的第二个中层原则是比例原则。请回想一下, 这个原则背后的基本思想在于, 对一位创造者或者创新者的回报应当与其贡献成比例。它在药品专利的争论中所发挥的作用是显而易见的，尽管最终结论并不那么直接而明确。假如从所赋予的收益进行衡量，药品专利法的结构再加上制药产业整个的监管与竞争环境，导致了过度的回报，那么，就可以削减药品专利在经济上的控制力，以便恢复一种较好的比例性感受。即使只有一小部分需要获取专利药品者的疾患痛苦是由于对专利权人的过度回报所导致的结果，比例原则也仍然会要求国家应当缩减该回报。不合比例的回报再加上病患的严重痛苦，就构成了某种颇具说服力的情形。

固然，在药品的情形中适用这个原则存在严重的困难。药品研发成功率的偏差性（skewed nature）就证明了这一点，因为只有一部分药品会大获成功（有利可图），而大多数药品则默默无闻，甚至都无法收回为之付出的研发成本。在决定某一具体的专利药品是否值得让其创造者赚取大量回报的时候，我们就必须考虑到，每一种成功的药品需要负担在多少个不成功的研发项目上所投入的资金。从一口喷射出石油的油井中获得的"奖励性"回报，必须考虑到所有在之前所挖的不出气从而不产生经济效益的干井（dry holes）以及之后可能开挖的干井。

然而，至少在理论上，比例原则还是可以给予我们以指导。如果由于不合比例的巨大回报带来了排他性控制力，从而阻碍了人们获得药品，那么，这个原则就告诉我们应当怎么做：即按比例缩减该项回报。

（五）限制

那么到此为止，我已经试图证明，洛克、康德和罗尔斯都支持在救命药品上实行一种较为宽松的专利权。我也再次提到中层原则，以表明它们与这个结论是相符的。这一节的目标则在于，针对专利在该领域中必须作出让步的这项一般原则，描述其中的某些具体限制。特别是，我想强调两点：（1）当所涉及药品与病患实际生存之间的关系过于遥远或者过于微弱时，应当切断药品"获得权"（right to access）；以及（2）必须保持制药企业的基础设施，以便它们可以被用来为那些尚无法治愈的疾病找到治疗方法。下面我依次予以讨论。

1. 药品在何时拯救生命？

从某种意义上而言，药品专利难题其实并不像通常所说的那样困难。相反地，这看起来是相当明显的，即假如在某一特定时间获得某种特定药品，就将清清楚楚、毫无疑问地拯救一条生命的话，那么，公平性就要求必须给予该病人以获得药品的权利，而不管在它的上面存在着多少个专利。问题是，实际情况大多并非如此清楚。基本的问题在于：为降低各种情况下的死亡率，包括降低穷人的死亡率，必须实行一系列与卫生相关的广泛干预，而药品的获取只是其中的一部分，甚至很难确切地认定，由药品而为健康状况单独作出的贡献到底有多大。由于这个原因，这就很难肯定地提出，在某一特定情况下，假如获得了某种药品就肯定无疑地拯救了某一条生命。

世界卫生组织研究了对发展中国家而言特别重要的健康威胁，其中就包括疟疾。确定无疑的事实是：（a）没有足够的资源投入到抗疟疾的治疗上，例子之一就是发展中国家缺乏对该疾病的关注，而这就对穷人造成了不成比例的影响;[①] 以及（b）既有的抗疟药常常没有能够以有效的方式为那些最需要的人们所获得。然而，即便存在这些事实，但情况却显然要复杂得多。

为了成功对抗诸如疟疾之类的传染性疾病，在行动之外还需要大量的同步干预。人们必须清理作为蚊子或者其他"疾病传播者"繁衍之地的蓄水池，以确保特定的致病因素（比如细菌或者病毒）无从找到其传播者。如果想要成功，这些处理措施必须反复进行，随时监测蓄水池的状况。固然，某个人一旦受到感染，药品可能拯救他的生命。但是，如果一项计划只是治疗被感染的人群，而不去处理蓄水池和传播载体，那么最终也起不了什么作用。这些被治愈的个人又会被重新传染，而传染的速度将超过治疗的速度，并且，在致病因素上的某种突变——这是由过度药物治疗所引起的——则可能最终彻底摧毁任何取得长远成功的机会。

简而言之，在这种情况下，想要拯救生命就必须采取一系列的干预措施。只是允许感染人群凌驾于专利权之上，可能并不会产生那么大的作用——可能拯救不了那么多的生命。当然，洛克、康德和罗尔斯依然可以说，就算只是一条生命，当其处于危险之中，财产权也不应该来挡道。这看起来似乎是正确的。只是，适用这个原则所将实际受益的人数，却可能远低于许多人的预期。

如果我们将事实稍加改变，情况还将变得更加复杂。如果某

---

① 比尔与梅琳达·盖茨基金会（Bill & Melinda Gates Foundation），《被忽视的疾病概述》（*Neglected Diseases Overview*），可见于：http://www. gatesfoundation. org/topics/pages/neglected-diseases. aspx。

一药品并不是用于治疗某种疾病的，而是用于延年益寿或者处理某种主要症状，那么结果又会如何呢？在这种情形中，我认为，不能直接将洛克和康德解读为严格地要求药品获得权胜过财产权。在这种假设的情景中，穷困者看来并不符合洛克关于对专利的所有权提出某种主张时所应具备的要求；只有纯粹关乎生死的东西，才符合这个标准。考虑到疾病状况可能常常会限制穷困者的有效自治，因此，康德对于在如此情形中的药品获得权，似乎会提供较大的支持。然而，即使对康德来说，事情可能也不是那么地直接明了。权利的普遍原则所具有的普遍性（universality）就意味着，一项正义的原则必须考虑到许多人的自治利益。因为他们中的一些人其实尚未出生，并且，因为对于药品专利的那些主要侵入行为可能减少药品研发企业在将来的效率，所以，若眼前的生死问题并非处于危险之际，我们还是不能太急于根据权利的普遍原则而允许穷人获取专利药品。

2.代际考虑因素

洛克和康德关注的示范性情形，所设定的是一个鲜明但相对简单的选择。某个穷人必须要某样东西才能生存，但是，这项需求却受阻于他人的合法权利——即该急需之物上的某项财产权。两位哲学家于是得出了相同的结论：财产权必须让路。

这个故事之所以简单，部分原因在于它只涉及两个行为人，即穷人以及财产的所有权人。如果将这个故事扩展到还包括其他的行为人，情况就变得更加复杂，而结论也会变得不那么直接明了。举例来说，这时需考虑到假如在必需品上实行宽松的财产权规则，就有可能影响到其他公民。穷困者是否会滥用这个规则，或者接近于穷困的那些人是否试图扩大该规则的适用范围？人们对于稳定的所有权的预期，是否会开始发生瓦解，从而导致更多地依赖于自力救济（比如采取武装手段保护所有者的财产权），而且可能导致降低经济活动并最终减少财富？这些例子说明，由于广泛适用洛克的仁爱附加条件和康德的权利普遍原则就会带来这样的影响，这可以被称为动态效果（dynamic effects）。

　　这种扩大了的考虑因素范围，适用于各种类型的财产。事实上，它适用于所有的法律规则；对法律规则的动态效果分析，以及对其长期性制度影响的分析，正是法律领域的法和经济学方法论所具有的特点。法和经济学流派的学者们长期以来教导我们，一个特定案件的最重要的影响，并不是涉及双个具体行为人的某一特定争议的解决，而在于由该案件的规则所确立的制度性激励与回报。[①]按照这个观点，对每一争议的双方当事人而言，都存在许多未知的、将来的行为人，他们会将这个案件所确立的规则吸收到他们以后要面对的回报模型中。这个观点的规范性要点非常清楚：法律制度不应当过于关注某一特定规则在其所由来的案件中体现出来的、表面上的公正性，相反地，它必须密切关注该规则为将来的行为人所带来的事前激励（ex ante incentives）。

　　在药品专利的情形中，这个告诫就意味着，在允许法律行为人推翻财产权之前，必须考虑到这样做会给其他人造成的影响。鉴于

282

[①]　参见，例如，弗兰克·H. 伊斯特布鲁克（Frank H. Easterbrook），"前言：最高法院与经济制度"（Foreword: The Court and the Economic System），《哈佛法律评论》（*Harv. L. Rev*），第 98 卷（1984 年），第 4 页。

药品研发的特点，需要考虑的最重要的人群，似乎就是那些在将来可能患上具有潜在可治愈性的疾病的全体人们。[①]

因此，上述问题就变成：若为帮助今天的穷困者而推翻专利权，这将给未来世代的病患带来怎样的影响？其答案取决于以下三个重要因素：

1. 在专利权被弱化的情况下，将有多少的药品研发行为发生？

2. 由此形成的药品研发水平，是否导致真实的、用于治疗疾病的新药变得更少？

3. 如果研发水平下降，并且开发出来的新药变得更少，那么，对将来疾病治疗的减少值是否可以与人们对当前可用药品获取上的增加值相抵消？

换言之，这个难题就变成了由于扩大药品获取所带来的直接收益与代际效果之间的权衡。

当然，要详细回答这些问题将是非常困难的。不过，要想在这些问题上获得立足点，关键在于理解药品上的专利是如何影响对药品研究的激励的，以及理解整个药品研发基础设施的总体结构。因此，我们首先来讨论这些主题。

---

① 尽管当前的一些病人也可能受到影响，因为作为对于广泛地推翻专利的回应，制药公司就会减少它们的运营投入，从而可能缩减药品发行与广告等的规模，但是，我现在所作的假设是，在大多数情况下，那些业已存在的药品能够到达想要使用它们的病人手上。

（1）药品和专利保护。在专利研究领域，存在许多的未知情形。诚如我在本书导论中所言，关于专利的整体有效性方面的实证数据，出乎意料地具有不确定性。而这只是因为存在着许多我们未知的东西（正像我在导论中所解释的，并且在第 2 章至第 4 章中详细论述的那样，这正是驱使我在传统的功利主义框架之外寻找规范性基础的原因）。

但是，在全部有关专利的实证研究文献中，却存在一个共同的发现，一个已经被反复证明和确认的、无可置疑的经典性真理：制药产业必须依靠专利才能生存。[①] 如果说有一个产业证明了传统的专利"激励理论"确实成立的话，那么这个产业就是制药业。因此，

---

① 理查德·C. 莱文（Richard C. Levin）等，"侵占从工业研究与开发中所获得的回报"（Appropriating the Returns from Industrial Research and Development），《布鲁金斯学会经济行为论文选》（*Brookings Papers on Econ. Activity*），第 18 卷（1987 年）特刊，第 783 页；韦斯利·M. 科恩（Wesley M. Cohen）、理查德·R. 纳尔逊（Richard R. Nelson）与约翰·P. 沃尔什（John P. Walsh），"保护它们的知识资产：可侵占性状况以及为什么美国制造企业要申请（或者不申请）专利"[Protecting Their Intellectual Assets: Appropriablity Conditions and Why U. S. Manufacturing Firms Patent（or Not）]，国家经济研究局（National Bureau of Economic Research）第 7552 号工作报告，麻省剑桥，2000 年 2 月，2004 年修订；斯图尔特·J. H. 格雷厄姆（Stuart J. H. Graham）、罗伯特·P. 莫杰思（Robert P. Merges）、帕姆·萨缪尔森（Pam Samuelson）与泰德·西奇尔曼（Ted Sichelman），"高科技企业家与专利制度：2008 年伯克利专利调查结果"（High Technology Entrepreneurs and the Patent System: Results of the 2008 Berkeley Patent Survey），《伯克利技术法律杂志》（*Berkeley Tech. L. J.*），第 24 卷（2010 年），第 1256 页（他们调查了 1332 家从 1998 年开始成立的小公司和创业公司；其中发现，相比于计算机硬件或者软件公司，专利对于生物技术公司更具有重要性）。

同样为人们所充分理解的是，如果消除或者削弱该产业中的专利保护，就必然造成研发投入数量的明显减少，以及随之而来的新药供给减少。这跟我们在有关专利的经济学文献中的一个已经证明的事实或者严格实证的规律性现象是非常接近的。

当然，棘手的问题在于：如果专利被削弱，那将会减少多少的研发投入；专利必须被削弱到何种程度，才会导致药品创新的过度减少，以致产生严重影响公共健康的后果？令人遗憾的是，我们对此都一无所知。但是，人们有着这样的一般性共识，即使只是在专利权保护上作一点很小的削减，也可能（might）——请注意这个用语——对于最终的公共健康措施产生某种重大影响。

（2）对药品研发基础设施的影响的推测。为了搞清楚假如在制药行业减少从研发中所获得的回报将发生什么结果，我们先来了解关于该产业的研发基础设施的一些基本信息，将是大有帮助的。

需要铭记在心的最重要的事实是，制药行业的研究开发是成本非常昂贵的。一项经常被引用的研究发现，从最初发现一个充满前景的分子到产生出一种可销售的药物产品，它所花费的平均成本是8.02亿美元。[①]这些成本需在许多年当中分摊：开发一种药物产品，

[①] 约瑟夫·A. 迪马斯（Joseph A. DiMasi）、罗纳德·W. 汉森（Ronald W. Hansen）与亨利·G. 格拉博夫斯基（Henry G. Grabowski），"创新的代价：药品研发成本新评估"（The Price of Innovation: New Estimates of Drug Development Costs），《卫生经济学杂志》（*J. Health Econ.*），第22卷，第151—185页，2003年。另参见迈克尔·迪克逊（Michael Dickson）与琼·保罗·盖格农（Jean Paul Gagnon），"新药发明和开发成本不断提高的关键因素"（Key Factors in the Rising Cost of New Drug Discovery and Development），《自然评论》（*Nature Review*），第3卷（2004年），第417—439页。针对迪马斯等人的评估，已经（转下页）

从最初合成新的化合物到政府批准某一种新药产品上市，平均所需时间是12.8年。[1] 在美国，药品研发的总花费每年超过650亿美元，远高于政府在医药相关科学研究方面所花费的资金。[2] 无论从哪方面看，美国的制药研发企业都是一项巨大、复杂并且昂贵的事业。

（接上页）有人提出批评，原因是（1）该样本中的药品都是没有接受过政府资助的，这让它们在某种程度上显得不同寻常，因为在这一领域中，许多药品都是基于公共基金的研发而获得的；以及（2）被用于从净现值中减去将来付款的"折扣因素"，被认为定得过高。可见于：http://www. citizen. org/press-room/release. cfm?ID=954。尽管存在这种批评，但有很多药品确实完全是由私人制药公司研发的，而用于调节风险的折扣因素，也是投资分析与财务上的一项标准技术。争议性问题在于相关折扣因素的程度。一方面，药品研发当然是风险很高的；许多例子都可以证明，耗资几千万上亿美元的研发项目，因为在后期临床试验中暴露出不可解决的难题而被迫放弃。另一方面，股票分析师总是注意到，可能部分是由于准入障碍，包括大规模的必要投资以及广泛的政府管制，制药行业可以保持多年的稳定性高额财务回报，而这就说明，其中涉及的大制药公司擅长于通过将药品研发项目组合加以多样化，从而缓和特定项目的风险。迪克逊与盖格农所评论的研究，确认了药品研发确实风险很高，除了那些非常顶级的药品之外，药品的整体经济回报只能达到标准投资的平均值。迈克尔·迪克逊与琼·保罗·盖格农，"新药发明和开发成本不断提高的关键因素"，第 420 页。

[1]　参见迈克尔·迪克逊与琼·保罗·盖格农，"新药发明和开发成本不断提高的关键因素"，前揭，第 418 页。

[2]　参见药品研究与制造协会（Pharmaceutical Research and Manufacturing Association，PhRMA），《2009 年制药行业概览》（*Pharmaceutical Industry Profile 2009*），第 2 页，可见于：http://www. phrma. org/files/attachments/PhRMA%202009%20 Profile%2oFINAL. pdf。美国国家卫生研究院（National Institutes of Health）是有关健康科学研究的主要资助人，该机构在过去数年内的总开支，已经持续稳定在每年大约 300 亿美元。参见：http://www. gov/about/budget. htm（美国国家卫生研究院在健康相关的研究上每年投入 305 亿美元）。

　　这种复杂性本身体现在许多方面。例如，这个产业的组织结构图显示，大公司和小公司都在各自发挥着独特而重要的作用。传统上，由于制药公司都是从它早期的初级阶段发展而来的，因此，许多大型的纵向一体化公司获得了并行发展。[①] 在规模（纯粹的大小）和广度（公司活动的范围）上的经济优势，使得大公司能够得到回报，并且将小公司淘汰掉。[②] 这种发展动力从 20 世纪早期以来盛行一时，直到第二次世界大战之后。然而，从 20 世纪 70 年代开始，随着新科学技术的出现，这个发展动力发生了改变。现代基因工程以及一般性生物技术的出现，就为小型的、研究密集型的创业公司提供了机会。许多这样的公司建立在大学研究的基础上，并且有相当数量的公司，本身就是由来自大学各个生命科学系的科学家们所创立的。[③]

---

① 大卫·施瓦茨曼（David Schwartzman），《制药行业的创新》（*Innovation in the pharmaceutical Industry*），马里兰州巴尔的摩：约翰·霍普金斯大学出版社，1976 年，第 63 页（其描述了大型纵向一体化制药公司的优势）。

② 参见，例如，阿尔弗雷德·D. 钱德勒（Alfred Chandler），《规模与范围》（*Scale and Scope*），麻省剑桥：哈佛大学出版社，1994 年，第 12 章，第 456 页（其描述了 19 世纪末和 20 世纪初出现的德国化工与医药巨头以及它们的美国竞争者）。

③ 丽贝卡·亨德森（Rebecca Henderson）、卢戈·奥尔森尼戈（Luigo Orsenigo）与加里·P. 皮萨诺（Gary P. Pisano），"制药行业与分子生物学革命：科学、制度与组织变迁之间的相互作用"（The Pharmaceutical Industry and the Revolution in Molecular Biology: Interactions Among Scientific, Institutional, and Organizational Change），大卫·C. 莫维里（David C. Mowery）与理查德·R. 纳尔逊（Richard R. Nelson）编，《产业领导力的来源：对七大产业的研究》（*Sources of Industrial Leadership: Studies in Seven Industries*），剑桥：剑桥大学出版社，1994 年，第 267—311 页。

许多学者将现代生物技术产业看作一个很好的例子，说明小型的研究密集型公司可以在由大型的纵向一体化公司所统治的产业中，开拓出一条成功的道路。[1] 如果从这个角度来观察制药企业，我们就能确认出专利保护的某种作用，它已经超越了为创造与生产出可销售的药品而提供激励的范围。正如我在第 7 章所提出的，专利使得小公司可以保持独立。专利保护使得一家小公司可以专注于某个技术密集的领域，尽管它仍然要将其产品整合到某个更大公司的整体运营当中。[2] 一家小型生物技术公司，可以集中精力做它最擅长的事情——在一个高度专门化的领域从事研究——然后将它的工作成果转让给一家大公司，而不会受到其成果有可能被非法复制的威胁。因此，专利在该产业中具有双重作用：它们既保护了总体上对研发的激励，也影响着该产业的组织方式，特别是，使得小

284

---

[1] 参见丽贝卡·亨德森（Rebecca Henderson）、卢戈·奥尔森尼戈（Luigo Orsenigo）与加里·P. 皮萨诺（Gary P. Pisano），"制药行业与分子生物学革命：科学、制度与组织变迁之间的相互作用"（The Pharmaceutical Industry and the Revolution in Molecular Biology: Interactions Among Scientific, Institutional, and Organizational Change），大卫·C. 莫维里（David C. Mowery）与理查德·R. 纳尔逊（Richard R. Nelson）编，《产业领导力的来源：对七大产业的研究》（*Sources of Industrial Leadership: Studies in Seven Industries*），剑桥：剑桥大学出版社，1994 年，第 294 页。

[2] 专利对于大型制药公司当然也是至关重要的，事实上，它对各种规模的制药公司都是如此。参见巴里·沃思（Barry Werth），《十亿美元的分子》（*The Billion Dollar Molecule*），纽约：试金石、西蒙与舒斯特出版公司（Touchstone Simon & Schuster），1994 年［它重述了福泰公司（Vertex, Inc.）的故事，这家创业型制药公司的立身之本是被称为"合理药物设计"（rational drug design）的先进的化学原理］。

型专业化公司更有可能成立起来并且保持独立。重申一下，作为适用由康德和其他理论家所阐述的自治这一抽象目标的实际例子，这个主题在本书第7章中已经详细地展开过论述。

让我们回到关于为帮助穷困者而侵犯药品专利权的这种思想上。我的主张是，我们必须从制药企业的研发基础设施的长远生存能力出发，来评估这一政策的效果。这样做，我们不仅需要考虑微观层面的或者聚合效应，还要考虑更为细微的或者第二位的效果。这些效果就包括减少了小型研发密集型公司的生存能力。降低药品的专利保护所带来的这种矛盾性结果，就可能导致这个产业的企业平均规模增大；药品研究活动可能变得更加地集中到大公司那里去了。而这反过来可能产生这些值得考虑的后果，包括可能导致最终削弱了这个产业的创新能力。假如小公司严重地依赖于专利保护，并且，假如小公司也是产业创新的主要贡献者，那么，降低专利保护水平就可能削弱这个产业的创新能力，进而伤害那些在将来可能患上具有潜在可治愈性疾病的人们。

（3）套利风险。这是一个真正的难题：对将来药品的创新削弱，假如跟今天在保健上得到的增值相比，是否值得呢？它分解为如下两个相关的问题：发展中国家无偿使用专利药品，是否会明显地减少制药公司的利润？如果是，那么，这种在利润方面的减少，是否会在某种程度上减少这些公司本来要开发的药品创新的数量？

首先，在大多数情况下，标准药品的市场价格似乎远远超出了发展中国家居民的支付能力。这就意味着，在这些市场中如果放开免费获取药品，对于制药公司的财富不会带来什么影响。毕竟，假如购买者不能承担某个销售商的产品不断上涨的价格，那么，当购买者免费或者以非常低的价格获得该产品时，很难说这就让销售商因此失去了一笔买卖。这样说当然没有错，但却遗漏了重要的一点。若一件价格昂贵的产品可以被人以极低的价格获得，就会引来套利行为——有人会低价购买该产品，然后转售给他人。如果套利是被允许的，或者很难加以防止，那么，低价销售确实可能对销售商的整体利润产生某种影响。

在有关药品获取的情形中，存在着某种严重的套利风险。许多专利药品的外形就是片剂——形状小、容易隐藏并且便于走私。此外，穷困人口大多生活在腐败或者破败的国家，那里的执法机构并不发达，有时还存在着一个贪婪的统治阶级。在这种背景下，确实有可能发生这种实际情况，即那些计划送给穷困居民的药品会被霸占起来，然后转售给发达国家的患者。①

从本书所支持的理论观点出发，套利行为带来的难题在于，它使得穷困人口获得药品的权利变得复杂化了。特别是，我们必须考虑，套利给药品获取权所带来的潜在影响。从一个洛克主义的视角看，当今天的慈仁存在着给将来的人们造成损害的风险时，明确支持适用仁爱附加条件的情形就被破坏了。这同样适用于康德的权利

---

① 凯文·奥特森（Kevin Outterson），"药品套利：国际处方药市场中药品获取与创新的平衡"（Pharmaceutical Arbitrage: Balancing Access and Innovation in International Prescription Drug Markets），《耶鲁卫生、法律与伦理杂志》（*Yale J. Health poly. L. & Ethics*），第5卷（2005年），第193页始，第262—264页［其评论了一则关于药物从西非向欧洲"转移"（diversion）的报道案例；尽管该案件的事实有过分渲染之处，比如，只有极少数被转移的药品是来源于对非洲的慈善捐赠项目的，但是作者承认，对全球制药公司而言，套利是一个真实的威胁］。

普遍原则：今天通过对财产权的限制而影响了其他人的自由，它可能对将来的其他人带来影响。罗尔斯的正义储存原则也得出了同样的结论。如果套利会让制药公司损失太多的利润，那么，子孙后代都可能深受其害。如果今天对药品获得权的限制，是为了保存作为驱动药品创新之引擎的研发基础设施所必需的，那么，公平储存就要求必须作出这种限制。

（4）代际效应和规范理论。我们在这里所讨论的这些存在疑难的议题，可能正是一个很好的提示，说明了我为什么最初放弃在知识财产上继续支持功利主义。当我们从衡量成本与收益的视角来观察这个难题时，它似乎是无解的。而且，我认为洛克、康德以及在一定程度上包括罗尔斯，他们所持的更多偏向于道义论的方法（deontological approach），也并不能更清楚地解决这些问题。事实上，如果我们从整体上考察洛克的财产理论，或者仔细回想一下在康德的权利普遍原则中的一些细微差别，或者认真考虑罗尔斯的公平储存原则，那么，我们所达到的目标，就将与假如我们在这些问题上严格遵循功利主义方法所达到的目标是相同的。也就是说，即使我们将公平和正义置于前端，我们仍然必须考虑，假如我们打算赞同大规模地推翻药品的专利权，它会给将来的世代带来怎样的影响。如果我们承认我在之前就药品研发的本质所提到的事实，特别是私人的药品研发基础设施可能具有的不可替代性，那么，一个无可逃避的事实就是，对当前的专利药品享有获得权，它所带来的是在当前福利与将来福利之间的一种交换。请记住这个看起来无可逃避的事实，接下来我对于我们可能怎样进行这种交换，提出如下一些适度的想法。

三、实践中的公平：专利药品的获取政策

前面的讨论，已经针对穷人就其所急需但受专利保护的药品而提出的一种主张，确定了某个理论性和规范性基础。以此为背景，我们再来观察过去 10 年左右的时间里在该领域实际出现的政策与实践，就非常具有启发性了。现将它们总结如下：

　　1. 绝大多数的主要制药公司已经自愿参与免费药品分配计划。从知识产权的视角来看，它们已经在那些具有迫切需求的国家，选择性地放弃了它们的权利。①

---

① "药品：通向金矿的泥潭？"，前揭，第 102 页：专注于发展中国家所进行的药品研发的证据有："诺华制药公司（Novartis）已经在上海开设了一家研究中心，并且在新加坡设有另一个前哨基地，集中于热带病的研究。默克制药公司（Merck）也已经与新兴市场的几家企业达成了协议，以从事早期阶段的研发。制药巨头们提出，这种新方法使得它们可以打开一个全球性的创新网络，同时也可以洞悉本地市场。"这些项目也非常有利于制药公司提高它们的公共关系和人道主义声誉。参见，例如，朱利安·柴吕欧（Julian Chanuveau）、康斯坦斯·玛丽·迈纳斯（Constance Marie Meiners）、史蒂芬·鲁奇尼（Stephane Luchini）与珍·保罗·莫瓦提（Jean Paul Moatti），"非洲国家的抗逆转录病毒药品的价格和数量演变：从新兴市场到策略性市场"（Evolution of Prices and Quantities of ARV Drugs in African Countries: From Emerging to Strategic Markets），本杰明·科里艾提（Benjamin Coriat）编，《发展中国家的艾滋病政治经济学》（The Political Economy of HIV/AIDS in Developing Countries），麻省北安普顿：爱德华·埃尔加出版公司，2008 年，第 94 页［选择性地不对专利权进行强制执行："那些品牌企业选择不予执行其在非洲的药品专利保护"，这是一种"策略性慈善"（strategic philanthropy），它所追求的效果是，企业可以"保持其光辉形象"］。

2. 发展中国家对它们认为过于严格的国际专利制度展开反击。在此过程中，最贫穷国家已经赢回了宣布与健康相关的紧急状态的权利，它解释了推翻专利权——即对专利药品颁发强制许可——是正当的。①

3. 国际上的基金会带着关于药品研究与分配的创新计划走上舞台，该计划特别致力于解决最贫穷国家的健康问题。盖茨基金会在这方面已经走到了前沿。②

关于这些发展的最吸引人之处在于，它们似乎表明了由众多利益相关方所达成的一个共识，即在这个领域中，当面对穷困者更为迫切的需求时，财产权主张就必须让路。换成这种不算夸张的方式来表达就是：它们显示了某种仁爱的本能。照此视角来看，若要说反映了大家对于这些限制应当是什么样的这个共识，那么，洛克、康德与罗尔斯的规范性理论似乎并没有过多创设对于财产权的约束性限制。正如我先是在第3章并随后在第8章中所提到的那样，

---

① 多哈发展议程（Doha Development Agenda），"关于消除廉价药品进口的最后专利障碍的决定"（Decision Removes Final Patent Obstacle to Cheap Drug Imports），2003年8月30日，可见于：http://www.wto.org/english/news_e/pr350_3.htm。

② 在2008年，有25亿美元投入到被忽视的疾病上，其中领头的是美国国家卫生研究院和盖茨基金会；私人制药公司是基金投入的第三大主要来源。塔夫茨大学药物开发研究中心（Center for the Study of Drug Development, Tufts University），"发展中国家的被忽视的疾病：进程、当前的挑战与充满希望的方法"（Neglected Diseases in the Developing World: Progress, Current Challenges, and Promising Approaches），摘要记录（Summary Proceedings），2009年10月16日，第1页，可见于：http://csdd.tufts.edu/files/uploads/ndloads/ndfinproceed.pdf。

放弃财产权的能力（ability）具有某种至关重要的好处。这种在专利药品领域发挥作用的仁爱的本能，就再一次地显示了这一点。选择放弃财产权，这正是财产制度的一部分，并且所有权人经常在作出这种选择，以便减少由财产权所带来的最糟糕的潜在影响。尽管这样说显得太过分，即弃权表明了财产权在某种程度上就完全是自我规制的（self-regulating），但说句公道话——正如我在本书几处地方提到的———种自愿弃权的意识，可以显著地影响我们对于财产权的实践运行的理解。

287

第10章　结语：财产的未来

　　财产的确拥有某种未来。特别是，如果它对于个体所有权人以及共同体的需求都反映出某种适当的尊重——亦即，如果它是建立在哲学家称之为一种自由派的财产权理论上的话——那么，它就能在一个完美设计的社会政治制度中，继续发挥某种必不可少的作用。由于社会中有价值的资产越来越多地开始转向无实体的和无体的资产，这种作用的实现，就越来越依赖于我们称之为知识财产的这种财产类型。因此，我们在建构一套切实可行的财产理论时就要从知识财产开始，或者至少应当将它包括其中，就言之成理了。

　　本着这种精神，我想尽可能清晰地阐述，在一个有效的知识产权理论中所包含的那些基本要素。这些内容看起来似曾相识。因为从本书的第一页开始，我就一直在讨论它们。在最后这一章当中，我无非是想把它们整合起来，简单地对之进行重述，并且表明它们之间的一些关系。

　　我认为这些要素包括：

　　1. 创造性劳动的财产化。承认创造性成果为真正的法定权利，并给予其回报，从而将该成果从按时间计酬的劳动，尽可能地转化为一种独立的经济资产（economic asset）。通过所有权人与资产之间的一对一映射的方式（这正是财产权的本质),允许个人控制他们所创造的成果。将令人不可置信的"英雄作者"(heroic author)替换为某个更为现实的概念"平凡作者"(prosaic author),后者是试图以其才能而博得某种体面生活的职业创造者。应当承认,对平凡作者给予回报,就意味着它所鼓励的不仅是个人与小型团队的所有权,而且也包括大型公司实体,它们是培育和支持职业创造者的生态系统的一个重要组成部分。

2. 授予真正的权利,但并非绝对的权利。既通过授予真正属于权利的知识产权而承认每一位创造者所作出的独特贡献,又要承认社会对于该创造性成果的贡献。我们设想用一个受奖赏的核心(deserving core)来稳定每一项财产权,它的四周则被某个社会性边缘部分(social periphery)所环绕。对于前者,给予一种稳固的授权、一个真正的奖赏性权利主张,而对于后者,则是允许对创造性产品进行征税。若将这些税收加以概念化,那就是针对每一项创造成果上的各种各样的社会贡献而提供补偿。

3. 通过(a)促进和鼓励低成本的且简便易行的知识产权授权与许可机制,以及(b)简化弃权技术以使其向公众做出具有法律约束力的权利捐献(*binding dedication of right to the public*),从而适应消费者和用户的需求。在有关激励与接触、创造者/所有权人与消费者/使用人之间所发生的长期争论中,我们承认已经形成了一个解决方案。假如对资源加以引导,创设出富有效率的交易机制,从而在这些成果受知识产权保护的前提下,仍能使这些权利通过商业渠道而顺畅地,或者近乎顺畅地进行流动，那么，知识产权的权利人就可以继续享有权利，同时消费者和使用人也能够接触他们想要利用的这些成果。我们承认，在一个充满各种不同知识产权的世界中，创造性成果的市场是必不可少的，但同时不可或缺的，还有一个（分离但又相关的）涵盖了这些成果的权利的市场。要鼓励在这个第二市场（secondary market）中造市（market making）！要鼓励在这个市场中的集体行动与竞争。这将确保它跟授予真正知识产权的适当政策之间只会发生最小的错位，并因此获得最大的净回报。同时，要创设一套简单易行但具有约束力的弃权机制——使得权利人可以将其成果以一种具有约束力的方式捐献给公众，并因此实行某种容他权（right to include），该权利与作为知识财产和一般财产之核心的排他权（right to exclude）相互并存。

在讨论这些要素时，我将触及许多遍及本书的主题。严格来讲，这些主题并非作为某种可行的知识产权理论的必然组成部分。至少对我来说，它们更像知识性的锦上添花，与我刚才所列举的这些要素紧密结合，并使之生机盎然；它们帮助我从知识产权法各种各样的细节和逆流中脱离出来，形成一个具有内在一致性的整体。这些主题如下：

291

　　1. 在底部留有空间。知识产权法有着众多可能的，也是言之成理的规范性基础。承认这个基本事实，有助于引导我们进入一种建设性的政策讨论（我希望是建立在那些中层原则之上；参见本书第 5 章），而不必纠结于终极性基础理论之争。

2. 关于知识财产，洛克及其同侪已言之甚多。他们基本的见解是，从某种深层的伦理角度而言，财产是合理的，而对我来说，这就是我所理解的知识财产的核心——为什么我们需要这种形式的法律保护，为什么它会呈现出目前的样子（专有权以及诸如此类），以及为什么针对那些认为知识产权在当下已经无关紧要或者变成了附属物之类的批评而值得为其进行辩护。因为有中层原则，你就不是非得在这一点上与我保持一致，也非必须同意这个隐含的前提，即知识财产的功利主义情形未能得到充分的解释；不过，我希望你会同意我的看法。

3. 知识财产，若加以适当地设计和解释，以分配正义为依据是说得通的。知识产权无疑会对分配正义产生某种影响，但是无论如何，这些权利都有其正当理由。简而言之，知识财产是公平的（*IP is fair*）。一个公正的社会既为创造者给予排他性的财产权，但同时也以某种方式，对这些权利加以限制和构造，使之符合总体性分配正义的考虑。权利受到的时间限制，在权利上存在着面向公众的例外，以及允许对该等权利所涵盖的成果征税，这些例子都说明了知识产权是如何适应分配正义的总体性安排的。

最后，有一条贯穿全书的思想线索值得专门关注，并且，虽然它在事实上并无资格成为基本理论的一个要素或者一个知识性主题［它更像一个超级主题（metatheme），尽管我不太喜欢用这个术语来表达］，但我还是想把它列在这里：当代知识产权的研究文献富含许多智慧的瑰宝，但是，那些鼓吹知识产权在收缩或者衰亡的文献却属错误。我们可以从现有的知识产权学术研究中了解到这些观点，比如（a）英雄作者的观念具有局限性（参见上述要素1）；（b）有必要将知识产权整合为关于分配正义的整体理论（要素2）；以及（c）向公众做出自愿捐献计划会带来好处（比如，知识共享许可），并因此而有必要承认一种强有力的"容他权"。尽管这些研究文献也作出了如此这般的积极贡献，但我还是不同意这样的总论调，认为在信息上设定财产权是一个糟糕的想法，或者认为知识财产已经从其传统的适度形式而发生异化，变成了它的一个庞大而畸形的滑稽模仿。在当下的经济中，无形资产变得比以往更具价值，因此知识财产相较于以往而显得更加重要。

292　　现在我就来考虑上述列举的三个要素，讨论它们对这三个主题的作用，同时，在必要时将"超级主题"也纳入其中。

一、劳动的财产化

　　财产是一个独一无二的法律概念。就连我们的措辞——学者们有时称之为"财产万能"（property talk）——也独具特色。我们将财产的创设称之为一种"授权"（grant），该词起源于拉丁文词语，表示"委托"（entrust）之意。国家将财产赋予一位所有者，那么该人就带上了一小片、一星半点的国家权力。正是这个权力，使得一项财产权具有了"对世效力"，这同时意味着两个方面：其一，所有权人可以借助国家权力来强制执行该权利；其二，所有权人在要求他人就其侵犯财产权的行为而承担责任时，不必与该他人之间存在任何的在先关系。在这种情况下，唯一的关系就是，所有权人与该他人均受制于同一个国家的法律。

国家将权力委任给所有权人，兹事体大。所有权人发挥着某种对于国家来说至关重要的作用。对洛克而言，相互承认在先的财产权主张以及对于所有权制度的共同信奉就是第一推动力（first cause），是触发导致国家形成的诸多力量的"宇宙大爆炸"（big bang）。康德也有类似的看法。假如没有国家，将不存在任何强有力的所有权主张，其可以在时间和空间上发生延伸，并且超越个人对于某一物体加以物理性控制与作用的能力。

要将这些宏大的观念付诸实践，那么，一个真正的国家，一个为人们所承认的政府就必须向个人所有者授予财产权。对于私人所有权，一个经典的解释是诉诸效率：所有权集中了对资产进行开发、利用、监管和维护的激励措施，这种方式是某种中央集权式的科层制（centralized bureaucracy）所极少能够达到的。有人认为，这个理由同样也足以解释知识产权的必要性，这确实是有道理的。尽管有许多的文化贡献，以及现代社会中的诸多技术，它们显然并不归个人所有或者控制。像古典音乐、古籍文献、内燃机设计、互联网以及许多我们在日常所见的那些东西，它们都不归单独的个人所有。如果在这些人类创造的产品上情况确实如此，那么，为什么在这样的东西上却要存在财产权？考虑到这样赤裸裸的事实，即对甲授予财产权就会限制任何与甲同处在社会中的其他人的行动自由，并且，体现在创造性成果中的想法常常是能够被人复制或者借用的，那么，到底为什么还要有知识产权？

原因就在于，创造性劳动很有价值并且非常重要。这是一项崇

293

高的工作，值得受到承认并且给予回报。这是一项应当让其得到尊严的工作，从而应当授予其一小片的国家权力——即某种财产权。这本身就是正确的，是一个好的社会可以做到并且应当去做的事情。这是一项好政策：以此种方式授予财产权所激发的行为，令社会的其他成员从中受益和获得提升。高品质的创造性成果（通过市场）得到承认并且获得回报，而那些富有才华并且有动力投入工作的人们，就有机会为自己创造出一份赖以生活的事业，去做他们所擅长的事情。知识产权使人们得以开发其才智，并且通过施展其才能而维持生计——即成为真正的·职·业·创·造·者。我们为这种劳动而感到尊严，因为国家承认它并为之授予知识产权。限制他人自由的权力，假如该权力是通过这种方式赢得的并且程度适当的话，则是我们表示尊重与社会回报的另一面。并非所有的劳动都能产生这样的成果，即有资格被国家以授予财产的方式而予以承认。然而，在一套知识产权法律体系中，某些成果是可以被"财产化"的，可以被某种具有"对世效力"的主张所支持，可以通过借助国家权力对抗任何侵权人从而获得强制执行。像这样一种权利主张，就是对于它所依据的宝贵工作给予了有力的承认。社会不会轻易地将一定的努力变成长期的、可公开执行的法律主张，从而可能变成一种具有价值的经济资产。

（一）为什么知识财产是权利？

为什么知识财产非得成为一项权利呢？对于国家和社会有用的活动，还存在着其他可予以承认并给予回报的方式。我们可以给予金钱报酬、授予奖牌，或者以其他方式而予以认可。假如这些活动值得给予回报和承认, 那么为什么非得采取某种权利, 亦即这样一种强烈的法律主张的形式呢?

这是因为, 权利是与个人相联系的, 是归个人所拥有的。给予个人回报的财产权主张, 恰恰是对于做出具有知识财产价值之事物的创造行为给予承认的正确方式。在大部分情况下, 创造仍然属于个人的事情 (或者是小型团队的事情; 参见本书第 7 章)。一项受到国家支持的个人性财产权主张, 就是对个人的创造性劳动给予回报的合理而恰当的方式。金钱奖励、公众或专业认可——这样或者那样的奖励形式, 它们也各有其用武之地。但是, 作为一名职业创造者, 还应当能够获得某种由国家支持的授权, 授予其对于创造性成果享有个人性调整与控制的权利。这个东西是被创造出来的, 这一本质特征就证明了授予其某种财产权利的正当性。

说到知识财产权 (IP rights), 如此表达很有意义, 因为这种表述方式, 本身表明了某种暗示性区别。创造性成果的使用人和消费者确实也享有某些权利 (rights), 但是, 当涉及他人所创造的成果时, 它们则多半成了法学理论家们所称的利益 (interests): 他们的行为和关系触及或者建立在创造性成果之上, 而创造性成果又影响着他们及其行为。读者之于图书和图书出版而享有某种利益; 技术的用户或者采用人在相关技术上也存在某种利益; 以及诸如此类。但是, 作者和发明人所应当享有的, 则是权利: 这是强有力的、深入的法律主张, 优先于纯粹的利益。我在本书中反复强调, 这种强有力的主张须受到多种方式的平衡: 就像洛克、康德和罗尔斯所描述的那样, 以及正如不可移除原则、比例原则之类的中层原则所表达的那样, 有必要对财产拨归的范围加以限定; 社会享有对于创造

294

性成果的收入征税的权利；以及使用人在某些情形中也享有权利。但是，我认为，当涉及创造性成果时，创造者个人还是应当具有一种优先地位。最适当的，也是最切合实际的体现方式就是，授予这些人以一种真正的法定权利。

（二）对个人资产的个人控制：财产权在过去和将来的本质

特别是在知识财产所涵盖的领域，针对资产归个人控制的观点，似乎在那里存在着一种顽强的抵制。对某些人而言，它看起来像是为诸如社会权力分配之类的"政治"决策找到了一个借口。"权利作为政治外衣"（rights as a cover for politics）的这个学派，将集体贡献看作是那些最有价值的成果的真正本质，并且提出，个人所有权是在集体努力与集体控制这种"自然"状态之上的一个镀层，是在相当晚近时期才出现的。这一思想流派在最近的表现，则主要集中在数字作品上。它认为个人贡献在分散型、集体性创造的力量面前，正变得黯然失色。至于将来，不用说，那将是属于业余爱好者、维基词条编写者以及开源软件贡献者的。各自独立的作品，它们起源于并且归属于个人或者小型创造团队，则必然成为明日黄花。这样的作品以及随之而来的财产权利，绝大部分会在将来枯萎凋零。

正如我在第8章所言，关于分散型创造已经讨论很多。事实上，维基百科、粉丝网站以及某些开放源代码的项目，都已经表明了分散型团队的价值，这些人各自负责某个庞大任务中的一小部分，但是对于由此产生的成果，则没有个人或者公司来主张其所有权或者行使传统意义上的控制。然而，毕竟还是有许多成果，最好是由单独的个人来形成和加以控制。以这种方式所创作的成果,通常优于那些由分布广泛的业余团队所完成的分散化、互不协调的产物。基于洛克最先确定为财产权核心情形的那些理由,人们必须有一个进行努力工作的理由,以便通过反复地编辑、打造和制作,来实现某种独特的愿景。在表明和实现这一愿景的过程中,这种保持控制力的持续性权利——即康德财产观中的核心论据——在许多情况下仍然是必需的。因此,财产依然事关重大。

295

1. 排他性与弹性

人们之所以常常迁怒于财产的观念,原因之一在于,至少从布莱克斯通时代开始,关于财产本质的定义就引用了一个似乎备受争议的概念。传统观点强调,财产的本质就是排他权(the right to exclude),而这种观点不断反复,令人厌恶之极。排他就意味着拒人于门外、阻止接触——这就好比说,给人吃闭门羹。[①]以此作为其本质,就不难明白为什么在那些关照他人的人们当中,财产会落得这样一个恶名。

但是,要为财产辩护,事实上也没有那么困难。其中的诀窍就是,不要念念不忘地执着于这个法律概念,亦即随这个闻之不详的"排他权"而来的表面上的权力与效果。最初授权的时刻,以及被授予权利的正式定义,吸引了人们的目光,人们的注意力不再放在

---

① 《牛津英语词典》对"exclude"一词的其中一个意思——即与一项"垄断或授权"相关的意思——定义为:"将任何他人排除在被授予的权利之外。故用于指一项权利、特权、占有、特性等:他人对此不享有任何部分……"《牛津英语词典(电子版)》[*Oxford English Dictionary* (electronic version)],牛津:牛津大学出版社,1989年,见"Exclusive"词条。

此后所发生的事情上。假如我们转而关注于财产权授予之后所通常发生的事情，就会看到一番完全不同的景象。当人们注意到在某一典型财产权（其中特别包括了大部分的知识产权）的生命周期中关键性的授权后阶段，就会看到它以各种方式揭示出，一般被人认为的排他性财产权，实际上是与多种多样的容他形式（forms of *inclusion*）密切相连的。

最明显的例子，是权利的非强制执行（nonenforcement）。正如我反复强调的，在理论上具有排他性的权利，可能出于各种原因而被自愿地搁置起来——让它们最终变得不那么排他。有时，这就是一个简单的语用学上的问题：知识产权不是自我执行的（self-enforcing）。知识产权的所有者被允许借助国家权力来排除他人，但是当然了，他不是必须这么做。它的潜在收益，相比于采取成本高昂而又进展缓慢的司法强制执行机制，常常并不值当。假如收益不抵成本，那么，即使公认具有排他性的权利，在事实上也根本不会去排除任何人。

另一个例子是弃权——这是相比于非强制执行而更加出于自愿和有意为之的一种形式。权利人通常是出于策略上的考虑而采取这样的行动，实际上等于说：是的，我享有排他权，但是我特此予以放弃。为了达到自己的目的，我选择不主张该权利；针对我本来可加以排除的全部或者部分人们，我特此允许该权利对他们失效。在我看来，这样的决策是财产权所允许的自治的一个重要组成部分，并在事实上促进了自治。弃权所揭示的，是财产作为一项制度所存在的巨大优势：它并不是一个不可动摇的障碍——事实上，它常常很容易被人回避。所有权人需要做的，无非是宣称或者说明以

296

下信息:"我享有这些权利,但我选择对它们不予强制执行。"

弃权所展现的,是财产权的灵活性。把这一特征跟奉行禁止或者严格限制财产权的制度之下所盛行的状况相比,很具启发意义。若实行的是一种非财产权制度(regime of non-property),那么,在此制度之下采取行动的私人行为人(private actors)想要自愿选择退出该政策是十分困难的。通过私人举措来创设财产权,也是非常困难。它需要一系列繁复的合同,或者某种共同的理解。其整个结构必须要在没有一套通行的具有"对世效力"权利加以支持的情况下而仍得以运转。正是由于这个原因,我们可以说,通向非财产权制度的门是一扇单向的门;一旦跨入,就无可回头。一个国家如果让财产权的获得变得如此困难,那就使得私人行为人很难为这样的规则设想出权宜之计。而如果由国家授予财产权,则情况正好相反。假如强制执行需要付出较高成本,或者,假如弃权会带来策略性收益,那么,这就产生了一种强烈的可能,至少有某些被授予的权利是不会被强制执行的。那些想要选择退出某一财产权制度的私人行为人,至少在某些情况下,就能够得遂心愿了。固然,由于担心其他人仍然可能主张他们的权利,从而使得人们不愿意放弃自己的权利;从这种意义上讲,弃权未必总是单方面的行为。但有时候确实会这样。并且,有时候人们可以正式或者非正式地联合起来,形成一个共享的非强制执行区域,从而以此方式,有效地选择退出财产权制度,至少是部分地以及至少是针对该联合团体中的其他人。在此意义上的财产权,就像一扇双向的门:我们既可以跨入财产权的世界,而私人行为人也可以任意地选择是否以及何时跨出这道门。对我来说,这似乎就是相比于非财产权的世界所具有的一种巨大优势。它完全不同于那种将财产强调为一种排他权的表面认识。易于包容的能力，这正是授予财产权的很重要的另一面——而由于过度强调伴随授予财产权而来的强劲的权利，这一面则显得模糊不清。

所有这一切的关键，是要求我们关注权利如何被应用——亦即，要注意财产权在其中所运行的、授权后的环境。如果这样做，那么，我们就可能较少地沉迷于过分地主张财产权的力量。我们至少应当对于强制执行的比率以及财产权对现实世界的影响，就像对于财产权在形式上的具体内容那样，给予同等的关注。如果我们这么做，我们就会对于包括知识产权在内的财产权的基本效果，感受到一种更加现实的情景。而我敢打赌，我们讲给自己听的那些关于可能消解财产范围的恐怖故事，十有八九都会在冷静思考之后烟消云散。

2. 实践中的灵活性：两个例子

因此，若按照我的设想，知识财产具有高度的灵活性。下面通过举例的方式，让我们来思考本书多处讨论过的两个话题：在线数字内容与技术平台。我们对于由知识产权而得以形成的各样商业策略、由此所带来的尝试以及围绕它们的经济竞争环境等方面的理解，就大大地有利于阐明知识产权的灵活性特征是如何在实践中发挥作用的。

音乐家、作家、摄影师以及艺术家们在这些年艰苦奋斗，试图在数字著作权与传播的网络时代找到挣钱的正确方式。数字领域的许多观察家们正在鼓吹一个没有知识产权的美丽新世界（a brave new world free of IP rights），在那里，通过期望人们以自愿付费的方式而放弃内容或进行共享。在有些情况下，观察家们的看法是正确的：事实证明，放弃某些东西有时确实能够有助于扩散话语，并由此而培育出一个市场。互联网已经能够做到，对创造性作品的各种各样免费的数字样品进行试用。

同时，"放弃内容"这个思想流派，如果单独来看，到目前为止还没有为许多人带来一种体面的谋生之道。正如许多生意人所证明的，免费样品的主意，只有当其随后能够引来真金白银的销售时，才会带来回报。数字播种，同样也只有在种子成长为以这样或那样方式产生的"现金庄稼"时，才算奏效。

在这里，正是知识产权重新登场发挥作用的地方。在某一时刻，当创造者已经就其作品而产生一些利益时，他需要能够对此收费。知识产权使之成为可能。假如并且当创造者的市场成熟到这样的时刻，即至少某些消费者愿意为此付费时，那么，知识产权就得以形成某种成功的商业模式。同样地，音乐家可以通过放弃其音乐作品的方式来吸引听众，然后逐渐在一个实际的市场交易中，销售其受知识产权保护的音乐。

但是，怎样才是免费样品与付费内容或者优质内容之间的理想搭配呢？没人能够说清楚这个问题。人们已经尝试了既有的各种组合，并且每天还在尝试更多的组合。我想强调的一点是，正是财产权特别是知识产权的灵活结构，才使得所有这些尝试成为可能。免费和付费音乐的最佳搭配方式就是，每一个音乐家都可以依其自己的决定进行探索和尝试。没有放之四海而皆准的政策来规定某种统一的方式。音乐家们可以放弃歌曲片段、整首歌曲、整个专辑，或者前述这些的任何组合。同样地，他们也可以简单地选择对以上这些的任何部分或者全部均不予放弃，而这一点，也正是知识财产真正作出贡献之处。他们可以根据自己的利益和价值来作出个人的决定；而财产，就使得他们可以做到这一切。

298　　财产的灵活性引发了各种的尝试，也为消费者提供了选择。创造者的自治就意味着竞争，知识产权所保护成果的消费者和用户则因此受益。最终，往往是在知识财产应用模式上的竞争压力，才是对消费者提供的最好保护，从而使其免于遭受因排他性所潜在带来的不利影响。换句话说，知识财产确保了在成果上的排他性，但是，这些成果在市场当中却是相互竞争的。一位知识财产的所有权人可以对其成果享有布莱克斯通所称的"绝对支配权"（despotic dominion），但是，这极少转化为对某一市场的支配地位。市场竞争，就常常阻止了知识财产的所有权人明显过度地进行扩张。知识财产的所有权人如果被认为过于严苛，或者对于受保护成果的收费太高，就会受到惩戒。在我们的制度中，惩戒通常不是由某个政府机关，而是通过一个更好的消费者的守护神即竞争来实施的。

我在本书若干之处均提到过，竞争具有强大的监控效果。在第8章中，我讨论了知识产权领域的学者和观察家们的观点，他们鼓吹为那些想要将他人的原创内容加以混合的数字爱好者们（digital aficionados）设立一种强有力的权利。我对这种观点表示反对，原因在于，原创内容的创造者们在面对混合者时，应当享有特权，即他们的作品应当获得某种实质性的合法权利，不得轻易被人侵犯或者加以推翻。但是，还是有许多人喜爱混合，并因此而很看重公共素材，因为这样一来，他们可以随心所欲地进行混合而不受任何法律影响。结果你瞧！让混合者成事的机制就出现了。一些私人公司自愿放弃它们的权利，因为它们在打赌，混合者所给予的支持，会抵消由于未严格执行其权利所遭受的任何损失（各种各样的粉丝网站就符合这里所描述的情形）。其他公司则销售那些专门不受知识产权保护的内容，这样，购买者就可以按其所设想的任何方式加以复制和再利用了。还有其他的团体，则是由业余爱好者和喜爱混合者所组成，他们通过这种或那种的开放获取许可（open-access licensing），将自己的原创作品在网络空间发布，而对他人的混合和再使用不作任何的限制。混合者因此就可以从保存此类开放获取材料的大型联合体中获取素材，并且作出自己的贡献，而不必担心任何与知识产权相关的法律责任。

在这一片繁花似锦、嘤嘤嗡嗡的数字内容的多样性当中，有一种观点显得十分夺目：发行模式之间的竞争为消费者提供了多种选择。知识产权内在的灵活性意味着：有一些内容的所有者会竭力进行保护；其他的所有者将在某些方面的使用上放弃部分的权利，但会严格保护其余部分的权利；还有一些人则会为了志同道合者的使用和享受，慷慨地捐献出他们几乎全部的权利。

这种在选择上的多样性，甚至对于那些愿意为优质内容付费的消费者而言，也是大有好处的。部分或完全免费的内容，自然而然并且不可避免地至少会对收费的优质内容构成降价的压力。通过这种方式，以复制加混合友好型相组合的方式来发行其内容的人，就比那些争取其内容免费的人而做得更好。他们同时也降低了其他内容的价格。从职业创造者的角度来看，这可能不见得是好事。但是，对于数字材料的消费者和使用人来说，它可真的是一件大好事。

299

竞争所带来的良性效果，也显现在知识产权保护与技术平台的问题上。这些技术平台，诸如苹果公司 iTunes/iPod 系统、各种各样的电子游戏系统以及亚马逊公司 Kindle 之类的电子书阅读器，它们通常受到访问控制机制（controlled access regimes）的约束。这些平台的所有者采取包括知识产权保护在内的各种措施，阻止所有的访问者免费开放地接触由它所控制的平台。一些学者、行业人士和管理者（尤其是在欧洲）担心，像这样的访问控制对于消费者来说是一种不公平待遇。为什么任何想要销售或者发布可兼容内容的人，就不应该被强行拉入这些专有的系统呢？如果在设计法律和经济政策时始终以有利于互用性（interoperability）作为目标，难道这样不是更好吗？

强大的互用性将给消费者带来有利的结果，这无疑是一个巨大的福音。但我的观点是，即使监管者在互用性问题上不怎么过问，大多情况下这种结果仍然会产生。正如我们就数字内容所看到的那样，其原因就在于竞争。消费者在面对那些可以在技术平台上播放的内容时，偏好于有一系列广泛的选择，而这（通常）并非必须由政府监管部门介入才能看得到。私人公司也会看到这一点。正是这个原因，常常在驱动这些私人公司对于那些在某个专有平台上所使用的广泛的内容进行分类整理。同时，也更为重要的是，如果消费者对于过分限制内容的使用而表示不悦的话，它们就会对消费者作出回应。假如某一平台的销售者严格限制消费者可以复制的数量，或者某一复制件的使用时长，或者消费者所希望实施的行为范围，那么，可以预料的是，这个平台就会面临来自某个对手平台所有者的竞争。这样的结果或许不会立马出现［这就是本书第 8 章所述的短期锁定效应（short-term lock-in effects）的力量］。但是，它最终是会出现的；并且，通常也要不了多久。

我们在市场中所看到的情况是，一旦消费者认识到，对内容的限制是平台市场中相关的参数或维度之一，那么，对手平台的销售者就会开始强调他们在使用限制上所提供的优惠条件。假如一家数字音乐订阅服务在消费者停止付费后即切断其访问音乐库的权限，那么，它就会碰到有另一家平台打出这样的广告，消费者只要一次付费即可随心所欲地畅听音乐库中的全部音乐。某个系统如果只允许对内容进行有限次数的复制，它就会遇到另一个平台的竞争，后者将限制次数提得较高。如此等等。久而久之，消费者就开始明白：当他们从某一平台购买内容时，他们实际上是在买一件具有两种明显不同特性的产品，即内容本身以及与之伴随的一组权利。消费者开始将其购买的组合拆解成不同的部分。而正是在随同内容一起出售的权利的数量和范围上，竞争开始变得激烈起来。这个竞争完全取决于这样的事实，首先是内容的所有者享有一组权利，然后他们可以自己认为合适的任何方式而分割与出售这些权利。这再次说明，为消费者提供最佳保护的知识产权制度，就具有灵活性、试验性与竞争性的特征。在发生了市场支配力量持续以及转换成本高企之类的极端情形中，监管性干预或许是必需的；但是就总体而言，知识产权制度的基本结构以及围绕着它的经济竞争，才是对消费者利益的最佳保护。

3. 为什么权利具有"对世效力"？

在第 8 章所评论的关于知识产权的观念中，有一种变换形式是认为，在网络世界中，合同将最终取代财产。要求人们为接触内容

300

而达成一项合同，这种做法已经变得非常容易，因此，财产权就没有继续存在的必要了。而正如我在第 8 章所主张的，我对于财产取代论（property-displacement theory）的准确性表示怀疑，这还是有几分道理的，其原因在于，要为每一件数字内容添加上一条完整而无间断的合同链条，存在着后勤安排上的难题。这个观点在很大程度上是描述性的，对此，我在这里再增加一种更具规范性的看法。财产不仅是对互不相识的个体产生约束力。而且，它把所有的个体联合起来，纳入一系列更大的关系当中。正因为如此，它就不仅充当着个体据以建立双边关系的基础，比如以在先存在的财产权为基础而订立一份合同。它还能够起到对允诺达成的双边协议设立天花板或者限制的作用。举例来讲，法律可以通过各种各样的规则，禁止私人当事人借助合同来排除某些核心的权利，例如（就创作者而言的）著作人身权或者（就使用人或消费者而言的）合理使用的权利。通过这种方式，财产就不仅可以被看作是先于合同的，而且也是超越合同的，或者在某些情况下是取代合同的。它不仅是一项具有对世效力的权利，而且也是一系列具有对世效力的义务。

（三）承认动力理论但拒绝环境类比论

对于知识产权正当性的传统解释是，它们带来了激励。它们提供奖励，意在引导人们做出可欲的行为，让人们付出额外的努力和创造，而这些就被认为是可以给社会增加好处的。我已经将这种传统观点，混入自己对于知识产权的论述当中，但很少予以特别指明。部分原因在于，我所尊崇的那些理论家们，其理论阐述主要建立在旧的资产种类，通常是土地和其他有体物上。另一部分的原因则在于，激励话语跟功利主义的思维模式紧密相连，而后者多半是我所力图回避的。还有一部分原因是，关于知识产权保护的"激励故事"，虽说它肯定还是道出了一定的真理，但要想令人信服地予以证明却十分困难。

尽管如此，在我离开关于知识产权为何基本上是说得通的这一话题之前，我还是想就有关激励的故事略予陈述。或者，更准确地讲，我想要说明的是，为什么作为激励故事起源的动力视角（dynamic perspective）在涉及知识财产时，竟然如此地言之成理。

诚如杰里米·沃尔德伦所指出的，从某些方面来看，洛克对于初始财产拨归的强调，使得洛克理论在当代世界中显得尤其不相干，因为在当今世界，许多重要的资产（土地、建筑、自然资源等）在很早之前就已经作了财产拨归，而目前，我们在许多情况下所交易的，只是对那些在很久以前就已经归人所有的东西进行后续的或者下游的转让。[①] 但是，就像我在第 2 章中指出的，当我们说明了为什么从某些方面看，洛克理论更适合于知识财产而非传统资产时，在知识财产的世界中，前述沃尔德伦的观点就未必成立了。既有的创造性成果存量，毫无疑问已经非常庞大了，但是，新的成果还是始终在产生。在这个世界上，初始的财产拨归并不是一件历史古董；每一天甚至每分每秒，它都在发生。

我对知识产权法中的"环境类比"（environmental analogy）提出抱怨，就在于它忽略了这个关键点。由创造性成果所构成的世

---

① 杰里米·沃尔德伦，《私有财产的权利》，纽约：牛津大学出版社，1988 年，第 258 页。

界，并不像自然界那样，是库容固定的。保护固然重要，但它不是
也不应当成为我们在制定知识产权政策时的唯一焦点。与知识产
权相关的成果，其库存每天都在增长，并且一直如此。将那些可以
为公众所获得的成果予以保留，这是具有重要意义的——这也是
为什么在第 5 章中引入不可移除原则的原因。但是，保留最大数量
的、可以开放获取的创造性成果，并不是也不应当成为知识产权法
的唯一目标。在一个不断创造新事物的世界中，没有太多必要将注
意力专门集中在保存此前已经产生的东西上。在知识财产之类的充
满活力的领域，这一点固然很重要，但也并非至高无上。若只关注
保护，就会忽略这样一个简单的事实。创造性成果不是平白无故地
出现在我们面前的；这种情景是由作为个体的人们付出极大的关
切、技能和努力，一点一滴、日积月累而创造出来的。在一个动态
的环境中，新材料在不断地增加，因此，（通过一个广阔的、法定
的公共领域而）维持对于尽可能多的作品的获取，就只是政策的一
个方面。鼓励下一轮增加新的东西，才是更为重要的方面。

302　二、权利的平衡：授权之前与之后的考虑因素

倡导财产权的"平衡"，这说起来容易。也几乎没有人反对这
一点。许多的司法判决和学术论文提出，它们所主张的结果，就是
要产生出一种更为平衡的知识产权制度。然而，在通常情况下，对
平衡的召唤只是在这样一种争论中所投入的"压舱石"，该争论要
求承认（1）它不应当做得过头，或者（2）它应当被看作只是某个
复杂整体的一部分，并以某种方式而被知识产权法的其他结果和规

则所抵消和软化。

在本书中，我尽量避免这种对于常常是空洞无物的平衡观念发出的常规性呼吁。我甚至试着不要去讨论平衡问题，而是详尽地展示它所呈现出来的样子。

我在本书第一编所考察的关于财产拨归的规范理论，其全部目标，显然是旨在构建一种对于财产权的平衡性理解。固然，洛克以劳动为基础而对初始财产拨归的正当性解释是非常宽泛的；但是，他在这方面的思想，被同样宽泛的附加条件——即充足性、反糟蹋与仁爱这三个附加条件——所抵消。康德也是如此：个人财产的根本需求就在权利普遍原则中找到了一种平衡力，后者从某种根本性层面上对财产加以约束和限制。而就罗尔斯来说，财产仅仅在一个从根本上来说旨在实现分配正义的综合性制度安排中，发挥了一小部分的作用。对于上述每一位理论大家而言，财产是一项具有内在平衡性的制度。另外，我在本书中，试图将这三种理论整合为一个统一的整体，其总体结构较诸它们单独存在的每一种理论而更加平衡。

（一）平衡之权利的授予

平衡始于权利形成之时。这对于知识产权法就意味着，权利的限制以及使用人与消费者的抗衡性权利，是从一开始就被嵌入其中的。洛克的附加条件，康德的权利普遍原则，以及当然还有罗尔斯的财产整体论，它们都在确保做到这一点。

此外，许多具有操作性的中层原则，目的也在于维持平衡。不可移除原则意味着，公共领域为创造者的权利提供了某种来源，因此必须让它永远不被耗尽。效率原则对于权利的成本与收益进行比较，因此常常在权利之于社会的产生了过高成本时，指向权利的限制。而最重要的是，比例原则以平衡作为其唯一关注的目标。所授予的权利要与达到有价值的目的相当，而不作任何进一步的扩张，这正是实践中关于平衡观念的一个光辉典范。第 5 章所描述的四个中层原则当中，可以说只有尊严原则，是在知识财产等式中一边倒的，即倒向了创作者的这一边。然而，即便是这样一边倒的原则，它也是植根于创作者为社会所带来的收益上的，并因此从某种意义上讲，仍然可以根据这样一种平衡方式而获得正当性解释，即它是社会对于为创造性事物付出劳动的人而承担的一种负债。

（二）授权后的平衡

人们常常对于权利初始授予时的平衡问题进行广泛的研究，而与之相比，对授权后阶段的这个问题的研究，则相对要少得多。但是，由于有许多的变量会影响到权利如何被实际使用，因此，很多带来平衡的重要情形，其实发生在权利被授予之后。知识财产在实践中的动态性特点，使得授权后阶段变成了为知识产权制度带来平衡的关键时间点。还有，因为在知识产权被授予或者使用之前，想要评估其真实影响是存在困难的，所以，将平衡问题延至授权后阶段就具有了明显的优势。这样就防止了在授权前的阶段基于推测性担忧而对知识产权进行删减，从而可以在等到关于这些权利的真实影响的更多信息出现时，再来加以考虑。

我这里所指的授权后平衡是什么意思呢？这方面的例子，不胜枚举。有关禁止反悔、默示许可、知识产权滥用以及侵权救济的规则，其适用均发生在知识产权生命周期的授权后阶段。既然它们都是对于知识产权在实践中的使用方式作出回应，因此，它们就可以这样或者那样的方式，来实现或者恢复相当程度的平衡。

　　举两个具体的例子，以资说明。在著作权法中有这样一项规则，某人将受著作权保护的内容上传到互联网，即被推定允许该内容可由系统的网络爬虫和搜索软件加以发现、分类、索引与搜索。其中也存在这样的软件设置，可借以阻止对其内容进行爬虫抓取和索引；但是，上传作品之前作出如此设置的义务，却是在著作权人的身上。无论是著作权声明还是其他任何间接地对于爬虫抓取与搜索所提出的反对意见，都不足以抵消这个默认的假设，即上传材料是可以被爬虫抓取与搜索索引的。这是对传统的知识产权法观念的一个重大调整，因为后者认为，对一件作品做任何复制或者其他侵权性使用之前，均须获得明确的、法律上的同意。但是，这个新的默认规则在这种情形中却意义非凡。法院一直认为，当所有权人将其享有著作权的作品上传网络，且没有在软件设置中表明其不希望被爬虫抓取时，他就等于是对抓取者与索引者给予一项默示许可。这可以被称作一种"选择退出"（opt-out）制度，其中，作品的著作权所有人现在必须对那些已经成为通常的网络惯例的规则明确表示不同意才行，而从技术上讲，该惯例就意指传统的著作权（亦即，阻止他人复制的权利）。但是，在为新的默认规则进行辩护时，有两件事情可以简要提一下。首先，鉴于网络爬虫抓取和索引行为给公众带来了巨大的好处，这样的规则还是有其意义的。其次，相比于在著作权初始授权时专门规定一种新的限制，这是一个更好的替代性做法。默示许可的概念是在互联网发展一段时间，以及爬虫

304

抓取与索引行为形成之后才出现的。而假如以立法的方式，事先为权利设定约束或者限制，则可能难度要大得多。等实践中的做法显现出来之后，再通过默示许可规则而承认某个合理且符合实际的范围，这在我看来，似乎是一种更好的方法，可以用来确定在这种情形以及其他许多情形中的著作权政策。

我们还可以考察另一种情形，这是来自专利法的例子。对于那些被某个广泛共享的技术标准所全部或者部分包含的专利，人们随之产生某种高度的焦虑。享有专利权的格式、界面以及其他标准化技术组件，这些东西为以下两者之间的平衡需求带来了棘手的问题：一边是对创新的激励，而另一边则是共享接入或者互通互用性带来的好处。专利所固有的排他性力量令一部分观察者感到忧虑；他们担心的是，相对于那些需要或者想要接入某一个广泛利用的标准技术的人们，该标准专利可能为其所有者带来过度的杠杆优势。通常的一种解决方案是，对于特别有可能打断互用性的专利施加某种限制。但是我认为，另一个更优的解决方案是，落实那些防止对标准相关专利采取策略性滥用行为的规则。正如前述的著作权默示许可，这个方案的优势在于，它不会导致矫枉过正。它无须在一开始就去定义究竟哪些专利可能会影响互用性，从而节省了由此产生的成本，也避免了相应的争议。相反，根据其条件，它只适用于如下情形，即当该专利是实际被用来阻碍消费者的合理预期时，比如，某一专利权人违反其先前所作的关于不予强制执行其专利的承诺，或者专利权人先是在标准组织设定标准的过程中隐瞒其专利但之后却突然跳出来主张专利权，这就如对于毫无提防的标准采用者设置了一个陷阱。

三、我所偏好的规范理论以及它们为何重要

在本书导论部分，我解释了自己如何从一种对于知识产权通常所持的功利主义理解发生转向，转到了建立在洛克、康德和罗尔斯的非功利主义哲学思想之上的某种东西。尽管正如我在导论中所言以及在第5章中试图加以说明的那样，你不是必须同意我所认定的关于知识产权法的正确的终极规范基础，但是，我还是力图证明，我为什么开始拒绝那种通常的观点，转而支持刚才所提到的三位哲学家的基础思想。我希望在此过程中，我能够让你相信，在这些替代性观点中也存在着某种有价值的东西。

在洛克、康德和罗尔斯的理论中，我发现了哪些引人入胜的东西呢？现在让我依次陈述。洛克讲了一个关于初始财产拨归，以及财产权最初起源条件的故事，简单却令人信服。康德的理解是，所有权对于一个人全部潜能的发展至关重要，它既涉及与存在于外部环境的物品进行广泛的互动，也包括对这些物品享有持续性权利，从而个人可以在它们上面打下自己独特的印记。而对于罗尔斯来说，财产适用于一个公平正义的社会的总体安排，它与其他制度和权利并肩而立，确保全体公民都拥有一个自我实现的平等机会。

在洛克与康德的理论中，财产有一个至关重要的共同特征，而在我看来，每当人们思考有关知识产权的问题时，这个特征就使得这些理论令人耳目一新，变得不可或缺。他们两位都把财产权跟政府的形成与市民社会的建立相联系。这一点就足以令当代知识财产理论与之相去甚远。对于当今许多人而言，知识财产顶多算是政府政策这座大厦中的一个不算稳当的立足点。它被认为是过时的、多

305

多少少已经不相干的或许甚至是一种倒退的制度。但是，如果把观察视角转向以财产——自然也包括知识财产——作为国家形成的核心并因此成为国家本身的中心这一理论出发，情况又该有何等之不同。洛克强调初始财产主张的优先性和根本性，而人们自愿形成政府，就是为了保护和强制执行该等财产主张。康德说，财物上的权利有在时空上延伸的必要，这是隐藏在国家形成背后的基本与原始的动力。我在第2章和第3章中具体提出，这些思想形成之际，虽然其时的财产权主要是指有体物，但是，它们适用于知识产权在其中极具重要性的当代经济时，转换起来也毫无违和感。在洛克与康德撰文的时代，个人自治与他人的权利之间必须形成某种均衡，而在今天，这种必要性依然盛行。财产依然在这个理论拼图中占据着一大块。因此，那些理论如果理解了财产的中心地位，以及为提高和维持某种社会平衡而对其采取相应的结构方式，那么，它们在今天就依然管用。

　　不过，虽然18、19世纪的情形与今天的情况存在基本的相似性，但是，它们之间毕竟也有着重要的区别。其中最重要的一个区别是，大型私人公司在今天所起的作用，远远大于它们在早先的作用。若考虑到大公司力量的崛起，那么，洛克和康德著作中所有关于个人自治的讨论，以及关于他人的权利和义务是如何平衡与约束自治的讨论，就可能显得离题或者甚至空洞了。正如我在第7章所提出的，这种情况多多少少肯定是存在的；如果许多受知识产权保护的成果都归大公司实体获得、持有和使用——这在今天就是常态——那么，与历史上相比，财产肯定起着不同的作用，并且具有一系列不同的意义。当大公司居于创造者个人与对其成果的财产权所享有的直接所有权之间而加以调和时,在强大的财产权与范围广泛的个人自治之间所存在的紧密关系,至少从某种程度上而言,就明显地被减弱了。还是像我在第7章所解释的那样,职业创造者与他们对于其成果所享有的不受约束的控制权之间,已经不再是一条直接而紧密的连线,但是,这一事实并不意味着,知识产权对于职业创造者的职业前景或者他们对事业的考虑,就变得毫不相干了。其实完全不是那样的。现在,大公司实体产业在生态系统中赫然耸立,但这个生态系统也聚集了许多靠创造谋生的人。而这些实体跟个人创造者以及小型创造团队之间,也并不总是背道而驰的。事实上,大公司不仅雇佣了许多的创造者,而且,它们也构成了许多个人与小型团队的工作成果的重要输出渠道。一般而言,公司所有权以及大公司实体的出现,不一定就是要替代个人所有权与自治的机会;它也常常支持或者创造这样的机会。因此,授予财产权所带来的支持自治的效果,相比于假如所有的权利都由个人或者小型实体直接拥有,有时候确实会显得逊色不少。但是,大型实体若想要完全熄灭个人创造与职业自由的光芒,其实还有很长的路。况且,它们也在为此添光加亮。

(一)实践中的自治

第2章和第3章的基础性规范理论,对于厘清当代知识产权法的许多复杂问题,可以起到巨大的帮助作用。例如,我在第8章强调指出,正确的做法是给予原创作者以特权,而让对于原创作品进行再利用或者混合的人来承受代价。这个观点并不是说混合者就不具有独创性与创造性;事实上,许多混合者确实具备创造性。它只是说明，知识产权法旨在给予个人创造者以荣耀和奖励性回报。至少在有些时候，混合者将他人在先创作的原创作品作为自己的起点。我之所以将他们配置为次等地位（second-tier status），其原因也就在此，而不是因为他们缺乏创造性。正如我在第2章所提到的，对于洛克的财产拨归理论的一种初步理解，似乎暗示着混合者的劳动就为他们赢得了财产权。但是，这并非如此。洛克说，一位工人可以通过合同放弃对其工作成果的所有权，例如，假如他同意在已经由他人主张权利并归该他人所有的材料或者资产上进行劳动的话。洛克以此方式表明了他的认识，即在先存在的财产权主张，有时优先于他人依据劳动所提出的权利主张。他的理由相当清楚：他说，在此情况下如果允许由后来的劳动者获得财产拨归，实际上就会对原始的财产权人带来某种不公正。而根据他的理论，这是不允许的。重申一遍，这里的重点并不是说后来的劳动者不够努力，或者其劳动本身或所带来的价值较低。它只是在于说明，不能用劳动作为撬动某个所有者权利的杠杆。如果允许这样做，那就会模糊财产拨归与不当攫取之间的界线，因此，洛克说，这是我们切切不可为之的。

康德的理论与此一致。对康德而言，财产完全关乎自治。因此，他几乎肯定会拒绝混合者的这种主张，即混合者的权利证明了他们对原始创作者的自治利益加以干预是充分合理的。尽管毫无疑问，他会相信这个主张，即混合者想要把自己的意志作用在某一件既有的对象上，但是，他仍然可能反对因此而提出一项财产权主张。假如要承认混合者享有这样一种强有力的权利主张，那就必须以原始内容创造者的权利主张彻底失效作为条件，而这必定为康德所不赞成。

在此情形中，正如我对本书的其他案例研究那样，我已尽力说服你们相信，即便洛克、康德和罗尔斯式的规范理论对于政策制定和解决知识产权法中的争议并非必不可少，但它仍然非常有用，并且实际上，它们是优于其他替代性理论的。在我看来，除非功利主义的基础变得更加紧实稳固，否则，前述理论家为我们所提供的仍然是最好的解释，说明了为什么我们要有知识财产，以及它的基本结构看起来应当是什么样的。

（二）知识财产是一项公平的制度

就像洛克与康德一样，约翰·罗尔斯认为，纯粹的功利主义为一个国家所提供的是一种贫乏的理论基础。我对此完全赞同。我自己体会，在知识产权的功利主义理论中，其空洞的前提与在道德上的漏洞实在太过显眼。倒不是我没有用心去尝试。我只是开始明白了，当它适用于知识产权法时，功利主义理论无法肩负起赋予给它的重任。在某一时刻，它对我来说就成了"失败的上帝"（the god that failed）。

罗尔斯非常聪明，他采摘了诸如康德之类思想家的观点，并将它们置于一幅范围广阔、覆盖整个社会的全景图画之中。罗尔斯在广阔的社会层面进行系统性思考，这正与功利主义者所做的一样；但是，他避免了功利主义思想的概念陷阱与道德真空。罗尔斯呈现给我们的这一套哲学，系统而广泛地表明了，应当如何珍视每一个人的价值。

尽管有其聪明之处，但是，纯粹的罗尔斯理论也存在它自己的

308

问题。罗尔斯对于财产，对于强烈的私人权利主张都过于怀疑了，以至于在他所想象的作为一个公正国家的基础当中，竟然不给财产以荣耀的地位。在这一点上，他与洛克、康德等人的观点是相悖的，后者将财产看作是一种核心制度而非次要制度。就我而言，我试图把强调财产之重要性的这种传统观点，跟罗尔斯对于社会公正，特别是对于最贫穷者的困境的牵挂相互结合起来。

其结果，正如我在第 4 章所描述的，就是既要拒绝"财产第一"（property first），也要反对"财产最不重要"（property last）。相反地，我所倡导的是某种更接近于"财产很重要，但是……"（property, but）这样的观点。的确，财产很重要：应当将个人对于有价值资产的强烈主张置于经济社会制度的中心。但是：要在这些权利主张中嵌入限制，并且允许社会以征税的方式，在财产所得的某些收益中提出社会自身的主张。就像其他领域那样，在知识财产中，既要吸取洛克和康德的思想精华，同时也要加入罗尔斯对于公正的关切。其结果就是：一个以财产权为中心的但同时也是公正的国家。

到目前为止，这听起来似乎很美好。但是，人与人之间在欲望对欲望、需求对需求中产生的冲突，是难以在这样一种高度抽象的层面解决的。换言之，洛克与康德的理论可能很棒，但是，他们怎么来帮助我们作出判决，在张三诉李四的这场官司中，根据法律 X，谁应该赢呢？回答当然就是，这种高层理论只能为我们指出一般性的思考因素，只能让我们在一定程度上认识到对于某一具体争议利害攸关的更深层的原则，以此来帮助我们重新组织问题。最终，洛克与康德的思想，再跟罗尔斯所强调的社会公正加以调和，由此开出这样一份高级处方：为了促进自治，应当授予知识财产以及一般财产，除非这样做会严重摧残那些影响其他个人或者社会整体的东西。

如果说这个"处方"适用起来就是不言而喻的，那就错了。为了实行这个"处方"，还必须要有许多更具颗粒状的原则（比如第 5 章所列举的中层原则），以及最终具体呈现出来的制定法与判例法规则。当然，如果说为支持强大和公平的知识财产而开出某个一般性处方是毫无价值的，那么，那样说也不对。它可以有助于组织和构建更为详细的、更具操作性的原则。并且，它也能提醒我们，在知识产权领域所包含的纷繁芜杂的细节当中，不要忘记知识产权制度整体所承载的总宗旨与持久性价值。

四、知识产权的交易负担：一个解决方案

309

对于创造性活动给予鼓励与回报的最好方式，是允许个人控制其所创造的东西。而最好的做法，就是授予财产权。不过，由此形成的高度分散的控制，也带来了互动和协作的难题。许多活动要求对不同的资产作出确认并且将它们整合起来。如果每一项资产——或者更糟糕的是，各项资产的众多组成部分中的每一个组件——都归不同的实体所拥有，那么，把必需的组件和资产组合起来的成本，可能会变得过于高昂。全部的私人权利与所有的个人自治，带来了极高的成本。

在这么多的个人自治之间，我们如何造就和谐呢？这是知识产权政策的一个核心问题，其实在一般的财产法中，也有这个问题。

假如单个的知识产权都由广泛分散的个人攥在手里，是否存在某个方案，可以来解决由此带来的高昂的交易成本呢？

我认为，由知识产权所产生的这些难题，存在多种解决方案。我们有各种各样的方法，来调整有关个人财产权的授予与购买、组合多项资产和权利的需求之间的问题。本书第7章已经探讨了其中的多种方法：一体化、权利联营、清算所、转让前的规范与协议。这些方法就带有多样化与特征明显的可操作性。但是，在形式的多样化之下，这些方法在设计意图上还包含着一致性。它们的目的，都是为了减轻因授予许多相互分散的知识产权而随之带来的交易负担。

（一）交易：贯穿知识财产图景的流动和移转

在本书导论中，我把现代知识产权所呈现的四处延伸和嘈杂无序状态，比喻为一座迅速成长的城市的外观。我们可以将第7章的交易机制，类推为一座城市的交通和通信网络，从而把前述比喻加以扩展，适用于由许多分散的知识产权所带来的交易负担。恰如城市的基础设施把城市的各个社区和地方紧密联系起来并具有内在一致性，这些为交易提供便利的机制，同样在促进知识产权的流动，从权利人手中转移到需要它们的人那里。用于引导交易的渠道越多，寻找和接触它们的成本就越低，而交易的数量就越大，同时，因数量众多且分散的权利所带来的负担也就越小。

当然，在一座城市中，四处延伸的街区太多被看作是一件坏事。合理的规划就需要把一些建筑位置腾出来，而诸如"城中村开发"（in-fill）之类的政策，则将带来符合预期水平的人口和结构密

度。知识财产也是如此：授予权利所需具备的条件必须予以强制实 310
行，而仅仅因为有人嚷嚷要求扩张，就把权利在每一个前沿之处铺
排开来，这样做则是说不通的。

（二）减少交易负担

不管怎么说，知识产权的情形还是非常强有力的。因此，我们
常常发现自己处于这样一种情形中，因授予知识产权而付出交易负
担，这样做还是值得的。这里的诀窍在于，正如我在第 7 章所强调
的，应当尽可能地减少这种负担。为创造而给予荣耀；财产权就是
最好的方式。但是，对于因实施这些权利所造成的后果，以及因授
予和强制执行这些权利而给他人带来的成本，我们都应当努力使
之最小化，并且可能的话，将之消除。事实上，创造者从某一知识
产权的总成本负担当中所收到的收入越多，则该权利越接近于其
所服务的基本社会目标。把交易成本挤出知识产权制度，这是每个
人——无论创造者和消费者——都会完全同意的。

当知识产权数量庞大、分布广泛并且易于流动时，知识产权之
城的四处延伸才是最有意义的。一幅健康的知识产权图景将呈现这
样的特征，从所有权人到使用人发生的权利流动中，到处都有大规
模的交易机制。这些知识财产的流转渠道，将确保知识财产所有权
人的自治与独立不会也没有必要受到消费者和使用人的干涉。正如
我在第 7 章所解释的那样，如果会有所帮助的话，法律制度应当鼓
励在这些渠道上有尽可能多的私人投资，甚至可以在其中投入公共
资源。其结果就是，形成一套运作良好并且达到完美平衡的知识产
权制度，它既承认创造者的权利，也承认使用人的需求。

如果非要把它归纳为一个简单的公式，它就呈现为如下形式：

$$权利 + 交易 = 解决方案$$

如果我们记住这个基本的指导原则，我们就能制定出一系列平衡而有效的知识产权政策。

五、余绪

想要创造出新的事物，这需要勇气，而把它带到这个世界上，并且希望得到一个很好的回报，这甚至需要付出更多的勇气。任何作家、音乐家、歌曲作者、发明人或者设计师都可以为此作证。对我来说，知识产权就是一个重要的象征，代表了向这些人的致敬与承认，他们的灵魂需要足够勇敢，才能将其创造性成果投入到波涛汹涌的大海中，去寻找受众或某个市场。当然，知识产权也有实践性的一面；如果没有它们，这些勇敢的行为最后常常会无果而终。他们可以此谋生的前景，或更多的是希望，就能帮助创造者阶层坚持下来。知识财产给予其某种理由，相信在某一天，他们当中的某些人，可以通过各擅其长而成就一番真正的事业。

毫无疑问，授予知识产权会带来某种成本。托马斯·麦考利的这句引言，虽被使用无数次，失之过滥却依然不乏精确，真是道尽了其中玄机：著作权是为作者的利益而对读者的一种征税（copyright is a tax on readers for the benefit of writers）。对知识财产的某种信奉就在提醒我们，要记得我们用这个税收换来了什么东西。让我重述另一则源于奥利弗·温德尔·霍姆斯的引言，知识财产税是我们为一个创造性的文明所付出的代价（IP taxes are the price we pay for a creative civilization）。* 在我看来，这个成本是非常值得的。

通过支付知识财产税，我们承认了我们是相互依赖的。创造者需要谋得一种体面的生活。创造性成果的消费者和使用人则需要专注的职业创造者，持续从事他们的创作。那些匿名的大公司会从我们身上赚钱，但这些钱并不是就留在那里了，至少不会全部都留下。其中的一些——我们希望它多到足够发挥重要作用——就会想方设法到达我们利用和享受其成果的这些人手上。所有这一切是完全会发生的，因为知识产权系政府所授予。国家是创造者与消费者之间的中间人。受到国家支持的知识产权，就连接着创造者与享用其成果的人。通过这种方式就证明了，私人所有权——它经常呈现为某种注重公益的制度的对立面，并且甚至呈现为某些自私的方式——只是在一个更大的、互相依赖的结构中的组成部分。知识产权并没有把我们相互隔绝；它们是让我们满足彼此需求的一种手段。当我们为自己设定了证明知识产权正当性的这个艰难而有益的任务时，正是它的这种把事物统一起来、交织到一起的能力，最终将我们推向前沿。

---

* 霍姆斯的原话是：税收是我们为文明社会所付出的代价（Taxes are what we pay for civilized society）。——译者

索　引

（索引中所涉页码均为原书页码，即本书边码）

译后记

历经六载，本书中文译本终于出版了！

这不禁让人回想起六年前，在加州大学伯克利的校园里初见本书作者莫杰思教授的情形。正是在那时，我们达成君子协定，译者承诺把这本书介绍给中国读者。从此这一路走来，风风雨雨，曲曲折折，现在终于可以画上一个句号了。

一

2012年4月，译者陪同业师刘春田教授远赴美国进行学术交流访问，期间走访了东西海岸的多所大学（哈佛大学、斯坦福大学、加州大学伯克利分校、乔治华盛顿大学、洛约拉大学、福特汉姆大学）以及美国专利商标局、联邦巡回上诉法院等机构。整个行程只有十余天，安排得非常紧凑，但是，我们在旧金山的停留时间还是长达四天。因为这里不仅有闻名于世的"硅谷"，其技术、商业模式与法律制度对于中国的发展极具参考意义，而且，地处旧金山湾区的斯坦福大学与加州大学伯克利分校，其知识产权法教学与研究水平，在全美法学院的知识产权法专业排行榜上，一直占据前两名，因此，这里自然值得我们停下来细加观察，多作交流。

4月4日上午，在伯克利法学院毕业生宋海燕、祝凯的介绍与安排下，我们来到加州大学伯克利法律与技术中心，与中心主任莫杰思教授举行会谈。虽然久仰其大名，从研究生阶段就开始用他们主编的经典案例教材《新技术时代的知识产权法》，但这是译者与莫杰思教授的初次见面。他回赠我们的礼物，正是这本于数月前刚刚由哈佛大学出版社出版的著作。在当天的讨论过程中，莫教授不仅解答了译者提出的若干专业问题，而且加赠一本由他合著的《专利法》案例教材，这是另一本更加沉甸甸的如砖头一般的美国法学教科书。他在每人的赠书扉页分别手书题记与签名，那份真诚着实令人感动。在当晚的招待宴会上，可能由于加州红酒的作用，宾主把谈甚欢，也就有了我们之间的一个口头约定：翻译本书。

　　次日早晨醒来，才叫声苦也！依译者这几年来的经验，若真要着手翻译，恐怕又是一桩苦差事。但君子一言，驷马难追。何况当天中午我们就要离开旧金山，自然也不可能去跟莫教授确认当时聊天的细节。也罢，且等看完此书，再作计较。长途旅行当中，其实是不大适合读这样艰深的理论著作的，但是，翻看本书，其结构就首先吸引了我，再加上在开头的理论部分，列出三位哲学家：洛克、康德、罗尔斯，可谓先声夺人。等到把导论看完，跟刘老师初步交流后，就基本定下了翻译的决心。

二

　　当年5月，筹备已久的"中美知识产权司法审判研究会"在人民大学举行。莫杰思教授亦应约来北京参加大会，并作主题发言。5月29日晚，莫教授在明德法学楼601会议室作了一场主题为"知识产权与经济发展"的讲座。莫教授在讲座开始时提议，对于在提问环节中提出最佳问题的两位同学给予奖励，而奖品就是他的这本书。由此也可见本书在作者心目中的分量。本书初步为国内知识产权界所知，或许也正是在那个时候。

当然，再次相见，我们自然就把翻译、出版本书中文本的事情给定下来了。一切就等把会务诸多杂事告一段落之后，即可着手推进。

正所谓好事多磨，世事难料，在接下来的一年多时间里，译者需集中去美国华盛顿大学念书，因此，翻译之事就一直难以安排。雪上加霜的是，2013年底，本人健康状况出了点问题。遵照医嘱，开始了"从明天起，关心粮食与蔬菜"的生活，此外还必须专门抽出时间来加强身体锻炼。这段"黑暗时光"的意外所得是，从此爱上跑步，当然，可资利用的时间就愈加不足了。其时，陈贤凯同学在人民大学随业师攻读博士学位，次年又被加州大学伯克利法学院录取，正好随莫教授读知识产权法专业的研究生。于是就想让陈贤凯联手刚从人大研究生毕业的史兆欢来合译本书，以尽快完成使命。

接下来的工作就是找合适的出版社，以便其接洽中文版授权与出版事宜。兜兜转转，商务印书馆为我们打开了幸运之门。似乎一切都是最好的安排！但此时已经到了2015年底，离最初的约定已经过去数年。根据出版社的质量要求，余应允主持本书翻译，同时约请贤凯与兆欢两位共事，以期加快进程。

而此时，大洋彼岸的莫杰思教授并不清楚这边的状况，或许也真是有点着急了，在一封电邮中提到，他有一位中国学生已翻译本书，问余是否可以协助其出版云云。当然，莫教授对此有所误解，因为本书中文翻译已由哈佛大学出版社独家授权商务印书馆，自然不可能另有他人出版其中文译本。由于贤凯还身负另一项翻译重任，有意退出本书翻译，故在决定替换人选时，将莫教授推荐的这位学生寇海侠吸收进来，并根据她的学习与工作经历，分派其中的两章。

本书最终的三人翻译团队，即由此而来。

三

中文版对英文原版的体例有所调整。首先是在注释体例上。原版将所有注释全部集中置于全书最后，从而形成了前面大半部分是正文，后面大约三分之一又都是注释的格局。这样安排的好处，猜想是为了让读者集中于正文阅读，但是，对于想要了解相关详情以及引文出处的读者而言，对照原文页码再去翻查相应注释，却颇为不便。中文版遂改为学术著作的传统注释体例，采用页下注的形式，并且每页重新起注。

在体例上的另一番改动是把每章当中不同级别的标题予以明示。原版对于章题之下的标题，采用不同字体及大小、正斜等方式以表示其等级。这也是极不寻常的做法，令译者在阅读过程不时地感到困惑，不得不通过前后翻看来确定各部分之间的关系。译者与编辑最终确定，采用通常方式作为标题级别：一、二、三；（一）（二）（三）；1、2、3；等等。

关于中文版页码与原书正文页码之间的对应关系。本书采用通常体例，将原版页码标在中文版的边码，表示该原文页码的起始处。这样既便于读者查对原文，也可供书末主题索引之用。

四

本书翻译系合作完成，非常感谢两位合作译者所付出的努力。本书翻译分工是这样的：序言、第1—4章（金海军）；第5—7章、第10章（史兆欢）；第8—9章（寇海侠）；全书由金海军统稿、校译改定。

也要感谢在本书翻译过程中所参考多种图书与文献资料的著译作者，特别是：《政府论（上、下篇）》（洛克著，叶启芳、瞿菊农译，商务印书馆出版）、《法的形而上学原理——权利的科学》（康德著，沈叔平译，商务印书馆出版）、《康德全集》（李秋零主编，中国人民大学出版社出版）、《正义论》（罗尔斯著，何怀宏、何包钢、廖申白译，中国社会科学出版社出版）、《政治自由主义》（罗尔斯著，万俊人译，译林出版社出版）。

感谢莫杰思教授的信任与鼓励。特别是在后期统稿与校译过程中，译者就其中疑问，逐章通过电邮向莫教授提出，而莫教授不厌其烦，一一回复，不时令人茅塞顿开。把这些电邮往复的问答集合起来，居然长达18页。

感谢恩师刘春田教授。刘老师可谓本书翻译启动的促成者，而且在翻译过程中多有关照。其间获赠的《康德全集》一套，更是成为本书第3章校译时的重要参考资料。教研室其他同事，以及参加博士生文献课与研究生相关课程的同学，曾就部分译稿进行讨论，在此也表示感谢。

还要感谢潘汉典教授。译者早年受薛波之邀参与了《元照英美法词典》编撰工作，期间得识东吴法学前辈，深受英美法在中华之遗绪熏陶，私淑潘师者尤多。潘先生为本书出版大力举荐，商务印书馆王曦老师对此也青眼有加，最终为本书出版找到了理想的归宿。吴婧女士具体负责译稿的编辑。本书从选题申报开始，历经稿件修改、定稿排版、清样校对，一直到付印出版，其间的每一步都留下了吴婧编辑严格细致的工作痕迹，在此谨表谢忱！

特别致谢王海波先生为本书翻译提供的大力支持。

最后，感谢亲爱的读者，并期请诸君不吝赐教与指正。

金海军

二〇一八年深秋于京西蓝靛厂

图书在版编目（CIP）数据

知识产权正当性解释 /（美）罗伯特·P. 莫杰思著；
金海军，史兆欢，寇海侠译.—北京：商务印书馆，2023
（2024.1 重印）
（知识产权名著译丛）
ISBN 978-7-100-21934-1

Ⅰ.①知…　Ⅱ.①罗…　②金…　③史…　④寇…
Ⅲ.①知识产权法—研究　Ⅳ.① D913.04

中国版本图书馆 CIP 数据核字（2022）第 255705 号

知识产权名著译丛
知识产权正当性解释
〔美〕罗伯特·P. 莫杰思　著
金海军　史兆欢　寇海侠　译

商 务 印 书 馆 出 版
（北京王府井大街36号　邮政编码100710）
商 务 印 书 馆 发 行
北 京 通 州 皇 家 印 刷 厂 印 刷
ISBN 978-7-100-21934-1

2023 年 5 月第 1 版　　　开本 880×1230　1/32
2024 年 1 月北京第 2 次印刷　　印张 21¼

定价：120.00 元